Kohlhammer

# Die Bauordnungsverfügung – rechtssicher gestalten

## Ein Leitfaden für die bauaufsichtliche Eingriffsverwaltung

von

**Wolfgang Hanne**
Städt. Verwaltungsrat a. D.

Verlag W. Kohlhammer

1. Auflage 2025

Alle Rechte vorbehalten
© W. Kohlhammer GmbH, Stuttgart
Gesamtherstellung: W. Kohlhammer GmbH, Heßbrühlstr. 69, 70565 Stuttgart
produktsicherheit@kohlhammer.de

Print:
ISBN 978-3-17-045442-2

E-Book-Formate:
pdf:     ISBN 978-3-17-045443-9
epub:   ISBN 978-3-17-045444-6

Dieses Werk einschließlich aller seiner Teile ist urheberrechtlich geschützt. Jede Verwendung außerhalb der engen Grenzen des Urheberrechts ist ohne Zustimmung des Verlags unzulässig und strafbar. Das gilt insbesondere für Vervielfältigungen, Übersetzungen, Mikroverfilmungen und für die Einspeicherung und Verarbeitung in elektronischen Systemen.
Für den Inhalt abgedruckter oder verlinkter Websites ist ausschließlich der jeweilige Betreiber verantwortlich. Die W. Kohlhammer GmbH hat keinen Einfluss auf die verknüpften Seiten und übernimmt hierfür keinerlei Haftung.

# Vorwort

Das Bauordnungsrecht hat vor allem die Abwehr von Gefahren zum Ziel, die im Zusammenhang mit baulichen Anlagen und deren Nutzung entstehen können. Wie das Bauplanungsrecht schränkt auch das Bauordnungsrecht die grundgesetzliche garantierte Baufreiheit ein und beinhaltet sowohl materielle Anforderungen an das Grundstück und seine Bebauung und an die konkrete Bauausführung von Vorhaben als auch das formelle Verfahrensrecht sowie die Befugnisse für die erforderlichen bauaufsichtlichen Maßnahmen zur Gefahrenabwehr bzw. zur Vermeidung unzumutbarer Belästigungen.

Während das Verbot mit Erlaubnisvorbehalt und die in der jeweiligen Landesbauordnung vorgesehenen präventiven Instrumentarien möglichst rechtzeitig die Konformität baulicher Nutzungen mit dem zu beachtenden öffentlichen Baurecht gewährleisten sollen, gehört zu den Aufgaben der Bauaufsichtsbehörden auch das repressive Einschreiten gegen im Entstehen begriffene bzw. bereits entstandene baurechtswidrige Zustände.

Die Rolle der Baurechtsbehörde als Überwachungs- und Eingriffsverwaltung steht im Mittelpunkt der vorliegenden Abhandlung. Hierbei handelt es sich um einen besonders konfliktbeladenen Aspekt des Verwaltungshandelns, bei dem nicht nur die Vorgaben der jeweiligen Landesbauordnung, sondern auch ergänzende Vorschriften des allgemeinen Verwaltungsrechts und des allgemeinen Ordnungsrechts zu beachten sind.

Da bauaufsichtliche Eingriffsmaßnahmen regelmäßig auch weitreichende wirtschaftliche Folgen haben, sind nachfolgende verwaltungsrechtliche Auseinandersetzungen nicht die Ausnahme, sondern die Regel. Aus diesem Grunde muss das entsprechende Verwaltungshandeln „gerichtsfest" sein. Die nachfolgenden Ausführungen sollen vor diesem Hintergrund das Rüstzeug für eine rechtsichere Gestaltung von Ordnungsverfügungen vermitteln und berücksichtigen – ausgehend von der Musterbauordnung – auch die verschiedenen Landesrechte. Die Darstellung wird ferner durch praktische Fälle und Musterbescheide sowie umfangreiche Verweise auf die einschlägige Judikatur ergänzt.

Der Verfasser kann hierbei auf die Erfahrungen aus einer Jahrzehnte langen Lehrtätigkeit sowie aus der praktischen Tätigkeit in der bauaufsichtlichen Eingriffsverwaltung als Fachstellenleiter und als Prozessvertreter einer größeren unteren Bauaufsichtsbehörde zurückgreifen.

Wolfgang Hanne, Städt. Verwaltungsrat a. D., im Frühjahr 2025

## Vorwort

*Hinweis: Zur besseren Lesbarkeit und Verständlichkeit dieses Buches wurde auf die explizite Verwendung von männlichen und weiblichen Personenbezeichnungen verzichtet. Alle verwendeten Begriffe gelten gleichermaßen für beide Geschlechter und schließen auch diverse Geschlechtsidentitäten ein.*

# Inhaltsverzeichnis

| | | |
|---|---|---|
| Vorwort | | V |
| Literaturverzeichnis | | XV |
| I. | Einleitung. Zur Funktion des öffentlichen Baurechts in Abgrenzung zum privaten Baurecht. | 1 |
| II. | Kurzer Überblick über das Bauordnungsrecht | 4 |
| | 1. Standort des Bauordnungsrechts in der Rechtsordnung und die Kollisionsregel. | 4 |
| | 2. Inhaltliche Struktur des Bauordnungsrecht | 5 |
| | 3. Geschichte des Bauordnungsrecht und die Rolle der Musterbauordnung (MBO) | 6 |
| | 4. Rechtsgrundlagen des Bauordnungsrechts | 6 |
| III. | Aufgabe der Bauaufsichtsbehörde | 8 |
| | 1. Bauaufsicht ist Aufgabe der Länder. | 8 |
| | 2. Bauaufsicht ist eine Überwachungsaufgabe. | 9 |
| | 3. Maßstab der Überwachung | 9 |
| | 4. Bauaufsicht ist Gefahrenabwehr | 10 |
| | 5. Zuständigkeitsabgrenzung | 10 |
| IV. | Behördenaufbau und Organisation der Bauaufsichtsbehörde(n) | 12 |
| V. | Das Instrumentarium der Bauaufsichtsbehörde. | 14 |
| | 1. Aufgabenzuweisung | 14 |
| | 2. Präventive und repressive Maßnahmen | 23 |
| | 3. Präventive Maßnahmen | 24 |
| | 4. Repressive Maßnahmen | 24 |
| | 5. Bauaufsichtliche Maßnahmen sind Eingriffsmaßnahmen und bedürfen einer besonderen Ermächtigungsgrundlage. | 24 |
| | 6. Maßnahmen zur Sachverhaltsaufklärung | 26 |
| | 7. Durchsetzung bauaufsichtlicher Maßnahmen | 26 |
| | 8. Verwirkung bauaufsichtlicher Befugnisse | 26 |
| | 9. Der praktische Fall: Alles schon bekannt? | 27 |
| VI. | Der Amtsermittlungsgrundsatz bei der Bauaufsicht. | 30 |
| | 1. Begriff. | 30 |
| | 2. Der allgemeine Untersuchungsgrundsatz im Verwaltungsverfahren | 30 |
| | 3. Prüfauftrag der Bauaufsichtsbehörde und der Amtsermittlungsgrundsatz. | 31 |
| | 4. Betretungsrecht | 32 |
| | 5. Gefahrenerforschungsmaßnahmen | 32 |
| | 6. Ermessen und Grenzen der Sachverhaltsaufklärung. | 32 |
| | 7. Heranziehung von Sachverständigen und sachverständige Stellen. | 33 |

# Inhaltsverzeichnis

| | | | |
|---|---|---|---|
| VII. | | Die Prüfpflicht der Bauaufsichtsbehörde | 34 |
| | 1. | Aufgabe der Bauaufsichtsbehörde | 34 |
| | 2. | Befugnisse und Ermessenspielraum der Bauaufsichtsbehörde | 34 |
| | 3. | Bekanntwerden baurechtswidriger Zustände und Prüfpflicht | 34 |
| | 4. | Bauaufsichtliches Handeln und Bagatellfälle | 35 |
| | 5. | Ermittlung des Sachverhaltes und Fragen der Beweislast | 35 |
| | 6. | Umgang mit einem festgestellten baurechtswidrigen Zustand | 36 |
| | 7. | Kontrollbereich der Bauaufsichtsbehörde | 38 |
| | 8. | Konsequenzen aus den gesetzlichen Verfahrenserleichterungen im Zeichen der Deregulierung | 39 |
| | 9. | Verfahren bei Doppelzuständigkeiten | 43 |
| | 10. | Die maßgebliche Sach- und Rechtslage beim Erlass von Eingriffsverfügungen | 44 |
| | 11. | Der praktische Fall: Eine Luftwärmepumpe erregt die Gemüter | 45 |
| VIII. | | Zum Gefahrenbegriff | 48 |
| | 1. | Hintergrund | 48 |
| | 2. | Allgemeiner Gefahrenbegriff | 49 |
| | 3. | Abgrenzung Gefahr und Störung | 49 |
| | 4. | Der Begriff der Gefahr im Bauordnungsrecht | 49 |
| | 5. | Verschiedene Gefahrenbegriffe | 51 |
| | 6. | Der praktische Fall: Eine Kernsanierung und die Folgen | 51 |
| IX. | | Die Öffentliche Sicherheit | 54 |
| X. | | Die Öffentliche Ordnung | 56 |
| | 1. | Vorbemerkung | 56 |
| | 2. | Begriff | 56 |
| | 3. | Der praktische Fall: Der Eisenbahnliebhaber | 56 |
| XI. | | Der Gefahrenerforschungseingriff | 60 |
| | 1. | Gefahrenabwehr als Aufgabe der Bauaufsicht | 60 |
| | 2. | Zum allgemeinen Gefahrenbegriff | 60 |
| | 3. | Zum Begriff der Gefahr im Bauordnungsrecht | 60 |
| | 4. | Maßnahmen zur Gefahrenerforschung | 61 |
| | 5. | Der praktische Fall: Die einsturzgefährdete Scheune | 62 |
| XII. | | Formelle Illegalität | 69 |
| | 1. | Begriff | 69 |
| | 2. | Hintergrund | 70 |
| | 3. | Maßgeblicher Zeitpunkt für die Beurteilung der formellen Illegalität | 71 |
| | 4. | Beweislast | 73 |
| | 5. | Konsequenzen aus der formellen Illegalität | 73 |
| XIII. | | Materielle Illegalität | 75 |
| | 1. | Begriff und Hintergrund | 75 |
| | 2. | Maßnahmen bei materieller Illegalität | 75 |
| | 3. | Materielle Illegalität und Bestandsschutz | 76 |

# Inhaltsverzeichnis

|      | 4.  | Der praktische Fall: Der voreilige Landwirt | 78 |
|------|-----|---------------------------------------------|-----|
| XIV. |     | Die Einrede des Bestandsschutzes | 81 |
|      | 1.  | Grundfragen | 81 |
|      | 2.  | Passiver Bestandsschutz: Voraussetzungen. | 83 |
|      | 3.  | Reichweite des einfachen = passiven Bestandsschutzes | 84 |
|      | 4.  | Bestandsschutz und Nutzungsunterbrechungen | 86 |
|      | 5.  | Bestandsschutz und Nutzungsänderungen | 87 |
|      | 6.  | Bestandsgeschützte gewerbliche Nutzungen und die Folgen. . . | 87 |
|      | 7.  | Spezielle Regelungen zum Bestandsschutz im planungsrechtlichen Außenbereich (§ 35 BauGB) | 88 |
|      | 8.  | Bestandsschutz für DDR-Schwarzbauten? | 89 |
|      | 9.  | Zusammenfassung | 90 |
|      | 10. | Der praktische Fall: Die Jägerhütte | 90 |
| XV.  |     | Das Betretungsrecht | 92 |
|      | 1.  | Das Betretungsrecht | 92 |
|      | 2.  | Die zwangsweise Durchsetzung des Betretungsrechtes | 94 |
| XVI. |     | Anforderung prüffähiger Bauvorlagen | 97 |
|      | 1.  | Zur Befugnis zur Anforderung von Unterlagen | 97 |
|      | 2.  | Einschränkung der Befugnis. | 98 |
|      | 3.  | Anforderung eines Bauantrages? | 98 |
|      | 4.  | Anforderungen von Angaben | 99 |
| XVII.|     | Die Stilllegung | 100 |
|      | 1.  | Vorbemerkung | 100 |
|      | 2.  | Begriff. | 100 |
|      | 3.  | Ermächtigungsgrundlage | 100 |
|      | 4.  | Voraussetzungen (Fallkonstellationen) | 101 |
|      | 5.  | Zeitpunkt und Umfang der Stilllegung | 105 |
|      | 6.  | Adressat der Stilllegung. | 106 |
|      | 7.  | Stilllegung und Anordnung der sofortigen Vollziehung. | 106 |
|      | 8.  | Durchsetzung der Stilllegung. | 107 |
|      | 9.  | Aufhebung der Stilllegung. | 107 |
|      | 10. | Stilllegung aufgrund eines Verpflichtungsurteils | 107 |
| XVIII.|    | Die Versiegelung. | 109 |
|      | 1.  | Versiegelung als Unterfall des unmittelbaren Zwanges zur Durchsetzung der Stilllegung. | 109 |
|      | 2.  | Art und Weise der Versiegelung | 112 |
|      | 3.  | Folgen eines Siegelbruches. | 113 |
|      | 4.  | Der praktische Fall – Bautätigkeiten im Außenbereich. | 114 |

# Inhaltsverzeichnis

| | | | |
|---|---|---|---|
| XIX. | | Das Nutzungsverbot | 117 |
| | 1. | Begriff und Ermächtigungsgrundlage | 117 |
| | 2. | Voraussetzungen | 118 |
| | 3. | Ausnahmen | 119 |
| | 4. | Grundsätze | 120 |
| | 5. | Umfang des Nutzungsverbots | 121 |
| | 6. | Bestimmtheit des Nutzungsverbotes | 122 |
| | 7. | Adressat des Nutzungsverbotes | 123 |
| | 8. | Nutzungsverbot und Anordnung der sofortigen Vollziehung | 125 |
| | 9. | Durchsetzung des Nutzungsverbotes | 126 |
| | 10. | Der praktische Fall: Unerwünschte Nachbarn | 127 |
| | 11. | Der praktische Fall: Der Dauerwohnsitz im Grünen | 131 |
| | 12. | Der praktische Fall: Eine Steuerberatungspraxis auf Abwegen | 134 |
| XX. | | Das Beseitigungsverlangen | 137 |
| | 1. | Begriff und Ermächtigungsgrundlage | 137 |
| | 2. | Voraussetzungen für ein Abbruchverlangen | 138 |
| | 3. | Grundsätze für Beseitigungsverfügungen | 139 |
| | 4. | Beseitigungsverlangen für ein verfallenes Gebäude | 141 |
| | 5. | Inhaltliche Anforderungen an Beseitigungsverfügungen | 141 |
| | 6. | Zum Verhältnis einer erfolgten Stilllegung zu einem bauaufsichtlichen Beseitigungsverlangen | 145 |
| | 7. | Beseitigungsverlangen und Zuständigkeiten anderer Behörden | 145 |
| | 8. | Adressat der Beseitigungsverfügung und Rechtsnachfolge | 146 |
| | 9. | Beseitigungsverfügung und Anordnung der sofortigen Vollziehung | 147 |
| | 10. | Der praktische Fall: Das abgängige Betriebsleiterwohnhaus | 149 |
| | 11. | Der praktische Fall: Das Behelfsheim im unbeplanten Innenbereich | 151 |
| | 12. | Der praktische Fall: Der Hobbylandwirt im Außenbereich | 157 |
| XXI. | | Das Anpassungsverlangen | 162 |
| | 1. | Grundsatz: Verbot der Rückwirkung | 162 |
| | 2. | Nachträgliches Anpassungsverlangen als Ausnahme | 162 |
| | 3. | Zum fehlenden zweiten Rettungsweg | 164 |
| | 4. | Optimierung allein reicht als Grund für ein Anpassungsverlangen nicht aus | 164 |
| | 5. | Einschränkung des Anwendungsbereiches auf „Schwarzbauten" | 164 |
| | 6. | Alternative: Nachschieben von Anforderungen | 165 |
| | 7. | Abgrenzung zu nachträglichen Maßnahmen zur Gefahrenabwehr | 166 |
| | 8. | Abgrenzung zu nachträglichen immissionsschutzrechtlichen Anordnungen | 166 |
| | 9. | Schema zum Anpassungsverlangen bei wesentlicher Änderung einer baulichen Anlage (§ 59 Abs. 2 BauO NRW) | 167 |
| | 10. | Der praktische Fall: Die Rettungsleiter | 167 |

## Inhaltsverzeichnis

| | | | |
|---|---|---|---|
| XXII. | | Die Duldung | 170 |
| | 1. | Was ist eine Duldung? | 170 |
| | 2. | Duldung als bauaufsichtliche Handlungsalternative | 171 |
| | 3. | Rechtsnatur der Duldung | 171 |
| | 4. | Die Duldung als Ergebnis einer bauaufsichtlichen Ermessensentscheidung | 172 |
| | 5. | Bedenken gegen die Duldung baurechtswidriger Zustände | 172 |
| | 6. | Verfahrensfragen | 173 |
| | 7. | Reichweite und Bindungswirkung der Duldung | 173 |
| | 8. | Zusammenfassung | 174 |
| | 9. | Der praktische Fall: Duldung – Die ungenehmigte Autowerkstatt | 174 |
| XXIII. | | Die Ordnungspflicht | 177 |
| | 1. | Grundsatz | 177 |
| | 2. | Vorbemerkung | 177 |
| | 3. | Verantwortlichkeit der am Bau Beteiligten | 178 |
| | 4. | Auswahl unter mehreren Störern | 179 |
| | 5. | Juristische Personen des Privatrechts als Störer? | 183 |
| | 6. | Juristische Personen des öffentlichen Rechts als Störer? | 183 |
| | 7. | Der praktische Fall: Das illegale Wochenendhaus | 185 |
| XXIV. | | Rechtsnachfolge in die Ordnungspflicht | 188 |
| | 1. | Sonderproblem: Ordnungspflicht und Rechtsnachfolge | 188 |
| | 2. | Rechtsnachfolge in Abhängigkeit vom Inhalt der bauaufsichtlichen Eingriffsmaßnahme | 188 |
| | 3. | Pflichtenübergang in Abhängigkeit von der Bestandskraft der Grundverfügung | 189 |
| | 4. | Übrigens | 189 |
| | 5. | Verfahrensfragen | 189 |
| | 6. | Regelungen in anderen Landesbauordnungen | 190 |
| | 7. | Der praktische Fall: Die fehlende Umwehrung | 191 |
| XXV. | | Die Verhaltenshaftung | 200 |
| | 1. | Zum richtigen Adressaten der bauaufsichtlichen Verfügung | 200 |
| | 2. | Begriff der Verhaltenshaftung | 200 |
| | 3. | Unterlassen als Unterfall des Verhaltens | 201 |
| | 4. | Reichweite der Verhaltenshaftung | 201 |
| | 5. | Doppelstörer | 201 |
| XXVI. | | Die Zustandshaftung | 203 |
| | 1. | Begriff der Zustandshaftung | 203 |
| | 2. | Zustandshaftung und Leistungsfähigkeit | 204 |
| | 3. | Der praktische Fall: Ordnungspflicht – Wer ist denn nun verantwortlich? | 205 |
| | 4. | Der praktische Fall: Eine fehlende Instandhaltung und die Konsequenzen | 208 |

# Inhaltsverzeichnis

| | | |
|---|---|---|
| XXVII. | Der Notstandsstörer | 211 |
| XXVIII. | Das Ermessen – der Bauaufsichtsbehörde | 212 |
| 1. | Definition | 212 |
| 2. | Grundsätze bei der Ermessensausübung | 213 |
| 3. | Arten und Dimensionen der bauaufsichtlichen Ermessensentscheidung | 215 |
| 4. | Ermessensfehler | 215 |
| 5. | Ermessen und Grenzen der Sachverhaltsaufklärung | 215 |
| 6. | Zwingende Begründung der Ermessensentscheidung | 216 |
| 7. | Sonderfall: das Ermessen reduzierende Ansprüche Dritter | 216 |
| 8. | Der praktische Fall: Eine Hundezucht wird zum Ärgernis | 217 |
| XXIX. | Ermessensreduzierung auf Null | 222 |
| 1. | Ermessen und Ermessensfehler | 222 |
| 2. | Ermessensreduzierung nach der Schädlichkeitstheorie des BVerwG | 222 |
| 3. | Bauaufsichtliches Ermessen und Verpflichtung zum Aufgreifen | 223 |
| 4. | Ermessensbetätigung muss sichtbar werden | 223 |
| 5. | Bauaufsichtliches Ermessen und die notwendige Begründungselemente | 223 |
| 6. | Selbst- und Ermessensbindung | 223 |
| 7. | Vermeidung negativer Vorbildwirkung und Ermessensreduzierung auf Null? | 224 |
| 8. | Ermessensreduzierung auf Null als Folge eines Verstoßes gegen nachbarschützende Vorschriften | 224 |
| 9. | Der praktische Fall: Das beschädigte Nebengebäude und die Schwerkraft | 225 |
| XXX. | Zum Anspruch des Dritten auf behördliches bzw. bauaufsichtliches Einschreiten | 228 |
| 1. | Entschließungsermessen und Ermessensschrumpfung auf Null | 228 |
| 2. | Hintergrund: Nachbarschutz durch die Bauaufsichtsbehörde | 228 |
| 3. | Einschreiten bei Verstößen gegen drittschützende Vorschriften ist die Regel! | 229 |
| 4. | Weitere Grundsätze für das bauaufsichtliche Handeln mit Blick auf nachbarrechtlich relevante Verstöße | 230 |
| 5. | Anspruch des Nachbarn auf Folgenbeseitigung? | 231 |
| 6. | Abwehranspruch gegen öffentliche Hand? | 231 |
| 7. | Der praktische Fall: Grenzverwirrung | 232 |
| XXXI. | Der Gleichbehandlungsgrundsatz – bei der Bauaufsicht | 236 |
| 1. | Grundsatz | 236 |
| 2. | Verpflichtung zur Gleichbehandlung | 236 |
| 3. | Konsequenzen für die bauaufsichtliche Praxis | 236 |
| 4. | Bindungswirkung früherer Entscheidungen? | 238 |
| XXXII. | Das Einschreitenskonzept | 239 |
| 1. | Zur Aufgabe der Bauaufsichtsbehörden | 239 |

|  |  |  |
|---|---|---|
| 2. | Vorgaben für bauaufsichtliches Vorgehen.................. | 239 |
| 3. | Erfordernis systematischen Vorgehens .................. | 240 |
| 4. | Beachtung des Gleichbehandlungsgrundsatzes ............ | 240 |
| XXXIII. | Der Verhältnismäßigkeitsgrundsatz – bei der Bauaufsicht..... | 241 |
| 1. | Definition ........................................ | 241 |
| 2. | Geeignetheit ..................................... | 241 |
| 4. | Angemessenheit .................................. | 242 |
| 5. | Tatsächliche und rechtliche Möglichkeit ................ | 243 |
| 6. | Das Prinzip der Verhältnismäßigkeit von Mittel und Zweck (Definition und Schema)........................... | 243 |
| 7. | Verhältnismäßigkeitsgrundsatz begrenzt bauaufsichtliches Ermessen .......................................... | 243 |
| 8. | Der praktische Fall: Es wird teuer! .................... | 247 |
| XXXIV. | Das Austauschmittel ............................... | 249 |
| 1. | Ein Austauschmittel im Ordnungsrecht ist grundsätzlich zulässig............................................ | 249 |
| 2. | Begründung...................................... | 249 |
| 3. | Verfahren........................................ | 249 |
| 4. | Anforderungen an das Austauschmittel ................. | 250 |
| XXXV. | Der Verwaltungszwang – Arten der Zwangsmittel.......... | 251 |
| 1. | Arten der Zwangsmittel............................. | 251 |
| 2. | Versiegelung..................................... | 257 |
| 3. | Grundsätze bei der Auswahl der Zwangsmittel............ | 257 |
| XXXVI. | Der Verwaltungszwang – das Verfahren ................. | 259 |
| 1. | Androhung ...................................... | 259 |
| 2. | Festsetzung...................................... | 262 |
| 3. | Anwendung...................................... | 263 |
| 4. | Sofortvollzug = Verwaltungszwang ohne vorausgehende Grundverfügung ........................................ | 264 |
| 5. | Rechtsschutz..................................... | 265 |
| 6. | Der praktische Fall: Der uneinsichtige Bauherr............ | 265 |
| 7. | Der praktische Fall: Vollstreckung trotz Vollzug?........... | 274 |
| XXXVII. | Verwaltungszwang – Rechte Dritter.................... | 278 |
| 1. | Begriff.......................................... | 278 |
| 2. | Vollstreckung und Rechte Dritter ..................... | 279 |
| 3. | Die Duldungsverfügung ............................ | 279 |
| XXXVIII. | Zur Abgrenzung: Ahndung von Ordnungswidrigkeiten...... | 282 |
| 1. | Prüfschema zu den im Vorverfahren zu klärenden Rechtsfragen.............................................. | 285 |
| 2. | Ablaufschema für das Bußgeldverfahren ................ | 286 |
| 3. | Ergänzende Anmerkungen zum Ablauf eines Bußgeldverfahrens............................................. | 287 |

# Inhaltsverzeichnis

| | | |
|---|---|---|
| XXXIX. | Die Ordnungsverfügung – Aufbau und inhaltliche Anforderungen | 288 |
| 1. | Vorbemerkungen | 288 |
| 2. | Zum Begriff der Ordnungsverfügung | 289 |
| 3. | Grundsätze für den Erlass einer Ordnungsverfügung | 290 |
| 4. | Fragen der Zuständigkeit | 291 |
| 5. | Der Adressat der Ordnungsverfügung | 291 |
| 6. | Die Anhörung des Beteiligten | 292 |
| 7. | Zur Form der Ordnungsverfügung und zu Stilfragen | 293 |
| 8. | Die Bekanntgabe der Ordnungsverfügung | 295 |
| 9. | Anforderungen an die Entscheidungsformel | 296 |
| 10. | Hauptentscheidung und Nebenbestimmungen | 301 |
| 11. | Begründung der Ordnungsverfügung | 303 |
| 12. | Anordnung der sofortigen Vollziehung | 306 |
| 13. | Zwangsmittel im Rahmen der Ordnungsverfügung | 306 |
| 14. | Rechtsmittelbelehrung | 307 |
| 15. | Prüfschema für die Erstellung einer bauaufsichtlichen Ordnungsverfügung | 309 |
| 16. | Schema zum Aufbau einer Ordnungsverfügung | 310 |
| XL. | Musterverfügungen | 312 |
| 1. | Beispiel für eine Stilllegungsverfügung | 312 |
| 2. | Beispiel für ein Nutzungsverbot | 314 |
| 3. | Beispiel für eine Beseitigungsverfügung | 315 |
| 4. | Beispiel für eine selbstständige Androhung | 318 |
| 5. | Beispiel für eine Festsetzung des Zwangsmittels | 320 |
| 6. | Beispiel für einen Leistungsbescheid | 321 |
| 7. | Beispiel für eine Duldung | 322 |
| Stichwortverzeichnis | | 325 |

# Literaturverzeichnis

*Battis*, Öffentliches Baurecht und Raumordnungsrecht, 8. Aufl. 2022
*Boeddinghaus/Hahn/Schulte*, Bauordnung für das Land Nordrhein-Westfalen (Loseblattkommentar), 2023
*Brandt/Sachs*, Handbuch Verwaltungsverfahren und Verwaltungsprozess, 3. Aufl. 2009
*Brenner*, Öffentliches Baurecht, 5. Aufl. 2020
*Büchner/Schlotterbeck*, Baurecht, Bd. 1: Städtebaurecht einschließlich örtlicher Bauvorschriften, 4. Aufl. 2008; Bd. 2: Bauordnungsrecht einschließlich Baunachbarrecht, 4. Aufl. 2010
*Dürr/Middecke/Schulte Beerbühl*, Baurecht für NRW, 2016
*Ehlers/Pünder*, Allgemeines Verwaltungsrecht, 16. Aufl. 2022
*Erbguth/Schubert*, Öffentliches Baurecht mit Bezügen zum Umwelt- und Raumordnungsrecht, 6. Aufl. 2014
*Fehling/Kastner/Wahrendorf*, Verwaltungsrecht – VwVfG und VwGO, 5. Aufl. 2021
*Finkelnburg/Ortloff/Otto*, Öffentliches Baurecht, Bd. 2: Bauordnungsrecht, Nachbarschutz, Rechtsschutz, 7. Aufl. 2018
*Gädtke/Johlen/Wenzel/Hanne/Kaiser/Koch/Plum*, BauO NRW – Kommentar, 15. Aufl. 2024
*Göhler*, Ordnungswidrigkeitenrecht, 18. Aufl. 2021
*Große-Suchsdorf*, Niedersächsische Bauordnung: NBauO – Kommentar, 10. Aufl. 2020
*Hanne*, Das Glossar zum öffentlichen Baurecht, 2018
*Hanne*, (Digitales) Handbuch zum Bauordnungsrecht unter Berücksichtigung aller Landesrechte. Seit 2000 ständig aktualisiert (Wolters Kluwer).
*Hanne*, Das öffentliche Baurecht in der Praxis, 3. Aufl. 2024
*Hendler/Muckel*, Öffentliches Baurecht, 2010
*Hoppe, Werner/Grotefels, Susanne*, Öffentliches Baurecht, Raumordnungsrecht, Städtebaurecht, Bauordnungsrecht, 2010
*Jäde/Dirnberger u. a.*, Bauordnungsrecht Brandenburg, Kommentar, 2023
*Jäde/Dirnberger u. a.*, Bauordnungsrecht Sachsen-Anhalt, Kommentar mit ergänzenden Vorschriften, 2015
*Jeromin/Schmidt/Kerkmann*, LBauO Rh-Pf, Kommentar, 4. Aufl. 2016
*Kopp/Ramsauer*, VwVfG, Kommentar, 25. Aufl. 2024
*Maurer/Waldhoff*, Allgemeines Verwaltungsrecht, 21. Aufl. 2024
*Muckel/Ogorek*, Öffentliches Baurecht, 4. Aufl. 2020
*Rabe/Hanne/Wenzel*, Bau- und Planungsrecht, 8. Aufl. 2024
*Reichel/Schulte*, Handbuch Bauordnungsrecht, 2004
*Sauter*, Landesbauordnung für Baden-Württemberg, Kommentar, 2022
*Schönenbroicher/Kamp/Henkel*, Bauordnung Nordrhein-Westfalen (BauO NRW), Kommentar, 2. Aufl. 2022
*Schweickhardt/Vondung/Zimmermann-Kreher*, Allgemeines Verwaltungsrecht, 11. Aufl. 2021
*Stollmann*, Öffentliches Baurecht, 2011
*Storr/Schröder*, Allgemeines Verwaltungsrecht, 2. Aufl. 2021
*Timmermann*, Der baurechtliche Nachbarschutz, 2008
*Volkert*, Die Verwaltungsentscheidung: Bescheide – Schriftsätze – Schreiben – Verfügungen, 4. Aufl. 2002

# I. Einleitung. Zur Funktion des öffentlichen Baurechts in Abgrenzung zum privaten Baurecht.

Nach wie vor wird aus Art. 14 Grundgesetz der Grundsatz der Baufreiheit abgeleitet. Dieser besagt, dass jeder Bauherr ein Recht auf Errichtung, Abänderung oder Nutzungsänderung eines Bauwerkes und in der Folge einen Anspruch auf Erteilung einer entsprechenden Baugenehmigung hat. Der Anspruch besteht aber nur, wenn sich das Vorhaben im Rahmen der zu beachtenden gesetzlichen Bestimmungen bewegt. Baurechtliche Vorschriften stellen in diesem Zusammenhang Inhalts- und Schrankenbestimmungen des Eigentums i. S. d. Art. 14 Grundgesetz und keine Enteignung dar. Der Grundsatz der Baufreiheit beinhaltet somit nur das Recht, das Eigentum im Rahmen der Gesetze zu nutzen.

**1**

Solche baurechtlichen Regelungen können sowohl privates als auch öffentliches Recht sein. Beide Rechtsgebiete stehen grundsätzlich eigenständig nebeneinander, allerdings gibt es verschiedene Berührungspunkte. Das private Baurecht beinhaltet Regelungen über die Planung und Durchführung von Bauwerken und zu den Rechtsbeziehungen der gleichrangigen Partner im Rechtsverkehr. Letzterer wird vom Grundsatz der Vertragsfreiheit beherrscht. Die im Baugeschehen maßgeblichen zivilrechtlichen Normen finden sich im Bürgerlichen Gesetzbuch (BGB), in der Verordnung über die Honorare für Architekten- und Ingenieurleistungen (Honorarordnung für Architekten und Ingenieure – HOAI), in der Vergabe- und Vertragsordnung für Bauleistungen (VOB) und in den Nachbarrechtsgesetzen der Länder. Da eine beantragte Baugenehmigung regelmäßig unbeschadet der (privaten) Rechte Dritter erteilt wird (vgl. z. B. § 74 Abs. 4 BauO NRW), spielt das private Baurecht im Baugenehmigungsverfahren grundsätzlich keine Rolle. Allerdings ist z. B. bei der Erteilung von Abgeschlossenheitsbescheinigungen das zum privaten Baurecht gehörige Wohnungseigentumsgesetz (WEG) zu beachten, für Fristen im Verwaltungsverfahren verweist § 31 VwVfG auf das Zivilrecht (§§ 187–193 BGB) und die Rechtsfolgen rechtswidriger behördlicher Entscheidungen regelt § 839 BGB (Haftung bei Amtspflichtverletzung). Im Übrigen muss auch die öffentliche Hand als Grundstückseigentümer (Fiskus) bzw. Bauherr die Vorgaben des privaten Baurechts beachten.

**2**

| Privates Baurecht | | | | |
|---|---|---|---|---|
| Bauvertragsrecht (§§ 631 ff. BGB) | Nachbarrecht (§§ 906, 1004 BGB) und Nachbarrechtsgesetze der Länder | Honorarordnung für Architekten und Ingenieure – HOAI | Vergabe- und Vertragsordnung für Bauleistungen – VOB | |

**3**

Neben dem privaten Baurecht hat sich im Laufe der Zeit das öffentliche Baurecht entwickelt. Es umfasst die Vorschriften, die die Zulässigkeit (und Grenzen), die Ordnung und die Förderung der Nutzung von Grund und Boden durch Errichtung, Änderung, Nutzungsänderung und Abbruch (= Beseitigung) von

**4**

baulichen Anlagen unter Berücksichtigung der Interessen der Allgemeinheit regeln. Es umfasst in erster Linie das Raumordnungs- und Städtebaurecht sowie das Bauordnungs- und das sogenannte Bauwerkrecht in zweiter Linie das vielschichtige Baunebenrecht.

**5**

| Privates Baurecht | Öffentliches Baurecht | | |
|---|---|---|---|
| | Bauplanungsrecht<br>– Raumordnungs- und Landesplanungsrecht<br>– Städtebaurecht | Bauordnungsrecht | Baunebenrecht |

**6** **Das öffentliche Baurecht hat vor allem die Aufgabe, das Gemeinwohl im Zuge einer sinnvollen Nutzung von Grund und Boden gegenüber den unter Umständen hierzu divergierenden eigennützigen Eigentumsinteressen im Sinne eines Interessenausgleichs durchzusetzen.** Es soll in diesem Sinne eine schrankenlose Bodennutzung verhindern und „gesunde Lebensverhältnisse in einer menschenwürdigen Umwelt" sichern (Finkelnburg).
Diese Zielsetzung wird z. B. mit Blick auf die gesetzlich vorgegebene Aufgabe der kommunalen Bauleitplanung deutlich. Nach § 1 Abs. 1 BauGB sollen: „die Bauleitpläne ... eine nachhaltige städtebauliche Entwicklung, die die sozialen, wirtschaftlichen und umweltschützenden Anforderungen auch in Verantwortung gegenüber künftigen Generationen miteinander in Einklang bringt, und eine dem Wohl der Allgemeinheit dienende sozialgerechte Bodennutzung unter Berücksichtigung der Wohnbedürfnisse der Bevölkerung gewährleisten. Sie sollen dazu beitragen, eine menschenwürdige Umwelt zu sichern, die natürlichen Lebensgrundlagen zu schützen und zu entwickeln sowie den Klimaschutz und die Klimaanpassung, insbesondere auch in der Stadtentwicklung, zu fördern und zur Erfüllung der Klimaschutzziele des Bundes-Klimaschutzgesetzes die Wärme- und Energieversorgung von Gebäuden treibhausgasneutral zu gestalten sowie die städtebauliche Gestalt und das Orts- und Landschaftsbild baukulturell zu erhalten und zu entwickeln. Hierzu soll die städtebauliche Entwicklung vorrangig durch Maßnahmen der Innenentwicklung erfolgen". Die im Rahmen der räumlichen Planung auf der unteren staatlichen (= gemeindlichen) Ebene zu beachtenden öffentlichen Belange werden in § 1 Abs. 6 BauGB aufgelistet. Dieser Katalog ist aber nicht abschließend. Ergänzend werden zahlreiche öffentliche Belange im Baunebenrecht fachrechtlich konkretisiert. Hierbei handelt sich um bundes- und landesrechtliche Bestimmungen insbesondere zum Naturschutzrecht, Denkmalrecht, Vermessungsrecht, Verkehr, Straßenrecht, Eisenbahnrecht, Luftverkehrsrecht, Umweltrecht, Abfallrecht, Bodenschutzrecht, Energierecht, Klimaschutz, Gesundheitswesen, Veterinär- und Lebensmittelrecht, Wohnungswesen, Gewerberecht, Wasserrecht, Arbeitsschutz und Vorschriften zu militärischen Schutzbereichen.

**7** Auch in der materiellen Grundnorm des Bauordnungsrechts wird die Funktion des öffentlichen Baurechts sichtbar. Nach § 3 MBO sind nämlich „Anlagen ... so anzuordnen, zu errichten, zu ändern und instand zu halten, dass die öffentliche Sicherheit und Ordnung, insbesondere Leben, Gesundheit und die natürlichen Lebensgrundlagen, nicht gefährdet werden." Dies gilt auch für die Beseitigung von Anlagen und bei der Änderung ihrer Nutzung. **Die mit dem Vollzug dieser vielschichtigen Regelwerke beauftragten Behörden, haben in der Praxis die Aufgabe, diese Vorgaben im Einzelfall und unter Umständen auch gegen den Willen der betroffenen Eigentümer, Besitzer, Nutzer, Betreiber usw. durchzusetzen.**

| Öffentliches Baurecht = Ausgleich widerstreitender Interessen | 8 |

Die aus Art. 2 Abs. 1 und 14 GG abgeleitete Baufreiheit des einzelnen Eigentümers wird insoweit beschränkt. Dies kann im Einzelfall auch so weit gehen, dass ein Grundstück nicht nur in bestimmter Art und Weise bebaut bzw. genutzt, sondern gar nicht bebaut werden darf. Ziel des öffentlichen Baurechts ist es nämlich auch, einen ausreichend unbebauten Raum insbesondere für Erholungszwecke, für die Ausweisung von Natur-, Landschaft- oder Wasserschutzgebieten und als hinreichend große Baulandreserve vorzuhalten (vgl. hierzu die Bodenschutzklauseln des BauGB: § 1a Abs. 1 und § 35 BauGB).

| Baunebenrecht | | |
|---|---|---|
| Fachgesetzliche Vorschriften mit Anforderungen an die Nutzung von Grundstücken bzw. die Errichtung, Änderung oder Nutzungsänderung baulicher Anlagen außerhalb des Bauplanungs- und Bauordnungsrechts | Bundes- oder Landesrecht | |
| BNatSchG, BBodSchG, BImSchG, KrWG, WHG, FStrG, AEG, GastG, ArbStättV | DSchG, LNatSchG, LWG, StrWG | Sonstige fachrechtliche – untergesetzliche – Regewerke, z. B. DGUV |

## II. Kurzer Überblick über das Bauordnungsrecht

### 1. Standort des Bauordnungsrechts in der Rechtsordnung und die Kollisionsregel

**11** Das Bauordnungsrecht gehört zum Verwaltungsrecht. Das Verwaltungsrecht ist der Inbegriff der geschriebenen und ungeschriebenen Rechtssätze, die für die Verwaltungstätigkeit, das Verwaltungsverfahren und die Verwaltungsorganisation maßgebend sind. Es wird in der Regel in das allgemeine und das besondere Verwaltungsrecht gegliedert. Das allgemeine Verwaltungsrecht beinhaltet die Grundsätze, Begriffe und Rechtsinstitute, welche für alle Bereiche des Verwaltungsrechts gelten (Maurer). Das besondere Verwaltungsrecht beinhaltet das Recht der einzelnen Fach- bzw. Tätigkeitsbereiche der Verwaltung. Hier ist u. A. das allgemeine Polizei- und Ordnungsrecht angesiedelt. Das allgemeine Polizei- und Ordnungsrecht umfasst die generellen Regeln für die Gefahren für die öffentliche Sicherheit und Ordnung, z. B. die Generalklausel (vgl. z. B. § 14 OBG NRW) und Vorgaben für Standardmaßnahmen. Für spezielle Gefahren ist das sogenannte Sonderordnungsrecht vorrangig anzuwenden. Hier ist das Bauordnungsrecht verortet. In der Praxis der Rechtsanwendung ist dabei stets das Subsidiaritätsprinzip (Lex-specialis-Grundsatz) zu beachten, d. h., dass die allgemeinen verwaltungsrechtlichen Normen dann nicht zur Anwendung kommen, wenn es eine inhaltsgleiche oder entgegenstehende speziellere verwaltungsrechtliche Vorschrift gibt (vgl. § 1 Abs. 1 und 2 VwVfG). Letztere haben also eine verdrängende Wirkung. Insoweit ist im Zusammenhang mit der Tätigkeit der Bauaufsichtsbehörde als Eingriffsverwaltung zunächst der Blick in die Landesbauordnung vorzunehmen und nur, wenn es zu der akuten Rechtsfrage dort keine Regelung gibt, folgt man der Rangfolge der Regelwerke hin zu der jeweils allgemeineren Stufe. Fehlt z. B. in der Landesbauordnung (z. B. in der BauO NRW) eine Regelung zur erforderlichen vorherigen Anhörung eines Ordnungspflichtigen und sucht man eine solche Norm auch vergeblich in dem jeweiligen Regelwerk zum allgemeinen Polizei- und Ordnungsrecht (z. B. OBG NRW), wird man letztlich eine solche Verpflichtung § 28 VwVfG entnehmen. Dies gilt auch für die Ermächtigung zu Eingriffsmaßnahmen.

**12**

| Struktur des Verwaltungsrechts |||||
|---|---|---|---|---|
| Materielles Verwaltungsrecht ||| Formelles Verwaltungsrecht ||
| Allgemeines Verwaltungsrecht | Besonderes Verwaltungsrecht || Verwaltungsorganisationsrecht ||
| VwVfG<br>VwVG<br>LZG | Allgemeines Polizei- und Ordnungsrecht || | |
| | Bauordnungsrecht || | |

## 2. Inhaltliche Struktur des Bauordnungsrecht

Das Bauordnungsrecht regelt insbesondere die Anforderungen an ein konkretes Bauwerk vor allem mit Blick auf die Gefahrenabwehr (vgl. hierzu z. B. § 58 Abs. 1 BauO NRW und zum Begriff: Ziffer 1.11 VV OBG NRW). Das moderne Bauordnungsrecht erfüllt aber auch weitere Funktionen, z. B. Verunstaltungsschutz, Verwirklichung sozialer Standards, Umweltverträglichkeit usw. Es gliedert sich in das materielle und das formelle Bauordnungsrecht. Ferner regelt es die Rechtsverhältnisse der am Bau Beteiligten. Im formellen Teil beinhalten die Landesbauordnungen Vorgaben zur Genehmigungspflicht und den entsprechenden Ausnahmen und Regelungen sowie zu den verschiedenen Genehmigungsverfahren. Als ein speziell geregelter Bereich der technischen Gefahrenabwehr verklammert es im Baugenehmigungsverfahren auch das Bauplanungs- mit dem Bauordnungsrecht, d. h., diese Verfahren dienen auch dem Vollzug der kommunalen Bauleitplanung. Hierzu gehört vor allem die Beurteilung der planungsrechtlichen Zulässigkeit eines Einzelvorhabens (§§ 29 ff. BauGB) im jeweiligen Genehmigungsverfahren.

| Gliederung der Musterbauordnung | | |
|---|---|---|
| **Erster Teil** | **Zweiter Teil** | **Dritter Teil** |
| Allgemeine Vorschriften (§§ 1–3) | Das Grundstück und seine Bebauung (§§ 4–8) | Bauliche Anlagen (§§ 9–51) |
| **Vierter Teil** | **Fünfter Teil** | **Sechster Teil** |
| Die am Bau Beteiligten (§§ 52–56) | Bauaufsichtsbehörden, Verfahren (§§ 57–83) | Ordnungswidrigkeiten, Rechtsvorschriften, Übergangs- und Schlussvorschriften (§§ 84–87) |

Neben den vorgenannten präventiv angelegten Genehmigungsverfahren beinhalten die Landesbauordnungen aber auch ein gestuftes System der Bauüberwachung, welches zum einen Bestandteil der Genehmigungsverfahren ist bzw. sich an die Erteilung der Baugenehmigung anschließt (Bauzustandsbesichtigungen), zum anderen aber auch den Bauaufsichtsbehörden die Möglichkeit gibt, baurechtswidrige Zustände zu unterbinden bzw. abzustellen. Letzteres schließt sowohl ohne eine erforderliche Baugenehmigung als auch an sich genehmigungsfreie – jedoch in Widerspruch zu materiellen Vorschriften des öffentlichen Baurechts – errichtete bzw. genutzte Vorhaben ein.

| Erteilung der Baugenehmigung | |
|---|---|
| Bauschein ggf. mit Nebenbestimmungen | Bauvorlagen und beigeschlossene Brandschutzkonzepte und Gutachten |
| = | |
| **Bauüberwachung** | |
| Bauüberwachung (§ 81 MBO) | Bauzustandsbesichtigungen (§ 82 MBO) |
| = | |
| **Wiederkehrende Prüfungen und Brandschauen** | | |
| Prüfpflichten resultierend aus bestandskräftigen Nebenbestimmungen | Prüfungen und Prüffristen der technischen Anlagen (z. B. resultierend z. B. aus der PrüfVO, NW) | Brandverhütungsschauen basierend z. B. auf § 26 BHKG (NRW) |

## 3. Geschichte des Bauordnungsrecht und die Rolle der Musterbauordnung (MBO)

**17** Das Bauordnungsrecht hat sich historisch aus dem Baupolizeirecht entwickelt und ist nach der grundgesetzlichen Kompetenzordnung Ländersache (geblieben). Am 21.1.1955 gründeten die Länder und der Bund eine Kommission. Diese sollte zur Wahrung einer gewissen Einheitlichkeit eine Musterbauverordnung entwickeln, die als Vorbild für die Landesbauordnungen dienen sollte. Die 1. Fassung der Musterbauverordnung (MBO) datiert aus Januar 1960. Zwischenzeitlich gab es zahlreiche Novellierungen. Mit der Fassung aus November 2002 reagierte die Kommission auf die divergierenden Tendenzen im Bauordnungsrecht der letzten Jahre. Die MBO sollte wieder die Vorreiterrolle zurückerhalten, da zuvor die vor allem im Zeichen der Privatisierung stehenden Überarbeitungen der verschiedenen Landesbauordnungen über die MBO hinweg gegangen waren. Deshalb standen im Mittelpunkt der neu gefassten MBO vor allem verfahrensrechtliche Änderungen sowie einige wenige materielle Novellierungen. Die Musterbauordnung in ihrer aktuellen Fassung spiegelt die weitgehende inhaltliche Homogenität des Bauordnungsrechts wider. Wer die Musterbauordnung kennt, wird sich deshalb leicht in die jeweilige Landesbauordnung einarbeiten können.

## 4. Rechtsgrundlagen des Bauordnungsrechts

**18**

| Rechtsquellen des Bauordnungsrechts | | |
|---|---|---|
| Landesbauordnung | Verschiedene Rechtsverordnungen, z. B. die BauPrüfVO, Sonderbauvorschriften, Feuerungsverordnung usw. | Technische Baubestimmungen, regelmäßig durch eine Verwaltungsvorschrift oder Rechtsverordnung öffentlich eingeführt |
| Örtliche Bauvorschriften, ggf. in einem Bebauungsplan aufgenommen | Verwaltungsvorschriften bzw. Handlungsempfehlungen | Erlasse der Obersten Bauaufsicht |

**19** Neben den Landesbauordnungen gehören zu dieser Rechtsmaterie neben verschiedenen Rechtsverordnungen und den regelmäßig öffentlich eingeführten technischen Regeln (vgl. hierzu § 85a MBO sowie z. B. §§ 3 Abs. 2, 71 Abs. 7 BauO NRW) ferner die örtlichen Bauvorschriften (vgl. hierzu § 86 MBO), welche auch durch einen Bebauungsplan oder, soweit das Baugesetzbuch dies vorsieht, durch andere Satzungen nach den Vorschriften des Baugesetzbuchs erlassen werden können (vgl. hierzu § 9 Abs. 4 BauGB und § 86 Abs. 2 MBO). Die örtlichen Bauvorschriften bezwecken häufig positive Gestaltungspflege (z. B. die Begrünung von Baugrundstücken und baulichen Anlagen), aber nicht nur. Es können z. B. auch Stellplatzsatzungen sein. Als Bauwerkrecht wird das Bauprodukten- und Energieeinsparungs- und mitunter das klassische Bauordnungsrecht in seiner Gesamtheit bezeichnet.

**20**

| Nachfolgend werden für die verschiedenen Landesbauordnungen folgende amtliche Abkürzungen verwendet: | |
|---|---|
| Baden-Württemberg | LBO |
| Bayern | BayBO |

## II. Kurzer Überblick über das Bauordnungsrecht

| Nachfolgend werden für die verschiedenen Landesbauordnungen folgende amtliche Abkürzungen verwendet: | |
|---|---|
| Berlin | BauO Bln |
| Brandenburg | BbgBO |
| Bremen | BremLBO |
| Hamburg | HBauO |
| Hessen | HBO |
| Mecklenburg-Vorpommern | LBauO M-V |
| Niedersachsen | NBauO |
| Nordrhein-Westfalen | BauO NRW |
| Rheinland-Pfalz | LBauO |
| Saarland | LBO |
| Sachsen | SächsBO |
| Sachsen-Anhalt | BauO LSA |
| Schleswig-Holstein | LBO |
| Thüringen | ThürBO |

**Hinweis:** Wird im nachfolgenden Text das VwVfG oder das VwVG ohne einen erweiterten Zusatz verwendet, handelt es sich um die für NRW maßgeblichen Regelwerke.

## III. Aufgabe der Bauaufsichtsbehörde

### 1. Bauaufsicht ist Aufgabe der Länder

**21** Die Bauaufsicht ist eine (staatliche) Aufgabe der Länder und wird von den Bauaufsichtsbehörden als **Pflichtaufgabe zur Erfüllung nach Weisung** bzw. als **Auftragsangelegenheit** wahrgenommen. Dies gilt auch dann, wenn die Bauaufsichtsbehörde nicht bauordnungs-, sondern bauplanungs- oder baunebenrechtliche Vorschriften anwendet. Die Bauaufsichtsbehörden werden dabei als **Sonderordnungsbehörden** tätig.
§ 58 Abs. 2 Satz 1 MBO 2002 legt in diesem Zusammenhang in allgemeinster Art die Aufgaben der Bauaufsichtsbehörden fest und beinhaltet damit deren rechtliche Qualifizierung. § 58 Abs. 2 MBO ist damit als Generalermächtigung zum ordnungsbehördlichen Einschreiten zu verstehen. Sie ist insoweit abschließend. Ein Rückgriff auf die allgemeine ordnungsbehördliche Ermächtigungsgrundlage (z. B. § 14 OBG NRW) ist nicht erforderlich. Sie wirkt aber als spezielle Vorschrift auch verdrängend.[1]

**22** **§ 58 Aufgaben und Befugnisse der Bauaufsichtsbehörden**
(1) Die Bauaufsicht ist Aufgabe des Staates.
(2) Die Bauaufsichtsbehörden haben bei der Errichtung, Änderung, Nutzungsänderung und Beseitigung sowie bei der Nutzung und Instandhaltung von Anlagen darüber zu wachen, dass die öffentlich-rechtlichen Vorschriften eingehalten werden, soweit nicht andere Behörden zuständig sind. Sie können in Wahrnehmung dieser Aufgaben die erforderlichen Maßnahmen treffen.
(...)

**23**

| Übersicht über die Regelungen in den Landesbauordnungen | |
|---|---|
| Baden-Württemberg | § 47 Abs. 1 LBO |
| Bayern | Art. 54 Abs. 2 BayBO |
| Berlin | § 58 Abs. 1 BauO Bln |
| Brandenburg | § 58 Abs. 2 BbgBO |
| Bremen | § 58 Abs. 2 BremLBO |
| Hamburg | § 58 Abs. 1 HBauO |
| Hessen | § 61 Abs. 2 HBO |
| Mecklenburg-Vorpommern | § 58 Abs. 1 LBauO M-V |
| Niedersachsen | § 58 Abs. 1 NBauO |
| Nordrhein-Westfalen | § 58 Abs. 2 BauO NRW |

---

1 Die Befugnisnormen der Art. 74 ff. BayBO gehen in ihrem Anwendungsbereich der sicherheitsrechtlichen Generalklausel des Art. 7 Abs. 2 LStVG vor, insbesondere verdrängt die einschlägige Befugnisnorm des Art. 76 Satz 2 BayBO zum Erlass einer baurechtlichen Nutzungsuntersagung die Generalklausel des Art. 7 Abs. 2 LStVG. Für einen die Sperrwirkung auslösenden Vorrang reicht die Existenz einer anderweitigen Befugnisnorm im besonderen Sicherheitsrecht aus. VGH Bayern 25.10.2022 – 10 B 21.2747.

III. Aufgabe der Bauaufsichtsbehörde

| Übersicht über die Regelungen in den Landesbauordnungen | |
|---|---|
| Rheinland-Pfalz | § 59 Abs. 1 LBauO |
| Saarland | § 57 Abs. 2 LBO |
| Sachsen | § 58 Abs. 2 SächsBO |
| Sachsen-Anhalt | § 57 Abs. 2 BauO LSA |
| Schleswig-Holstein | § 58 Abs. 1 LBO |
| Thüringen | § 61 Abs. 1 ThürBO |

### 2. Bauaufsicht ist eine Überwachungsaufgabe

Die vorgenannte Generalklausel regelt grundlegend rechtlich die Aufgaben der Bauaufsicht. **Die materielle Aufgabe der Bauaufsichtsbehörden ist, die Einhaltung der öffentlich-rechtlichen Vorschriften (des Baurechtes) zu überwachen.** Dies kann im Rahmen präventiver Kontrollverfahren (insbesondere das Baugenehmigungsverfahren), aber auch repressiv im Zuge der Bauüberwachung genehmigungspflichtiger und -freier Vorhaben geschehen. Auch bei genehmigungsfreien Unterhaltungs- und Instandsetzungsarbeiten haben die Bauaufsichtsbehörden die Einhaltung der öffentlich-rechtlichen Vorschriften zu überwachen.[2]

**Die Bauüberwachung ist erforderlich, um baurechtsmäßige Zustände in der Praxis zu gewährleisten und bezieht auch bestehende bauliche Anlagen ein.** In Wahrnehmung ihrer Aufgabe sind die Bauaufsichtsbehörden befugt, die zur Kontrolle der Einhaltung der öffentlich-rechtlichen Vorschriften des Baurechtes erforderlichen Ermittlungen und Maßnahmen durchzuführen und auch unter Umständen zwangsweise zu vollziehen. Ziel bauaufsichtlichen Handelns muss stets die Verhinderung baurechtswidriger bzw. die Herstellung rechtmäßiger Zustände sein, dies gilt auch für eine Rückbauverfügung.[3] Dabei kann aus längerer Untätigkeit der Behörde nicht sofort ein Ermessensfehler abgeleitet werden.[4] Daneben haben die Bauaufsichtsbehörden auch die Möglichkeit, im Zusammenhang mit baurechtswidrigen Zuständen begangene Ordnungswidrigkeiten zu ahnden (§ 84 MBO).

| Tätigkeit der Bauaufsichtsbehörde als | |
|---|---|
| Eingriffsverwaltung | Verwaltungsbehörde |
| § 58 Abs. 2 MBO | § 36 Abs. 1 OWiG |
| Bekämpfung von baurechtswidrigen Zuständen mittels der (ggf. zwangsweisen) Durchsetzung von Ordnungsverfügungen | Ahnung von Ordnungswidrigkeiten bei Verstößen gegen bußgeldbewehrte Vorschriften (§ 84 MBO) mittels Verwarnung oder Geldbuße |

### 3. Maßstab der Überwachung

Die Bauaufsichtsbehörde hat im Rahmen ihrer Aufgabe der Überwachung die öffentlich-rechtlichen Vorschriften und die aufgrund dieser Vorschriften erlassenen Rechtsverordnungen in den Blick zu nehmen. Laut dem BVerwG[5] können

---

2 OVG Bremen 25.8.1992 – 1 B 54/92 – BRS 54, Nr. 213.
3 OVG Nordrhein-Westfalen 22.8.2005 – 10 A 4694/03 – BauR 2005, 90 ff.
4 OVG Berlin 27.11.2001 – 2 N 27.01 – BRS 64, Nr. 117 = DÖV 2002, 352.
5 E. v. 25.11.1983 – 4 C 21.83 – BRS 40, Nr. 52.

auch Normen der Erteilung einer Baugenehmigung usw. entgegen stehen, die nur indirekt einen baulichen Bezug haben.[6] Demnach ist die Bauaufsichtsbehörde grundsätzlich umfassend zuständig, dies bedeutet, dass auch außerhalb der Landesbauordnung normierte Vorgaben bauaufsichtlich durchgesetzt werden können (z. B. Erhaltungssatzungen gem. §§ 172 ff. BauGB). Die Bauaufsichtsbehörde darf im Einzelfall ferner im Hinblick auf nicht prüfpflichtige Vorschriften schon im Baugenehmigungsverfahren Maßnahmen ergreifen, um ein späteres bauaufsichtliches Eingreifen entbehrlich zu machen.[7] Dies wird teilweise auch in den Landesbauordnungen ausdrücklich vorgesehen (vgl. z. B. § 71 Abs. 1 BauO Bln).

### 4. Bauaufsicht ist Gefahrenabwehr

**28** Aufgabe der Bauaufsichtsbehörde ist in erster Linie die **Gefahrenabwehr**. Dies gilt auch dann, wenn es nicht um die Abwehr eigentlicher Gefahren geht, z. B. bei der Durchsetzung gestalterischer Vorgaben. Soweit es in der jeweiligen Landesbauordnung an Vorschriften mangelt, greifen die allgemeinen ordnungsrechtlichen (z. B. in NRW: OBG) oder die allgemeinen verwaltungsrechtlichen Normen (z. B. VwVfG, VwVfG, LZG). In den allgemeinen ordnungsrechtlichen Normen finden sich ergänzende Regelungen zur Ordnungspflicht, zum Grundsatz der Verhältnismäßigkeit, zur Ordnungsverfügung, zum Austauschmittel usw.

**29** **§ 58 BauO NRW – Aufgaben und Befugnisse der Bauaufsichtsbehörden**

(1) Die den Bauaufsichtsbehörden obliegenden Aufgaben gelten als solche der Gefahrenabwehr. § 89 bleibt unberührt.

### 5. Zuständigkeitsabgrenzung

**30** Grundsätzlich kommt – wie erwähnt – den Bauaufsichtsbehörden eine umfassende Zuständigkeit zu,[8] auch die Umsetzung bauordnungsrechtlicher Vorschriften außerhalb der eigentlichen Landesbauordnungen rechtfertigt die Vollzugszuständigkeit der unteren Bauaufsichtsbehörde, z. B. landschafts- oder waldrechtliche Vorschriften.[9] Sie ist auch bei der ungenehmigten bahnfremden Nutzung einer Bahnanlage zuständig.[10] Die Befugnisse anderer Behörden sind aber zu beachten. Stets ist also nach abdrängenden Spezialermächtigungen zu fragen, z. B. § 51 GewO oder § 24 BImSchG[11], aber auch § 9 Produktsicherheitsgesetz (ProdSG) und § 34 Flurbereinigungsgesetz (FlurbG) sowie § 4 AEG oder auch § 4 FStrG.

---

6 Hier: RVO aufgrund Art. 297 EGStGB, Bordell im GE, laut dem OVG Mecklenburg-Vorpommern 27.2.2003 – 3 M 35/02 – BRS 66, Nr. 160 = BauR 2003, 1557 ff.
7 VGH Hessen 27.8.2002 – 3 UZ 778/02.
8 Vgl. OVG Nordrhein-Westfalen 31.10.1994 – 10 A 4084/902 – BRS 56, Nr. 198 = BauR 1995, 372.
9 Vgl. hierzu OVG Mecklenburg-Vorpommern 27.2.2003 – 3 M 35/02 – BRS 66, Nr. 160.
10 VG Karlsruhe 9.10.2008 – 6 K 1992/07 – und VG Würzburg 18.11.2013 – W 4 S 13.1014, hier Nutzung eines Bahngeländes als Lkw-Stellplatz = bahnfremde Nutzung.
11 Vgl. hierzu in NRW: Ziffer 24 VV BImSchG (zu § 52 BImSchG) und ZustVOtU. Zu den Voraussetzungen für die immissionsschutzrechtliche Stilllegung (Untersagung des Betriebes) einer Anlage vgl. VG Düsseldorf 9.1.2012 – 3 L 1489/11.

III. Aufgabe der Bauaufsichtsbehörde  31

Ergänzende Hinweise: 31

| Thema bzw. Rechtsgebiet | Fundstelle |
| --- | --- |
| Zur Abgrenzung bei Altlasten: | VG Neustadt 22.9.1998 – 2 L 2311/98 (vgl. hierzu auch: OVG Nordrhein-Westfalen 31.10.1994 – 10 A 4084/92 – BRS 56, Nr. 198). |
| Zur Abgrenzung bei Abfall: | VGH Hessen 11.4.1991 – 4 TH 3549/90 – DÖV 1992, 272 ff. (hier Altreifenlager, Zuständigkeit der Bauaufsicht verneint) und VGH Baden-Württemberg 4.5.1994 – 8 S 2850/93 (wenn Landesbauordnung auf vorrangige Zuständigkeit der Abfallrechts- und Wasserbehörden verweist, darf Bauaufsicht nicht tätig werden). |
|  | OVG Saarland 10.2.1989 – 2 R 193/86 – BRS 49, Nr. 217 (hier Lagerplatz für Bauschutt, doppelte Zuständigkeit angenommen). |
|  | OVG Rheinland-Pfalz 6.5.1993 – 7 B 10796/93 – NVwZ 1994, 511 ff., (Abfall und störende Stoffe). |
| Zur Abgrenzung bei Problemen im Zusammenhang mit Gaststätten: | OVG Bremen 21.4.1998 – 1 N 7/97 – GewArch 2000, 83 ff. |
| Zur Abgrenzung bei Bautätigkeiten im Wald: | OVG Mecklenburg-Vorpommern 27.2.2003 – 3 M 35/02 – BRS 66, Nr. 160 = BauR 2003, 1557 ff. |

# IV. Behördenaufbau und Organisation der Bauaufsichtsbehörde(n)

32 In den Landesbauordnungen wird bestimmten Behörden staatlicher oder kommunaler Verwaltungsträger die Aufgabe der Bauaufsicht zugeordnet. Wer Bauaufsichtsbehörde ist regelt § 57 MBO.

33

| Bauaufsichtsbehörden | | |
|---|---|---|
| Oberste Bauaufsichtsbehörde | Obere Bauaufsichtsbehörde | Untere Bauaufsichtsbehörde |
| Fachministerium | Mittelbehörden | Landkreise und große kreisangehörige Städte sowie kreisfreie Städte |

34 Die sachliche Zuständigkeit ist demnach zwischen obersten, oberen und unteren Bauaufsichtsbehörden aufgeteilt. In Berlin erfüllen die Bezirke (12) die Aufgabe der unteren Bauaufsichtsbehörde und die Oberste Bauaufsicht ist bei der Senatsverwaltung für Stadtentwicklung, Bauen und Wohnen angesiedelt. In Hamburg erfüllt letztere Aufgabe das Amt für Bauordnung und Hochbau (ABH). In Bremen fungieren als oberste Bauaufsichtsbehörde das für das Bauordnungswesen, das Bauordnungsrecht und die Bautechnik zuständige Senatsmitglied und als untere Bauaufsichtsbehörden die Stadtgemeinden Bremen und Bremerhaven. In den Flächenländern wurden teilweise bauaufsichtliche Aufgaben auf amtsfreie Gemeinden, Ämter, Verbandsgemeinden und mitverwalteten Gemeinden und mitverwaltenden Gemeinden übertragen (vgl. z. B. § 58 Abs. 6 und 7 BbgBO). Diese agieren mit Blick auf die übertragenen Aufgaben dann auch als Sonderordnungsbehörden und können Eingriffsmaßnahmen auf die Ermächtigungsgrundlagen in der jeweiligen Landesbauordnung stützen.

35

| Übersicht über die Regelungen zum Aufbau der Bauaufsichtsbehörden in den Landesbauordnungen | |
|---|---|
| Baden-Württemberg | § 46 LBO |
| Bayern | Art. 53 BayBO |
| Berlin | § 57 BauO Bln |
| Brandenburg | § 57 BbgBO |
| Bremen | § 57 BremLBO |
| Hamburg | fehlt |
| Hessen | § 60 HBO |
| Mecklenburg-Vorpommern | § 57 LBauO M-V |
| Niedersachsen | § 57 NBauO |
| Nordrhein-Westfalen | § 57 BauO NRW |
| Rheinland-Pfalz | § 59 LBauO |
| Saarland | § 58 LBO |
| Sachsen | § 57 SächsBO |
| Sachsen-Anhalt | § 56 BauO LSA |

IV. Behördenaufbau und Organisation der Bauaufsichtsbehörde(n)  **36–38**

| Übersicht über die Regelungen zum Aufbau der Bauaufsichtsbehörden in den Landesbauordnungen ||
|---|---|
| Schleswig-Holstein | § 57 LBO |
| Thüringen | § 60 ThürBO |

**Untere Bauaufsichtsbehörde** ist die dazu jeweils ernannte Gebietskörperschaft, **36** also die (kreisfreie bzw. große oder mittlere kreisangehörige) Stadt bzw. der Landkreis.
Innerhalb der Behörde wird die Aufgabe einem Bauordnungsamt und nicht einem parlamentarischen Gremium übertragen sein, da es sich regelmäßig um ein laufendes Geschäft der Verwaltung handelt. Im Einzelfall kann aber die Entscheidung über bestimmte (städtebaulich bedeutsame) Vorhaben dem Rat oder einem Ausschuss vorbehalten sein.
Soweit die Behördenhierarchie des Landes eine mittlere Ebene (z. B. Bezirksregierungen) aufweist, sind hier die *oberen Bauaufsichtsbehörden* angesiedelt. Erfüllen kreisangehörige Gemeinden die Funktion der Bauaufsichtsbehörde, ist der jeweilige Landkreis als untere staatliche Verwaltungsbehörde obere Bauaufsichtsbehörde.
Das jeweilige Fachministerium ist die *oberste Bauaufsichtsbehörde*.

**Die Oberste Bauaufsichtsbehörde ist insbesondere zuständig für:** **37**
- die Fachaufsicht über die oberen Bauaufsichtsbehörden,
- die Einführung technischer Baubestimmungen (Technische Regeln),
- die Zustimmung zur Verwendung von Bauprodukten im Einzelfall (Bauprodukt – Zustimmung im Einzelfall),
- die Erteilung von Typengenehmigungen (Typenprüfung),
- Zuständigkeitsvorgaben für die Erteilung von Ausführungsgenehmigungen bei fliegenden Bauten und
- den Erlass von Rechtsvorschriften und Verwaltungsvorschriften
- die Bestimmung der Prüfämter für Baustatik
- die Anerkennung von Prüfingenieuren für Baustatik.

Die Bedeutung der **Oberen Bauaufsichtsbehörden** (= Bezirksregierungen/Landräten) ist nach Wegfall der Erforderlichkeit der Zustimmung (§§ 36, 35 BauGB) sowie dem weitgehenden Entfall des Vorverfahrens (Widerspruchsverfahrens, z. B. in NRW) zurückgegangen. **38**
Die Bauaufsichtsbehörden sind ausreichend mit geeigneten Fachkräften zu besetzen (vgl. hierzu z. B.: § 57 Abs. 2 BauO NRW). Die Besetzung muss sich dabei an den voraussichtlich zu erledigenden Aufgaben orientieren. Ferner muss in der Regel eine ausreichende Anzahl von Hochschulabsolventen der Fachrichtung Ingenieur vorhanden sein. Die bautechnisch versierten Sachbearbeiter werden zusätzlich regelmäßig durch Angehörige des gehobenen nicht-technischen Dienstes unterstützt.

# V. Das Instrumentarium der Bauaufsichtsbehörde

### 1. Aufgabenzuweisung

**39** Entsprechend der bereits erwähnten allgemeinen Aufgabenzuweisung (§ 58 Abs. 2 Satz 1 MBO, vgl. auch § 3 MBO) haben nach § 58 Abs. 2 Satz 2 MBO die Bauaufsichtsbehörden darüber zu wachen, dass bei
- der Errichtung,
- der Änderung,
- dem Abbruch (bzw. die Beseitigung),
- der Nutzung, sowie
- der Instandhaltung

baulicher Anlagen und anderer Anlagen und Einrichtungen (z. B. die Montage einer Werbeanlage im Euroformat an der Giebelwand eines Gebäudes) die *Vorschriften des öffentlichen Baurechtes* eingehalten werden.

In Wahrnehmung dieser Aufgaben haben sie nach pflichtgemäßem Ermessen die erforderlichen Maßnahmen zu treffen. Ziel dieser Befugnis (allgemeinen Ermächtigungsgrundlage) ist, dass die öffentlich-rechtlichen Vorschriften und die aufgrund dieser Vorschriften erlassenen Anordnungen (insbesondere die Nebenbestimmungen in den Baugenehmigungen) – eingehalten bzw. umgesetzt werden. Hierbei werden die Bauaufsichtsbehörden insbesondere im Gemeinwohlinteresse tätig, denn eine geordnete Entwicklung des Bauwesens ist im öffentlichen Interesse. Im Einzelfall geht es hierbei auch um den Schutz nachbarlicher Interessen. Es wäre nicht hinnehmbar, wenn die Regelungen des öffentlichen Baurechts nicht auch durchsetzbar wären.

Zunächst aber nachfolgend Anmerkungen zu den in der vorgenannten Vorschrift genannten Grundbegriffen.

**40** a) **Errichtung.** Errichtung meint in diesem Zusammenhang das **Herstellen baulicher Anlagen**, also das Aufstellen, Anbringen und Einbringen (auch Anlegen) baulicher Anlagen und deren Bauteile (z. B. die Herstellung eines Gebäudes in herkömmlicher Bauweise, das Aufstellen einer Fertiggarage oder das Anbringen eines Werbereiters. Bereits der Beginn der Bauarbeiten (Baubeginn) gehört zum Prozess der Errichtung.

Der **Begriff der Errichtung** meint auch die Beseitigung und den Wiederaufbau (z. B. an anderer Stelle) oder die vollständige Erneuerung einer baulichen Anlage (Ersatzbau). Ferner ist auch die Aufstockung ein Unterfall der Errichtung. Stets ist der Gesamtvorgang bzw. dessen Ergebnis in den Blick zu nehmen.[12] Auch wenn eine bauliche Anlage Abschnitt für Abschnitt abgebrochen und neu erstellt wird spricht man von einer Errichtung.[13]

Eine **Einrichtung innerhalb eines Gebäudes** ist regelmäßig nicht genehmigungsbedürftig, allerdings kann mit der Änderung der Einrichtung auch eine

---

[12] VGH Bayern 10.1.1979 – 12 XV 76 – BRS 35, Nr. 211.
[13] OLG Düsseldorf 18.3.1983 – 2 Ss [OWi] 53/82 – BRS 40, Nr. 236.

Nutzungsänderung einer baulichen Anlage einhergehen. Errichtung umfasst damit sowohl den Herstellungsprozess bzw. -vorgang, als auch das Werk bzw. die bauliche Anlage als Ergebnis. Ersterer beginnt bereits mit den Vorbereitungsarbeiten. Bereits hier kann die Bauaufsichtsbehörde bei ungenehmigten Bauarbeiten repressiv tätig werden.
Den Begriff „**Erweiterung**" kennt die Landesbauordnung nicht. Entsprechende bauliche Maßnahmen (z. B. Anbau an einem vorhandenen Gebäude) sind in der Regel der Errichtung zuzuordnen. In § 35 Abs. 4 Nr. 5 und 6 BauGB wird im Zusammenhang mit den sogenannten teilprivilegierten Vorhaben der Begriff der Erweiterung benutzt.
**Wird ein Dachgeschoss ausgebaut**, ist im Übrigen nicht nur der Baukörper, sondern auch die Nutzung zu betrachten. Es geht hierbei um das Dachgeschoss in seiner veränderten Funktion, z. B. als Büro oder Wohnung. Dabei ist das Maß der baulichen Nutzung insgesamt **neu** in den Blick zu nehmen. Der Umstand, dass das Gebäude bereits in seinen Abmessungen genehmigt wurde, ist hierbei nicht relevant. Damit ist eine Nutzungsänderung im Rahmen eines Dachgeschossausbaus wie die Neuerrichtung des Objektes zu beurteilen.[14]
Der **Begriff der Errichtung folgt im Bauplanungsrecht einem weitergehenden Verständnis**, wobei es in erster Linie auf die Verbindung der entsprechenden baulichen Anlage mit dem Boden ankommt. Aus diesem Grunde gilt selbst die Aufstellung eines Wohnwagens als Wochenendhausersatz als Errichtung einer baulichen Anlage i. S. d. § 29 BauGB.
Die Errichtung ist auch von der Instandhaltung einer baulichen Anlage abzugrenzen. Letztere ist zu verneinen, wenn aufgrund der baulichen Maßnahmen eine statisch-konstruktive Neuberechnung der gesamten baulichen Anlage erforderlich wird.[15] Das OVG Niedersachsen[16] weist darauf hin, dass eine weitgehende Sanierung und Erweiterung eines vorhandenen Gebäudes zu einer erforderlichen Neubetrachtung der Gesamtanlage führen kann.[17] Bauliche Veränderungen an einer baulichen Anlage dürfen nämlich nicht dazu führen, dass zwischen dem ursprünglichen Gebäude und dem momentanen Baukörper keine Identität mehr besteht.[18] In solchen Fällen ist unter wertender Gesamtbetrachtung aller Maßnahmen an dem vorhandenen Objekt zu entscheiden, ob es sich um eine Änderung oder um eine (Neu-)Errichtung handelt.[19]

**b) Änderung.** Gemeint ist die nicht unerhebliche bauliche Umgestaltung einer schon vorhandenen – bestandsgeschützten – baulichen Anlage. Soll eine ungenehmigte bauliche Anlage geändert werden, ist der Begriff der Errichtung einschlägig. Gemeint ist nicht die Änderung der Nutzung. Die Änderung baulicher Anlagen ist in diesem Zusammenhang nur schwer von der Instandhaltung abzugrenzen. Den Begriff der Modernisierung kennt die Landesbauordnung nicht (!).

---
14 BVerwG 23.3.1994 – 4 C 18.92 – BRS 56, Nr. 63.
15 OVG Berlin-Brandenburg 13.8.2013 – 10 N 39.13 – LKV 2013, 427.
16 E. v. 2.3.2015 – 1 LA 151/14 – BRS 83, Nr. 111.
17 Zur Abgrenzung zwischen der Änderung einer baulichen Anlage bzw. der Neuerrichtung derselben vgl. OVG Hamburg 16.11.2015 – 2 Bs 165/15 – BRS 83, Nr. 121.
18 VGH Baden-Württemberg 15.3.1979 – III 3387/78 – und VG Gelsenkirchen 26.3.2013 – 6 K 5028/10.
19 VGH Bayern 20.9.2011 – 1 B 11.101.

Letztlich ist hierunter die **Veränderung des konstruktiven Gefüges** (z. B. durch Einziehen einer Decke als Zwischengeschoss) oder **der äußeren Erscheinungsform** (vgl. z. B. Verklinkern der Fassade, Austausch von Fenstern und Türen oder der Dacheindeckung) zu fassen. Aber auch Grundrissänderungen oder ein Umbau, eine Vergrößerung oder ein Anbau von Balkonen[20] zu verstehen. Schwierig kann im Einzelfall die **Abgrenzung zum Begriff der Errichtung** sein, weil z. B. die Aufstockung immer auch eine Änderung einer vorhandenen baulichen Anlage mit sich bringt. Dies gilt auch für den Anbau an ein bestehendes Gebäude. Die Erweiterung einer bestehenden baulichen Anlage umfasst regelmäßig sowohl die Errichtung als auch die Änderung. Ein Vorhaben darf aber **nicht** einer Neuerrichtung gleichkommen.[21] Ferner dürfen die Kosten einer Modernisierung nicht das Volumen der Kosten für einen vergleichbaren Neubau erreichen.

Unter Gesamtbetrachtung aller Maßnahmen an einem vorhandenen Objekt ist stets zu fragen, ob es sich um eine Änderung oder sogar um eine (Neu-)Errichtung handelt.[22] Die Identität der jeweiligen baulichen Anlage darf nicht berührt werden.[23] Ist dies nicht der Fall, wird die Frage, wie weit die Prüfung der Bauaufsichtsbehörde bei der Änderung einer baulichen Anlage zu gehen hat, unterschiedlich beantwortet. Das BVerwG[24] vertritt die Auffassung, dass sich regelmäßig das gesamte Vorhaben – in seiner geänderten Gestalt – einer bauplanungsrechtlichen Zulässigkeitsprüfung unterwerfen muss.

**42** Mit Blick auf das Bauordnungsrecht differieren hier die Rechtsauffassungen der verschiedenen Obergerichte.[25] Fest steht auf alle Fälle, dass auch die von der Änderung berührten Teile einer baulichen Anlage nicht im Widerspruch zu den aktuellen materiellen gesetzlichen Vorgaben stehen dürfen.[26] Zumindest mit Blick auf nachbarliche Belange wird bei einer Änderung einer baulichen Anlage gefragt, ob das geänderte Vorhaben z. B. nachteiligere Auswirkungen auf wenigstens einen durch die bauordnungsrechtliche Abstandsflächenvorschrift geschützten Belang hat (siehe hierzu auch: z. B. § 6 Abs. 11 und 12 BauO NRW). Ist beim Vergleich des baulichen Bestandes und des angestrebten Zustandes keine Verschlechterung festzustellen, sind nachbarliche Belange nicht betroffen.[27] Dies ist auch wichtig für die Frage, ob sich bauliche Änderungen auf die Abstandsflä-

---

20 OVG Mecklenburg-Vorpommern 27.8.1998 – 3 M 65/98 – BRS 60, Nr. 115. Laut dem VG Stuttgart 24.10.2001 – 16 K 735/01 – BauR 2002, 299, ist das Aufbringen einer Mobilfunkantenne als Änderung einer baulichen Anlage zu bewerten. Laut dem OVG Hamburg 31.5.2001 – 2 Bf 323/98 – BRS 64, Nr. 145, bedeutet die Montage einer Halterung für Werbetransparente mit den Maßen 10 x 12 m an der Giebelwand eines Gebäudes auch eine Änderung desselben.
21 OVG Nordrhein-Westfalen 16.3.2007 – 10 B 14/07 – hier: Einbau von 2 Wohnungen im Obergeschoss eines alten leer stehenden Stalles.
22 VGH Bayern 20.9.2011 – 1 B 11.1011, OVG Hamburg 16.11.2015 – 2 Bs 165/15 – BRS 83, Nr. 121.
23 VG Aachen 19.6.2012 – 3 K 1073/10.
24 E. v. 4.2.2000 – 4 B 106.99 – BRS 63, Nr. 172 = BauR 2000, 1041.
25 Vgl. z. B. OVG Hamburg 24.9.1998 – Bf II 47/96 – BRS 60, Nr. 141.
26 OVG Hamburg 24.9.1998 – Bf II 47/96 – BRS 60, Nr. 141.
27 OVG Mecklenburg-Vorpommern 27.8.1998 – 3 M 65/98 – BRS 60, Nr. 115.

chenfrage auswirken, d. h., ob sich diese neu stellt[28]. Laut dem OVG Berlin[29] stellt sich diese Frage völlig neu, wenn sich ein baulicher Zustand durch die bauliche Änderung in abstandsflächenrechtlich bedeutsamer Weise zu Lasten des Nachbarn verstärkt.[30]

Wird ein Gebäude verändert, kann aufgrund dieser baulichen Maßnahme auch eine Zuordnung zu einer anderen Gebäudeklasse folgen. Dies ist z. B. bei einer Erhöhung durch Aufstockung der Fall, wobei eine Aufstockung eigentlich dem Begriff der Errichtung zuzuordnen ist. Dann muss das ganze Gebäude die materiellen Anforderungen für die neue Gebäudeklasse erfüllen, ggfls. muss der alte Baubestand – z. B. brandschutztechnisch – nachgerüstet werden. Der Anbau eines selbstständigen Gebäudes erlaubt hingegen jeweils eine separate Betrachtung. Werden Sonderbauten geändert, ist diese Änderung wie ein Sonderbau zu bewerten, wenn hierdurch Sonderbaueigenschaften berührt werden, z. B. in brandschutztechnischer Hinsicht.[31] **43**

c) **Abbruch bzw. die Beseitigung.** Der Abbruch baulicher Anlagen ist deren teilweise oder vollständige Beseitigung. Mitunter wird die teilweise Beseitigung einer baulichen Anlage auch als deren Änderung definiert. Die Begriffe Abbruch und Beseitigung sind Synonyme. **44**
§ 59 Abs. 1 BauO MBO begründet für den Abbruch baulicher Anlagen und anderer Anlagen und Einrichtungen grundsätzlich nicht mehr die Genehmigungspflicht. Zwischenzeitlich ist in der Folge aber die Beseitigung baulicher Anlagen überwiegend verfahrensfrei bzw. es bedarf lediglich einer Anzeige (vgl. z. B. § 62 Abs. 3 BauO NRW[32]).
Mit dem überwiegenden Wegfall der Abbruchgenehmigung entfällt auch deren Bündelungsfunktion, d. h., es liegt im Verantwortungsbereich des Bauherrn, anderweitige Vorschriften im Zusammenhang mit der Beseitigung der jeweiligen baulichen Anlage zu beachten.[33]
Verlangt die Bauaufsicht die Beseitigung einer baulichen Anlage, z. B. wegen materieller Baurechtswidrigkeit, bedarf es vorab natürlich keiner formellen Bauerlaubnis.
Beantragt ein Bauherr aber die Errichtung einer baulichen Anlage auf dem Standort einer abzubrechenden baulichen Anlage (z. B. ein Ersatzwohnhaus im Außenbereich), muss der Abbruch des vorhandenen Wohnhauses ausdrücklich mit oder sogar gesondert beantragt werden.[34]
Die materiellen Anforderungen der Landesbauordnung gelten – sinngemäß – auch für den **Abbruch** baulicher Anlagen. Bauliche Anlagen sind z. B. so abzu-

---

28 OVG Nordrhein-Westfalen 13.7.1988 – 7 A 2897/86 – BRS 48, Nr. 139, und OVG Nordrhein-Westfalen 13.7.1995 – 11 B 1543/95 – BRS 57, Nr. 135.
29 E. v. 21.8.1992 – 2 B 12.89 – BRS 54, Nr. 93.
30 Siehe hierzu auch: OVG Thüringen 14.2.2000 – 1 EO 76/00 – BRS 63, Nr. 133.
31 VGH Bayern 25.11.2010 – 9 B 10.531 – BauR 2011, 1644.
32 Die Bauherrschaft kann aber zwischenzeitlich auch beantragen, dass für Verfahren nach Satz 1 ein Baugenehmigungsverfahren durchgeführt wird.
33 Vgl. hierzu z. B. die entsprechenden Ausführungen in den HANDLUNGSEMPFEHLUNG AUF DER GRUNDLAGE DER DIENSTBESPRECHUNGEN MIT DEN BAUAUFSICHTSBEHÖRDEN IM OKTOBER/NOVEMBER 2018 (Januar 2019).
34 OVG Nordrhein-Westfalen 19.9.1988 – 10 A 158/86.

brechen, dass keine Gefahren für die öffentliche Sicherheit und Ordnung entstehen.
Im Zusammenhang mit einem Abbruchvorhaben ist auch Baunebenrecht zu berücksichtigen, insbesondere ist zu prüfen, ob das Vorhaben einer wohnungsrechtlichen Abbruchgenehmigung (z. B. aufgrund einer ZweckentfremdungsVO auf der Grundlage von § 12 Wohnraumstärkungsgesetz – WohnStG NRW) bedarf. Von besonderer Bedeutung könnte z. B. auch eine Erlaubnispflicht nach dem jeweiligen Denkmalrecht sein (vgl. z. B. § 9 Denkmalschutzgesetz NRW). Die Genehmigungsfreiheit des Abbruchs von Gebäuden entbindet auch nicht von der Verpflichtung zur Beachtung der Verbote des § 44 Absatz 1 Ziffer 1 bis 4 Bundesnaturschutzgesetz, z. B. das Tötungs- und Störungsverbot wildlebender Tiere. Bei Zuwiderhandlungen drohen die Bußgeld- und Strafvorschriften der §§ 69 ff. BNatSchG. Die zuständige untere Naturschutzbehörde kann in diesem Zusammenhang unter Umständen eine Befreiung nach § 67 Abs. 2 BNatSchG gewähren, sofern eine unzumutbare Belastung vorliegt. Im Bauplanungsrecht ist zu beachten, dass der Abbruch baulicher Anlagen **kein** Vorhaben i. S. d. § 29 BauGB darstellt und deshalb die §§ 30 ff. BauGB nicht anwendbar sind.[35] Soll also ein Abbruch verhindert werden, bedarf es einer anderen Rechtsgrundlage. Im Bauplanungsrecht werden im Übrigen die Begriffe Beseitigung bzw. Rückbau verwendet (vgl. z. B. § 179 BauGB).

**45** d) **Nutzungsänderung.** Eine Nutzungsänderung ist die **Änderung der Benutzung einer baulichen Anlage**.[36] Eine Nutzungsänderung ist dann gegeben, wenn die Variationsbreite der genehmigten Nutzung (Nutzungsspektrum) verlassen wird und die veränderte Nutzung unter städtebaulichen oder bauordnungsrechtlichen Gesichtspunkten neu bewertet werden muss.[37] Eine Nutzungsänderung ist auch dann gegeben, wenn der baulichen Anlage eine zusätzliche Zweckbestimmung bzw. zum Teil eine neue Zweckbestimmung gegeben wird.[38] Auch im Bauplanungsrecht wird der Begriff der Nutzungsänderung benutzt. Es handelt sich dabei aber um eine **eigenständige Begrifflichkeit**. § 29 BauGB erklärt die §§ 30 ff. BauGB für die Nutzungsänderung einer baulichen Anlage für anwendbar, wobei die Änderung der Benutzung einer baulichen Anlage bodenrechtlich relevant sein muss. Eine bauplanungsrechtlich relevante Nutzungsänderung liegt vor, wenn sich die neue Nutzung von der bisherigen (legalen)

---

35 OVG Nordrhein-Westfalen 26.5.1982 – 11 A 15/80 – BRS 39, Nr. 172 und OVG Nordrhein-Westfalen 22.9.2015 – 2 B 723/15.
36 VGH Bayern, E. v. 20.2.2003 – 15 B 00.1363 – und OVG Berlin-Brandenburg 26.10.2012 – OVG 10 S 35.12.
37 BVerwG 18.5.1990 – 4 C 49.89 – BRS 50, Nr. 166 = BauR 1990, 582; OVG Mecklenburg-Vorpommern 10.7.1995 – 3 M 210/94 – BRS 57, Nr. 185; BVerwG 14.4.2000 – 4 B 28.00 – BRS 63, Nr. 76; BVerwG 7.11.2002 – 4 B 64.02 – BRS 66, Nr. 70 und BVerwG 18.11.2010 – 4 C 10.09 – BRS 76, Nr. 76 = BauR 2011, 623, sowie BVerwG 27.8.1998 – 4 C 5.98 – BRS 60, Nr. 83 = BauR 1999, 152. Streitig ist die Folge von Nutzungsunterbrechungen. So geht laut dem OVG Niedersachsen 3.1.2011 – 1 ME 209/10 – BRS 78, Nr. 159, der Bestandsschutz einer Nutzung ggfls. bei einer sechsjährigen Unterbrechung nicht unbedingt unter. Das VG Hannover 17.9.2010 – 12 B 2485/10 – sieht keinen Untergang des Bestandsschutzes bzw. eine Fortwirkung der Sicherungsfunktion der Baugenehmigung, wenn eine Nutzung mehr als drei Jahre aufgegeben wird. Vgl. hierzu auch relativierend VGH Bayern 20.2.2003 – 15 B 00.1363 – BRS 5/2003, 16 ff.
38 VG Ansbach 28.4.2022 – AN 4 K 20.02638.

V. Das Instrumentarium der Bauaufsichtsbehörde

dergestalt unterscheidet, dass die Zulässigkeit des geänderten Vorhabens in bodenrechtlicher Hinsicht anders beurteilt werden kann.[39] Dies ist insbesondere der Fall, wenn die Änderung (der Nutzung) die in § 1 Abs. 5 BauGB genannten Belange berühren kann. Eine bodenrechtliche Relevanz einer Nutzungsänderung ist vor allem immer dann zu bejahen, wenn die neue Nutzung einem anderen Tatbestandsmerkmal der Vorschriften über die Art der baulichen Nutzung unterfällt. Auch eine notwendige veränderte Betrachtung der Immissionssituation kann eine genehmigungsbedürftige Nutzungsänderung begründen, wie z. B. eine deutliche Erhöhung der Lkw-Fahrbewegungen eines Speditionsbetriebes.[40]

**Beispiele für bauplanungsrechtlich relevante Nutzungsänderungen:**
- Umnutzung Bistro in Swingerclub unter Beibehaltung des Schankraums: VGH Baden-Württemberg 28.11.2006 – 3 S 24377/06 – BRS 70, Nr. 73,
- Umnutzung Wohnhaus in gewerblichen Kraftfahrzeug-Stützpunkt für Lastwagen: OVG Nordrhein-Westfalen 21.11.1968 – X A 495/67 – BRS 20, Nr. 131,
- Umnutzung Bierbar in Vergnügungsstätte: VGH Baden-Württemberg 11.12.1984 – 3 S 2507/84,
- Umnutzung Möbelgeschäft in Arztpraxis: OVG Niedersachsen 29.6.1979 – I A 37/78 – BRS 35, Nr. 125,
- Umnutzung Lichtspieltheater in Tanzlokal: VGH Bayern 17.11.1978 – Nr. 333 II 73 – BRS 33, Nr. 127, zur Umwandlung eines Kinos in eine Spielhalle siehe: BVerwG 1.3.1989 – 4 B 24.89 – BRS 49, Nr. 171,
- Ergänzung einer Tankstelle um eine Kraftfahrzeugreparaturwerkstatt, die mehr als die üblichen Pflegedienste anbietet: OVG Niedersachsen 27.10.1978 – 1 B 78/78 – BRS 33, Nr. 128, zur Ergänzung einer Tankstelle um einen Kfz-Handel siehe Beschluss des OVG Nordrhein-Westfalen 4.6.1987 – 7 B 268/87,
- Umwandlung einer Dorfgaststätte mit Tanzsaal in eine Diskothek: VGH Hessen 31.3.1981 – IV TH 95/80 – BRS 40, Nr. 166, ähnlich: BVerwG 11.7.2001 – 4 B 36.01 – BRS 64, Nr. 73, auch Aufstellung von zusätzlichen Spielgeräten in einer Gaststätte: VGH Hessen 15.10.1986 – 3 TH 2544/86 – BRS 46, Nr. 134, vgl. aber einschränkend: OLG Bayern 7.5.1990 – 3 Ob OWi 55/90 – BRS 50, Nr. 154,
- Umgestaltung Dachboden in Taubenschlag: VGH Hessen 20.3.1981 – IV TH 20/81 – BRS 38, Nr. 66,
- zur Umwandlung einer Garage in einen Taubenschlag siehe: VGH Baden-Württemberg 4.10.1983 – 5 S 933/83 – BRS 40, Nr. 182,

---

39 OVG Nordrhein-Westfalen 13.11.1995 – 11 B 2161/95 – BauR 1996, 375, so auch das BVerwG 18.5.1990 – 4 C 49/89 – BRS 48, Nr. 58. OVG Hamburg 19.12.1996 – Bf II 46/94 – BRS 58, Nr. 75. Das OVG Sachsen-Anhalt 18.10.2018 – 2 M 71/18 – nimmt eine genehmigungsbedürftige Nutzungsänderung dann an, wenn die neue Nutzung anders beurteilt werden könnte.
40 VGH Bayern 20.5.1996 – 2 B 94.1513 – BRS 58, Nr. 178. Vgl. hierzu z. B. auch BVerwG 7.11.2002 – B 64/02 – hier Ausweitung eines Gaststättennutzung von innen nach außen. Eine baurechtlich relevante Änderung der Nutzung liegt laut dem BVerwG 7.11.2002 – 4 B 64.02 – (auch dann) vor, wenn sich für die benachbarten Nutzungen erhöhte Belastungen ergeben.

- Umwandlung einer Betriebsinhaberwohnung in frei verfügbaren Wohnraum: BRS 40, Nr. 56, vgl. hierzu auch: OVG Nordrhein-Westfalen 17.3.2008 – 8 A 929/07 – BauR 7/2008, 1114 ff.,
- Änderung bisher privilegierter Nutzungen im Außenbereich:
  - in ein Getränkegroßlager: VGH Hessen 29.4.1983 – IV OE 35/82 – BRS 40, Nr. 96,
  - in ein Wochenendhaus: VGH Bayern 4.10.1979 – 14 B 303/79 – BRS 35, Nr. 81,
  - Lagerschuppen in Werkswohnung einer Großbäckerei: OVG Niedersachsen 10.6.1977 – I A 88/76 – BRS 32, Nr. 139,
  - ehemalige Pumpstation in Wochenendhaus: OVG Saarland 7.1.1983 – 2 R 214/81 – BRS 40, Nr. 230,
  - Geflügelstall in Möbellager: VGH Baden-Württemberg 29.11.1978 – III 2914/78 – BRS 33, Nr. 36,
- Scheune in Restaurant: OVG Nordrhein-Westfalen 2.2.1989 – 11 A 1255/87,
- Jagdhütte in Wochenendhaus: BVerwG 9.9.2002 – 4 B 52/02 – BauR 2003, S. 1021 = BRS 65, Nr. 92,
- aber auch: Umstellung oder Änderung der Tierhaltung, z. B. von bisher wenigen Rindern und Schweinen auf Schweine-Intensivhaltung: BVerwG 11.7.1994 – 4 B 134.94 – BRS 56, Nr. 164,
- Umnutzung eines Wochenendhauses in Dauerwohnnutzung: BVerwG 28.10.1983 – 4 C 70.80 – BRS 40, Nr. 93, siehe auch: VG Münster 20.8.2013 – 2 K 2297/12,
- Änderung Kohlenhandel mit Nahtransport in einen Kranbetrieb mit 7 mobilen Krananlagen: BVerwG 11.2.1977 – IV C 8,75 – BRS 32, Nr. 140,
- Aufstellen von Videokabinen in einem Laden für ehehygienische und pornografische Artikel: OVG Nordrhein-Westfalen 27.2.1987 – 11 B 2903/86 – BRS 47, Nr. 202, auch: Änderung Einzelhandel für Sexartikel in Große Video-Film-Peep-Show: OVG Nordrhein-Westfalen 23.9.1988 – 11 B 1739/88 – BRS 48, Nr. 134. Siehe auch VGH Bayern 27.2.2017 – 15 CS 16.2253 – Erotikladen = Vergnügungsstätte.
- Umnutzung des Lagerplatzes eines Bauunternehmers zu einem Sammel- und Umschlagsplatz für gebrauchte Maschinen- und Kraftfahrzeugteile einschließlich Verkauf stellt bereits aus bauplanungsrechtlicher Sicht eine Nutzungsänderung dar: BVerwG, 14.4.2000 – 4 B 28/00 – BRS 63, Nr. 173, aber auch: Vorher Verwertung von Bauschutt in Lager und Handel für Schrott: OVG Nordrhein-Westfalen 13.2.1997 – 10 B 3205/96 – BRS 59, Nr. 148.
- Grenzfall: Die Nutzung von Schulhöfen außerhalb der üblichen Schulzeiten als Spielplatzfläche bzw. zu Sportzwecken: VG Köln 12.3.2009 – 13 K 3253/07 und OVG Nordrhein-Westfalen 8.7.2004 – 21 A 2435/02 –BauR 2004, 1740 ff. = BRS – Informationsdienst 2004, 11 ff.
- Umnutzung Ladenlokal in Räume zur Ausübung der Wohnungsprostitution: VG Arnsberg 18.8.2008 – 14 K 2180/07.
- Umnutzung Ladenlokal (Orthopädiegeschäft) in Wettbüro: VG Saarland 24.7.2008 – 5 L 644/08.

Maßstab ist hierbei (in bauplanungs- und bauordnungsrechtlicher Hinsicht) stets **47** die zuletzt genehmigte Nutzung einer Anlage. Die Baugenehmigung darf deshalb auch keine Mehrzwecknutzung genehmigen, sondern muss im Bauschein oder in den Bauvorlagen den Inhalt, die Reichweite und den Umfang der genehmigten Nutzung aufführen.[41] Andernfalls wäre sie nicht bestimmt genug, auch aus Sicht etwaig betroffener nachbarlicher Rechte. Eine Intensivierung der Nutzung allein ist allerdings nicht unbedingt als Nutzungsänderung zu werten.[42] Wird eine Gaststätte als Partyraum genutzt, liegt eine Nutzungsänderung vor.[43] Dies ist auch dann der Fall, wenn ein Kinder- in ein Altenheim umgenutzt wird,[44] oder sich bei einem genehmigten Altenwohnheim der Anteil der pflegebedürftigen Heimbewohner 50 Prozent nähert.[45] Auch eine Wohnungsteilung ist eine Nutzungsänderung, denn die Anzahl und die Anordnung der Wohnungen in einem Gebäude definieren den jeweiligen Genehmigungsgegenstand.[46] Liegt keine Genehmigung für die momentane Nutzung vor, so ist im Übrigen der Vorgang wie eine Neuerrichtung einer baulichen Anlage mit der momentanen Nutzung zu behandeln.[47]

- Eine Nutzungsänderung ist die Änderung der Benutzung einer baulichen **48** Anlage.
- Für die Genehmigungsbedürftigkeit einer Nutzungsänderung ist es unerheblich, ob die bisherige Nutzung bestandsgeschützt ist.
- Für das Vorliegen einer Nutzungsänderung ist nicht unbedingt die Änderung der Bausubstanz erforderlich.
- Eine genehmigungspflichtige Nutzungsänderung liegt vor, wenn sich die neue Nutzung von der bisherigen (legalen) dergestalt unterscheidet, dass die Zulässigkeit des geänderten Vorhabens anders beurteilt werden kann.

e) **Instandhaltung.** Instandhaltung ist das **Erhalten bzw. Unterhalten einer** **49** **baulichen Anlage** (z. B. durch die Erneuerung des Anstriches bzw. die Reparatur der Dacheindeckung).[48] Es geht also um den Schutz vor Verfall der entsprechenden baulichen Anlage. Laut Ziffer 3.1 VVBauO NRW 2021 (Entwurf) bedeutet Instandhalten, die baurechtlich relevanten Eigenschaften von baulichen Anlagen, wie Standsicherheit, Brandschutz, Schall- und Wärmeschutz, Hygiene-, Gesundheits- und Umweltschutz, aber auch die Nutzungssicherheit im Sinne der geforderten Gebrauchstauglichkeit angemessen dauerhaft zu sichern.

---

41 OVG Nordrhein-Westfalen 30.5.2005 – 10 A 2017/03.
42 BVerwG 29.10.1998 – 4 C 9.97 – BRS 60, Nr. 68 = BauR 1999, 228 und BVerwG 11.7.2001 – 4 B 36.01 – BRS 64, Nr. 73. Das OVG Niedersachsen 22.11.2013 – 1 LA 49/13 – BRS 81, Nr. 163 hat aber die Erhöhung der Bettenzahl (von 6 auf 10) eines Ferienhauses als genehmigungsbedürftige Nutzungsänderung gewertet.
43 VG Minden 26.4.2007 – 1 L 175/07.
44 BVerwG 3.8.1995 – 4 B 155/95.
45 VGH Bayern 19.5.2011 – 2 B 11.353.
46 OVG Niedersachsen 1.4.2022 – 1 ME 8/22.
47 Auch der Dachgeschossausbau ist eine Nutzungsänderung und wie ein Neubauvorhaben zu bewerten (hier im unbeplanten Innenbereich); BVerwG 23.3.1994 – 4 C 18.92 – BRS 56, Nr. 63.
48 Zum Begriff: VGH Baden-Württemberg 11.5.2011 – 8 S 93/11 – BRS 78, Nr. 150 = BauR 2011, 1957 und OVG Sachsen-Anhalt 31.1.2012 – 2 M 194/11 – ZfBR 2012, 386.

Regelmäßig ist die die Instandhaltung von baulichen Anlagen und Einrichtungen **verfahrensfrei**. Hierbei ist der entsprechende bauliche Vorgang von der Änderung bzw. von der faktischen Neuerrichtung baulicher Anlagen abzugrenzen. Instandhaltungsmaßnahmen dürfen deshalb nicht in das statische Gefüge z. B. eines Gebäudes eingreifen[49]. Der Eigentümer einer baulichen Anlage muss sowieso stets deren Standsicherheit im Blick behalten, d. h. er ist zum Erhalt der Standsicherheit und folglich zu entsprechenden Überprüfungen verpflichtet.[50] Auch bei fehlender Instandhaltung baulicher Anlagen können konkrete **Gefahrentatbestände** (für Nutzer oder Dritte) entstehen.[51] Erhaltungsmaßnahmen dienen dazu, dem Verfall einer baulichen Anlage entgegenzuwirken und deren Standdauer zu verlängern. Der Verfall einer baulichen Anlage durch unterlassende Schutzmaßnahmen durch den Eigentümer bzw. Verfügungsberechtigten kann in letzter Konsequenz zu einer Gefahrensituation i. S. d. der materiellen Grundnorm des Bauordnungsrechts (§ 3 MBO) führen.

Die **Verwahrlosung eines Grundstückes** mit einer aufstehenden baulichen Anlage als solche rechtfertigte bisher in der Regel nicht ein bauaufsichtliches Einschreiten. Eine Ruine kann allerdings Gegenstand eines bauaufsichtlichen Beseitigungsverlangens sein. Ebenso kann die Bauaufsichtsbehörde nach Untergang der Baugenehmigung die Beseitigung eines nicht fertiggestellten Baukörpers (= Gebäudetorso) verlangen. Allerdings beinhalten zwischenzeitlich zahlreiche Landesbauordnungen die Ermächtigung zur Beseitigung einer nicht mehr genutzten und im Verfall begriffenen baulichen Anlage (vgl. z. B. § 82 Abs. 2 BauO NRW).[52]

**50** Nicht zulässig ist regelmäßig die bauaufsichtliche Forderung zur (bauaufsichtlich geforderten) Instandsetzung einer verwahrlosten Anlage.[53] Allerdings hat die Gemeinde die Möglichkeit unter bestimmten engen Voraussetzungen gem. § 177 BauGB aus städtebaulichen Gründen ein Modernisierungs- und Instandsetzungsgebot gegenüber dem Eigentümer eines Grundstückes bzw. Gebäudes auszusprechen. Hierbei handelt es sich um ein weit über die Möglichkeiten der Bauaufsichtsbehörde hinausgehendes planungsrechtliches Instrumentarium. Zur Beseitigung der (baulichen) Missstände und zur Behebung der Mängel ist der Eigentümer verpflichtet. Solche Mängel können durch Abnutzung, Alterung, Verwitterung oder Einwirkungen Dritter entstehen. Den Eigentümer trifft in diesen Fällen grundsätzlich die Kostentragungspflicht.

Im Falle eines denkmalgeschützten Gebäudes kann die untere **Denkmalschutzbehörde** unter Umständen entsprechende Maßnahmen zur Erhaltung des Denkmales verlangen. Ziel ist die Erhaltung der Denkmaleigenschaft. Der Eigentümer eines Denkmals hat eine Pflicht zur Instandhaltung. Diese Pflicht folgt aus der

---

49 OVG Nordrhein-Westfalen 2.3.2001 – 10 B 223/01.
50 ARGEBAU, Hinweise für die Überprüfung der Standsicherheit von baulichen Anlagen durch den Eigentümer/Verfügungsberechtigten, Sept. 2006, in: DIBt-Mitteilungen 6/2006, 222 ff.
51 OVG Nordrhein-Westfalen 3.9.1991 – 10 A 2824/88.
52 Zu einem solchen bauaufsichtlichen Beseitigungsverlangen in Bezug auf ein verfallendes Gebäude vgl. OVG Niedersachsen 25.4.2018 – 1 LB 69/17 – BauR 2018, 1705 ff. Hier finden sich auch Ausführungen, inwieweit die Behörde ein privates Erhaltungsinteresse zu berücksichtigen hat.
53 Vgl. OVG Hamburg 9.11.2006 – 2 Bf 156/06.Z – BauR 3/2007, 534 ff.

V. Das Instrumentarium der Bauaufsichtsbehörde  **51–54**

Unterschutzstellung. Die Verpflichtung wird aber durch den Grundsatz der Verhältnismäßigkeit begrenzt.[54]

Ferner ist (z. B. in NRW) die Wohnungswirtschaftsbehörde im Rahmen des Vollzuges des Wohnungsaufsichtsgesetzes (WAG NRW) befugt, auf die Instandsetzung, die Erfüllung von Mindestanforderungen und die ordnungsgemäße Nutzung von Wohngebäuden, Wohnungen und Wohnräumen hinzuwirken und die erforderlichen Maßnahmen zu treffen (§ 4 Abs. 1 Wohnraumstärkungsgesetz NRW). Sind an Wohngebäuden, Wohnungen und Wohnräumen Arbeiten unterblieben oder unzureichend ausgeführt worden, die zur Erhaltung oder Wiederherstellung des für den Gebrauch zu Wohnzwecken geeigneten Zustandes notwendig gewesen wären, kann die zuständige Behörde anordnen, dass der Verfügungsberechtigte diese Arbeiten nachholt (§ 4 Abs. 2 Wohnraumstärkungsgesetz NRW).  **51**

## 2. Präventive und repressive Maßnahmen

§ 58 Abs. 2 MBO beinhaltet die umfassende Aufgabenzuweisung der Bauaufsicht an die entsprechenden Verwaltungsträger. Die Aufgabe der Bauaufsicht umfasst in sachlicher Hinsicht alle Gegenstände, die dem in § 1 MBO geregelten Anwendungsbereich unterfallen. Dieser Anwendungsbereich gilt für bauliche Anlagen und Bauprodukte. Es gilt auch für Grundstücke sowie für andere Anlagen und Einrichtungen, an die in diesem Gesetz oder in Vorschriften aufgrund dieses Gesetzes Anforderungen gestellt werden. Abs. 2 der vorgenannten Vorschrift beinhaltet einige Ausnahmen, da hierfür anderweitiges Fachrecht existiert.  **52**

Die Aufgabe der Bauaufsicht ist in diesem Zusammenhang die Überwachung der Einhaltung der öffentlich-rechtlichen Vorschriften und hat damit einem umfassenden Maßstab.

### § 2 NBauO – Begriffe  **53**

(17) Öffentliches Baurecht sind die Vorschriften dieses Gesetzes, die Vorschriften aufgrund dieses Gesetzes, das städtebauliche Planungsrecht und die sonstigen Vorschriften des öffentlichen Rechts, die Anforderungen an bauliche Anlagen, Bauprodukte oder Baumaßnahmen oder an andere Anlagen oder Einrichtungen nach § 1 Abs. 1 Satz 2 stellen oder die Bebaubarkeit von Grundstücken regeln.

Für die Erfüllung dieser Aufgabe steht der zuständigen Behörde eine Reihe von Instrumentarien zur Verfügung, wobei grundsätzlich die verschiedenen Handlungsformen staatlichen Handelns in Betracht kommen. Neben den nach außen gerichteten Verwaltungsverfahren – insbesondere Baugenehmigungsverfahren und bauaufsichtliche Verfahren – gehören dazu auch Aufklärungs- und Überwachungsmaßnahmen, die Heranziehung von Sachverständigen und nicht zuletzt auch die Bauberatung der am Bau Beteiligten bzw. Ordnungspflichtigen (vgl. z. B. § 58 Abs. 2 BauO Bln, § 58 Abs. 1 NBauO). Die Bauaufsicht kann aber auch öffentlich-rechtliche Verträge schließen, z. B. zur Ablösung von notwendigen Stellplätzen (§ 49 MBO), falls Gemeinde und Bauaufsichtsbehörde zusammenfallen. Ein öffentlich-rechtlicher Vertrag kann aber auch eine Ordnungsverfügung ersetzen. Nähere Regelungen zu öffentlich-rechtliche Regelungen finden sich in §§ 54 ff. VwVfG.  **54**

---

54 OVG Nordrhein-Westfalen 22.8.2007 – 10 A 3453/06 – BauR 2007, 2045.

**55** Bei den klassischen Maßnahmen der Bauaufsicht ist zu differenzieren zwischen:
- Eingriffen während des Bauens (**präventiv**) und
- nach Errichtung baulicher Anlagen (**repressiv**).

### 3. Präventive Maßnahmen

**56** Als **präventive** Maßnahmen stehen neben der Bauberatung (tlw. spezialgesetzlich geregelt) und der Sachverhaltsermittlung (zum Betretungsrecht vgl. § 58 Abs. 4 MBO zur Verfügung):

**57**

| die Baugenehmigung | § 72 MBO |
|---|---|
| der Vorbescheid | § 75 MBO |
| Nebenbestimmungen zur Baugenehmigung bzw. zum Vorbescheid und | § 72 Abs. 3 MBO |
| Rücknahmefiktion eines (unvollständigen bzw. mit erheblichen Mängeln behafteten) Bauantrages | § 69 Abs. 2 MBO |

### 4. Repressive Maßnahmen

**58** Die wichtigsten **repressiven** Maßnahmen sind:

| die Rücknahme rechtswidriger Bauerlaubnisse | § 48 VwVfG |
|---|---|
| der Widerruf rechtmäßiger Bauerlaubnisse (ggfls. vorab ein Widerrufsvorbehalt?) | § 49 VwVfG |
| nachträgliche Anforderungen wegen nicht voraussehbarer Gefahren und unzumutbarer Belästigungen (ggfls. vorab ein Auflagenvorbehalt?) | vgl. z. B. § 58 Abs. 6 BauO NRW |
| nachträgliche Anforderungen an rechtmäßig errichtete bauliche Anlagen (= Anpassungsverlangen) | vgl. § 59 BauO NRW |
| die Aufforderung, prüffähige Unterlagen oder eine fehlende Bescheinigung (z. B. zur Abnahme einer Feuerungsanlage, OVG Nordrhein-Westfalen 18.3.2003 – 10 A 885/03 – BRS 66, Nr. 203) einzureichen (nicht Bauantrag, außer dies ist spezialgesetzlich erlaubt, vgl. z. B. § 81 LBauO RP) | § 58 Abs. 2 S. 2 MBO |
| die Stilllegung | § 79 Abs. 1 MBO |
| das Nutzungsverbot und | § 80 S. 2 MBO |
| die Abbruch- oder Beseitigungsverfügung | § 80 S. 1 MBO |
| Beschlagnahme von Baugerät usw. (z. B. Bau- und Wohnwagen einer Wagenburg, VGH Baden-Württemberg 15.4.1997 – 1 S 2446/96 – BauR 1997, 1009 ff.) oder nicht zugelassenen Bauprodukten | § 79 Abs. 2 MBO |
| Versiegelung | § 79 Abs. 2 MBO |

### 5. Bauaufsichtliche Maßnahmen sind Eingriffsmaßnahmen und bedürfen einer besonderen Ermächtigungsgrundlage

**59** Beim bauaufsichtlichen Einschreiten ist zwischen Maßnahmen bei rechtswidrigen und bei rechtmäßigen (baulichen) Anlagen zu differenzieren, die erstere Gruppe dominiert allerdings zwangsläufig. Stets handelt es sich bei Eingriffsmaßnahmen um belastende Verwaltungsakte. Es bedarf deshalb hierfür einer ausreichenden gesetzlichen *Ermächtigungsgrundlage*. Hierbei ist die in der Generalklausel enthaltene allgemeine Ermächtigungsgrundlage (§ 58 Abs. 2 MBO) nachrangig gegenüber den Spezialermächtigungen für besondere Eingriffsmaß-

## V. Das Instrumentarium der Bauaufsichtsbehörde 60–62

nahmen (§§ 79, 80 MBO). Ferner räumt die Landesbauordnung der Bauaufsichtsbehörde in einzelnen Vorschriften auch noch weitere Befugnisse ein, z. B. die Bereitstellung einer Spielfläche für Kleinkinder zu fordern (vgl. z. B. § 8 Abs. 2 BauO NRW) oder das Verlangen, dass die Geländeoberfläche erhalten oder verändert wird, um eine Störung des Straßen-, Orts- oder Landschaftsbildes zu vermeiden oder zu beseitigen oder um die Geländeoberfläche der Höhe der Verkehrsflächen oder der Nachbargrundstücke anzugleichen (vgl. z. B. § 58 Abs. 4 BauO NRW) oder die Untersagung der Aufstellung von fliegenden Bauten (§ 76 Abs. 8 MBO). Ferner darf es keine Kollision mit anderen Fachermächtigungen geben (z. B. § 24 BImSchG oder § 5 Gaststättengesetz), auf die sich nur die zuständige Behörde berufen kann.
Bei den o. g. Maßnahmen handelt es sich um *verfassungsgemäße* Regelungen über Inhalt und Schranken des grundgesetzlich garantierten Eigentums.[55]

---

**Bauaufsichtliche Eingriffsbefugnisse und die entsprechenden Ermächtigungsgrundlagen**    **60**
- Betretungsrecht von Grundstücken und (baulichen) Anlagen – auch von Wohnungen (§ 58 Abs. 4 MBO)
- Eingriffe bei rechtswidrigen Bauarbeiten (§ 79 MBO)
- Beschlagnahme an der Baustelle vorhandener Bauprodukte, Geräte, Maschinen und Bauhilfsmittel (§ 79 Abs. 2 MBO)
- Eingriffe bei rechtswidrig errichteten (baulichen) Anlagen (§ 80 S. 1 MBO)
- Eingriffe rechtswidriger Nutzung (§ 80 S. 2 MBO)
- Eingriffe bei rechtmäßig (!) errichteten (baulichen) Anlagen (fehlt in der MBO, vgl. z. B. § 59 BauO NRW)

---

Wird eine Baugenehmigung unter Verstoß gegen materielle Vorschriften des öffentlichen Baurechts erteilt, bedarf es vor (!) Ergreifung bauaufsichtlicher Maßnahmen einer entsprechenden unanfechtbaren oder sofort vollziehbaren (Teil-)Rücknahme der Bauerlaubnis.[56]    **61**

Neben den vorgenannten klassischen Eingriffsmaßnahmen sind aber auch weitere bauaufsichtliche Anordnungen denkbar. So kann die Bauaufsichtsbehörde z. B. auch eine durch Baulast (§ 83 MBO) übernommene öffentlich-rechtliche Verpflichtung mit einer Bauordnungsverfügung durchzusetzen.[57] Ferner kann die Forderung nach einer privatrechtlichen Rückabwicklung einer materiell rechtswidrigen Grundstücksteilung (Verstoß gegen § 19 Abs. 2 BauGB) auf die bauaufsichtliche Generalklausel gestützt werden (hier: § 54 Abs. 2 S. 2 BayBO).[58]    **62**

---

[55] BVerfG 2.9.2004 – 1BvR 1860/02 – BauR 2006, 97.
[56] OVG Saarland 19.12.1984 – 2 W 1304/84 – BRS 42, Nr. 215 und OVG Nordrhein-Westfalen 30.5.1996 – 7 A 2/92.
[57] OVG Nordrhein-Westfalen 20.12.2022 – 10 A 1459/20. Das OVG Niedersachsen 4.3.2010 – 1 ME 13/10 – BRS 76, Nr. 209, hat sich zur richtigen Ermessensausübung im Zuge der Durchsetzung einer Stellplatzbaulast geäußert, auch zur Berücksichtigung privatrechtlicher Fragen.
[58] VGH Bayern 28.11.2013 – 2 BV 12.761 – BRS 81, Nr. 137 = BauR 2014, 829. So auch: VG Gießen 7.1.2008 – 1 E 2374/07 – BRS 73, Nr. 192.

## 6. Maßnahmen zur Sachverhaltsaufklärung

**63** Im Vorfeld vorgenannter Eingriffsmaßnahmen kommt den Mitarbeitern ein **Betretungsrecht** zu, welches auch Wohnungen umfasst (§ 58 Abs. 4 MB). Eine regelrechte Durchsuchung ist aber nicht gestattet. Das Betretungsrecht kann im Rahmen der Überprüfung eines Bauantrages, der Bauüberwachung, Bauzustandsbesichtigungen usw. in Frage kommen. Ist im Einzelfall unklar, ob tatsächlich eine Gefahr vorliegt, sind der Bauaufsichtsbehörde nur sogenannte Gefahrenerforschungsmaßnahmen gestattet (z. B. Klärung der Standsicherheit einer baulichen Anlage durch Anforderung einer gutachterlichen Stellungnahme vom Bauherrn durch einen Sachverständigen). Ferner ist die Bauaufsichtsbehörde befugt, Sachverständige und sachverständige Stellen zur Erfüllung ihrer Aufgaben auch selbst heranzuziehen (vgl. z. B. § 58 Abs. 5 BauO NRW). Ferner ist die Bauaufsichtsbehörde verpflichtet, vor Erlass einer Beseitigungsverfügung durch einen Blick ins Grundbuch die Eigentumsverhältnisse zu klären. Damit soll die Auswahl des richtigen Adressaten der entsprechenden Ordnungsverfügung gewährleistet werden.[59]

## 7. Durchsetzung bauaufsichtlicher Maßnahmen

**64** Damit die vorgenannten repressiven Mittel bauaufsichtlichen Handelns nicht wirkungslos sind, hat die Behörde die Möglichkeit, diese mittels **Verwaltungszwang** durchzusetzen und so rechtmäßige Zustände herbeizuführen. Die Zwangsmittel ergeben sich aus den Regelungen des Verwaltungsvollstreckungsgesetzes bzw. den entsprechenden landesspezifischen Regelwerken. Die Versiegelung als Unterfall des unmittelbaren Zwanges ist allerdings regelmäßig bereits in den Landesbauordnungen geregelt (§ 79 Abs. 2 MBO).

## 8. Verwirkung bauaufsichtlicher Befugnisse

**65** Bauaufsichtliche Befugnisse unterliegen nicht der Verwirkung, auch nicht bei längerer Untätigkeit der Behörde trotz Kenntnis des baurechtswidrigen Zustandes.[60] Aus längerer Untätigkeit der Behörde folgt nicht ohne weiteres ein Ermessensfehler,[61] vielmehr müssen besondere Umstände hinzutreten.[62] Durch Zeitablauf gilt ein Schwarzbau auch nicht automatisch als genehmigt.[63] Es entstehen durch eine lange Standdauer keine gegenläufigen Bindungswirkungen bzw. Duldungspflichten. Es kann im Übrigen auch gute Gründe gegen ein

---

59 OVG Nordrhein-Westfalen 7.8.2002 – 10 B 761/02 – BRS 65, Nr. 200.
60 OVG Saarland 25.1.2005 – 1 Q 51/04 – BRS 69, Nr. 194 = BauR 5/2006, 826 ff., auch: OVG Niedersachsen 22.3.2001 – 1 L 4487/99 – BRS 64, Nr. 198, OVG Berlin 27.11.2001 – 2 N 27/01 – BRS 64, Nr. 117, OVG Saarland 30.8.2004 – 1 Q 50/04, VG Karlsruhe 11.8.2010 – 1 K 3470/09 – BRS 76, Nr. 206, OVG Saarland 2.3.2011 – 2 A 190/10, VG Bayreuth 5.12.2013 – B 2 K 13.596 – und bereits schon: OVG Nordrhein-Westfalen 3.2.1959 – VII A 1193/57 – BRS 9, Nr. 72, VGH Hessen 20.2.1992 – 3 UE 4020/88 – hier Beseitigungsverlangen für ein altes Wochenendhaus und eine Hütte, OVG Niedersachsen 31.8.1993 – 6 M 3482/93 – BRS 55, Nr. 206, und VGH Baden-Württemberg 1.4.2008 – 10 S 1388/06 – BRS 73, Nr. 185. Schon hier hat das BVerwG 22.12.1965 – IV B 108.65 – darauf hingewiesen, dass eine stillschweigende Hinnahme eines baurechtswidrigen Zustandes durch Bauaufsichtsbehörde keinen Verzicht auf Einschreiten bedeutet.
61 OVG Berlin 27.11.2001 – 2 N 27.01 – BRS 64, Nr. 117.
62 BVerwG 16.5.1991 – 4 C 4/89.
63 VG Weimar 15.7.1999 – 1 E 664/99.We. – ThürBl. 1999, 265 ff.

sofortiges Einschreiten geben, z. B. ein laufendes Baugenehmigungsverfahren.[64] Das frühere Verhalten der Behörde ist aber bei der Fristsetzung bzw. Anordnung der sofortigen Vollziehung im Zusammenhang mit bauaufsichtlichen Maßnahmen zu beachten, ggf. bedarf es dann besonderer Ermessenserwägungen.

## 9. Der praktische Fall: Alles schon bekannt?

> Im Zusammenhang mit einem Bauantrag (Freiflächennutzung) stößt die Baugenehmigungsbehörde auf eine illegale Umnutzung eines Ladens in eine Eisdiele. Die Behörde erwägt ein Nutzungsverbot wegen formeller Illegalität. In der Altakte findet sich ein Vermerk, dass die Umnutzung der Behörde bereits vor fünf Jahren aufgefallen war. Ohne nähere Begründung ist es aber nicht zu einem bauaufsichtlichen Einschreiten gekommen.
> Der Sachbearbeiter fragt sich, ob aufgrund dieser Kenntnis nicht die Behörde ihre Befugnis zum Einschreiten verwirkt hat.
>
> **Wie ist die Rechtslage?**
>
> **Lösung**
>
> Im vorliegenden Fall wird die Bauaufsichtsbehörde im Zusammenhang mit einem Bauantrag für eine Freiflächennutzung auf eine ungenehmigte Nutzungsänderung aufmerksam.
> Wird der Bauaufsichtsbehörde eine bauliche Anlage bekannt, welche ganz oder in Teilen entweder nicht genehmigt oder trotz Genehmigung nicht mit dem geltenden Baurecht übereinstimmt oder welches anders als genehmigt genutzt wird, so muss sie von Amts wegen prüfen, welche Konsequenzen daraus zu ziehen sind, d. h., sie hat eine Überprüfungspflicht.
> Die Bauaufsichtsbehörde muss aber nicht gegen jeden ihr bekannt gewordenen baurechtswidrigen Zustand einschreiten. Sie darf anlassbezogen vorgehen. Insoweit kommt der Behörde ein Entschließungsermessen (**Opportunitätsprinzip**) zu. Dieses ist dem Zweck der Ermächtigung (§ 58 Abs. 2 MBO) entsprechend auszuüben. Es muss pflichtgemäß ausgeübt werden. Dabei wird die Behörde aber regelmäßig das Ermessen in erster Linie entsprechend dem mit der Befugnisnorm verfolgten Ziel ausüben, nämlich rechtmäßige bauliche Zustände herzustellen.
> Laut dem Sachverhalt findet sich in der Altakte ein Vermerk, dass die Umnutzung des Ladens in eine Eisdiele der Behörde bereits vor fünf Jahren aufgefallen war. Ohne nähere Begründung ist es aber nicht zu einem bauaufsichtlichen Einschreiten gekommen. Damit hat die Behörde den baurechtswidrigen Zustand hingenommen, ohne dass sie ihn hinnehmen musste.
> Zum jetzigen Zeitpunkt stellt sich die Frage, welche rechtlichen Folgen das Nichttätigwerden hat bzw. ob hierdurch auf Seiten des Betreibers der Eisdiele eine Art Vertrauensschutz entstanden ist, also ein Gegenrecht gegen ein etwaiges nachträgliches bauaufsichtliches Einschreiten. Damit wäre die Befugnis der Bauaufsichtsbehörde, gegen baurechtswidrige Zustände einzuschreiten, in dem konkreten Einzelfall untergegangen = verwirkt.

---

64 VGH Bayern 26.2.1969 – 241 II 67 und VGH Bayern 19.7.1999 – 14 B 99.675.

Hier ist aber die verwaltungsgerichtliche Rechtsprechung eindeutig. Durch Zeitablauf gilt ein Schwarzbau nicht automatisch als genehmigt. Es entstehen keine gegenläufigen Bindungswirkungen bzw. Duldungspflichten. Ein Nichttätigwerden der Behörde führt also nicht dazu, dass die Bauaufsichtsbehörde die Berechtigung zum Einschreiten verliert. Eine rein faktische Duldung – wie hier – eines rechtswidrigen Zustandes kann keinen Vertrauenstatbestand des Ordnungspflichtigen für eine dauerhafte Hinnahme begründen. Soll eine Duldung für eine längere Zeit einen Vertrauensschutz vermitteln, muss sie schriftlich erfolgen.

Auch wenn die Behörde die ungenehmigte Nutzung des Ladens in eine Eisdiele über einen längeren Zeitraum hingenommen hat, ist demnach ein Vertrauenstatbestand nicht entstanden. Das Vertrauen, dass ein rechtswidriger Zustand aufgrund langjähriger Duldung aufrechterhalten wird, ist weder schutzwürdig noch geschützt. Bei einer faktischen Duldung ist ein späteres bauaufsichtliches Einschreiten somit zulässig. Allerdings kann sich bei einer aktiven Duldung hingegen ein – einem bauaufsichtlichen Einschreiten entgegenstehender – Vertrauenstatbestand ergeben. Angesichts des Ausnahmecharakters und der weit reichenden Folgen einer solchen aktiven Duldung muss den entsprechenden schriftlichen Erklärungen der Behörde mit hinreichender Deutlichkeit zu entnehmen sein, ob, in welchem Umfang und gegebenenfalls über welchen Zeitraum die Duldung des illegalen Zustands erfolgen soll. Dies ist dem Sachverhalt nicht zu entnehmen. Hier liegt offensichtlich nur ein behördeninterner Vermerk vor. Insoweit wird sie den Antragsteller des Bauantrages auffordern, den eingereichten Bauantrag um die Nutzung der Eisdiele zu ergänzen. Angesichts der Vorgeschichte wird sie zunächst aber von einer Nutzungsuntersagung absehen, auch wenn ein solches Nutzungsverbot rechtstheoretisch aufgrund der formellen Illegalität möglich wäre. Mit einem solchen Nutzungsverbot wäre aber angesichts der langen Kenntnis der ungenehmigten Nutzung eine Anordnung der sofortigen Vollziehung nicht mehr möglich. Die Entscheidung über den (vervollständigten) Bauantrag bleibt dann abzuwarten.

**Hinweis**: Eine Eisdiele ist planungsrechtlich als ein Unterfall der Schank- und Speisewirtschaft zu bewerten. Diese wäre lediglich in einem reinen Wohngebiet (WR) nicht zulässig (§ 3 BauNVO[65]). Bei der Beurteilung der Außenbewirtschaftung einer Eisdiele ist insbesondere das Gebot der Rücksichtnahme zu beachten.[66] Das Rücksichtnahmegebot soll die Nachbarschaft vor unzumutbaren Auswirkungen eines Vorhabens schützen. Welche Anforderungen es im Einzelfall begründet, hängt von den konkreten Umständen ab. Was für Nachbarn zumutbar ist, richtet sich nach der Situation im Bereich des betroffenen Grundstücks. Je empfindlicher und schutzwürdiger die Stellung derer ist, denen die Rücksichtnahme im gegebenen Zusammenhang zugutekommt, umso mehr kann an Rücksichtnahme verlangt werden. Je verständlicher und unabweisbarer die mit dem Vorhaben verfolgten Interessen sind, umso weniger braucht derjenige, der das Vorhaben verwirklichen will,

---

[65] Zur Unzulässigkeit eines Biergartens in einem WR vgl. VG Minden 15.4.2008 – 1 K 1003/07.
[66] VG Würzburg 10.10.2011 – W 5 K 10.587.

> Rücksicht zu nehmen. Für die sachgerechte Beurteilung des Einzelfalles kommt es wesentlich auf eine Abwägung zwischen dem an, was einerseits dem von der Rücksichtnahme Begünstigten und andererseits dem zur Rücksichtnahme Verpflichteten nach Lage der Dinge zuzumuten ist. Letztlich ist die Bestimmung der Erheblichkeits- bzw. Zumutbarkeitsschwelle das Ergebnis einer einzelfallbezogenen Abwägung verbunden mit einer wertenden Betrachtung aller maßgeblichen Umstände.[67] Vor dem Hintergrund der Rahmenbedingungen wären die Lärmimmissionen der Freiflächennutzung zu bewerten. Diese Frage ist dem Baugenehmigungsverfahren vorbehalten.

---

67 BVerwG 18.5.1995 – 4 C 20/94.

# VI. Der Amtsermittlungsgrundsatz bei der Bauaufsicht

## 1. Begriff

67 Der Amtsermittlungsgrundsatz bedeutet, dass alle erheblichen Umstände für die Beurteilung eines Sachverhalts von der Bauaufsichtsbehörde zu ermitteln und zu berücksichtigen sind. Die Behörde ermittelt im Verwaltungsverfahren den Sachverhalt von Amts wegen.

## 2. Der allgemeine Untersuchungsgrundsatz im Verwaltungsverfahren

68 Der Untersuchungsgrundsatz im Verwaltungsverfahren ist allgemein in § 24 VwVfG geregelt. Aus dieser gesetzlichen Regelung folgt, dass die Behörde verpflichtet ist, den für die Entscheidung maßgeblichen Sachverhalt umfassend zu ermitteln und festzustellen hat. Der Untersuchungsgrundsatz bezieht sich insoweit auf die Tatsachenseite. Er ist nicht mit dem Verfügungsgrundsatz zu verwechseln, wonach die Behörde befugt ist, den Gegenstand eines Verfahrens zu bestimmen, zu ändern oder das Verfahrensverhältnis sogar zu beenden. Zuständig für die Untersuchung des Sachverhalts ist die für die Sachentscheidung zuständige Behörde, sie kann sich aber anderer Behörden im Wege der Amtshilfe (§§ 4 ff. VwVfG) bedienen.

69 **§ 24 Verwaltungsverfahrensgesetz (VwVfG) – Untersuchungsgrundsatz**

(1) Die Behörde ermittelt den Sachverhalt von Amts wegen. Sie bestimmt Art und Umfang der Ermittlungen; an das Vorbringen und an die Beweisanträge der Beteiligten ist sie nicht gebunden. Setzt die Behörde automatische Einrichtungen zum Erlass von Verwaltungsakten ein, muss sie für den Einzelfall bedeutsame tatsächliche Angaben des Beteiligten berücksichtigen, die im automatischen Verfahren nicht ermittelt würden.

(2) Die Behörde hat alle für den Einzelfall bedeutsamen, auch die für die Beteiligten günstigen Umstände zu berücksichtigen.

(3) Die Behörde darf die Entgegennahme von Erklärungen oder Anträgen, die in ihren Zuständigkeitsbereich fallen, nicht deshalb verweigern, weil sie die Erklärung oder den Antrag in der Sache für unzulässig oder unbegründet hält.

70 Der für die Entscheidung maßgebliche Sachverhalt ist umfassend zu ermitteln, hierbei geht es aber nicht um Rechtsfragen. Die Kenntnis hierfür wird sowieso vorausgesetzt. Vielmehr geht es um die Aufklärung und Ermittlung solcher Umstände, die auf das Ergebnis Einfluss haben könnten. Die Tatsachen, die behördenkundig oder offenkundig sind, werden dann für das Verfahren als wahr unterstellt. Die Beweisbedürftigkeit im Verwaltungsprozess stellt hier weitergehende Anforderungen. Der Mittelaufwand zur Tatsachenermittlung muss aber immer verhältnismäßig sein. Ungeeignete oder nicht erforderliche Maßnahmen zur Tatsachenermittlung sind unzulässig. Der Einsatz von zulässigen Beweismitteln im Verwaltungsverfahren i. S. d. § 26 VwVfG NRW ist sogar unabdingbar, denn die Bauaufsichtsbehörde hat vor dem Ergreifen bauaufsichtlicher Maßnah-

VI. Der Amtsermittlungsgrundsatz  **71–73**

men den Sachverhalt nämlich in ausreichender Weise aufklären. Tut sie dies nicht und geht von einer unzureichenden Tatsachengrundlage aus, handelt sie ermessensfehlerhaft.[68] So muss die Bauaufsicht z. B. im Falle eines beabsichtigten Nutzungsverbotes konkret feststellen, welche Nutzungen möglicherweise genehmigt und welche Nutzungen tatsächlich ausgeübt werden.[69]

| § 26 Verwaltungsverfahrensgesetz (VwVfG) – Beweismittel | **71** |
|---|---|

(1) Die Behörde bedient sich der Beweismittel, die sie nach pflichtgemäßem Ermessen zur Ermittlung des Sachverhalts für erforderlich hält. Sie kann insbesondere
1. Auskünfte jeder Art einholen,
2. Beteiligte anhören, Zeugen und Sachverständige vernehmen oder die schriftliche oder elektronische Äußerung von Beteiligten, Sachverständigen und Zeugen einholen,
3. Urkunden und Akten beiziehen,
4. den Augenschein einnehmen.

(2) Die Beteiligten sollen bei der Ermittlung des Sachverhalts mitwirken. Sie sollen insbesondere ihnen bekannte Tatsachen und Beweismittel angeben. Eine weitergehende Pflicht, bei der Ermittlung des Sachverhalts mitzuwirken, insbesondere eine Pflicht zum persönlichen Erscheinen oder zur Aussage, besteht nur, soweit sie durch Rechtsvorschrift besonders vorgesehen ist.

(3) Für Zeugen und Sachverständige besteht eine Pflicht zur Aussage oder zur Erstattung von Gutachten, wenn sie durch Rechtsvorschrift vorgesehen ist. Falls die Behörde Zeugen und Sachverständige herangezogen hat, erhalten sie auf Antrag in entsprechender Anwendung des Justizvergütungs- und -entschädigungsgesetzes eine Entschädigung oder Vergütung.

Der Untersuchungsgrundsatz schließt die Mitwirkung der am Verfahren Beteiligten nicht aus, vielmehr können diese im öffentlichen Interesse sogar zur Mitwirkung ausdrücklich verpflichtet werden. In den Landesbauordnungen fehlt regelmäßig eine entsprechende Regelung, daher gelten die vorgenannten Grundsätze auch für die Tätigkeit der Bauaufsichtsbehörde. Für deren Aufgabenbereich sind zusätzlich auch die nachfolgenden Ausführungen relevant.  **72**

### 3. Prüfauftrag der Bauaufsichtsbehörde und der Amtsermittlungsgrundsatz

Wird der Bauaufsichtsbehörde ein Bauwerk bekannt, welches ganz oder in Teilen entweder nicht genehmigt oder trotz Genehmigung nicht mit dem geltenden Baurecht übereinstimmt oder welches anders als genehmigt genutzt wird, so **muss** sie von Amts wegen prüfen, welche Konsequenzen daraus zu ziehen sind = **Überprüfungspflicht**.[70] Hierbei hat die Bauaufsichtsbehörde unter Beachtung  **73**

---

68 OVG Nordrhein-Westfalen 18.2.2010 – 10 A 1013/08 – BRS 76, Nr. 201, hier angebliches Befeuern einer Feuerungsanlage mit ungeeigneten Heizmaterialien.
69 OVG Nordrhein-Westfalen – 29.11.2004 – 10 B 2076/04.
70 Vgl. OVG Nordrhein-Westfalen 10.12.1985 – 7 B 2500/85. Wird die Bauaufsicht – z. B. durch einen Nachbarn – auf Mängeln in der Statik einer baulichen Anlage hingewiesen, besteht eine Amtspflicht zur Überwachung bzw. zur Überprüfung. OVG Nordrhein-Westfalen 10.12.1985 – 7 B 2500/85.

des Datenschutzes und des Schutzes von Betriebs- und Geschäftsgeheimnissen u. a. den Sachverhalt aufzuklären und in diesem Zusammenhang Auskünfte jeder Art einzuholen, Beteiligte anzuhören, Zeugen[71] und Sachverständige zu vernehmen bzw. Fachbehörden in das Verfahren einzubinden, schriftliche Äußerungen der Vorgenannten einzuholen, Akten, Unterlagen und Urkunden beizuziehen und Ortsbesichtigungen vorzunehmen (§ 26 VwVfG). Die Beteiligten im Verfahren sind zur Mitwirkung verpflichtet, dies gilt insbesondere für die am Bau Beteiligten bzw. den oder die sonstigen Ordnungspflichtigen. Der Amtsermittlungsgrundsatz gilt auch für das Baugenehmigungs- in seiner Eigenschaft als Verwaltungsverfahren, allerdings kommt hier dem Antragsteller bzw. Bauherrn in vielerlei Hinsicht eine Bringschuld (Baugenehmigung – Bauvorlagen und Bestellung von Entwurfsverfasser usw.) zu.

### 4. Betretungsrecht

**74** Im Vorfeld vorgenannter Eingriffsmaßnahmen kommt den Mitarbeitern ein **Betretungsrecht** zu, welches auch Wohnungen umfasst. Eine regelrechte Durchsuchung ist aber nicht gestattet (§ 58 Abs. 4 MBO). Das Betretungsrecht kann im Rahmen der Überprüfung eines Bauantrages, der Bauüberwachung, Bauzustandsbesichtigungen usw. in Frage kommen.

### 5. Gefahrenerforschungsmaßnahmen

**75** Ist im Einzelfall unklar, ob tatsächlich eine Gefahr vorliegt, sind der Bauaufsichtsbehörde nur sogenannte Gefahrenerforschungsmaßnahmen gestattet (z. B. Klärung der Standsicherheit einer baulichen Anlage durch Anforderung einer gutachterlichen Stellungnahme durch einen Sachverständigen). Laut dem VGH Hessen[72] gehört allerdings die Forderung nach einem Standsicherheitsgutachten bereits zu den zulässigen Gefahrenabwehr- und nicht zu den Gefahrenerforschungsmaßnahmen.

### 6. Ermessen und Grenzen der Sachverhaltsaufklärung

**76** Die Bauaufsichtsbehörde ist zu einer umfassenden Aufklärung des für ihre Entscheidung maßgeblichen Sachverhalts unter Ausschöpfung aller vernünftigerweise zu Gebote stehenden, rechtlich zulässigen Möglichkeiten, die geeignet erscheinen, die für ihre Entscheidung erforderliche Überzeugung zu begründen, verpflichtet. Hierbei hat sie Örtlichkeit zu besichtigen, Beteiligte zu ermitteln und zu befragen und die Untersuchungsergebnisse in geeigneter Art und Weise zu dokumentieren = aktenkundig zu machen. Diese Ergebnisse sind Grundlage der Ermessensentscheidung. Eine ungenügende Sachverhaltsaufklärung kann – wie gesagt – zu Ermessensfehlern führen.
Bei bauaufsichtlichen Ermessensentscheidungen ist es in der Regel aber nicht ermessensfehlerhaft, wenn in Fällen, in denen erhebliche Zweifel an dem Vorliegen einer Gefahrensituation bestehen und deren Klärung durch weitere Untersuchungen nicht ohne weiteres erreicht werden kann, auf eine weitere Klärung

---

71 Zu einem Nutzungsverbot für einen Bordellbetrieb. Ermittlung aufgrund im Verwaltungsprozess anonymer Zeugen. Beweisverwertung wurde akzeptiert; VG Wiesbaden 2.6.2003 – 3 G 615/03.
72 E. v. 24.6.1991 – 4 TH 899/91 – BRS 52, Nr. 223.

VI. Der Amtsermittlungsgrundsatz

des Sachverhaltes verzichtet wird.[73] Bei dieser Entscheidung sind aber auch die Bedeutung der Sache und das Rechtsschutzbedürfnis des Betroffenen zu berücksichtigen. Die Behörde darf dann im Rahmen ihrer Ermessensentscheidung die bestehenden Zweifel berücksichtigen und das Verfahren einstellen bzw. den Antrag des Dritten auf bauaufsichtliches Einschreiten ablehnen.
Im verwaltungsgerichtlichen Verfahren kann im Übrigen ein Fehlen von tatsächlichen Feststellungen und fachlichen Prüfungen durch das Gericht nicht nachgebessert werden.[74].

### 7. Heranziehung von Sachverständigen und sachverständige Stellen

Die Bauaufsichtsbehörde ist befugt, Sachverständige und sachverständige Stellen zur Erfüllung ihrer Aufgaben auch selbst heranzuziehen und damit externen Sachverstand zu aktivieren (vgl. z. B. § 58 Abs. 5 BauO NRW). In diesen Fällen entsteht dann zwischen der Behörde und dem Sachverständigen ein Auftragsverhältnis. Die Kosten werden an den Bauherrn bzw. Ordnungspflichtigen weitergegeben.

---

73 OVG Nordrhein-Westfalen 27.3.1993 – 10 A 2595/89 – BRS 55, Nr. 202 = BauR 1993, 713 ff.
74 OVG Nordrhein-Westfalen 28.12.1994 – 7 B 2890/94 – BRS 57, Nr. 245.

# VII. Die Prüfpflicht der Bauaufsichtsbehörde

### 1. Aufgabe der Bauaufsichtsbehörde

**78** Laut § 58 Abs. 2 S. 1 MBO haben die Bauaufsichtsbehörden bei der Errichtung, der Änderung, der Beseitigung, der Nutzung, der Nutzungsänderung sowie der Instandhaltung baulicher Anlagen (sowie anderer Anlagen und sonstiger Einrichtungen) darüber zu wachen, dass die Vorschriften des öffentlichen Baurechtes eingehalten werden. Dies gilt auch für genehmigungsfreie Vorhaben.[75]

### 2. Befugnisse und Ermessenspielraum der Bauaufsichtsbehörde

**79** Grundsätzlich haben die Bauaufsichtsbehörden in Wahrnehmung ihrer Aufgabe die erforderlichen Maßnahmen zu treffen (§ 58 Abs. 2 S. 2 MBO). Die Bauaufsichtsbehörde muss aber nicht ständig alle baulichen Anlagen in ihrem Zuständigkeitsbereich überprüfen, sie darf anlassbezogen vorgehen.[76]

Die Entscheidung, ob und wie die Bauaufsichtsbehörde gegen baurechtswidrige Zustände einzugreifen hat, ist dabei in das pflichtgemäße Ermessen der Bauaufsichtsbehörde gestellt. Voraussetzung für eine ordnungsgemäße Ermessenbetätigung ist aber, dass die Bauaufsichtsbehörde zunächst die Sach- und Rechtslage ermittelt.

### 3. Bekanntwerden baurechtswidriger Zustände und Prüfpflicht

**80** Wird der Bauaufsichtsbehörde ein Bauwerk bekannt, welches ganz oder in Teilen entweder nicht genehmigt oder trotz Genehmigung nicht mit dem geltenden Baurecht übereinstimmt oder welches anders als genehmigt genutzt wird, so **muss** sie von Amts wegen prüfen, welche Konsequenzen daraus zu ziehen sind = **Überprüfungspflicht.**[77] Der Gleichheitsgrundsatz fordert nicht, dass die Behörde alle in ihrem Zuständigkeitsbereich liegenden Wohngrundstücke regelmäßig daraufhin überprüft, ob ungenehmigte bauliche Anlagen errichtet worden sind. **Es reicht aus**, dass die Bauaufsichtsbehörde Schwarzbauten überprüft, wenn ihr diese – z. B. anlässlich von Baugenehmigungsverfahren oder aufgrund von Hinweisen – bekannt werden.[78] Konkreten Hinweisen auf Gefahrenlagen muss die Behörde aber nachgehen.[79]

**81** In der Regel werden nicht genehmigte Bauwerke bzw. baurechtswidrige Zustände bekannt durch
- Feststellungen von Außendienstmitarbeitern (Baukontrolldienst),
- Anzeige durch sonstige Behörden (z. B. Forstämter, Landschaftsschutzbehörden, Wasserschutzbehörden, Straßenbaubehörden, Denkmalschutzbehörden usw.) oder

---

75 OVG Bremen 25.8.1992 – 1 B 54/92 – BRS 54, Nr. 144.
76 OVG Bremen 26.2.1985 – 1 BA 56/84 – BRS 44, Nr. 190.
77 Vgl. OVG Nordrhein-Westfalen 10.12.1985 – 7 B 2500/85.
78 OVG Bremen 26.2.1985 – 1 A 34/85 – BRS 44, Nr. 195.
79 OVG Nordrhein-Westfalen 10.12.1985 – 7 B 2500/85.

- durch die Anzeige von Nachbarn oder
- durch Ordnungspflichtige, die selbst einem Vorgehen der Bauaufsichtsbehörde ausgesetzt sind und auf Bezugsfälle hinweisen

Auch das VG Düsseldorf[80] sieht bei hinreichenden Anzeichen für eine drohende konkrete Gefahr eine Prüfpflicht der Bauaufsichtsbehörde. Sie muss den Sachverhalt zuverlässig aufklären, um über den Antrag auf Erteilung einer Abbruchgenehmigung sachgerecht entscheiden zu können. Dies gilt umso mehr, wenn Rechte Dritter betroffen sein können.

### 4. Bauaufsichtliches Handeln und Bagatellfälle

Im Übrigen gilt, dass ungeachtet der bauaufsichtlichen Befugnis zum Einschreiten gegen baurechtswidrige Zustände es **Bagatellfälle** gibt, in denen das öffentliche Interesse derartig in seiner Bedeutung gemindert ist, dass das Einschreiten nicht mehr als sinnvolle bauaufsichtliche Aufgabenerfüllung angesehen werden kann.[8]

**Beispiel:** Die Behörde ordnet an, die in einem Einfamilienhaus in das Kellergeschoss verlegte Küche wieder im Erdgeschoss einzurichten.[81]

### 5. Ermittlung des Sachverhaltes und Fragen der Beweislast

Grundsätzlich trifft die Bauaufsichtsbehörde die **Pflicht zur Ermittlung des Sachverhaltes bzw. der Gefahrenerforschung (Prüfpflicht)**. Die Bauaufsichtsbehörde ist zu einer umfassenden Aufklärung des für ihre Entscheidung maßgeblichen Sachverhalts unter Ausschöpfung aller vernünftigerweise zu Gebote stehenden, rechtlich zulässigen Möglichkeiten, die geeignet erscheinen, die für ihre Entscheidung erforderliche Überzeugung zu begründen, verpflichtet. Hierzu gehören die Ortsbesichtigung (Betretungsrecht), die Feststellung etwaiger Verstöße gegen zu prüfende Vorschriften des öffentlichen Baurechts, die Ermittlung des bzw. der Beteiligten = Ordnungspflichtigen (Störer) usw. Ggf. sind Zeugen zu befragen. Die Ergebnisse der Ermittlungen (z. B. Messergebnisse von Immissionen) sind aktenkundig zu machen. Ungenügende bzw. fehlerhafte Sachverhaltsaufklärung führt regelmäßig zu Ermessensfehlern. Im Regelfall hat die Behörde für die von ihr behauptete formelle und materielle Illegalität auch die Beweislast. Beruft sich hingegen der Ordnungspflichtige auf Bestandsschutz, trifft ihn die Beweislast.[82] Weigert sich der entsprechende Eigentümer bzw. Nutzer an der Sachverhaltsaufklärung mitzuwirken, muss er damit rechnen, dass die Bauaufsichtsbehörde für ihn nachteilige Schlüsse zieht. Umgekehrt ist aber auch die Behörde gegenüber dem Betroffenen zur Mithilfe verpflichtet, allerdings nur in einem ihr zumutbaren Rahmen.

---

80 E. v. 23.11.2015 – 9 L 3546/15.
81 VG Berlin 26.2.1982 – 13 A 69/80.
82 BVerwG 23.2.1979 – 4 C 86.76 – BRS 35, Nr. 206.

**85** Es gibt aber auch **Grenzen der bauaufsichtlichen Aufklärungspflicht**, z. B. wenn abschließende gesetzliche Regeln für die Beurteilung eines bestimmten Sachverhaltes existieren. So sieht z. B. der VGH Bayern[83] keine Prüfpflicht der Bauaufsichtsbehörde einer Umweltbeeinträchtigung wegen elektromagnetischer Strahlung im Zusammenhang mit der Baugenehmigung für eine Mobilfunkmast. Mit der Erteilung einer Standortbescheinigung sind die immissionsfachlichen und gesundheitlichen Aspekte durch die hierfür zuständige Bundesnetzagentur geklärt und deshalb im Baugenehmigungsverfahren nicht mehr zu prüfen. Die Standortbescheinigung beinhaltet auch eine entsprechende Baufreigabe. Im Rahmen der Frage, ob mit einem bestimmten Vorhaben mit Blick auf das nachbarliche Umfeld zumutbare Immissionen einher gehen oder nicht, bedarf es jedoch einer behördlichen Bewertung. So ist eine ermessensfehlerfreie Ablehnung eines gestellten Antrags auf bauordnungsrechtliches und/oder immissionsschutzrechtliches Eingreifen mit der Erwägung, die Immissionsbelastung der Wohnnachbarn sei u. a. unter Berücksichtigung von Erwägungen der Sozialadäquanz bzw. der Seltenheit einzelner Vorkommnisse zumutbar, überhaupt nur sachgerecht und damit ermessensfehlerfrei möglich, wenn das Maß der Immissionsbelastung bekannt resp. hinreichend aufgeklärt wurde.[84]

**86** Insoweit muss die Behörde den Sachverhalt zuverlässig aufklären, um über den Antrag auf Erteilung einer Genehmigung oder eines Antrages auf Einschreiten sachgerecht entscheiden zu können.[85] Dies gilt umso mehr, wenn Rechte Dritter betroffen sein können.[86] Zwar bedarf es bei einem Antrag eines Dritten auf bauaufsichtliches Tätigwerden für eine ordnungsgemäße Ermessensbetätigung der Bauaufsichtsbehörde regelmäßig nur der Feststellung der formellen und materiellen Illegalität der betreffenden Anlage,[87] aber es besteht eine Pflicht zum Eingreifen, wenn nur so die Aufgabe der Überwachung der Einhaltung der öffentlich-rechtlichen Vorschriften ordnungsgemäß erfüllt werden kann.[88] Hierbei ist insoweit insbesondere der Grad der Intensität der Störung oder Gefährdung zu berücksichtigen.[89] Dies ist z. B. bei einer bestehenden Einsturzgefahr anzunehmen, da damit eine unmittelbare Gefährdung von Leben, Gesundheit und Eigentum des Antragstellers einher geht. Dann ist das bauaufsichtliche Ermessen regelmäßig auch auf Null verdichtet.[90]

### 6. Umgang mit einem festgestellten baurechtswidrigen Zustand

**87** Voraussetzung für ein bauaufsichtliches Tätigwerden ist, dass eine bauliche Anlage bzw. deren Nutzung im Widerspruch zum öffentlichen (Bau-)Recht steht. Die behördliche Überprüfungspflicht umfasst in diesem Zusammenhang auch

---

83 E. v. 14.4.2022 – 15 ZB 21.2827.
84 VGH Bayern 8.11.2021 – 15 B 21.147.
85 VG Düsseldorf 23.11.2015 – 9 L 3546/15.
86 Zu einer ermessensgerechten Entscheidung einer Bauaufsichtsbehörde von einem Einschreiten gegen einen baurechtswidrigen Zustand (hier: Abstandsflächenverstoß) abzusehen vgl. VG Gelsenkirchen 25.11.2016 – 6 K 1715/15.
87 VG Saarland 19.6.2019 – 5 K 2001/18.
88 VG Cottbus 18.3.2021 – 3 L 95/21.
89 BVerwG 18.8.1960 – I C 42.59.
90 OVG Nordrhein-Westfalen 3.2.1994 – 10 A 1149/91.

## VII. Die Prüfpflicht der Bauaufsichtsbehörde 88–91

die Frage, welche Konsequenzen aus einem festgestellten baurechtswidrigen Zustand zu ziehen sind, wobei das öffentliche Interesse in der Regel ein Einschreiten gebietet.[91]

Regelmäßig wird demnach die Bauaufsichtsbehörde einem festgestellten baurechtswidrigen Zustand mit den erforderlichen Maßnahmen begegnen. Die entsprechenden Maßnahmen sind davon abhängig, ob formelle und/oder materielle Illegalität vorliegt. Ferner wird die konkrete Gefahrensituation das Handeln der Bauaufsichtsbehörde beeinflussen. Bei Gefahr im Verzug ist regelmäßig ein unverzügliches behördliches Handeln angezeigt. Bei einem Einschreiten gegen rechtswidrige oder auch ordnungswidrige Zustände kann die zuständige Behörde von dem an sich aus der Natur der Sache gerechtfertigten ggf. gebotenen Einschreiten (nur ausnahmsweise) absehen, wenn sie dies für nach den konkreten Umständen opportun hält. Von einem Einschreiten kann aber nur dann abgesehen werden, wenn der Fall so geartet ist, dass ganz bestimmte konkrete Anhaltspunkte für die Angemessenheit einer Ausnahme, d. h., der hier (ausnahmsweise) in Kauf zu nehmenden Duldung eines Rechts- oder ordnungswidrigen Zustandes bestehen. **88**

Die formelle Rechtmäßigkeit einer baulichen Anlage schließt im Übrigen aber ein bauaufsichtliches Einschreiten gegen diese Anlage aus.[92] Eine Baugenehmigung vermittelt formelle Legalität – und damit Bestandsschutz – aber nur mit Blick auf den jeweiligen Regelungsgehalt der Genehmigung. Eine bauaufsichtliche Beseitigungsverfügung bleibt aufgrund anderer, aber nicht im Baugenehmigungsverfahren zu prüfender Nomen möglich.[93] Besteht für ein Baugrundstück ein Altlastenverdacht bzw. handelt es sich um belastetes Gelände, steht eine erteilte Baugenehmigung einem bauaufsichtlichen Einschreiten nicht entgegen.[94] **89**

Hat die Bauaufsichtsbehörde von der formellen Illegalität Kenntnis genommen, so wird sie prüfen, ob materielle Illegalität vorliegt. Ist eine bauliche Anlage bzw. deren Nutzung materiell **eindeutig illegal** und kommt die Erteilung einer Ausnahme, Befreiung oder Abweichung nicht in Betracht, wird die Bauaufsichtsbehörde den **Abbruch** bzw. den Rückbau der baulichen Anlagen bzw. ein Nutzungsverbot verfügen. Etwas anderes gilt, wenn die Maßnahme unverhältnismäßig ist oder tatsächliche bzw. rechtliche Hindernisse gegen ein bauaufsichtliches Einschreiten sprechen. **90**

Ist die materielle Illegalität **nicht eindeutig** festzustellen, kommt die Anforderung von (erforderlichen) Bauvorlagen zur Prüfung der materiellen Legalität in Betracht. Zwischenzeitlich kann die Behörde je nach Sachlage die **Stilllegung** verfügen oder ein **Nutzungsverbot** bzw. **Räumungsgebot** aussprechen. Ergibt die Prüfung der ergänzend angeforderten Bauunterlagen ebenso eindeutig die materielle Illegalität, kann i. d. R. ein baurechtskonformer Zustand nur durch den Erlass einer entsprechenden **Abbruchverfügung** oder eines (unbefris- **91**

---

91 BVerwG 15.5.1997 – 4 C 23/95 – NVwZ 1998, 58, OVG Sachsen-Anhalt 17.3.1999 – A 2 K 123/97.
92 OVG Sachsen-Anhalt 10.10.2006 – 2 L 680/04.
93 VGH Bayern 14.7.2005 – 20 CS 05.1732 – Natur und Recht 2006, 711 ff.
94 OVG Nordrhein-Westfalen 23.9.1974 – I A 94/74 – BRS 30, Nr. 163.

teten) Nutzungsverbotes hergestellt werden. In Einzelfällen kommt eine befristete **Duldung** des baurechtswidrigen Zustandes in Frage. Bei materieller Legalität kann bei ergänzender Vorlage eines Bauantrages nachträglich eine Bauerlaubnis ausgesprochen werden, andernfalls kommt eine **förmliche Belassung** in Betracht. Die Bauaufsichtsbehörde darf bei ihrer Tätigkeit auch Verstöße gegen Normen des Baunebenrechts in den Blick nehmen, d. h., Anlass für Maßnahmen zur Gefahrenabwehr kann z. B. auch die Verletzung von Vorschriften des Naturschutzes und der Landschaftspflege sein.[95]

92 **Hinweis:** Für die bauaufsichtlichen Maßnahmen bedarf es – da es sich um grundrechtsrelevante Eingriffe handelt – gesetzlicher Ermächtigungsgrundlagen. Diese finden sich in allgemeiner oder in spezieller Form in den jeweiligen Landesbauordnungen. Nur wenn eine spezielle Ermächtigungsgrundlage fehlt, darf die bauaufsichtliche allgemeine Befugnisklausel (§ 3 MBO) angewendet werden.[96] Wenn letztere Norm zur Anwendung kommt, müssen nicht die Voraussetzungen der allgemeinen ordnungsrechtlichen Eingriffsnorm, sondern lediglich die Tatbestandsmerkmale der bauaufsichtlichen Generalermächtigung (§ 58 Abs. 2 MBO) vorliegen.

### 7. Kontrollbereich der Bauaufsichtsbehörde

93 Der Kontrollbereich der Bauaufsichtsbehörde umfasst sowohl genehmigte als auch ungenehmigte Vorhaben. Letztere umfassen auch grundsätzlich genehmigungs-, anzeige- oder zustimmungsfreie Vorhaben. Auch diese müssen nämlich den materiellen Anforderungen des materiellen öffentlichen Baurechts genügen (§ 59 Abs. 2 MBO). Allerdings ist durch die Möglichkeit des genehmigungsfreien Bauens die Bauaufsichtsbehörde nicht verpflichtet, quasi als Ausgleich für den Wegfall der präventiven Prüfung verstärkt repressiv gegen baurechtswidrige Zustände vor allem zugunsten betroffener Dritter vorzugehen.[97]

94

| Normalfall | 1. atypische Fallgruppe | 2. atypische Fallgruppe |
|---|---|---|
| genehmigtes Vorhaben | ungenehmigtes Vorhaben | genehmigungs-, anzeige- und zustimmungsfreies Vorhaben |

95 Aber auch bei genehmigungsbedürftigen Vorhaben ist die Bauaufsichtsbehörde bei Verstößen gegen nicht prüfpflichtige Normen gehalten, rechtzeitig (im Baugenehmigungsverfahren) zu reagieren, um spätere bauaufsichtliche Maßnahmen zu vermeiden.[98] Diese Problematik resultiert im Alltag der Genehmigungsbehörde vor allem aus dem gesetzlich eingeschränkten Prüfprogramm im sogenannten vereinfachten Genehmigungsverfahren (§ 63 MBO) und beeinflusst auch die Tätigkeit der Bauaufsichtsbehörde als Eingriffsverwaltung.

---

95 VGH Hessen 20.12.1999 – 4 TG 4637/98 – BRS 62, Nr. 204.
96 BVerwG 24.10.2001 – 6 C 3.01, vgl. auch BVerwG 13.7.1994 – 4 B 129.94 – BRS 56, Nr. 203.
97 OVG Niedersachsen 28.3.2014 – 1 LA 216/12 – BRS 82, Nr. 197.
98 VGH Hessen 27.8.2002 – 3 UZ 778/02 – UPR 2003, 398.

## 8. Konsequenzen aus den gesetzlichen Verfahrenserleichterungen im Zeichen der Deregulierung

Deregulierung will durch die Abschaffung nicht (mehr) notwendiger Rechtsvorschriften, der Beseitigung bürokratischer Hemmnisse und Vereinfachung bzw. Beschleunigung der Verwaltungsverfahren das Normgefüge vereinfachen und überflüssige Bürokratie abbauen. Private Initiativen und Investitionen sollen gestärkt und die Verwaltung soll gezielt zu einer wirtschafts- und bürgerfreundlichen Verwaltung entwickelt werden. Auf diese Weise können gleichzeitig Kosten in Verwaltung und Unternehmen eingespart werden. **96**

Die zentralen Ziele des Bürokratieabbaus und der Rechtsvereinfachung sind: **97**
1. die spürbare Vereinfachung der Verwaltungskontakte für Bürger und Unternehmen,
2. die Umsetzung von Verbesserungen, die dem jeweiligen Wirtschaftsstandort nutzen und Investitionen und Ansiedlungen erleichtern,
3. die Vereinfachung von Verwaltungsstrukturen und -prozessen,
4. die nachhaltige Aufgaben- und Ausgabenentlastung der Verwaltung.

Diese Tendenz der Liberalisierung durch den Abbau staatlicher Regulierungen sowie eine gleichzeitige Privatisierung ist ein seit Jahren aktuelles Thema, vor allem im öffentlichen Baurecht. **98**

| Grundsätzliche Genehmigungsbedürftigkeit der Errichtung, der Änderung, Nutzungsänderung (und Beseitigung) baulicher Anlagen nach § 59 MBO | | | | | **99** |
|---|---|---|---|---|---|
| Vorrang anderer Gestattungsverfahren (§ 60 MBO) | Verfahrensfreie Vorhaben bzw. Beseitigung von Anlagen (§ 61 MBO) | Sonstige von der Genehmigung freigestellte Vorhaben (§ 62 MBO) | Nur zustimmungsbedürftige öffentliche Baumaßnahmen (§ 77 MBO) | Genehmigung fliegender Bauten (§ 76 MBO) | |

Als Komponenten der Verfahrensvereinfachung dienen insbesondere die Einführung von Anzeige-, Freistellungs- oder Kenntnisgabeverfahren, an deren Ende regelmäßig nicht mehr die Erteilung der klassischen Baugenehmigung steht. Damit hat sich der Gesetzgeber teilweise aus der präventiven Konfliktschlichtung verabschiedet, allerdings ist mit diesem Rückzug aus der präventiven bauaufsichtlichen Prüfung keine Suspendierung der materiellen Anforderungen des öffentlichen Baurechts verbunden. **100**

Auch die Aufgabe der repressiven Überwachung der Einhaltung der öffentlich-rechtlichen Vorschriften durch die Bauaufsichtsbehörde wird durch die Deregulierung nicht berührt. Die Freistellung bodenrechtlich relevanter Vorhaben von der Genehmigungsbedürftigkeit ist von Anfang an nicht ohne Kritik geblieben, es bestanden insbesondere bundesrechtliche Bedenken. Durch die zwischenzeitliche Änderung des § 29 BauGB wurden diese Einwände entkräftet. Mit der Entstaatlichung soll nach den Vorstellungen der Gesetzgeber die Stärkung der Eigenverantwortlichkeit (der am Bau Beteiligten) einhergehen. **101**

Zwischenzeitlich haben alle Bundesländer (in Hamburg wieder abgeschafft) entsprechende Genehmigungsfreistellungen eingeführt. In den Vereinfachten Bau- **102** genehmigungsverfahren wird das materielle Recht nur noch teilweise geprüft (vgl. z. B. § 64 Abs. 1 BauO NRW). Teilweise wird die Überprüfung bauordnungsrechtlicher Vorgaben durch die Genehmigungsbehörde sogar gänzlich suspendiert (vgl. z. B. § 63 Abs. 1 LBO, SH) oder auf beantragte Abweichungen beschränkt (vgl. z. B. § 63 BauO Bln).

**103**

| Verfahren im Bauordnungsrecht | | |
|---|---|---|
| Vorhaben (Errichtung, Änderung, Beseitigung, Nutzungsänderung) | | |
| Verfahrensfreie Vorhaben (§ 61 MBO) | Bauaufsichtliche Verfahren | |
| | Genehmigungsfreistellung (§ 62 MBO) | Baugenehmigungsverfahren (§ 63 und 64 MBO) |
| | | – Vereinfachtes Baugenehmigungsverfahren (§ 63 MBO)<br>– Klassisches Baugenehmigungsverfahren (§ 64 MBO) |

**104** Das Bauanzeige-, Freistellungs- oder Kenntnisgabeverfahren kennt keine generelle Prüfungspflicht, an deren Ende steht kein anfechtbarer Verwaltungsakt in Form einer Baugenehmigung (vgl. z. B.: § 63 Abs. 3 BauO NRW). Drittschützende Normen gelten aber unabhängig von den Verfahrensbestimmungen, d. h., es bleibt grundsätzlich bei einem Anspruch des betroffenen Nachbarn auf bauaufsichtliches Einschreiten unter der Voraussetzung eines Verstoßes gegen eine nachbarschützende Vorschrift aus dem öffentlichen Baurecht. Die Bauaufsichtsbehörde übernimmt zwar durch den Wegfall der präventiven Prüfung keine Verantwortung mehr für das Bauvorhaben, sie muss aber in der Phase der Bauausführung bzw. nach Fertigstellung des Vorhabens (ggf. auf Antrag eines Dritten) tätig werden und den Rechten des Dritten (zwangsweise) Geltung verschaffen.

**105** Der teilweise Rückzug des Staates aus dem öffentlich-rechtlichen Baurecht und der teilweise Wegfall der Baugenehmigung als umfassender öffentlich-rechtlicher Unbedenklichkeitsbescheinigung bedingt bei weitgehender Beibehaltung der materiellen Vorgaben einen Ausgleich. Es fehlt nunmehr bei vielen Vorhaben die Bauaufsichtsbehörde, die den Bauherrn und den Entwurfsverfasser begleitet und berät und das Ergebnis durch einen positiven Bescheid rechtlich bestätigt. Damit stellt sich verstärkt die Frage der Stärkung der Eigenverantwortlichkeit der am Bau Beteiligten.

**106** Insbesondere durch die Einschaltung privater Sachverständiger soll der fachtechnische Sachverstand gewährleistet werden. Die staatlich anerkannten Sachverständigen werden im Rahmen bauaufsichtlicher Verfahren unmittelbar vom Bauherrn auf privatrechtlicher Grundlage beauftragt. Sie treffen in eigener Verantwortung abschließende Entscheidungen, ihre Bescheinigungen und Nachweise entfalten öffentlich-rechtliche Wirkung. Hierbei wird also staatliche Tätigkeit in den privaten Sektor verlagert, gleichzeitig wird auf staatliche Kompetenzen verzichtet. Der Sachverständige haftet dabei nach privatrechtlichen Vorschriften, die Amtshaftung der Behörde entfällt.

## VII. Die Prüfpflicht der Bauaufsichtsbehörde

| Prüftiefe im Bauordnungsrecht | | | 107 |
|---|---|---|---|
| Klassisches Baugenehmigungsverfahren (§ 64 MBO) | Vereinfachtes Baugenehmigungsverfahren (§ 63 MBO) | Genehmigungsfreistellung (§ 62 MBO) | |
| Bauantrag und Bauvorlagen | Bauantrag und Bauvorlagen | Anzeige und Bauvorlagen | |
| Prüfen durch die Bauaufsichtsbehörde | Prüfen durch die Bauaufsichtsbehörde | Gemeinde (und Bauaufsichtsbehörde) müssen nicht prüfen | |
| Vollständiges Prüfprogramm | Eingeschränktes Prüfprogramm | Keine Prüfung | |
| Erteilung der Baugenehmigung, ggfls. mit Nebenbestimmungen | Erteilung der Baugenehmigung, ggfls. mit Nebenbestimmungen | Eingangsbestätigung | |
| Erlaubnis zum Bauen nach Zustellung der Baugenehmigung | Erlaubnis zum Bauen nach Zustellung der Baugenehmigung | Erlaubnis zum Bauen nach Ablauf der Monatsfrist | |
| Bauüberwachung | Bauüberwachung (eingeschränkt oder gänzlicher Verzicht) | Keine Bauüberwachung | |

**108** Nur die in der maßgeblichen Vorschriften (§ 63 Abs. 1 MBO, vgl. z. B. auch: Art. 59 BayBO oder § 64 Abs. 1 BauO NRW) genannten Normen werden von der Bauaufsichtsbehörde im vereinfachten Verfahren geprüft. Diese sind z. B. in NRW: §§ 29–38 BauGB, §§ 4, 6, 48 und 49, beantragte Abweichung (§ 69 BauO NRW) bei Sonderbauten auch die Brandschutzvorschriften, örtliche Bauvorschriften und andere öffentlich-rechtliche Vorschriften, die nicht Gegenstand eines separaten Gestattungsverfahren sind. Bei Sonderbauten werden alle Brandschutzanforderungen von der Behörde geprüft. Das Vorhaben muss also nicht mit allen Bauvorschriften übereinstimmen, zumindest wird die Übereinstimmung mit diesen Normen nicht präventiv geprüft.

**109** Im vereinfachten Verfahren prüft die Bauaufsichtsbehörde auch nicht die Standsicherheit (auch nicht die Standsicherheit benachbarter baulicher Anlagen), den Schallschutz, den Wärme- und den vorbeugenden Brandschutz.[99] Auch die Vorlagepflicht des Bauherrn für bestimmte bautechnische Nachweise erweitert nicht das Prüfprogramm.[100]

**110** Nicht zum gesetzlichen Prüfungsumfang gehörende materielle Anforderungen können aber Gegenstand selbstständiger Anordnungen sein.[101] Die nicht zum Prüfumfang gehörigen Normen dürfen jedoch nicht zum Regelungsinhalt der

---

99 VGH Bayern 27.10.1999 – 2 CS 99.2387 – BayVBl. 2000, 377, vgl. auch: VGH Bayern 27.12.2001 – 26 ZB 00.2890 – BRS 65, Nr. 166, VG München 16.1.2017 – M 8 SN 16.2877 – und VG Ansbach 13.4.2017 – AN 9 K 16.01503. So auch: OVG Nordrhein-Westfalen 28.4.2023 – 10 B 1297/22.
100 VG Ansbach 10.12.2008 – AN 18 K 08.01143.
101 Vgl. hierzu: OVG Sachsen 25.2.1998 – 1 S 38/98 – BRS 60, Nr. 106, VGH Bayern 6.6.2002 – 14 B 99.2545 – BauR 2003, 683 ff., und OVG Nordrhein-Westfalen 28.1.2009 – 10 A 1075/08 – BRS 74, Nr. 156 = BauR 2009, 1187.

Baugenehmigung gemacht werden.[102] Die Beschränkung des Prüfprogramms im vereinfachten Verfahren führt also nicht dazu, dass den zuständigen Behörden im Rahmen der Entscheidung über den Bauantrag die Prüfung anderer Belange untersagt ist.[103] Eine Baugenehmigung hat im vereinfachten Verfahren z. B. auch naturschutzrechtliche Aspekte in den Blick zu nehmen, d. h., sie darf nicht erteilt werden, wenn es naturschutzrechtliche Hindernisse gibt.[104]

111 Angenommen wird ein fehlendes Sachbescheidungsinteresse für den Fall an, wenn ein Vorhaben wegen anderer – nicht zu prüfender Anforderungen – dauerhaft nicht verwirklicht werden kann.[105] Die Bauaufsichtsbehörde prüft zwar nicht Geeignetheit des Baugrundstücks (vgl. z. B.: § 13 S. 2 MBO), ist dieses aber laut fachlicher Stellungnahme der Abfallwirtschaftsbehörde mit Altlasten belastet, darf die Baugenehmigung (auch) nicht erteilt werden. Dies gilt auch bei der möglichen Belastung eines Baugrundstückes mit Kampfmitteln (§ 13 S. 2 MBO).[106]

112 Analog zum reduzierten Prüfprogramm reicht der Regelungsgegenstand der im vereinfachten Verfahren erteilten Baugenehmigung.[107] Abweichungen von anderen bauordnungsrechtlichen Vorschriften müssen vom Bauherrn gesondert beantragt werden. Der reduzierte Inhalt der Baugenehmigung hat auch Einfluss auf den Drittschutz, d. h. der betroffene Nachbar kann nur Verstöße gegen die im vereinfachten Verfahren relevanten Vorschriften – soweit drittschützend – rügen.[108] Er muss in einem solchen Fall einen Antrag auf bauaufsichtliches Einschreiten stellen.[109]

113 Bei Verstößen gegen Vorschriften außerhalb des Prüfprogramms treten auch weitere Probleme auf. Stellt die Bauaufsichtsbehörde z. B. bei der Bearbeitung eines Bauantrages Verstöße gegen Vorschriften fest, die eigentlich nicht zum Rege-

---

102 VGH Bayern 6.6.2002 – 14 B 99.2545 – BRS 65, Nr. 167, vgl. auch VGH Bayern 27.12.2001 – 26 ZB 00.2890 – BRS 65, Nr. 166. Unterliegt ein Vorhaben dem Vereinfachten Verfahren, kann auch ein voraus gehender Vorbescheid nicht über den in § 68 Abs. 1 Satz 4 BauO NRW (jetzt: § 64 Abs. 1 BauO NRW) eingeschränkten Prüfungsumfang hinaus gehen, VG Gelsenkirchen 14.6.2011 – 6 K 4130/09.

103 Vgl. hierzu auch: OVG Rheinland-Pfalz 23.10.2002 – 8 A 10994/02, OVG Rheinland-Pfalz 22.10.2008 – 8 A 10942/08 – BauR 5/2009, 799 ff. einschränkend und VG Saarland 14.3.2007 – 5 K 82/06.

104 OVG Niedersachsen 30.9.2020 – 4 ME 104/20.

105 Vgl. auch OVG Rheinland-Pfalz 18.11.1991 – 8 B 11955/91 – BRS 52, Nr. 148 = BauR 1992, 219 ff., OVG Rheinland-Pfalz 22.10.2008 – 8 A 10942/08 – BRS 73, Nr. 147 = BauR 2009, 799, OVG Nordrhein-Westfalen 28.1.2009 – 10 A 1075/04 – BRS 74, Nr. 156 = BauR 2009, 802, VGH Hessen 1.10.2010 – 4 A 1907/10.Z – BRS 76, Nr. 147, OVG Hamburg 30.3.2011 – 2 Bf 374/06 – BRS 78, Nr. 152 = BauR 2011, 1794.

106 Vgl. hierzu Ziffer 13 VV BauO Nordrhein-Westfalen (Entwurf). Hier wird vor allem auf die diesbezügliche Zuständigkeit der allgemeinen Ordnungsbehörden (= Gemeinden) verwiesen. Die Vorschrift wird regelmäßig nicht im Vereinfachten Verfahren geprüft.

107 OVG Nordrhein-Westfalen 3.5.2001 – 10 B 311/01 – BauR 2001, 1575.

108 OVG Rheinland-Pfalz 18.11.1991 – 8 B 11955/91 – BauR 1992, 219 = BRS 52, Nr. 148 und BVerwG 16.1.1997 – 4 B 244/96 – NVwZ 1998, 58, VGH Bayern 27.10.1999 – 2 CS 99.2387 – BayVBl. 2000, 377, VGH Bayern 27.12.2001 – 26 ZB 00.2890 – BRS 65, Nr. 166 und OVG Nordrhein-Westfalen 12.1.2015 – 2 B 1386/14 – BRS 83, Nr. 125 = BauR 2015, 1975 ff.

109 Vgl. aber OVG Saarland 3.1.2008 – 2 A 182/07.

lungsgegenstand im vereinfachten Verfahren gehören, erhebt sich die Frage, wie mit dieser Divergenz umzugehen ist. Die Behörde kann den Bauherrn dennoch z. B. auf diese Problematik hinweisen und in letzter Konsequenz den Bauantrag – wegen fehlenden Sachbescheidungsinteresses – ablehnen.[110] Der VGH Bayern[111] hält hingegen selbstständige bauaufsichtliche Anordnungen für zulässig. Diese dürfen auch mit der Baugenehmigung verbunden werden. Das OVG Nordrhein-Westfalen[112] sieht sogar eine Verpflichtung der Bauaufsichtsbehörde zur Ausweitung der präventiven Prüfung, wenn z. B. die Brandschutzanforderungen betroffen sind und es deshalb um die Gefährdung hochwertiger Rechtsgüter (= Leib und Leben) der späteren Nutzer einer baulichen Anlage geht.[113] Das OVG Nordrhein-Westfalen[114] stellt klar, dass eine Baugenehmigung auch im vereinfachten Verfahren nicht erteilt werden darf, wenn das Vorhaben einer eigentlich zu überprüfenden Norm nicht entspricht. Einige – also nicht alle – Landesbauordnungen sehen diese Praxis ausdrücklich vor. Ist eine beantragte Baugenehmigung aber bereits erteilt, kann eine Verstoß gegen eine eigentlich nicht zu prüfende Norm auch deren Rücknahme rechtfertigen.[115] Zumindest entfaltet eine solche Baugenehmigung keine rechtlichen Wirkungen hinsichtlich nicht zu prüfender und nicht geprüfter Vorschriften,[116] d. h., ein entsprechender Bestandsschutz steht bauaufsichtlichen Maßnahmen folglich nicht entgegen.

Die Bauüberwachung im vereinfachten Verfahren beschränkt sich zwangsläufig auf den o. g. Prüfungsumfang (beachte aber: § 42 Abs. 7 BauO NRW, d. h., die Bescheinigung Bezirksschornsteinfeger bleibt unberührt). Soweit Bescheinigungen staatlich anerkannter Sachverständiger vorgelegt werden (vgl. z. B. § 68 Abs. 2 BauO NRW), entfällt die Bauüberwachung durch die Bauaufsichtsbehörde ebenso, da die staatlich anerkannten Sachverständigen die Rolle der ursprüngliche Genehmigungsbehörde übernehmen.

### 9. Verfahren bei Doppelzuständigkeiten

Ist ein bauordnungsrechtlicher Anknüpfungspunkt gegeben und gleichzeitig der Zuständigkeitsbereich einer anderen Fachbehörde berührt, z. B. Abfall-, Forst-, Immissions-, Naturschutz- bzw. Landschafts-, Wasserschutzbehörde, Wohnungsaufsicht usw., hat sich die Bauaufsichtsbehörde mit der oder den andere(n) Behörde(n) abzustimmen. Dies ist z B. der Fall mit Blick auf immissionsschutzrechtlich nicht genehmigungsbedürftige Anlagen i. S. d. § 22 BImSchG. Die Zuständigkeiten anderer Behörden bleiben durch die Zuständigkeit der Bauaufsichtsbehörde nämlich unberührt. Etwas anderes gilt nur, wenn die Landesbauordnung den Vorrang der sachnäheren Behörde vorschreibt (vgl. z. B. § 58 Abs. 1 BauO TH). Es ist aber anerkannt, dass die Bauaufsichtsbehörde auch aufgrund

---

110 Vgl. hierzu OVG Sachsen 25.2.1998 – 1 S 38/98 – BRS 60, Nr. 106 und OVG Rheinland-Pfalz 22.10.2008 – 8 A 10942/08 – BRS 2/2009, 13 = 5/2009, 799 ff.
111 VGH Bayern 6.6.2002 – 14 B 99.2545 – BRS 65, Nr. 167.
112 OVG Nordrhein-Westfalen 28.1.2009 – 10 A 1075/08 – BRS 74, Nr. 156.
113 Vgl. auch hierzu VGH Hessen 27.8.2002 – 3 UZ 778/02 – ZfBR 2003, 69.
114 E. v. 12.1.2015 – 2 B 1386/14 – BRS 83, Nr. 125 = BauR 2015, 1975 ff.
115 VG Köln 22.4.2014 – 2 K 427/14. Anders: OVG Hamburg 30.5.2011 – 2 Bf 405/05.
116 VG Koblenz 16.9.2008 – 7 K 9/08.KO.

von Verstößen gegen baunebenrechtliche Vorschriften einschreiten darf.[117] Im Übrigen erfüllen Landkreise oder kreisfreie Städte auch die Funktion verschiedener anderer Behörden, z. B. untere Naturschutz-, untere Wasserschutz-, untere Umweltbehörde usw. und vereinigen damit verschiedene Kompetenzen.

**116** Die Bauaufsichtsbehörde darf aber auch die Lagerung von Abfall thematisieren, wenn hieraus ein baurechtswidriger Zustand folgt. Maßgeblich ist bei konkurrierenden Befugnissen verschiedener Behörden die Zielrichtung der konkreten Maßnahme. Geht es nur um die abfallwirtschaftliche Entsorgung, ist aber die Bauaufsichtsbehörde nicht zuständig.[118]

**117** Zwischenzeitlich ist im Übrigen auch verwaltungsgerichtlich entschieden, dass bahnfremde Nutzungen auf Bahngelände der Zuständigkeit der Bauordnungsbehörden unterliegen.[119] Die zuständige Bauaufsichtsbehörde kann hiergegen einschreiten, ohne daran durch § 1 Abs. 2 Nr. 1 MBO gehindert zu sein.[120] Die Zuständigkeit der Bauaufsichtsbehörde bei bahnfremden Nutzungen liegt vor, da die Subsidiarität des Bauordnungsrechts nur für öffentliche Verkehrsanlagen gilt. Die Voraussetzungen für ein Einschreiten gegen eine bahnfremde Nutzung sind bereits deshalb gegeben, weil diese ungenehmigt ist und damit gegen das formelle Bauordnungsrecht verstößt. Existiert die Nutzung aber schon viele Jahre, muss die Bauaufsichtsbehörde diesen Umstand bei ihren Ermessensüberlegungen einstellen.

### 10. Die maßgebliche Sach- und Rechtslage beim Erlass von Eingriffsverfügungen

**118** Für die Prüfung der formellen bzw. materiellen Illegalität einer baulichen Anlage bzw. deren Nutzung kommt es regelmäßig auf das im Zeitpunkt des Erlasses der Eingriffsverfügung gültige Recht an, allerdings kann eine frühere Übereinstimmung mit den materiellen Bestimmungen des öffentlichen Baurecht ein Abwehrrecht des Ordnungspflichtigen begründen (Bestandsschutz!).

**119** Die Bauaufsichtsbehörde muss aber ihre jeweiligen Entscheidungen im Blick behalten und ggf. auf veränderte Umstände (z. B. Eigentümerwechsel) reagieren. In der bauaufsichtlichen Praxis kann z. B. eine Stilllegung oder ein Nutzungsver-

---

117 BVerwG 25.11.1983 – 4 C 21.83 – BRS 40, Nr. 52.
118 OVG Nordrhein-Westfalen 31.10.1994 – 10 A 4084/92 – BRS 56, Nr. 198, vgl. hierzu auch die ähnliche Entscheidung: BVerwG 10.11.1993 – 4 B 185.93 – BRS 55, Nr. 197, hier Entfernung von mit Straßenaufbruch belasteten Böden, vgl. aber anders: VGH Hessen 2.8.1995 – 4 TG 632/95 – BRS 57, Nr. 254.
119 VG Potsdam 14.9.2000 – 4 L 1039/00.
120 OVG Nordrhein-Westfalen 27.4.1998 – 7 A 3818/96 – BRS 60, Nr. 165, vgl. hierzu auch: VGH Bayern 11.3.2009 – 15 BV 08.1306 – BauR 7/2009, 1129 ff., hier Einstellung von Bauarbeiten zur Aufnahme einer bahnfremden Nutzung: Freizeit und Eventcenter. Zu bauaufsichtlichen Maßnahmen bei bahnfremder Nutzung eines Bahnhofsgebäudes vgl. BVerwG 17.12.2021 – 4 B 13/21. Schreitet die Bauaufsichtsbehörde gegen eine seit Jahrzehnten ausgeübte bahnfremde Nutzung auf Bahngelände ein, muss sie im Rahmen ihrer Ermessensausübung zugunsten des Betroffenen berücksichtigen, dass diese Nutzung nach der gängigen, allerdings der Rechtslage widersprechenden Praxis sowohl von der Bahn als auch den zuständigen Bauaufsichtsbehörden als legal angesehen und entsprechend behandelt wurde, OVG Nordrhein-Westfalen 27.4.1998 – 7 A 3818/96.

bot durch eine nachträgliche Genehmigung überholt oder aber die Durchsetzung einer Abbruchverfügung rechtswidrig werden, weil die entsprechende bauliche Anlage (z. B. durch bauliche Veränderungen oder eine Überplanung) genehmigungsfähig geworden ist. Ändert sich z. B. nach Erlass der Beseitigungsverfügung die Rechtslage dergestalt, dass ein zukünftiger Bebauungsplan zur Legalisierung des baurechtswidrigen Zustandes führen wird, kann das Festhalten am Abbruchverlangen ermessensfehlerhaft sein.[121] Also muss bei Vollstreckungsentscheidungen stets die aktuelle Sach- und Rechtslage in den Blick genommen werden.[122]

Bei einer etwaigen späteren verwaltungsgerichtlichen Überprüfung kommt es auf die Art der jeweiligen Eingriffsmaßnahme an. Handelt es sich wie bei einer Nutzungsuntersagung um einen Verwaltungsakt mit Dauerwirkung, ist für die Beurteilung der Sach- und Rechtslage auf den Zeitpunkt der gerichtlichen Entscheidung abzustellen.[123] Bei einer Klage gegen eine Beseitigungsverfügung ist der maßgebliche Beurteilungspunkt grundsätzlich der Zeitpunkt der letzten Behördenentscheidung. Dies ist in den Ländern, die an einem Vorverfahren festgehalten haben, der Zeitpunkt des Erlasses des Widerspruchsbescheides.[124] Eine Veränderung der Rechtslage zugunsten des Ordnungspflichtigen ist aber zu berücksichtigen.[125] Stellt aber eine bestandskräftige Beseitigungsverfügung verbindlich die materielle Rechtswidrigkeit einer baulichen Anlage fest und hat sich die Sach- und Rechtslage nicht verändert, kann auch ein späterer Bauantrag dies nicht in Frage stellen.[126]

## 11. Der praktische Fall: Eine Luftwärmepumpe erregt die Gemüter

> An der Außenwand eines Hauses wird eine Luftwärmepumpe (Außeneinheit) angebracht. Das Gebäude wurde in der offenen Bauweise errichtet und hält zu den Nachbarn den erforderlichen Mindestabstand ein. Der betroffene Nachbar wendet sich mit einem Antrag auf bauaufsichtliches Einschreiten an die zuständige Bauaufsichtsbehörde und reklamiert insbesondere eine unzumutbare Geräuschentwicklung ausgehend von der montierten Luftwärmepumpe.
>
> **Wie ist der Vorgang bauordnungsrechtlich zu bewerten? Was ist zu tun?**
> **Lösung**
> Die Landesbauordnung gilt für bauliche Anlagen und Bauprodukte. Sie gilt auch für Grundstücke sowie für andere Anlagen und Einrichtungen, an die in derselben oder in Vorschriften aufgrund der Landesbauordnung Anforderungen gestellt werden (§ 1 Abs. 1 MBO).

---

121 OVG Niedersachsen 17.8.1984 – 1 A 138/81 – BRS 42, Nr. 218.
122 OVG Nordrhein-Westfalen 4.3.1986 – 10 B 878/85.
123 VG Bremen 6.5.2021 – 1 V 1927/20. So sieht das auch das VG Düsseldorf 19.11.2021 – 25 K 2375/19.
124 BVerwG 3.11.1996 – 6 B 77.95.
125 VG München 14.7.2020 – M 1 K 18.5695.
126 VGH Bayern 23.11.2015 – 12 B 15.1978.

Der Begriff der baulichen Anlage wird in § 2 Abs. 1 MBO definiert. Demnach sind bauliche Anlagen mit dem Erdboden verbundene, aus Bauprodukten hergestellte Anlagen.

Fraglich ist in diesem Zusammenhang, ob die Luftwärmepumpe separat betrachtet werden kann. Dies ist nicht Fall, vielmehr handelt es sich um ein Bauteil einer baulichen Anlage. Die Luftwärmepumpe ist nämlich als ein funktioneller Teil einer haustechnischen Anlage (= Heizungs- und Warmwasseranlage) des entsprechenden Gebäudes zu betrachten. Im Übrigen ist sie an der Außenwand des Gebäudes angebracht und erscheint deshalb als Teil derselben. Eine separate Betrachtung entfällt insoweit.

Als Teil einer Heizungs- und Warmwasseranlage besteht zunächst Genehmigungsfreiheit (§ 61 Abs. 1 Nr. 2 MBO). Dies bedeutet aber nicht, dass sich nicht materielle Fragen stellen (§ 59 Abs. 2 MO). Hierbei ist die veränderte bauliche Anlage (= Gebäude) insgesamt in den Blick zu nehmen.

Hieraus folgt ein Abstandsflächenverstoß. Vor den Außenwänden von Gebäuden sind Abstandsflächen von oberirdischen Gebäuden freizuhalten. Diese Grundforderung gilt entsprechend auch für andere Anlagen gegenüber Gebäuden und Grundstücksgrenzen soweit von ihnen Wirkungen wie von Gebäuden ausgehen (§ 6 Abs. 1 MBO). Die entsprechende Anwendung der Abstandsflächenvorschrift auf andere Anlagen setzt jedoch neben den weiteren gesetzlich geregelten Voraussetzungen deren Selbstständigkeit voraus. Dies ist aber – wie zuvor ausgeführt – zu verneinen. Aus diesem Grund ist hier Satz 1 der vorgenannten Norm zu beachten.

Durch das Anbringen der Luftwärmepumpe stellt sich die Frage der Einhaltung der erforderlichen Abstandsflächen für die entsprechende Außenwand neu. Damit wird zuvor eingehaltene Mindestabstand unterschritten (§ 6 Abs. 5 MBO).

Dies ist auch nicht gem. § 6 Abs. 6 MBO irrelevant, weil es sich bei dem Außenbauteil der Luftwärmepumpe nicht um ein untergeordnetes Bauteil handelt. Eine solche Privilegierung entfällt bereits wegen der Geräuschentwicklung der Luftwärmepumpe. Zu den Zielen der Abstandsregelungen gehört auch die Vermeidung bzw. Reduzierung von Lärmimmissionen.[127] Durch die Einhaltung des gesetzlich vorgeschriebenen Abstandes soll ein Sozialabstand gewahrt werden. Dies bedingt auch die Vermeidung einer größeren Nähe einer Lärmquelle. Die Geräuschentwicklung einer Luftwärmepumpe ist auch nicht geringfügig.

Aufgrund des nicht durch eine Abweichung (§ 67 MBO) heilbaren materiellen Verstoßes wegen hierdurch berührter Rechte des Nachbarn, wird die zuständige Bauaufsichtsbehörde dem baurechtswidrigen Zustand mit einem Beseitigungsverlangen begegnen (§ 80 Satz 1 MBO NW). Es ist in diesem Zusammenhang von einer Ermessensreduzierung auf Null auszugehen, d. h., die Bauaufsichtsbehörde muss dem Antrag des Nachbarn auf Einschreiten nachkommen.

Fall nach OVG Nordrhein-Westfalen 30.11.2016 – 7 A 263/16 (BRS 84, Nr. 94), anders: VG Mainz 30.9.2020 – 3 K 750/19.

---

127 OVG Nordrhein-Westfalen 18.4.1991 – 11 A 2428/89.

**Ergänzender Hinweis:** Durch das 2. Änderungsgesetz zur BauO NRW 2018 ist z. B. in NRW die Änderung dieser materiellen Rechtslage erfolgt. Demnach sollen Wärmepumpen und Einhausungen mit einer Höhe bis zu 2 m und einer Gesamtlänge je Grundstücksgrenze von 3 m ohne eigene Abstandsflächen oder in den Abstandsflächen eines Gebäudes errichtet werden dürfen. Unabhängig hiervon ist aber nach wie vor das planungsrechtliche Gebot zur Rücksichtnahme relevant. Für den vorliegenden Fall bezieht sich dessen Berücksichtigung auf die Frage des Lärmschutzes. Hierbei sind die Nachbarschutz vermittelnden Vorschriften der §§ 22 und 3 Abs. 1 und 2 des Bundes-Immissionsschutzgesetzes als öffentlich-rechtliche Vorschriften einzuhalten sowie die TA-Lärm zu beachten.[128] Sollte allerdings der Nachweis erbracht werden, dass es nicht zu einem unzumutbaren Lärmaufkommen kommt, wäre eine materielle Illegalität zu verneinen. Damit käme auch keine Beseitigungsverfügung in Betracht. In den anderen Bundesländern hängt die Lösung des Falles davon ab, ob die dortige Abstandsflächenvorschrift ebenso zwischenzeitlich durch eine Sonderregel für Wärmepumpen angereichert worden ist.

**122**

---

128 VG Saarland 1.2.2012 – 5 K 1528/11; vgl. auch OVG Sachsen 20.8.2020 – 1 a 1194/17.

# VIII. Zum Gefahrenbegriff

## 1. Hintergrund

**123** a) **Allgemeine Zielsetzungen des Bauordnungsrechtes.** Das materielle Bauordnungsrecht (Sonderordnungsrecht) ist vor allem Sicherheitsrecht. Es dient der Wahrung der öffentlichen Sicherheit und Ordnung auf dem Gebiet des Bauwesens (Errichtung, Erhaltung, Änderung, Instandhaltung, Nutzung und Abbruch = Beseitigung baulicher Anlagen) einschließlich der Abwehr von Verunstaltungen, es enthält aber auch Vorschriften sozialpflegerischer Art und verfolgt in neuerer Zeit verstärkt bau- und energiewirtschaftliche Zielsetzungen.

**124** b) **Konkrete Zielsetzungen des Bauordnungsrechtes.** Im Einzelnen beinhaltet das Bauordnungsrecht Anforderungen baukonstruktiver, baugestalterischer und bauwirtschaftlicher Art an Bauwerk und Baustoffe, regelt darüber hinaus das Baugenehmigungsverfahren, die Ordnung des Bauvorgangs, die Unterhaltung und Instandsetzung baulicher Anlagen und die Bekämpfung der von ihnen ausgehenden Gefahren. Klassische Aufgabe des Bauordnungsrechtes ist und bleibt die Gefahrenabwehr (vgl. hierzu: § 58 Abs. 1 BauO NRW), d. h., Voraussetzung für eine bauaufsichtliche Gefahr ist das Vorliegen einer konkreten Gefahr.[129]

c) **Die materielle Grundnorm des Bauordnungsrechts.**

**125** § 3 MBO – Allgemeine Anforderungen
Anlagen sind so anzuordnen, zu errichten, zu ändern und instand zu halten, dass die öffentliche Sicherheit und Ordnung, insbesondere Leben, Gesundheit und die natürlichen Lebensgrundlagen, **nicht gefährdet werden**; dabei sind die Grundanforderungen an Bauwerke gemäß Anhang I der Verordnung (EU) Nr. 305/2011 zu berücksichtigen. Dies gilt auch für die Beseitigung von Anlagen und bei der Änderung ihrer Nutzung.

**126** Die vorgenannte Vorschrift ist die **materielle Grundnorm** des Bauordnungsrechtes. Es handelt sich aber – im Gegensatz zur allgemeinen ordnungsbehördlichen Generalklausel (vgl. z. B. § 14 OBG NRW) – nicht auch um eine Ermächtigungsgrundlage. Wesentliche Tatbestandsvoraussetzung der vorgenannten Generalklausel ist das Vorliegen einer (konkreten) **Gefahr**.

**127**

| Übersicht über die Regelungen in den Landesbauordnungen | |
|---|---|
| Baden-Württemberg | § 3 Abs. 1 LBO |
| Bayern | Art. 3 Abs. 1 BayBO |
| Berlin | § 3 Abs. 1 BauO Bln |

---

[129] OVG Rheinland-Pfalz 3.3.1966 – 1 A 95/64, VGH Baden-Württemberg 20.9.1981 – 3 S 1917/81, VGH Baden-Württemberg 12.5.1999 – 8 S 963.99 – BRS 62, Nr. 201 = BauR 2000, 864, hier fehlende Standsicherheit eines Wohnhauses, VGH Hessen 22.3.2000 – 4 TG 287/99 – BRS 63, Nr. 213.

## VIII. Zum Gefahrenbegriff 128–130

| Übersicht über die Regelungen in den Landesbauordnungen | |
|---|---|
| Brandenburg | § 3 Abs. 1 BbgBO |
| Bremen | § 3 Abs. 1 BremLBO |
| Hamburg | § 3 Abs. 1 HBauO |
| Hessen | § 3 Abs. 1 HBO |
| Mecklenburg-Vorpommern | § 3 Abs. 1 LBauO M-V |
| Niedersachsen | § 1 Abs. 1 NBauO |
| Nordrhein-Westfalen | § 3 BauO NRW |
| Rheinland-Pfalz | § 3 Abs. 1 LBauO |
| Saarland | § 3 Abs. 1 Nr. 1 LBO |
| Sachsen | § 3 Abs. 1 SächsBO |
| Sachsen-Anhalt | § 3 Abs. 1 BauO LSA |
| Schleswig-Holstein | § 3 Abs. 2 LBO |
| Thüringen | § 3 Abs. 1 ThürBO |

### 2. Allgemeiner Gefahrenbegriff

Unter *Gefahr* ist ein Zustand zu verstehen, der (nach verständigem Ermessen) **128** den Eintritt eines Schadens mit Wahrscheinlichkeit erwarten lässt. Hierbei ist von objektiven Gegebenheiten und nicht von persönlichen Befindlichkeiten auszugehen, die Gefahr ist demnach von der bloßen Beeinträchtigung bzw. Belästigung abzugrenzen (vgl. aber die weitergehenden Vorschriften der Landesbauordnung, die Immissionsschutz zum Ziel haben, z. B. § 41 Abs. 3 MBO – Lüftungsanlagen, § 42 Abs. 3 MBO – Feuerungsanlagen). Unter einem *Schaden* wird in diesem Zusammenhang eine Verschlechterung des bestehenden normalen Zustandes durch von außen kommende regelwidrige Einflüsse verstanden. Oder anders: ein Schaden ist jede Verletzung von unter die Begriffe öffentliche Sicherheit und Ordnung fallenden Normen, Rechte und Rechtsgütern.

### 3. Abgrenzung Gefahr und Störung

Eine **konkrete Gefahr** liegt dann vor, wenn im Einzelfall der Eintritt des Scha- **129** dens bereits begonnen hat und von einer fortdauernden Gefährdung auszugehen ist. Eine **Störung** liegt dann vor, wenn der Schaden bereits eingetreten ist (= realisierte Gefahr).

### 4. Der Begriff der Gefahr im Bauordnungsrecht

**a) Gefahrabwehr als bauaufsichtliche Aufgabe.** Nur die Abwehr von Gefahren **130** für die öffentliche Sicherheit und Ordnung ist durch die allgemeine bauaufsichtliche Generalklausel gedeckt, wobei die Anforderungen, die die Landesbauordnung stellt, bereits dem entsprechen, was aus dem Blickwinkel der Gefahrenabwehr erforderlich ist. Die materielle Grundnorm wird durch die verschiedenen Einzelvorschriften der Landesbauordnung konkretisiert. Diese Normen stellen konkrete Anforderungen für Wohngebäude bzw. Gebäude bzw. Räume mit vergleichbaren Nutzungen, aber auch für Grundstücke und bauliche Anlagen, die keine Gebäude sind. Erhöhte materielle Anforderungen bestehen für sogenannte Sonderbauten, wie z. B. Hochhäuser, Verkaufsstätten, verschiedenartige Versammlungsstätten, Krankenhäuser, Schulen, Vergnügungsstätten usw. Das unterschiedliche Gefahrenpotenzial spiegelt sich in unterschiedlichen Verfahren mit einem differenzierten Prüfumfang wider.

**131** **b) Abwehr von Gefahren für Leben oder Gesundheit.** Bei der Tätigkeit der Bauaufsichtsbehörde geht es häufig um die Abwehr von Gefahren für Leben oder Gesundheit. In diesem Zusammenhang sind z. B. die Durchsetzung der bauordnungsrechtlichen Bestimmungen zur Gewährleistung der Standsicherheit von baulichen Anlagen (§ 12 MBO), zum Schutz gegen schädliche Einflüsse (§ 13 MBO), zur Gewährleistung eines ausreichenden vorbeugenden Brandschutz (§ 14 MBO, § 26 MBO), zur Gewährleistung eines ausreichenden Schall- und Erschütterungsschutzes (§ 15 MBO) usw. zu nennen. Eine Gefahr i. S. d. Bauordnungsrechtes kann nicht nur bei Errichtung, Änderung, Nutzungsänderung und Abbruch einer baulichen Anlage entstehen, sondern auch durch eine fehlende Instandhaltung.[130]

**132** **c) Konkrete Gefahr als Voraussetzung für bauaufsichtliches Einschreiten.** Die Befugnis zum Einschreiten der Bauaufsichtsbehörde bedingt eine konkrete Gefahr für Schutzgüter der öffentlichen Sicherheit oder Ordnung.[131] Eine konkrete Gefahr liegt vor, wenn aus einer tatsächlich vorhandenen Situation wahrscheinlich eine Gefährdung der Rechtsgüter Leben oder Gesundheit folgt. Bei dem für die Bewertung des Vorliegens einer Gefahr anzulegenden Wahrscheinlichkeitsmaßstab ist auf die jeweilige Qualität des möglicherweise eintretenden Schadens abzustellen. Bei einer Gefährdung von Leben oder Gesundheit als geschützten Rechtsgütern sind an die Feststellung der Wahrscheinlichkeit regelmäßig keine hohen Anforderungen zu stellen.[132]

**133** Die Gefahrenlage muss **objektiv** gegeben sein, d. h., die Bauaufsichtsbehörde darf nur dann tätig werden, wenn die Sachlage nach verständigem Ermessen den Anschein einer bauordnungsrechtlichen Gefahr vermittelt. **Erforderlich ist nicht, dass eine akute Gefahr vorliegt.** So kann die Bauaufsichtsbehörde Maßnahmen zur Wiederherstellung der Standsicherheit einer baulichen Anlage auch dann verlangen, wenn keine akute Einsturzgefahr besteht.[133]

**134** **d) Gefahrenverdacht und die dann zulässigen Maßnahmen.** Vermutungen reichen **nicht** aus. Besteht über die Gefahrenlage Unklarheit, ist die Bauaufsichtsbehörde nur zu sogenannten **Gefahrenerforschungsmaßnahmen** berechtigt, d. h., die bauaufsichtlichen Maßnahmen dürfen nur vorläufigen Charakter haben.

**135** **e) Bedeutung des Zeitpunktes des Schadenseintrittes.** Grundsätzlich **unerheblich** ist, wann der Schaden eintritt. Ein unmittelbares Bevorstehen des Schadens ist nicht notwendig. Es reicht, wenn in überschaubarer Zeit mit dem Schadenseintritt gerechnet werden kann. Für die Beurteilung der Wahrscheinlichkeit

---

130 OVG Brandenburg 20.1.2004 – 3 B 158/03 – BRS 67, Nr. 199.
131 OVG Nordrhein-Westfalen 28.8.2001 – 10 A 3051/99.
132 BVerwG 26.6.1970 – IV C 99.67, OVG Nordrhein-Westfalen 28.8.2001 – 10 A 3051/99, OVG Sachsen-Anhalt 8.3.2017 – 2 L 78/16.
133 VGH Baden-Württemberg 12.5.1999 – 8 S 963/99 – BRS 62, Nr. 201.

des Schadenseintrittes kommt es auf die Prognose im Zeitpunkt der Entscheidung an (**ex ante-Betrachtung**).
Ist zu diesem Zeitpunkt der Schadenseintritt **wahrscheinlich**, so ist eine Gefahr i. S. d. bauordnungsrechtlichen Generalklausel gegeben.

> **Beachte:** Je höherwertiger die möglicherweise betroffenen Schutzgüter sind, z. B. Gefahr für Leben oder Gesundheit der Nutzer einer baulichen Anlage durch fehlende Standsicherheit, umso geringere Anforderungen kann die Bauaufsichtsbehörde an die Wahrscheinlichkeit des Schadeneintrittes stellen. **136**

Nicht erforderlich ist auch das Vorliegen einer gegenwärtigen Gefahr.

**f) Finaler Zweck der Gefahrenabwehr.** Zweck der präventiven Gefahrenabwehr durch die Bauaufsichtsbehörde ist es, dass sich keine Gefahren in Schäden umsetzen. Die verwaltungsgerichtliche Überprüfung stellt auf den jeweiligen Beurteilungszeitraum ab. Wegen der vorauseilenden Prognoseentscheidung durch die Bauaufsichtsbehörde, kann auch der Anschein einer tatsächlich nicht gegebenen Gefahr zum Erlass einer Maßnahme zur Gefahrenabwehr führen. Die Bauaufsicht ist aber auch im Einzelfall berechtigt, vorbeugend Maßnahmen zur Verhinderung eines sonst in der Zukunft mit hinreichender Wahrscheinlichkeit eintretenden rechtswidrigen Zustandes anzuordnen.[134] **137**

### 5. Verschiedene Gefahrenbegriffe **138**
- **Abstrakte Gefahr:** Knüpft an eine allgemeine – möglicherweise erst weit in der Zukunft sich konkretisierende – Gefahrensituation an.
- **Dringende Gefahr:** Liegt vor, wenn sie sowohl hinsichtlich ihrer zeitlichen Nähe wie hinsichtlich der Erheblichkeit der betroffenen Rechtsgüter von besonderen Gewicht ist.
- **Gefahr im Verzug:** Verlangt ein sofortiges Tätigwerden i. S. d. Gefahrenabwehr.
- **Gefahrenverdacht:** Folgt aus einem Sachverhalt, der einen Schadenseintritt erwarten lässt, es fehlt aber ein grundsätzlich erforschbares – bisher unbekanntes – Sachverhaltsstück. Deshalb kann eine Aussage über die Wahrscheinlichkeit des Schadenseintrittes nicht getroffen werden.
- **Anscheinsgefahr:** Stellt sich einem objektiven Betrachter als gefährlich dar, ohne es tatsächlich zu sein.
- **Putativgefahr:** Liegt vor, wenn ein Betrachter irrig einen Gefahrentatbestand annimmt, obwohl hierfür objektive Anhaltspunkte fehlen.

### 6. Der praktische Fall: Eine Kernsanierung und die Folgen **139**

> Durch den Anruf einer Studentin wird die Bauaufsichtsbehörde M. auf den nicht genehmigten Umbau einer vorhandenen Hinterbebauung aufmerksam. Örtliche Feststellungen ergeben, dass die Eigentümer zurzeit ein älteres Gebäude in Eigenleistung nachhaltig modernisieren bzw. umbauen. Hierbei

---

134 VGH Hessen 25.5.2001 – 4 TG 764/01 – BauR 4/2002, 611 ff.

wurde massiv in die vorhandene Bausubstanz eingegriffen, insbesondere wurden tragende Wände entfernt und die teilweise morschen Holzdecken nur notdürftig abgestützt. Im Dachgeschoss des 3-geschossigen Gebäudes wohnen noch zwei Studentinnen. Ein Statiker der Behörde erklärt, dass in Teilbereichen der baulichen Anlage akute Einsturzgefahr besteht.

**Was wird der vor Ort anwesende Sachbearbeiter der Bauaufsichtsbehörde veranlassen?**

**Lösung**

Die Bauaufsichtsbehörde hat u. a. bei der Änderung und Instandhaltung baulicher Anlagen darüber zu wachen, dass die öffentlich-rechtlichen Vorschriften eingehalten werden. In Wahrnehmung dieser Aufgabe hat die Bauaufsichtsbehörde nach pflichtgemäßem Ermessen die erforderlichen Maßnahmen zu treffen (§ 58 Abs. 2 MBO).

Die vorgenannte gesetzliche Eingriffsgrundlage soll sicherstellen, dass die Vorschriften des öffentlichen Baurechts und die auf der Basis dieser Vorschriften getroffenen Anordnungen nicht ins Leere laufen, sondern auch eingehalten werden. Die Bauaufsichtsbehörde darf im Rahmen der Gefahrenabwehr allerdings nur die notwendigen Maßnahmen treffen. Welche Maßnahmen notwendig sind, folgt aus der fachlichen Bewertung des jeweiligen Einzelfalls. Die Bauaufsichtsbehörde ist grundsätzlich zur Durchführung ihrer Aufgaben verpflichtet, ihr ist aber hinsichtlich des „Ob" und des „Wie" des Einschreitens Ermessen eingeräumt. Das Ermessen muss dabei pflichtgemäß ausgeübt werden.

Voraussetzung für ein bauaufsichtliches Einschreiten ist, dass eine bauliche Anlage (oder deren Nutzung) im Widerspruch zum überwachenden öffentlichen Baurecht steht. Für ein Einschreiten reicht bereits ein Verstoß gegen eine baurechtliche Vorschrift aus, es bedarf nicht immer einer konkreten Gefahr, außer die jeweilige Norm weist ein entsprechendes Tatbestandsmerkmal auf (vgl. z. B. § 12 MBO). Will aber die Bauaufsichtsbehörde ein Einschreiten materiell auf § 3 Abs. 1 MBO stützen, muss eine konkrete Gefahr vorliegen. Bevor die Bauaufsichtsbehörde ihr Ermessen ausüben kann, muss sie den Sachverhalt von Amts wegen untersuchen. Im vorliegenden Fall ist dies durch Besichtigung der Örtlichkeit geschehen. Hierbei war auch sachverständiges Personal der Bauaufsichtsbehörde anwesend. Stellt die Bauaufsichtsbehörde im Rahmen der Sachverhaltsermittlung fest, dass wichtige Rechtsgüter unmittelbar bedroht werden, dass ein erheblicher Schaden droht oder ein baurechtswidriger Zustand aus der Verletzung nachbarschützender Normen resultiert, reduziert sich das Entschließungsermessens der Bauaufsichtsbehörde auf Null, d. h. die Behörde muss (in aller Regel) tätig werden. Allgemein wird sogar eine Pflicht zum Aufgreifen angenommen, wenn eine bauliche Anlage formell und materiell dem Baurecht widerspricht, denn Aufgabe der Bauaufsichtsbehörden ist es, auf baurechtskonforme Zustände hinzuwirken.

Im vorliegenden Fall sind durch den vor Ort festgestellten Bauzustand wichtige Rechtsgüter bedroht, nämlich Leben und Gesundheit der Nutzer. Die bauliche Anlage ist nicht mehr standsicher. Dies verlangt aber § 12 MBO.

VIII. Zum Gefahrenbegriff

> **Standsicherheit im Sinne von § 12 Abs. 1 Satz 1 MBO** ist nur dann gegeben, wenn die Anlage und ihre sämtlichen Teile die dem Verwendungszweck entsprechenden und nach menschlichem Ermessen üblicherweise zu erwartenden Belastungen des Standvermögens ohne Beeinträchtigung aushalten. Diese Voraussetzung muss nicht nur vorübergehend, sondern während der gesamten Zeit des Bestands der Anlage gegeben sein.[135]
> Der vor Ort anwesende Statiker hat sich in seiner Prognose ferner auch zur Wahrscheinlichkeit des Schadenseintritts geäußert. Demnach bestehen eine gegenwärtige Gefahr bzw. eine Gefahr im Verzug. Diese aus dem allgemeinen Ordnungsrecht stammenden Rechtsbegriffe finden auch im Sonderordnungsrecht (= Bauordnungsrecht) Anwendung. Die gegenwärtige Gefahr setzt einen erhöhten Grad der Wahrscheinlichkeit des Schadenseintritts voraus. Dies bedingt einen gesteigerten Grad der Schadensgewissheit. Die Gefahr im Verzug setzt den höchsten Grad der Wahrscheinlichkeit voraus. Eine solche Situation liegt vor, wenn ein sofortiger Eingriff notwendig ist.
>
> **Ergebnis**
> Im vorliegenden Fall bestehen eine akute Einsturzgefahr und damit besondere Eilbedürftigkeit, ob nun der Rechtsbegriff der gegenwärtigen oder der Gefahr im Verzug erfüllt ist, kann hierbei offenbleiben. Da die bauliche Anlage noch bewohnt ist und sich auch weitere Personen auf der Baustelle aufhalten, ist ein sofortiges Handeln zwingend erforderlich. In Frage kommen:
> a) mündliche Stilllegung der formell illegalen Bauarbeiten,
> b) mündliche Aufforderung dem Bauherrn als Verhaltens- und Zustandsstörer gegenüber, sofort Abstützmaßnahmen zur Gewährleistung zu mindestens einer notdürftigen Standsicherheit durch eine Fachfirma vornehmen zu lassen und
> c) kurzfristiges Räumungsverlangen (= Nutzungsverbot) gegenüber den Bewohnerinnen.
> Bei den mündlichen Anordnungen handelt es sich um Verwaltungsakte i. S. d. § 35 VwVfG. Bei Gefahr im Verzug – wie hier – bedarf es auch nicht der Schriftform für Ordnungsverfügungen. Die getroffenen Anordnungen sind aber auf Verlangen schriftlich oder elektronisch zu bestätigen, wenn hieran ein berechtigtes Interesse besteht (§ 37 Abs. 2 VwVfG). Die Frage der nachträglichen Genehmigungsfähigkeit der Bauarbeiten spielt hierbei zunächst einmal keine Rolle.

---

[135] VG Düsseldorf 8.9.2023 – 4 L 1597/23. Das Schutzgut dieser Vorschrift ist übrigens nicht erst dann gefährdet, wenn eine erhebliche Gefahr für Leben und Gesundheit besteht oder wenn ein Einsturz des Gebäudes akut droht; ausreichend ist vielmehr, dass aufgrund objektiver Anhaltspunkte Zweifel an der Standsicherheit einer baulichen Anlage bestehen. Die bauliche Anlage muss im Ganzen und in ihren Teilen sowie für sich allein standsicher sein. Dem Gebot der Standsicherheit ist nicht genügt, wenn die Standsicherheit eines Gebäudes nur durch behelfsmäßige Abstützmaßnahmen bewirkt werden kann.

# IX. Die Öffentliche Sicherheit

140  Allgemeiner Begriffsinhalt und Begriff der **öffentlichen Sicherheit** im Bauordnungsrecht:
Laut § 3 MBO sind bauliche Anlagen – sowie andere Anlagen und Einrichtungen i. S. d. § 1 Abs. 1 MBO – so anzuordnen, zu errichten, zu ändern, in Stand zu halten, abzubrechen und zu nutzen, dass die öffentliche Sicherheit oder Ordnung – insbesondere Leben oder Gesundheit oder die natürlichen Lebensgrundlagen – nicht gefährdet wird.

141  **§ 3 MBO – Allgemeine Anforderungen**
Anlagen sind so anzuordnen, zu errichten, zu ändern und instand zu halten, dass die **öffentliche Sicherheit und Ordnung**, insbesondere Leben, Gesundheit und die natürlichen Lebensgrundlagen, nicht gefährdet werden; dabei sind die Grundanforderungen an Bauwerke gemäß Anhang I der Verordnung (EU) Nr. 305/2011 zu berücksichtigen. Dies gilt auch für die Beseitigung von Anlagen und bei der Änderung ihrer Nutzung.

142  Aus dieser bauordnungsrechtlichen materiellen Generalklausel wird das inhaltliche Ziel des Bauordnungsrecht deutlich. Dieses ist Gefahrenabwehr. Bauordnungsrecht ist demnach Sicherheitsrecht.

143  Eine Gefahr i. S. d. § 3 MBO ist gegeben, wenn erkennbar die objektive Möglichkeit eines Schadens für die öffentliche Sicherheit und Ordnung besteht. Eine konkrete Gefahr ist in diesem Zusammenhang eine Sachlage, die im Einzelfall tatsächlich oder jedenfalls aus der ex ante Sicht der handelnden Bauaufsichtsbehörde bei verständiger Würdigung in absehbarer Zeit die hinreichende Wahrscheinlichkeit eines Schadenseintritts in sich birgt.[136]

144  Die Gefährdung der öffentlichen Sicherheit soll im Zusammenhang mit der baulichen Nutzung von Grundstücken verhindert werden. Die Generalklausel benutzt damit auch den Doppelbegriff wie z. B. in § 14 OBG NRW. Es handelt sich hierbei um unbestimmte Rechtsbegriffe. Die Begrifflichkeit der öffentlichen Sicherheit entstammt somit dem allgemeinen Polizei- und Ordnungsrecht und wird in der Landesbauordnung nicht näher erläutert. Insoweit kann hier auf das allgemeine rechtliche Begriffsverständnis zurückgegriffen werden. Der Begriff der öffentlichen Sicherheit ist von dem der öffentlichen Ordnung abzugrenzen.

145  Unter den Begriff der öffentlichen Sicherheit versteht man allgemein
– den Bestand des Staates, seiner Einrichtungen und seiner Veranstaltungen,
– höherrangige Rechtsgüter wie
  – Leben,

---

[136] VG Cottbus 18.3.2021 – 3 L 95/21, siehe hierzu auch: OVG Berlin-Brandenburg 15.9.2015 – OVG 10 S 19.1.

IX. Die Öffentliche Sicherheit

- Gesundheit,
- Eigentum,
- natürliche Lebensgrundlagen
- Freiheit und Ehre sowie
- die Unverletzlichkeit der Rechtsordnung.

Wird also gegen eine gültige Vorschrift z. B. der Landesbauordnung verstoßen, liegt bereits eine Störung der öffentlichen Sicherheit vor. **146**
Aber nicht allein die Verletzung einer materiellen Norm des öffentlichen Baurechts berührt die öffentliche Sicherheit, sondern auch bei Fehlen konkreter Einzelvorschriften können allgemeine Anforderungen der Bauausführung negativ betroffen sein, z. B. mit Blick auf Brandschutz, Standsicherheit, Wärmeschutz, Verkehrssicherheit usw. Neben den Schutzgütern Leben und Gesundheit nennt die bauaufsichtliche Generalklausel (§ 3 MBO) auch die natürlichen Lebensgrundlagen (z. B. Schutz des Grundwassers). Fehlen konkrete Einzelnormen, kann sich die Bauaufsichtsbehörde auf die vorgenannte allgemeine Vorschrift zur Gefahrenabwehr beziehen. Das VG Dessau[137] weist z. B. darauf hin, dass eine Gefahr für die öffentliche Sicherheit anzunehmen ist, die eine Ordnungsverfügung rechtfertigt, wenn die Standsicherheit eines Gebäudes nicht gegeben ist. Bloße Störungen des körperlichen oder seelischen Wohlbefindens gefährden noch nicht die Gesundheit i. S. d. bauaufsichtlichen Generalklausel.[138] Dem Gesundheitsschutz dienen aber auf alle Fälle solche technischen Regelwerke, die Vorgaben zum Schutz gegen gefährliche Stoffe beinhalten.[139] Bestimmte Sachverhalte sind jedoch als allgemeines Lebensrisiko zu bewerten und rechtfertigen nicht ein bauaufsichtliches Einschreiten, z. B. Ast- oder Baumfall in Waldnähe.[140]

Eine Sonderproblematik ist die geplante oder tatsächliche Bebauung von durch Altlasten oder Kampfmittel belasteten Grundstücken (vgl. hierzu § 13 MBO), was bereits aus bauplanungsrechtlichen Gründen unzulässig wäre. **147**

Neben den Schutzgütern Leben und Gesundheit nennt die bauaufsichtliche Generalklausel (§ 3 MBO) auch die natürlichen Lebensgrundlagen als besonders konkretisiertes Schutzgut. Das hiermit verbundene gesetzgeberische Ziel ist es, die Belange des Umweltschutzes zu verdeutlichen. Bei einer Gefährdung der natürlichen Lebensgrundlagen (Boden, Wasser, Luft, Klima usw.) sind die Bauaufsichtsbehörden unter Bezug auf § 3 MBO berechtigt einzuschreiten. Allerdings kommt dieser sehr allgemeinen Benennung der natürlichen Lebensgrundlagen mehr eine Appellfunktion zu. In der Praxis werden bei entsprechenden Problemfällen eher andere Fachbehörden tätig werden, z. B. die Umweltbehörden. **148**

---

137 E. v. 29.7.2005 – 1 B 163/05.
138 VGH Baden-Württemberg 9.2.1995 – 3 S 3407/94.
139 OVG Hamburg 21.8.1991 – Bs II 67/91 – BRS 52, Nr. 227. Zur Gesundheitsgefahr durch Asbest vgl.: OVG Hamburg, 21.8.1991 – Bs II 67/91 – BRS 52, Nr. 227.
140 VG Minden 2.12.2005 – 11 K 1662/05 – NJW 2006, 1450 ff.

# X. Die Öffentliche Ordnung

## 1. Vorbemerkung

**149** Die öffentliche Ordnung i. S. d. § 3 MBO ist im Gegensatz zur öffentlichen Sicherheit eher ein schillernder Begriff und wird in der tagtäglichen Praxis der Bauaufsichtsbehörden wohl eher selten Anlass für ein Einschreiten darstellen.

## 2. Begriff

**150** Die öffentliche Ordnung umfasst den Inbegriff der Normen, deren Befolgung nach den jeweils herrschenden sozialen und ethischen Anschauungen als unentbehrliche Voraussetzung für ein gedeihliches Miteinander von der überwiegenden Bevölkerung angesehen wird.[141] Zur öffentlichen Ordnung gehört aber auch die Wahrung der Sicherheit und Ordnung des öffentlichen Verkehrs, spezielle bundes- bzw. landesrechtliche Vorschriften verdrängen allerdings diesbezügliche bauaufsichtliche Vorschriften.

**151** Zum allgemeinen Begriffsinhalt und Begriff der öffentlichen Ordnung im Bauordnungsrecht:
**Beispiele:** Eine Verletzung der öffentlichen Ordnung wurde im Zusammenhang mit einem „Dirnenwohnheim" in der Nähe einer Schule angenommen.[142] Für ein eine Unterkunft für Prostituierte im Außenbereich wurde eine Verletzung der öffentlichen Ordnung verneint,[143] ebenso für ein Bordell im Gewerbegebiet[144] bzw. in einem Industriegebiet[145].

**152** Schutzgüter der öffentlichen Sicherheit – nicht der öffentlichen Ordnung – sind z. B. berührt bei Gesundheitsgefahr durch Asbest[146], ebenso bei Verstößen gegen die Vorschriften, die die Standsicherheit von baulichen Anlagen und die Belange des Brandschutzes gewährleisten, aber auch Durchfeuchtung und unzumutbaren Lärm bzw. Luftverunreinigungen verhindern sollen.

**153 3. Der praktische Fall: Der Eisenbahnliebhaber**

> In einem mittels Bebauungsplans festgesetzten reinen Wohngebiet (WR) wohnt Herr Schulte. Er ist ein leidenschaftlicher Eisenbahnfreund. Durch Beziehungen gelingt ihm der Ankauf einer ausrangierten – 9 Tonnen schweren – Dampflokomotive. Diese will er in seinem Garten aufstellen. Hiervon erfährt gesprächsweise sein Nachbar. Dieser wendet sich telefonisch an die

---

141 OVG Nordrhein-Westfalen 27.9.2000 – 5 A 4916/98 – BauR 2001, 381.
142 VGH Baden-Württemberg, 6.10.1982 – 3 S 626/82 – BRS 39, Nr. 216, vgl. auch: OVG Rheinland-Pfalz 4.4.1964 – 1 A 1/73 – BRS 28, Nr. 29.
143 VGH Bayern 27.7.1976 – Nr. 234 I 3 – BRS 30, Nr. 125.
144 OVG Nordrhein-Westfalen 19.1.1983 – 11 A 2171/82 – BRS 40, Nr. 51, vgl. hierzu auch: BVerwG 25.11.1983 – 4 C 21.83 – BRS 40, Nr. 52 = BauR 1984, 145.
145 VG Freiburg 24.10.2000 – 4 K 1178/99 – BRS 63, Nr. 81.
146 OVG Hamburg, 21.8.1991 – Bs II 67/91 – BRS 52, Nr. 227.

X. Die Öffentliche Ordnung                                            **153**

Bauaufsichtsbehörde und bittet die Behörde rechtzeitig tätig zu werden. Der entsprechende Sachbearbeiter fragt sich, ob es sich hierbei überhaupt um eine bauliche Anlage handelt und wenn ja, ob er überhaupt vor Aufstellung der Lokomotive zum Erlass einer Ordnungsverfügung befugt ist.

**Wie ist die Rechtslage?**
**Lösung**
Bei der Lokomotive handelt es sich zwar nicht um eine klassische – unmittelbar – mit dem Erdboden fest verbundene Anlage, allerdings besteht eine Verbindung mit dem Boden durch den Umstand, dass sie durch eigene Schwere auf dem Boden ruht. Im Übrigen ist die Lokomotive nach ihrem Verwendungszweck offensichtlich dazu bestimmt, überwiegend ortsfest benutzt zu werden.
Damit handelt es sich unstritig um eine bauliche Anlage i. S. d. § 2 Abs. 1 MBO und unterfällt dem Regelungsbereich der Landesbauordnung.

| Übersicht über den Regelungen zum Begriff der baulichen Anlage in den Landesbauordnungen ||
|---|---|
| Baden-Württemberg | § 2 Abs. 1 LBO |
| Bayern | Art. 2 Abs. 1 BayBO |
| Berlin | § 2 Abs. 1 BauO Bln |
| Brandenburg | § 2 Abs. 1 BbgBO |
| Bremen | § 2 Abs. 1 BremLBO |
| Hamburg | § 2 Abs. 1 HBauO |
| Hessen | § 2 Abs. 1 HBO |
| Mecklenburg-Vorpommern | § 2 Abs. 1 LBauO M-V |
| Niedersachsen | § 2 Abs. 1 NBauO |
| Nordrhein-Westfalen | § 2 Abs. 1 BauO NRW |
| Rheinland-Pfalz | § 2 Abs. 1 LBauO |
| Saarland | § 2 Abs. 1 LBO |
| Sachsen | § 2 Abs. 1 SächsBO |
| Sachsen-Anhalt | § 2 Abs. 1 BauO LSA |
| Schleswig-Holstein | § 2 Abs. 1 LBO |
| Thüringen | § 2 Abs. 1 ThürBO |

Der generelle Genehmigungsvorbehalt folgt aus § 59 Abs. 1 MBO. In diesem Zusammenhang sind aber zunächst die Ausnahmen zu prüfen (§§ 60 bis 62, 76 und 77 MBO). Hierbei ist vor allem der Katalog der verfahrensfreien Bauvorhaben in den Blick zu nehmen (§ 61 MBO). Die Aufstellung der Dampflokomotive im Vorgarten eines Wohnhauses dürfte aber demnach genehmigungspflichtig sein, da es sich nicht um eine unbedeutende bauliche Anlage i. S. d. § 61 Abs. 1 Nr. 15d MBO handelt.
Die Bauaufsichtsbehörde hat die Aufgabe, Gefahren abzuwehren, d. h., Voraussetzung für ein bauaufsichtliches Einschreiten ist das Vorliegen einer Ge-

fahr. In Wahrnehmung dieser Aufgaben haben sie nach pflichtgemäßem Ermessen die erforderlichen Maßnahmen zu treffen: § 58 Abs. 2 MBO.
Ziel bauaufsichtlichen Handelns muss stets die Verhinderung baurechtswidriger bzw. die Herstellung rechtmäßiger Zustände sein, dies gilt auch für eine Rückbauverfügung.[147]
Fraglich ist nur, ob die Bauaufsichtsbehörde **präventiv** tätig werden darf. Grundsätzlich ist die Bauaufsichtsbehörde befugt, die Einstellung von Bauarbeiten anzuordnen, wenn eine Anlage im Widerspruch zu öffentlich-rechtlichen Vorschriften errichtet wird (§ 79 Abs. 1 MBO). Mit dieser Maßnahme soll sichergestellt werden, dass keine vollendeten Tatsachen geschaffen werden, die später nur schwer rückgängig zu machen sind. Um dies wirksam erreichen zu können, wird i. d. R. die Anordnung der sofortigen Vollziehung (§ 80 Abs. 2 Ziffer 4 VwGO) geboten sein. Würde nämlich ein Widerspruch oder eine Klage gegen eine Stilllegungsverfügung zunächst aufschiebende Wirkung entfalten (§ 80 Abs. 1 VwGO), könnten die illegalen Bauarbeiten fortgesetzt werden und der baurechtswidrige Zustand würde sich weiter verfestigen. Allerdings kommt eine solche bauaufsichtliche Maßnahme erst in Betracht, wenn mit den Bauarbeiten begonnen worden ist, also frühestens nach Aushub der Baugrube.
Im vorliegenden Fall ist mit der illegalen Errichtung (= Aufstellung) der baulichen Anlage (= Lokomotive) aber noch nicht begonnen worden. Ordnungsverfügungen dürfen nicht lediglich den Zweck haben, die der Ordnungsbehörde obliegende Aufsicht zu erleichtern (vgl. z. B. § 20 Abs. 2 OBG NRW). Dies kann aber im vorliegenden Fall nicht bedeuten, dass die Bauaufsichtsbehörde zunächst das Aufstellen der Lokomotive abwarten muss, um im Anschluss daran ordnungsbehördlich tätig zu werden. Ein solches Vorgehen wäre mit Blick auf die der Bauaufsichtsbehörde übertragene Aufgabe der Gefahrenabwehr wenig effektiv. Deshalb lässt die Rechtsprechung hier den Erlass einer **Untersagungsverfügung** auch schon vor dem nach außen erkennbaren Beginn der Bauarbeiten zu.[148] Dies aber nur dann, wenn zu befürchten ist, dass schon innerhalb kurzer Zeit später nicht mehr oder nur sehr schwer rückgängig zu machende Baumaßnahmen (z. B. wie hier das Aufstellen eines schweren Gegenstandes) erfolgen werden.
**Beispielsfall: präventives Verbot der Inbenutzungsnahme**
Vergleichbar wäre der Fall, wenn die Aufnahme einer illegalen Nutzung kurz bevorsteht. Hier käme ein präventives Verbot der Inbenutzungsnahme in Betracht.[149]
Auch der VGH Hessen[150] hat z. B. das präventive Einschreiten der Bauaufsichtsbehörde bejaht und das Verbot der zukünftigen Errichtung einer baulichen Anlage für zulässig erachtet. In dem konkreten Fall ging es um einen Anhänger mit Werbeschild und das von der Bauaufsichtsbehörde ausgespro-

---

147  OVG Nordrhein-Westfalen 22.8.2005 – 10 A 4694/03 – BauR 2005, 90 ff.
148  VGH Baden-Württemberg, 1.2.1993 – 8 S 1594/92 – BRS 55, Nr. 194.
149  Zu den Voraussetzungen für eine Nutzungsaufnahmeuntersagung vgl. VGH Baden-Württemberg 28.6.2010 – 8 S 708/10 – BRS 76, Nr. 202.
150  E. v. 25.5.2001 – 4 TG 764/01 – BRS Informationsdienst 2/2002, 14 = BRS 64, Nr. 194 = BauR 2002, 611 ff.

X. Die Öffentliche Ordnung 153

chene Verbot bezog sich auf den gesamten Zuständigkeitsbereich der Bauaufsichtsbehörde, nicht nur auf ein konkretes Grundstück. In der Vergangenheit war der Anhänger bereits an mehreren Standorten im Kreisgebiet aufgestellt worden. Die Ordnungsverfügung wurde von der Behörde zu Recht als eilbedürftig bewertet.

**Ergebnis**
Die Bauaufsichtsbehörde muss effektiv agieren und damit in begründeten Einzelfällen auch präventiv tätig werden können. Eine gegenwärtige – konkrete – Gefahr besteht nicht schon dann, wenn erst ein Schaden eingetreten ist. Der Schadenseintritt muss nur hinreichend wahrscheinlich sein.[151] Aus diesem Grunde darf die Bauaufsichtsbehörde im vorliegenden Fall präventiv das Aufstellen der ausrangierten Dampflokomotive auf dem Wohngrundstück verbieten.
**Hinweis:** Bereits nach dem prPVG war der Erlass einer ordnungsbehördlichen Verfügung schon im Falle einer bevorstehenden Gefahr möglich. Das OBG NRW brachte dem gegenüber einer Einschränkung ordnungsbehördlicher Eingriffsmöglichkeiten. Seitdem ist nur noch ein ordnungsbehördliches Einschreiten zulässig, wenn mit dem Eintritt einer Störung (Schädigung bzw. Minderung eines normalen Bestandes) mit hinreichender Sicherheit gerechnet werden kann. Dieser Grundsatz gilt auch im bauaufsichtlichen Bereich.
Fall nach VGH Baden-Württemberg: 1.2.1993 – 8 S 1594/92.

---

[151] BVerwG 26.6.1970 – IV C 99.67 – NJW 1970, 1890 ff. Zu den Voraussetzungen einer vorbeugenden Nutzungsuntersagung vgl. VGH Bayern 3.4.2014 – 1 ZB 13.2536. Sie hierzu auch: VGH Bayern 5.12.2005 – 1 B 03.2567.

# XI. Der Gefahrenerforschungseingriff

## 1. Gefahrenabwehr als Aufgabe der Bauaufsicht

**154** Allgemeines Ziel des materielle Bauordnungsrecht (Sonderordnungsrecht) als Teilbereich des allgemeinen Polizei- und Ordnungsrechts ist insbesondere die Wahrung der öffentlichen Sicherheit und Ordnung auf dem Gebiet des Bauwesens (Errichtung, Erhaltung, Änderung, Nutzung und Abbruch = Beseitigung baulicher Anlagen) einschließlich der Abwehr von Verunstaltungen.

**155** Klassische Aufgabe des Bauordnungsrechtes ist und bleibt die Gefahrenabwehr. Daher sind alle baulichen Anlagen (§ 2 Abs. 1 Satz 1 MBO) und die fingierten baulichen Anlagen (§ 2 Abs. 1 Satz 2 MBO) sowie die Baugrundstücke (§ 1 Abs. 1 Satz 2 MBO, zum Begriff vgl. z. B. § 2 Abs. 12 NBauO) in den Blick zu nehmen. Die Gefahrenabwehr durch die Bauaufsichtsbehörden beschränkt sich aber ausdrücklich auf baurechtsspezifische Belange, d. h., die dem allgemeinen Polizei- und Ordnungsrecht entlehnten Begriffe sind vor dem Hintergrund dieser Zielsetzung auszulegen. Anderweitige (sachfremde) Erwägungen können zu einem ermessensfehlerhaften Einschreiten führen.[152]

## 2. Zum allgemeinen Gefahrenbegriff

**156** Unter *Gefahr* ist eine Situation im vorgenannten Sinne zu verstehen, die (nach verständigem Ermessen) den Eintritt eines Schadens mit Wahrscheinlichkeit erwarten lässt. Hierbei ist von objektiven Gegebenheiten und nicht von persönlichen Befindlichkeiten auszugehen. Die Gefahr ist demnach von der bloßen Beeinträchtigung bzw. Belästigung (vgl. z. B. § 11 MBO – Baustelle) abzugrenzen. Unter einem *Schaden* wird in diesem Zusammenhang eine Verschlechterung des bestehenden normalen Zustandes durch von außen kommende regelwidrige Einflüsse verstanden. Anders wie im Immissionsschutzrecht kennt aber das Bauordnungsrecht keinen wirkliche Risikovorsorgemaßnahmen, wie z. B. Maßnahmen zur Vermeidung von schädlichen Umwelteinwirkungen (durch Luftreinhaltepläne oder Lärmaktionspläne) auf der Grundlage des BImSchG.

## 3. Zum Begriff der Gefahr im Bauordnungsrecht

**157** Die Befugnis zum Einschreiten der Bauaufsichtsbehörde bedingt eine konkrete Gefahr für Schutzgüter der öffentlichen Sicherheit oder Ordnung. Die Gefahrenlage muss **objektiv** gegeben sein, d. h., die Bauaufsichtsbehörde darf nur dann tätig werden, wenn die Sachlage nach verständigem Ermessen den Anschein einer bauordnungsrechtlichen Gefahr vermittelt. Erforderlich ist nicht, dass eine akute Gefahr vorliegt. So kann die Bauaufsichtsbehörde Maßnahmen zur Wiederherstellung der Standsicherheit einer baulichen Anlage auch dann verlangen,

---

152 Zu unzulässigen sachfremden Erwägungen, die als solche nicht vom Zweck des Gesetzes gedeckt sind, im Rahmen von Ermessenserwägungen vgl. VG Würzburg 18.8.2023 – W 5 S 23.1101. Hier Kritik der Bauaufsichtsbehörde an dem Einsatz einer Firma, die nicht in der Handwerksrolle eingetragen ist (hier: Instandsetzung einer Bruchsteinmauer).

XI. Der Gefahrenerforschungseingriff  158–160

wenn keine akute Einsturzgefahr besteht.[153] Die Bauaufsicht ist aber auch im Einzelfall berechtigt, vorbeugend Maßnahmen zur Verhinderung eines sonst in der Zukunft mit hinreichender Wahrscheinlichkeit eintretenden rechtswidrigen Zustandes einzuschreiten.[154] Ist das Tatsachenbild der Behörde unvollständig, spricht man vom **Gefahrenverdacht**.[155]

### 4. Maßnahmen zur Gefahrenerforschung

Vermutungen reichen regelmäßig für ein bauaufsichtliches Einschreiten **nicht** aus. Besteht über die Gefahrenlage Unklarheit, ist die Bauaufsichtsbehörde nur zu sogenannten **Gefahrenerforschungsmaßnahmen** berechtigt, d. h., die bauaufsichtlichen Maßnahmen dürfen nur vorläufigen Charakter haben[156]. Dies folgt aus der sogenannten Amtsermittlungspflicht der Behörde und dem bei ihrer Tätigkeit zu beachtenden Grundsatz der Verhältnismäßigkeit. Hierzu kann die Behörde auch – z. B. zum Drittschutz – verpflichtet sein.[157] Hat die Behörde Zweifel an der Standsicherheit einer baulichen Anlage, kann sie ein Sachverständigengutachten über die Standsicherheit zur Vorbereitung der eigentlichen bauaufsichtlichen Maßnahme verlangen. Dies hat allerdings der VGH Hessen[158] nicht als Gefahrenerforschungseingriff bewertet. Ist allerdings die weitere Gefahrenerforschung mit unverhältnismäßig hohen Kosten verbunden, kann die Bauaufsichtsbehörde ein Einschreiten im Einzelfall ablehnen.[159] Wird der Gefahrenverdacht im Nachhinein widerlegt und hat der Störer, die den Verdacht begründenden Umstände nicht zu vertreten, trägt die Behörde die Kosten der Maßnahme.[160]   158

Nach Ansicht des VGH Bayern[161] hat die Bauaufsichtsbehörde bei einem Gefahrenverdacht, wenn dieser aus der maßgeblichen ex-ante-Sicht auf objektiven Umständen beruht und für sich bereits die tatbestandliche Schwelle einer erheblichen Gefahr für Leben und Gesundheit erreicht, grundsätzlich die Befugnis zur Anordnung von Maßnahmen, die der genauen Abklärung der Gefahrenlage dienen. Dies ist ein erster zulässiger Schritt zur Gefahrenabwehr.   159

| Modalitäten des Gefahrenerforschungseingriffs | | |
|---|---|---|
| In einem konkreten Fall besteht die Möglichkeit einer Gefahr. Dies ist aber nicht sicher. | Erforderlich ist dann eine weitere Sachverhaltsaufklärung, z. B. durch Amtshilfe, Informationen Dritter (z. B. Sachverständiger), Gutachten, behördeneigene Ermittlungen. | Zwischenzeitlich sind nur vorläufige Maßnahmen zulässig, z. B. Absperrmaßnahmen usw. |

160

---

153 VGH Baden-Württemberg 12.5.1999 – 8 S 963/99 – BRS 62, Nr. 201.
154 VGH Hessen 25.5.2001 – 4 TG 764/01 – BauR 4/2002, 611 ff.
155 Vgl. hierzu: BVerwG 19.12.1985 – 7 C 65.82.
156 Vgl. hier aber auch VG Frankfurt 2.11.2001 – 15 E 3150/98 – NVwZ-RR 2002, 269.
157 OVG Nordrhein-Westfalen 28.11.2013 – 2 BV 12.761 – BauR 2014, 829.
158 E. v. 24.6.1991 – 4 TH 899/91 – BRS 52, Nr. 223.
159 OVG Nordrhein-Westfalen 27.5.1993 – 10 A 2595/89 – BRS 55, Nr. 202, hier Nachbarbeschwerde über Gastherme in der Außenwand.
160 OVG Nordrhein-Westfalen 26.3.1996 – 5 A 3812/92 – DÖV 1996, 1049 ff.
161 E. v. 25.3.2019 – 15 C 18.2324.

## 5. Der praktische Fall: Die einsturzgefährdete Scheune

**Sachverhalt**

In einem Fall wird durch das Veterinäramt festgestellt, dass auf einem Grundstück Tiere in einem offensichtlich baufälligen Gebäude gehalten werden. Die vorgenannte Dienststelle wendet sich an die Bauaufsichtsbehörde mit der Bitte um Überprüfung, ob das fragliche Gebäude noch standsicher sei. Bei einer entsprechenden Kontrolle durch Außendienstmitarbeiter der Bauaufsichtsbehörde werden Fotos von dem fraglichen Objekt gefertigt. Demnach befindet sich dasselbe augenscheinlich in einem sicherheitsgefährdenden Bauzustand und ist nicht mehr standsicher. Es wurden bereits Stützen unter den Balken angebracht. Die Verbretterung des Giebels im Osten weist Lücken auf. Die Giebelwand des grenzständigen Kleintierstalles aus Sandstein weist einen starken Riss auf und neigt sich bereits in Richtung des benachbarten öffentlichen Straßenraums. Ferner drohen Ziegel herabzustürzen.
Nach einer entsprechenden Anhörung und fruchtlosem Ablauf der gesetzten Frist fordert die Bauaufsichtsbehörde die Eheleute (...) als Eigentümer des Gebäudes unter Anordnung der sofortigen Vollziehung auf, unverzüglich den Gefahrenbereich durch das Aufstellen von Bauzäunen so abzusichern, dass eine Sicherheitsgefährdung ausgeschlossen ist, und bis spätestens zu einem genau vorgegebenen Datum einen Standsicherheitsnachweis durch einen Statiker bzw. Vorlageberechtigten für Standsicherheitsnachweise vorzulegen.
In der Begründung der Ordnungsverfügung wird sowohl das Ziel (= Ausschluss von Sicherheitsgefährdungen Dritter durch herabfallende Ziegel oder das einstürzende Gebäude; Verhindern des Eindringens Dritter in die Scheune) als auch das Mittel zur Erreichung des Ziels (Aufstellen von Bauzäunen um den Gefahrenbereich; Sicherung der westlichen Giebelwand durch Anbringen eines Querholzes) vorgegeben. Ferner wird der Gefahrenbereich als nördlicher und südlicher Bereich der Scheune mit einem Abstand von jeweils mindestens 3 m von der Scheune definiert.
Die Ordnungsverfügung beinhaltet ferner die Androhung von Zwangsgeldern von 500 bzw. 1000 Euro, falls die vorgenannten Verpflichtungen nicht fristgerecht erfüllt werden. Ergänzend beinhaltet der Bescheid auch eine Gebührenforderung.
Gegen diesen Bescheid klagen die Eheleute (...) und teilen gleichzeitig mit, dass zwischenzeitlich ein Bauzaun und ein Schild mit dem Verbot des Betretens des Grundstückes aufgestellt worden ist und sie sich ferner durch einen Statiker über etwaige bauliche Nachbesserungen haben beraten lassen. Im Übrigen verweisen sie auf die offenbar fehlenden Instandhaltungsmaßnahmen des Voreigentümers.

**Wie ist die Rechtslage?**

Hinweis: Der Fall ist in Bayern platziert.

**Lösung**

Zu prüfen ist, ob die bauaufsichtlichen Anordnungen rechtmäßig erfolgt sind. Von der formellen Zulässigkeit der Klage wird ausgegangen, insbeson-

## XI. Der Gefahrenerforschungseingriff

dere sind die Kläger als Adressaten des angegriffenen Bescheides klagebefugt und haben ein Rechtsschutzinteresse. Das Rechtsschutzinteresse ist auch nicht entfallen, weil diese bereits der Ordnungsverfügung zumindest teilweise nachgekommen sind. Bei der Anordnung der unverzüglichen Absicherung des Gefahrenbereichs handelt es sich um einen Dauerverwaltungsakt, weshalb die Adressaten des Bescheides nicht nur verpflichtet sind, den Gefahrenbereich einmalig abzusichern, sondern dauerhaft Sorge dafür zu tragen haben, dass Sicherheitsgefährdungen ausgeschlossen werden. Hierbei kann zunächst offenbleiben, ob die von der Klagepartei bereits ergriffenen Maßnahmen als ausreichend anzusehen sind.

Zunächst bestehen hinsichtlich der formellen Rechtmäßigkeit keine Bedenken, insbesondere wurden die Kläger angehört. Nach fruchtlosem Ablauf der gesetzten Frist konnte die Bauaufsichtsbehörde die mitgeteilten Maßnahmen mit dem durch Klage angefochtenen Bescheid anordnen.

Die behördlichen Anordnungen sind bestimmt genug.

Das aus Art. 37 Abs. 1 BayVwVfG folgende Bestimmtheitsgebot bedeutet zum einen, dass der Adressat des Verwaltungsakts in der Lage sein muss, das von ihm Geforderte zu erkennen. Zum anderen muss der Verwaltungsakt eine geeignete Grundlage für seine zwangsweise Durchsetzung bilden. Der Regelungsgehalt eines Verwaltungsakts ist dabei durch Auslegung aus der Sicht eines objektiven Empfängers zu bestimmen, ausgehend von den verfügenden Teilen des Bescheids, seiner Begründung und erforderlichenfalls weiteren Begleitumständen.[162] Auch eine etwaige Sachkunde des adressierten Fachkreises ist zu berücksichtigen.[163] Im Einzelnen richten sich die Anforderungen an die notwendige Bestimmtheit nach den Besonderheiten des jeweils anzuwendenden materiellen Rechts. Davon ist auch abhängig, ob bei der Anordnung eines Gebots die Auswahl des konkreten Mittels zur Erreichung des Ziels im Hinblick auf die Bestimmtheit des Verwaltungsakts offengelassen werden kann.[164] Dementsprechend kann es ausreichend sein, dass in dem Verwaltungsakt nur das Ziel festgelegt und hinsichtlich der einzusetzenden Mittel dem Adressaten die Wahl gelassen wird.[165] Eine solche Beschränkung auf eine Zielvorgabe kann aus Gründen der Verhältnismäßigkeit im Einzelfall sogar geboten sein, weil sie dem Adressaten eine größere Freiheit lässt und deshalb weniger einschneidend ist als die Festlegung des Adressaten auf eine konkrete Handlungsalternative.[166] Im Übrigen ist eine Behörde auch befugt, einen unklaren Verwaltungsakt zu präzisieren und seine hinreichende Bestimmtheit nachträglich herbeizuführen.[167]

---

162 BVerwG 8.11.2016 – 3 B 11.16; BVerwG 22.2.2018 – 9 B 26.17; VGH Hessen 1.9.1994 – 3 UE 154/90.
163 BVerwG 26.10.2017 – 8 C 18.16; OVG Niedersachsen 4.9.2018 – 10 LA 45/18.
164 BVerwG 25.2.1992 – 1 C 7.90; BVerwG 8.11.2016 – 3 B 11.16.
165 OVG Niedersachsen 4.9.2018 – 10 LA 45/18.
166 VGH Hessen 1.9.1994 – 3 UE 154/90, OVG Nordrhein-Westfalen 6.11.2008 – 13 B 1461/08.
167 BVerwG 21.6.2006 – 4 B 32.06; BVerwG 2.7.2008 – 7 C 38.07; VGH Bayern 22.3.2021 – 1 CS 20.2787; VGH Bayern 20.12.2019 – 9 B 12.940; VGH Baden-Württemberg 11.7.2019 – 6 S 2759/18; OVG Berlin-Brandenburg 16.12.2013 – OVG 5 S 5.13; VG Ansbach 20.5.2021 – AN 17 K 18.02451.

Vor diesem Hintergrund bildet die mit der Klage angefochtene Ordnungsverfügung eine taugliche Grundlage zur zwangsweisen Vollstreckung der Anordnung, denn für die Adressaten ist eindeutig erkennbar, was von ihnen verlangt wird und welcher Bereich auf dem klägerischen Grundstück zu sichern ist. Es wird sowohl das Ziel als auch das Mittel zur Erreichung des Ziels vorgegeben. Der Gefahrenbereich ist ebenfalls ausreichend definiert.

Im Übrigen finden sowohl die angeordnete Sicherung des Gefahrenbereichs als auch die angeordnete Verpflichtung zur Vorlage eines Standsicherheitsnachweises ihre Ermächtigungsgrundlage in Art. 54 Abs. 4 BayBO.[168]

**Art. 54 BayBO – Aufgaben und Befugnisse der Bauaufsichtsbehörden**
**(4) Bei bestandsgeschützten baulichen Anlagen können Anforderungen gestellt werden, wenn das zur Abwehr von erheblichen Gefahren für Leben und Gesundheit notwendig ist.**

Nach dieser Vorschrift können die Bauaufsichtsbehörden auch bei bestandsgeschützten baulichen Anlagen Anforderungen stellen, wenn das zur Abwehr von erheblichen Gefahren für Leben und Gesundheit notwendig ist. Eine erhebliche Gefahr in diesem Sinne kann darin begründet sein, dass diese erst nachträglich auftritt oder erst nachträglich erkannt wird bzw. ihre Schwere nunmehr – etwa unter Berücksichtigung der fortschreitenden technischen Entwicklung oder neuer Erkenntnisse – anders beurteilt wird. Art. 54 Abs. 4 BayBO vermittelt der Bauaufsichtsbehörde über Art. 54 Abs. 2 u. 3 BayBO sowie Art. 76 BayBO hinausgehend auch Eingriffsbefugnisse bei Anlagen, die aufgrund einer geltenden Baugenehmigung formell bestandsgeschützt sind. Anordnungen können dabei auf Art. 54 Abs. 4 BayBO gestützt werden, ohne dass die Baugenehmigung gem. Art. 48 oder Art. 49 BayVwVfG aufgehoben werden muss bzw. ohne dass die tatbestandlichen Voraussetzungen für eine Rücknahme oder einen Widerruf der Baugenehmigung vorliegen müssen. Insofern ist die Legalisierungswirkung einer eventuellen Baugenehmigung für die von der Verfügung betroffene bauliche Anlage auch am Maßstab von Art. 14 Abs. 1 Satz 2 GG verfassungsgemäß eingeschränkt.[169] Aufgrund der einschlägigen Voraussetzungen des Art. 54 Abs. 4 BayBO muss die Frage der genauen Reichweite des Bestandsschutzes nicht vertieft werden. Eine Anordnung, die nach dieser Vorschrift gegen eine in ihrem Bestand geschützte Anlage gerichtet werden kann, darf jedenfalls in entsprechender Anwendung des Art. 54 Abs. 4 BayBO auch und erst recht gegen eine nicht in ihrem Bestand geschützte Anlage ergehen.[170]

Auch die Anordnung zur Vorlage eines Standsicherheitsnachweises als Rechtsfolge kann unter bestimmten Voraussetzungen auf die in Art. 54 Abs. 4 BayBO eingeräumte Befugnis, nachträgliche Anforderungen zu stellen, gestützt werden. Soweit die Voraussetzungen des Art. 54 Abs. 4 BayBO gegeben sind, ist von der dort eingeräumten Befugnis der Bauaufsichtsbehörde zur Stellung von Anforderungen auch bei bestandsgeschützten Gebäuden u. a. der Erlass von Maßnahmen i. S. v. Art. 54 Abs. 2 BayBO umfasst. Mit der Rege-

---

168  VGH Bayern 25.3.2019 – 15 C 18.2324.
169  VGH Bayern 11.10.2017 – 15 CS 17.1055; VGH Bayern 18.9.2018 – 15 CS 18.1563.
170  VGH Bayern 25.3.2019 – 15 C 18.2324.

## XI. Der Gefahrenerforschungseingriff

lung in Art. 54 Abs. 2 Satz 2 Halbs. 2 BayBO, wonach die Bauaufsichtsbehörden berechtigt sind, die Vorlage von Bescheinigungen von Prüfsachverständigen zu verlangen, hat der bayerische Landesgesetzgeber klargestellt, dass entsprechend den allgemeinen Grundsätzen des Polizei- und Sicherheitsrechts auch eine vom Verantwortlichen abverlangte Maßnahme zur weiteren Gefahrermittlung (sog. Gefahrerforschungseingriff) als erste Maßnahme zur Gefahrenabwehr ohne Verstoß gegen den Amtsermittlungsgrundsatz (Art. 24 Abs. 1 BayVwVfG) zulässig sein kann, wenn ein aufgrund objektiver Umstände bestehender gerechtfertigter Gefahrenverdacht bereits das Vorliegen einer zum (bau-) ordnungsrechtlichen Eingriff berechtigenden Gefahr begründet, deren Umfang und Auswirkungen aber noch nicht voll übersehbar sind. Art. 54 Abs. 4 BayBO vermittelt daher bei einem Gefahrenverdacht, wenn dieser aus der maßgeblichen ex-ante-Sicht auf objektiven Umständen beruht und für sich bereits die tatbestandliche Schwelle einer „erheblichen Gefahr für Leben und Gesundheit" erreicht, grundsätzlich – als erstem Schritt zu Gefahrenabwehr – die behördliche Befugnis zur Anordnung von Maßnahmen, die der genauen Abklärung der Gefahrenlage dienen. Die Bauaufsichtsbehörde kann daher unter den genannten Voraussetzungen – d.h. insbesondere bei aufgrund objektiver Umstände bestehenden Zweifeln an der Standsicherheit eines Gebäudes – vom Verantwortlichen die Einholung eines Sachverständigengutachtens bzw. die Vorlage eines Nachweises der Standsicherheit durch eine hierfür qualifizierte Fachperson fordern.[171]

Laut dem Sachverhalt sind objektive Umstände gegeben, die einen Gefahrenverdacht begründen, der gleichzeitig bereits die Schwelle einer erheblichen Gefahr für Leben und Gesundheit im Sinne des Eingriffstatbestands des Art. 54 Abs. 4 BayBO erfüllt. Bei einer Gefahr für Leben und Gesundheit für Menschen ist regelmäßig von einer erheblichen Gefahr i.S.v. Art. 54 Abs. 4 BayBO auszugehen. Bei der nach den Umständen des jeweiligen Einzelfalls zu beurteilenden Frage, ob die Eingriffsschwelle des Art. 54 Abs. 4 BayBO erreicht ist, ist eine konkrete Gefahr in dem Sinne zu fordern, dass bei einer Betrachtungsweise ex-ante bei ungehindertem Geschehensablauf mit hinreichender Wahrscheinlichkeit ein Schaden droht. Dabei ist der allgemeine sicherheitsrechtliche Grundsatz anzuwenden, dass an die Wahrscheinlichkeit des Schadenseintritts umso geringere Anforderungen zu stellen sind, je größer und folgenschwerer der möglicherweise eintretende Schaden ist. Angesichts des hohen Stellenwerts der Rechtsgüter Leben und Gesundheit sind daher im Anwendungsbereich des Art. 54 Abs. 4 BayBO an die Feststellungen der Wahrscheinlichkeit des Schadenseintritts sowie an den Maßstab der Erheblichkeit der Gefahr keine übermäßig hohen Anforderungen zu stellen. Es genügt grundsätzlich, wenn ein Schadenseintritt zu Lasten der durch Art. 2 Abs. 2 Satz 1 GG unter dem besonderen Schutz der Rechtsordnung stehenden Schutzgüter aufgrund der konkreten Umstände des Einzelfalls nicht ganz unwahrscheinlich ist.[172]

---

171 VGH Bayern 25.3.2019 – 15 C 18.2324.
172 VGH Bayern 11.10.2017 – 15 CS 17.1055; VGH Bayern 18.9.2018 – 15 CS 18.1563.

Diese Voraussetzungen liegen hier vor. Gem. Art. 10 Satz 1 BayBO muss jede bauliche Anlage im Ganzen, in ihren einzelnen Teilen und für sich allein standsicher sein. Die mangelhafte Standsicherheit einer baulichen Anlage, die zum Betreten von Personen bestimmt ist, führt im Fall der nicht auszuschließenden Möglichkeit eines Einsturzes regelmäßig zu erheblichen Gefahren für Leben und Gesundheit von Menschen, die sich darin aufhalten können. Einsturzgefährdete Gebäude oder Teile solcher stellen daher einen wichtigen und typischen Anwendungsfall des Art. 54 Abs. 4 BayBO dar.[173] Auch hier gilt, dass bei einer Gefährdung von Leben und Gesundheit von Personen – hier von Passanten oder von Menschen, die das betroffene Gebäude betreten könnten – hochwertige Rechtsgüter betroffen sind, zu deren Schutz der Staat durch Art. 2 Abs. 2 Satz 1 GG verfassungsrechtlich verpflichtet ist, und dass deshalb an die Möglichkeit, dass diese Personen im Falle eines nicht auszuschließenden Gebäudeeinsturzes zu Schaden kommen, keine besonders hohen Anforderungen an die Wahrscheinlichkeit zur Erfüllung des Begriff der erheblichen Gefahr zu stellen sind. Angesichts des hohen Stellenwertes der Rechtsgüter Leben und Gesundheit genügt es für die Bejahung der tatbestandlichen Voraussetzungen des Art. 54 Abs. 4 BayBO, wenn die Möglichkeit eines Schadenseintritts nach einer auf konkreten Tatsachen beruhenden Prognose nicht von der Hand zu weisen ist.

Ausgehend von diesen Grundsätzen erscheint – laut dem Sachverhalt – bei der gebotenen ex-ante-Betrachtung der Einsturz von Gebäudeteilen bzw. sogar der gesamten Scheune sowie das (weitere) Herabfallen von Ziegeln als möglich. Die von den Außendienstmitarbeitern festgehaltenen Schäden gaben aus objektiver Sicht den berechtigten Anlass, den insofern offenen, aufklärungsbedürftigen Fragen zum tatsächlichen Zustand des Gebäudes resp. zu seiner Standsicherheit im Detail über die Einschaltung einer speziell hierfür geeigneten Fachperson nachzugehen. Aus der Überlegung, dass je nach Wertigkeit des bedrohten Rechtsguts und der Höhe des möglicherweise eintretenden Schadens auch ein geringerer Grad an Wahrscheinlichkeit für den Störungseintritt zur Bejahung einer Gefahr im Rechtssinne genügt (s. o.), stellt der vorliegend durch Tatsachen erhärtete,[174] also durch konkrete Umstände tatsächlicher Art gestützte Gefahrenverdacht bereits eine hinreichend konkrete erhebliche Gefahr für Leben und Gesundheit als Rechtsgüter von überragendem Wert dar, der die Anordnung von Untersuchungsmaßnahmen gegenüber dem Pflichtigen rechtfertigt. Ob sich die aus ex-ante-Sicht mit Blick auf die dokumentierten Gebäudeauffälligkeiten bestehende Gefahr nach dem Ergebnis des angeforderten Gutachtens eines Statikers – also ex-post – bestätigen wird, ist für die Beurteilung der tatbestandlichen Voraussetzungen der gerade ex-ante zu beurteilenden Gefahrenlage i. S. v. Art. 54 Abs. 4 BayBO irrelevant. Insofern muss die angeforderte fachliche Begutachtung gerade abgewartet werden.[175]

---

173 VGH Bayern 18.9.2018 – 15 CS 18.1563.
174 OVG Nordrhein-Westfalen 12.2.1987 – 21 B 58/87 – NVwZ 1987, 615/616.
175 VGH, Bayern 25.3.2019 – 15 C 18.2324.

Auch die Anordnung der Sicherung des Gefahrenbereichs kann auf Art. 54 Abs. 4 BayBO gestützt werden. Das mögliche Herunterfallen von Gebäudeteilen sowie der komplette Einsturz des Gebäudes begründen eine Gefahr für Leben und Gesundheit von Menschen, die sich im öffentlichen Straßenraum bewegen und die sich auf dem Grundstück der Kläger selbst befinden.
Die Kläger wurden auch zu Recht als **Störer** in Anspruch genommen. Für die Störerauswahl im Rahmen des Art. 54 Abs. 4 BayBO sind die Grundsätze des allgemeinen Sicherheitsrechts maßgebend. Soweit mehrere Störer in Betracht kommen, besteht grundsätzlich ein Auswahlermessen, dessen Ausübung die Behörde auch tatsächlich zum Ausdruck bringen muss. Raum für eine Auswahlentscheidung bleibt aber nur, wenn bekannt oder ohne weiteres feststellbar ist, dass mehrere Personen und gegebenenfalls welche Personen als Störer in Betracht kommen.[176] Richtiger Adressat der Maßnahmen nach Art. 54 Abs. 4 ist nach Beendigung der Bauphase grundsätzlich der Eigentümer bzw. der Verfügungsberechtigte. Im Hinblick auf das Unterlassen von Sicherungs- und Instandsetzungsmaßnahmen liegt auch die Eigenschaft als Handlungsstörer vor.[177]
Demnach sind die Kläger sowohl als Handlungs- als auch als Zustandsstörer anzusehen und zurecht Adressaten der streitgegenständlichen Anordnungen. Soweit die Klagepartei auf die **Verantwortlichkeit des Voreigentümers** verweist, kann sie damit nicht durchdringen. Durch den Erwerb des Grundstücks gingen die Verkehrssicherungspflichten hinsichtlich der Scheune auf die Kläger über und damit auch die Verantwortlichkeit, Dritte vor Gefährdungen aufgrund des Zustands der Scheune zu bewahren. Wer oder was für den akuten Zustand des Gebäudes verantwortlich ist, ist für den Beklagten nicht ohne weiteres feststellbar, sodass neben den Klägern andere Störer, insbesondere der Voreigentümer, nicht in Betracht kommen. Im Übrigen widerspräche es auch dem Grundsatz der Effektivität der Gefahrenabwehr, hätte sich der Beklagte an den Voreigentümer mit seinen Anordnungen gewandt, nachdem dieser nach der Veräußerung weder in rechtlicher noch in tatsächlicher Hinsicht eine Verfügungsmacht bezüglich der Scheune hat.
Es sind ferner **keine Ermessensfehler** ersichtlich. Ist die Behörde ermächtigt, nach ihrem Ermessen zu handeln, hat sie gemäß Art. 40 BayVwVfG ihr Ermessen entsprechend dem Zweck der Ermächtigung auszuüben und die gesetzlichen Grenzen des Ermessens einzuhalten. Soweit die Verwaltungsbehörde ermächtigt ist, nach ihrem Ermessen zu handeln, wird im verwaltungsgerichtlichen Verfahren auch geprüft, ob der Verwaltungsakt oder die Ablehnung oder Unterlassung des Verwaltungsakts rechtswidrig ist, weil die gesetzlichen Grenzen des Ermessens überschritten sind oder von dem Ermessen in einer dem Zweck der Ermächtigung nicht entsprechenden Weise Gebrauch gemacht ist (§ 114 Satz 1 VwGO). Die Anordnung nach Art. 54 Abs. 4 BayBO steht zwar im Ermessen der Bauaufsichtsbehörde, das Handlungs-/Entschließungsermessen (hinsichtlich des „Ob") ist jedoch regelmäßig auf null reduziert, d. h. dass die Behörde in der Regel tätig werden muss, soweit Anordnun-

---

176 VGH Bayern 16.3.2016 – 9 CS 16.191.
177 Siehe Art. 9 Abs. 1 Satz 1 LStVG, VGH Bayern 16.3.2016 – 9 CS 16.191.

gen zur Abwehr von erheblichen Gefahren für Leben oder Gesundheit notwendig sind.[178]
Es sind **keine Fehler hinsichtlich des verbleibenden Auswahlermessens** ersichtlich. Die angeordnete Sicherung des Gefahrenbereichs sowie die Vorlage eines Standsicherheitsnachweises entsprechen schon deshalb dem Grundsatz der Verhältnismäßigkeit, weil die Bauaufsichtsbehörde von schwerwiegenderen Maßnahmen – wie insbesondere einer Nutzungsuntersagung oder ggf. auch einer Beseitigungsanordnung – abgesehen hat. Das geforderte Aufstellen von Bauzäunen zum Erreichen des angestrebten Ziels ist sowohl geeignet als auch erforderlich in dem Sinne, dass ein gleich geeignetes, milderes Mittel nicht ersichtlich ist. Durch das Aufstellen der Bauzäune kann der Gefahrenbereich effektiv, kostengünstig und ohne größeren Aufwand abgesperrt werden, sodass dies als die für die Kläger am wenigsten belastende Maßnahme anzusehen ist.
Im Übrigen ist eine Anordnung gem. Art. 54 Abs. 4 BayBO nicht allein deswegen ermessensfehlerhaft, weil sie erhebliche finanzielle Auswirkungen hat. Die Kläger sind als Eigentümer vielmehr ohne Rücksicht auf ihre finanzielle Leistungsfähigkeit für den ordnungsgemäßen Zustand ihres Gebäudes verantwortlich.[179]
Auch die angedrohten Zwangsgelder sind rechtmäßig. Voraussetzung für die Rechtmäßigkeit einer Zwangsgeldandrohung ist unter anderem auch, dass der durch den zugrunde liegenden Verwaltungsakt als Störer Verpflichtete in der Lage ist, die ihm auferlegten Pflichten innerhalb der ihm gesetzten Frist nach Art. 36 Abs. 1 Satz 2 VwZVG zu erfüllen.[180]
Es wird davon ausgegangen, dass die gesetzten Fristen ausreichend lang sind, um den Anordnungen Folge leisten zu können. Hierbei sind auch die drohenden Gefahren für Leben und Gesundheit von Menschen zu berücksichtigen.

**Ergebnis**
Die Klage ist abzuweisen.
Die Lösung folgt der Entscheidung des VG Ansbach 29.2.2024 – AN 3 K 23.392.

---

178 VGH Bayern 11.10.2017 – 15 CS 17.1055; VGH Bayern 18.9.2018 – 15 CS 18.1563.
179 VGH Bayern 25.3.2019 – 15 C 18.2324.
180 VGH Bayern 18.9.2017 – 15 CS 17.1675.

# XII. Formelle Illegalität

## 1. Begriff

Formelle Illegalität ist ein zentraler Begriff des Bauordnungsrechts. Regelmäßig bedarf es *vor* Errichtung, Änderung, Nutzungsänderung einer baulichen Anlage der Erteilung einer Baugenehmigung. Im Zuge des Baugenehmigungsverfahrens wird *präventiv* die Übereinstimmung des Vorhabens mit dem öffentlichen Recht überprüft.

Formelle Illegalität besteht dann, wenn für ein genehmigungs-, zustimmungs- oder anzeigebedürftiges Vorhaben **Bautätigkeiten ohne die erteilte Baugenehmigung bzw. Zustimmung bzw. Anzeige** durchgeführt werden. Liegt eine Baugenehmigung vor, hindert diese bauaufsichtliche Maßnahme nur im Umfang der jeweiligen Feststellungswirkung.[181] Ein Schlussabnahmeschein ändert im Übrigen eine Baugenehmigung nicht ab und legitimiert unbeanstandet gebliebene Abweichungen nicht.[182] Bei **genehmigungsfreien Vorhaben kann es formelle Illegalität nicht geben**.[183] In der Literatur wird auch die Auffassung vertreten, dass es bei Vorhaben in der Freistellung von Genehmigung (§ 62 MBO) allerdings keine formelle Illegalität geben kann. Nach Ablauf der Monatsfrist tritt nämlich keine Legalisierungswirkung wie bei einer Baugenehmigung ein.[184] In der Praxis wird bei formeller Illegalität häufig – untechnisch – vom *Schwarzbau* gesprochen.

**162**

| Grundsätzliche Genehmigungsbedürftigkeit der Errichtung, Änderung, Nutzungsänderung und Beseitigung baulicher Anlagen nach § 59 MBO und die Ausnahmen von diesem Grundsatz: | | | | |
|---|---|---|---|---|
| Vorrang anderer Gestattungsverfahren (§ 60 MBO) | Verfahrensfreie Vorhaben (§ 61 MBO) | Genehmigungsfreistellung bestimmter Vorhaben im Planbereich (§ 62 MBO) | Genehmigung fliegender Bauten (§ 76 MBO) | Bauaufsichtliche Zustimmung zu Vorhaben öffentlicher Bauherrn (§ 77 MBO) |

**163**

Umgekehrt schließt formelle Rechtmäßigkeit einer baulichen Anlage grundsätzlich ein bauaufsichtliches Einschreiten aus,[185] außer es besteht eine konkrete

**164**

---

181  Vgl. OVG Nordrhein-Westfalen 14.9.2001 – 7 A 620/00, hier: Fehlen einer landschaftsrechtlichen Befreiung rechtfertigt die Stilllegung eines genehmigten Vorhabens.
182  OVG Nordrhein-Westfalen 20.8.1992 – 7 A 2702/91 – BRS 54, Nr. 203.
183  Anders: VGH Hessen 27.1.1989 – 4 TG 3800/88 – BauR 1980, 198.
184  VGH Bayern 13.1.2000 – 26 CS 99.2149 – BRS 63, Nr. 127. Im Freistellungsverfahren erlangt ein Vorhaben im Grunde erst nach Durchführung der baulichen Maßnahme so etwas wie eine formelle Legalität; OVG Nordrhein-Westfalen 1.9.2000 – 7 a B 1225/00.NE.
185  OVG Sachsen-Anhalt 10.10.2006 – 2 L 680/04. Nach dem OVG Nordrhein-Westfalen 5.2.2021 – 7 B 734/20, sperren erteilte Baugenehmigungen ein bauaufsichtliches Einschreiten ungeachtet der Frage, ob sie zu Recht erteilt worden sind. Die Genehmigungsfreiheit einer baulichen Anlage oder Nutzung tangiert allerdings nicht die Möglichkeit bauaufsichtlichen Einschreitens wegen materieller Verstöße. BVerwG 4.3.1997 – 4 B 233/96 – BRS 59, Nr. 127.

Gefahr, z. B. eine fehlende Standsicherheit[186] – zum speziell geregelten Anpassungsverlangen siehe aber weiter unten.

## 2. Hintergrund

165 Eine wesentliche Voraussetzung für ein bauaufsichtliches Einschreiten ist das Vorliegen formeller und/oder materieller Illegalität. Das Erfordernis der Baugenehmigung ist ein Verbot mit Erlaubnisvorbehalt und hat zum Ziel, **präventiv** – also vor Bauausführung bzw. Aufnahme der Nutzung – die Übereinstimmung mit den maßgeblichen öffentlichen Vorschriften überprüfen zu können (vgl. § 72 Abs. 1 MBO).

> **§ 72 MBO – Baugenehmigung, Baubeginn**
>
> (1) Die Baugenehmigung ist zu erteilen, wenn dem Bauvorhaben keine öffentlich-rechtlichen Vorschriften entgegenstehen, die im bauaufsichtlichen Genehmigungsverfahren zu prüfen sind. Die durch eine Umweltverträglichkeitsprüfung ermittelten, beschriebenen und bewerteten Umweltauswirkungen sind nach Maßgabe der hierfür geltenden Vorschriften zu berücksichtigen (...).

166

| Übersicht über die Regelungen zum zulässigen Baubeginn in den Landesbauordnungen | |
|---|---|
| Baden-Württemberg | § 59 Abs. 1 LBO – Baufreigabeschein erforderlich |
| Bayern | Art. 68 Abs. 6 BayBO |
| Berlin | § 72 Abs. 2 BauO Bln |
| Brandenburg | § 72 Abs. 7 BbgBO – Vorbehalt der Baufreigabe möglich |
| Bremen | § 72 Abs. 5 BremLBO |
| Hamburg | § 72a HBauO |
| Hessen | § 75 Abs. 1 HBO |
| Mecklenburg-Vorpommern | § 72 Abs. 7 LBauO M-V |
| Niedersachsen | § 72 Abs. 1 NBauO |
| Nordrhein-Westfalen | § 74 Abs. 7 BauO NRW |
| Rheinland-Pfalz | § 77 Abs. 1 LBauO |
| Saarland | § 73 Abs. 6 LBO |
| Sachsen | § 72 Abs. 6 SächsBO |
| Sachsen-Anhalt | § 71 Abs. 6 BauO LSA |
| Schleswig-Holstein | § 72 Abs. 5 LBO |
| Thüringen | § 78 Abs. 6 ThürBO |

167 Dieses Verbot besteht aus Gründen des Allgemeinwohls und ist mit der Eigentumsgarantie des Art. 14 GG vereinbar. Hiervon zu trennen ist die Frage, ob der Bauherr einen Anspruch auf Erteilung der Baugenehmigung usw. hat.

168 **Unerlaubtes Bauen = Verstoß gegen die öffentliche Ordnung!**
**Konsequenz: frühzeitiges bauaufsichtliches Einschreiten erforderlich.**

---

[186] OVG Nordrhein-Westfalen 26.3.2003 – 7 A 4491/99 – NWVBl. 2003, 386.

## 3. Maßgeblicher Zeitpunkt für die Beurteilung der formellen Illegalität

Für die Beurteilung der formellen Illegalität ist auf das Datum der Errichtung der baulichen Anlage abzustellen.
Folgende Fälle sind gleichgelagert:
- Die nicht unwesentliche Abweichung von der erteilten Baugenehmigung[187] führt zur formellen Illegalität, z. B.
- Höherlegung eines Erdgeschosses um 1 m bei einem 20 m hohen Wohnhaus,[188]
- Tieferlegung einer Grenzgarage um 0,20 m,[189]
- Veränderung der Höhenentwicklung einer Garage von 2,70 m auf 3,10 m[190] oder
- die Bauausführung des Fußbodens eines Gebäudes um 1 m höher als genehmigt,[191]
- Veränderung des Standortes[192].

Solche Abweichungen haben rechtliche Folgen für die Bauerlaubnis. Eine Baugenehmigung geht aber nur dann unter, wenn durch eine abweichende Bauausführung ein Aliud entsteht. Dies ist laut dem VGH Bayern[193] nur dann der Fall, wenn bei der Ausführung des Vorhabens hinsichtlich der Wesensmerkmale, nämlich Standort, Grundfläche, Bauvolumen, Nutzung, Höhe, Dachform oder Erscheinungsbild so wesentlich von der Baugenehmigung oder den genehmigten Bauvorlagen abgewichen worden wäre, dass er nicht das genehmigte, sondern ein anderes Vorhaben, ein „aliud" erstellt hätte.[194] Demnach ist dabei eine Gesamtbetrachtung vorzunehmen, bei der geringfügige, kein Bedürfnis nach einer erneuten baurechtlichen Prüfung auslösende, insbesondere nachbarrechtlich irrelevante Abweichungen von der Baugenehmigung unbeachtlich sind. Dies ist jedoch nur dann nicht der Fall, wenn die Abweichung einen abtrennbaren Teil der Baugenehmigung betrifft, ansonsten ist die gesamte bauliche Anlage ungenehmigt zu bewerten, selbst dann, wenn sie einzelne Bauteile der Baugenehmigung entsprechen.[195]
- Ein Vorhaben wird auch dann formell illegal, wenn die Baugenehmigung befristet, auflösend, bedingt oder widerruflich erteilt war und die Frist abge-

---

187 OVG Nordrhein-Westfalen 11.7.1977 – X A 2101/76 – BRS 32, Nr. 88, VGH Bayern 2.8.1982 – Nr. 2 B 81 A.984 – BRS 39, Nr. 228, und OVG Saarland 3.12.1982 – 2 R 182/81 – BRS 39, Nr. 220, 228, OVG Nordrhein-Westfalen 13.2.1987 – 10 A 29/87 – BRS 47, Nr. 193.
188 OVG Saarland 3.12.1982 – 2 R 182/81 – BRS 39, Nr. 220.
189 BRS 39, Nr. 126, 162.
190 VGH Hessen 8.2.1990 – 3 UE 7/86 – BRS 50, Nr. 207.
191 OVG Saarland 3.12.1982 – 2 R 182/81 – BRS 39, Nr. 220.
192 VGH Baden-Württemberg 24.11.1997 – 5 S 3409/95 – BRS 59, Nr. 207.
193 E. v. 30.7.2003 – 2 B 01.1366, bereits schon: VGH Bayern 26.7.1991 – 20 CS 89.1224 – BRS 52, Nr. 147.
194 Ein von den genehmigten Bauvorlagen abweichend errichtetes Vorhaben ist als ein **aliud** und damit als formell illegal zu bewerten, wenn baurechtliche Belange erheblich und damit in genehmigungsbedürftiger Weise berührt werden. VGH Bayern 26.7.1991 – 20 CS 89.1224 – BRS 52, Nr. 147.
195 OVG Nordrhein-Westfalen 13.2.1987 – 10 A 29/87 – BRS 47, Nr. 193.

laufen, die auflösende Bedingung eingetreten oder von der Widerrufsmöglichkeit Gebrauch gemacht worden ist.[196]
- Werden an einem genehmigten baulichen Bestand zahlreiche genehmigungspflichtige Änderungen und Nutzungsänderungen ohne die erforderliche Nachtragsgenehmigung vorgenommen, geht ein ursprünglicher Bestandsschutz unter.[197]
- Eine anzeige- bzw. baugenehmigungsfreie Anlage (hier: Gerätehütte) wird formell illegal, wenn eine erforderliche Befreiung nicht erteilt wurde.[198]
- Ein unfertiges und längere Zeit nicht weiter gebautes Vorhaben (Gebäudetorso) ist formell illegal, weil mit der Baugenehmigung nur ein nach den Bauvorlagen fertiges Gebäude genehmigt wurde.[199]
- Die bestandskräftige (!) Rücknahme einer Baugenehmigung führt zur formellen Illegalität.[200] Die Rückwirkung der Rücknahme muss aber im Bescheid ausdrücklich erwähnt werden.[201] Auch der Widerruf der Baugenehmigung führt zur formellen Illegalität. Die Bauaufsichtsbehörde kann die Forderung der Beseitigung der baulichen Anlage mit dem Widerruf verbinden. Ohne Anordnung der sofortigen Vollziehung muss sich dann aber die Frist zum Rückbau an der Bestandskraft des Bescheides orientieren.[202]
- Wegfall von rechtlich relevanten Voraussetzungen, die zur Erteilung der Baugenehmigung geführt haben. Wird z. B. in einem festgesetzten oder faktischen Gewerbegebiet ein Betrieb dauerhaft eingestellt, geht auch die Baugenehmigung für das Betriebsleiterwohnhaus unter.[203]
- Wird ein Vorhaben in baurechtlich relevanter Weise umgenutzt und erfolgt die Nutzungsänderung ohne die erforderliche Baugenehmigung, wird das ursprünglich genehmigte Bauvorhaben so mindestens formell illegal. Die Baugenehmigung deckt nämlich nur die ursprünglich genehmigte Nutzung ab. Jede spätere Änderung der Nutzung ist grundsätzlich erneut genehmigungsbedürftig, z. B. die Erhöhung der Bettenzahl von 6 auf 10 in einem Ferienhaus.[204] Die Wiederaufnahme einer Nutzung ist dann formell illegal bzw. bedarf einer neuen Genehmigung, wenn die alte Baugenehmigung – z. B. wegen Erledigung auf andere Weise – nicht mehr wirksam ist.[205]

---

196 Zum Baubeginn vor Erteilung der Baugenehmigung vgl. NVwZ-RR 1992, 469, sowie VGH Bayern 2.9.1982 – 2 B 81 A.984 – BRS 39, Nr. 228 und zur sofort vollziehbaren Rücknahme der Baugenehmigung vgl. OVG Berlin 18.2.1999 – 2 SN 1/99 – BRS 62, Nr. 202. Wer nach Ablauf der Geltungsdauer einer Baugenehmigung und fehlendem (rückwirkenden) Antrag auf Verlängerung eine bauliche Anlage errichtet, baut formell illegal, OVG Nordrhein-Westfalen 13.9.1996 – 11 B 1083/96.
197 VG Gelsenkirchen 6.10.2021 – 10 K 10512/17.
198 VGH Hessen 27.1.1989 – 4 TG 3800/88 – BauR 1990, 198 ff.
199 BVerwG 22.2.1965 – IV B 22.65 – BRS 16, Nr. 128.
200 OVG Saarland 19.12.1984 – 2 W 1304/84 – BRS 42, Nr. 215, OVG Nordrhein-Westfalen 12.4.1985 – 10 B 528/85, OVG Nordrhein-Westfalen 30.5.1996 – 7 A 2/92.
201 OVG Thüringen 29.11.1999 – 1 EO 658/99.
202 OVG Niedersachsen 13.7.1994 – 1 L 5561/92 – BRS 56, Nr. 204.
203 OVG Nordrhein-Westfalen 28.5.2009 – 10 A 971/08 – BRS 74, Nr. 199.
204 OVG Niedersachsen 22.11.2013 – 1 LA 49/13.
205 OVG Thüringen 29.11.1999 – 1 EO 658/99, zu den Folgen der Einstellung einer genehmigten Nutzung vgl. VGH Bayern 20.2.2003 – 15 B 00.1363.

## 4. Beweislast

Zunächst muss die Behörde ermitteln, ob ein ungenehmigter baulicher Zustand bzw. eine ungenehmigte Nutzung vorliegen.[206] Ist aber zwischen der Bauaufsichtsbehörde und dem Bauherrn die Frage strittig, ob für ein Vorhaben eine Baugenehmigung erteilt wurde, trifft die Beweislast den Bauherrn.[207]

Aus der Legalisierungswirkung einer wirksam erteilten Baugenehmigung ergibt sich ein formeller Bestandsschutz mit der Folge, dass ein Einschreiten der Bauaufsichtsbehörde gegen die Anlage erst nach einer unanfechtbaren oder zumindest für sofort vollziehbar erklärten Aufhebung der Baugenehmigung erfolgen darf. Hierfür reicht die Wirksamkeit der Baugenehmigung aus. Eine Bestandskraft der Baugenehmigung in dem Sinne, dass sie nicht mehr mit Rechtsbehelfen angefochten werden kann, ist nicht erforderlich. OVG Sachsen-Anhalt 22.2.2022 – 2 L 110/20.

Ein Schlussabnahmeschein trifft dabei keine Aussage über Legalität einer baulichen Anlage.[208] Auch die lange Existenz einer baulichen Anlage spricht noch nicht für deren formelle Legalität.[209] Der Umstand, dass eine bauliche Anlage im Katasterwerk einer Gemeinde Aufnahme gefunden hat, führt noch nicht zu deren formeller und/oder materiellen Legalität.[210]
Laut dem Gericht muss vor Baubeginn zweifelsfrei der angestrebte bauliche Zustand feststehen, damit eine etwaige Genehmigungsfreiheit beurteilt werden kann. In Zweifelsfällen muss vorab ein Bauantrag gestellt werden.

## 5. Konsequenzen aus der formellen Illegalität

Ein auf eine präventive Kontrolle angelegtes Baugenehmigungsverfahren ist zu eigen, dass die Nutzung von Grundstücken oder Gebäuden erst nach Abschluss der behördlichen Prüfung zulässig ist.[211] **Unerlaubtes Bauen hat Konsequenzen.** Die Bauaufsichtsbehörde darf aber nicht den erforderlichen Bauantrag nachfordern,[212] dies kann sie natürlich – insbesondere bei offensichtlicher Genehmigungsfähigkeit – dem Bauherrn anheimstellen (anders z. B. in Bayern und Rheinland-Pfalz). Die Bauaufsichtsbehörde wird aber mit Blick auf das Vorhaben die notwendigen Anordnungen treffen, z. B. eine Stilllegung[213] oder ein Nut-

---

206 OVG Nordrhein-Westfalen 29.11.2004 – 10 B 2076/04 – BRS 67, Nr. 206 = BauR 2006, 21.
207 BVerwG 23.2.1979 – 4 C 86.76 – BRS 35, Nr. 206, BVerwG 24.5.1993 – 4 B 77/93, OVG Nordrhein-Westfalen, 18.1.2001 – 10 B 1898/00 – BauR 2001, 758, und OVG Nordrhein-Westfalen 22.8.2005 – 10 A 4694/03 – BauR 2006, 90.
208 OVG Nordrhein-Westfalen 20.8.1992 – 7 A 2702/91 – BRS 54, Nr. 203.
209 BVerwG 23.2.1979 – 4 C 86.76 – BRS 35, Nr. 206. Zu einer Stilllegung und zu den Zweifeln an der Genehmigungspflicht vgl. VG Ansbach 21.3.2006 – AN 3 K 04.03261, AN 3 K 04.03426.
210 OVG Sachsen 23.9.2014 – 1 B 125/14.
211 OVG Nordrhein-Westfalen 9.4.2024 – 10 B 103/24.
212 OVG Nordrhein-Westfalen 23.7.1992 – 7 B 2327/92, und OVG Nordrhein-Westfalen 27.8.2002 – 10 B 1233/02 – BRS 65, Nr. 174.
213 VG Stuttgart 28.7.2021 – 11 K 2322/21. Laut dem VG Aachen 13.2.2013 – 3 L 477/12 – berechtigt die formelle Illegalität nur dann nicht zur Baueinstellung, wenn ein genehmigungsfähiger Bauantrag gestellt wurde.

zungsverbot[214] aussprechen und/oder insoweit Bauvorlagen für das formell illegale Vorhaben anfordern, als dies zur Beurteilung einer konkret zu prüfenden Gefährdungssituation erforderlich ist. Eine Beseitigungsverfügung allein ist aufgrund formeller Illegalität in der Regel (!) nicht zulässig, außer es droht kein Substanzverlust.[215] Bereits das Ausheben der Baugrube steht im Übrigen am Anfang des unerlaubten Bauens und rechtfertigt schon eine Stilllegung.[216] Andersherum schließt formelle Rechtmäßigkeit einer baulichen Anlage ein Einschreiten gegen diese Anlage aus.[217]
Verlangt die Bauaufsichtsbehörde im nach hinein die Errichtung einer baulichen Anlage (z. B. eine Lärmschutzwand), welche für sich betrachtet genehmigungsbedürftig wäre, impliziert die behördliche Anordnung auch eine etwaig erforderliche Baugenehmigung. Ist eine solche Lärmschutzwand zur Vermeidung von Gesundheitsgefahren zwingend erforderlich, müssen im Einzelfall sogar reduzierte Abstandsflächen hingenommen werden.[218]

---

214  Laut dem OVG Nordrhein-Westfalen 9.2.2022 – 2 B 1964/21 – entspricht es der ständigen Rechtsprechung der Bausenate des genannten Obergerichtes, dass bereits eine formelle Illegalität eines Vorhabens regelmäßig eine sofort vollziehbare Nutzungsuntersagung rechtfertigt. Dann kommt es auf Aspekte der materiellen Legalität einer Nutzungsänderung nicht mehr an, OVG Nordrhein-Westfalen 12.1.2015 – 7 A 1997/13, siehe auch VG Münster 15.2.2011 – 2 K 221/10. Die Prüfung der materiellen Genehmigungsfähigkeit einer ungenehmigten Nutzungsänderung (hier Schankwirtschaft in Wettbüro) bleibt grundsätzlich dem Baugenehmigungsverfahren vorbehalten. VG Gelsenkirchen 22.1.2013 – 6 K 3769/11.
215  OVG Nordrhein-Westfalen 14.6.2022 – 7 B 460/22 (hier: ungenehmigte Nisthilfe). Laut dem OVG Berlin-Brandenburg 13.6.2008 – 2 S 45.08 – BRS 73, Nr. 141, genügt bei Werbeanlagen die formelle Illegalität stets für ein Beseitigungsverlangen, es bedarf dann keiner besonderen Ermessenserwägungen. Dies gilt auch für das besondere Vollzugsinteresse. Allerdings verlangt das VG Frankfurt 23.5.2011 – 8 L 1332/11.F – für das bauaufsichtliche Verlangen der Beseitigung von Werbefolien auch materielle Illegalität, da diese anschließend nicht mehr wiederverwendet werden könnten.
216  VGH Bayern 2.9.1982 – Nr. 2 B 81 A 984 – BRS 39, Nr. 228.
217  OVG Sachsen 10.10.2006 – 2 L 680/04.
218  VGH Hessen 6.8.2007 – 4 TG 1133/07 – BRS 71, Nr. 195 und BauR 2008, 1292 ff.

## XIII. Materielle Illegalität

### 1. Begriff und Hintergrund

**Materielle Illegalität** liegt vor, wenn ein Bauwerk nicht genehmigt werden kann, **weil Normen** des Bauplanungs-, des Bauordnungs- und/oder des Baunebenrechtes dem Grundsatz der Baufreiheit, der jedem Bürger zusteht, **entgegenstehen**.

174

> **Hinweis:** *Verstößt eine bauliche Anlage bzw. deren Nutzung gegen privatrechtliche Vorschriften, ist dies unbeachtlich.*

Materielle Illegalität ist somit gegeben, wenn eine bauliche Anlage im Widerspruch zum materiellen öffentlichen Baurecht errichtet, geändert, abgebrochen, genutzt oder deren Nutzung geändert wird und nicht auf andere Weise rechtmäßige Zustände hergestellt werden können, z. B. durch Gewährung einer Abweichung, Befreiung oder Ausnahme.[219]
Ob es sich um ein genehmigungspflichtiges/-freies Vorhaben handelt, spielt keine Rolle. Grundsätzlich kann es bei genehmigungsfreien Vorhaben nur materielle Illegalität geben. Eine erforderliche förmliche Abweichung vermittelt aber dem an sich genehmigungsfreien Vorhaben formelle Legalität hinsichtlich des entsprechenden materiellen Tatbestandes.
Baunebenrechtliche Tatbestände bleiben bei dieser Betrachtung außen vor, da diese nicht der sachlichen Zuständigkeit der Bauaufsichtsbehörde unterfallen. Aber: die Bauaufsichtsbehörde darf den Rückbau einer baulichen Anlage auch nur wegen des Verstoßes gegen eine baunebenrechtliche Vorgabe verlangen.[220]

175

### 2. Maßnahmen bei materieller Illegalität

**a) Formelle/materielle Illegalität und die Konsequenzen.** Die Differenzierung zwischen formeller und materieller Illegalität hat Einfluss auf die Maßnahmen der Bauaufsichtsbehörde. Für den Erlass einer Abbruchverfügung reicht regelmäßig die formelle Illegalität einer baulichen Anlage **nicht** aus, da entweder teilweise oder sogar ganz in die Bausubstanz eingegriffen werden muss.[221] Ist dies nicht notwendig (z. B. bei Beseitigung eines Wohnwagens oder eines transportablen Holzgebäudes) reicht aber schon die formelle Illegalität aus.[222] Begründet die Behörde eine bauaufsichtliche Maßnahme nur mit materieller Illegalität, darf das Verwaltungsgericht die Ordnungsverfügung nicht nur mit Verweis auf die formelle Illegalität bestätigen.[223]

176

---

219 VGH Baden-Württemberg 16.6.2003 – 3 S 2436/02 – BRS 66, Nr. 195.
220 VGH Baden-Württemberg 24.11.1997 – 5 S 3409/95 – BRS 59, Nr. 207.
221 OVG Nordrhein-Westfalen 3.9.1976 – XI A 1722/75 – BRS 30, Nr. 114.
222 OVG Niedersachsen 29.3.1984 – 1 A 164/82 – BRS 42, Nr. 213, OVG Niedersachsen 14.9.1984 – 6 B 77/84 – BRS 42, Nr. 226, VGH Hessen 20.6.1991 – 4 TH 2607/90 – BRS 52, Nr. 239, OVG Schleswig-Holstein 28.8.1992 – 10 L 36/92 – BRS 54, Nr. 208, OVG Thüringen 20.12.1994 – 1 EO 112/94 – BRS 57, Nr. 247.
223 OVG Niedersachsen 29.3.1984 – 1 A 164/82 – BRS 42, Nr. 213.

**177** Bei formeller *und* materieller Illegalität ist jedoch die Bauaufsichtsbehörde regelmäßig befugt, die *Beseitigung* der jeweiligen baulichen Anlage zu verlangen. Im Einzelfall kann auch ein bauaufsichtliches Abbruchverlangen die zusätzliche Aufforderung beinhalten, den ursprünglichen Zustand wieder her zu stellen bzw. den Bauschutt zu entfernen (und ordnungsgemäß zu entsorgen). Die Behörde muss aber immer prüfen, ob die zu beseitigende bauliche Anlage irgendwann einmal mit dem materiellen öffentlichen Baurecht übereinstimmte. Sie muss jedoch nicht prüfen, ob nach altem Recht eine Ausnahme oder Befreiung hätte erteilt werden können.[224] Die materielle Illegalität einer baulichen Anlage muss aber nicht zwangsläufig ein bauaufsichtliches Beseitigungsverlangen nach sich ziehen, vielmehr kann sich die Behörde auch – quasi als milderes Mittel – auf ein Nutzungsverbot beschränken.

**178** **b) Sonderfall: rechtswidrig genehmigte bauliche Anlagen.** Wurde ein Vorhaben rechtswidrig – d. h. unter Verstoß gegen materielle Vorschriften des öffentlichen Baurechts – genehmigt, steht die Existenz der Baugenehmigung einem bauaufsichtlichen (zunächst) Abbruchverlangen entgegen. Die Bauerlaubnis muss in einem solchen Fall vor Ergreifen bauaufsichtlicher Maßnahmen ganz oder teilweise aufgehoben werden.[225] Eine mängelfreie Schlussabnahme führt allerdings nicht zur Legalisierung etwaig übersehener Mängel.[226] Wird die bauliche Situation verändert, kann hieraus auch materielle Illegalität folgen. Entfällt z. B. im Nachhinein der zweite Rettungsweg, wird der entsprechende Gebäudeteil baurechtswidrig.[227] Im Übrigen kann auch durch eine fehlende Instandhaltung eine ursprünglich genehmigte bauliche Anlage materiell illegal werden und – z. B. bei fehlender Standsicherheit – ein bauaufsichtliches Abbruchverlangen rechtfertigen.[228] Die materielle Illegalität einer formal legalen baulichen Anlage reicht allerdings noch nicht für ein bauaufsichtliches Einschreiten aus, hierzu bedarf es besonderer bzw. weiterer Ermessenserwägungen.

### 3. Materielle Illegalität und Bestandsschutz

**179** War eine bauliche Anlage ursprünglich materiell legal, stimmt aber infolge einer Rechtsänderung nun nicht mehr mit dem geltenden Recht überein, ist das Rechtsinstitut des Bestandsschutzes zu beachten. Eine Anpassung vorhandener baulicher Anlagen an das neue Recht kann nur unter engen Voraussetzungen verlangt werden: vgl. z. B. 59 BauO NRW (in der MBO fehlt eine entsprechende Vorschrift).

**180**

| Übersicht über die Regelungen zur Anpassung bestehender baulicher Anlage an die aktuelle Rechtslage in den Landesbauordnungen ||
|---|---|
| Baden-Württemberg | § 76 LBO |
| Bayern | Art. 54 Abs. 4 BayBO |

---

224 OVG Berlin 11.3.1966 – II B 18.65.
225 OVG Saarland 19.12.1984 – 2 W1304/84 – BRS 42, Nr. 215, OVG Niedersachsen 13.7.1994 – 1 L 5561/92 – BRS 56, Nr. 204, OVG Nordrhein-Westfalen 30.5.1996 – 7 A 2/92.
226 VG Gelsenkirchen 15.10.2014 – 9 L 1395/14 (hier Dachterrasse auf Grenzgarage).
227 OVG Berlin-Brandenburg 16.5.2019 – OVG 2 S 18.19.
228 Zu einer Gefahrensituation als Folge schädigender chemischer und physikalischer Einwirkungen auf die Standsicherheit eines Gebäudes vgl. VG Cottbus 15.3.2018 – 3 L 592/17.

## XIII. Materielle Illegalität

| Übersicht über die Regelungen zur Anpassung bestehender baulicher Anlage an die aktuelle Rechtslage in den Landesbauordnungen ||
|---|---|
| Berlin | § 81 BauO Bln |
| Brandenburg | § 81 BbgBO |
| Bremen | § 58 Abs. 3 und 4 BremLBO |
| Hamburg | § 76 Abs. 3 HBauO |
| Hessen | § 61 Abs. 3 HBO |
| Mecklenburg-Vorpommern | § 80a LBauO M-V |
| Niedersachsen | § 85 Abs. 2–4 NBauO |
| Nordrhein-Westfalen | § 59 BauO NRW |
| Rheinland-Pfalz | § 85 LBauO |
| Saarland | § 57 LBO |
| Sachsen | § 58 SächsBO |
| Sachsen-Anhalt | § 86 BauO LSA |
| Schleswig-Holstein | § 58a LBO |
| Thüringen | § 98 ThürBO |

**181** Eine Baugenehmigung vermittelt formelle Legalität und damit Bestandsschutz, aber nur mit Blick auf den jeweiligen Regelungsgehalt der Genehmigung. Eine bauaufsichtliche Beseitigungsverfügung bleibt aufgrund anderer, nicht im Baugenehmigungsverfahren geprüfter Vorschriften möglich.[229] Besteht z. B. für ein Baugrundstück ein Altlastenverdacht bzw. handelt es sich um ein entsprechend belastetes Gelände steht eine erteilte Baugenehmigung einem bauaufsichtlichen Einschreiten nicht entgegen.[230] Das VG Ansbach[231] äußert sich zu den Anforderungen an ein verfahrensfreies Vorhaben (Carport im Abstellraum im Planbereich, Beseitigungsverlangen). Auch verfahrensfreie Vorhaben müssen demnach das materielle Recht einhalten. Hier gibt es keine formelle Legalität. Laut dem VG Neustadt an der Weinstraße[232] bedarf es im Übrigen in einem bauaufsichtlichen Verfahren keiner materiellen Prüfung der Genehmigungsfähigkeit eines Vorhabens mehr, wenn dies bereits zuvor in einem verwaltungsgerichtlichen Verfahren rechtskräftig geklärt worden ist und sich die Sach- und Rechtslage nicht geändert hat.

**182**

| Formelle Illegalität | Materielle Illegalität |
|---|---|
| Formelle Illegalität besteht dann, wenn für ein genehmigungs-, zustimmungs- oder anzeigebedürftiges Vorhaben Bautätigkeiten ohne die erteilte Baugenehmigung, Zustimmung oder Anzeige durchgeführt werden. | Materielle Illegalität liegt vor, wenn ein Bauwerk nicht genehmigt werden kann, weil Normen des Bauplanungs-, des Bauordnungs- und/oder des Baunebenrechtes dem Grundsatz der Baufreiheit, die jedem Bürger zusteht, entgegenstehen. |

---

229 VGH Bayern 14.7.2005 – 20 CS 05.1732 – Natur und Recht 2006, 711 ff.
230 OVG Nordrhein-Westfalen 23.9.1974 – I A 94/74 – BRS 30, Nr. 163.
231 E. v. 15.10.2009 – AN 18 K 09.00647.
232 E. v. 4.11.2010 – 4 L 1070/10.NW.

**183  4. Der praktische Fall: Der voreilige Landwirt**

> Außendienstmitarbeiter stellen auf dem Gehöft des Landwirtes P. fest, dass dieser einen ehemaligen Rinderstall umgenutzt hat. Dieser soll nunmehr als Schweinestall für den Viehhandel genutzt werden. Dafür hat der Landwirt bereits Boxen eingebaut, eine Futterrinne betoniert und eine Rampe (zum Verladen der Tiere) errichtet. Als die Außendienstmitarbeiter auf die formelle Illegalität der Maßnahme hinweisen, verweist der Bauer auf einen diesbezüglichen positiven Vorbescheid.
>
> **Ist dennoch ein Nutzungsverbot wegen formeller Illegalität berechtigt?**
>
> **Lösung**
>
> Die Genehmigung eines Stalles als Teil einer landwirtschaftlichen Hofstelle führt nicht dazu, dass damit jedwede Tierhaltung genehmigt bzw. zulässig ist. Nach Aufgabe einer bestimmten landwirtschaftlichen Nutzung würde der daraus resultierende Bestandsschutz nach Aufgabe dieser Nutzung allenfalls zeitlich begrenzt fortbestehen. Daraus folgt, dass die Umstellung von Rinder- auf Schweinezucht eine genehmigungsbedürftige Nutzungsänderung ist.[233] Insoweit liegt im vorliegenden Fall unstreitig formelle Illegalität vor.
>
> Fraglich ist, welche rechtliche Bedeutung dem Verweis auf den positiven Vorbescheid zukommt.
>
> Ein Vorbescheid ist die verbindliche schriftliche Entscheidung der Bauaufsichtsbehörde zu einzelnen Fragen des Bauvorhabens (§ 75 MBO). Dabei bestimmt das Landesrecht, was Inhalt eines Vorbescheides sein kann.[234] Auch die Frage der Teilbarkeit eines Antrages auf Erteilung eines Vorbescheides folgt aus Landesrecht.[235] Der Vorbescheid entfaltet als vorweggenommener Teil der Baugenehmigung abschließende Bindungswirkung.[236] Dies gilt auch dann, wenn es im Vorbescheid nur um bauordnungsrechtliche Fragen geht.[237] Das OVG Mecklenburg-Vorpommern[238] spricht in diesem Zusammenhang von einem Baukastenprinzip, wonach die im Vorbescheid entschiedenen Fragen im späteren Baugenehmigungsverfahren nur noch inkorporiert werden. Wie die Baugenehmigung ist auch der Vorbescheid eine mitwirkungsbedürftige gebundene Entscheidung mit begünstigender und – reduzierter – feststellender Rechtswirkung. Er ist deshalb keine schlichte Rechtsauskunft. Der Vorbescheid ist auch keine Zusage bzw. Zusicherung und

---

233  OVG Nordrhein-Westfalen 23.7.1974 – X A 242/72 – BRS 28, Nr. 99 und VGH Bayern 21.10.2010 – 15 CS 10.2346.
234  BVerwG 23.10.2008 – 4 B 30.08 – BRS 73, Nr. 150.
235  BVerwG 5.3.1999 – 4 B 62.98 – BRS 62, Nr. 178.
236  BVerwG 23.5.1975 – IV C 28.72 – BRS 29, Nr. 116, BVerwG 3.2.1984 – 4 C 39.82 – BRS 42, Nr. 170 und BVerwG 3.4.1987 – 4 C 41.84, sowie bereits: BVerwG 10.5.1068 – IV C 8.67 – BRS 20, Nr. 142.
237  VGH Hessen 13.2.1976 – IV OE 99/74 – BRS 30, Nr. 44 und OVG Rheinland-Pfalz 29.5.1980 – 1 A 23/79 – BRS 36, Nr. 171.
238  E. v. 5.11.2008 – 3 L 281/03 – BRS 73, Nr. 152.

## XIII. Materielle Illegalität

beinhaltet auch keine ganze oder teilweise Baufreigabe. **Es handelt sich (nur) um einen feststellenden Verwaltungsakt.**[239]
Die Verwaltungsgerichtsbarkeit hat den Vorbescheid als einen vorweggenommenen Teil der Baugenehmigung bewertet.[240] Es handelt sich um einen feststellenden Verwaltungsakt mit befristeter Dauerwirkung. Deshalb darf ein Vorbescheid eine Baugenehmigung bzw. Befreiung nicht in Aussicht stellen,[241] sondern muss die gestellte Frage verbindlich und abschließend beantworten. Es reicht also nicht aus, wenn in einem Vorbescheid ein Vorhaben als grundsätzlich zulässig bewertet wird.[242] Wie die klassische Baugenehmigung ist der Vorbescheid während seiner Bestandskraft formell wirksam und verschafft seinem Inhalt Geltung.
Hinsichtlich der entschiedenen Fragen entfaltet der Vorbescheid innerhalb seiner Geltungsdauer gegenüber der Bauaufsichtsbehörde Bindungswirkung, d. h., dass die Fragen im nachfolgenden Baugenehmigungsverfahren nicht mehr geprüft werden, da sie abschließend entschieden worden sind.[243] Dies gilt auch dann, wenn der Vorbescheid bei Erteilung der Baugenehmigung noch nicht bestandskräftig war.[244] Verpflichtet sich die Behörde in einem Vergleich zur Erteilung eines Vorbescheides, geht diese rechtliche Bindung nicht weiter als beim klassischen Vorbescheid.[245] Durch die spätere Erteilung der Baugenehmigung wird der Vorbescheid nicht gegenstandslos.[246]
Ist aber eine Bebauungsgenehmigung noch nicht rechtskräftig, muss im anschließenden Baugenehmigungsverfahren erneut (über die planungsrechtliche Zulässigkeit) entschieden werden. Die Baugenehmigung ist dann insoweit ein Zweitbescheid.[247]
Der dem Vorbescheid entsprechende Bauantrag muss zwar während der Geltungsdauer des Vorbescheides eingereicht werden, muss aber nicht während dieser Zeitspanne beschieden werden.[248] Der Vorbescheid setzt sich gegenüber Rechtsänderungen, z. B. eine Veränderungssperre.[249] Dies gilt auch dann, wenn der Vorbescheid aufgrund einer Drittklage noch nicht bestandskräftig ist.[250]
Folglich handelt es sich bei dem hier in Rede stehenden Vorbescheid nicht um eine Bauerlaubnis. Es besteht deshalb ein Verstoß gegen § 72 Abs. 6 MBO und damit formelle Illegalität. Aus diesem Grunde fehlt es für die bereits

---

239  BVerwG 9.12.1983 – 4 C 44.80 – BRS 40, Nr. 176 und OVG Berlin 16.7.1990 – 2 B 48.87 – BRS 50, Nr. 162.
240  VGH Baden-Württemberg 27.10.2000 – 8 S 1445/00 – BRS 63, Nr. 184.
241  VGH Baden-Württemberg 29.6.1994 – 5 S 2286/93 – BRS 56, Nr. 151 und VGH Baden-Württemberg, 27.10.2000 – 8 S 1445/00 – BauR 2001, 759.
242  VG Aachen 19.5.2015 – 3 K 2672/12.
243  BVerwG 3.2.1984 – 4 C 3982 – BRS 42, Nr. 170.
244  OVG Nordrhein-Westfalen 9.12.1996 – 4 C 14.85 – BRS 58, Nr. 52.
245  OVG Schleswig-Holstein 4.9.1996 – 1 L 191/95 – BRS 58, Nr. 152.
246  BVerwG 9.2.1995 – 4 C 23.94 – BRS 57, Nr. 206.
247  BVerwG 17.3.1989 – 4 C 14.85 – BRS 49, Nr. 168 = BauR 1989, 454 ff.
248  OVG Nordrhein-Westfalen 14.1.1992 – 10 A 111/88 – BRS 54, Nr. 164.
249  BVerwG 3.2.1984 – 4 C 39.82 – BRS 42, Nr. 170 und BGH 20.12.1985 – V ZR 263/83 – BRS 44, Nr. 94.
250  OVG Niedersachsen 31.3.1989 – 1 A 5/88 – BRS 49, Nr. 108.

erfolgte Umstellung der Tierhaltung an einer Legalisierung. Damit bestünde grundsätzlich die Möglichkeit einer Nutzungsuntersagung (§ 80 Satz 2 MBO). Der Ordnungspflichtige wird unverzüglich den erforderlichen Bauantrag nachreichen. Dies kann regelmäßig von der Bauaufsichtsbehörde nicht förmlich angeordnet werden. Reagiert aber der Ordnungspflichtige nicht auf einen entsprechenden behördlichen Hinweis, ist das vorgenannte Nutzungsverbot die zwangsläufige Konsequenz. Unabhängig davon steht im Ermessen der Bauaufsichtsbehörde auch ein Bußgeldverfahren einzuleiten (§ 84 Abs. 1 Nr. 3 MBO).

# XIV. Die Einrede des Bestandsschutzes

## 1. Grundfragen

**a) Rechtsgrundlage.** Im Grundgesetz ist die Eigentumsgarantie verankert (Art. 14 GG). Diese umfasst zwei Garantiebereiche, zum einen die Bestandsgarantie, zum anderen die Institutsgarantie. Die Bestandsgarantie schützt vor Eingriffen in den Bestand an vermögenswerten Rechten. Hier ist auch der im öffentlichen Baurecht bedeutsame Bestandsschutz angesiedelt. **184**

**b) Was bewirkt Bestandsschutz?** Bestandsschutz bewirkt, dass eine einmal rechtmäßig errichtete bauliche Anlage nicht rechtswidrig wird, auch wenn sich im Nachhinein das öffentliche Recht ändert.[251] **185**
**Bestandsschutz ist rechtlich ein Gegenrecht.** Dieses ist als ein aus der Vergangenheit abgeleitetes Recht zu verstehen, dass es ermöglicht, sich z. B. gegen ein bauaufsichtliches Nutzungsaufgabeverlangen durchzusetzen, obgleich die beanstandete Nutzung (derzeit) materiell rechtswidrig ist.[252]

**c) Zweck und Folgen des Bestandsschutzes?** Es geht hierbei um die verfassungsrechtlich gebotene Sicherung des durch Eigentumsausübung Geschaffenen (= Eigentumsschutz). Besteht Bestandsschutz, darf die Bauaufsichtsbehörde trotz bestehender Rechtswidrigkeit nicht eingreifen. **186**

**d) Wann entsteht Bestandsschutz?** Bestandsschutz ist dann gegeben, wenn und weil eine schutzwürdige legale Eigentumsausübung vorliegt. Bestandsschutz entsteht, wenn die entsprechende bauliche Anlage zum Zeitpunkt ihrer Errichtung bzw. Nutzungsaufnahme bauaufsichtlich genehmigt (= formelle Legalität) wurde und/oder während eines längeren (= namhaften oder beachtlichen) Zeitraumes[253] mit dem materiellen Recht übereinstimmte = frühere materielle Legalität[254]. Es muss sich um einen namhaften Zeitraum der Übereinstimmung mit den maßgeblichen rechtlichen Vorgaben handeln.[255] Aus der Legalisierungswirkung einer wirksam erteilten Baugenehmigung ergibt sich dabei ein formeller Bestandsschutz mit der Folge, dass ein Einschreiten der Bauaufsichtsbehörde gegen die Anlage erst nach einer unanfechtbaren oder zumindest für sofort vollziehbar erklärten Aufhebung der Baugenehmigung erfolgen darf. Hierfür reicht **187**

---

251 VG Köln 1.12.2016 – 2 K 1750/16. Die für den baurechtlichen Bestandsschutz entwickelten Grundsätze gelten übrigens auch im Wasserrecht. Die Schutzziele der beiden Rechtsgebiete sind vergleichbar; OVG Berlin-Brandenburg 23.8.2012 – OVG 2 N 20.10.
252 OVG Sachsen 18.4.2023 – 1 A 333/22.
253 BVerwG 26.5.1978 – 4 C9.76 – BRS 33, Nr. 37, BVerwG 23.2.1979 – 4 C 86.76 – BRS 35, Nr. 206 und BVerwG 22.1.1971 – IV C 62.66 – BRS 24, Nr. 193.
254 BVerwG 26.5.1978 – 4 C 9.76 – BRS 33, Nr. 37, BVerwG 10.12.1982 – 4 C 52,78 – BRS 39, Nr. 80, BVerwG 17.1.1986 – 4 C 80.82 – BauR 1986, 302, BVerfG 24.7.2000 – 1 BvR 151/99 – NVwZ 2001, 424 ff., OVG Saarland 30.8.2004 – 1 Q 50/04, VG Aachen 19.6.2012 – 3 K 1073/10 und OVG Saarland 27.1.2022 – 2 C 289/20.
255 BVerwG 26.5.1978 – 4 C 9.76 – BRS 33, Nr. 37, BVerwG 23.2.1979 – 4 C 86.76 – BRS 35, Nr. 206, BVerwG 22.1.1971 – IV C 62.66 – BRS 24, Nr. 193 und OVG Nordrhein-Westfalen 27.8.2002 – 10 B 1233/02 – BRS 65, Nr. 174.

die Wirksamkeit der Baugenehmigung aus. Eine Bestandskraft der Baugenehmigung in dem Sinne, dass sie nicht mehr mit Rechtsbehelfen angefochten werden kann, ist nicht erforderlich.[256] Im Übrigen sperren erteilte Baugenehmigungen ein bauaufsichtliches Einschreiten ungeachtet der Frage, ob sie zu Recht erteilt worden sind.[257] Der Bestandsschutz kann auch für einzelne Bauteile relevant sein, z. B. für Fenster.[258] Grundsätzlich ist aber der Bestandsschutz nicht teilbar.[259]

**188** Ein ungenehmigter baulicher Zustand erwächst jedoch durch seine jahrelange Existenz nicht in den Bestandsschutz bzw. die bauaufsichtliche Befugnis zum Einschreiten kann nicht verjähren bzw. verwirkt werden.[260] Die Untätigkeit der Bauaufsichtsbehörde kann also die fehlende Baugenehmigung nicht ersetzen.[261]

**189** **e) Reichweite des (einfachen = passiven) Bestandsschutzes.** Der Bestandsschutz für bauliche Anlagen erstreckt sich aber nur auf ihren genehmigten Bestand und ihre genehmigte Funktion.[262] Nicht erfasst sind Bestands- und Funktionsänderungen, weil diese über den genehmigten Bestand hinausgreifen. Dabei ist es rechtmäßig, den Bestandsschutz auch für die Bausubstanz abzulehnen, wenn sich die Nutzung in baurechtlich relevanter Weise geändert hat. Eine erteilte Baugenehmigung verhindert aber nur solche bauaufsichtlichen Maßnahmen, die mit der jeweiligen Feststellungswirkung der Bauerlaubnis kollidieren.[263]

**190** **f) Wer trägt die Beweislast?** Die Bauaufsichtsbehörde hat einen Sachverhalt von Amts wegen zu ermitteln. Hierfür kann sie vom Ordnungspflichtigen auch die Vorlage von Bauvorlagen und sonstige Unterlagen verlangen.
Derjenige, der sich auf Bestandsschutz beruft, hat aber letztlich die entsprechenden Voraussetzungen nachzuweisen.[264] Dies gilt auch bei langjährig bestehenden und genutzten baulichen Anlagen.[265] Bleibt die Frage der formellen und materi-

---

256  OVG Sachsen-Anhalt 22.2.2022 – 2 L 110/20.
257  OVG Nordrhein-Westfalen 5.2.2021 – 7 B 734/20, siehe auch: VG Cottbus 5.2.2020 – 3 L 644/19.
258  OVG Nordrhein-Westfalen 15.7.2013 – 2 A 969/12. Hier erfolgreiche Drittklage (hier: unzulässiges Zubauen von bestandsgeschützten Fenstern in der geschlossenen Bauweise).
259  VG Köln 27.1.2009 – 2 K 245/08.
260  VGH Hessen 20.2.1992 – 3 UE 4020/88 und VG Weimar 15.7.1999 – 1 E 664/99.We – ThürBl. 1999, 265 ff.
261  Schon: BVerwG 22.12.1965 – IV 108.65.
262  BVerfG 15.12.1995 – 1 BvR 1713/92 – BRS 57, Nr. 246 = BauR 1996, 235 und VGH Bayern 23.3.2021 – 15 ZB 20.2906.
263  OVG Nordrhein-Westfalen 14.9.2001 – 7 A 620/00.
264  BVerwG 28.1.1965 – VIII C 293.60, BVerwG 23.2.1979 – 4 C 86.76 – BRS 35, Nr. 206, OVG Nordrhein-Westfalen 17.5.1993 – 11 A 3625/91, OVG Nordrhein-Westfalen 18.1.2001 – 10 B 1898/00 – BauR 2001, 758, OVG Nordrhein-Westfalen 22.8.2005 – 10 A 4694/03 – BauR 2006, 90, OVG Nordrhein-Westfalen 5.8.2008 – 7 A 2828/07, VG Gelsenkirchen 18.8.2009 – 6 K 3595/06, OVG Nordrhein-Westfalen 17.10.2011 – 2 B 1145/11, OVG Rheinland-Pfalz 12.12.2012 – 8 A 10875/12, VG Gelsenkirchen 6.10.2021 – 10 K 10512/17 – und VGH Bayern 22.4.2022 – 15 CS 22.872.
265  OVG Niedersachsen 16.5.2022 – 1 LA 102/21.

XIV. Die Einrede des Bestandsschutzes

ellen Legalität unaufklärbar, geht dies zu Lasten des Eigentümers.[266] Laut dem BVerwG[267] ist ein Anscheinsbeweis nur bei typischen Fällen denkbar. Ist aber eine nach heutigem Recht formell und materiell illegale bauliche Anlage bestandsgeschützt, hat der Eigentümer gegenüber der Bauaufsichtsbehörde auch einen Anspruch auf Bestätigung des Bestandsschutzes in Form eines Duldungsverwaltungsaktes.[268]

## 2. Passiver Bestandsschutz: Voraussetzungen

Für den sogenannten passiven Bestandsschutz bedarf es folgender Tatbestandsvoraussetzungen: **191**
1. funktionsgerecht nutzbarer Bestand,
2. frühere materielle Legalität und
3. Fortdauer der Nutzung.

Bestandsschutz erhält ein Baubestand regelmäßig erst dann, wenn das Vorhaben **fertiggestellt** oder jedenfalls im Wesentlichen fertiggestellt ist.[269] Dies gilt z. B. nicht für den Fall, in dem lediglich die Fundamente fertiggestellt wurden (VGH Baden-Württemberg 4.5.1976 – III 300/75 – BRS 30, Nr. 173). Ein unfertiges und eine längere Zeit nicht weiter gebautes Vorhaben (Gebäudetorso) wird nicht von der Baugenehmigung gedeckt, ist deshalb als formell illegal zu bewerten und lässt folglich Bestandsschutz nicht entstehen.[270]

Einzelfälle **192**
– Will ein Bauherr eine bauliche Anlage wiederherstellen, muss es sich noch um einen funktionsgerecht nutzbaren Bestand handeln,[271] z. B. kommt einer Bauruine (im Außenbereich) kein Bestandsschutz zu.[272]
– Dient die Anlage nicht mehr der ursprünglichen zugedachten bzw. genehmigten Funktion[273] oder erfährt die bauliche Anlage eine wesentliche Veränderung ihrer Nutzungsintensität, z. B. durch Vermehrung der Nutzungseinheiten oder Ausweitung des Produktionsumfanges, kann sich der Bauherr bzw. Nutzer bzw. Betreiber nicht mehr auf Bestandsschutz berufen.

---

266 BVerwG 24.5.1993 – 4 B 77/93.
267 BVerwG 23.2.1979 – 4 C 86.76 – BRS 35, Nr. 206.
268 VGH Hessen 10.11.1994 – 4 TH 1864/94 – BRS 57, Nr. 259. Laut dem VG Magdeburg 24.1.2022 – 4 A 248/20 MD – ist die statthafte Klage zur Klärung der Frage, ob eine Bebauung Bestandsschutz genießt, die Feststellungsklage.
269 BVerwG 22.1.1971 – IV C 62.66 – BRS 24 Nr. 193, NJW 1971, 1624.
270 BVerwG 22.2.1965 – IV B 22.65 – NJW 1965, 1195, vgl. hierzu aber für die differenzierte Sicht in einem Beschluss des BVerwG 22.2.1991 – 4 CB 6/91 – NVwZ 1991, 984 ff.
271 BVerwG 25.11.1970 – IV C 119.68.
272 OVG Nordrhein-Westfalen 3.2.1994 – 10 A 1149/91 – BRS 56, Nr. 201, hier ehemaliges Forsthaus mit Nebenanlage. So auch: VGH Bayern 9.8.2017 – 1 ZB 14.68 – BRS 85, Nr. 106. Zum Umbau eines Bootshauses zu einem Wochenendhaus im planungsrechtlichen Außenbereich und den Verlust des Bestandsschutzes vgl. VG Münster 25.8.2005 – 2 K 3821/02.
273 BVerwG 30.6.1969 – IV CB 18.69 – BRS 22, Nr. 148, BauR 1996, 235 bzw. Nutzung OVG Saarland 29.6.1990 – 2 R 369/87 – BRS 50, Nr. 165, BVerwG 18.5.1990 – B 4 49.89 – BRS 50, Nr. 166 und BVerwG 21.11.2000 – 4 B 36/00, hier endgültige Aufgabe einer militärischen Nutzung (so auch: BVerwG 23.11.2016 – 4 CN 2.16 – BRS 84, Nr. 1).

Dies gilt auch, wenn an Stelle der in einem Gebäude genehmigten Nutzung tatsächlich mit einer ganz andersartigen Nutzung begonnen wurde.[274]
- Auch die Änderung des Hinweises auf einer freistehenden Werbetafel in eine Werbeschrift kann der Tafel eine neue, nicht vom Bestandsschutz gedeckte Funktion verleihen.[275]
- Der Bestandsschutz ist sogar bereits berührt, wenn ein Vorhaben eines öffentlichen Bauträgers von einem privaten Bauherrn übernommen wird. Nur wenn das Vorhaben (hier: Sendemast für Mobilfunk) bereits betriebsbereit fertiggestellt ist, kann sich der private Rechtsnachfolger auf Bestandsschutz berufen.[276]

### 3. Reichweite des einfachen = passiven Bestandsschutzes

**193** a) **Welche Maßnahmen sind vom einfachen Bestandsschutz gedeckt?** Vom einfachen Bestandsschutz gedeckt sind Unterhaltungs-, Instandsetzungs- oder Modernisierungsmaßnahmen, nicht aber die qualitativ und quantitativ wesentlichen Änderungen.

Vom Bestandsschutz gedeckte Reparaturen liegen nur vor, wenn die Identität der baulichen Anlage erhalten bleibt. Das ist jedenfalls dann nicht der Fall, wenn der erforderliche Eingriff in die Bausubstanz so intensiv ist, dass er eine statische Nachrechnung der gesamten Anlage notwendig macht.[277] So geht bereits durch die Erneuerung des Drahtgeflechts einer Einfriedung unter Belassung der Pfosten der Bestandsschutz unter.[278] Wird bei einer genehmigten Werbeanlage nachträglich eine Beleuchtung angebracht, ist dies eine wesentliche Änderung, die den Bestandsschutz berührt.[279]

**194** b) **Untergang des Bestandsschutzes.** Ist ein Gebäude in seiner baulichen Substanz verbraucht und konkret einsturzgefährdet, besteht aus dem Gesichtspunkt des Bestandsschutzes kein Anspruch auf die Erteilung der Baugenehmigung zur Erneuerung.[280] Dies gilt auch bei weitgehender Zerstörung der baulichen Anlage.[281] Wird eine ursprünglich genehmigte bzw. genehmigungsfähige Nutzung, endgültig aufgegeben, entfällt der Bestandsschutz sowohl für die Nutzung als auch für die Gebäudesubstanz. In der Folge bedarf es dann grundsätzlich einer bauplanungsrechtlichen Prüfung wie bei einer Neuerrichtung; es ist also weder eine erneute Nutzungsaufnahme noch die Genehmigung einer bloßen Nutzungsänderung oder baulichen Änderung möglich.[282] Verändert sich die Sachlage, z. B. beim Wegfall eines ursprünglich vorhandenen zweiten Rettungsweges,

---

274  BVerwG 25.3.1988 – 4 C 21.85 – BRS 48, Nr. 138.
275  BVerwG, 5.11.1980 – 4 B 215/80, vgl. hierzu auch: VG Münster 16.7.1998 – 2 L 735/98 – hier: Änderung einer genehmigten Anlage mit zwei in eine ungenehmigte mit drei Werbeschildern.
276  VGH Hessen 17.8.1995 – 3 TH 798/94 – BRS 57, Nr. 192.
277  BVerwG, 18.10.1974 – IV C 75.71 – BRS Nr. 28 Nr. 114, vgl. auch BVerwG 21.3.2001 – 4 B 18.01 –und VG Gelsenkirchen 29.10.2010 – 6 K 576/09.
278  VGH Baden-Württemberg 28.11.1989 – 8 S 2765/89 – VBlBW 1990, 267 ff. und OLG München 27.6.1990 – 3 Ob Owi 35/90.
279  OVG Nordrhein-Westfalen 11.11.2015 – 10 B 954/15.
280  VGH Baden-Württemberg 24.7.1973 – VIII 1003/71 – BRS 27 Nr. 146.
281  OVG Berlin 7.6.1968 – II B 32.67 – BRS 20, Nr. 193 und OVG Nordrhein-Westfalen 6.2.2015 – 2 A 1394/13.
282  OVG Sachsen-Anhalt 11.7.2023 – 2 M 36/23.

XIV. Die Einrede des Bestandsschutzes    **195–198**

wird der entsprechende Gebäude baurechtswidrig.[283] Benutzt ein neu errichtetes Gebäude nur die Bodenplatte des im Übrigen vollständig abgerissenen Bestandsgebäudes, ist der ursprüngliche Bestandsschutz nicht gewahrt.[284] Diese ist auch der Fall, wenn ein Gebäude so umgebaut werden soll, dass es seine ursprüngliche Identität verliert.[285] Kennzeichen dieser Identität ist es, dass das ursprüngliche Gebäude unverändert als die Hauptsache erscheinen muss.[286]

c) **Anspruch aus einem überwirkenden Bestandsschutz?** Aus Bestandsschutzgesichtspunkten kann kein Anspruch auf Zulässigkeit eines (neuen) Vorhabens abgeleitet werden. Zwischenzeitlich aufgegeben wurde die Rechtsprechung zum sogenannten überwirkenden Bestandsschutz.[287] Aus Art. 14 Abs. 1 GG folgt demnach nach heutiger Sicht kein entsprechender Anspruch, d. h. neben den im öffentlichen Baurecht geregelten Zulässigkeitsvoraussetzungen (z. B. in §§ 29 ff. BauGB) folgt aus Bestandsschutz kein eigener Zulassungsgrund.[288]    **195**

Beachte aber die Sonderregelungen:    **196**
Im Bauplanungsrecht:
§ 34 Abs. 3a BauGB,
§ 35 Abs. 4 BauGB.
Im Bauordnungsrecht:
z. B. § 6 Abs. 11, 12 BauO NRW

Aber auch im Bauordnungsrecht finden sich solche Regelungen, die an einen ursprüngliche Bestandsschutz anknüpfen bzw. diesen fortschreiben, z. B. im Abstandsflächenrecht. Diese Bestimmungen gehen dann oft über den klassischen Bestandsschutz hinaus und verfolgen bestimmte gesetzlichen Intentionen, z. B. die Förderung der Nachverdichtung bzw. Schaffung von Wohnraum. Als Beispiel wird auf den nachfolgend gezeigten § 6 Abs. 11 BauO NRW verwiesen.    **197**

**§ 6 BauO NRW – Abstandsflächen**    **198**
(11) Bei Gebäuden, die ohne Einhaltung von Abstandsflächen oder mit geringeren Tiefen der Abstandsflächen als nach Absatz 5 bestehen, sind zulässig
1. Änderungen innerhalb des Gebäudes,
2. sonstige Änderungen, wenn der Abstand des Gebäudes zu den Nachbargrenzen mindestens 2,50 m beträgt, ohne Veränderung von Länge und Höhe der diesen Nachbargrenzen zugekehrten Wände und Dachflächen

---

283  OVG Berlin-Brandenburg 16.5.2019 – OVG 2 S 18.19.
284  VG Münster 19.6.2018 – 2 K 6704/17.
285  BVerwG 18.10.1974 – IV C 75.71 – BVerwGE 47, 126 ff., VGH Bayern 7.3.2018 – 1 B 16.2375 – und VG Aachen 19.6.2012 – 3 K 1073/10. Siehe auch: VG Gelsenkirchen 26.3.2013 – 6 K 5028/10 – hier: Umbau eines Schwimmbades.
286  VG Gelsenkirchen 29.10.2010 – 6 K 576/09, sowie: VG Sigmaringen 8.12.2005 – 8 K 1663/03.
287  BVerwG 17.1.1986 – 4 C 80.82 – BRS 46, Nr. 148 und BVerwG 25.3.1988 – 4 C 21.85 – BauR 1988, 569 ff.
288  VG Dresden 13.11.2002 – 12 K 2562/02 – hier Ersatz eines baufälligen Geräteschuppens durch ein neues Werkstatt- und Lagergebäude, ablehnende Entscheidung bestätigt.

und ohne Einrichtung neuer Öffnungen oder Vergrößerung bestehender Öffnungen in diesen Wänden und Dachflächen,
3. Nutzungsänderungen,
4. die Neuerrichtung oder der Ausbau von Dachräumen oder eines Dachgeschosses innerhalb der Abmessungen bestehender Dachräume oder des Dachgeschosses,
5. die nachträgliche Errichtung eines Dachgeschosses oder eines obersten Geschosses, wenn deren Abstandsflächen innerhalb der Abstandsflächen des bestehenden Gebäudes liegen und ein Abstand zur Nachbargrenze von mindestens 2,50 m eingehalten wird, sowie
6. die Neuerrichtung eines nach Kubatur gleichartigen Gebäudes an gleicher Stelle.

Darüber hinaus gehende Änderungen können unter Würdigung nachbarlicher Belange und der Belange des Brandschutzes zugelassen werden. Die Sätze 1 und 2 gelten nicht für Gebäude nach Absatz 8.

### 4. Bestandsschutz und Nutzungsunterbrechungen

**199** a) **Fortdauer der Nutzung als Voraussetzung für den Bestandsschutz.** Eine wesentliche Voraussetzung für den Bestandsschutz ist auch die Fortdauer der Nutzung. Mit der endgültigen Aufgabe einer ursprünglich baurechtmäßigen Nutzung eines Bauwerkes entfällt grundsätzlich der ihr bisher zukommenden Bestandsschutz.[289]

**200** b) **Einfluss von Nutzungsunterbrechungen auf den Bestandsschutz?** Die Rechtsprechung nimmt den Untergang des Bestandsschutzes sogar schon bei einer zeitweisen Nutzungsunterbrechung an.[290] Ist demnach die baurechtlich genehmigte Nutzung eines Gebäudes für mehr als ein Jahr nicht ausgeübt worden, so ist auch die vor Ablauf des zweiten Jahres wieder aufgenommene Nutzung nicht mehr vom Bestandsschutz gedeckt, wenn Umstände vorlagen, aus denen nach der Verkehrsanschauung geschlossen werden konnte, mit der Wiederaufnahme der ursprünglichen Nutzung sei nicht mehr zu rechnen.[291] Stets sind aber bei der Berechnung des Zeitraumes die besonderen Umstände des Einzelfalles zu berücksichtigen.[292] Die aktuelle Rechtsprechung sieht den Untergang des Bestandsschutzes (nur) aufgrund einer Nutzungsunterbrechung eher kritisch.[293]

---

[289] OVG Niedersachsen 25.5.1978 – 1 A 196/73, vgl. auch BauR 1970, 96, BRS 33, Nr. 74/142, OVG Niedersachsen 22.3.2001 – 1 L 448/99 – BRS 64, Nr. 198 und OVG Nordrhein-Westfalen 21.7.2022 – 7 A 1153/21.
[290] Offengelassen: BVerwG 24.5.1988 – IV C 62.66 – BauR 1988, 574.
[291] BVerwG 18.5.1995 – 4 C 20.94 – DÖV 1996, 42, BRS 57, Nr. 67.
[292] OVG Nordrhein-Westfalen 13.11.1995 – 11 B 2161/95 – BRS 57, Nr. 184. Das OVG Thüringen 29.11.1999 – 1 EO 658/99 – BauR 2000, 719.
[293] VGH Bayern 22.4.2022 – 15 CS 22.872. Das OVG Niedersachsen 3.1.2011 – 1 ME 209/10 – hat sich zum Bestandsschutz bei einer Nutzungsunterbrechung geäußert. Dabei ist das Obergericht davon ausgegangen, dass auch noch bei einer Unterbrechung der Nutzung von 6 Jahren der ursprünglich erteilten Baugenehmigung eine Sicherungsfunktion zukommen kann.

XIV. Die Einrede des Bestandsschutzes

**c) Bestandsschutz und persönliche Merkmale.** Das Anwachsen der Familie rechtfertigt nicht die Erweiterung eines Bestandsschutz genießenden Gebäudes,[294] wie überhaupt im dinglich organisierten öffentlichen Baurecht persönliche Merkmale grundsätzlich keine Rolle spielen und allenfalls auf der Ebene der Vollstreckung von belastenden bauaufsichtlichen Verfügungen die Entscheidung der Bauaufsichtsbehörde beeinflussen können.

**5. Bestandsschutz und Nutzungsänderungen**

Eine bauliche Anlage genießt Bestandsschutz nur in ihrer durch die (genehmigte) Nutzung bestimmten Funktion.[295] Qualitativ und quantitativ wesentliche Änderungen werden vom Bestandsschutz jedoch nicht gedeckt.[296]
Wurde eine Änderung der Benutzungsart einer baulichen Anlage vorgenommen, die mit der ursprünglichen Nutzung nicht wesensverwandt ist, also jenseits der jeder Nutzungsart eigenen Variationsbreite liegt, geht der Bestandsschutz deshalb regelmäßig unter.[297]
Eine genehmigungspflichtige Nutzungsänderung liegt nämlich vor, wenn sich die neue Nutzung von der bisherigen (legalen) dergestalt unterscheidet, dass die Zulässigkeit der geänderten Vorhabens nach den Bauvorschriften anders beurteilt werden kann; in planungsrechtlicher Hinsicht ist eine Nutzungsänderung dann anzunehmen, wenn die rechtliche Qualität der bisherigen Nutzung so verändert wird, dass sich die Genehmigungsfrage neu stellt; dies ist insbesondere der Fall, wenn die Änderung die in § 1 Abs. 5 BauGB genannten Belange berühren kann.[298] Eine solche Nutzungsänderung ist nicht durch den Bestandsschutz gedeckt.

---

Siehe ergänzend:
- zu einer Umnutzung einer Jagdhütte zu Freizeitzwecken: BVerwG, 21.6.1994 – 4 B 108/94 – BauR 1994, 737 und
- zu einem Umbau eines im Erdgeschoss als Getränkelager sowie im Obergeschoss als Trockenraum und Lagerraum für Mobiliar genehmigten Gebäudes zu Wohnzwecken: OVG Nordrhein-Westfalen, 15.5.1997 – 11 A 7224/95 – BRS 59, Nr. 144.

---

**6. Bestandsgeschützte gewerbliche Nutzungen und die Folgen**

Soweit der Bestandsschutz eines Gewerbebetriebes reicht, müssen sich die Allgemeinheit und die Nachbarschaft die entstehenden Nachteile und Belästigun-

---

294  BVerwG, 22.7.1975 – IV B 22.75 – BRS 29 Nr. 137, siehe aber: § 35 Abs. 4 Nr. 5 BauGB.
295  BauR 2003, 1021.
296  Irreführend: BVerwG 11.2.1977 – 4 C 8/75 – BRS 32, Nr. 140. Interessant ist die Sonderregelung in der HOBO (Hessen). § 62 HBO i. V. m. Ziffer III. 5 erlaubt die Rückkehr zu der durch Nutzungsänderung von Anlagen und Räumen aufgegebenen Nutzung innerhalb einer Frist von bis zu 10 Jahren und die damit verbundene Herstellung des zum Zeitpunkt vor der Änderung bestehenden baulichen Zustandes.
297  OVG Mecklenburg-Vorpommern 10.7.1995 – 3 M 210/94 – BRS 57, Nr. 185, so auch BVerwG 25.3.1988 – 4 C 21.85 – ZfBR 1988, 159 ff., außer die neue Nutzung ist erkennbar nur vorübergehend.
298  OVG Nordrhein-Westfalen 13.11.1995 – 11 B 2161/95 – BauR 1996, 375, BRS 57, Nr. 184.

gen zumuten lassen. Das hat zur Folge, dass unter Umständen das in § 5 Nr. 1 BImSchG enthaltene Merkmal der Erheblichkeit nicht erfüllt ist.[299] Der Betrieb einer Anlage ist aber vom Bestandsschutz nicht mehr gedeckt wird, wenn er einen Umfang erreicht hat, der eine immissionsschutzrechtliche Genehmigungsbedürftigkeit begründet. Im Übrigen hat der Unternehmer eines bestandsgeschützten Betriebes seine aus dem Umweltrecht folgenden **Betreiberpflichten** uneingeschränkt zu erfüllen.[300]

**205** In dem vom BVerwG entschiedenen Fall ging es um den Konflikt eines geplanten Wohngebäudes im Nahbereich einer (ursprünglich) bestandsgeschützten Autolackiererei. Der Erfolg der Verpflichtungsklage auf Erteilung des Vorbescheides hing maßgeblich davon ab, ob die der Wohnnutzung abträglichen – zeitweise aufgegebenen – Autolackiereri durch eine Baugenehmigung abgedeckt war (ist). Die aktuelle technische Ausstattung war nach Neueröffnung mit der bisherigen nicht identisch. Die Versagung des beantragten Vorbescheides unter Betonung der Interessen des Gewerbetreibenden wurde vom BVerwG nicht mitgetragen, da die Bauaufsichtsbehörde die umweltrechtlich vorgegebenen Betreiberpflichten nicht ausreichend berücksichtigt hatte.

### 7. Spezielle Regelungen zum Bestandsschutz im planungsrechtlichen Außenbereich (§ 35 BauGB)

**206** Im planungsrechtlichen Außenbereich richtet sich die Zulässigkeit bodenrechtlich relevanter Vorhaben nach den rigiden Vorgaben des § 35 BauGB. Abs. 4 der Vorschrift beinhaltet für eine Reihe sogenannter teilprivilegierter Vorhaben rechtliche Erleichterungen, d. h., für bestimmte bauliche Maßnahmen werden vier wichtige öffentliche Belange – Widerspruch zu den Darstellungen eines Flächennutzungs- bzw. Landschaftsplans, Beeinträchtigung der natürlichen Eigenart der Landschaft und Befürchtung der Entstehung, Verfestigung oder Erweiterung einer Splittersiedlung – für gegenstandslos erklärt. Die teilprivilegierten Vorhaben sind:
– Nutzungsänderung von ehemals privilegiert (= landwirtschaftlich) genutzten baulichen Anlagen (Nr. 1),
– Neuerrichtung eines gleichartigen – mängelbehafteten – Wohngebäudes (Nr. 2),
– Ersatzbau eines durch ein außergewöhnliches Ereignis (z. B. Brand) zerstörten Gebäudes (Nr. 3),
– Änderung bzw. Nutzungsänderung erhaltenswerter Gebäude (Nr. 4),
– die angemessene Erweiterung von – eigen genutzten – Wohngebäuden (Nr. 5),
– angemessene Erweiterung gewerblicher Betriebe (Nr. 6).

**207** Diese Vorschriften sind die Antwort des Gesetzgebers auf die Problematik, dass im Zusammenhang mit zulässigerweise im Außenbereich errichteten Vorhaben Änderungen, Erweiterungen, Nutzungsänderungen usw. sinnvoll sein können, das materielle Baurecht diese aber verhindert.

---

299 BVerwG 12.12.1975 – 4 C 71/73 – BRS 29, Nr. 135.
300 BVerwG 18.5.1995 – 4 C 20.94 – DÖV 1996, 4 = BRS 57, Nr. 67, BVerwGE 98, 235, so auch VGH Bayern 15.3.1999 – 14 B 93.1542 – BRS 62, Nr. 170, 205.

## XIV. Die Einrede des Bestandsschutzes

**a) Abgrenzung: Vorschriften für teilprivilegierte Vorhaben gehen über den klassischen Bestandsschutz hinaus.** Solche Maßnahmen sind regelmäßig nicht durch den aus dem Grundrecht auf Eigentum (Art. 14 GG) abgeleiteten Bestandsschutz abgedeckt. Der Bestandsschutz für bauliche Anlagen gegenüber Änderungen der Baurechtsordnung erstreckt sich aus verfassungsrechtlicher Sicht nur auf ihren genehmigten Bestand und ihre genehmigte Funktion. Der baurechtliche Bestandsschutz deckt andersartige oder wesentlich geänderte Nutzungen nicht, das ist z. B. der Fall, wenn ein Stall in eine Wohnung umgebaut wird oder eine ehemalige Remise nunmehr zum Unterstellen von Wohnwagen dient. Eine nicht nur unwesentliche Nutzungsänderung führt – wie bereits ausgeführt – grundsätzlich zur Beendigung des Bestandsschutzes für die in dem Gebäude ausgeübte frühere Nutzung.

Dasselbe gilt für bauliche Änderungen. Wird das Gebäude zerstört oder ist die Änderung so erheblich, dass das geänderte Gebäude nicht mehr mit dem alten, bestandsgeschützten Objekt identisch ist, so genießt es auch nicht dessen Bestandsschutz gegenüber dem entgegenstehenden Baurecht. Entscheidend sind Art und Umfang der baulichen Maßnahmen. Ist das Gebäude durch sie derart verändert worden, dass es sich gegenüber dem früheren Zustand als etwas Anderes – also als ein sogenanntes aliud – darstellt, so ist der Bestandsschutz entfallen. Diese einschränkende Inhaltsbestimmung des Bestandsschutzes kann in der Praxis zu unbefriedigenden Ergebnissen führen. Um solche ungewollten Ergebnisse zu verhindern hat der Gesetzgeber für den Außenbereich Erleichterungen geschaffen, die an den Gedanken des **erweiterten Bestandsschutzes** anknüpfen.

**b) Die Vorschriften für teilprivilegierte Vorhaben sind abschließend.** Darüber hinaus lässt die Rechtsprechung eine Berufung auf das Institut des Bestandsschutzes im Außenbereich nicht mehr zu, da es eine spezielle – abschließende – Regelung gibt.[301] Generell gilt nämlich, dass es einen eigentumsrechtlichen Bestandsschutz außerhalb der gesetzlichen Regelungen nicht gibt. Dies hat das BVerwG in den letzten Jahren immer wieder bestätigt.[302] Diese dürfte für den unbeplanten Innenbereich vor dem Hintergrund des § 34 Abs. 3a BauGB auch gelten.

### 8. Bestandsschutz für DDR-Schwarzbauten?

Nach der Wiedervereinigung hat sich in den neuen Bundesländern in der bauaufsichtlichen Praxis die Frage gestellt, ob aus einem Nichteinschreiten der Behörden der ehemaligen DDR gegen baurechtswidrige Zustände, die länger als 5 Jahre bestanden (vgl. § 11 Abs. 3 der VO über Bevölkerungsbauwerke), eine faktische Baugenehmigung bzw. Bestandsschutz ableiten lässt? Dies wird von der Rechtsprechung verneint.[303] Aus der vorgenannten Vorschrift wird aber in der Praxis allenfalls ein gewisser Vertrauensschutz abzuleiten sein, d. h., die jeweilige Bauaufsichtsbehörde muss besondere Gründe für ein Einschreiten geltend ma-

---

301 BVerwG 11.12.1996 – 4 B 231/96 – BRS 58, Nr. 93, vgl. auch BVerwG 18.7.1997 – 4 B 116/97 – NVwZ-RR 1998, 357 und BVerwG 12.3.1998 – 4 C 10/97 – BVerwGE 106, 228 ff.
302 BVerwG 3.12.1990 – 4 B 145/90 – BRS 50, Nr. 88, BVerwG 1.12.1995 – 4 B 271/95 – BRS 57, Nr. 100, BVerwG 7.11.1997 – 4 C 7/97 – BBauBl. 8/98, 66 ff.
303 Vgl. VG Weimar 15.7.1999 – 1 E 664/99.We – ThürVBl 1999, 265 ff.

chen. Ein solcher Vertrauensschutz kann einer Beseitigungsverfügung entgegenstehen.[304]

## 9. Zusammenfassung

| Bestandsschutz | unmittelbar geltendes Recht |
|---|---|
| Rechtsgrundlage | Art. 14 GG |
| Begriff | gesetzlich nicht definiert |
| Formen | Inhalt bzw. Reichweite |
| Einfacher oder passiver Bestandsschutz | Erhaltung eines baulichen Bestandes |
| Aktiver Bestandsschutz | Befugnis zur funktionsgerechten Nutzung eine baulichen Anlage zu erweitern<br>1. Sonderform: Überwirkender Bestandsschutz (mittlerweile überwiegend abgelehnt)<br>2. Sonderform: eigentumskräftig verfestigte Anspruchsposition |
| Tendenzen | Die aktuelle Rechtsprechung des BVerwG setzt sich von einem direkt aus Art. 14 GG abgeleiteten Bestandschutz ab und folgt hierbei der Judikatur des BVerfG. |

## 10. Der praktische Fall: Die Jägerhütte

In ihrem Zuständigkeitsbereich wird die Bauaufsicht durch einen Hinweis des Forstamtes auf folgenden Sachverhalt aufmerksam: eine ehemals privilegierte Jägerhütte ist von dem Jäger aufgegeben worden. Die Hütte wird nunmehr von einem Städter zu Erholungszwecken genutzt. Auf den Fortfall der Privilegierung angesprochen, meint dieser, die Hütte genieße Bestandsschutz, eine Beseitigung käme deshalb nicht in Frage.

**Wie ist die Rechtslage?**

**Lösung**

Im vorliegenden Fall ist zunächst die Frage zu klären, wie weit der durch eine Baugenehmigung vermittelte Bestandsschutz reicht, wenn die genehmigte Nutzung eines Gebäudes als Jagdhütte bezeichnet wurde. Danach ist zu prüfen, ob die Bauaufsichtsbehörde befugt ist, eine Beseitigung der Baulichkeit zu verlangen.
Die Baugenehmigung ist ein Instrument des Bauordnungsrechts. Was den Regelungsgegenstand einer Baugenehmigung ausmacht, bestimmt das jeweilige Landesrecht. Dies gilt sowohl für die inhaltliche als auch die zeitliche Reichweite und schließt die Frage mit ein, wann eine Nutzungsunterbrechung zum Verlust des Schutzes einer erteilten Baugenehmigung führt.[305]

---

304 Vgl. hierzu: OVG Thüringen 18.12.2002 – 1 KO 639/01 – BRS 65, Nr. 206. Laut dem VG Cottbus 31.8.2023 – 3 K 784/22 – war es auch zu DDR-Zeiten den Bürgern nicht erlaubt, nach freiem Belieben zu bauen. Hier finden sich auch Ausführungen zur rechtlichen Bedeutung der Verordnung über Bevölkerungsbauwerke 1972, abgelöst durch die VO über Bevölkerungsbauwerke – vom 8. November 1984.
305 Vgl. BVerwG 7.11.1997 – 4 C 7.97; BVerwG 16.1.1997 – 4 B 244.96, BVerwG 10.11.1998 – 4 B 107.98.

## XIV. Die Einrede des Bestandsschutzes 212

Der Bestandsschutz gewährleistet, dass sich die rechtmäßige Nutzung einer baulichen Anlage auch gegen neues entgegenstehendes Recht durchsetzt. Von ihm gedeckt ist aber nur die nach Art und Umfang unveränderte Nutzung[306]. Wird ein Bauwerk, das bisher – wie hier – für einen nach § 35 Abs. 1 Nr. 4 BauGB im Außenbereich privilegierten Zweck genutzt worden ist, für einen anderen Zweck genutzt, so liegt hierin nicht nur eine Nutzungs-, sondern zugleich auch eine Funktionsänderung, die zu einer Entprivilegierung führt.[307] Damit erledigt sich auch der Bestandsschutz, der dem Gebäude zukommt.[308]
Die neue Nutzung ist insoweit als formell illegal zu betrachten. Nach der Entprivilegierung der Jagdhütte ist die veränderte Nutzung zu Erholungszwecken nur noch als sonstiges Vorhaben i. S. d. § 35 Abs. 2 BauGB. Sonstige Vorhaben können (lediglich) im Einzelfall zugelassen werden, wenn ihre Ausführung oder Benutzung öffentliche Belange nicht beeinträchtigt und die Erschließung gesichert ist. Solche Vorhaben haben aufgrund ihrer rechtlich schwachen Position gegenüber den öffentlichen Belangen nur eine geringe Durchsetzungskraft, mit anderen Worten, es besteht für sie im Grunde ein Bauverbot.[309]
Im Übrigen unterliegen bauliche Substanz und Nutzung in diesem Zusammenhang nicht unabhängig voneinander unterschiedlichen rechtlichen Regelungen. Bestandsschutz genießt die bauliche Anlage nämlich nur in ihrer durch die Nutzung bestimmten Funktion. Reicht eine Nutzungsuntersagung aus, um einen rechtmäßigen Zustand herbeizuführen, so hat die Bauordnungsbehörde es hiermit bewenden zu lassen. Dies setzt jedoch voraus, dass eine rechtmäßige Nutzung überhaupt in Betracht kommt. Lässt das geltende materielle Baurecht hierfür keinen Raum, so schließt das öffentliche Interesse an einer Durchsetzung der bebauungsrechtlichen Ordnung auch das Mittel der Beseitigungsanordnung ein.[310] Jagdhütten machen insoweit keine Ausnahme.[311]
Die Lösung folgt der Entscheidung des BVerwG 9.9.2002 – 4 B 52/02 – BauR 2003, 1021.

---

306　Vgl. BVerwG 23.2.1979 – 4 C 86.76, BVerwG 23.1.1981 – 4 C 83.77.
307　Vgl. BVerwG 15.11.74 – 4 C 32.71, BVerwG 24.10.1980 – 4 C 81.77.
308　Vgl. BVerwG 18.5.1990 – 4 C 49.89.
309　Z.B. braucht ein Wochenendhaus weder wegen der besonderen Anforderungen an seine Umgebung noch wegen seiner besonderen Zweckbestimmung nur im Außenbereich ausgeführt zu werden, BVerwG 12.2.1962 – I B 25.62.
310　Vgl. BVerwG 27.2.1993 – 4 B 5.93.
311　Vgl. BVerwG 10.12.1982 – 4 C 52.78, BVerwG 21.6.1994 – 4 B 108.94.

# XV. Das Betretungsrecht

### 1. Das Betretungsrecht

**213** a) **Rechtsgrundlage.** § 58 Abs. 4 MBO räumt den Mitarbeitern der Bauaufsichtsbehörde das Recht ein, Grundstücke nebst der aufstehenden baulichen Anlagen sowie etwaiger Wohnungen zu betreten.

> **§ 58 MBO – Aufgaben und Befugnisse der Bauaufsichtsbehörden**
> (4) Die mit dem Vollzug dieses Gesetzes beauftragten Personen sind berechtigt, in Ausübung ihres Amtes Grundstücke und Anlagen einschließlich der Wohnungen zu betreten. Das Grundrecht der Unverletzlichkeit der Wohnung (Art. 13 des Grundgesetzes, Art./§ der Verfassung des Landes …) wird insoweit eingeschränkt.

**214** Das Betretungsrecht der Mitarbeiter der Bauaufsichtsbehörde schränkt das Grundrecht der Unverletzlichkeit der Wohnung nach Art. 13 Abs. 1 S. 2 GG ein. Die Ausübung des Betretungsrechts gilt für den gesamten Vollzug der Landesbauordnung, also für alle Aufgaben im Zusammenhang mit der Durchführung des Gesetzes. Es dient aber nicht einem reinen Selbstzweck, sondern muss aus der Aufgabenerfüllung der Bauaufsichtsbehörde resultieren.
Ein Betretungsrecht kann nicht nur den eigentlichen Mitarbeitern – Beamten und Angestellten – der Bauaufsichtsbehörde zukommen, sondern auch sonstige Beauftragte, z. B. Sachkundige, Sachverständige oder im Rahmen der Ersatzvornahme tätige Unternehmer.[312]
Anlässe können z. B. Überprüfungen vor Ort im Zusammenhang mit einem Bauantrag, zur Bauüberwachung bzw. Bauzustandsbesichtigung oder zur Prüfung einer vermeintlichen Gefahrensituation sein. Das Betretungsrecht betrifft auch die Überprüfung von Sonderbauten, z. B. im Falle wiederkehrender Prüfungen. Es muss stets ein sachlicher Grund vorliegen.[313] Hinsichtlich von Außenanlagen und der Gebäudeteile, die keine Wohnungen sind, genügt hierfür bereits, dass das Betreten für die Gewinnung bauaufsichtlicher Informationen erforderlich ist. Die durch Art. 13 Abs. 1 GG geschützten Wohnungen dürfen hingegen nur bei dringender Gefahr für die öffentliche Sicherheit und Ordnung betreten werden, wobei diese Gefahr noch nicht eingetreten sein muss, sondern das Betreten auch dem Zweck dienen darf, einen Zustand zu verhindern, der eine solche

---

312 Das OVG Mecklenburg-Vorpommern 21.4.2021 – 3 M 128/21 OVG – hat das Betretungsrecht von Mitarbeitern der Denkmalbehörden bejaht. Dafür muss das Vorliegen eines Denkmals noch nicht feststehen. Die strenge Auffassung VG Schwerin 10.2.2021 – 2 B 207/21 SN – wurde vom Obergericht verworfen.
Zu einem durch eine Nebenbestimmung in einer Baugenehmigung abgesicherten naturschutzrechtlichen Betretungsrecht bei einem Vorhaben im planungsrechtlichen Außenbereich vgl. VG Freiburg (Breisgau) 12.12.2023 – 2 K 3207/23.
313 VG Berlin 9.3.2021 – 13 L 68/21.

XV. Das Betretungsrecht **215, 216**

Gefahr darstellen würde.[314] Es reicht aber schon die hinreichende Wahrscheinlichkeit eines solchen Verstoßes aus,[315] auch bei Hinweisen auf die Missachtung des Genehmigungserfordernisses.[316]

*Ermächtigungsgrundlage* für das Betretungsrecht in der MBO: § 58 Abs. 4 MBO 2002. **215**

| Übersicht über den Regelungen zum Betretungsrecht in den Landesbauordnungen ||
|---|---|
| Baden-Württemberg | § 47 Abs. 3 LBO |
| Bayern | Art. 54 Abs. 2 BayBO |
| Berlin | § 58 Abs. 3 BauO Bln |
| Brandenburg | § 58 Abs. 4 BbgBO |
| Bremen | § 58 Abs. 6 BremLBO |
| Hamburg | § 58 Abs. 3 HBauO |
| Hessen | § 61 Abs. 6 HBO |
| Mecklenburg-Vorpommern | § 58 Abs. 3 LBauO M-V |
| Niedersachsen | § 58 Abs. 9 NBauO |
| Nordrhein-Westfalen | § 58 Abs. 7 BauO NRW |
| Rheinland-Pfalz | § 59 Abs. 4 LBauO |
| Saarland | § 57 Abs. 7 LBO |
| Sachsen | § 58 Abs. 4 SächsBO |
| Sachsen-Anhalt | § 57 Abs. 4 BauO LSA |
| Schleswig-Holstein | § 58 Abs. 4 LBO |
| Thüringen | § 61 Abs. 4 ThürBO |

b) **Rechtliche Bewertung, Zweck und Reichweite.** Das Betreten ist ein **hoheitlicher Eingriff** und dient der Tatsachenfeststellung, z. B. im Rahmen der Bauüberwachung oder sonstiger Überprüfungen. Das Betretungsrecht umfasst, das Grundstück bzw. die bauliche Anlage bzw. die Wohnung zu besichtigen und z. B. Höhen-/Längenmessungen vorzunehmen.[317] **216**
Die zwangsweise Durchsetzung des Wohnungsbetretungsrechts setzt in der Regel den vorherigen Erlass einer Duldungsanordnung voraus,[318] das schlichte Ankündigen des Betretens beinhaltet noch keine für einen Verwaltungsakt erforderliche Regelung.

---

314 VG Berlin 9.3.2021 – 13 L 68/21 – hier: Brandschutzmängel. Siehe hierzu auch: BVerfG 13.2.1964 – 1 BvL 17/61. Ein solcher Fall ist auch schon dann anzunehmen, wenn konkrete Anhaltspunkte dafür vorliegen, dass bei der Wohnungsnutzung gegen die Genehmigungspflicht verstoßen wird. VGH Bayern 9.12.2015 – 1 ZB 14.1937 – unter Verweis auf: VGH Bayern 26.3.2012 – 9 ZB 08.1359.
315 VGH Bayern 9.9.2019 – 1 ZB 19.836.
316 OVG Nordrhein-Westfalen 22.12.2016 – 7 B 1257/16.
317 OVG Nordrhein-Westfalen 30.3.1995 – 7 B 3188/9.
318 VGH Bayern 10.4.1986 – 2 B 85 A 630 – BRS 46, Nr. 199 und OVG Bremen 25.8.1992 – 1 B 54/92 – BRS 54, Nr. 213.

Das Betretungsrecht gilt allerdings nicht unbegrenzt. Soweit eine Wohnung betreten werden soll, muss Art. 13 GG beachtet werden.[319]
Danach muss das zwangsweise Betreten der Wohnung geboten sein, um dringende Gefahren für die öffentliche Sicherheit und Ordnung zu verhüten. Dieser Zustand muss jedoch noch nicht eingetreten sein (= Störung), sondern das Vorliegen einer entsprechenden Gefahr ist ausreichend.[320] Es bedarf der ausdrücklichen Anordnung unter hinreichender Darlegung der besonderen gesetzlichen Voraussetzungen.
Das bloße Betreten eines Grundstückes unterliegt aber nicht den für Wohnungen geltenden strengen Voraussetzungen. Die Behörde muss sich im Übrigen nicht darauf verweisen lassen, die Feststellungen des Sachverhalts durch Einsicht von außen (insbesondere vom Nachbargrundstück) vornehmen zu müssen.[321]
Im Übrigen gilt das Betretungsrecht nicht nur im Zusammenhang mit bauaufsichtlichen Maßnahmen, sondern allgemein für Maßnahmen der Bauaufsichtsbehörde, z. B. im Rahmen der Bauüberwachung.[322]

**Hinweise:** Ein Recht zum Durchsuchen, d. h. zum systematischen Aufspüren von Sachen und Personen, hat die Bauaufsichtsbehörde nicht.
Durchsuchung ist dabei als das ziel- und zweckgerichtete Suchen staatlicher Organe nach Personen oder Sachen zur Ermittlung eines Sachverhaltes zu verstehen. Das bauaufsichtliche Betreten ist damit nicht gemeint.[323]
Begriff *Wohnung* meint nicht nur die eigentlichen Wohnräume, sondern auch die Arbeits-, Geschäfts- und Betriebsräume. Letzteres gilt auch, wenn sie der Öffentlichkeit zugänglich sind.

### 2. Die zwangsweise Durchsetzung des Betretungsrechtes

**a) Betretungsrecht in der bauaufsichtlichen Praxis.** Das Betretungsrecht bedingt auch die Möglichkeit der zwangsweisen Durchsetzung, eine Problemlage, die in der tagtäglichen bauaufsichtlichen Praxis nur selten vorkommt. Liegen hinreichende Anhaltspunkte für die formell illegale Errichtung, Änderung oder Nutzungsänderung einer baulichen Anlage vor, ist ein Bedürfnis zur Überprüfung gegeben und damit die **zwangsweise Durchsetzung des Betretungsrechtes** gerechtfertigt, allerdings in Regel nicht im Rahmen des Sofortvollzuges.[324]

---

319 Vgl. hierzu: OVG Niedersachsen 26.7.1991 – 1 A 134/88 – BRS 52, Nr. 224. Laut dem OVG Rheinland-Pfalz 16.2.2022 – 8 A 10980/21.OVG – beinhaltet das spezialgesetzlich geregelte Betretungsrecht auch die Ermächtigung zu Eingriffen in die Unverletzlichkeit der Wohnung nach Art. 13 Abs. 1 GG. Auch Nebenräume wie Keller, Böden und Garagen sowie eingefriedete Gartenflächen gehören zum geschützten Wohnbereich. Die Norm ist grundgesetzkonform auszulegen.
320 Vgl. hierzu: OVG Rheinland-Pfalz 15.2.2006 – 8 A 11500/05.OVG – BauR 2006, 971 ff.
321 VGH Bayern 23.9.2015 – Vf 38-VI-14 – und VG Schleswig 21.2.2017 – 8 A 129/15.
322 Laut dem OVG Nordrhein-Westfalen 9.8.2012 – 2 B 914/12 – muss das Betreten von fremden Grundstücken durch Mitarbeiter der Bauaufsicht immer im Zusammenhang mit der Überwachungsaufgabe zu tun haben. Gemeint sind damit aber alle Vollzugsaufgaben.
323 BVerwG 7.6.2006 – 4 B 36.06 – BauR 9/2006, 1460.
324 Vgl. aber: OVG Berlin 24.11.1987 – 2 S 51/87 – BRS 47, Nr. 189 = DÖV 1988, Heft 9.

XV. Das Betretungsrecht                                    **218, 219**

**b) Konkretisierung durch Duldungsverfügung.** Beabsichtigt die Bauaufsichts- **218**
behörde gegen den Willen des Wohnungsinhabers dessen Wohnung zu betreten,
bedarf es regelmäßig einer vorherigen (!) Duldungsverfügung.[325] Der richtige
Adressat einer solchen Anordnung ist demnach der Inhaber der tatsächlichen
Gewalt und damit des Hausrechts an der Liegenschaft.[326] Hierzu gehört regelmäßig der jeweilige Eigentümer.[327] Der Zweck des Betretungsrechtes muss in der
Begründung der **Duldungsverfügung** deutlich werden. Eine Ordnungsverfü-
gung, die dem Adressaten aufgibt, das Betreten seines Grundstückes durch Be-
hördenbedienstete zu dulden, erstreckt sich nur dann auf in Gebrauch genom-
mene Wohnräume, wenn dies unter hinreichender Darlegung der besonderen
Voraussetzungen ausdrücklich angeordnet ist.[328]
Die Duldungsanordnung muss die **Gründe**, die die Bauordnungsbehörde zur
Ausübung des Wohnungsbetretungsrechts veranlassen, demnach angeben.[329]
Die Mitarbeiter der Bauaufsichtsbehörde, die das Betretungsrecht und ggf. Verwaltungszwang ausüben, müssen einen **Dienstausweis** bei sich führen (vgl.
hierzu z. B.: § 13 Abs. 2 S. 2 OBG i. V. m. § 68 Abs. 2 VwVG NW). Auf Verlangen
müssen sie sich ausweisen.

**c) Durchsetzung durch Zwangsgeld als Beugemittel.** Als geeignetes Zwangs- **219**
mittel kommt die Androhung eines Zwangsgeldes in Betracht, bei Gefahr in
Verzug kann auch die zwangsweise Öffnung verschlossener Türen im Rahmen
des unmittelbaren Zwanges zur effektiven Aufgabenerfüllung angebracht sein
(z. B. bei vom Bezirksschornsteinfeger mitgeteilten und bisher nicht abgestellten
Mängeln an Feuerungsanlagen).

---

325  VGH Bayern 10.4.1986 – Nr. 2 B 85 A 630 – BRS 46, Nr. 199, vgl. dazu auch: OVG Bremen
     25.8.1992 – 1 B 54/92 – BRS 54, Nr. 213. Zu einem abgelehnten Antrag auf einstweiligen
     Rechtsschutz gegen eine Duldungsverfügung zum Betreten eines Grundstücks vgl. VGH Bayern
     16.8.2021 – 15 CS 21.2022. Hier finden sich Ausführungen zum Ziel, zum Sinn und zur Reich-
     weite der bauaufsichtlichen Ermächtigung zur Betretung von Grundstücken und auch von
     Wohnungen. Zum erforderlichen Rechtsschutzinteresse bei Rechtsmitteln gegen eine Dul-
     dungsanordnung vgl.
     VGH Bayern 5.10.2022 – 1 CS 22.1732.
326  Der VGH Bayern 2.10.2012 – 10 BV 09.1860 – hat sich zum Betretungsrecht zum Zweck der
     Feuerbeschau bzw. Brandschau geäußert. Die mit der Durchführung der Feuerbeschau Beauf-
     tragten dürfen in diesem Zusammenhang eine Liegenschaft mit mehreren Mietern nicht mit
     Hilfe einzelner Mieter ohne vorherige Information des Vermieters betreten.
327  VG München 13.3.2019 – M 9 K 17.6073. Laut dem VG Cottbus 12.3.2018 – 3 L 186/18 –
     muss auch ein Erbbauberechtigter das Betreten durch Beauftragte der zuständigen Behörde für
     Ermittlungstätigkeiten dulden (hier: Vermessungen, Boden- und Grundwasseruntersuchungen
     usw.).
328  OVG Niedersachsen 26.7.1991 – 1 A 134/88 – BRS 52, Nr. 224.
329  OVG Bremen 25.8.1992 – 1 B 78/90 – BRS 54, Nr. 213. Zu den Voraussetzungen, unter denen
     die Bauaufsichtsbehörde bei ungenehmigten Bauarbeiten berechtigt ist, ein Grundstück ohne
     vorausgehenden Verwaltungsakt zu betreten, vgl. OVG Berlin 24.11.1987 – 2 S 51/87 – BRS 47,
     Nr. 189 und BauR 3/88, 333 ff.

d) **Schema: Verfahrensablauf bei der Durchsetzung des bauaufsichtlichen Betretungsrechts.**

| Zwangsweise Durchsetzung des Betretungsrechtes der Bauaufsichtsbehörde | |
|---|---|
| Ausgangssituation | Verweigerung des Zutritts |
| 1. Schritt | Erlass der Duldungsverfügung mit Androhung eines Zwangsmittels: unmittelbarer Zwang, i. d. R. nicht im Sofortvollzug durchsetzbar |
| 2. Schritt | Festsetzung des Zwangsmittels mit Terminnennung |
| 3. Schritt | Betreten in Vollzug der Duldungsverfügung = Realakt |

e) **Reichweite des Betretungsrechts.** Das Recht Grundstücke bzw. bauliche Anlagen (einschließlich der Wohnungen) zu betreten beinhaltet das auch Recht zur Besichtigung und des Ausmessens oder des Fotografierens von baulichen Zuständen. Eine regelrechte Durchsuchung ist aber nicht gestattet.[330] Das bauaufsichtliche Besichtigen einer Wohnung ist auch keine Durchsuchung i. S. d. Art. 13 Abs. 2 GG. Laut dem VG Cottbus[331] muss ein Erbbauberechtigter das Betreten durch Beauftragte der zuständigen Behörde für Ermittlungstätigkeiten dulden (hier. Vermessungen, Boden- und Grundwasseruntersuchungen usw.).

---

330 BVerwG 7.6.2006 – 4 B 36.06 – BauR 9/2006, 1460.
331 E. v. 12.3.2018 – 3 L 186/18.

# XVI. Anforderung prüffähiger Bauvorlagen

## 1. Zur Befugnis zur Anforderung von Unterlagen

Die Bauaufsichtsbehörde kann die Vorlage prüffähiger Bauvorlagen fordern, damit sie prüfen kann, ob die entsprechende bauliche Anlage gegen materielle Vorschriften des öffentlichen Baurechtes verstößt.[332] So haben die Bauaufsichtsbehörden u. a. bei der Änderung und der Nutzungsänderung von Anlagen darüber zu wachen, dass die öffentlich-rechtlichen Vorschriften eingehalten werden. Auf dieser Grundlage können sie – laut dem OVG Saarland[333] – auch, soweit keine speziellere Vorschrift eingreift, die Vorlage einzelner bautechnischer Nachweise verlangen, wenn berechtigte Zweifel daran bestehen, ob eine Baumaßnahme im Einklang mit öffentlichem Recht steht.[334] Insbesondere hat die untere Bauaufsichtsbehörde auf substantiierte Einwände eines Nachbarn hin entsprechend ihrer gesetzlichen Aufgabenbeschreibung auch der Frage der Einhaltung nachbarschützender und bei der Ausführung von Vorhaben unabhängig von verfahrensrechtlichen Vorgaben uneingeschränkt zu beachtender materiell-rechtlicher Bestimmungen des öffentlichen Baurechts nachzugehen.

**222**

Soweit nicht die jeweilige Landesbauordnungen eine entsprechende separate Ermächtigungsgrundlage aufweist, kann eine solche Forderung aus der allgemeinen bauaufsichtlichen Befugnisklausel als Auffangtatbestand (§ 58 Abs. 2 MBO) abgeleitet werden.

In Frage kommen solche Bauvorlagen, die auch in einem Baugenehmigungsverfahren vorzulegen wären. Die Bauaufsichtsbehörde ist auch befugt, ein Sachverständigengutachten mit Angaben über die natürliche und veränderte Geländeoberfläche zu fordern, wenn Baulichkeiten im Grenzbereich realisiert werden sollen oder bereits wurden.[335] Sie kann z. B. auch die Vorlage einer Bescheinigung zur Abnahme einer Feuerstätte verlangen.[336]

Die der Bauaufsichtsbehörde verliehene Befugnis, nachträglich fehlende Bauvorlagen zu verlangen, erstreckt sich auch auf solche genehmigungsbedürftigen Vor-

---

332 BVerwG 21.1.1972 – IV C 212.65 – BRS 25, Nr. 155, VGH Baden-Württemberg 13.2.1980 – III 1998/79 – BRS 36, Nr. 174, VGH Hessen 12.1.1982 – IV TH 92/81 – BRS 39, Nr. 233, BGH 20.9.1984 – III ZR 58/85 – BRS 42, Nr. 164, OVG Sachsen 27.10.2010 – 1 B 223/10. Zu einer Verfügung mit dem Inhalt, Bauvorlagen einzureichen vgl. VG Schleswig-Holstein 18.1.2017 – 2 B 93/16 – hier: Antrag auf einstweiligen Rechtsschutz abgelehnt. Demnach ist es der Bauaufsicht gestattet, im Einzelfall nicht nur gegen begangene oder drohende Rechtsverstöße einzuschreiten, sondern auch solche Maßnahmen vorzunehmen, die eine wirksame Bauaufsicht erst ermöglichen. Kritisch: VG Münster 16.12.2013 – 2 K 2833/13.
333 OVG Saarland 21.10.2013 – 2 B 344/13.
334 Laut dem OVG Sachsen-Anhalt 2.9.2014 – 2 M 31/14 – ist die Bauaufsichtsbehörde befugt, vom Eigentümer die Einholung eines Sachverständigengutachtens über die Standsicherheit eines Gebäudes zur Vorbereitung der eigentlichen Gefahrenabwehrmaßnahmen zu verlangen, wenn aufgrund objektiver Umstände eine Gefährdung der Standsicherheit des Gebäudes möglich, aber nicht sicher ist. Zur bestätigten Befugnis der Bauaufsicht zur Forderung nach Vorlage einer Bescheinigung zur Abnahme einer Feuerstätte vgl. OVG Nordrhein-Westfalen 18.3.2003 – 10 A 885/03.
335 VGH Baden-Württemberg 29.11.2010 – 3 S 1019/09 – BRS 76, Nr. 119.
336 OVG Nordrhein-Westfalen 18.3.2003 – 10 A 885/03 – bejaht.

haben, die nach dem Erlöschen einer befristeten Baugenehmigung wieder formell illegal geworden sind.[337]
Diese Forderung ist verhältnismäßig, da die zuständige Bauaufsichtsbehörde überfordert wäre, wenn sie die zur Überprüfung zweifelhafter Bauvorhaben erforderlichen Unterlagen stets selbst herstellen müsste. Die Unterlagen wären auch bei gesetzestreuem Verhalten vom Bauherrn beizubringen.

### 2. Einschränkung der Befugnis

**223** Die Behörde darf aufgrund des zu beachtenden Verhältnismäßigkeitsgrundsatzes natürlich nur die Bauvorlagen anfordern, die für die Prüfung der Genehmigungsfähigkeit erforderlich bzw. notwendig ist.[338]

### 3. Anforderung eines Bauantrages?

**224** Die Bauaufsichtsbehörde ist nicht befugt, eine ergänzende Vorlage eines Bauantrages zu fordern. Eine solche Befugnis kann auch nicht aus § 58 Abs. 2 S. 2 MBO abgeleitet werden.[339] Ein Betroffener kann demnach nicht verpflichtet werden, einen ihn im Falle der Erteilung begünstigenden Verwaltungsakt (Baugenehmigung) zu beantragen.[340]
Allerdings beinhalten eine Reihe von Landesbauordnungen zwischenzeitlich eine besondere Regelung zur Nachforderungen eines Bauantrages. Wenn eine solche Befugnis besteht, handelt es sich um das mildeste Mittel.[341] Diese Nachforderung eines Bauantrages bzw. entsprechender Bauvorlagen kann auch zwangsweise durchgesetzt werden.[342]

---

337  OVG Berlin 30.10.1992 – 2 B 26.90 – BRS 54, Nr. 204.
338  OVG Nordrhein-Westfalen 27.8.2002 – 10 B 1233/02 – BRS 65, Nr. 174 = BauR 2003, 677 ff. = ZfBR 2003, 281 = DÖV 2003, 385, hier ungenehmigter Einbau einer Stahlbetondecke, vgl. hierzu auch: OVG Nordrhein-Westfalen 13.3.1995 – 10 A 5578/94 – und schon OVG Nordrhein-Westfalen 4.9.1970 – X A 870/66.
339  Das OVG Thüringen 15.1.2019 – 1 EO 522/18 – BauR 2019, 951, weist darauf hin, dass die Thüringer Bauordnung vom 13.3.2014 keine Befugnisnorm enthält, die es der Bauaufsichtsbehörde erlaubt, den Bauherrn durch Verwaltungsakt zur Stellung eines Bauantrags aufzufordern.
340  VG Münster 23.10.1987 – 2 K 195/87, sowie OVG Nordrhein-Westfalen 12.5.1987 – 7 A 1979/86 – BRS 47, Nr. 188, OVG Nordrhein-Westfalen 12.9.1989 – 10 B 2110/89, OVG Nordrhein-Westfalen 13.3.1995 – 10 A 5578/94 – und OVG Nordrhein-Westfalen 27.8.2002 – 10 B 1233/02 – BRS 65, Nr. 174 = ZfBR 2003, 281 = DÖV 2003, 385. Vgl. hierzu auch: VGH Bayern 13.7.1983 – Nr. 15 B 82 A. 1588 – BRS 40, Nr. 224.
341  Der Verstoß gegen öffentlich-rechtliche Vorschriften rechtfertigt grundsätzlich den Erlass einer Nutzungsuntersagung (hier: Wettbüro). Die Nutzung darf aber nicht offensichtlich genehmigungsfähig sein. Dann muss die Behörde nämlich vorher vergeblich die Stellung eines Bauantrages verlangt haben (Art. 76 Satz 3 BayBO). VGH Bayern 15.1.2016 – 92 B 14.1146 – vorher Stilllegung.
342  Nach dem VG München 29.7.2020 – M 9 K 19.491 – kann grundsätzlich eine erneute Zwangsgeldandrohung für die Vorlage der Bauunterlagen erfolgen, wenn angeforderte Unterlagen zu einem erneuten Bauantrag für eine bereits fertiggestellte Tiefgarage nicht innerhalb der gesetzten Frist eingereicht wurden und der Hinweis ergangen ist, dass nach Fristablauf der Nachtrag als zurückgenommen gilt. Im Übrigen ist eine Anfechtungsklage gegen eine Fälligerklärung eines Zwangsgeldes unzulässig, insoweit bedarf es einer Feststellungsklage.

| Übersicht über den Regelungen in den Landesbauordnungen zur Nachforderung eines Bauantrages ||
|---|---|
| Baden-Württemberg | nein |
| Bayern | ja, Art. 76 BayBO |
| Berlin | nein |
| Brandenburg | nein |
| Bremen | ja, § 79 Abs. 3 BremLBO |
| Hamburg | nein |
| Hessen | ja, § 82 Abs. 2 HBO |
| Mecklenburg-Vorpommern | nein |
| Niedersachsen | nein |
| Nordrhein-Westfalen | nein |
| Rheinland-Pfalz | ja, § 81 LBauO |
| Saarland | ja, § 82 Abs. 3 LBO |
| Sachsen | nein |
| Sachsen-Anhalt | nein |
| Schleswig-Holstein | nein |
| Thüringen | nein |

**225**

Eine weitere Sonderreglung findet sich im besonderen Städtebaurecht. Beim städtebaulichen Baugebot (§ 176 BauGB) darf aber die Gemeinde (nicht die Bauaufsichtsbehörde!) den Eigentümer zur Stellung des erforderlichen Bauantrages innerhalb einer gesetzten Frist auffordern (§ 176 Abs. 7 BauGB).[343]

**226**

### 4. Anforderungen von Angaben

Der Bauaufsichtsbehörde kommt bei der Bekämpfung baurechtswidriger Zustände eine Amtsermittlungspflicht zu. Sie kann aber in diesem Zusammenhang dem Eigentümer (oder dem Betreiber einer Anlage) aufgeben, die entsprechenden Nutzer zu nennen, z. B. bei einem ungenehmigten Campingplatz mit dauerhaft aufgestellten Wohnwagen.[344]

**227**

---

343  Vgl. BVerwG 15.2.1990 – 4 C 41.87 – BRS 50, Nr. 204.
344  OVG Niedersachsen 14.11.1974 – I B 32/74 – BRS 28, Nr. 158. OVG Nordrhein-Westfalen 14.10.1988 – 10 B 1175/88, OVG Nordrhein-Westfalen 5.5.1992 – 11 B 1719/92 – und OVG Nordrhein-Westfalen 10.10.2007 – 10 B 1597/07. Die Bauaufsichtsbehörde darf z. B. zur Aufklärung eines Sachverhaltes Auskünfte und Unterlagen von einem Dritten (hier Betreiber eines Wohnhauses für Senioren) anfordern. Grundlage hierfür ist die bauaufsichtliche Generalermächtigung; OVG Berlin-Brandenburg 11.11.2008 – 2 S 76.08 – BauR 2/2009, 234 ff.

# XVII. Die Stilllegung

## 1. Vorbemerkung

**228** Die Bauaufsichtsbehörde wird im Rahmen ihrer Aufgabe der Gefahrenabwehr daran interessiert sein, die Errichtung bzw. Änderung eines formell und/oder materiell baurechtswidrigen Vorhabens möglichst frühzeitig zu verhindern und damit die Baugenehmigungspflicht zu sichern.[345] Hierbei kommt in erster Linie das Eingriffsmittel der **Baueinstellung** (= Stilllegung) in Frage. In der Praxis wird die Stilllegung zumeist mündlich vor Ort ausgesprochen und anschließend schriftlich bestätigt. Besonderer Ermessenserwägungen bei einer erheblich von der erteilten Bauerlaubnis abweichenden baulichen Anlage bedarf es nicht.[346]

**229**

| Zweck der Stilllegung | Prüffragen | Bauzustand |
|---|---|---|
| Sicherung und Gewährleistung der Baugenehmigungspflicht! | Handelt es sich um ein genehmigungsbedürftiges Vorhaben? | Das Vorhaben darf noch nicht bereits fertiggestellt sein. |
| | Liegt die erforderliche Baugenehmigung vor? Und wenn ja: Wurde von der Baugenehmigung wesentlich abgewichen? | |

## 2. Begriff

**230** Stilllegung ist das bauaufsichtliche Verbot der Fortführung ungenehmigter Bauarbeiten. Sie soll garantieren, dass ein baulicher Zustand erst geschaffen wird, wenn dessen Übereinstimmung mit dem öffentlichen Recht feststeht.[347]

Die Konsequenz ist, dass jegliche Veränderung des objektiven Zustands der betroffenen baulichen Anlage ist bis zur Aufhebung der Stilllegung verboten, auch nicht temporär![348]

## 3. Ermächtigungsgrundlage

**231** Da es sich bei der Stilllegung um eine bauaufsichtliche Eingriffsmaßnahme[349] handelt, die die Rechte des bzw. der Betroffenen berührt, bedarf es einer Ermächtigungsgrundlage.

---

345 VGH Bayern 24.10.1977 – Nr. 213 II 76 – BRS 32, Nr. 190 und OVG Nordrhein-Westfalen 19.12.1995 – 11 A 2734/93 – UPR 1996, 458.
346 VGH Hessen 8.2.1990 – 3 UE 7/86 – BRS 50, Nr. 207.
347 VGH Bayern 24.10.1977 – Nr. 213 II 76 – BRS 32, Nr. 190.
348 OVG Nordrhein-Westfalen 5.8.2003 – 7 B 645/03.
349 Zu einer teilweise erfolgreichen Klage gegen eine Stilllegungsverfügung vgl. VG Cottbus 15.3.2024 – 3 K 1129/23.

XVII. Die Stilllegung

> **§ 79 MBO – Einstellung von Arbeiten**
>
> (1) Werden Anlagen im Widerspruch zu öffentlich-rechtlichen Vorschriften errichtet, geändert oder beseitigt, kann die Bauaufsichtsbehörde die Einstellung der Arbeiten anordnen. Dies gilt auch dann, wenn
> 1. die Ausführung eines Vorhabens entgegen den Vorschriften des § 72 Abs. 6 und 8 begonnen wurde, oder
> 2. bei der Ausführung
>    a) eines genehmigungsbedürftigen Bauvorhabens von den genehmigten Bauvorlagen,
>    b) eines genehmigungsfreigestellten Bauvorhabens von den eingereichten Unterlagen abgewichen wird,
> 3. Bauprodukte verwendet werden, die entgegen der Verordnung (EU) Nr. 305/2011 keine CE-Kennzeichnung oder entgegen § 21 kein Ü-Zeichen tragen,
> 4. Bauprodukte verwendet werden, die unberechtigt mit der CE-Kennzeichnung oder dem Ü-Zeichen (§ 21 Abs. 3) gekennzeichnet sind.
>
> (2) Werden unzulässige Arbeiten trotz einer schriftlich oder mündlich verfügten Einstellung fortgesetzt, kann die Bauaufsichtsbehörde die Baustelle versiegeln oder die an der Baustelle vorhandenen Bauprodukte, Geräte, Maschinen und Bauhilfsmittel in amtlichen Gewahrsam bringen.

In den verschiedenen Landesbauordnungen basiert die Stilllegung auf einer speziellen Ermächtigungsgrundlage:

| Übersicht über die Regelungen zur Stilllegung in den Landesbauordnungen | |
|---|---|
| Baden-Württemberg | § 64 LBO = *spezielle Norm* |
| Bayern | Art. 75 BayBO = *spezielle Norm* |
| Berlin | § 79 BauO Bln = *spezielle Norm* |
| Brandenburg | § 79 BbgBO = *spezielle Norm* |
| Bremen | § 78 BremLBO = *spezielle Norm* |
| Hamburg | § 75 HBauO = *spezielle Norm* |
| Hessen | § 81 HBO = *spezielle Norm* |
| Mecklenburg-Vorpommern | § 79 LBauO M-V = *spezielle Norm* |
| Niedersachsen | § 79 NBauO = *spezielle Norm* |
| Nordrhein-Westfalen | § 81 BauO NRW = *spezielle Norm* |
| Rheinland-Pfalz | § 80 LBauO = *spezielle Norm* |
| Saarland | § 81 LBO = *spezielle Norm* |
| Sachsen | § 79 SächsBO = *spezielle Norm* |
| Sachsen-Anhalt | § 78 BauO LSA = *spezielle Norm* |
| Schleswig-Holstein | § 79 LBO = *spezielle Norm* |
| Thüringen | § 86 ThürBO = *spezielle Norm* |

4. **Voraussetzungen (Fallkonstellationen)**

a) Bauen ohne erforderliche Baugenehmigung. Ist bereits mit dem Bau begonnen worden, reicht die formelle Illegalität in der Regel aus, um aus diesem

Grund den Bau stillzulegen.[350] Die gilt auch für die ungenehmigte Änderung einer baulichen Anlage.[351]
Für die Baueinstellung reicht dabei bereits der durch Tatsachen belegte Anfangsverdacht eines formellen oder materiellen Rechtsverstoßes aus.[352]
Die Stilllegung ist auch schon dann zulässig, wenn die Frage der Genehmigungsbedürftigkeit oder jedenfalls das Erfordernis einer Ausnahme bzw. Abweichungsgenehmigung ernstlich zweifelhaft ist.[353] Dem VG Karlsruhe[354] genügen für eine Stilllegung objektiv konkrete Anhaltspunkte, die es als wahrscheinlich erscheinen lassen, dass ein Verstoß gegen öffentlich-rechtliche Vorschriften geschaffen wird.
Die Baueinstellung dient vor allem dazu, die Einhaltung der Baugenehmigungspflicht zu sichern und zu gewährleisten, dass bauliche Anlagen erst errichtet werden, wenn ihre Vereinbarkeit mit dem öffentlichen Recht festgestellt worden ist.[355] Der in der Praxis häufige Hinweis des Bauherrn, dass das Vorhaben doch genehmigungsfähig sei, ist unbeachtlich.[356]

### § 59 MBO – Grundsatz

(1) Die Errichtung, Änderung und Nutzungsänderung von Anlagen bedürfen der Baugenehmigung, soweit in den §§ 60 bis 62, 76 und 77 nichts anderes bestimmt ist.

(2) Die Genehmigungsfreiheit nach Absatz 1, den §§ 60 bis 62, 76 und 77 Abs. 1 Satz 3 sowie die Beschränkung der bauaufsichtlichen Prüfung nach §§ 63, 64, 66 Abs. 4 und 77 Abs. 3 entbinden nicht von der Verpflichtung zur Einhaltung der Anforderungen, die durch öffentlich-rechtliche Vorschriften an Anlagen gestellt werden, und lassen die bauaufsichtlichen Eingriffsbefugnisse unberührt.

**233** Ist das Vorhaben aber offensichtlich genehmigungsfähig und die alsbaldige Erteilung der Baugenehmigung zu erwarten, ist allerdings eine auf der formellen

---

350 OVG Nordrhein-Westfalen 6.2.1970 – VII B 935/69 – BRS 23, Nr. 205, sowie BRS 39, Nr. 228, NVwZ 1988, 369, OVG Nordrhein-Westfalen 7.10.2005 – 10 B 1394/05 – NWVBl. 4/2006, 136 ff., VG Schleswig-Holstein 14.12.2016 – 8 B 39/16, VG Würzburg 25.11.2021 – W 5 K 20.1664. Auch laut dem VG Schleswig-Holstein 6.4.2022 – 2 B 4/22 – setzt eine Stilllegung lediglich die formelle Illegalität eines Vorhabens voraus, d. h. es reicht ein Baubeginn ohne Vorliegen der erforderlichen Genehmigung. Die abschließende Prüfung der materiellen Zulässigkeit von Vorhaben ist nicht vorgesehen. Anders wäre dies nur zu bewerten, wenn das Vorhaben offensichtlich genehmigungsfähig wäre, d. h. die Erteilung der Baugenehmigung alsbald zu erwarten wäre, OVG Schleswig 4.3.2021 – 1 LB 28/20.
351 OVG Nordrhein-Westfalen 2.10.1987 – 11 B 1594/87 – BRS 47, Nr. 197.
352 VGH Baden-Württemberg 10.2.2005 – 8 S 2834/04 – BauR 2005, 1461 ff., vgl. auch VG Ansbach 21.3.2006 – AN 3 K 04.03261, AN 3 04.03426 – hier Ausführungen zu Zweifeln an der Genehmigungspflicht, OVG Nordrhein-Westfalen 10.11.2010 – 2 B 1201/10 – und OVG Nordrhein-Westfalen 12.10.2012 – 2 B 1135/12. Für das VG Stuttgart 28.7.2021 – 11 K 2322/21 – genügt für die Stilllegung einer Baustelle, dass objektiv konkrete Anhaltspunkte vorliegen, die es als wahrscheinlich erscheinen lassen, dass ein mit der Rechtsordnung unvereinbarer Zustand geschaffen wird.
353 OVG Thüringen 29.11.1999 – EO 658/99 – BRS 62, Nr. 203 = BauR 2000, 719.
354 E. v. 13.8.2003 – 11 K 4124/02.
355 VGH Bayern 2.11.1977 – Nr. 8 II 77 – BRS 32, Nr. 190, zu den Ausnahmen vgl. OVG Nordrhein-Westfalen 2.10.1987 – 11 B 1594/87 – BRS 47, Nr. 197.
356 Vgl. hierzu: VGH Baden-Württemberg 3.8.2004 – 5 S 1134/04.

XVII. Die Stilllegung **234, 235**

Illegalität basierende Stilllegung nicht zulässig.[357] Aber im Übrigen kommt es auf die Genehmigungsfähigkeit nicht an.[358] Für das VG Neustadt[359] hindert selbst die offensichtliche materielle Genehmigungsfähigkeit eine Stilllegung nicht. Auch nach dem VGH Baden-Württemberg[360] reicht es nicht aus, wenn der Bauherr eine noch nicht vorliegende Baugenehmigung beanspruchen kann. Laut dem VG Köln[361] kann die Bauaufsichtsbehörde die Einstellung der Arbeiten anordnen, wenn Anlagen im Widerspruch zu öffentlich-rechtlichen Vorschriften errichtet, geändert oder beseitigt werden. Die Bauaufsichtsbehörde ist in Ausübung des ihr eingeräumten pflichtgemäßen Ermessens zur Wahrung der Ordnungsfunktion des formellen Baurechts berechtigt, sofort vollziehbare Stilllegungsverfügungen auszusprechen, wenn mit der Errichtung einer baulichen Anlage ohne die erforderliche Baugenehmigung begonnen wurde. Dies ist nur dann nicht zulässig, wenn der erforderliche Bauantrag gestellt ist, das Bauvorhaben offensichtlich genehmigungsfähig ist und (!) der Erteilung der beantragten Baugenehmigung auch sonst nichts im Wege steht.

**Merke:** Aushebung der Baugrube = Baubeginn reicht für formelle Illegalität aus.

b) Fehlen einer anderweitig erforderlichen Gestattung, z. B. einer Sanierungsgenehmigung[362] oder einer naturschutzrechtlichen[363] oder einer wasserrechtlichen Genehmigung[364]. Das OVG Nordrhein-Westfalen[365] bejaht auch eine Stilllegung aus formellen Gründen, wenn die Baugenehmigung zwar erteilt wurde, aber die erforderliche landschaftsrechtliche Befreiung fehlt. Dies gilt auch dann, wenn die Bauaufsichtsbehörde die Erteilung der entsprechenden anderweitigen Gestattung nicht (mehr) abwarten muss.[366] **234**

c) Eine Baueinstellung kommt auch für den Fall in Frage, in dem Bauarbeiten eine bestimmte genehmigungsbedürftige anderweitige Nutzung vorbereiten. Es muss aber ausgeschlossen sein, dass die festgestellten Bauarbeiten auf die genehmigte Nutzung abzielen.[367] d) Eine formell illegale Bautätigkeit liegt auch vor, wenn eine erteilte Baugenehmigung – unter Anordnung der sofortigen Vollziehung bzw. bestandskräftig – zurückgenommen worden ist, der Bauherr aber **235**

---

357  Vgl. hierzu: OVG Nordrhein-Westfalen 29.3.1974 – VII B 791/73 – BauR 1974, 266, BRS 28, Nr. 172, einschränkend: VG Neustadt 25.10.2002 – 4 K 2409/02.NW.
358  VGH Baden-Württemberg 3.8.2004 – 5 S 1134/04 – BRS 67, Nr. 205, vgl. auch: VG Neustadt 25.10.2002 – 4 K 2409/02.NW, gilt auch für eigentlich genehmigungsfreie Vorhaben.
359  E. v. 25.10.2002 – 4 K 2409/02.NW.
360  E. v. 3.8.2004 – 5 S 1134/04.
361  E. v. 7.6.2023 – 2 L 793/23.
362  Vgl. hierzu: OVG Berlin 23.12.1994 – 2 S 29/94 – BRS 57, Nr. 257, vgl. auch: OVG Thüringen 22.10.1998 – 1 EO 1056/98 – BRS 60, Nr. 168.
363  Vgl. hierzu: VGH Bayern 22.11.1999 – 15 ZB 99.2187.
364  OVG Mecklenburg-Vorpommern 20.6.2007 – 3 M 2/07 – trotz Vorliegen der Baugenehmigung.
365  E. v. 14.9.2001 – 7 A 620/00.
366  VGH Bayern 22.11.1999 – 15 ZB 99.2187 – und VGH Hessen 20.12.1999 – 4 TG 4637/98 – BauR 2000, 555 = BRS 62, Nr. 204.
367  OVG Thüringen, 29.11.1999 – 1 EO 658/99 – BauR 2000, 719 = BRS 62, Nr. 203.

trotzdem die Bauarbeiten fortsetzt.[368] Eine wirksame und vollziehbare Baugenehmigung hindert also eine Stilllegung.[369] Fehlt eine anderweitig erforderliche Gestattung darf aber stillgelegt werden.

**236** e) Eine Baueinstellungsverfügung kommt auch dann in Betracht, wenn von der Baugenehmigung (wesentlich) abgewichen worden ist. Eine solche Fallkonstellation kommt einer Bauausführung ohne Baugenehmigung gleich.[370]

**237** f) Werden z. B. im Bauanzeige-, Kenntnisgabe- oder Freistellungsverfahren Bauvorlagen eingereicht, die nicht von einem bauvorlageberechtigten Entwurfsverfasser unterschrieben sind, rechtfertigt dies die Stilllegung der Baustelle.[371]

**238** g) Entfaltet ein Drittwiderspruch oder eine Drittklage gegen eine Baugenehmigung – z. B. durch entsprechende Anordnung der Bauaufsichtsbehörde oder des Verwaltungsgerichtes – aufschiebende Wirkung und setzt der Bauherr die Bauarbeiten fort, darf bzw. muss die Baustelle stillgelegt werden.[372]

**239** h) Die Einstellung von Bauarbeiten kommt auch in Betracht, wenn Bauprodukte ohne bzw. unberechtigter CE-Kennzeichnung bzw. Ü-Zeichen verwendet werden bzw. eine unberechtigte Kennzeichnung von Bauprodukten vorgenommen wird: vgl. z. B. § 81 Abs. 1 Nr. 3 und 4 BauO NRW. Auch hier kann der Sofortvollzug sinnvoll sein, damit eine etwaige Gefahrensituation geprüft werden kann. Die Norm folgt den Bauproduktenregelungen der MBO (§ 79 Abs. 1 Nr. 3 und 4 MBO).

**240** i) Beauftragt der Bauherr nicht einen geeigneten Entwurfsverfasser, Unternehmer bzw. Bauleiter, kann die Bauaufsichtsbehörde die Baustelle stilllegen. Ebenso, wenn bei Baubeginn die erforderliche Bescheinigung eines staatlich anerkannten Brandschutzsachverständigen nicht vorliegt.[373]

**241** j) Im Einzelfall kommt auch die Stilllegung einer Baustelle wegen unzulässigem Baustellenlärm in Betracht.[374]

---

368  OVG Saarland, 19.12.1984 – 2 W 1304/84 – BRS 42, Nr. 215, OVG Berlin 18.2.1999 – 2 SN 1.99 – BRS 62, Nr. 202.
369  OVG Nordrhein-Westfalen 14.9.2001 – 7 A 620/00.
370  Vgl. hierzu: VGH Hessen 8.2.1990 – 3 UE 7/86 – BRS 50, Nr. 207.
371  Zur Stilllegung wegen Illegalität einer Baumaßnahme im Rahmen eines Freistellungsverfahrens vgl. OVG Nordrhein-Westfalen 18.1.2005 – 7 B 2751/04.
372  OVG Bremen 2.4.1984 – 1 B 27 und 28/84 – BRS 42, Nr. 223.
373  OVG Nordrhein-Westfalen 6.7.2006 – 10 B 695/06.
374  VG Frankfurt 18.7.2011 – 8 L 1897/11.F.

XVII. Die Stilllegung                                                      **242–244**

| Beispiele für verwaltungsgerichtlich bestätigte Stilllegungen | |
|---|---|
| Stilllegung einer Baustelle, weil bei Baubeginn die (vorgeschriebene) Bescheinigung eines staatlich anerkannten Brandschutzsachverständigen nicht vorlag. | OVG Nordrhein-Westfalen 6.7.2006 – 10 B 695/06 – BauR 1/2007, 91 ff. |
| Stilllegung von Bauarbeiten zur Nutzungsaufnahme einer bahnfremden Nutzung innerhalb eines Bahnhofsgebäudes. | VGH Bayern 11.3.2009 – 15 BV 08.1306 – BauR 2009, 1129 ff. = BRS 74, Nr. 198, vgl. hierzu auch: OVG Schleswig-Holstein 28.8.2018 – 1 MB 5/18. |
| Stilllegung wegen des Einbaus von Kunststofffenstern, genehmigt waren aber Holzfenster. | OVG Sachsen 18.8.2009 – 1 B 409/09. |
| Stilllegung der Montagearbeiten an einer eigentlich verfahrensfreien Mobilfunkanlage, da nach Baubeginn eine Veränderungssperre wirksam wurde. | VGH Bayern 23.11.2010 – 1 BV 10.1332 – BauR 2011, 807 |
| Stilllegung einer genehmigungsbedürftigen, aber ungenehmigten Aufschüttung im Außenbereich. | VG Ansbach 9.8.2021 – AN 3 S 21.01233 |
| Stilllegung bzw. Schließung ursprünglich genehmigter Abfallschächte. | OVG Nordrhein-Westfalen 6.3.2014 – 7 A 1844/12 – BauR 2014, 1272 ff. |

## 5. Zeitpunkt und Umfang der Stilllegung

Die Stilllegung ist das Handlungsinstrument der Bauaufsichtsbehörde, um **recht-** **242** **zeitig** die Entstehung bzw. die Verfestigung baurechtswidriger Zustände zu verhindern. Die Behörde wird deshalb unmittelbar im Zusammenhang mit der Feststellung ungenehmigter Bauarbeiten entsprechend handeln. Im Einzelfall kommt auch eine **vorbeugende Stilllegungsverfügung** in Betracht.[375] Die Stilllegung ist ein Dauerverwaltungsakt.

Die Weiterführung der Baumaßnahme ist durch die Bauaufsichtsbehörde stets **243** nur insoweit zu untersagen, als es nach der Sachlage zur Abwendung von Gesetzesverstößen geboten ist. Insoweit ist der Grundsatz der Verhältnismäßigkeit zu beachten, so dass auch nur Teile einer Baustelle von der Stilllegungsverfügung erfasst werden können. Nach der Stilllegung einer Baustelle hat jegliche Veränderung des baulichen Zustandes zu unterbleiben. Dies gilt auch für solche Veränderungen, die nur zeitlich begrenzt bleiben sollen.[376]

Sind ungenehmigte Bauarbeiten aber einmal untersagt (= Stilllegung), kann der **244** Ordnungspflichtige eine erfolgte Abweichung von der erteilten Baugenehmigung nur noch nach der aufgrund eines Antrages geänderten bzw. aufgehobenen Stilllegungsverfügung korrigieren.[377]

---

375  Vgl. hierzu z. B.: VGH Baden-Württemberg 1.2.1993 – 8 S 1594/92 – BRS 55, Nr. 194.
376  OVG Nordrhein-Westfalen 5.8.2003 – 7 B 645/03. Das VG Münster 5.9.2011 – 2 L 353/11 – hat eine für sofort vollziehbare Stilllegung einer Baulichkeit im Außenbereich (Scheune als Wohnraum) bestätigt. Die Bauausführung war nicht unwesentlich von den genehmigten Bauvorlagen abgewichen. Hierbei betont das Gericht, dass solange die formelle und materielle Genehmigungsfrage zwischen den am Verfahren Beteiligten ungeklärt ist, der Bauherr noch nicht einmal einen Anspruch auf Fortsetzung von Teilarbeiten hat.
377  OVG Nordrhein-Westfalen 27.12.1999 – 7 B 2016/99 – BRS 63, Nr. 215.

**Beispiel:** Bauherr weicht von der ihm erteilten Baugenehmigung zur Errichtung eines Mehrfamilienwohnhauses durch Dachaufbauten ab. In diesem Fall wird die Bauaufsichtsbehörde die Fortführung der ungenehmigten Bauarbeiten untersagen, den Baustopp allerdings unter Beachtung des Grundsatzes der Verhältnismäßigkeit auf das Dachgeschoss beschränken. Dem Bauherrn sind Sicherungsmaßnahmen zuzubilligen (Abdeckung des Daches durch Baufolien zu, Schutz gegen Witterungseinflüsse).

**245** Die Bauaufsichtsbehörde braucht aber bei einer Stilllegung grundsätzlich nicht zwischen genehmigungsbedürftigen und genehmigungsfreien baulichen Maßnahmen zu unterscheiden, sondern kann das gesamte Vorhaben zum Gegenstand der Verfügung machen.[378] Wenn eine bauliche Anlage stillgelegt ist, hat jegliche Veränderung des objektiven Zustands derselben zu unterbleiben.[379] Die Bauaufsichtsbehörde kann aber Sicherungsmaßahmen – z. B. gegen Witterungseinflüsse – zulassen.

### 6. Adressat der Stilllegung

**246** Eine Stilllegung muss nicht in jedem Fall den Bauherrn in die Pflicht nehmen. Im Regelfall wird sich diese Maßnahme aber gegen den Handlungsstörer richten, der ja fast immer auch der Bauherr sein dürfte. Dies muss aber nicht so sein. Ist z. B. der Bauherr nicht anzutreffen oder strittig, kann die bauaufsichtliche Maßnahme auch gegen den Grundstückseigentümer gerichtet werden.[380]

### 7. Stilllegung und Anordnung der sofortigen Vollziehung

**247** Laut dem OVG Nordrhein-Westfalen[381] besteht in der Regel ein öffentliches Interesse an der Untersagung aller Arbeiten, die im Zusammenhang mit einem konkreten ungenehmigten bzw. nicht genehmigungsfähigen Vorhaben stehen. Die Stilllegung ist dabei in der Regel das mildeste Mittel. Bei einer Baueinstellungsverfügung ist folglich das besondere öffentliche Interesse an der Anordnung der sofortigen Vollziehung gem. § 80 Abs. 2 Ziffer 4 VwGO wegen ihrer Zweckbestimmung, nämlich die bereits begonnene Herbeiführung unrechtmäßiger Zustände wirksam zu unterbinden, im Regelfall gegeben.[382]

---

378 OVG Nordrhein-Westfalen 16.1.1997 – 10 B 3125/96 – BRS 59, Nr. 218, so bereits: OVG Nordrhein-Westfalen 13.2.1987 – 10 A 29/87 – BRS 47, Nr. 193 und OVG Nordrhein-Westfalen 27.12.1999 – 7 B 2016/99 – BRS 63, Nr. 215.
379 OVG Nordrhein-Westfalen 5.8.2003 – 7 B 645/03.
380 Vgl. hierzu auch: VG Saarland 20.11.2007 – 5 L 1923/07. Zum richtigen Adressaten einer Stilllegung vgl. VGH Bayern 9.11.2011 – 15 CS 11.867. Selbst bei einem verpachteten Grundstück, kann der Eigentümer Adressat einer bauaufsichtlichen Maßnahme (Stilllegung) sein, auch wenn er nicht der Bauherr ist (VG Saarland 20.11.2007 – 5 L 1923/07 – hier Bauarbeiten an einem Offenstall).
381 E. v. 28.6.2022 – 7 B 569/22.
382 Vgl. hierzu z. B. VGH Baden-Württemberg 10.2.2005 – 8 S 2834/04 – ÖffBauR 2005, 45, BRS 69, Nr. 186 = BauR 2005, 1461 ff. und bereits schon: OVG Bremen 3.2.1965 – b B 6/65, OVG Niedersachsen 29.3.1965 – I B 16/65 – und OVG Berlin 19.11.1996 – 2 S 23.96 – BRS 59, Nr. 219 und OVG Saarland 29.3.2007 – 2 B 7/07 – BRS 71, Nr. 185.

XVII. Die Stilllegung **248–252**

Demnach muss noch nicht einmal auf den konkreten Einzelfall eingegangen werden. Vielmehr reicht es aus, wenn in der Begründung der Stilllegung darauf Bezug genommen wird, dass es zu verhindern gilt, die Bauaufsichtsbehörde und Nachbarn vor vollendete Tatsachen zu stellen. Das öffentliche Interesse ergibt sich unabhängig vom Einzelfall aus der Art der bauaufsichtlichen Maßnahme und ihrem generellen Zweck. **248**

**Hinweis:** In § 64 Abs. 1 LBO, BW ist z. B. der Wegfall der aufschiebenden Wirkung von Widerspruch und Klage für die bauaufsichtliche Einstellung von (Bau-)Arbeiten direkt geregelt.

### 8. Durchsetzung der Stilllegung

Das Verbot der Fortführung ungenehmigter Bauarbeiten = Stilllegung wird regelmäßig durch das Zwangsmittel der Versiegelung durchsetzt (siehe dort). In beinahe allen Landesbauordnungen ist nicht nur die Stilllegung eigenständig, sondern auch die Versiegelung geregelt. Ist dies der Fall, sind die Vorschriften des jeweiligen Vollstreckungsgesetzes nachrangig.[383] Gibt es in der jeweiligen Landesbauordnungsordnung keine eigenständigen Regelungen, kann die Bauaufsichtsbehörde auch ein Zwangsgeld androhen. **249**

Bei der Versiegelung handelt es sich um einen Unterfall des unmittelbaren Zwanges. Die Versiegelung darf eine Baustelle vollständig erfassen, auch wenn die Bauaufsichtsbehörde vorher nicht alle Bauarbeiten untersagt hat. Ist dem Ordnungspflichtigen die Versiegelung der Baustelle gegenwärtig, muss das amtliche Siegel bei Betreten derselben nicht aus jeder Himmelsrichtung sofort gesehen werden können.[384] Baut der Bauherr trotz Versiegelung der Baustelle weiter, erfüllt er einen Straftatbestand (§ 136 StGB). Im Einzelfall dürfen auch die Baumaterialien im Rahmen des Sofortvollzugs beschlagnahmt werden.[385] **250**

### 9. Aufhebung der Stilllegung

Die Stilllegungsverfügung kann von der Bauaufsichtsbehörde mündlich oder fernmündlich aufgehoben werden.[386] Das OVG Nordrhein-Westfalen verlangt hierfür keine Schriftform und erklärte § 20 Abs. 1 S. 1 OBG, NRW für **nicht** anwendbar. Mit der Aufhebung geht auch die Anordnung der sofortigen Vollziehung unter. Auch die nachfolgende Erteilung einer Teilbaugenehmigung für den betreffenden Bauabschnitt setzt die Baueinstellung außer Kraft.[387] **251**

### 10. Stilllegung aufgrund eines Verpflichtungsurteils

Das Verwaltungsgericht kann der Bauaufsichtsbehörde durch Verpflichtungsurteil aufgeben, eine Baustelle zur Wahrung nachbarlicher Rechte stillzulegen. **252**

---

383 OVG Niedersachsen 29.3.1965 – I B 16/65, OVG Nordrhein-Westfalen 20.10.1965 – VII B 691/65 – BRS 16, Nr. 131/132.
384 OVG Nordrhein-Westfalen 27.12.1999 – 7 B 2016/99 – BRS 63, Nr. 215.
385 OVG Nordrhein-Westfalen 10.5.1989 – 11 B 1262/89 – BRS 49, Nr. 231.
386 OVG Nordrhein-Westfalen 27.10.1995 – 10 B 2720/95 – BRS 57, Nr. 256.
387 Oberstes LG Bayern 29.3.1988 – 3 Ob OWi 52/87.

Hierbei geht das OVG Nordrhein-Westfalen[388]davon aus, dass die Bauaufsichtsbehörde mit der Stilllegung die Androhung eines Zwangsgeldes im oberen Rahmen verbindet. Hat das zuständige Verwaltungsgericht die Vollziehung einer durch einen Dritten angefochtenen Baugenehmigung ausgesetzt, hat der Nachbar bei Fortgang der Bauarbeiten einen Anspruch auf Stilllegung der Baustelle durch die Bauaufsichtsbehörde.[389] Ein Antrag auf Verpflichtung der Behörde zur Vollstreckung gegen den Bauherrn zur Durchsetzung des Abwehranspruchs eines Dritten basiert auf § 172 VwGO.

---

388 E. v. 16.10.1987 – B 2173/87.
389 VGH Bayern 19.4.1993 – 14 AS 93.790 – BRS 55, Nr. 201.

# XVIII. Die Versiegelung

## 1. Versiegelung als Unterfall des unmittelbaren Zwanges zur Durchsetzung der Stilllegung

**a) Ziel und Funktion der Versiegelung.** Wenn der Ordnungspflichtige dem Verbot zur Fortführung illegaler Bauarbeiten nicht nachkommt kommt als geeignetes Zwangsmittel regelmäßig die Versiegelung als Unterfall des unmittelbaren Zwanges in Betracht.[390] Demnach muss regelmäßig zuvor die Baueinstellung mündlich oder schriftlich verfügt worden sein. Bei der Versiegelung handelt es sich um einen Unterfall des unmittelbaren Zwanges.[391] Die Versiegelung dient der wirksamen Verhinderung weiterer Bauarbeiten.[392]

253

Die Versiegelung darf auch die gesamte Baustelle umfassen, selbst wenn zuvor nicht alle Bauarbeiten untersagt worden sind.[393] Zulässig ist es nämlich, die Baustelle zu versiegeln, wenn unzulässige Bauarbeiten unerlaubt fortgesetzt werden. Dies entspricht dem Sicherungszweck der bauaufsichtlichen Maßnahme. Regelmäßig ist es deshalb nicht notwendig, nur bestimmte abgrenzbare Teile einer Baustelle zu versiegeln. Die Versiegelung eines Raumes zur Durchsetzung eines Nutzungsverbotes wird vom VGH Bayern[394] als nicht zulässig betrachtet[395]. Diese Einschränkung soll nicht für NRW gelten.[396]

254

Im Einzelfall kann die Versiegelung aber doch zur Durchsetzung eines Nutzungsverbotes angewandt werden, auch im Rahmen des unmittelbaren Zwanges, insbesondere dann, wenn das Gesetz dies ausdrücklich vorsieht (vgl. z. B. § 80

255

---

390 Zur Rechtsnatur und zum Verhältnis der vollstreckungsrechtlichen und präventiven polizeilichen Versiegelung von Räumen untereinander vgl. VGH Hessen 9.3.1993 – 3 TG 563/93 – BRS 55, Nr. 204.
391 § 81 Abs. 2 Satz 2 BauO NRW 2018, vgl. hierzu Entscheidung des OVG Mecklenburg-Vorpommern 19.7.1994 – 3 M 12/94 – DÖV 1996, 81 und OVG Nordrhein-Westfalen 30.12.1971 – X B 506/71 – BRS 24, Nr. 204, OVG Nordrhein-Westfalen 27.12.1999 – 7 B 2016/99 – BauR 2000, 1859 = BRS 63, Nr. 215.
392 Zur Versiegelung siehe ergänzend: OVG Niedersachsen 29.3.1965 – I B 16/65 – BRS 16, Nr. 130, OVG Nordrhein-Westfalen 20.10.1965 – VII B 691/65 – BRS 16, Nr. 131, VGH Hessen 8.2.1990 – 3 UE 7/86 – BRS 50, Nr. 207, VGH Hessen 17.5.1984 – 3 TH 971/84 – BauR 1985, 306, OVG Nordrhein-Westfalen 25.11.1993 – 10 B 360/93 – BauR 1994, 233.
393 VGH Bayern 4.5.1987 – Nr. 2 B 86.01597 – BRS 47, Nr. 196, schon OVG Nordrhein-Westfalen 13.4.1965 – VII 236/65.
394 E. v. 26.2.1987 – Nr. 15 CS 87.00142.
395 So auch: VG Meiningen 29.11.2000 – 5 E 989/00.Me – NVwZ-RR 2001, 549 ff., anders: VG Berlin 19.3.1997 – 19 A 394/97.
396 Vgl. auch: VG Minden 15.3.2007 – 9 K 3240/06 – und OVG Nordrhein-Westfalen 11.8.1998 – 7 B 1489/98, vgl. schon: OVG Nordrhein-Westfalen 26.3.1965 – VII B 1/65 – und OVG Nordrhein-Westfalen 30.12.1971 – X B 506/71.

Abs. 1 BgbBO).[397] Das OVG Nordrhein-Westfalen[398] hat die Versiegelung eines formell illegalen und nicht offensichtlich materiell legalen Gebäudes zur Verhinderung seiner Benutzung bejaht.

> **§ 79 MBO – Einstellung von Arbeiten**
> ...(2) Werden unzulässige Arbeiten trotz einer schriftlich oder mündlich verfügten Einstellung fortgesetzt, kann die Bauaufsichtsbehörde die Baustelle versiegeln oder die an der Baustelle vorhandenen Bauprodukte, Geräte, Maschinen und Bauhilfsmittel in amtlichen Gewahrsam bringen.

**256** **b) Versiegelung im Sofortvollzug.** Eine Versiegelung ist auch im Sofortvollzug möglich, d. h. ohne vorausgehenden Verwaltungsakt.[399] Die im Sofortvollzug durchgeführte Versiegelung ist einer nachträglichen schriftlichen Bestätigung zugänglich. Es handelt es sich hierbei nicht um einen VA, sondern um eine Zwangsmaßnahme ohne Regelungscharakter,[400] teilweise wird die Versiegelung als tatsächliche Zwangsmaßnahme ohne Regelungscharakter begriffen.

**257** **c) Rechtsgrundlage und Wirksamkeit der Versiegelung.** Die Stilllegungsverfügung dauert solange fort, bis sie förmlich aufgehoben oder die Baugenehmigung nachträglich erteilt wurde. Die entsprechende Ordnungsverfügung kann dabei von der zuständigen Behörde mündlich oder fernmündlich aufgehoben werden.[401] Grundlage für die Versiegelung ist z. B. in NRW § 81 Abs. 2 BauO NRW.

**258**

> **ACHTUNG!**
>
> Diese Baustelle auf dem Grundstück... ist
>
> **amtlich versiegelt.**
>
> Aufgrund der Versiegelung ist das Weiterführen der Bauarbeiten verboten.
>
> Eine Zuwiderhandlung gegen dieses Verbot kann als Siegelbruch nach § 136 des Strafgesetzbuches mit Freiheitsstrafe bis zu einem Jahr oder mit Geldstrafe bestraft werden.

---

397  OVG Brandenburg 22.2.2002 – 3 B 374/01 – zur Verhütung einer dringender Gefahr für die öffentlichen Sicherheit – und VG Minden 15.3.2007 – 9 K 3240/06, vgl. schon: OVG Nordrhein-Westfalen 26.3.1965 – VII B 1/65 – Versiegelung einer Wohnung wegen Baumängel/Feuchtigkeit. Kritisch: VG Meiningen 29.11.2000 – 5 E 989/00.ME.
398  E. v. 30.12.1971 – X B 506/71. Zu einer für zulässig erachteten Versiegelung von Räumen eines Wettbüros vgl. OVG Nordrhein-Westfalen 8.2.2012 – 2 A 521/11 (ebenso: VG Frankfurt 12.9.2011 – 8 L 2511/11.F) und zu einer erfolglosen Anfechtung einer sofortigen Nutzungsuntersagung für Hotel mit Androhung von unmittelbarem Zwang in Form der Versiegelung, vgl. OVG Nordrhein-Westfalen 4.7.2014 – 2 B 666/14.
399  OVG Niedersachsen 27.9.1983 – 6 B 87/83 – BRS 40, Nr. 227, vgl. schon: OVG Nordrhein-Westfalen 20.10.1965 – VII B 691/65 – BRS 16, Nr. 131/132.
400  OVG Nordrhein-Westfalen 25.11.1993 – 10 B 360/93 – BRS 55, Nr. 207 = BauR 1994, 233 = lässt es offen.
401  OVG Nordrhein-Westfalen 27.10.1995 – 10 B 2770/95 – BRS 57, Nr. 256.

XVIII. Die Versiegelung **259**

> Gegen die Versiegelung ist die Klage zulässig. Sie ist bei dem Verwaltungsgericht in (Postanschrift), schriftlich einzureichen oder zur Niederschrift des Urkundsbeamten der Geschäftsstelle zu erklären. Wird die Klage schriftlich erhoben, so empfiehlt es sich, sie mit einer Abschrift einzureichen.
>
> Falls die Frist durch das Verschulden eines von Ihnen Bevollmächtigten versäumt werden soll, so würde dessen Verschulden Ihnen zugerechnet werden.
>
> Gemäß § 112 des Gesetzes über die Justiz im Land NRW vom 26.1.2010, veröffentlicht im Gesetz- und Verordnungsblatt des Landes NRW (GV. NRW. Seite 30), zuletzt geändert durch Artikel 1 des Gesetzes vom 6.12.2022 (GV. NRW. S. 1072), hat die Klage gegen die Versiegelung keine aufschiebende Wirkung, d. h., dass Sie trotz einer eingelegten Klage die Versiegelung zu beachten haben.
>
> Die sofortige Aufhebung der Versiegelung kann beim Verwaltungsgericht in (Postanschrift), beantragt werden. Zuvor oder gleichzeitig muss jedoch Klage im Hauptverfahren eingelegt werden.
>
> Ort, Datum  Stadt ...
>   Der
>   Oberbürgermeister
>   Bauordnungsamt
>   Untere Baurechtsbehörde
>
>   i.A.
>   Unterschrift

In fast allen Landesbauordnungen ist die Versiegelung spezialgesetzlich geregelt: **259**

| Übersicht über den Regelungen zur Versiegelung in den Landesbauordnungen | |
|---|---|
| Baden-Württemberg | § 64 Abs. 2 LBO |
| Bayern | Art. 75 Abs. 2 BayBO |
| Berlin | § 79 Abs. 2 BauO Bln |
| Brandenburg | § 79 Abs. 2 BbgBO |
| Bremen | § 78 Abs. 2 BremLBO |
| Hamburg | § 75 Abs. 2 HBauO |
| Hessen | fehlt |
| Mecklenburg-Vorpommern | § 79 Abs. 2 LBauO M-V |
| Niedersachsen | § 79 Abs. 2 NBauO |
| Nordrhein-Westfalen | § 81 Abs. 2 BauO NRW |
| Rheinland-Pfalz | § 80 Abs. 2 LBauO |
| Saarland | § 81 Abs. 2 LBO |
| Sachsen | § 79 Abs. 2 SächsBO |
| Sachsen-Anhalt | § 78 Abs. 2 BauO LSA |
| Schleswig-Holstein | § 79 Abs. 2 LBO |
| Thüringen | § 86 Abs. 2 ThürBO |

Die entsprechenden Vorschriften verdrängen allgemeine vollstreckungsrechtliche Normen, d. h., dass hierfür eine Androhung nicht erforderlich ist,[402] auch muss die vorangehende Ordnungsverfügung nicht unanfechtbar bzw. sofort vollziehbar sein.
Teilweise wird auch die Beschlagnahme der Baugeräte und -materialien erlaubt.[403]

## 2. Art und Weise der Versiegelung

**260** a) **Begriff und Zielsetzung.** Die Versiegelung kommt als Maßnahme des unmittelbaren Zwanges[404] in Betracht, um den Pflichtigen zur Unterlassung einer verbotenen Handlung (Fortführung ungenehmigter Bauarbeiten) zu veranlassen.[405] Unmittelbarer Zwang ist die Einwirkung auf Personen oder Sachen.

**261** b) **Praktische Umsetzung.** Im Zusammenhang mit der zwangsweisen Durchsetzung einer Stilllegung geht es um Errichtung einer technischen Sperre durch Anlegung eines dienstlichen Siegels. In der Praxis der unteren Bauaufsichtsbehörde erfolgt die Versiegelung durch Anbringen des amtlichen Siegels an der illegal errichteten baulichen Anlage bzw. an/auf der Baustelle, ggf. zusätzlich durch ein Flatterband kenntlich gemacht. Es erfolgt also keine wirkliche Sperre. Das VG Münster[406] verlangte in diesem Zusammenhang die Errichtung einer technischen Sperre durch Anlegung eines dienstlichen Siegels dergestalt, dass die verbotene Handlung nicht vorgenommen werden kann, ohne dass das Siegel beschädigt oder abgelöst oder sonst der durch das Siegel bewirkte Verschluss unwirksam gemacht werden kann. Ein bloßer Aushang eines entsprechenden Textes im Fenster eines (illegalen) Gebäudes verhindert oder erschwert demnach nicht die Fortführung der verbotenen Bauarbeiten, da keine technische Sperre mit Verschlusswirkung erzielt wird. Allerdings erscheint die Anbringung eines oder mehrerer Siegel an der stillgelegten Baustelle als ausreichend und die strengen Anforderungen des vorgenannten Beschlusses als praxisfremd und nicht sachgerecht, da ansonsten z. B. die Tür- und Fensteröffnungen eines Rohbaus im Grunde von der Bauaufsichtsbehörde verbrettert und zusätzlich amtliche Siegel angebracht werden müssten. Deutlich wird diese Problematik auch, wenn es sich um die Stilllegung von ungenehmigt begonnen Ausschachtungsarbeiten handelt. Die für jedermann sichtbare Anbringung der amtlichen Siegel an der baulichen Anlage – z. B. neben dem Baustellenschild – entfaltet eine ausreichende Warnfunktion. Beim Betreten der Baustelle oder der entsprechenden baulichen Anlage muss das amtliche Siegel deutlich in Erscheinung treten. Laut

---

402 OVG Nordrhein-Westfalen 20.10.1965 – VII B 691/65 – BRS 16, Nr. 131/132, OVG Saarland 21.5.1971 – II R 10/71 – BRS 24, Nr. 203, VGH Hessen 20.1.1981 – IV TH 1/81 – BRS 38, Nr. 209, OVG Niedersachsen 27.9.1983 – 6 B 87/83 – BRS 40, Nr. 227, VGH Hessen 17.5.1984 – 3 TH 971/84 – BRS 42, Nr. 228, vgl. hierzu auch: VG Neustadt, 17.2.2003 – 4 L 239/03.NW.
403 Zur Versiegelung von Geräten vgl. VG Meiningen 29.11.2000 – 5 E 989/00.Me – NVwZ-RR 2001, 549 ff.
404 OVG Nordrhein-Westfalen 27.11.1999 – 7 B 2016/99 – BRS 63, Nr. 215 = BauR 2000, 1859 ff. und OVG Nordrhein-Westfalen 16.10.2008 – 7 A 696/07.
405 Zum Erfordernis der besonderen Dringlichkeit vgl. OVG Nordrhein-Westfalen 11.3.2011 – 10 B 210/11.
406 E. v. 31.8.1998 – 2 L 1327/98.

dem OVG Nordrhein-Westfalen[407] kommt es allerdings – wenn die Versiegelung der Baustelle dem Bauherrn gegenwärtig ist – nicht darauf an, dass das Siegel beim Betreten der Baustelle aus jeder Himmelsrichtung sofort wahrgenommen werden kann.

**c) Rechtliche Qualität und Rechtsschutz.** Das Anbringen des Siegels ist ein Realakt. Eine im Rahmen des Sofortvollzuges durchgeführte Versiegelung kann durch die Behörde schriftlich bestätigt werden, hierbei handelt es sich dann *nicht* um einen VA.[408] Ein Widerspruch gegen die Versiegelung ist – mangels Verwaltungsaktqualität – nicht statthaft (§ 68 VwGO). Anders ist dies beim Widerspruch gegen die Versiegelungsanordnung. Ein solcher Rechtsbehelf entfaltet – ebenso wie eine Anfechtungsklage – aber keine aufschiebende Wirkung.[409] Der vorläufige Rechtsschutz gegen eine Versiegelung basiert auf § 80 Abs. 5 VwGO.[410]

**262**

## 3. Folgen eines Siegelbruches

**a) Versiegelung darf gesamte Baustelle umfassen.** Eine Versiegelung darf auch eine einheitliche Baustelle erfassen, selbst dann, wenn die vorangegangene Baueinstellungsverfügung nicht alle Bauarbeiten untersagt hat.[411]

**263**

**b) Siegelbruch als Straftatbestand.** Ignoriert der Bauherr die Versiegelung und setzt die ungenehmigten Bauarbeiten fort, wird Siegelbruch begangen. Siegelbruch begeht, wer ein dienstliches Siegel beschädigt, ablöst oder unkenntlich macht, das angelegt ist, um Sachen in Beschlag zu nehmen, dienstlich zu verschließen oder zu bezeichnen, oder werden durch ein solches Siegel bewirkten Verschluss ganz oder zum Teil unwirksam gemacht hat (§ 136 StGB). Ein durch das amtliche Siegel bewirkter Verschluss wird ganz oder zum Teil unwirksam gemacht, wenn z. B. ohne Veränderung des Siegels an einer versiegelten Baustelle weitergebaut wird. Siegelbruch ist ein Straftatbestand und kann durch die Bauaufsichtsbehörde zur Anzeige gebracht werden. Der Tatvorwurf ist dabei zu konkretisieren und zu beweisen.

**264**

> **§ 136 StGB – Verstrickungsbruch; Siegelbruch**
>
> (1) Wer eine Sache, die gepfändet oder sonst dienstlich in Beschlag genommen ist, zerstört, beschädigt, unbrauchbar macht oder in anderer Weise ganz oder zum Teil der Verstrickung entzieht, wird mit Freiheitsstrafe bis zu einem Jahr oder mit Geldstrafe bestraft.
>
> (2) Ebenso wird bestraft, wer ein dienstliches Siegel beschädigt, ablöst oder unkenntlich macht, das angelegt ist, um Sachen in Beschlag zu nehmen, dienstlich zu verschließen oder zu bezeichnen, oder werden durch ein solches Siegel bewirkten Verschluss ganz oder zum Teil unwirksam macht.

---

407  E. v. 27.12.1999 – 7 B 2016/99 – BRS 63, Nr. 215.
408  OVG Nordrhein-Westfalen 25.11.1993 – 10 B 360/93 – BRS 55, Nr. 207, so schon OVG Nordrhein-Westfalen 29.5.1990 – 4 B 3460/89 – BRS 50, Nr. 215. Das VG Stuttgart 28.7.2021 – 11 K 2322/21 – hat die Versiegelung einer Baustelle nur als einen Realakt des Vollzuges, aber nicht als einen Verwaltungsakt im rechtstechnischen Sinne bewertet.
409  OVG Brandenburg 22.2.2002 – 3 B 374/01.
410  OVG Nordrhein-Westfalen 25.11.1993 – 10 B 360/93 – BRS 55, Nr. 207 = BauR 1994, 233.
411  VGH Bayern 4.5.1987 – Nr. 2 B 86.01597 – BRS 47, Nr. 196.

(3) Die Tat ist nicht nach den Absätzen 1 und 2 strafbar, wenn die Pfändung, die Beschlagnahme oder die Anlegung des Siegels nicht durch eine rechtmäßige Diensthandlung vorgenommen ist. Dies gilt auch dann, wenn der Täter irrig annimmt, die Diensthandlung sei rechtmäßig.
.....

**265** c) **Korrekturen.** Will der Bauherr auf der Baustelle bzw. an der baulichen Anlage korrigierende Änderungen vornehmen, muss er dies zuvor bei der Bauaufsichtsbehörde beantragen.

**266** 4. **Der praktische Fall – Bautätigkeiten im Außenbereich**

> Bei einer Kontrollfahrt stellt der Baukontrolleur der Bauaufsichtsbehörde B. fest, dass in einem Bestandsschutz genießenden Wohnhaus im Außenbereich umfangreiche Bauarbeiten begonnen worden sind. So wurden teilweise Außenwände des Gebäudes abgerissen und neu aufgemauert, innerhalb des Gebäudes tragende Wände ersetzt und das Dach teilweise neu eingedeckt. Die Erneuerung der Sanitär- und Heizungsanlagen steht kurz bevor, die schon angelieferten Baumaterialien lassen erkennen, dass eine Verblendung der Außenwände ebenso geplant ist. Der Baukontrolleur verbietet die Fortführung der Bauarbeiten (= Stilllegung).
> Daraufhin reicht der Bauherr umgehend einen Bauantrag nach, wobei er darauf hinweist, dass das Gebäude in seiner baulichen Substanz verbraucht und konkret einsturzgefährdet war und aus diesem Grunde die Bauarbeiten erforderlich waren. Unter Bezug auf den aus Art. 14 Abs. 1 GG abgeleiteten Bestandsschutz hätte er einen Anspruch auf Erteilung der Baugenehmigung. In einem den Bauantrag begleitenden Schreiben macht der Bauherr ferner geltend, dass im Übrigen die Stilllegung der gesamten Baustelle gegen den Grundsatz der Verhältnismäßigkeit verstößt, da zu mindestens Teile der Bauarbeiten genehmigungsfrei wären, so z. B. die beabsichtigte Verblendung der Außenwände. Auch müsste mit der begonnenen Dacheindeckung fortgefahren werden, da aufgrund der Witterungseinflüsse mit Schäden am Gebäude zu rechnen ist und er sich deshalb Regressansprüche vorbehält. Er bittet deshalb zu mindestens um teilweise Freigabe der Baustelle, bis abschließend über den Bauantrag entschieden worden ist.
>
> **Wie ist die Rechtslage?**
> **Lösung**
> Zu den repressiven Maßnahmen, die der Bauaufsichtsbehörde zur Aufgabenerfüllung zur Verfügung stehen, gehört die Stilllegung. Die Stilllegung dient dem öffentlichen Interesse an der Wahrung des formellen Baurechtes, dahinter steht die Sicherung und Gewährleistung der Genehmigungspflicht (§ 59 MBO).
> Das unerlaubte Bauen stellt auch einen Verstoß gegen die öffentliche Sicherheit und Ordnung dar.[412] Die Bauaufsichtsbehörde hat im Rahmen ihrer Auf-

---

412 OVG Nordrhein-Westfalen 17.12.1969 – VII 890/69 – BRS 22, Nr. 208.

XVIII. Die Versiegelung **266**

gabenerledigung ein elementares Interesse, die Entstehung baurechtswidriger Zustände möglichst frühzeitig zu verhindern. Hierzu dienen die Stilllegung bzw. das Verbot der Fortführung ungenehmigter Bauarbeiten.
Sinn und Zweck des Eingriffsmittels der Stilllegung ist auch damit zu begründen, dass durch die Weiterführung der Bauarbeiten der bereits ohne Genehmigung erstellte Zustand noch weiter verfestigt wird und Tatsachen geschaffen werden, die später nur noch schwer mit verhältnismäßig hohem Aufwand beseitigt werden könnten. Deshalb steht selbst die offensichtliche Genehmigungsfähigkeit einer Stilllegung aufgrund formeller Illegalität nicht entgegen, anders ist dies bei dem Nutzungsverbot.[413]
Bei den im vorliegenden Fall vor Ort festgestellten Bauarbeiten handelt es sich zu mindestens teilweise um genehmigungspflichtige Maßnahmen. Diese wurden ohne Baugenehmigung ausgeführt.
Vor Zugang der Baugenehmigung darf aber nicht mit der Bauausführung begonnen werden: § 72 Abs. 6 MBO. Damit ist formelle Illegalität gegeben. Dies rechtfertigt grundsätzlich eine Stilllegung, d. h. die Bauaufsichtsbehörde ist zur Einstellung der Bauarbeiten befugt. Die Ermächtigung zu dieser Eingriffsmaßnahme folgt aus § 79 MBO Die Prüfung der Genehmigungsfähigkeit bleibt dem Baugenehmigungsverfahren vorbehalten.
Der vom Bauherrn aus Bestandsschutz abgeleitete Anspruch auf Erteilung der Baugenehmigung ist im vorliegenden Fall zu verneinen, vielmehr ist angesichts der umfangreichen baulichen Maßnahmen der Bestandsschutz untergegangen. Laut ständiger Rechtsprechung der Verwaltungsgerichtsbarkeit gilt, dass, wenn ein Gebäude in seiner baulichen Substanz verbraucht und konkret einsturzgefährdet ist, aus dem Gesichtspunkt des Bestandsschutzes kein Anspruch auf die Erteilung der Baugenehmigung zur Erneuerung besteht.[414]
Dasselbe gilt für bauliche Änderungen. Wird das Gebäude zerstört oder ist die Änderung so erheblich, dass das geänderte Gebäude nicht mehr mit dem alten, bestandsgeschützten Objekt identisch ist, so genießt es auch nicht dessen Bestandsschutz gegenüber dem entgegenstehenden Baurecht. Entscheidend sind Art und Umfang der baulichen Maßnahmen. Ist das Gebäude durch sie derart verändert worden, dass es sich gegenüber dem früheren Zustand als etwas anderes – also als ein sogenanntes Aliud – darstellt, so ist der Bestandsschutz entfallen. Vom Bestandsschutz gedeckte Reparaturen liegen nämlich nur vor, wenn die Identität der baulichen Anlage erhalten bleibt. Das ist jedenfalls dann nicht der Fall, wenn der erforderliche Eingriff in die Bausubstanz so intensiv ist, dass er eine statische Nachrechnung der gesamten Anlage notwendig macht.[415]
Bereits unter diesem Gesichtspunkt kommt im vorliegenden Fall selbst eine teilweise Freigabe der Baustelle nicht in Frage, ggf. können dem Bauherrn aber Sicherungsmaßnahmen zugebilligt werden (z. B. Abdecken mit Folie

---

413  OVG Nordrhein-Westfalen 2.10.1987 – 11 B 1594/87 – BRS 47, Nr. 197 Gilt nach aktueller Rechtsprechung nur für ein unbefristetes Nutzungsverbot.
414  VGH Baden-Württemberg 24.7.1973 – VIII 1003/71 – BRS 27 Nr. 146. Dies gilt auch bei weitgehender Zerstörung der baulichen Anlage, OVG Berlin 7.6.1960 – II B 32.07 – BRS 20, Nr. 193.
415  BVerwG 18.10.1974 – IV C 75.71 – BRS Nr. 28 Nr. 114.

**266** usw.). Im Übrigen ist bei der Stilllegung von Bauarbeiten stets der Grundsatz der Verhältnismäßigkeit zu beachten, d. h. unter Umständen ist eine Baustelle nur teilweise stillzulegen. Im obigen Fall ist aber eine Gesamtbetrachtung angebracht, insofern liegt kein Verstoß gegen das Übermaßverbot vor.

# XIX. Das Nutzungsverbot

## 1. Begriff und Ermächtigungsgrundlage

Nutzungsverbot ist die auf § 80 S. 2 MBO basierende und regelmäßig gegenüber dem Nutzer ausgesprochene bauaufsichtliche Untersagung der Fortführung einer bestimmten – ungenehmigten – Nutzung.

**267**

| Übersicht über die Regelungen zum Nutzungsverbot in den Landesbauordnungen ||
|---|---|
| Baden-Württemberg | § 65 Abs. 1 LBO |
| Bayern | Art. 76 BayBO |
| Berlin | § 80 BauO Bln |
| Brandenburg | § 80 Abs. 1 BbgBO |
| Bremen | § 79 Abs. 1 BremLBO |
| Hamburg | § 76 Abs. 1 HBauO |
| Hessen | § 82 Abs. 1 HBO |
| Mecklenburg-Vorpommern | § 80 Abs. 2 LBauO M-V |
| Niedersachsen | § 79 Abs. 1 Nr. 5 NBauO |
| Nordrhein-Westfalen | § 82 Abs. 1 BauO NRW |
| Rheinland-Pfalz | § 81 LBauO |
| Saarland | § 82 Abs. 2 LBO |
| Sachsen | § 80 SächsBO |
| Sachsen-Anhalt | § 79 BauO LSA |
| Schleswig-Holstein | § 80 LBO |
| Thüringen | § 87 ThürBO |

Die Voraussetzungen für die Untersagung der Benutzung einer baulichen Anlage folgt aus Landesrecht.[416]
Ermächtigungsgrundlage für ein Nutzungsverbot in der MBO: § 80 S. 2 MBO 2002.

> **§ 80 MBO – Beseitigung von Anlagen, Nutzungsuntersagung**
> Werden Anlagen im Widerspruch zu öffentlich-rechtlichen Vorschriften errichtet oder geändert, kann die Bauaufsichtsbehörde die teilweise oder vollständige Beseitigung der Anlagen anordnen, wenn nicht auf andere Weise rechtmäßige Zustände hergestellt werden können. **Werden Anlagen im Widerspruch zu öffentlich-rechtlichen Vorschriften genutzt, kann diese Nutzung untersagt werden.**

Das Aussprechen einer Nutzungsuntersagung auf der Ermächtigungsgrundlage für ein nachträgliches Anpassungsverlangen ist nicht zulässig,[417] höchstens er-

---
416 BVerwG 12.3.2008 – 4 B 21.08 – BRS 73, Nr. 185.
417 OVG Nordrhein-Westfalen 12.7.1990 – 7 B 855/90.

gänzend zum Anpassungsverlangen auf der Basis der entsprechenden Ermächtigungsnorm ein klassisches Nutzungsverbot.

### 2. Voraussetzungen

**268** Ein Nutzungsverbot ist schon bei Verstoß gegen formelles Recht zulässig.[418] Dies ist mit der Bedeutung der Ordnungsfunktion des formellen Baurechts zu rechtfertigen. An der Beachtung und strikten Durchführung des formellen Verfahrens besteht ein öffentliches Interesse. Mit dieser Maßnahme soll auch der rechtsuntreue Bürger daran gehindert werden, gegenüber dem rechtstreuen Bürger Nutzungsvorteile zu erzielen.

Ein sofort vollziehbares Nutzungsverbot ist bei einer ungenehmigten Nutzung der zulässige Regelfall.[419] Hierdurch sollen Nutzungsvorteile rechtsuntreuer Bürger verhindert werden.[420] Ein solches Nutzungsverbot ist auch nicht unverhältnismäßig.[421]

Ein Nutzungsverbot allein wegen formeller Illegalität auszusprechen, ist nur dann unverhältnismäßig, wenn der Behörde ein genehmigungsfähiger Bauantrag vorliegt und der Erteilung der erforderlichen Baugenehmigung auch sonst keine Hinderungsgründe entgegen stehen.[422] Auf die Frage, ob die Nutzung materiell rechtmäßig erfolgte, also nachträglich genehmigt werden könnte, kommt es also grundsätzlich nicht an.[423]

---

418 OVG Saarland 9.3.1984 – 2 R 175/82, OVG Saarland 9.3.1984 – 2 R 175/82 – BRS 42, Nr. 227, BRS 48, Nr. 134, VGH Hessen 26.7.1994 – 4 TH 1779/93 – BRS 56, Nr. 212, VGH Hessen 10.11.1994 – 4 TH 3115/94 – BRS 57, Nr. 259, VGH Hessen 30.10.1995 – 3 TG 3115/95 – BRS 57, Nr. 255, OVG Rheinland-Pfalz 22.5.1996 – 8 A 1180/95 – BRS 58, Nr. 202, siehe auch: OVG Nordrhein-Westfalen 23.7.2002 – 10 E 434/01 – NWVBl. 2002, 191, OVG Nordrhein-Westfalen 7.10.2005 – 10 B 1394/05 – NWVBl. 4/2006, 136 ff., VGH Baden-Württemberg 1.2.2007 – 8 S 2606/06 – nur vorläufig, VGH Hessen 19.9.2006 – 3 TG 2161/06 – BRS 71, Nr. 188, VG Minden 15.3.2007 – 9 K 3240/06 – anders für dauerhaftes Nutzungsverbot: BRS 58, Nr. 201, OVG Nordrhein-Westfalen 12.7.2007 – 7 E 664/07 – BRS 71, Nr. 187, VG Düsseldorf 26.3.2010 – 25 K 6931/09, VG Minden 16.5.2014 – 1 L 867/13, VG Gelsenkirchen 9.12.2014 – 9 K 2977/14, OVG Nordrhein-Westfalen 12.12.2016 – 7 B 1118/16, OVG Nordrhein-Westfalen 22.12.2016 – 7 B 1182/16, VGH Hessen 10.8.2017 – 4 A 839/15.Z, OVG Cottbus 13.9.2017 – 3 L 136/17, VG Schleswig-Holstein 4.12.2020 – 2 B 51/20, OVG Nordrhein-Westfalen 9.2.2022 – 2 B 1964/21, VG Schleswig-Holstein 31.5.2024 – 8 B 12/24.
419 VGH Hessen 6.2.2004 – 9 TG 2706/03 – BRS 67, Nr. 203.
420 VGH Baden-Württemberg 1.2.2007 – 8 S 2606/06 – BRS 71, Nr. 186.
421 VG Saarlouis 17.4.2007 – 5 L 509/07.
422 VG Münster 23.6.1995 – 2 L 566/95, OVG Nordrhein-Westfalen 11.8.1998 – 7 B 1489/98, OVG Nordrhein-Westfalen 13.1.2003 – 10 B 1617/02 – und OVG Nordrhein-Westfalen 12.12.2016 – 7 B 1118/16. Anders der VGH Bayern 5.12.2005 – 1 B 03.2608 – BauR 11/2006, 1882 ff., siehe auch: VGH Baden-Württemberg 22.9.1989 – 5 S 3086/88. Laut dem OVG Berlin-Brandenburg 18.10.2018 – 2 S 39.18 – erweist sich eine auf die formelle Illegalität gestützte Nutzungsuntersagung nur dann als ermessensfehlerhaft, wenn die streitige Nutzung unter Bestandsschutz steht, offensichtlich genehmigungsfähig ist oder wenn bei atypischen Fallgestaltungen ein Verstoß gegen das Verhältnismäßigkeitsprinzip vorliegt.
423 VG Düsseldorf 11.5.2023 – 11 K 7081/22.

Im Übrigen steht die Erteilung des Schlussabnahmescheines einem Verbot einer Nutzung nicht entgegen, selbst wenn diese bereits im Zeitpunkt der Bauzustandsbesichtigung existierte, aber nicht festgestellt worden ist.[424]
Problematisch ist, wenn das Nutzungsverbot kumulativ auf formelle und materielle Illegalität gestützt wird. Dies kann bei fehlerhafter Bewertung der materiellen Rechtslage zur Rechtswidrigkeit der Maßnahme führen.[425] Wird hingegen die Nutzungsuntersagung alternativ auf formelle und materielle Illegalität gestützt, ist eine Fehleinschätzung der materiellen Rechtslage unschädlich.[426] Stützt die Behörde das Nutzungsverbot ausschließlich auf materiell-rechtliche Verstöße, ist diese Frage auch im anschließenden verwaltungsgerichtlichen Verfahren von Bedeutung.[427] Das VG Meiningen 5.9.1994 – 5 E365/94 verweist aber darauf, dass eine formell rechtswidrige Nutzung dann nicht untersagt werden kann, wenn diese evident rechtmäßig ist.[428] Laut dem VGH Bayern[429] braucht jedoch die Frage der materiellen Genehmigungsfähigkeit gar nicht geprüft werden, wenn die ungenehmigte Nutzung nur bis zur Entscheidung über einen etwaigen Bauantrag unterbunden werden soll. Erfolgt eine materiell rechtswidrige Nutzung formell legal, kommt ein Nutzungsverbot grundsätzlich nicht in Frage.[430]

### 3. Ausnahmen

Zu beachten sind einige Ausnahmefälle, in denen aufgrund formeller Baurechtswidrigkeit eine Nutzungsuntersagung nicht gerechtfertigt ist: dies ist der Fall, wenn:
– die materielle Legalität des Vorhabens offensichtlich ist (siehe aber weiter oben),[431]
– durch positives Handeln der Behörde ein Vertrauenstatbestand geschaffen worden ist,
– bei mehreren gleich gelagerten Fällen von der Behörde willkürlich ein Ordnungspflichtiger herausgegriffen wird,
– ein schikanöses Vorgehen der Behörde vorliegt.

Die Behörde darf aber eine rechtswidrige Unterbringung von Asylanten nur in sozial verträglicher Weise beenden.[432]

---

424 VGH Baden-Württemberg 15.12.1982 – 3 S 1592/82 – BRS 40, Nr. 228, vgl. auch OVG Nordrhein-Westfalen 20.8.1992 – 7 A 2702/91 – BRS 54, Nr. 203.
425 OVG Nordrhein-Westfalen 18.8.1986 – 7 B 1062/86, OVG Nordrhein-Westfalen 27.9.1988 – 7 B 2323/88, OVG Nordrhein-Westfalen 2.4.1992 – 7 A 308/92 – und OVG Niedersachsen 16.10.2006 – 1 ME 171/06 – BauR 2007, 356 ff.
426 OVG Nordrhein-Westfalen 18.11.1988 – 7 B 1923/88, vgl. aber: OVG Niedersachsen 11.5.2015 – 1 ME 31/15 – BRS 83, Nr. 101.
427 OVG Saarland 2.2.2009 – 2 B 439/08 – BRS 74, Nr. 201 und OVG Saarland 17.1.2018 – 2 A 383/17.
428 Vgl. auch: OVG Saarland 9.3.1984 – 2 R 175/82 – BRS 42, Nr. 227, VG Saarland 17.4.2007 – 5 L 509/07.
429 E. v. 6.2.1980 – 14 Cs-1776/79 – BRS 36, Nr. 212.
430 VG Cottbus 5.2.2020 – 3 L 644/19.
431 VG Nordrhein-Westfalen 7.7.1988 – 10 B 1232/88 – und OVG Sachsen 28.3.1996 – 1 S 139/95 – BRS 58, Nr. 203 und OVG Nordrhein-Westfalen 11.8.1998 – 7 B 1489/98, hierzu gibt es allerdings abweichende Rechtsprechung anderer Obergerichte, siehe auch: VG Münster 13.1.1997 – 2 L 996/96 – und VG Münster 15.2.2011 – 2 K 221/10.
432 OVG Bremen 12.2.1991 – 1 B 78/90 – BRS 52, Nr. 225.

## 4. Grundsätze

**271** Die formelle Illegalität allein rechtfertigt kein Nutzungsverbot im Wege des Sofortvollzugs, d. h. ohne vorausgehenden Verwaltungsakt.[433]
Eine Nutzungsuntersagung ohne vorherige oder gleichzeitige Teilaufhebung der Baugenehmigung samt angeordneter sofortiger Vollziehung dieser Aufhebung ist bereits deswegen rechtswidrig, weil das Vorhaben aufgrund der Baugenehmigung formell legal ist.[434]
Sollen bestimmte Nutzungen untersagt werden, muss vorher genau ermittelt werden, welche Nutzungen ggf. genehmigt sind bzw. welche Nutzungen sich noch innerhalb der zulässigen Variationsbreite einer genehmigten Nutzung bewegen.[435]
Da das Nutzungsverbot ein belastender Verwaltungsakt ist eine vorherige Anhörung erforderlich. Ist dem Ordnungspflichtigen jedoch die Unzulässigkeit seines Tuns aus früheren Verfahren bekannt, ist eine solche Anhörung entbehrlich.
Ein Nebeneinander von Beseitigungsanordnung und Nutzungsuntersagung ist zulässig. Allerdings kann ein Nutzungsverbot gegenüber einer Beseitigungsverfügung mit Substanzverlust vorrangig sein, wenn durch eine solche Maßnahme die Nutzungsvorteile des Ordnungspflichtigen verhindert werden.[436]
Eine Befristung des Nutzungsverbotes ist nicht zwingend.[437] Allerdings bedarf es regelmäßig einer Fristsetzung für die Befolgung des Nutzungsverbotes. Die Frist muss ermessensfehlerfrei bestimmt werden.[438] Bezieht sich ein bauaufsichtliches Nutzungsverbot (unter Anordnung der sofortigen Vollziehung) z. B. auf eine seit längerer Zeit unbeanstandet genutzte bauliche – formell illegale – gewerbliche Anlage, muss die Behörde auch die gewerblichen Interessen an einer weiteren vorläufigen Nutzung mit den privaten und öffentlichen Interessen ausdrücklich abwägen. Andernfalls liegt ein Ermessensfehler vor.[439] Zumindest bei der Fristsetzung eines Nutzungsverbotes ist die Vorgeschichte der (ungenehmigten) Nutzung bzw. die Folgen einer zwangsweisen Nutzungsaufgabe (Existenzvernichtung bzw. Insolvenzrisiko?) zu berücksichtigen.[440] In der Praxis können demnach sachliche Gründe für längere Fristen bei einem Nutzungsverbot strei-

---

433 OVG Nordrhein-Westfalen 12.10.1988 – 7 B 2443/88.
434 VG Berlin 21.6.1989, GewArch 1990, 112 K.
435 OVG Nordrhein-Westfalen 29.11.2004 – 10 B 2076/04 – BRS 67, Nr. 206.
436 OVG Nordrhein-Westfalen 8.2.1985 – 10 B 2487/84 – und OVG Saarland 7.1.1983 – 2 R 214/81 – BRS 40, Nr. 230.
437 VGH Baden-Württemberg, 20.10.1992 – 8 S 2007/92 – BRS 54, Nr. 210. So ist auch wohl zu verstehen: OVG Mecklenburg-Vorpommern 3.12.2008 – 3 M 153/08.
438 OVG Nordrhein-Westfalen 10.10.2019 – 7 B 1185/19 (hier: Nutzungsverbot für eine ungenehmigte Wohnung). Das VG Schleswig-Holstein 2.6.2022 – 2 B 12/22 – hat den Eilantrag im Zusammenhang mit einem Nutzungsverbot für eine Ferienwohnung (vorher Wohnung) abgelehnt und hierbei auch eine Frist von 6 Monaten als nicht zu kurz bewertet.
439 OVG Schleswig-Holstein 1.3.1993 – 1 M 3/93.
440 OVG Nordrhein-Westfalen 4.7.2014 – 2 B 508/14 – BRS 82, Nr. 202. Vgl. zu einem erfolgreichen Antrag auf einstweiligen Rechtsschutz im Zusammenhang mit einer ungenehmigten Anwaltskanzlei in einem WA: OVG Berlin, 15.3.2000 – 2 S 2/00 – BauR 2001, 771. Existenzgefährdende Folgewirkungen können aber durch andere öffentliche Belange relativiert werden: VGH Bayern 24.7.2020 – 15 CS 20.1398 (hier Belange der Wasserwirtschaft).

XIX. Das Nutzungsverbot

ten.⁴⁴¹ Zumindest muss bei der Bestimmung einer Frist zur Einstellung eines Betriebes regelmäßig beachtet werden, dass der Pflichtige ihn ordnungsgemäß und verantwortungsvoll abwickeln kann.⁴⁴² Zulässig ist es auch, die Dauer eines Nutzungsverbotes mit dem Eintreten eines zukünftigen Ereignisses zu verbinden, z. B. mit dem Zeitpunkt einer ausreichenden Löschwasserversorgung. Dies wurde vom OVG Berlin-Brandenburg als hinreichend bestimmt genug bewertet.⁴⁴³

### 5. Umfang des Nutzungsverbots

Die Frage, ob neben der Nutzungsuntersagung auch die Räumung verlangt werden kann, wird unterschiedlich entschieden.⁴⁴⁴ Allerdings darf die Räumung nicht statt einer Nutzungsuntersagung gefordert werden. So entschied die Verwaltungsgerichtsbarkeit im Einzelfall, dass das Gebot, in den Schwarzbau eingebrachte Gegenstände zu entfernen (Möbel), Teil der Nutzungsuntersagung ist und regelmäßig allein wegen formeller Illegalität als sofort vollziehbar erklärt werden kann.⁴⁴⁵ Das OVG Thüringen⁴⁴⁶ erlaubt die Kombination eines tlw. Nutzungsverbotes mit einer Räumungsanordnung. Auch eine Wohnungseinrichtung, die Teil einer ungenehmigten Wohnnutzung ist, kann Gegenstand eines Nutzungsverbotes sein.⁴⁴⁷

Geht es bei einem Nutzungsverbot um einen Lagerplatz, umfasst das bauaufsichtliche Verbot stets auch die Verpflichtung zur Räumung des Platzes.⁴⁴⁸ Dies folgt aus dem Umstand, dass eine rechtswidrige Nutzung anhält, solange die Lagerung tatsächlich stattfindet.⁴⁴⁹ Ein Nutzungsverbot kann auch ein Vermie-

---

441 Auch bei einer sofort vollziehbaren Nutzungsuntersagung kann durch eine zu knappe Fristsetzung der zu beachtende Grundsatz der Verhältnismäßigkeit verletzt sein. Hier: Nichtberücksichtigung von vor der Anhörung abgeschlossener Mietverträge für Ferienwohnungen. VG Schwerin 17.6.2014 – 2 B 459/04.
442 OVG Berlin-Brandenburg 11.9.2014 – OVG 10 S 8.13.
443 E. v. 6.5.2011 – OVG 2 S 102.10.
444 Verneinend: VGH Bayern 25.2.1975 – Nr. 328/73 – BRS 29 Nr. 181; eingeschränkt bejahend: VGH Bayern 15.5.1986 – Nr. 2 85 A. 1080 – BRS 46, Nr. 200, vgl. auch: OVG Nordrhein-Westfalen 31.10.2000 – 10 B 1597/00 – und VGH Bayern 4.8.2004 – 15 CS 04.1648 – BRS 67, Nr. 204.
445 VGH Bayern 19.11.2007 – 25 B 05.12 – BauR 10/2008, 1598 ff., hier Entfernung einer funktionstüchtigen Wohnungseinrichtung und OVG Berlin-Brandenburg 19.1.2017 – OVG 2 S 48.16.
446 E. v. 27.2.1997 – 1 EO 233/96 – BRS 59, Nr. 217.
447 VGH Bayern 19.11.2007 – 25 B 05.12 – BRS 71, Nr. 189, OVG Berlin-Brandenburg, E. v. 19.1.2017 – OVG 2 S 48.16, hier Einbauküche in einem Wochenendhaus und OVG Berlin-Brandenburg 19.1.2017 – OVG 2 S 45.16.
448 OVG Bremen 22.6.1994 – 1 B 61/94 – BRS 56, Nr. 98, 211 – ungenehmigter Holzlagerplatz –, so auch das VG Neustadt 2.9.2004 – 4 L 2027/04 – und OVG Nordrhein-Westfalen 6.7.2009 – 10 B 617/09 – BRS 74, Nr. 203 – hier: ungenehmigte Lagerplatz als Teil einer Hoffläche – sowie VG Aachen 1.2.2012 – 3 L 280/11, hier: ungenehmigter Kfz-Handel, vgl. aber: VGH Baden-Württemberg 11.7.2017 – 5 S 2067/15. Der VGH Baden-Württemberg 11.7.2017 – 5 S 2067/15 – BRS 85, Nr. 103 verlangt hierfür eine Abbruch- bzw. Beseitigungsverfügung und nicht ein Nutzungsverbot.
449 VGH Bayern 15.5.1986 – BRS 46, Nr. 200. Auch der VGH Baden-Württemberg, 6.3.1985 – 3 S 1606/84 – bejaht die Zulässigkeit einer bauaufsichtlichen Anordnung zur Entfernung von Geräten und Material, wenn die Nutzung des Lagerplatzes gleichzeitig untersagt wird.

tungsverbot beinhalten.[450] Wird die Nutzung einer baulichen Anlage verboten und geht es in diesem Zusammenhang um Tierhaltung, bedeutet die (zusätzliche) Aufforderung der Entfernung der Tiere lediglich eine Konkretisierung der Nutzungsuntersagung.[451]

### 6. Bestimmtheit des Nutzungsverbotes

**273** Stets muss das Nutzungsverbot bestimmt genug sein, wobei es ausreichend ist, wenn der Tenor der Verfügung bei verständiger Würdigung unter Berücksichtigung des gesamten weiteren Inhalts der Verfügung aus der Sicht des Empfängers hinreichend sicher ausgelegt werden kann.[452]

> Als rechtmäßig wurden folgende Nutzungsuntersagungen z. B. erachtet:
> - Untersagung der Nutzung von Kellerräumen zu Wohnzwecken (VG Schleswig-Holstein 6.3.2024 – 8 B 3/24)
> - Untersagung einer genau benannten Wohnung zu einer anderen als der genehmigten Nutzungsart zu nutzen oder nutzen zu lassen, hier: Umnutzung einer Wohnung in einer Ferienwohnung (OVG Nordrhein-Westfalen 31.3.2021 – 2 B 241/21 und VG Schleswig-Holstein 2.6.2022 – 2 B 12/22)
> - Untersagung der Nutzung sämtlicher Wohnungen eines Gebäudes wegen Schädlingsbefall, hier: Rattenbefall (OVG Niedersachsen 14.3.2022 – 1 LA 127/21)
> - Untersagung der Nutzung von Kellerräumen in einem Vereinsheim als Versammlungsstätte wegen akuter Brandschutzmängel (OVG Nordrhein-Westfalen 14.4.2022 – 7 B 1977/21)
> - Untersagung der Nutzung von Räumlichkeiten als Beherbergungszimmer, weil der zweite Rettungsweg fehlte (VG Düsseldorf 2.3.2016 – 28 K 2758/15, ebenso im Falle von Dachgeschosswohnungen: VG Bremen 30.4.2024 – 1 V 562/24)
> - Untersagung der Nutzungsverbot des Räumlichkeiten eines ehemaligen Restaurant zu einem Pizzaheimlieferservice (VG München 26.5.2008 – M 1 S 08.204)
> - Untersagung der Nutzung von bestimmten Räumlichkeiten im Erdgeschoss eines Gebäudes für den Abschluss und zur Vermittlung allgemeiner Sportwetten (OVG Rheinland-Pfalz 14.4.2011 – 8 B 10278/11 – BRS 78, Nr. 198, zu einem zulässig sofort vollziehbaren Nutzungsverbot gegenüber einem Büro für Sportwetten in einem ehemaligen Ladengeschäft vgl. VGH Hessen 19.9.2006 – 3 TG 2161/06 – BRS 71, Nr. 188).
> - Untersagung ungenehmigten Nutzung eines ehemaligen Ladenlokals zum Zwecke der Prostitutionsausübung (OVG Nordrhein-Westfalen 13.1.2014 – 10 B 1415/13, zu einem Nutzungsverbot für ein Bordell mit 4 Mitarbeiterinnen in einem Wohngebiet (WA) OVG Niedersachsen 25.3.2021 – 1 LA 49/20)
> - Untersagung einer nicht mehr wohnartigen Unterbringung ausländischer Arbeitnehmer (vgl. OVG Niedersachsen 19.12.2018 – 1 ME 155/18, zu

---

450 OVG Nordrhein-Westfalen 24.10.1997 – 7 B 2565/97 – BRS 59, Nr. 220.
451 OVG Rheinland-Pfalz 5.7.2006 – 8 B 10574/06 – BauR 2006, 1734 ff.
452 VG Münster 23.6.1995 – 2 L 566/95.

XIX. Das Nutzungsverbot

einem sofort vollziehbaren Nutzungsverbot bei einer Umnutzung eines Gastarbeiterwohnheims in ein Wohnheim für ausländische Flüchtlinge usw. vgl. OVG Berlin, 31.1.1996 – 2 S 21/95 – BRS 58, Nr. 204)
- Untersagung der Nutzung einer Gewerbehalle wegen einer fehlenden Bescheinigung des Prüfsachverständigen für Brandschutz (VGH Bayern 2.8.2021 – 9 CS 21.133, so auch: OVG Nordrhein-Westfalen – 6.7.2006 – 10 B 695/06)
- Verbot der Haltung eines genau benannten Hahnes auf einem bestimmten Grundstück und Entfernung des Hahnes innerhalb von zwei Wochen nach Zustellung des Bescheides vom Grundstück, verbunden mit der Untersagung der künftigen Haltung eines oder mehrerer Hähne auf diesem Grundstück (OVG Nordrhein-Westfalen 29.5.2024 – 10 B 368/24)
- Untersagung der Nutzung bestimmter Gebäude bzw. Räumlichkeiten (Stall, Scheune, Wohnung) für eine Hundezucht (OVG Nordrhein-Westfalen 5.11.2019 – 7 B 1112/19, hier: 9 Hunde)
- Untersagung einer bestimmten Fläche als Holzlager und Räumung derselben (VG Cottbus 28.9.2018 – 3 L 492/18)
- Untersagung der Nutzung eines Lagerplatzes zur Lagerung und Verarbeitung von Brennholz (VGH Bayern 23.3.2021 – 15 ZB 20.2906)
- Untersagung der Nutzung eines ungenehmigten und offensichtlich nicht genehmigungsfähigen Abstellplatzes für Autos – Autohandel/Lagerplatz (VG Ansbach 17.10.2016 – AN 9 S 16.01686)
- Untersagung der Vermietung notwendiger Stellplätze an Dritte = Personen, die nicht Mieter/Bewohner eines genau benannten Gebäudes sind (OVG Nordrhein-Westfalen 22.12.2016 – 7 B 1182/16)

Als bestimmt genug hat die Rechtsprechung auch das Verbot der Dauernutzung in einem Wochenendhausgebiet bewertet.[453]

### 7. Adressat des Nutzungsverbotes

Auch bei einem Nutzungsverbot hat sich Störerauswahl vor allem daran zu orientieren, dass die entsprechende Gefahr schnell und effektiv abgewehrt werden kann.[454] Die Nutzungsuntersagung einer vermieteten Baulichkeit erfolgt deshalb regelmäßig an den Mieter = Nutzer,[455] ein Mieter kann hingegen grundsätzlich nicht Adressat einer Beseitigungsverfügung sein.[456]

---

453 OVG Nordrhein-Westfalen 23.10.2006 – 7 A 4947/05 – und VG Münster 27.10.2004 – 2 L 1278/04 – und VG Münster 27.10.2004 – 2 L 1279/04.
454 VG Minden 20.3.2014 – 9 K 3521/12.
455 OVG Nordrhein-Westfalen 17.12.2001 – 7 B 1576/01, OVG Niedersachsen 11.9.2015 – 1 ME 118/15 – BRS 83, Nr. 103.
456 VGH Bayern 9.6.1986 – Nr. 2 CB A. 1564 – BRS 46, Nr. 198, VGH Hessen 26.9.1983 – 4 TH 48/83 – BRS 40, Nr. 229.

Bei einer vermieteten, vom Mieter genutzten Räumlichkeit, ist das eigentliche Nutzungsverbot somit gegenüber dem Mieter auszusprechen.[457]
Das Verlangen vom Vermieter, dem Mieter zu kündigen, ist rechtswidrig.[458] Die Bauaufsichtsbehörde darf aber dem Vermieter verbieten, die Wohnungen nach deren Räumung wieder zu vermieten = Weitervermietungsverbot.[459] Ist zum Zeitpunkt des Erlasses der Ordnungsverfügung nicht abzusehen, durch wen die ungenehmigte Nutzung aufgenommen werden wird, darf die Behörde der drohenden Störung umfassend begegnen. In diesem Fall begegnet ein weitreichendes Verbot gegenüber dem Eigentümer, eine – z. B. eine überwiegend büromäßige Nutzung – selbst aufzunehmen oder durch Dritte aufnehmen zu lassen, keinen Bedenken.[460]
Den Eigentümer trifft im Übrigen eine Auskunftspflicht gegenüber der Bauaufsichtsbehörde über Mieter bzw. Pächter. Spricht die Behörde gegenüber dem Mieter oder Pächter ein Nutzungsverbot aus, ist dieser nicht klagebefugt.[461]
Das OVG Hamburg[462] hat aber im Falle einer Bordellnutzung das Nutzungsverbot gegenüber dem Vermieter als ermessensfehlerfrei bestätigt. Das genannte Obergericht verweist in der Entscheidung auch auf Urteile und Beschlüsse anderer Obergerichte.[463] Bei einem Verfahren wegen einer gegenüber einem Mieter ausgesprochenen Nutzungsuntersagung ist der Eigentümer bzw. Hauptmieter nicht notwendig beizuladen. Der VGH Hessen[464] hat es auch nicht für erforderlich gehalten, den Vermieter zur Duldung eines gegenüber dem Mieter ausgesprochenen Nutzungsverbotes förmlich aufzufordern.
Bei einer Wagenburg kann ein Nutzungsverbot auch in Form einer Allgemeinverfügung ausgesprochen werden, wobei dann jeder einzelne Nutzer sich gegen die Ordnungsverfügung mit Widerspruch und Inanspruchnahme des Eilrechtsschutzes wehren kann.[465]

---

457 VG Gelsenkirchen 21.11.2014 – 6 L 1176/14. Es bestehen im Übrigen keine Abwehrrechte eines Vermieters gegen die Nutzungsuntersagung gegenüber dem Mieter von Räumlichkeiten auf seinem Grundstück bzw. kein Anspruch auf Wiederherstellung der aufschiebenden Wirkung der Klage nur mit Blick auf etwaige zivilrechtliche Forderungen im Innenverhältnis zwischen Vermieter und Mieter (OVG Hamburg 8.11.2011 – 2 Bs 163/11 – BRS 78, Nr. 200). Ein Eigentümer kann sich auch nicht gegen Verfügung gegenüber dem Pächter auf seinem Grundstück wehren (hier: Stilllegung eines Schweinestalles nach Funktionsstörungen der Abluftanlage). Diese Verfügung betrifft nur das Verhältnis Behörde – Verpflichteten (OVG Nordrhein-Westfalen 17.5.2011 – 2 A 1202/10 – BRS 78, Nr. 199).
458 VG Neustadt 23.7.2004 – 4 L 1673/04, anders OVG Nordrhein-Westfalen 24.10.1997 – 7 B 2565/92 – BRS 59, Nr. 220, Weitervermietungsverbot aber zulässig. Anders auch: VG Darmstadt 12.9.2011 – 2 L 795/11.DA.
459 OVG Nordrhein-Westfalen 24.10.1997 – 7 B 2565/97 – BRS 59, Nr. 220 und OVG Nordrhein-Westfalen 27.8.2002 – 10 B 1233/02 – BauR 2003, 677, VG Münster 8.12.1997 – 2 L 1496/97, VG Darmstadt 12.9.2011 – 2 L 795/11.DA und OVG Nordrhein-Westfalen 30.3.2017 – 7 B 46/17.
460 VG Münster 10.1.2000 – 2 L 1163/99.
461 OVG Nordrhein-Westfalen 17.5.2011 – 2 A 1202/10 – BRS 78, Nr. 199.
462 E. v. 10.6.2005 – 2 Bs 144/05 – BRS 68, Nr. 187 = BauR 2005, 1911 ff. = ZfBR 2005, 580 ff.
463 Vgl. hierzu auch: z. B. VGH Baden-Württemberg 24.7.2002 – 5 S 149/01, VG Ansbach 3.9.2007 – AN 3 S 07.01664 – und OVG Rheinland-Pfalz 13.7.2010 – 8 A 10623/10 – BRS 76, Nr. 205.
464 E. v. 15.9.1994 – 4 TH 655/94 – BRS 56, Nr. 200.
465 OVG Niedersachsen 18.10.2004 – 1 ME 205/04 – BRS 67, Nr. 202 = BauR 2005, 84 ff., vgl. zu einer Wagenburg auch: OVG Nordrhein-Westfalen 6.8.2001 – 10 B 705/01 – BRS 64, Nr. 196.

XIX. Das Nutzungsverbot

## 8. Nutzungsverbot und Anordnung der sofortigen Vollziehung

Die Anordnung der sofortigen Vollziehung einer Nutzungsuntersagung rechtfertigt sich bereits bei formeller Legalität.[466] Auf die Genehmigungsfähigkeit kommt es hierbei nicht an,[467] allerdings kann ein genehmigungs- und bescheidungsfähiger Bauantrag ausnahmsweise einem sofort vollziehbaren Nutzungsverbot entgegenstehen.[468]

Laut dem VG Meiningen[469] entspricht diese Praxis regelmäßig pflichtgemäßem Ermessen. Das öffentliche Interesse an der sofortigen Vollziehbarkeit eines solchen Nutzungsverbotes wiegt dabei grundsätzlich schwerer als das private Interesse an dessen Aufschub. Zu begründen ist dies mit der Ordnungsfunktion des formellen öffentlichen Baurechts bereits mit Blick auf den Aspekt der Generalprävention.[470] Laut dem VG Münster[471] begründen der Schutz der Baurechtsordnung und die effektive Durchsetzung der Vorschriften des Baugenehmigungsverfahrens das besondere Interesse an der sofortigen Vollziehung (einer) Nutzungsuntersagung. Andernfalls würde es dem Bauherrn oder Eigentümer ermöglicht, eine formell illegale Nutzung aufzunehmen, was eine ungerechtfertigte Besserstellung gegenüber dem rechtstreuen Bürger zur Folge hätte. Im Einzelfall kann ein sofort vollziehbares Nutzungsverbotes auch noch Jahre nach Kenntniserlangung des baurechtswidrigen Zustandes rechtmäßig sein.[472]

Die sofortige Vollziehung einer Nutzungsuntersagung (Beherbergungsbetrieb) kann auch materiell begründet sein, z. B. durch eine besondere Gefahrenlage.[473] Das OVG Berlin[474] hat in einem Einzelfall die Anordnung der sofortigen Vollziehung eines Nutzungsverbotes bejaht und stellte dabei auf einen Aufstellungsbeschluss für einen Bebauungsplan und die vorliegenden Voraussetzungen für eine Zurückstellung sowie das Erfordernis für weitere bauordnungsrechtliche Prüfungen ab.

---

466 OVG Nordrhein-Westfalen 25.6.1987 – 7 B 1183/87 – BRS 47, Nr. 198, vgl. auch: VGH Hessen 10.11.1994 – 4 TH 1864/94 – BRS 57, Nr. 259, VGH Bayern 1.3.1996 – 2 CS 95.981 – GewArch 1997, 36, VGH Hessen 2.4.2002 – 4 TG 575/02 – BRS 65, Nr. 201, OVG Nordrhein-Westfalen 29.4.2002 – 10 B 78/02 – BRS 65, Nr. 202 – gilt auch für Antennenanlage –, VG Ansbach 3.9.2007 – AN 3 S 07.01664, VGH Baden-Württemberg 1.2.2007 – 8 S 2606/06 – BRS 71, Nr. 186, VG Gelsenkirchen 20.8.2012 – 5 L 885/12, VG Köln 15.10.2013 – 2 K 2990/12, OVG Niedersachsen 11.5.2015 – 1 ME 31/15 – BRS 83, Nr. 101.
467 VGH Hessen 6.2.2004 – 9 TG 2706/03 – BRS 67, Nr. 203.
468 OVG Nordrhein-Westfalen 6.1.2003 – 7 B 2553/02, OVG Nordrhein-Westfalen 12.12.2016 – 7 B 1118/16.
469 E. v. 5.9.1994 – 5 E 365/94.
470 VG Münster 10.7.1995 – 2 L 636/95, hier Nutzungsverbot trotz noch nicht rechtskräftiger gerichtlicher Hauptsacheentscheidung zugunsten des Bauherrn/Pferdestall im Außenbereich.
471 E.v. 10.1.2000 – 2 L 1163/99.
472 OVG Schleswig-Holstein 6.12.1994 – 1 M 70/94.
473 VG Ansbach 3.8.2017 – AN 9 S 17.01446, hier: sofort vollziehbares Nutzungsverbot für einzelne Gastzimmer wegen Brandschutzmängeln. Siehe auch: OVG Berlin, 8.6.2000 – 2 L 9/00 – BRS 63, Nr. 216, hier ungenehmigte Umnutzung von Beherbergungs- in Wohnräume unter Verstoß gegen brandschutztechnische Vorschriften). In einem solchen Fall sind auch wirtschaftliche Verluste gänzlich nachrangig: OVG Nordrhein-Westfalen 12.1.2001 – 10 B 1827/00.
474 E. v. 9.4.1997 – 2 S 5.97 – BRS 59, Nr. 215.

**Beachte:** Hat die zuständige Bauaufsichtsbehörde durch zu langes Zuwarten die Ordnungsfunktion des formellen Baurechts selbst entwertet, ist die sofortige Vollziehung eines Nutzungsverbots in der Regel nicht mehr zulässig.[475]

Liegt ein Wechsel von einer illegalen zu einer anderen illegalen Nutzung kann das Nutzungsverbot mit der Anordnung der sofortigen Vollziehung verbunden werden. Dies gilt auch, wenn die Behörde dem Ordnungspflichtigen eine Frist für die freiwillige Aufgabe der illegalen Nutzung eingeräumt hat und die Frist ungenutzt verstreicht.[476]

Die mit einem Nutzungsverbot verbundene Anordnung der sofortigen Vollziehung muss gesondert begründet werden (§ 80 Abs. 3 VwGO), allerdings reicht es aus, wenn sie „fallangemessen in gewisser Weise standardisierte Begründungselemente" enthält.[477] Das VG Münster[478] hat auch eine mit der sofortigen Vollziehung verbundene Nutzungsuntersagung akzeptiert, obwohl ein verwaltungsgerichtliches Verfahren bezüglich des abgelehnten Bauantrages (hier: Pferdestall im Außenbereich) noch nicht rechtskräftig abgeschlossen war.[479]

Im Einzelfall kann die Anordnung der sofortigen Vollziehung auch im Interesse des Nachbarn begründet sein.[480]

### 9. Durchsetzung des Nutzungsverbotes

**276** In der Regel wird mit einer Nutzungsuntersagung die Androhung eines Zwangsgeldes verbunden. Zwangsgeld kann auch mehrfach angedroht werden.[481] Andere Zwangsmittel kommen regelmäßig nicht in Betracht, da es sich bei der Aufgabe der Nutzung nicht um eine vertretbare Handlung handelt. Nur im Einzelfall ist die Versiegelung der entsprechenden Räumlichkeit zulässig.[482] Einige Landesbauordnungen lassen aber die Versiegelung als besonderes

---

475 OVG Nordrhein-Westfalen 25.6.1987 – 7 B 1183/87 – BRS 47, Nr. 198.
476 OVG Nordrhein-Westfalen 6.8.2001 – 10 B 705/01 – BRS 64, Nr. 196.
477 VGH Hessen 30.1.1997 – 4 TG 73/92 – BRS 59, Nr. 214. Vgl. aber: OVG Berlin 31.1.1996 – 2 S 21.95 – BRS 58, Nr. 204 – hier: sofort vollziehbares Nutzungsverbot gegen illegales Gastarbeiterwohnheim, siehe aber: OVG Berlin 23.8.1996 – 2 S 13.96 – BRS 58, Nr. 205 – hier: sofort vollziehbares Nutzungsverbot gegenüber ungenehmigter Zimmervermietung an Sozialhilfeempfänger.
478 E. v. 10.7.1995 – 2 L 636/95.
479 Vgl. hierzu auch: OVG Nordrhein-Westfalen 6.1.2003 – 7 B 2553/02.
480 Vgl. hierzu: OVG Sachsen 1.3.2005 – 1 BS 24/05. Laut dem OVG Sachsen 1.3.2005 – 1 BS 24/95 muss jedoch ein Nachbar für ein sofort vollziehbares Nutzungsverbot ein überwiegendes Interesse haben. Nachbarliche Rechte müssen zwar nicht im besonders hohen Maße gestört bzw. beeinträchtigt sein, aber der Hinweis auf eine ungenehmigte Nutzung allein reicht hierfür nicht aus.
481 OVG Bremen 31.8.1987 – 1 B 66/87 – BRS 47, Nr. 206.
482 Das VG Minden 15.3.2007 – 9 K 3240/06 – bewertet die Versiegelung als zulässiges Zwangsmittel für die Durchsetzung eines Nutzungsverbotes eines Gebäudes. Das OVG Nordrhein-Westfalen 4.7.2014 – 2 B 666/14 – hat eine sofortige Nutzungsuntersagung für Hotel mit Androhung von unmittelbarem Zwang in Form der Versiegelung bestätigt und darauf hingewiesen, dass ein Anpassungsverlangen nach § 87 Abs. 1 BauO NRW 2018 ggf. mit einer Nutzungsuntersagung gekoppelt werden kann.

XIX. Das Nutzungsverbot

Zwangsmittel zu.[483] In diesen Fällen muss auf die Vorschriften des Vollstreckungsgesetzes nicht mehr zurückgegriffen werden. Im Gegensatz zur Beseitigungsverfügung bedarf es bei mehreren Mitberechtigten (z. B. Grundstückseigentümer, Mieter, Pächter) keiner Duldungsanordnung zur Vorbereitung der zwangsweisen Durchsetzung eines Nutzungsverbotes.[484]
Die Beseitigung eines Lager- und Abstellplatzes kann grundsätzlich nur im Rahmen einer bauaufsichtlichen Abbruch- bzw. Beseitigungsverfügung verlangt werden und nicht Gegenstand eines Nutzungsverbotes sein.[485]
Spricht die Bauaufsichtsbehörde die Anordnung einer Nutzungsuntersagung aus (hier: gewerblicher Lagerplatz), muss sie – gemäß § 37 Abs 1 VwVfG – das Nutzungsverbot inhaltlich so hinreichend bestimmen, dass es – ohne weitere Grundlage – der Verwaltungsvollstreckung sein kann.[486]

### 10. Der praktische Fall: Unerwünschte Nachbarn

Durch Hinweise aus der Bevölkerung erfährt die Bauaufsichtsbehörde M., dass in einem Reihenhaus in einem festgesetzten allgemeinen Wohngebiet (WA) – was zutrifft – der gewerblichen Prostitution nachgegangen wird. Nachbarbeschwerden liegen vor. Eigentümer des Reihenhauses ist ein Kaufmann aus Köln. Dieser hat das Gebäude vermietet.

**Wie ist die Rechtslage?**

**Lösung**

Im vorliegenden Sachverhalt wird in einem Reihenhaus der gewerblichen Prostitution nachgegangen. Fraglich ist, ob es sich hierbei um einen baurechtlich relevanten Lebenssachverhalt handelt und wenn ja, ob Raum für bauaufsichtliches Einschreiten besteht. Zu prüfen ist zunächst, ob es sich bei der im Sachverhalt beschriebenen Umnutzung um eine (genehmigungsbedürftige) Nutzungsänderung handelt.
Eine genehmigungsbedürftige Nutzungsänderung liegt vor, wenn die Variationsbreite, die jeder Nutzung eigen ist, verlassen wird und die neue Nutzung anderen bzw. weitergehenden bauplanungs- und/oder bauordnungsrechtlichen Anforderungen unterworfen werden kann. Dies ist hier der Fall. Aus dem Sachverhalt geht nicht hervor, ob die neue Nutzung bordellartig oder in Form der sogenannten Wohnungsprostitution betrieben wird. Dies kann aber offenbleiben, denn schon die Wohnungsprostitution stellt eine – regelmäßig störende – gewerbliche Nutzung dar.[487] Damit stellt sich zumindest die Bewertung der bauplanungsrechtlichen Zulässigkeit neu. Fraglich ist, ob die Nutzungsänderung offensichtlich genehmigungsfähig ist.

---

483 OVG Niedersachsen 27.9.1983 – 6 B 87/83 – BRS 40, Nr. 227, VGH Hessen 17.5.1984 – 3 TH 971/84 – BRS 42, Nr. 228, vgl. auch: OVG Brandenburg 22.2.2002 – 3 B 374/01.
484 VGH Bayern 9.6.1986 – Nr. 2 CB 85 A. 1564 – BRS 46, Nr. 198, siehe hierzu auch VG Berlin 19.3.1997 – 19 A 394.97.
485 VGH Baden-Württemberg 11.7.2017 – 5 S 2067/15.
486 OVG Nordrhein-Westfalen 22.11.1994 – 11 A 4214/92 – BRS 56, Nr. 199, vgl. hierzu auch VGH Hessen, 26.7.1994 – 4 TH 1779/93.
487 BVerwG 28.6.1995 – 4 B 137.95 – BauR 1996, 78 ff. = BRS 57, Nr. 69.

Zu den in einem allgemeinen Wohngebiet (WA) nach § 4 Abs. 2 BauNVO allgemein zulässigen Nutzungen gehört die veränderte Nutzung ersichtlich nicht. Sie kann auch nicht nach § 4 Abs. 3 Nr. 2 BauNVO ausnahmsweise zugelassen werden, weil es sich dabei zwar – unabhängig davon, ob man sie als Wohnungsprostitution oder als bordellartigen Betrieb umschreibt und ob insoweit im Einzelfall ein Gewerbebetrieb im Sinne der gewerberechtlichen Vorschriften geführt wird – um eine gewerbliche Nutzung handelt,[488] diese aber die in einem allgemeinen Wohngebiet vorrangig zulässige Wohnnutzung regelmäßig stört und deshalb mit dem Charakter eines solchen Gebietes nicht vereinbar ist.[489] Bei der gebotenen – den Regelungen der Baunutzungsverordnung generell zugrunde liegenden typisierenden Betrachtungsweise[490] gehen von der Nutzung bestimmter Räumlichkeiten zu Prostitutionszwecken Beeinträchtigungen der Wohnruhe – etwa durch einen verstärkten Kraftfahrzeugverkehr oder daneben durch sogenannte »milieubedingte« Störungen wie z. B. Belästigungen der Anwohner durch das Klingeln von Freiern an falschen Haus- oder Wohnungstüren, Ruhestörungen durch mehr oder weniger lautstarke Meinungsbekundungen unzufriedener und/oder alkoholisierter Freier und ähnliche – ggf. sogar gewalttätige – Begleiterscheinungen – aus, die sich negativ auf das Wohnumfeld auswirken und mit dem Charakter eines vorwiegend dem Wohnen dienenden Gebietes nicht vereinbar sind.[491] Angesichts dieser typisierenden Betrachtung kommt es daher auch nicht entscheidend darauf an, ob ein bestimmtes Einzelvorhaben in seinem Umfeld tatsächlich bereits zu konkreten Störungen der Wohnruhe geführt hat.[492]

Die Nutzungsänderung ist somit nicht genehmigungsfähig, da sie mit dem hier gegebenen Baugebietstyp (WA) nicht vereinbar ist.

Zudem kommt einer Baugebietsfestsetzung nachbarschützende Wirkung zu, d. h., ein Verstoß hiergegen berührt den öffentlich-rechtlichen Nachbarschutz.[493] Die Eigentümer der Grundstücke in dem maßgeblichen Baugebiet haben deshalb gegenüber der Bauaufsichtsbehörde einen Anspruch auf Einschreiten gegen eine städtebaulich unverträgliche Nutzung. Auf eine tatsächliche Beeinträchtigung kommt es hierbei nicht an. Die Bauaufsichtsbehörde

---

488 Vgl. BVerwG, 25.11.1983 – 4 C 21/83 – BRS 40 Nr. 52, BVerwG 28.6.1995 – 4 B 137.95 – BRS 57 Nr. 69.
489 Vgl. BVerwG 28.6.1995, a. a. O., BVerwG 29.10.1997 – 4 B 8/97 – BRS 59 Nr. 62; ebenso – für Mischgebiete – VGH Baden-Württemberg 13.2.1998 – 5 S 2570/96 – NVwZ-RR 1998, 550.
490 Vgl. dazu BVerwG 7.5.1971 – IV C 76.68 – BRS 24 Nr. 15; BVerwG 3.2.1984 – 4 C 54.80 – BRS 42 Nr. 50.
491 Vgl. OVG Berlin 9.4.2003 – 2 S 5.03 – GewArch 2003, 498; OVG Rheinland-Pfalz 15.1.2004 – 8 B 11983/03 – BauR2004, 644 = BRS 67, Nr. 72. Laut dem OVG Nordrhein-Westfalen 23.4.2024 – 7 D 96/23.NE – folgt aus dem milieubedingten Störpotential, das es ein Bordell bei der gebotenen typisierenden Betrachtung mit sich bringt, regelmäßig die fehlende Vereinbarkeit von Bordellen und bordellähnlichen Betrieben in einem Baugebiet, in dem in nennenswertem Umfang gewohnt werden darf, zu verneinen.
492 Zur planungsrechtlichen Bewertung der Wohnungsprostitution vgl. VG Osnabrück 7.4.2005 – 2 B 14/05.
493 VGH Baden-Württemberg 25.2.1991 – 5 S 41/91 – BRS 52, Nr. 57, 180; BVerwG 16.9.1993 – 4 C 28.91 – BRS 55, Nr. 110 = BauR 1994, 223 ff.

## XIX. Das Nutzungsverbot

muss demnach tätig werden. Hieraus folgt als einzig denkbare bauaufsichtliche Konsequenz: ein Nutzungsverbot. Dieses basiert auf § 80 MBO.
Grundsätzlich ist die formelle Illegalität eine ausreichende Grundlage für ein Nutzungsverbot.[494] Das überwiegende öffentliche Interesse an der Einstellung der ungenehmigten Nutzung ergibt sich aus der Ordnungsfunktion des formellen Baurechtes, wonach vor Zugang einer Baugenehmigung ein genehmigungspflichtiges Vorhaben nicht durchgeführt werden darf. Ein gewichtiges öffentliches Interesse besteht darin, zu verhindern, dass genehmigungspflichtige Bauvorhaben vor der im Baugenehmigungsverfahren zu treffenden Entscheidung über die materielle Legalität durchgeführt werden können. Wird mit einer baugenehmigungspflichtigen Nutzung bzw. Nutzungsänderung bereits vor Abschluss des erforderlichen Genehmigungsverfahren begonnen, so liegt darin ein Verstoß gegen § 72 Abs. 6 MBO. Demgegenüber ist grundsätzlich unerheblich, ob die formell illegale Änderung der Nutzung materiell genehmigungsfähig ist, die Entscheidung darüber ist dem Genehmigungsverfahren vorbehalten. Durch die Vorgabe, nicht vor Erteilung der Baugenehmigung mit der Nutzung zu beginnen, soll eine vorherige präventive Prüfung eines jeden Vorhabens auf materielle Rechtmäßigkeit im Interesse der öffentlichen Sicherheit und Ordnung erreicht werden.[495]
Nach der herrschenden Rechtsauffassung gilt demnach, dass die genehmigungspflichtige, aber ungenehmigte Nutzungsänderung einer baulichen Anlage allein mit Hinblick auf die formelle Illegalität untersagt werden kann.[496] Die entsprechende Nutzung darf aber nicht bestandsgeschützt sein oder den einschlägigen materiell-rechtlichen Vorschriften offensichtlich entsprechen.[497] Dies ist aber im vorliegenden Fall nicht gegeben.
Als Adressaten einer solchen Nutzungsuntersagung kommen die Nutzerinnen in Betracht, dem Eigentümer gegenüber ist ein sogenanntes Weitervermietungsverbot auszusprechen. Ihm ist also mittels Ordnungsverfügung zu untersagen, die in Rede stehende bauliche Anlage weder selbst bestimmungswidrig zu nutzen noch eine solche bestimmungswidrige Nutzung durch

---

494 OVG Saarland 9.3.1984 – 2 R 175/82 – BRS 42, Nr. 227, OVG Niedersachsen 8.5.1987 – 6 B 10/87 – BRS 47, Nr. 199, OVG Nordrhein-Westfalen 23.9.1988 – 11 B 1739/88 – BRS 48, Nr. 134, VGH Hessen 26.7.1994 – 4 TH 1779/93 – BRS 56, Nr. 212, VGH Hessen 10.11.1994 – 4 TH 3115/94 – BRS 57, Nr. 259, VGH Hessen 30.10.1995 – 3 TG 3115/95 – BRS 57, Nr. 255, OVG Rheinland-Pfalz 22.5.1996 – 8 A 1180/95 – BRS 58, Nr. 202, siehe auch OVG Nordrhein-Westfalen 23.7.2002 – 10 E 434/01 – NWVBl. 2002, 191, OVG Nordrhein-Westfalen 7.10.2005 – 10 B 1394/05 – NWVBl. 4/2006, 136 ff., VGH Baden-Württemberg 1.2.2007 – 8 S 2606/06 – nur vorläufig, VGH Hessen 19.9.2006 – 3 TG 2161/06 – BRS 71, Nr. 188, VG Minden 15.3.2007 – 9 K 3240/06, OVG Nordrhein-Westfalen 12.7.2007 – 7 E 664/07 – BRS 71, Nr. 187, VG Düsseldorf 26.3.2010 – 25 K 6931/09; VG Minden 16.5.2014 – 1 L 867/13, OVG Nordrhein-Westfalen 12.12.2016 – 7 B 1118/16, OVG Nordrhein-Westfalen 22.12.2016 – 7 B 1182/16, VGH Hessen 10.8.2017 – 4 A 839/15.Z.
495 VGH Bayern 6.2.1980 – 14 Cs 1776/79 – BRS 36, Nr. 213, OVG Niedersachsen 21.12.1987 – 21.12.1987 – 1 B 78/87 – BRS 47, Nr. 136, 201, OVG Nordrhein-Westfalen 27.2.1987 – 11 B 2903/86 – BRS 47, Nr. 202, OVG Rheinland-Pfalz 22.5.1996 – 8 A 11880/95 – BauR 1997, 103.
496 VGH Bayern 6.2.1980 – 14 Cs 1776/79 – BRS 36, Nr. 213.
497 OVG Saarland 9.3.1984 – 2 R 175/82 – BRS 42, Nr. 227, anders bei der Stilllegung: OVG Nordrhein-Westfalen 2.10.1987 – 11 B 1594/87 – BRS 47, Nr. 197.

Dritte zuzulassen.[498] Es handelt sich dabei um eine fortwirkende Ordnungsverfügung.[499] Das Weitervermietungsverbot enthält aber kein aktives Handlungsgebot dahin, durch Kündigung der Mietverhältnisse die illegalen Nutzungen zu beenden. Ein ausdrückliches Gebot, gegenüber dem Eigentümer, die Mietverträge zu kündigen, kommt i. d. R. nicht in Betracht, weil damit nicht die illegale Nutzung effektiv bekämpft wird. Ausnahmen gelten aber dann, wenn es sich um einen unbestimmten und wechselhaften Nutzerkreis handelt. Dies ist bei einer Wohnungsprostitution in der Regel nicht der Fall.[500]
Die Rechtsprechung hat allerdings in einem Fall der Wohnungsprostitution bzw. bordellartigen Nutzung ein solches Kündigungsgebot für zulässig gehalten.[501] Auch laut dem OVG Hamburg[502] darf die Bauaufsichtsbehörde ein (sofort vollziehbares) Nutzungsverbot wegen einer illegalen Bordelltätigkeit ermessensfehlerfrei an den Grundstückseigentümer richten und muss nicht vorrangig die Mieter in Anspruch nehmen.[503]
Zusätzlich wird die Bauaufsichtsbehörde M. die Nutzungsverbote mit der Anordnung der sofortigen Vollziehung verbinden, da formelle Baurechtsverstöße durch – sofort vollziehbare – Nutzungsverbote unterbunden werden dürfen. In eine Ermessensabwägung muss aber eingetreten werden, wenn konkrete Anhaltspunkte für die Angemessenheit einer Ausnahme bestehen.[504] Die Anordnung der sofortigen Vollziehung eines Nutzungsverbotes, das auf formelle Baurechtswidrigkeit gestützt wird, rechtfertigt sich in aller Regel bereits aus dem Fehlen der Baugenehmigung. Die materielle Legalität bleibt grundsätzlich der Prüfung im Verfahren der Hauptsache vorbehalten. Die Bauaufsichtsbehörde wird deshalb in den Ordnungsverfügungen lediglich auf die formelle Legalität der Nutzungsänderung verweisen und allenfalls einen Hinweis auf die fehlende – bauplanungsrechtliche – Genehmigungsfähigkeit aufnehmen. Die Rechtmäßigkeit sofort vollziehbarer Nutzungsverbote ist auch damit ergänzend zu begründen, dass die formelle Illegalität einer Maßnahme regelmäßig den Tatbestand einer Ordnungswidrigkeit erfüllt, die präventive Kontrolle der Bauaufsicht unterlaufen wird, eine materiell-rechtliche Prüfung die Verwaltungsgerichte im Eilverfahren in die Rolle der Genehmigungsbehörde drängt, der Schwarzbauer einen zeitlichen Vorteil

---

498 VGH Hessen 26.9.1983 – 4 TH 48/83 – BRS 40, Nr. 229.
499 Vgl. hierzu: VG Münster, 29.11.1996 – 2 K 4772/94.
500 Zur Abgrenzung des bordellartigen Betriebs zur Wohnungsprostitution vgl. VG Regensburg 28.10.2021 – RO 7 K 19.2705. Zur bestätigten Versagung einer beantragten Baugenehmigung für die Nutzungsänderung von zwei Wohnungen zu sogenannten Terminwohnungen vgl. OVG Sachsen-Anhalt 14.9.2023 – 2 L 100/21.
501 VGH Baden-Württemberg 15.12.1982 – 3 S 1592/82 – BRS 40, Nr. 228.
502 E. v. 10.6.2005 – 2 Bs 144/05 – BauR 2005, 1911 ff.
503 Das OVG Hamburg 10.6.2005 – 2 Bs 144/05 – BauR 2005, 1911 ff. hat im Falle einer Bordellnutzung das Nutzungsverbot gegenüber dem Vermieter als ermessensfehlerfrei bestätigt. Demnach musste die Bauaufsichtsbehörde das Nutzungsverbot nicht vorrangig gegenüber den Mietern aussprechen. Bei einem solchen Nutzungsverbot müssen auch nicht die konkreten Personen benannt werden, da diese ja dem Eigentümer und Vermieter regelmäßig bekannt sind. Vgl. auch: VG Hamburg 1.2.2010 – 11 E 3492/09.
504 OVG Niedersachsen, 14.9.1984 – 6 B 77/84 – BRS 42, Nr. 226.

XIX. Das Nutzungsverbot

vor rechtstreuen Bauantragstellern erstrebt und unangemessene Wettbewerbsvorteile entstehen können.[505]

## 11. Der praktische Fall: Der Dauerwohnsitz im Grünen

Bei einer routinemäßigen Kontrolle stellt die Bauaufsichtsbehörde M. fest, dass Herr B. sein Wochenendhaus zwischenzeitlich als Dauerwohnsitz nutzt. Unter der besagten Anschrift ist B. mit 1. Wohnsitz gemeldet. Das Gebäude ist von ihm gepachtet. Es liegt in einem festgesetzten Sondergebiet: Wochenendhäuser/Bootshäuser. Das fragliche Baugebiet hat eine längere Vorgeschichte. In einem verwaltungsgerichtlichen Verfahren anlässlich einer bauaufsichtlichen Beseitigungsverfügung war das zuständige Verwaltungsgericht zu der Auffassung gelangt, dass Art und Umfang der vorhandenen Bebauung eine Beurteilung des Vorhabens auf der Grundlage des § 35 BauGB nicht mehr zuließ. Vielmehr ging das Gericht von einem »im Zusammenhang bebauten Ortsteil« i. S. d. § 34 BauGB aus, und zwar von einem faktischen Sondergebiet mit der Zweckbestimmung »Wochenendhäuser/Bootshäuser«. In der Folge fasste die betroffene Gemeinde einen Beschluss zur Aufstellung eines Bebauungsplanes, der eine geordnete städtebauliche Entwicklung unter Berücksichtigung der bestehenden Ziele des Gewässer- und Landschaftsschutzes sicherstellen sollte. Auf dieser Grundlage entstand ein entsprechender Bebauungsplan mit einer Reihe von bauplanungsrechtlichen Festsetzungen, die durch örtliche Bauvorschriften flankiert wurden. Die Bauaufsichtsbehörde will diese Ziele durchsetzen und untersagt B die Nutzung des Gebäudes zu Dauerwohnzwecken. Hiergegen legt B Klage ein. B kritisiert das Nutzungsverbot als zu unbestimmt. Im Übrigen verweist er auf Bestandsschutz, da sein Gebäude bereits lange vor der Überplanung – was zu trifft – errichtet worden ist.

**Wie ist die Rechtslage?**
Hinweis: der Fall ist in NRW platziert.

**Lösung**
Gem. § 18 Abs. 1 des Gesetzes über Aufbau und Befugnisse der Ordnungsbehörden – Ordnungsbehördengesetz (OBG NRW) sind Maßnahmen der Ordnungsbehörden, die durch den Zustand einer Sache erforderlich werden, gegen den Eigentümer der Sache zu richten.
Die Norm lässt es offen, ob hier der Begriff des Eigentums im Sinne des Liegenschaftsrechts angewandt wird oder aber im Sinne von Artikel 14 GG. Dem letzteren Unterbegriff des Eigentums ordnet das BVerfG sogar das Besitzrecht aus Miet-/Pachtverträgen zu.[506]
B ist laut dem Sachverhalt Pächter. Die bauaufsichtliche Verfügung verlangt keinen Eingriff in die Bausubstanz, es geht nur um die Untersagung einer bestimmten Nutzung.

---

505 VGH Hessen 30.10.1995 – 3 TG 3115/95 – BRS 57, Nr. 255.
506 BVerfG 26.5.1993 – 1 BvR 208/93.

Die Nutzungsuntersagung einer vermieteten Baulichkeit erfolgt regelmäßig direkt an den Nutzer. Hierbei kommt es nicht darauf an, ob es sich um einen Mieter oder einen Pächter handelt. Ein Mieter kann hingegen grundsätzlich nicht Adressat einer Beseitigungsverfügung sein.[507]

Da B. durch sein Verhalten (= Nutzung des Gebäudes als Dauerwohnsitz) den baurechtswidrigen Zustand und damit die Gefahr verursacht, bedarf es der Inanspruchnahme des § 18 Abs. 1 OBG nicht. Laut § 17 Abs. 1 OBG sind die Maßnahmen gegen eine Person zu richten, wenn diese eine Gefahr verursacht. Die sogenannte Verhaltenshaftung trifft denjenigen, der durch sein Verhalten die öffentlich-rechtlichen Vorschriften verletzt (Theorie der unmittelbaren Verursachung). Dies kann im öffentlichen Baurecht z. B. derjenige sein, der eine bauliche Anlage rechtswidrig nutzt bzw. bauliche Veränderungen formell rechtswidrig vorgenommen hat.[508]

Gem. § 60 BauO NRW bedarf u. a. die Nutzungsänderung einer baulichen Anlage der Baugenehmigung. Eine Nutzungsänderung ist die Änderung der genehmigten Benutzungsart einer baulichen Anlage. Die Änderung der Bausubstanz ist für das Vorliegen einer Nutzungsänderung nicht erforderlich.

B. hat seinen 1. Wohnsitz in das Wochenendhaus verlegt.

Fraglich ist, ob es sich hierbei um eine genehmigungsbedürftige Nutzungsänderung handelt.

Bauplanungsrechtlich liegt eine Nutzungsänderung im Sinne von § 29 BauGB vor, wenn die Änderung der Nutzung der baulichen Anlage bodenrechtlich relevant ist. In planungsrechtlicher Hinsicht ist eine Nutzungsänderung dann anzunehmen, wenn die rechtliche Qualität der bisherigen Nutzung so verändert wird, dass sich die Genehmigungsfrage neu stellt.

Im Bauplanungsrecht geben die §§ 10, 11 BauNVO der Gemeinde die Möglichkeit, Sondergebiete, die der Erholung dienen und sonstige Sondergebiete festzusetzen. Das Grundstück des B. liegt in einem festgesetzten Wochenendhausgebiet gem. § 10 Abs. 1 BauNVO. Wochenendhäuser sind ortsfeste Unterkünfte begrenzter Größe[509], die nur für einen zeitlich begrenzten Aufenthalt gedacht sind. Bei einem Wochenendhaus handelt es sich nicht um eine Dauerwohnstätte. Ein Steuerungselement zur Verhinderung von Dauerwohnstätten ist die verbindliche Fixierung der Grundfläche.

Exakte Vorgaben, welches Flächenvolumen die Grenze zum klassischen Wohnhaus markiert finden sich hierfür nicht im Gesetz. In der Literatur wird allerdings auf einen Erfahrungswert von ca. 45–60 qm ohne offene Lauben bzw. überdeckte Terrassen verwiesen. Das OVG Niedersachsen[510] hat entschieden, dass die Erweiterung eines Wochenendhauses dann unzulässig ist, wenn es die Größe eines normalen Wohnhauses erhält. Laut dem VGH Hessen[511] bewegt sich ein Gebäude mit einer Grundfläche von 117 qm an der äußersten

---

507   VGH Bayern 9.6.1986 – Nr. 2 CB A. 1564 – BRS 46, Nr. 198, VGH Hessen 26.9.1983 – 4 TH 48/83 – BRS 40, Nr. 229.
508   VGH Hessen 14.3.2003 – 9 TG 2894/02 – BRS 66, Nr. 194.
509   OVG Rheinland-Pfalz 22.8.1985 – 1 A 62/84 – BRS 44, Nr. 46, BGH 10.4.1986 – III ZR 209/84 – BRS 46 Nr. 41.
510   E. v. 23.3.1977 – I A 339/74.
511   E. v. 7.11.1975 – IV OE 133/74.

Grenze dessen, was sich noch als Wochenendhaus ansprechen lässt. Hierzu enthält der Sachverhalt keine Abgaben, mitgeteilt wird aber, dass das fragliche Gebäude anstelle eines gelegentlichen Aufenthalts zu Erholungszwecken das Gebäude nunmehr dem dauernden Wohnen dient.

Mit der Änderung der Wochenendhausnutzung in eine Dauerwohnnutzung ändert sich gleichzeitig die charakterisierende Funktion der baulichen Anlage. Wird ein Wochenendhaus dauerhaft als Lebensmittelpunkt der betreffenden Bewohner und damit als Wohngebäude genutzt, liegt damit eine Nutzungsänderung im Sinne von § 29 Abs. 1 BauGB vor. Für die jeweiligen Nutzungen sind unterschiedliche bauplanungsrechtliche Regelungen einschlägig. Zudem sind an Bereiche mit als Dauerwohnung genutzten Wohngebäuden unterschiedliche städtebauliche Anforderungen gegenüber solchen mit ausschließlicher Wochenendhausnutzung zu stellen, z. B. an die Infrastruktur (Ver- und Entsorgung, Straßen, öffentliche Verkehrsmittel). Somit ist hier eine erneute baurechtliche Prüfung erforderlich.

Dies ist auch gem. § 60 BauO NRW 2018 genehmigungspflichtig. Eine entsprechende Genehmigung wurde nicht erteilt. Die von B nunmehr ausgeübte dauerhafte Wohnnutzung ist wegen Fehlens der erforderlichen Baugenehmigung formell illegal.

B. beruft sich auf Bestandsschutz. Durch die Umnutzung des Wochenendhauses ist der aus Art. 14 GG abgeleitete Bestandsschutz jedoch untergegangen. Dies gilt auch dann, wenn das Gebäude ursprünglich mit dem öffentlichen Baurecht übereinstimmend errichtet worden ist. Einen Bestandsschutz gibt es nur für die bauliche Anlage in ihrer genehmigten Nutzung, d. h., die Bausubstanz wird nicht für sich betrachtet. Eine Nutzungsänderung – wie hier – kann zum Untergang des Bestandsschutzes führen. Die Nutzung des Wochenendhauses zu Dauerwohnzwecken ist eine – wie oben ausgeführt – genehmigungsbedürftige Nutzungsänderung, die in dem fraglichen Sondergebiet nicht genehmigungsfähig ist.

Gem. § 58 Abs. 2 S. 1 BauO NRW ist es die Aufgabe der Bauaufsichtsbehörde, darüber zu wachen, dass die öffentlich-rechtlichen Vorschriften und die aufgrund dieser Vorschriften erlassenen Anordnungen eingehalten werden. Die hierfür erforderlichen Maßnahmen werden nach pflichtgemäßem Ermessen getroffen.

Eine formelle Illegalität rechtfertigt regelmäßig ein bauaufsichtliches Nutzungsverbot. Das Nutzungsverbot ist stets an den Nutzer zu richten.

Aus diesem Grunde wurde gegenüber B. eine Ordnungsverfügung mit dem Tenor erlassen, die Nutzung des Gebäudes als Dauerwohnsitz aufzugeben. B. kritisiert das Nutzungsverbot als zu unbestimmt.

Schwierig ist tatsächlich die Differenzierung zwischen Wohnen (als Dauernutzung) und Wochenendhausnutzung (als zeitlich begrenzte Nutzung).

Die Begründung einer dauerhaften Wohnung an einem anderen Ort setzt voraus, dass die entsprechenden Räumlichkeiten sowohl tatsächlich als auch rechtlich geeignet sind, als dauerhafte Wohnung zu dienen. Es reicht nicht aus, wenn diese Wohnung nur gelegentlich genutzt wird. Entscheidend dafür, ob B. die dauerhafte Wohnnutzung der ehemaligen Wohnung aufgegeben und in dem in Rede stehenden (ehemaligen) Wochenendhaus eine dauerhafte

Wohnnutzung aufgenommen hat, also diese Räumlichkeiten nicht mehr in geringerem Umfang zeitlich begrenzt bzw. gelegentlich, sondern dauerhaft zu Wohnzwecken nutzt. Diese dauerhafte Wohnnutzung ist äußerlich erkennbar daran, dass B. hier seinen Hauptwohnsitz begründet hat. Dies wird (auch) durch die melderechtliche Anforderung (vgl. § 16 MG NRW) dokumentiert.
Das Verbot der dauerhaften Wohnnutzung kann auch befolgt werden. Im Grunde wurde von B. gefordert, dass er sich anderen Orts eine Möglichkeit zum dauerhaften Wohnen zu verschafft und diese tatsächlich auch vorwiegend nutzt. Den mit einem entsprechenden Nachweis dieses Wohnsitzwechsels ggf. verbundenen Schwierigkeiten kann B. dadurch begegnen, dass er sich den einschlägigen melderechtlichen Vorschriften gemäß verhält und sich für die anderweitige, von ihnen vorwiegend – als Hauptwohnung im Sinne von § 16 Abs. 2 MG NRW – benutzte Wohnung bei der zuständigen Meldebehörde entsprechend anmeldet. Vor diesem Hintergrund ist die bauaufsichtliche Anordnung hinreichend bestimmt.
Könnte man einer Dauernutzung eines Wochenendhauses nicht mit einem bauaufsichtlichen Verbot begegnen, wäre bei ungenehmigter (und nicht genehmigungsfähiger) Dauerwohnnutzung keine bauaufsichtliche Möglichkeit gegeben, dem öffentlichen Recht Geltung zu verschaffen. Andere bauaufsichtliche Mittel kommen nicht in Betracht.
Die bauaufsichtliche Forderung ist auch ermessensgerecht. Für sie streiten öffentliche Belange. Das Planungsrecht legt sehr wohl zeitliche Differenzierungen zwischen den Nutzungen Wohnen/Wochenendhäuser zugrunde.
Die Bauleitplanung – Sondergebiet Wochenendhausgebiet – ist von einer Umnutzung zu Dauerwohnsitzen direkt betroffen. Sofern Dauerwohnsitze weiterhin in dem Sondergebiet eingerichtet werden, ist zu befürchten, dass auf Dauer von einem Wochenendhausgebiet nicht mehr ausgegangen werden kann. Der Bebauungsplan würde damit ein Gebiet festsetzen, dass zukünftig tatsächlich nicht mehr bestehen würde. Auch wenn der zukünftige Bebauungsplan mit der Fixierung der Größe der Gebäude die Einrichtung eines Dauerwohnsitzes verhindern soll, bietet zumindest bei den bestehenden Gebäuden die Meldesituation die Möglichkeit Dauerwohnsitze zu erkennen und bauordnungsrechtlich einzugreifen. Der Vollzug der Bauleitplanung ist im öffentlichen Interesse geboten.
Die Klage ist insoweit unbegründet und zurückzuweisen.

## 12. Der praktische Fall: Eine Steuerberatungspraxis auf Abwegen

Im Erdgeschoss eines gemischt genutzten Gebäudes ist eine Steuerberatungspraxis bauaufsichtlich genehmigt worden. Nach einiger Zeit stellt die Bauaufsichtsbehörde fest, dass nunmehr auch die Kellerräume von dem Steuerberater zu Bürozwecken genutzt werden. In den Räumen, die eine lichte Höhe von 2,00 m aufweisen, wurden Büromöbel aufgestellt. Dort arbeiten nun Halbtagskräfte an Schreibautomaten, ferner befinden in den Räumen Aktenschränke mit dem Archiv der Steuerberatungspraxis.

XIX. Das Nutzungsverbot                                    **280, 281**

Die Bauaufsichtsbehörde überlegt, ob neben der beabsichtigten Nutzungsuntersagung auch die Räumung von Gegenständen verlangt werden kann. Wäre dies zulässig?
**Lösung**
Im vorliegenden Fall liegt mit Blick auf die neue Zweckbestimmung der Kellerräume eine genehmigungsbedürftige Nutzungsänderung i. S. d. § 59 Abs. 1 MBO vor. Sie ist auch aufgrund der zu geringen lichten Höhe für Aufenthaltsräume (§ 47 Abs. 1 MBO) nicht (offensichtlich) genehmigungsfähig.

---

Beispiele:                                                           **280**
– Umwandlung von Aufenthaltsräumen im Dachraum (genehmigt als Zubehörräume zu Wohnungen im Obergeschoss) in selbstständige Wohnungen (OLG Köln 17.2.1999 – 13 U 174/98, hier: fehlende Genehmigung als Sachmangel und Offenbarungspflicht des Verkäufers). Eine solche Umwandlung kann auch bauplanungsrechtlich bedeutsam sein.
– Umnutzung von Boden- in Aufenthaltsräume (OLG Bayern 24.7.1991 – 3 Ob OWi 11/91, BRS 52, Nr. 138, hier: Hobby- bzw. Lagerraum in Appartement).
– Aufnahme einer Wohnnutzung in einer Grenzgarage (VGH Baden-Württemberg 26.9.1973 – III 293/72, BRS 27, Nr. 97). Auch der Einbau einer Wagenhebeanlage in einer in einem Wohngebiet gelegenen Garage ist eine Nutzungsänderung (OVG Hamburg 20.8.1964 – Bf. II 45/64, BRS 15, Nr. 85).

---

Ein Nutzungsverbot ist schon bei Verstoß gegen formelles Recht zulässig. Ermächtigungsgrundlage für eine solche Maßnahme ist § 80 S. 2 MBO. Hiernach kann die im Widerspruch zu öffentlich-rechtlichen Vorschriften stehende Benutzung untersagt werden. Das wird häufig durch ein schlichtes Unterlassen im Sinne eines Aufgebens des bisherigen rechtswidrigen Nutzungsverhaltens erfüllt sein. In diesen Fällen erschöpft sich der Regelungsinhalt einer Nutzungsuntersagung im Grundsatz in einem bloßen Innehalten mit dem rechtswidrigen Verhalten. Verlangt wird also nicht ein aktives Tun, sondern ein Unterlassen. Ob behördliche Anordnungen, die vom Adressaten darüber hinaus auch ein positives Tun, etwa im Sinne einer Umgestaltung der Anlage und damit der räumlich-gegenständlichen Voraussetzungen der Nutzung verlangen, auf § 80 S. 2 MBO gestützt werden kann, ist streitig. Allerdings kann auch die Auffassung vertreten werden, dass z. B. gerade das Vorhalten von Einrichtungsgegenständen – wie hier Büromöbel – die ungenehmigte Nutzung ja gerade erst ermöglicht bzw.– bereits Teil der – hier gewerblichen – Nutzung ist. Gemessen daran, liegt die Nutzung der Kellerräume als Teil der Steuerberatungspraxis nicht erst dann vor, wenn die Mitarbeiter an den Schreibtischen bzw. am Computer sitzen und arbeiten. Die Bestückung der Kellerräume mit Büromöbel ist deshalb schon als gegenständliche Vorbereitung der ungenehmigten Nutzung zu bewerten. Durch die büromäßige Ausstattung manifestiert sich im vorliegenden Fall die rechtswidrige Nutzung, sie ist im Grunde Voraussetzung dafür. Dies rechtfertigt auch ein ent-   **281** sprechendes Räumungsverlangen als Teil der Nutzungsuntersatzung, allerdings nicht statt eines Nutzungsverbotes.

Deshalb kann die Behörde im Rahmen einer Nutzungsuntersagung auch die Entfernung der Büromöbel verlangen. Dies erleichtert auch die Überwachung eines Nutzungsverbotes.

# XX. Das Beseitigungsverlangen

## 1. Begriff und Ermächtigungsgrundlage

Beseitigungsverfügung ist die auf § 80 S. 1 MBO basierende bauaufsichtliche Forderung gegenüber dem Ordnungspflichtigen, eine bestimmte formell und/oder materiell illegale bauliche Anlage innerhalb einer konkreten Frist vollständig oder teilweise zu beseitigen. Beseitigung bedeutet die vollständige Beseitigung einer baulichen Anlage einschließlich der beim Abbruch entstehenden Substanzen und ggf. auch die Verfüllung des Bauplatzes.[512]

**282**

| Übersicht über den Regelungen zum Beseitigungsverlangen in den Landesbauordnungen ||
|---|---|
| Baden-Württemberg | § 65 Abs. 1 LBO |
| Bayern | Art. 76 BayBO |
| Berlin | § 80 BauO Bln |
| Brandenburg | § 80 BbgBO |
| Bremen | § 79 Abs. 1 BremLBO |
| Hamburg | § 76 Abs. 1 HBauO |
| Hessen | § 82 Abs. 1 HBO |
| Mecklenburg-Vorpommern | § 80 Abs. 1 LBauO M-V |
| Niedersachsen | § 79 Abs. 1 Nr. 4 NBauO |
| Nordrhein-Westfalen | § 80 Abs. 1 BauO NRW |
| Rheinland-Pfalz | § 81 LBauO |
| Saarland | § 82 Abs. 1 LBO |
| Sachsen | § 80 SächsBO |
| Sachsen-Anhalt | § 79 BauO LSA |
| Schleswig-Holstein | § 80 LBO |
| Thüringen | § 87 ThürBO |

**283**

**§ 80 MBO – Beseitigung von Anlagen, Nutzungsuntersagung**
**Werden Anlagen im Widerspruch zu öffentlich-rechtlichen Vorschriften errichtet oder geändert, kann die Bauaufsichtsbehörde die teilweise oder vollständige Beseitigung der Anlagen anordnen, wenn nicht auf andere Weise rechtmäßige Zustände hergestellt werden können.** Werden Anlagen im Widerspruch zu öffentlich-rechtlichen Vorschriften genutzt, kann diese Nutzung untersagt werden.

Es handelt sich hierbei **nicht** um eine entschädigungspflichtige Enteignung.[513]

---
512 OVG Niedersachsen 28.7.2011 – 1 LA 239/10 – BRS 78, Nr. 201.
513 BVerwG 22.2.1965 – IV B 22.65.

Das Ergebnis der bauaufsichtlichen Maßnahme müssen immer rechtmäßige Zustände sein.[514] Gibt die Behörde vor, dass der genehmigte Zustand wieder her zu stellen ist, meint dies auch eine Beseitigungsanordnung.[515]

## 2. Voraussetzungen für ein Abbruchverlangen

**284** Die Forderung der Beseitigung baulicher Anlagen ist nur zulässig, wenn deren Errichtung usw. gegen öffentlich-rechtliche Vorschriften verstößt. Für den Erlass einer Abbruchverfügung reicht aber regelmäßig die formelle Illegalität einer baulichen Anlage nicht aus, da entweder teilweise oder sogar ganz in die Bausubstanz eingegriffen werden muss.[516] Ist dies nicht notwendig (z. B. bei Beseitigung eines Bauwagens oder eines Wohnwagens oder eines transportablen Holzgebäudes oder einer Werbeanlage) reicht aber schon die formelle Illegalität für eine entsprechende Forderung aus.[517] Letzteres ist dann zulässig, wenn die wirtschaftliche Belastung des Ordnungspflichtigen durch die Beseitigung der formell illegalen Anlage gering ist und eine effektive Durchsetzung des öffentlichen Baurechts anders nicht möglich wäre.

Bei formeller und materieller Illegalität ist jedoch die Bauaufsichtsbehörde regelmäßig befugt, die Beseitigung der jeweiligen baulichen Anlage zu verlangen. Der Abbruch einer baulichen Anlage im Sofortvollzug ist aber grundsätzlich nicht zulässig.[518]

**285** Demnach ist eine Abbruchverfügung gerechtfertigt, wenn die errichtete Anlage nicht durch eine Baugenehmigung gedeckt ist und seit ihrer Fertigstellung fortdauernd (!) gegen materielles Baurecht verstößt.[519] Die Bauaufsichtsbehörde muss regelmäßig im Zusammenhang mit einem Beseitigungsverlangen über den Willen zur Schaffung rechtmäßiger Zustände hinaus nicht besonders begründen, weshalb sie von der Eingriffsbefugnis Gebrauch macht. Voraussetzung für eine rechtmäßige Beseitigungsverfügung ist dann nur, dass die tatbestandlichen Voraussetzungen der entsprechenden Ermächtigungsgrundlage vorliegen.[520]

**286** Eine rechtmäßige bauaufsichtliche Beseitigungsverfügung ist eine im Interesse der Allgemeinheit zulässige Beschränkung des Grundeigentums, d. h. eine nicht unverhältnismäßige Festlegung von Inhalt und Schranken des Ei-

---

514 OVG Nordrhein-Westfalen, 22.8.2005 – 10 A 4694/03.
515 OVG Saarland 22.9.1992 – 2 R 42/91 – BRS 54, Nr. 214.
516 OVG Nordrhein-Westfalen 3.9.1976 – XI A 1722/75 – BRS 30, Nr. 114, OVG Nordrhein-Westfalen 6.2.2015 – 2 A 1394/13 – BRS 83, Nr. 97.
517 OVG Niedersachsen 29.3.1984 – 1 A164/82 – BRS 42, Nr. 213, OVG Niedersachsen 14.9.1984 – 6 B 77/84 – BRS 42, Nr. 226, VGH Hessen 20.6.1991 – 4 TH 2607/90 – BRS 52, Nr. 239, OVG Schleswig-Holstein 28.8.1992 – 1 M 115/91 – BRS 54, Nr. 208 – hier: Beleuchtungsanlage im Außenbereich, OVG Thüringen 20.12.1994 – 1 EO 112/94 – BRS 57, Nr. 247 – hier: Werbeanlage, OVG Berlin-Brandenburg 13.6.2008 – 2 S 45.08 – BRS 73, Nr. 141, hier: Werbeanlage an einem Baugerüst und OVG Nordrhein-Westfalen 14.6.2022 – 7 B 460/22.
518 VGH Baden-Württemberg 13.6.1996 – 5 S 1211/96 – BRS 58, Nr. 207.
519 OVG Nordrhein-Westfalen 3.9.1976 – XI A 1722/75 – BRS 30, Nr. 114, BVerwG 6.12.1985 – 4 C 23 u. 24.83 – BRS 44, Nr. 193 u. 194, BRS 44, Nr. 198, OVG Nordrhein-Westfalen 13.2.1987 – 10 A 28/87 – BRS 47, Nr. 194.
520 VGH Bayern 17.8.2022 – 15 ZB 22.1402.

> gentums im Sinne von Art. 14 Abs. 1 Satz 2 GG, mit der sich die Sozialgebundenheit des Eigentums, die dem Grundstück aufgrund seiner konkreten Lage anhaftet, konkretisiert. OVG Berlin-Brandenburg 19.4.2017 – OVG 2 N 7.15, siehe hierzu auch OVG Berlin-Brandenburg 27.04. 2016 – OVG 2 N 84/13 und das Urteil des BVerwG 13.4.1983 – 4 C 21/79.

Allerdings ist stets zu prüfen, ob nicht auf andere Weise ein rechtmäßiger Zustand erreicht werden kann, d. h., z. B. ob die Voraussetzungen für eine Befreiung gem. § 31 Abs. 2 BauGB oder eine Abweichung gem. § 67 MBO vorliegen. Dies ist auch zu prüfen, ohne Vorlage eines solchen förmlichen Antrages des Ordnungspflichtigen. Nur bei Existenz einer entsprechenden Ermächtigungsgrundlage in der jeweiligen Landesbauordnung, kann auch ein Antrag verlangt und diese Forderung auch zwangsweise durchgesetzt werden. Dies wäre dann auch im Verhältnis zu einem Beseitigungsverlangen das mildere Eingriffsmittel[521]. Liegen die Voraussetzungen für eine Heilung des Verstoßes gegen Vorschriften des öffentlichen Baurechtes durch eine Ausnahme bzw. Befreiung bzw. Abweichung vor, wird aber ein solcher begünstigender Verwaltungsakt nicht freiwillig beantragt, kommt eine sogenannte Belassung in Betracht. Dies ist aber im Grunde auch „nur" die behördliche Duldung einer formell illegalen baulichen Anlage bzw. deren Nutzung.

**287**

Im Einzelfall kann auch eine wirksame Auflage eine bauaufsichtliche Beseitigungsverfügung rechtfertigen,[522] z. B. bei der Neuerrichtung eines gleichartigen Wohngebäudes im planungsrechtlichen Außenbereich als Ersatz für ein mängelbehaftetes altes Wohngebäude (§ 35 Abs. 4 Nr. 2 BauGB). In einem solchen Fall kann nämlich der Baugenehmigung die Nebenbestimmung beigefügt werden, dass das bestehende, im Eigentum des Bauherrn stehende Gebäude, an dessen Stelle der Ersatzbau treten soll, abzubrechen ist. Hierbei handelt es sich um eine selbstständige Auflage, die eigenständig mit den Mitteln des Verwaltungszwangs vollstreckt werden kann.[523]

**288**

Die lange Standdauer einer baulichen Anlage steht einem bauaufsichtlichen Beseitigungsverlangen im Übrigen regelmäßig nicht entgegen.[524] Geschieht dies aber unter den Augen der Bauaufsichtsbehörde, muss diese zumindest bei einem späteren Eingreifen besondere Ermessenserwägungen anstellen.[525]

**289**

### 3. Grundsätze für Beseitigungsverfügungen

**290**

– Ein (nachträglich eingereichter) Bauantrag hindert ein bauaufsichtliches Abbruchverlangen nicht. In einem solchen Fall ist allerdings eine Beseitigungsverfügung, die nur auf formelle Illegalität abstellt, dann unverhältnismäßig, wenn der erforderliche Bauantrag gestellt und auch nach Rechtsauffassung

---

521 VG München 27.6.2013 – M 11 K 12.3132.
522 VGH Bayern 24.7.2014 – 1 ZB 13.2643.
523 OVG Nordrhein-Westfalen 1.8.2003 – 7 B 968/03 – BRS 66, Nr. 111.
524 VGH Hessen, 20.2.1992 – 3 UE 4020/88 – hier vor Jahrzehnten errichtete(s) Wochenendhaus/Hütte.
525 OVG Niedersachsen 18.2.1994 – 4 C 15.95 – BRS 58, Nr. 206 = BauR 1996, 841 ff.

der Behörde genehmigungsfähig ist und der Erteilung der Baugenehmigung sonst nichts im Wege steht.[526]
- Eine Duldung kann einer Abbruchverfügung entgegenstehen.[527] Hierbei reicht aber bloße Passivität der Behörde nicht aus, sondern die Duldung muss förmlich ausgesprochen worden sein.[528] Wenn die Bauaufsichtsbehörde einen baurechtswidrigen Zustand duldet, bezieht sich dies aber regelmäßig auf einen konkreten (vorhandenen) Baubestand bzw. auf eine bestimmte Nutzung. Werden im Nachhinein Ausbau- bzw. Renovierungsarbeiten durchgeführt bzw. die Nutzung geändert, ist die Bauaufsichtsbehörde nicht daran gehindert, den baurechtswidrigen Zustand (erneut) aufzugreifen.[529]
- Bei dem Erlass von Abbruchverfügungen muss dem aus Art. 3 Abs. 1 GG folgenden **Gleichbehandlungsgrundsatz** Rechnung getragen werden. Bei einer Vielzahl gleich gelagerter Fälle darf die Behörde **nicht willkürlich** einen Vorgang herausgreifen.[530]
- Persönliche Verhältnisse, wie Alter, Gesundheitszustand, dürfen in der Regel nicht in den Entscheidungsprozess der Behörde eingestellt werden. Auch die etwaigen Kosten im Falle der Beseitigung einer ungenehmigt errichteten Anlage sind nicht von Belang, da der Schwarzbauer das wirtschaftliche Risiko zu tragen hat. Bei einer Beseitigungsanordnung liegen die Kosten der Beseitigung in der Natur der Sache und sind insoweit nicht berücksichtigungsfähig.[531] **Hierbei gilt grundsätzlich, dass das öffentliche Interesse an der Beseitigung der baurechtswidrigen Anlage schwerer als das Einzelinteresse an der Belassung derselben wiegt.**
- Beim Erlass einer Ordnungsverfügung, insbesondere bei einer Abbruchverfügung ist der **Bestimmtheitsgrundsatz** (§ 37 Abs. 1 VwVfG) zu beachten. Das anzuwendende Mittel ist genau anzugeben. Im Zweifel ist die Verfügung so auszulegen, wie sie der bestimmungsgemäße Empfänger bei objektiver Würdigung verstehen kann.[532]
- Der Ordnungspflichtige darf im Rahmen der Befolgung einer Beseitigungsverfügung der Bauaufsichtsbehörde auch als **Austauschmittel** den teilweisen Rückbau der baulichen Anlage – auf ein zulässiges Maß – anbieten.[533]
- Auch nach Abbruch einer baulichen Anlage kann die entsprechende Ordnungsverfügung mit (Anfechtungs-)klage angegriffen werden.[534] Die Beseiti-

---

526 OVG Nordrhein-Westfalen, 22.11.1990 – 7 E 2226/90, sowie: VG Münster 16.7.1998 – 2 l 735/98.
527 OVG Berlin 14.5.1982 – 2 B 57.79 – BRS 39, Nr. 207. Die Zusage eines Oberbürgermeisters eine Beseitigungsanordnung (hier: Wochenendhaus) verhindern zu wollen, kann dem Erlass einer bauaufsichtlichen Beseitigungsverfügung entgegenstehen; OVG Thüringen 10.10.2007 – 1 KO 645/06 – BRS 71, Nr. 196. Siehe auch: VG Gera 22.7.2004 – 4 K 631/04 Ge.
528 VG Weimar 8.10.2002 – 1 K 360/02.
529 OVG Saarland 24.9.2002 – 2 R 14/01.
530 OVG Saarland 25.2.1992 – 2 R 78/89 – BRS 54, Nr. 207, 209. OVG Nordrhein-Westfalen 9.12.1994 – 10 A 1753/91 – BRS 57, Nr. 249, OVG Saarland 7.11.1995 – 2 R 17/94 – BRS 57, Nr. 251.
531 VG Würzburg 22.10.2013 – W 4 K 13.443.
532 VGH Baden-Württemberg 26.6.1975 – III 995/74.
533 OVG Nordrhein-Westfalen 12.5.1997 – 7 B 830/97 – BRS 59, Nr. 210.
534 OVG Nordrhein-Westfalen 4.11.1996 – 10 A 3363/92 – BRS 58, Nr. 213.

gungsverfügung erledigt sich auch dann grundsätzlich nicht, wenn die bauliche Anlage im Rahmen der Ersatzvornahme beseitigt worden ist.[535]
– Ändert sich nach Erlass der Beseitigungsverfügung die Rechtslage dergestalt, dass ein zukünftiger Bebauungsplan zur Legalisierung des baurechtswidrigen Zustandes führen wird, kann das Festhalten am Abbruchverlangen ermessensfehlerhaft sein.[536] Die Bauaufsicht darf auch nicht an einer Beseitigungsverfügung festhalten, wenn später gleichartige Vorhaben in vergleichbarer Lage genehmigt werden.[537]

### 4. Beseitigungsverlangen für ein verfallenes Gebäude

Zwischenzeitlich ermächtigen die meisten Landesbauordnungen die Bauaufsichtsbehörden zu einem Beseitigungsverlangen auch bei verwahrlosten baulichen Anlagen (Schrottimmobilien). So heißt es z. B. in § 82 Abs. 2 BauO NRW: »Soweit bauliche Anlagen nicht genutzt werden und im Verfall begriffen sind, kann die Bauaufsichtsbehörde die Grundstückseigentümerin oder den Grundstückeigentümer und Erbbauberechtigte verpflichten, die Anlage abzubrechen oder zu beseitigen. Die Bestimmungen des Denkmalschutzgesetzes bleiben unberührt«. In diesem Zusammenhang hat aber die Bauaufsichtsbehörde Bemühungen seines Eigentümers, diesen Verfall aufzuhalten und das Bauwerk wieder in gebrauchsfähigen Zustand zu versetzen, auch dann als privates Erhaltungsinteresse zu berücksichtigen, wenn diese erst nach Erlass des Widerspruchsbescheides ernstlich verfolgt werden.[538]

### 5. Inhaltliche Anforderungen an Beseitigungsverfügungen

**a) Bestimmtheitsgrundsatz und Inhalt des Beseitigungsverlangens.** Der beim Erlass einer Beseitigungsverfügung zu beachtende Bestimmtheitsgrundsatz wurde bereits erwähnt. Eine Beseitigungsverfügung ohne Fristsetzung ist allerdings rechtswidrig.[539] Das Erfordernis der Bestimmtheit betrifft vor allem den Tenor der Ordnungsverfügung. Die bauaufsichtliche Anordnung der Wiederherstellung des genehmigten Zustands ist dabei regelmäßig als Beseitigungsverfügung zu verstehen und nicht wegen Ungenauigkeit nichtig.[540]
Im Regelfall wird die Bauaufsichtsbehörde einer formell und materiell illegalen baulichen Anlage mit einem Abbruchverlangen begegnen. Die baurechtswidrige Anlage ist vollständig zu beseitigen, d. h. einschließlich Fundament. Auch die bauaufsichtliche Forderung, den Bauschutt abzufahren und ordnungsgemäß zu

---

535 OVG Rheinland-Pfalz 20.11.1996 – 8 A 13546/95 – BRS 58, Nr. 214, BVerwG 17.11.1998 – 4 B 100.98 – BRS 60, Nr. 164.
536 OVG Niedersachsen 17.8.1984 – 1 A 138/81 – BRS 42, Nr. 218.
537 VGH Bayern 24.1.1978 – Nr. 31 XIV 74 – BRS 33, Nr. 183 und OVG Nordrhein-Westfalen 26.9.2007 – 10 A 5236/05.
538 OVG Niedersachsen 25.4.2018 – 1 LB 69/17. Auch das VG Bremen 8.6.2022 – 1 K 884/20 – hat ein Beseitigungsverlangen für verfallenes Gebäude bestätigt. Siehe schon: OVG Rheinland-Pfalz, 22.4.1999 – 1 A 11193/98 – BRS 62, Nr. 207.
539 OVG Bremen 16.1.1979 – 1 BA 4/77 – BauR 1979, 409 ff. Ohne Fristsetzung würde die Beseitigungspflicht mit der Vollziehbarkeit der Beseitigungspflicht beginnen. Die Vollziehbarkeit der Anordnung muss aber nicht bereits bei der Androhung des Zwangsmittels vorliegen. Sie ist aber Voraussetzung für die eigentliche Vollstreckung. Siehe aber: OVG Rheinland-Pfalz 26.6.2024 – 8 A 10427/23.OVG.
540 OVG Saarland 22.9.1992 – 2 R 42/91 – BRS 54, Nr. 214.

entsorgen, ist ein zulässiger Anordnungsinhalt.[541] Laut dem VGH Baden-Württemberg[542] enthält das bauaufsichtliche Beseitigungsverlangen immer auch die Anordnung zur Beseitigung des Bauschutts.[543] Mitunter ist auch das Verfüllen verbliebener Vertiefungen im Boden notwendig.[544] Dies müsste dann aber in den Tenor der Ordnungsverfügung einfließen.

**293** **b) Reichweite des Beseitigungsverlangens und Abgrenzung zum städtebaulichen Baugebot.** Die Beseitigung ist nicht die Veränderung der Anlage in einen Zustand, der baurechtlich schon als ein »aliud« angesehen werden könnte, sondern die Überführung in den Zustand eines baurechtlichen »nullums«.[545] Sinn und Zweck jedes Beseitigungsgebots liegt nämlich darin, eine Entfernung der beanstandeten Anlage auf Dauer herbeizuführen. Die innere Rechtfertigung liegt nicht in dem Ziel, die Bausubstanz in einem einmaligen Akt zu beseitigen, sondern darin, rechtmäßige Zustände herzustellen, was gerade bei leicht auf- und abbaubaren baulichen Anlagen nur erreicht werden kann, wenn die Wiedererrichtung unterbunden wird.[546] Allerdings beinhaltet die Beseitigungsverfügung in Bezug auf eine transportable Weidehütte immer – unausgesprochen – auch zugleich das Wiederaufstellen derselben.[547]

Regelmäßig ist die Bauaufsichtsbehörde gehalten, die vollständige Beseitigung einer baurechtswidrigen baulichen Anlage zu fordern.[548] Im Einzelfall ist aber auch – bei Beachtung des Verhältnismäßigkeitsgrundsatzes – nur eine teilweise Beseitigung zu fordern.[549] Entscheidet sich aber die Bauaufsichtsbehörde nur für einen Teilbaurückbau und nicht für einen vollständigen Abbruch, muss diese Maßnahme die Beseitigung baurechtswidriger Zustände zum Ziel haben, andernfalls ist die entsprechende Verfügung ermessensfehlerhaft.[550]

---

541 Tlw. strittig: OVG Nordrhein-Westfalen 13.2.1987 – 10 A 29/87 – BRS 47, Nr. 193, vgl. aber mittlerweile: OVG Nordrhein-Westfalen, 3.2.1994 – 10 A 1149/91 – BauR 1994, 741 und OVG Nordrhein-Westfalen 31.10.1994 – 10 A 4084/92 – BauR 1995, 372 = BRS 56, Nr. 198.
542 E. v. 6.7.1988 – 3 S 2764/87 – BRS 48, Nr. 188.
543 Vgl. auch: BVerwG 10.11.1993 – 4 B 185.93 – BRS 55, Nr. 197, vgl. auch: OVG Nordrhein-Westfalen 3.2.1994 – 10 A 1149/91 – BRS 56, Nr. 201 und OVG Niedersachsen 28.7.2011 – 1 LA 239/10, auch Verfüllung von Bodenvertiefungen.
544 OVG Niedersachsen 28.7.2011 – 1 LA 239/10 – BRS 78, Nr. 201.
545 OVG Niedersachsen 8.8.2022 – 1 LA 187/21. Bei einem Lager- und Abstellplatz kommt nach Auffassung des VGH Baden-Württemberg 11.7.2017 – 5 S 2067/15 – BRS 85, Nr. 103 nur eine bauaufsichtlichen Abbruch- bzw. Beseitigungsverfügung in Frage und nicht ein Nutzungsverbot.
546 VG Hannover 20.7.2022 – 4 B 3866/21.
547 VGH Baden-Württemberg 28.3.2007 – 8 S 159/07 – BRS 71, Nr. 194.
548 OVG Nordrhein-Westfalen 26.1.2015 – 7 A 1070/14 – BRS 83, Nr. 98, OVG Brandenburg-Berlin 11.10.2016 – OVG 10 N 24.13.
549 OVG Sachsen-Anhalt 22.7.2013 – 2 M 82/13.
550 OVG Nordrhein-Westfalen 22.8.2005 – 10 A 4694/03 – BRS 69, Nr. 189 = BauR 2005, 90 ff., vgl. auch: OVG Berlin 26.4.2005 – 2 S 60.04 – BRS 69, Nr. 191, aber: VGH Baden-Württemberg 27.6.1991 – 8 S 456/91 – BRS 52, Nr. 231, bejaht die Anordnung eines Teilabbruches, auch wenn der verbleibende Rest der baulichen Anlage nach wie vor rechtswidrig ist.

XX. Das Beseitigungsverlangen  **294, 295**

**Beispiel:** Rückbauverlangen bezogen auf in Abweichung zur erteilten Baugenehmigung errichteten Dachgauben zur Rückführung der Vollgeschossigkeit des Dachgeschosses des entsprechenden Gebäudes.[551]

Reicht aber die Beseitigung einer baurechtswidrigen baulichen Anlage bzw. von baurechtswidrigen Bauteilen nicht zur Herstellung rechtmäßiger Zustände aus, kann die Bauaufsichtsbehörde auch die Wiederherstellung des ursprünglichen baulichen Zustandes verlangen (z. B. bei Verstoß gegen eine Erhaltungssatzung) oder aber bei einer Abweichung von einer erteilten Baugenehmigung die Herstellung des genehmigten baulichen Zustandes verlangen.[552] Hier sind die Grenzen zum unzulässigen Baugebot fließend. Es gilt, dass die Forderung nach der vollständigen Beseitigung einer baulichen Anlage solange nicht gegen das Übermaßverbot verstößt, als sich eine Teilbeseitigung zur Herstellung eines rechtmäßigen Zustandes der Behörde nicht aufdrängt.[553] In einem solchen Fall müssten sich die für einen Teilabbruch in Betracht kommenden Teile des Baukörpers regelrecht aufdrängen und sich schließlich der Teilabbruch baulich ohne weiteres, insbesondere ohne genehmigungspflichtige Bauarbeiten zur Schaffung des Restbaukörpers, durchführen lassen.[554] Die Regel ist aber für den Fall, dass Teile der Anlage materiell baurechtskonform sind, Sache des Adressaten, für diese Teile der baulichen Anlage einen Bauantrag zu stellen und als Austauschmittel einen teilweisen Rückbau anzubieten.[555]

Ein bauaufsichtliches Beseitigungsverlangen ist im Übrigen streng von einem gemeindlichen (!) Baugebot nach § 176 BauGB oder ein Rückbau- und Entsiegelungsgebot nach § 179 BauGB zu trennen. Hierbei handelt es sich um besondere städtebauliche Instrumentarien, z. B. zum Vollzug der Festsetzungen eines Bebauungsplanes. Zuständig hierfür ist nur die Gemeinde. Zur Abgrenzung wird auf das nachfolgende Schema verwiesen.

**295**

| Städtebauliche Gebote (§§ 176–179 BauGB) | | | |
|---|---|---|---|
| „Die städtebaulichen Gebote dienen der Verwirklichung der städtebaulichen Ordnung und Entwicklung in einem Bereich, in dem Gemeinde, Eigentümer, Nutzungsberechtigte und Investoren wegen eines übergeordneten öffentlichen (städtebaulichen) Interesses in besonders hohem Maße zur Kooperation aufgefordert sind" (Krauzberger). Die allgemeinen Voraussetzungen regelt § 175 BauGB. | | | |
| Baugebot | Modernisierungs- und Instandsetzungsgebot | Pflanzgebot | Rückbau- und Entsiegelungsgebot |

---

551 VG Ansbach 7.12.2011 – AN 18 K 10.02610. Der VGH Bayern 7.5.2002 – 1 B 01.1287 hat eine Beseitigungsverfügung für eine verändert ausgeführte Dachgaube (wegen Verstoß gegen die Regeln der Baukunst) aufgehoben, weil für eine reduzierte Bauausführung eine Baugenehmigung der Dachgaube existierte. Die Behörde hätte also nur den Rückbau auf das genehmigte Maß fordern dürfen.
552 Zu einer Rückbauanordnung über den Rückbau eines abweichend von den genehmigten Bauvorlagen beim Neubau eines Stadthauses mit Dachflächenfenstern errichteten Oberlichts vgl. VGH Bayern 22.3.2022 – 15 ZB 21.3085. Der Neubau ersetzte einen denkmalgeschützten Altbau und sollte nun zu einem denkmalgeschützten Ensemble gehören.
553 OVG Schleswig-Holstein 7.12.1994 – 1 L 144/93.
554 OVG Nordrhein-Westfalen 11.7.1977 – X A 2101/76 – BRS 32 Nr. 88.
555 OVG Nordrhein-Westfalen 29.3.2022 – 7 A 853/21.

| Städtebauliche Gebote (§§ 176–179 BauGB) ||||
|---|---|---|---|
| § 176 BauGB | § 177 BauGB | § 178 BauGB | § 179 BauGB |
| Verwaltungsakt | Verwaltungsakt | Verwaltungsakt | Verwaltungsakt |
| Vorherige Erörterung mit den Betroffenen erforderlich (§ 175 Abs. 1 BauGB). Die Stellung eines Bauantrages kann verlangt und auch erzwungen werden (§ 176 Abs. 7–8 BauGB). | Vorherige Erörterung mit den Betroffenen erforderlich (§ 175 Abs. 1 BauGB). | Vorherige Erörterung mit den Betroffenen erforderlich (§ 175 Abs. 1 BauGB). | Vorherige Erörterung mit den Betroffenen erforderlich (§ 175 Abs. 1 BauGB). |
| Duldungspflicht der Mieter, Pächter und sonstigen Nutzungsberechtigten (§ 175 Abs. 3 BauGB). | Duldungspflicht der Mieter, Pächter und sonstigen Nutzungsberechtigten (§ 175 Abs. 3 BauGB). | Duldungspflicht der Mieter, Pächter und sonstigen Nutzungsberechtigten (§ 175 Abs. 3 BauGB). | Duldungspflicht der Mieter, Pächter und sonstigen Nutzungsberechtigten (§ 175 Abs. 3 BauGB). |
| Hierbei kann auch ein dringender Wohnbe3darf der Bevölkerung tragend sein (§ 175 Abs. 2 BauGB, siehe auch: § 176 Abs. 1 Nr. 3 BauGB). | Zu den denkbaren Missständen siehe § 177 Abs. 2 BauGB. | Bezugnahme auf § 9 Abs. 1 Nr. 25 BauGB. | Vgl. auch § 8 Abs. 1 BauO NRW. |
| Ist auch unter bestimmten Voraussetzungen im unbeplanten Innenbereich (§ 34 BauGB) anwendbar (§ 176 Abs. 2 BauGB). | Zu einem möglichen Beseitigungsverlangen der Bauaufsichtsbehörde bei einer „Schrottimmobilie" vgl. § 82 Abs. 2 BauO NRW. Zum möglichen Verlangen der Wohnungsaufsicht zur Herstellung der Mindestanforderung an Wohnraum vgl. § 4 WohnStG. | | |

**296** Die bauaufsichtliche Forderung, den genehmigten Zustand wiederherzustellen, ist als Beseitigungsverfügung zu verstehen.[556] Fordert z. B. die Bauaufsichtsbehörde bei abweichender Bauausführung die Reduzierung der baulichen Anlage auf den genehmigten Zustand, ist dies regelmäßig so zu verstehen, dass damit dem Ordnungspflichtigen eigentlich die Beseitigung der gesamten baulichen Anlage aufgegeben wird. Gleichzeitig hat er aber die Möglichkeit, genehmigungskonform ausgeführte Teile des geschaffenen baulichen Bestands bestehen zu lassen bzw. zur Herstellung des genehmigten Zustands zu verwenden. Dies ist kein unzulässiges Baugebot.[557] Laut dem VG Aachen[558] darf nach einer erfolglosen bauaufsichtlichen Anordnung, Teile eines Gebäudes zu beseitigen, der Abbruch des gesamten Gebäudes verlangt werden. Ein Vertrauensschutz wurde von der Spruchkammer verneint.

---

556 OVG Saarland 22.9.1992 – 2 R 42/91 – BRS 54, Nr. 214.
557 OVG Saarland 22.8.2016 – 2 A 176/16.
558 VG Aachen 24.8.2005 – 3 K 4009/04.

XX. Das Beseitigungsverlangen **297, 298**

Zu einer nur teilweisen Rückbauverfügung bei einem ungenehmigten – nur geduldeten – Wochenendhaus vgl.: BVerfG 2.9.2004 – 1 BvR 1860/02 – BRS 69, Nr. 190. Die entsprechende Beseitigungsverfügung wurde als unangemessen bewertet. Da die erfolgte Funktionsverbesserung auf einer geringfügigen baulichen Veränderung beruhte, die sich hätte leicht rückgängig machen lassen, war der geforderte Abbruch des gesamten Hauses ermessensfehlerhaft.

**6. Zum Verhältnis einer erfolgten Stilllegung zu einem bauaufsichtlichen Beseitigungsverlangen**

Wurde die Fortführung ungenehmigter Bauarbeiten verboten und wird dann in der Folge ein bauaufsichtliches Beseitigungsverlangen mit Blick auf die bereits geschaffene Bausubstanz ausgesprochen, stellt sich die Frage, wie sich diese beiden Eingriffsmaßnahmen zueinander verhalten. Die Stillungsverfügung erledigt sich nicht durch den Erlass einer Baubeseitigungsanordnung, d. h., an deren Beachtung bleibt ein öffentliches Interesse bestehen. Die Baubeseitigung kann im Falle der Bestandskraft der Verfügung unabhängig vom Ausbauzustand des Gebäudes durchgesetzt werden und in dieser Phase ist es nicht die Aufgabe der Baubehörde sinnlose Aufwendungen des Bauherrn zu verhindern. Je weiter der Bau fortgeschritten ist, desto höher werden aber möglicherweise die Kosten für die Beseitigung, die ggf. im Rahmen einer Ersatzvornahme von der öffentlichen Hand zumindest teilweise vorgestreckt werden müssen und vom Betreffenden im ungünstigsten Fall nicht (mehr) aufgebracht werden können. Es besteht daher ein gesteigertes öffentliches Interesse daran, dass unzulässige Baumaßnahmen nicht weiter fortgesetzt werden, damit ein Rückbau oder eine Beseitigung der rechtswidrigen Bausubstanz möglichst kostengünstig und reibungslos durchgeführt werden können.[559] Zulässig sind in einem solchen Fall also nur bauliche Maßnahmen im Rahmen der Umsetzung des behördlichen Beseitigungsverlangens.

**297**

**7. Beseitigungsverlangen und Zuständigkeiten anderer Behörden**

**a) Eingriffsbefugnisse anderer Behörden.** Grundsätzlich kommt den Bauaufsichtsbehörden eine umfassende Zuständigkeit zu, auch die Umsetzung bauordnungsrechtlicher Vorschriften außerhalb der eigentlichen Landesbauordnung rechtfertigt die Vollzugszuständigkeit der unteren Bauaufsichtsbehörde.[560] Die Bauaufsichtsbehörde darf auch baurechtswidrige Zustände aufgreifen, die aus Verstößen gegen abfall-, naturschutz- und landschaftsrechtliche Normen resultieren und z. B. die Beseitigung von Abfall fordern[561] oder die Beseitigung einer naturschutzrechtlich genehmigungsbedürftigen und Bauplanungsrecht widersprechenden baulichen Anlage fordern.[562] Die Bauaufsichtsbehörde darf auf alle Fälle auch die Beseitigung des bei der Beseitigung einer baulichen Anlage

**298**

---

559  VGH Bayern 8.7.2021 – 15 CS 21.1642.
560  OVG Mecklenburg-Vorpommern 27.2.2003 – 3 M 35/02 – BRS 66, Nr. 160. Zur Abgrenzung bei Altlasten vgl.: VG Neustadt 22.9.1998 – 2 L 2311/98. Zur Abgrenzung zwischen Bauaufsichts- und Gaststättenbehörden vgl: OVG Bremen, 21.4.1998 – 1 N 7/97 – GewArch 2000, 83 ff.
561  VGH Hessen, 20.12.1999 – 4 TG 4637/98 – BRS 62, Nr. 204.
562  VGH Hessen 28.10.1997 – 4 UE 3676/95 – BRS 59, Nr. 206.

anfallenden Bauschuttes anordnen.[563] Soll dem öffentlichen Baurecht mit Blick auf ein bestimmtes Grundstück Geltung verschafft werden, ist die Bauaufsichtsbehörde zuständig.[564] Die Zuständigkeiten und Befugnisse anderer Behörden werden aber durch die Kompetenzen der Bauaufsichtsbehörden nicht berührt, insoweit kann es im Einzelfall zu Doppelzuständigkeiten kommen.[565] Hier ist die Praxis eine entsprechende Abstimmung angezeigt.

**299** **b) Öffentlich-rechtliche Hindernisse.** Einer bauaufsichtlichen Beseitigungsverfügung können im Einzelfall öffentlich-rechtliche Hindernisse entgegenstehen, z. B. aus dem Denkmalrecht. Soll eine unter Denkmalschutz stehende bauliche Anlage abgebrochen werden (z. B. wegen fehlender Standsicherheit), bedarf es hierfür grundsätzlich einer denkmalrechtlichen Erlaubnis (vgl. z. B. § 9 DSchG NW). In einem solchen Fall muss die Bauaufsichtsbehörde die denkmalrechtlichen Belange beachten, d. h., es bedarf der Beteiligung der Fachbehörde. Im Übrigen beinhaltet die Beseitigungsverfügung als hoheitlicher Eingriff stets auch die etwaig erforderliche Genehmigung.[566]

### 8. Adressat der Beseitigungsverfügung und Rechtsnachfolge

**300** **a) Adressat der Beseitigungsverfügung.** Als Adressat einer Abbruchverfügung kommt grundsätzlich nur der Grundstückseigentümer in Betracht. Der Grundstückseigentümer kann gegenüber der Behörde nicht einwenden, dass er das Grundstück mit den aufstehenden Baulichkeiten verpachtet bzw. vermietet hat.[567]

**301** **b) Rechtsnachfolge in die Beseitigungspflicht.** Die Bauaufsichtsbehörde hat die Verpflichtung, vor Erlass einer Beseitigungsverfügung durch einen Blick ins Grundbuch die Eigentumsverhältnisse zu klären. Damit soll der richtige Adressat der entsprechenden Ordnungsverfügung gewährleistet werden.[568] Die Abbruchverfügung wirkt als dinglicher Verwaltungsakt auch gegenüber dem Gesamt- und auch gegenüber dem Einzelrechtsnachfolger (siehe auch § 58 Abs. 3 MBO).[569] Für den *Gesamtrechtsnachfolger* (Erben) ergibt sich der Pflichtenübergang aus den einschlägigen Normen des BGB, § 1922, § 1967.[570] Da es sich bei der Abbruchverfügung um einen sachbezogenen bzw. vorhaben bezogenen Ver-

---

563 OVG Nordrhein-Westfalen 3.2.1994 – 10 A 1149/91 – BRS 56, Nr. 201 und OVG Sachsen-Anhalt 22.7.2013 – 2 M 82/13.
564 OVG Nordrhein-Westfalen, 31.10.1994 – 10 A 4084/902 – BRS 56, Nr. 198.
565 Kein Zuständigkeitskonflikt bei einer bauaufsichtlichen und einer naturschutzrechtlichen Beseitigungsverfügung. VGH Baden-Württemberg, 24.11.1997 – 5 S 3409/95 – BRS 59, Nr. 207.
566 OVG Nordrhein-Westfalen 23.5.1995 – 11 A 1004/93.
567 Zum Anfechtungsanspruch eines Inhabers einer Auflassungsvormerkung gegen eine Beseitigungsverfügung vgl. VG Saarland 10.10.2012 – 5 K 381/12. Zur Frage der Störerauswahl zwischen Grundstückseigentümer und Pächter vgl. VGH Hessen, 9.9.1992 – 4 UE 2451/89 (hier: Maschendrahtzaun mit Eisenbahnschwellen als Pfosten, massiv gemauertes Gebäude/-hütte im planungsrechtlichen Außenbereich. Gleichrangige Inspruchnahme von Eigentümer und Pächter bejaht).
568 OVG Nordrhein-Westfalen 7.8.2002 – 10 B 761/02 – BRS 65, Nr. 200.
569 OVG Niedersachsen 21.1.2000 – 1 L 4202/99 – BRS 63, Nr. 120, bestätigt durch BVerwG 21.11.2000 – 4 B 36/00 – BRS 63, Nr. 121 und OVG Niedersachsen 15.11.2013 – 1 LA 65/13.
570 OVG Nordrhein-Westfalen 19.9.1991 – 11 A 1178/89.

waltungsakt handelt, der keine höchstpersönliche Pflicht konkretisiert, gilt dies auch für den *Einzelrechtsnachfolger*.[571] Mit Kauf geht auf diesen die Ordnungspflicht über. Ein solcher Übergang der Ordnungspflicht ist nicht bei einem Pächter anzunehmen.[572] Wechselt im Klageverfahren der Eigentümer, wird hierdurch die Rechtmäßigkeit einer Beseitigungsverfügung nicht berührt.[573]

### 9. Beseitigungsverfügung und Anordnung der sofortigen Vollziehung

**a) Grundsatz.** Aufgrund der Schwere des Eingriffs kann eine Abbruchverfügung in der Regel **nicht** mit der Anordnung der sofortigen Vollziehung verbunden werden. Die sofortige Vollziehung einer Beseitigungsverfügung würde bei Bestätigung der bauaufsichtlichen Maßnahme durch das Verwaltungsgericht im Eilverfahren eine unangemessene Vorwegnahme der Hauptsache darstellen.[574] Laut dem OVG Nordrhein-Westfalen[575] darf mit einer Beseitigungsverfügung die Anordnung der sofortigen Vollziehung vor allem dann **nicht** verbunden werden, wenn der Rückbau (hier Carport) zwangsläufig zu einem Substanzverlust führt.[576] Anders ist dies allerdings bei drohenden Gefahren für Leib und Leben, z. B. bei einem nicht standsicheren Gebäude. Laut dem VG Cottbus[577] ist als Begründung der Anordnung der sofortigen Vollziehung einer Ordnungsverfügung zur Beseitigung eines Gebäudes der Hinweis auf eine (bestehende) Gefahr für Leib und Leben von Personen grundsätzlich ausreichend. Es kann also gerechtfertigt sein, die Beseitigung eines Gebäudes unter Anordnung der sofortigen Vollziehung zu verlangen, wenn dieses mittlerweile zur Ruine geworden ist, eine ernsthafte Wiederherstellungschance nicht besteht und Personen durch herabfallende Bauteile gefährdet werden können. Der Zeitpunkt des schädigenden Ereignisses muss dann nicht konkret abzusehen sein.[578] Hierbei kann sich die Behörde auch auf die Gebäudeteile beschränken, von denen eine gegenwärtige – akute – Gefahr ausgeht, und die Beseitigung eines insgesamt nicht mehr standsicheren Gebäudes im Übrigen dem Zustandsverantwortlichen aufgeben.[579] Intensiviert sich eine erkannte Gefahr (z. B. durch negative Witterungseinflüsse), ist im Einzelfall auch die Beseitigung einer baulichen Anlage im Sofortvollzug, d. h., ohne vorausgehende Grundverfügung denkbar.[580]

---

571 Etwa dem Käufer, vgl. OVG Nordrhein-Westfalen 9.9.1986 – 11 A 1538/86 – BRS 46, Nr. 196.
572 VGH Baden-Württemberg 1.9.1987 – 3 S 1860/87 – BRS 47, Nr. 192, BauR 1985, 182, 183, auch nicht beim Mieter: VGH Bayern 13.8.1992 – 2 CS 92.1618 – BRS 54, Nr. 211.
573 OVG Nordrhein-Westfalen 10.12.1996 – 10 A 4248/92 – BRS 58, Nr. 140, anders im Vorverfahren: OVG Nordrhein-Westfalen 23.4.1996 – 10 A 3565/92 – BRS 58, Nr. 217.
574 OVG Nordrhein-Westfalen 28.8.1995 – 11 B 1957/95 – BauR 1996, 236 ff. = BRS 57, Nr. 252.
575 E. v. 26.8.2003 – 7 B 1306/03.
576 OVG Nordrhein-Westfalen, 26.8.2003 – 7 B 1306/03. Zu den Voraussetzungen für eine Ausnahme von diesem Grundsatz vgl.: VG Koblenz 29.7.2008 – 7 L 792/08.KO siehe auch: VG Gelsenkirchen 23.12.2011 – 5 L 1296/11, OVG Nordrhein-Westfalen 4.3.2013 – 2 B 30/13 und VG Köln 11.2.2015 – 2 L 332/15.
577 E. v. 13.5.2019 – 3 L 566/18.
578 OVG Niedersachsen 6.9.2017 – 1 ME 112/17.
579 OVG Sachsen-Anhalt 24.7.2013 – 2 M 82/13 – BRS 81, Nr. 207 = BauR 2014, 819 ff.
580 OVG Saarland 24.4.2018 – 2 A 505/17. Siehe auch: OVG Nordrhein-Westfalen 17.6.2004 – 7 A 4492/99.

> Zur Anordnung der sofortigen Vollziehung siehe auch:
> - OVG Nordrhein-Westfalen 12.1.1998 – 10 B 3025/97 – BRS 60, Nr. 166 – hier auch Ausführungen zum Argument der negativen Vorbildwirkung,
> - VG Aachen 24.4.2007 – 5 L 85/07,
> - VG Saarland 1.10.2007 – 5 L 1071/07,
> - OVG Nordrhein-Westfalen 26.8.2003 – 7 B 1306/03 – hier verneint für ein Carport, welches eine maßgeschneiderte Konstruktion darstellte,
> - OVG Nordrhein-Westfalen 7.10.2005 – 10 B 1394/05 – BauR 2/2006, 369 ff.,
> - OVG Thüringen 13.5.1997 – 1 EO 609/96 – BRS 59, Nr. 211,
> - OVG Mecklenburg-Vorpommern 6.2.2008 – 3 M 9/08 – BRS 73, Nr. 186 – hier detaillierte Ausführungen zu den Voraussetzungen.

Kommt aber die Beseitigung einer baulichen Anlage nur einem Nutzungsverbot gleich, d. h. ist ein Substanzverlust nicht zu befürchten, ist die Anordnung der sofortigen Vollziehung regelmäßig zulässig.[581] Die Behörde darf aber nicht die Eilbedürftigkeit durch eine lange Untätigkeit konterkarieren.[582]

**303** b) **Ausnahmen und Einzelfälle.** Der VGH Hessen[583] erlaubt die Anordnung der sofortigen Vollziehung u. A. dann, wenn die Vorbildwirkung eines ungenehmigten Vorhabens eine Nachahmung schon bis zum bestands-/rechtskräftigen Abschluss der Hauptsache befürchten lässt und zwar in solchem Ausmaß, dass der Ausweitung der Störung der öffentlichen Sicherheit und Ordnung rasch vorgebeugt werden muss. Das OVG Berlin[584] hat die Anordnung der sofortigen Vollziehung für das bauaufsichtliche Beseitigungsverlangen einer Stellplatzüberdachung in einem Vorgarten wegen der negativen Vorbildwirkung bestätigt. Laut dem VG Gelsenkirchen[585] belastet die sofort vollziehbare Abbruchverfügung für eine temporäre – leicht ab- und wieder aufbaubare – Lagehalle den Ordnungspflichtigen nicht mehr als Nutzungsverbot. Das VG Mainz[586] hat die sofort vollziehbare Beseitigungsverfügung für dauerhaft auf Hundeplatz abgestellten Bauwagen (für Geräte) bejaht, da Gefahr einer negativen Vorbildwirkung bzw. einer Nachahmungswirkung bestand und kein Substanzverlust zu besorgen war.

---

581  VGH Hessen 20.6.1991 – 4 TH 2607/90 – BRS 52, Nr. 239. VGH Hessen 6.6.2002 – 3 TG 1056/02 – (hier: Werbeanlage) und OVG Nordrhein-Westfalen 7.10.2005 – 10 B 1394/05 – NWVBl. 4/2006, 136 ff., hier Kühlzelle.
582  OVG Mecklenburg-Vorpommern 6.2.2008 – 3 M 9/08 – BRS 73, Nr. 186. Dies gilt aber nicht, wenn sich die Behörde zu einem effektiven Einschreiten gegen eine Vielzahl vergleichbarer baurechtswidriger Anlagen entscheidet.
583  E. v. 28.1.1992 – 4 TH 1539/91 – HessVGRspr 1992, 90 ff., hier Verweis auf: VGH Hessen 30.5.1984 – 4 TH 61/83 – BRS 42, Nr. 220 und OVG Niedersachsen 10.5.1994 – 1 M 1046/94 – BRS 56, Nr. 208, hier: Tennisanlage mit Kunstrasen, Bitumendecke und Schlackenauffüllung und Ballfangzaun im Außenbereich.
584  E. v. 21.5.1999 – 2 S 3/99 – BRS 62, Nr. 206.
585  E. v. 28.2.2014 – 5 L 347/13. So auch: VG Köln 17.8.2011 – 2 L 1123/11.
586  E. v. 19.9.2003 – 7 L 816/03.MZ.

XX. Das Beseitigungsverlangen **304**

**10. Der praktische Fall: Das abgängige Betriebsleiterwohnhaus 304**

> Im Zuständigkeitsbereich der Behörde N. liegt das Grundstück des Herrn Schmidt. Das Grundstück liegt im planungsrechtlichen Außenbereich (§ 35 BauGB). Die aufstehende Baulichkeit kann nur noch als Bauruine bezeichnet werden. Es handelt sich um ein ehemaliges landwirtschaftliches Anwesen (Betriebsleiterwohnhaus). Der vorhandene Baubestand ist aufgrund des eingetretenen Verfalls nicht mehr standsicher, abgesehen von den Fundamenten, dem Kellergeschoss und den erdgeschossigen Mauerabschnitten – eventuell noch den Giebelwänden – ist das alte Gebäude abgängig.
> Für einen Ersatzbau wurde eine Baugenehmigung weder beantragt, noch könnte eine solche Bauerlaubnis erteilt werden. Die Bauruine ist an einem Hang in einer reizvollen Umgebung gelegen. Das durch Wald- und Wiesennutzung geprägte Landschaftsbild wird durch die abgängige bauliche Anlage verunstaltet. Ferner stellt das direkt an einem Wanderweg gelegene verfallene Gebäude vor allem für Passanten eine Gefahrenquelle dar.
> Der Eigentümer lehnt die Sanierung des seit vielen Jahren leer stehenden Anwesens ab, weil seines Erachtens der desolate bauliche Zustand durch mutwillige Sachbeschädigungen unbekannter Dritter entstanden ist. Deshalb müsste nun auch die Allgemeinheit die Folgekosten tragen.
> Die Behörde meint, die Baulichkeit stelle keinen Wert mehr dar und will deshalb die Beseitigung verlangen.
> **Wie ist die Rechtslage?**
> **Lösung**
> **Fraglich ist, ob ein solches bauaufsichtliches Abbruchverlangen zulässig wäre.**
> Die teilweise oder vollständige Beseitigung rechtswidriger baulicher Anlagen kann die Bauaufsichtsbehörde verlangen, wenn die bauliche Anlage im Widerspruch zu Vorschriften des öffentlichen Baurechtes errichtet bzw. geändert worden ist und wenn nicht auf andere Weise rechtmäßige Zustände hergestellt werden können, z. B. durch Gewährung einer bauplanungsrechtlichen Ausnahme bzw. Befreiung bzw. einer bauordnungsrechtlichen Abweichung. Für diese einschneidende repressive Eingriffsmaßnahme bedarf es somit der formellen und materiellen Illegalität. Die Ermächtigungsgrundlage für eine solche bauaufsichtliche Eingriffsmaßnahme ist regelmäßig in der jeweiligen Landesbauordnung spezial-gesetzlich geregelt (§ 80 S. 1 MBO). Bestehen konkrete Anhaltspunkte für die Angemessenheit einer Ausnahme/Befreiung/Abweichung ist eine gleichwohl ergehende Abbruchverfügung allerdings ermessensfehlerhaft und damit rechtswidrig.[587] Demnach ist eine Abbruchverfügung dann gerechtfertigt, wenn die errichtete Anlage nicht durch eine Baugenehmigung gedeckt ist und seit ihrer Fertigstellung fortdauernd (!) gegen materielles Baurecht verstößt.[588]

---

587  OVG Niedersachsen 10.3.1986 – 6 A 70/85 – BRS 46, Nr. 191.
588  BVerwG 6.12.1985 – 4 C 23 u. 24.83 – BRS 44, Nr. 193 u. 194, OVG Nordrhein-Westfalen 13.2.1987 – 10 A 28/87 – BRS 47, Nr. 194, OVG Nordrhein-Westfalen 6.2.2015 – 2 A 1394/13.

**Abbruchverlangen aus Gründen der Gefahrenabwehr?**
Das materielle Bauordnungsrecht dient der Wahrung der öffentlichen Sicherheit und Ordnung auf dem Gebiet des Bauwesens (Errichtung, Erhaltung, Änderung, Nutzung und Abbruch baulicher Anlagen) einschließlich der Abwehr von Verunstaltungen. Nach § 3 MBO sind bauliche Anlagen u. A. so in Stand zu halten, dass die öffentliche Sicherheit oder Ordnung nicht gefährdet wird.
Laut dem Sachverhalt geht von der abgängigen – direkt an einem Wanderweg gelegenen – baulichen Anlage eine Gefahr für Leib und Leben von Passanten bzw. Wanderer aus. Nach der allgemeinen Lebenserfahrung könnten neugierige Passanten durch herabfallende Mauer- oder Dachteile verletzt werden. Aus bauordnungsrechtlicher Sicht besteht aufgrund der fehlenden Standsicherheit ein Verstoß gegen § 12 MBO
Damit liegt eine Gefahr i. S. d. der bauordnungsrechtlichen Generalklausel vor.[589]
Die Bauaufsichtsbehörde hat allerdings bei der Auswahl einer Maßnahme zur Bekämpfung eines baurechtswidrigen Zustandes das Übermaßverbot zu beachten, d. h., sie muss den Verhältnismäßigkeitsgrundsatz beachten. Die Erforderlichkeit eines ordnungsbehördlichen Handelns ist nur dann zu bejahen, wenn die Behörde von mehreren geeigneten Maßnahmen diejenige gewählt hat, die den Einzelnen und die Allgemeinheit voraussichtlich am wenigsten beeinträchtigt. Existiert ein milderes, aber gleich geeignetes Mittel, ist die Maßnahme nicht erforderlich und damit nicht verhältnismäßig. Im vorliegenden Fall könnten ggf. Absperrungs- und Absicherungsmaßnahmen ein unbefugtes Betreten des Grundstückes verhindern und deshalb zur Gefahrenabwehr ausreichend sein. Dann käme ein bauaufsichtliches Abbruchverlangen nicht in Frage.

**Abbruchverlangen zur Behebung der Landschaftsverunstaltung?**
Absperrungs- und Absicherungsmaßnahmen wären allerdings nicht geeignet, die Landschaftsverunstaltung zu beseitigen. Laut dem Sachverhalt verunstaltet die im planungsrechtlichen Außenbereich gelegene Ruine das durch eine Wald- und Wiesennutzung geprägte Landschaftsbild und beeinträchtigt damit öffentliche Belange i. S. d. § 35 Abs. 3 BauGB. Eine solche Verunstaltung ist dann gegeben, wenn zwischen dem verfallenen Anwesen einerseits und der Landschaft andererseits ein das ästhetische Empfinden des Durchschnittsbetrachters nicht nur beeinträchtigender, sondern verletzender Zustand vorliegt. Ein solcher hier offensichtlich vorliegender baurechtswidriger Zustand kann nur durch den Abbruch der entsprechenden baulichen Anlage behoben werden. Ein Sanierungsverlangen vermag die Bauaufsichtsbehörde nicht auszusprechen, da es sich hierbei um ein unzulässiges Baugebot handeln würde.[590] Im Übrigen käme die Sanierung des verfallenen Anwesens offen-

---

589 OVG Nordrhein-Westfalen 26.10.2000 – 10 A 4113/00 – BRS 63, Nr. 151.
590 VGH 18.5.1984 – Nr. 26 B 81 A. 215 – BRS 42, Nr. 217, VG Düsseldorf 22.3.2013 – 9 K 6566/11, VG Augsburg 10.9.2014 – Au 4 K 14.538.

sichtlich einem Neubau gleich und würde dadurch wiederum öffentliche Belange beeinträchtigen (= Entstehung einer Splittersiedlung).
Ferner sind aus dem Sachverhalt keine Hinweise dafür erkennbar, dass es sich um ein erhaltenswertes, das Bild der Kulturlandschaft prägendes Gebäude handelt, dessen Änderung bzw. Nutzungsänderung im Außenbereich unter erleichterten Umständen zulässig wäre.
**Hinweis: Bei dem Hinweis der Bauaufsichtsbehörde auf den fehlenden Wert der desolaten baulichen Anlage handelt es sich allerdings um einen sachfremden Einwand, der für das Einschreiten nicht tragend sein darf.** Soweit die jeweilige Ermächtigungsgrundlage allerdings eine Weiterung für verfallende bauliche Anlagen beinhaltet, ist diese zu beachten. So besagt z. B. § 82 Abs. 2 BauO NRW, NW:»Soweit bauliche Anlagen nicht genutzt werden und im Verfall begriffen sind, kann die Bauaufsichtsbehörde die Grundstückseigentümerin oder den Grundstückeigentümer und Erbbauberechtigte verpflichten, die Anlage abzubrechen oder zu beseitigen. Die Bestimmungen des Denkmalschutzgesetzes bleiben unberührt«.[591]

### Ergebnis
Die Voraussetzungen für ein bauaufsichtliches Beseitigungsverlangen liegen vor. Tragend hierfür muss aber eine Divergenz zu Vorschriften des Öffentlichen Baurechtes sein (hier § 35 BauGB und §§ 3, 12 MBO). Die Frage der verbleibenden Wertigkeit der Ruine darf kein tragender Grund für die Eingriffsmaßnahme sein.

## 11. Der praktische Fall: Das Behelfsheim im unbeplanten Innenbereich

Anlässlich einer beantragten Abgeschlossenheitsbescheinigung stellt die Bauaufsichtsbehörde M. fest, dass dort ein in den frühen fünfziger Jahren als Behelfsheim genehmigtes Gebäude nunmehr als Ferienwohnung genutzt wird. Bisher wurde Gebäude durchweg als Wohnhaus genutzt. Das Behelfsheim wurde ursprünglich mit einer sogenannten Baukarte für einen Zeitraum von fünf Jahren genehmigt. Das Gebäude ist im unbeplanten Innenbereich gelegen. Die nähere Umgebung entspricht von der Art der baulichen Nutzung einem faktischen allgemeinen Wohngebiet (§ 34 Abs. 2 i. V. m. § 4 BauNVO). Das Vorhaben ist allerdings in zweiter Reihe platziert. Für die Hinterlandbebauung gibt es in der relevanten näheren Umgebung keine Vorbilder. Die Bauaufsichtsbehörde prüft die Voraussetzungen eines Einschreitens.

---

591 Das OVG Niedersachsen 6.9.2017 – 1 ME 112/17 hat sich zu einer ausnahmsweise zulässigen sofort vollziehbaren Beseitigungsanordnung für eine verwahrloste Nebenanlage (Ruine) geäußert.

**Wie ist die Rechtslage?**
**Lösung**
Die Bauaufsichtsbehörden haben bei der Errichtung, Änderung, Nutzungsänderung und Beseitigung sowie bei der Nutzung und Instandhaltung von Anlagen darüber zu wachen, dass die öffentlich-rechtlichen Vorschriften eingehalten werden, soweit nicht andere Behörden zuständig sind (§ 58 Abs. 2 S. 1 MBO). Sie können in Wahrnehmung dieser Aufgaben die erforderlichen Maßnahmen treffen (§ 58 Abs. 2 S. 2 MBO).
Im vorliegenden Fall wäre ein gestuftes bauaufsichtliches Einschreiten denkbar, zunächst eine Nutzungsuntersagung und in der Folge ein Beseitigungsverlangen. Werden Anlagen im Widerspruch zu öffentlich-rechtlichen Vorschriften genutzt, kann diese Nutzung untersagt werden (§ 80 S. 2 MBO). Nach der gefestigten verwaltungsgerichtlichen Rechtsprechung rechtfertigt sein ein bauaufsichtliches Nutzungsverbot bereits unter Hinweis auf eine fehlende erforderliche Baugenehmigung. Insoweit bedarf es der formellen Illegalität. Zu prüfen wäre deshalb im vorliegenden Fall, ob nicht ein Gegenrecht (Bestandsschutz?) gegeben ist.
In den vierziger Jahren (aber auch – in den Jahren des Wiederaufbaus – nach 1945) wurden in Deutschland sogenannte Behelfsheime errichtet. In den vierziger Jahren wurden hierfür lediglich Baukarten erteilt. Nach den damaligen Regelungen bedurfte es für die Errichtung von Behelfsheimen keiner Ausnahmebewilligung von dem gemäß Anordnung vom 15.1.1943 geltenden Bauverbot (MBliV. 1943, 139). Für die Errichtung dieser Gebäude wurde eine Baukarte erteilt, die dem Bauwilligen zur Errichtung des Behelfsheimes ermächtigte. Die genannte Baukarte berechtigte nicht zum Bauen eines Wohngebäudes, sondern lediglich dazu, ein einfaches Behelfsheim zu errichten (Ziffer 1 Abs. 2 des Erlasses vom 9.9.1943).
Aus dem provisorischen Charakter der Behelfsheime hat die Rechtsprechung geschlossen, dass die für Behelfsheime durch die Baukarte begründete formelle Legalität nach Beendigung der Notsituation, der mit der Errichtung der Behelfsheime begegnet werden sollte, entfallen ist.[592] Der VGH Hessen[593] geht davon aus, dass die durch die Baukarte ersetzte Genehmigung von Anfang an unter der stillschweigenden auflösenden Bedingung erteilt sei, dass sie ihre rechtliche Wirkung mit Wegfall der Notwendigkeit der Unterbringung der wohnungslosen luftkriegsgeschädigten Bevölkerung verlieren sollte. Den Eintritt dieser auflösenden Bedingung hat das genannte Obergericht insoweit in Übereinstimmung mit dem OVG Niedersachsen mit dem Ende der Wohnungsnot, spätestens mit der Aufhebung der Wohnraumbewirtschaftung im Jahr 1965 angenommen.

---

592  OVG Niedersachsen, 4.10.1979 – VI A 45/76. Es besteht auch kein Bestandsschutz für ein nach dem 2. Weltkrieg entstandenes Behelfsheim, obwohl die Behörde in den 60 iger Jahren einen Abort und einen Abstellraum genehmigt hatte. Dies ist noch keine aktive Duldung. OVG Hamburg 29.5.2017 – 2 Bf 61/16.Z.
593  E. v. 18.9.1985 – 4 TH 486/85.

## XX. Das Beseitigungsverlangen

Hieraus wird deutlich, dass Behelfsheime rechtlich nicht die Qualität eines Dauerwohngebäudes besitzen.[594] Deshalb besteht z. B. im planungsrechtlichen Außenbereich auch keine Anwendungsmöglichkeit für die Vorschrift des § 35 Abs. 4 Nr. 2 BauGB auf Behelfsheime. Auch das OVG Bremen[595] hat entschieden: »Genehmigungen zur Errichtung von Behelfsheimen im Außenbereich (hier: in Kleingartengebieten), die auf der Grundlage des Notwohnungsrechts der Nachkriegszeit erteilt worden sind, stellen keine regulären Baugenehmigungen dar. Sie sind inhaltlich auf die damalige Notsituation bezogen. Eine Wohnnutzung lässt sich heute nicht mehr auf sie stützen.«

Demnach ist davon auszugehen, dass eine formelle Legalität von Behelfsheimen zum heutigen Zeitpunkt zu verneinen ist. Bestandsschutz bzw. ein entsprechendes Abwehrrecht können im Einzelfall nur dann angenommen werden, wenn die zuständige Bauaufsichtsbehörde den tatsächlich vorhandenen baulichen Bestand förmlich geduldet und damit Vertrauensschutz geschaffen hat. Ein solcher wäre im Übrigen aber auch schon mit Blick auf die geänderte Nutzung als Ferienwohnung zu verneinen.

Zu prüfen ist über die Möglichkeit einer Nutzungsuntersagung hinaus die Möglichkeit eines Beseitigungsverlangens. Hierfür bietet § 80 S. 1 MBO die entsprechende Ermächtigungsrundlage. Demnach kann die Bauaufsichtsbehörde die teilweise oder vollständige Beseitigung der Anlagen anordnen, wenn Anlagen im Widerspruch zu öffentlich-rechtlichen Vorschriften errichtet oder geändert werden und wenn nicht auf andere Weise rechtmäßige Zustände hergestellt werden können.

Neben der – hier gegebenen formellen Illegalität – bedarf es folglich für ein bauaufsichtliches Beseitigungsverlangen auch der materiellen Illegalität. Materielle Illegalität ist somit gegeben, wenn eine bauliche Anlage im Widerspruch zum materiellen öffentlichen Baurecht errichtet, geändert, abgebrochen, genutzt oder deren Nutzung geändert wird und nicht auf andere Weise rechtmäßige Zustände hergestellt werden können, z. B. durch Gewährung einer Abweichung, Befreiung oder Ausnahme.[596]

Mangels weiterer Angaben im Sachverhalt, ist nur die planungsrechtliche Zulässigkeit des ehemaligen Behelfsheimes in den Blick zu nehmen. Dieses ist im unbeplanten Innenbereich platziert. Die Zulässigkeit von Vorhaben im unbeplanten Innenbereich regelt § 34 BauGB. Laut § 34 Abs. 1 S. 1 BauGB ist ein Vorhaben innerhalb der im Zusammenhang bebauten Ortsteile zulässig, wenn es sich nach Art und Maß der baulichen Nutzung, der Bauweise und der Grundstücksfläche, die überbaut werden soll, in die Eigenart der näheren Umgebung einfügt und die Erschließung gesichert ist. Der zentrale Begriff des *Einfügens* ist ein unbestimmter Rechtsbegriff, den die Behörde auszulegen hat. Es handelt sich um ein Tatbestandsmerkmal, an dessen Vorliegen das Gesetz eine Rechtsfolge knüpft. Insoweit ist § 34 Abs. 1 BauGB eine Anspruchsnorm. Fügt sich ein Vorhaben in die Eigenart der näheren Umgebung, ist es planungsrechtlich zulässig und – soweit dem Vorhaben nicht in

---

594 so auch das OVG Schleswig-Holstein 31.1.1997 – 1 L 170/96.
595 OVG Bremen 4.2.1997 – 1 BA 39/96.
596 VGH Baden-Württemberg 16.6.2003 – 3 S 2436/02 – BRS 66, Nr. 195.

anderen Rechtsgebieten konkretisierte Anforderungen entgegen stehen – eine beantragte Baugenehmigung zu erteilen (§ 72 Abs. 1 MBO). Die Entscheidung der Verwaltung, ob sich das Vorhaben einfügt oder nicht einfügt, ist voll gerichtlich überprüfbar, ein Beurteilungsspielraum wird hierbei der Verwaltung nicht zugebilligt. Es besteht insoweit ein Rechtfertigungszwang.

**Prüfschritte für ein Vorhaben im unbeplanten Innenbereich (§ 34 BauGB), welches Gegenstand einer Bauvoranfrage oder eines Bauantrages ist. Die öffentlichen Belange in § 34 I 2 BauGB sind in der Praxis nur höchst ausnahmsweise relevant.**
– Anwendbarkeit des § 34 BauGB: Baugrundstück liegt innerhalb eines Bebauungszusammenhanges, der ein Ortsteil i. S. d. § 34 I BauGB ist?
– Abgrenzung der näheren Umgebung jeweils für jedes der Einfügungsmerkmale gesondert?
– Prüfen der Einhaltung des ermittelten Rahmens?
– Bestehen bodenrechtliche Spannungen trotz Einfügens?
– Bei Nichteinfügen prüfen der Möglichkeiten des Abweichens nach § 34 III BauGB?
– Erschließung gesichert?

Bei der Bewertung des Einfügens nach § 34 BauGB kommt es nur auf die in Abs. 1 der Vorschrift geregelten Merkmale an, d. h., auf die Art der baulichen Nutzung, auf das Maß der baulichen Nutzung, auf die Bauweise und auf die Grundstücksfläche, die bebaut werden soll. Die Merkmale, nach denen sich ein Vorhaben i. S. von § 34 Abs. 1 BauGB in die Eigenart der näheren Umgebung einfügen muss, sind dabei unabhängig voneinander zu prüfen.
Ergibt die Bewertung der maßgeblichen Umgebung, dass ein faktisches Baugebiet vorhanden ist, ist gem. § 34 Abs. 2 BauGB die Zulässigkeit des Vorhabens so zu beurteilen, als läge ein entsprechender (Bebauungs-)Plan vor. § 34 Abs. 2 BauGB weist zwingend einen Weg zur Anwendung der BauNVO.[597] In diesem Fall liegt im Grunde die Situation eines Ersatzplanes vor. In einem solchen Fall sind dann nur solche Nutzungen zulässig, die den Regelungen der BauNVO für die verschiedenen Baugebiete entsprechen.[598] Der weiteren Prüfung, ob sich das Vorhaben gleichwohl im Sinne des § 34 Abs. 1 BauGB einfügt, bedarf es grundsätzlich nicht.[599] Die Erteilung der Bebauungsgenehmigung für ein nach den Vorschriften der BauNVO nur ausnahmsweise zulässiges Vorhaben steht dann im pflichtgemäßen Ermessen der Bauaufsichtsbehörde. Laut dem Sachverhalt ist vorliegend ein faktisches allgemeines Wohngebiet gegeben. Damit ist § 4 BauNVO relevant. Da gem. 13 a BauNVO Ferienwoh-

---

597 OVG Saarland 23.2.1978 – 11 R 123.77. Dies gilt nicht für die durch das Gesetz zur Umsetzung der Richtlinie 2014/52/EU im Städtebaurecht und zur Stärkung des neuen Zusammenlebens in der Stadt (Bauplanungsrechtsnovelle 2016) neu eingeführte Baugebietskategorie Urbanes Mischgebiet (MU).
598 OVG Nordrhein-Westfalen 25.9.1995 – 11 B 2195/95 – BauR 1996, 222, vgl. aber auch VGH Bayern 24.6.1994 – 26 B 93.993.
599 BVerwG 25.11.1983 – 4 C 64.79 – BRS 40, Nr. 54.

## XX. Das Beseitigungsverlangen

## 305

nungen in einem allgemeinen Wohngebiet als Unterfall des nicht störenden Gewerbebetriebes (§ 4 Abs. 3 Nr. 2 BauNVO) ausnahmsweise zulässig sind, ist vom Einfügen nach der Art der baulichen Nutzung auszugehen.
Von den übrigen Einfügungsmerkmale ist allenfalls das Tatbestandsmerkmal: Grundstücksfläche, die überbaut werden soll kritisch. Hierbei geht es um den Standort des Vorhabens auf dem Grundstück bzw. im Gelände, nicht zu verwechseln hiermit ist die GRZ (§ 19 BauNVO). In diesem Zusammenhang werden Anforderungen an die Lage des Baukörpers auf dem Grundstück gestellt, worüber etwaige faktische Baugrenzen bzw. Bebauungstiefen entscheiden.[600] Maßgeblich für die Bebauungstiefe ist die Entfernung von der Straße, durch die die jeweiligen Gebäude erschlossen werden.[601] Von Interesse ist das Merkmal der Grundstücksfläche, die überbaut werden soll, insbesondere mit Blick auf Hinterlandbebauung. Es gibt aber keinen städtebaulichen Grundsatz, dass Hinterlandbebauung unerwünscht bzw. unzulässig ist.[602] Stets sind Vorder- und Hinterlieger, Haupt- und Nebennutzung zu differenzieren, der erste Fall einer Hinterliegernutzung ist regelmäßig problematisch.[603] Es stellt sich also die Frage nach der Existenz von Bezugsfällen. Der Nachbar hat aber keinen Anspruch auf Fortbestand einer faktischen Ruhezone auf einem fremden Grundstück.[604]
Ergibt sich aus der vorhandenen Bebauung eine faktische vordere Baugrenze, so kann das dazu führen, dass sich eine dahinter zurückspringende Bebauung i. S. des § 34 Abs. 1 BauGB nach der überbaubaren Grundstücksfläche nicht in die Eigenart der näheren Umgebung einfügt.[605] Auch die Bebauung eines 25 m tiefen Vorgartens mit einem Einfamilienhaus kann in Anwendung der Grundsätze für die sog. Hinterlandbebauung im unbeplanten Innenbereich unzulässig sein.[606] Die Beachtung faktischer Baugrenzen gilt auch für Nebenanlagen[607] und für Werbeanlagen (Fremdwerbung)[608]. Soll ein Vorhaben im sogenannten Blockinnenbereich errichtet werden, bestimmt sich seine planungsrechtliche Zulässigkeit nicht nur danach, ob und in welcher Tiefe eine

---

600 OVG Saarland 29.5.1985 – 2 R 358/83 – BRS 44, Nr. 61, und OVG Saarland 19.9.2005 – 2 R 7/05 – BRS 69, Nr. 99.
601 OVG Schleswig-Holstein 27.9.2001 – 1 L 45/01 – BRS 64, Nr. 87, und VG München 12.12.2005 – M 8 K 05.1434.
602 OVG Nordrhein-Westfalen 22.5.1992 – 11 A 1709/89 – BRS 54, Nr. 83, und VG Augsburg 15.11.2006 – Au 4 K 06.662. Eine rückwärtige Bebauung mit einem Hauptgebäude ist unzulässig, wenn im hinteren Bereich der umliegenden Grundstücke nur Nebenanlagen vorhanden sind. BVerwG 6.11.1997 – 4 B 172.97 – BRS 59, Nr. 79. Vgl. auch OVG Saarland 24.11.2005 – 2 R 6/05 – hier straßennahe Bebauung vor einem Wohnhaus. Aber eine entstehende Hinterbebauung ist grundsätzlich unschädlich. Zu weiteren Einzelfällen: VG München 30.6.2008 – M 8 K 07.3822 – und OVG Berlin 1.12.2004 – 2 B 14.03. – BauR 2005, 1213.
603 Das Merkmal des Einfügens einer rückwärtigen Bebauung hängt nicht zuletzt von deren Erschließung ab. BVerwG 6.11.1997 – 4 B 172.97 – BRS 59, Nr. 79.
604 VG Saarland 28.2.2007 – 5 K 20/06.
605 BVerwG 23.11.1998 – 4 B29.98 – BRS 60, Nr. 82.
606 OVG Niedersachsen 16.6.1982 – 1 A 143/80 – BRS 39, Nr. 59.
607 VGH Bayern 25.4.2005 – 1 CS 04.3461.
608 OVG Schleswig-Holstein 2.11.1994 – 1 L 65/94.

Bebauung im Blockinnenbereich bereits vorhanden ist, sondern auch danach, ob es sich hierbei um Haupt- oder nur um Nebenanlagen handelt.[609]
Laut dem Sachverhalt ist das Gebäude in zweiter Reihe platziert. Für die Hinterlandbebauung gibt es in der relevanten näheren Umgebung keine Vorbilder. Vor dem Hintergrund der vorstehenden Ausführungen ist deshalb das Einfügen zu verneinen. Es besteht also auch eine materielle Illegalität.

Damit liegen die rechtlichen Voraussetzungen für ein bauaufsichtliches Beseitigungsverlangen auf den ersten Blick vor. Fraglich ist aber, ob ein behördliches Einschreiten im vorliegenden Fall auch ermessensgerecht wäre. Der der Behörde eingeräumte Ermessensspielraum bezieht sich zum einen darauf, ob die Behörde überhaupt einschreitet (sog. Handlungs- oder Entschließungsermessen) und zum anderen darauf, welches Mittel sie zur Beseitigung des rechtswidrigen Zustands einsetzt und welchen Störer sie in Anspruch nimmt (sog. Auswahlermessen).[610] Für eine ordnungsgemäße Ermessensbetätigung der Bauaufsichtsbehörde bedarf es regelmäßig nur der Feststellung der formellen und materiellen Illegalität der betreffenden Anlage.[611] Dies ist erfolgt. Auch laut dem OVG Nordrhein-Westfalen[612] muss die Behörde eine Beseitigungsverfügung in der Regel nur damit begründen, dass der jeweilige baurechtswidrige Zustand formell und materiell illegal ist und eine negative Vorbildwirkung im öffentlichen Interesse vermieden werden soll. Weitere Ausführungen sind nicht erforderlich, außer im Einzelfall drängt sich ausnahmsweise eine Duldung auf.[613] Dies könnte hier aber der Fall sein.

Letzteres ist hier mit Blick auf den Umstand der Fall, dass das streitige Gebäude auch nach Einschätzung des Beklagten bereits in den frühen fünfziger Jahren errichtet und seitdem durchweg als Wohnhaus genutzt worden ist. Die Bauaufsichtsbehörden sind keineswegs ausnahmslos verpflichtet, die Beseitigung von formell und materiell illegalen baulichen Anlagen ungeachtet der Frage zu betreiben, wann und unter welchen Umständen diese Anlagen errichtet und wie lange sie beanstandungsfrei genutzt worden sind. Es ist in der Rechtsprechung vielmehr anerkannt, dass die Bauaufsichtsbehörden bei der Bekämpfung von Schwarzbauten im Rahmen ihrer Ermessensbetätigung sogenannte „Stichtagsregelungen" zugrunde legen dürfen. Bei der Ermessensausübung ist den zu beachtenden Vorgaben des Art. 3 Abs. 1 GG auch dann genügt, wenn die Behörde nur gegen Schwarzbauten vorgeht, die nach einem bestimmten Zeitpunkt errichtet oder verändert worden sind, um so die Verschlechterung einer vorgefundenen Situation zu verhindern. Nach Art. 3 Abs. 1 GG ist die Festlegung eines Zeitpunkts als Stichtag für das zukünftige Einschreiten jedenfalls dann zulässig, wenn er nach sachlichen Kriterien bestimmt ist.[614]

---

609 BVerwG 4.2.1986 – 4 B 7/86 – BRS 46, Nr. 64.
610 VG Ansbach 28.4.2022 – AN 3 K 20.02638.
611 VG Saarland 19.6.2019 – 5 K 2001/18.
612 E. v. 24.2.2016 – 7 A 48/14 – BRS 84, Nr. 100 = BauR 2016, 805 ff.
613 OVG Nordrhein-Westfalen 24.2.2016 – 7 A 19/14.
614 BVerwG 24.7.2014 – 4 B 34.14 – BRS 82 Nr. 195 = BauR 2014. 1923, m. w. N.; BVerfG 2.9.2004 – 1 BvR 1860/02 – BRS 69 Nr. 190 = BauR 2006, 97.

XX. Das Beseitigungsverlangen

Die Frage, ob das Vorgehen durch eine solche Regelung begrenzt werden soll, stellt sich der Bauaufsichtsbehörde nach Überzeugung des Senats mit besonderem Gewicht im Hinblick auf solche Schwarzbauten, die vor langer Zeit errichtet worden sind. Denn für solche baulichen Anlagen ist in der heutigen Zeit nicht nur in Rechnung zu stellen, dass sie inzwischen seit vielen Jahrzehnten existieren und die Bauaufsichtsbehörde in diesem langen Zeitraum nicht gegen sie eingeschritten ist. Es ist auch zu berücksichtigen, dass vielfach Aktenbestände – sei es bei den Behörden, sei es in der Hand der hinsichtlich einer Baugenehmigung beweisbelasteten privaten Eigentümer oder ihrer Rechtsvorgänger – durch die Kriegsverhältnisse unvollständig geworden oder ganz verloren gegangen sind und es die bis heute verstrichene Zeit regelmäßig ausschließt, sich durch die Vernehmung von Zeugen Gewissheit über die Umstände der Errichtung eines Gebäudes zu verschaffen. Diese Gesichtspunkte muss die Bauaufsichtsbehörde im Rahmen ihrer Ermessensbetätigung prüfen und in ihre Entscheidung mit angemessenem Gewicht einstellen.

Im Übrigen handelt es sich laut dem Sachverhalt um einen Einzelfall, d. h., es gibt offensichtlich in der näheren Umgebung keine weiteren Vorbilder. Ein Fremdkörper kann aber nicht eine negative Vorbildwirkung für eine weitere Hinterbebauung entfalten. Insoweit dürfte das öffentliche Interesse für ein bauaufsichtliches Einschreiten gering sein. Im vorliegenden Fall spricht also vieles für eine Duldung der baulichen Anlage, ggf. nur als Wohnnutzung.

## 12. Der praktische Fall: Der Hobbylandwirt im Außenbereich

Herr B. hatte immer schon eine Vorliebe für die Landwirtschaft. Nach seiner Verrentung erwirbt er im planungsrechtlichen Außenbereich eine ältere Scheune verkleidet mit Welleternitplatten, deren ursprüngliche Nutzung schon seit längerer Zeit aufgegeben worden ist. Ferner pachtet B. zwei Hektar. Die Pachtverträge sind auf 12 Jahre ausgelegt. Dort beabsichtigt er die Haltung von Ammenkühen. Die vorhandene Scheune baut er zu einem Stall um. Ferner schafft er hier Raum für einen Traktor, einen Anhänger, einen Heuwender und einen kleinen Werkstattbereich. Die Welleternitplatten wurden durch eine massive Aufmauerung ersetzt. Durch einen Hinweis wird die zuständige Bauaufsichtsbehörde auf die baulichen Veränderungen aufmerksam. Da die Bauarbeiten noch nicht abgeschlossen sind, verbietet die Behörde deren Fortsetzung. B. verweist auf die materielle Genehmigungsfähigkeit seines Vorhabens und legt der Behörde eine Wirtschaftlichkeitsrechnung vor. Demnach wird Herr B. vss. einen jährlichen Umsatz 3283,00 Euro erzielen. Der jährliche Überschuss beträgt 938,00 Euro. Die Behörde prüft die Möglichkeit eines Beseitigungsverlangens.

**Wie wird die Behörde entscheiden?**
Hinweis: Der Fall ist NRW platziert.

**Lösung**
Die Behörde wird die Beseitigung der umgebauten Scheune verlangen, wenn hierfür die gesetzlichen Vorgaben vorliegen.
Näheres regelt § 58 Abs. 2 BauO NRW i. V. m. § 82 BauO NRW. Demnach haben die Bauaufsichtsbehörden bei der Errichtung, der Änderung, dem Abbruch, der Nutzung, der Nutzungsänderung sowie der Instandhaltung baulicher Anlagen sowie anderer Anlagen und Einrichtungen im Sinne des § 1 Abs. 1 Satz 2 BauO NRW darüber zu wachen, dass die öffentlich-rechtlichen Vorschriften und die aufgrund dieser Vorschriften erlassenen Anordnungen eingehalten werden. Sie haben in Wahrnehmung dieser Aufgaben nach pflichtgemäßem Ermessen die erforderlichen Maßnahmen zu treffen. Eine Beseitigungsverfügung ist eine endgültige Maßnahme. Aus diesem Grunde kommt ein solches bauaufsichtliches Verlangen deshalb grundsätzlich nur in Betracht, wenn die bauliche Anlage formell und materiell illegal ist.[615]
Unstrittig handelt es sich um ein genehmigungsbedürftiges Vorhaben. Durch die langjährige Aufgabe der Nutzung der Scheune ist deren Bestandsschutz untergegangen.[616] Dies gilt sowohl für die aufstehende Baulichkeit als auch für die Nutzung. Laut Sachverhalt wurden die Welleternitplatten durch eine massive Aufmauerung ersetzt. Dies ist statisch relevant. Die Scheune kommt damit ggf. sogar einem Neubau gleich. Das ehemalige Gebäude kann auch keinen Bestandsschutz für das später errichtete bzw. veränderte Gebäude begründen.[617]
Die Genehmigungsbedürftigkeit folgt aus § 60 BauO NRW. Das Verbot ungenehmigter Bauarbeiten ist in § 74 Abs. 7 BauO NRW, ausdrücklich geregelt. Damit liegt formelle Illegalität vor. Dies allein rechtfertigt die Stilllegung bzw. das Verbot der Fortführung ungenehmigter Bauarbeiten.[618]
Für ein auf § 80 Abs. 1 S. 2 BauO NRW bauaufsichtliches Beseitigungsverlangen muss zur formellen auch noch die materielle Illegalität treten, d. h., Vorhaben einschließlich seiner Nutzung dürfte nicht genehmigungsfähig sein.[619] Der Prüfungsrahmen orientiert sich grundsätzlich an § 74 Abs. 1 BauO NRW. Die erste Prüfstation ist (auch im Baugenehmigungsverfahren) stets das Planungsrecht.

---

615 BVerwG 6.12.1985 – 4 C 23 u. 24.83 – BRS 44, Nr. 193 u. 194, BRS 44, Nr. 198, OVG Nordrhein-Westfalen 13.2.1987 – 10 A 28/87 – BRS 47, Nr. 194.
616 OVG Thüringen 29.11.1999 – 1 EO 658/99 – BauR 2000, 719 = BRS 62, Nr. 203, VGH Bayern, 20.2.2003 – 15 B 00.1363, OVG Niedersachsen 3.1.2011 – 1 ME 209/10, siehe aber: OVG Nordrhein-Westfalen 14.3.1997 – 7 A 5179/95 – BauR 1997, 811.
617 VG Saarland 17.6.2015 – 5 K 652/14.
618 OVG Nordrhein-Westfalen 6.2.1970 – VII B 935/69 – BRS 23, Nr. 205, sowie BRS 39, Nr. 228, NVwZ 1988, 369, OVG Nordrhein-Westfalen 7.10.2005 – 10 B 1394/05 – NWVBl. 4/2006, 136 ff., VG Schleswig-Holstein 14.12.2016 – 8 B 39/16.
619 OVG Nordrhein-Westfalen 3.9.1976 – XI A 1722/75 – BRS 30, Nr. 114, BVerwG 6.12.1985 – 4 C 23 u. 24.83 – BRS 44, Nr. 193 u. 194, BRS 44, Nr. 198, OVG Nordrhein-Westfalen 13.2.1987 – 10 A 28/87 – BRS 47, Nr. 194, OVG Nordrhein-Westfalen 6.2.2015 – 2 A 1394/13.

## XX. Das Beseitigungsverlangen

Zu prüfen ist demnach, ob dem Vorhaben planungsrechtliche Vorschriften entgegenstehen. Das Antragsgrundstück liegt im Außenbereich und beurteilt sich nach § 35 BauGB.

**Diese Vorschrift unterscheidet folgende Fallgruppen:**
- Absatz 1: bevorrechtigte Vorhaben (im Wesentlichen für die Land- und Forstwirtschaft)
- Absatz 2: sonstige Vorhaben
- Absatz 4: erleichterte sonstige Vorhaben.

Ein bevorrechtigtes Vorhaben nach § 35 Abs. 1 Nr. 1 BauGB muss einem land- oder forstwirtschaftlichen Betrieb dienen. Es darf nur einen untergeordneten Teil der Betriebsfläche einnehmen. Öffentliche Belange i. S. d. Abs. 3 der Norm dürfen nicht entgegenstehen. Die ausreichende Erschließung muss gesichert sein. Nach der obergerichtlichen Rechtsprechung erfordert die Betriebseigenschaft ein auf Dauer gedachtes und lebensfähiges Unternehmen, das mit einer gewissen Nachhaltigkeit bewirtschaftet wird. Hierbei wird ein Mindestmaß an Umfang der landwirtschaftlichen Betätigung vorausgesetzt. Indizien für eine Betriebseigenschaft sind unter anderem die Höhe des erzielten Gewinns[620] und das Verhältnis von Eigenland und Pachtflächen zueinander, da ein Pachtvertrag als nur schuldrechtliche und von beiden Vertragsparteien jederzeit aufhebbaren Bindung die erforderliche Nachhaltigkeit nicht in gleichem Maße gewährleisten kann wie eigenes Land.[621]

Bei Berücksichtigung dieser höchstrichterlichen Rechtsprechung zu den grundlegenden Anforderungen an einen Betrieb, ist festzustellen, dass B. sich zwar landwirtschaftlich betätigt (vgl. § 201 BauGB), aber keinen landwirtschaftlichen Betrieb im Sinne des § 35 Abs. 1 Nr. 1 BauGB führt, da die landwirtschaftliche Betätigung im Hinblick auf Umfang, Flächenausstattung und Gewinnhöhe nicht als nachhaltig bezeichnet werden kann.

Zunächst einmal bewirtschaftet B. lediglich zwei Hektar Land, die er vollständig angepachtet hat.

Darüber hinaus erwirtschaftet B nach der der Landwirtschaftskammer vorgelegten »Wirtschaftlichkeitsberechnung« bei einem jährlichen Umsatz von 3.283,00 € nur einen jährlichen Überschuss von nur 938,00 € und erzielt damit gerade einmal einen monatlichen Gewinn von 78,16 €.

Nach der Rechtsprechung diverser Obergerichte liegt bei diesen geringfügigen Einnahmen kein Betrieb vor. So hat das OVG Nordrhein-Westfalen bereits am 19.6.1970 – X A 104/69 entschieden, dass bei einem jährlichen Ertrag von 766,93 € (1.500,00 DM) nicht von einem Nebenerwerbsbetrieb gesprochen werden. Das OVG Niedersachsen[622] geht davon aus, dass die Absicht, nachhaltige Erträge zu erzielen, in der Regel erst bei einem Jahresumsatz von 5.112,92 € vorliegt. Ein Nebenerwerbsbetrieb wurde auch angenommen, bei einer Pferdezucht aufgrund eigener Bodenertragsnutzung einschließlich der

---

620 BVerwG 11.4.1986 – 4 C 67.82.
621 BVerwG 24.6.1994 – 4 B 124.94 und vom 1.12.1995 – 4 B 271.95.
622 E. v. 12.5.1989 – 6 A 212/86.

Erstausbildung von Jungtieren in einer Reit- und Bewegungshalle[623] und bei einem Weingut[624].
Da B. im Ergebnis keinen landwirtschaftlichen Betrieb im Sinne des Baugesetzbuches führt, kann das Vorhaben auch nicht einem solchen Betrieb im Sinne des § 35 Abs. 1 Nr. 1 BauGB dienen. Das Vorhaben ist damit nicht bevorrechtigt nach dieser Vorschrift. Es ist auch nicht erleichtert zulässig nach Absatz 4 (z. B. Nutzungsänderung ehemals landwirtschaftlicher Betriebsgebäude bei Erhalt des Gestaltwerts [!], Wiederaufbau nach Brand; angemessene Wohnraumerweiterung oder Erweiterung eines gewerblichen Betriebes). Es handelt sich um ein sonstiges Vorhaben nach Absatz 2.
Sonstige Vorhaben können (nur) im Einzelfall zulässig sein, wenn sie öffentliche Belange (§ 35 Abs. 3 BauGB) nicht beeinträchtigen. Die ausreichende Erschließung muss gesichert sein.

**Folgende öffentliche Belange werden beeinträchtigt:**
1. Die massive Aufmauerung der ehemaligen Welleternithalle wäre in baurechtlicher Hinsicht wie ein Neubau zu bewerten, der die Erweiterung einer Splittersiedlung befürchten lässt (§ 35 Abs. 3 Nr. 7 BauGB). Die bauliche Nutzung muss auf diejenigen Teilbereiche des Gemeindegebietes beschränkt bleiben, die rechtlich als Bauland dienen. Der Außenbereich ist grundsätzlich den bevorrechtigten Vorhaben nach Absatz 1 vorbehalten. Im Übrigen dient er der Allgemeinheit zur Erholung. Das Vorhaben wäre dann Teil einer Zersiedlung, die einer geordneten städtebaulichen Entwicklung zuwiderläuft. Sie vollzieht sich schrittweise. Das einzelne Vorhaben ist noch nicht unbedingt eine messbare Beeinträchtigung der Siedlungsstruktur, aber wirksamer Bestandteil einer Kette von Siedlungsvorgängen. Sie führen insgesamt zu einer deutlichen und nachhaltigen Verschlechterung der Siedlungsstruktur.
2. Das Vorhaben beeinträchtigt zudem die natürliche Eigenart der Landschaft und ihre Aufgabe als Erholungsgebiet (§ 35 Abs. 3 Nr. 5 BauGB).

**Zwischenergebnis**
Das Vorhaben ist demnach planungsrechtlich nicht zulässig
Das Vorhaben ist somit nicht genehmigungsfähig. Es besteht demnach auch materielle Illegalität. Eine weitere materielle Prüfung (z. B. bauordnungsrechtlicher Fragen) erübrigt sich. Eine Abbruchverfügung ist dann gerechtfertigt, wenn die errichtete Anlage nicht durch eine Baugenehmigung gedeckt ist und seit ihrer Fertigstellung fortdauernd (!) gegen materielles Baurecht verstößt.[625] Dies ist hier der Fall. Die Behörde kann deshalb ein Beseitigungsverlangen aussprechen. Vorher ist B. aber schriftlich anzuhören (§ 28 VwVfG).
Bis zur Bestandskraft der Beseitigungsverfügung besteht die Möglichkeit einer Nutzungsuntersagung unter Anordnung der sofortigen Vollziehung. Für eine

---

623 BVerwG 16.5.1985 – 4 C 13.82 – bei einer Rinderhaltung (hier Rinderunterstand für Galloway-Rinder, VGH Hessen 6.7.2001 – 8 S 268/01 – BauR 2003, 219 ff. = BRS 64, Nr. 93.
624 VGH Hessen 8.7.2009 – 8 S 1686/08.
625 BVerwG 6.12.1985 – 4 C 23 u. 24.83 – BRS 44, Nr. 193, OVG Nordrhein-Westfalen 13.2.1987 – 10 A 28/87 – BRS 47, Nr. 194.

XX. Das Beseitigungsverlangen **306**

solche bauaufsichtliche Maßnahme reicht der Hinweis auf die formelle Illegalität aus.[626]

**Ergebnis**
Die Behörde wird die (vollständige) Beseitigung der umgebauten Scheune verlangen.

---

626 OVG Saarland 9.3.1984 – 2 R 175/82, OVG Saarland 9.3.1984 – 2 R 175/82 – BRS 42, Nr. 227 – BRS 48, Nr. 134, VGH Hessen 26.7.1994 – 4 TH 1779/93 – BRS 56, Nr. 212, VGH Hessen 10.11.1994 – 4 TH 3115/94 – BRS 57, Nr. 259, VGH Hessen 30.10.1995 – 3 TG 3115/95 – BRS 57, Nr. 255, OVG Rheinland-Pfalz 22.5.1996 – 8 A 1180/95 – BRS 58, Nr. 202, siehe auch OVG Nordrhein-Westfalen 23.7.2002 – 10 E 434/01 – NWVBl. 2002, 191, OVG Nordrhein-Westfalen 7.10.2005 – 10 B 1394/05 – NWVBl. 4/2006, 136 ff., VGH Baden-Württemberg 1.2.2007 – 8 S 2606/06 – nur vorläufig, VGH Hessen 19.9.2006 – 3 TG 2161/06 – BRS 71, Nr. 188, VG Minden 15.3.2007 – 9 K 3240/06 – anders für dauerhaftes Nutzungsverbot: BRS 58, Nr. 201, OVG Nordrhein-Westfalen 12.7.2007 – 7 E 664/07, BRS 71, Nr. 187, VG Düsseldorf 26.3.2010 – 25 K 6931/09; VG Minden 16.5.2014 – 1 L 867/13.

# XXI. Das Anpassungsverlangen

### 1. Grundsatz: Verbot der Rückwirkung

**307** Grundsätzlich beziehen sich die Vorschriften der Landesbauordnung auf erst zu erstellende bauliche Anlagen. Eine **rückwirkende** Anwendung von Vorschriften des öffentlichen Baurechts ist grundsätzlich **unzulässig**.

Dieser Grundsatz ist aus dem grundgesetzlich geschützten Eigentumsbegriff abzuleiten. Entsprach eine bauliche Anlage im Zeitpunkt ihrer Errichtung (oder später) den materiellen Vorschriften des öffentlichen Baurechtes, so berührt eine gesetzliche Änderung der baurechtlichen Anforderungen nicht die Legalität des Gebäudes.[627] Dies folgt aus dem Gedanken des Bestandsschutzes.[628]

**308** Das rechtsstaatliche Verbot der Rückwirkung setzt dem bauaufsichtlichen Anpassungsverlangen gegenüber vorhandenen baulichen Anlagen Grenzen.

### 2. Nachträgliches Anpassungsverlangen als Ausnahme

**309** In Abweichung von diesem Grundsatz gestattet z.B. § 59 BauO NRW unter bestimmten Umständen die Anpassung bestehender baulicher Anlagen an eine geänderte Rechtslage. Es handelt sich um eine eigene Ermächtigungsgrundlage.[629] Das Anpassungsverlangen kann sich aber nur auf bauordnungsrechtliche Anforderungen beziehen, nicht auf das sonstige öffentliche Baurecht.

> **§ 59 BauO NRW – Bestehende Anlagen**
>
> (1) Entsprechen rechtmäßig bestehende Anlagen nicht den Vorschriften dieses Gesetzes oder Vorschriften, die aufgrund dieses Gesetzes erlassen worden sind, so kann verlangt werden, dass die Anlagen diesen Vorschriften angepasst werden, wenn dies im Einzelfall wegen der Abwehr von Gefahren für Leben und Gesundheit erforderlich ist.
>
> (2) Sollen Anlagen wesentlich geändert werden, so kann gefordert werden, dass auch die nicht unmittelbar berührten Teile der Anlage mit diesem Gesetz oder den aufgrund dieses Gesetzes erlassenen Vorschriften in Einklang gebracht werden, wenn
> 1. die Bauteile, die diesen Vorschriften nicht mehr entsprechen, mit den Änderungen in einem konstruktiven Zusammenhang stehen und
> 2. die Durchführung dieser Vorschriften bei den von den Änderungen nicht berührten Teilen der Anlage keinen unverhältnismäßigen Mehraufwand verursacht.

---

627 OVG Niedersachsen 28.3.1966 – I A 198/63, 199/63, 200/63, 209/63 – BRS 17, Nr. 150.

628 Vgl. hierzu: BVerfG 24.7.2000 – 1 BvR 151/99 – NVwZ 2001, 424, OVG Nordrhein-Westfalen 27.8.2002 – 10 B 1233/02 – BRS 65, Nr. 174, OVG Rheinland-Pfalz 29.6.2004 – 8 A 10899/04 – NVwZ-RR 2005, 318, zur Tendenz zur Einschränkung des Bestandsschutzes vgl.: BVerwG 16.5.1991 – 4 C 17.90 – BRS 52, Nr. 157.

629 OVG Berlin-Brandenburg 27.4.2007 – 2 S 21.07 – BRS 71, Nr. 183 und VG Münster 20.5.2019 – 10 K 1832/18.

XXI. Das Anpassungsverlangen

In diesem Zusammenhang sind angemessene Regelungen zur Barrierefreiheit zu treffen.

**Ein solches Anpassungsverlangen ist aber nur möglich, wenn es zur Abwehr von konkreten Gefahren für Leben und Gesundheit erforderlich ist.**[630] Laut dem OVG Hamburg[631] muss das Anpassungsverlangen zur Abwehr einer konkreten Gefahr notwendig sein. Eine schlichte Gefahrenvorsorge i. S. einer Optimierung reicht hierfür nicht aus. Dies gilt selbst für Brandschutzfragen (vertiefend weiter unten). 310

Ein abstrakter Gefahrentatbestand reicht demnach nicht aus. Einige Landesbauordnungen verlangen – im Sinne einer gesteigerten Anforderung – sogar eine **erhebliche** Gefahr (z. B. in Brandenburg, Thüringen usw.). Der Bestandsschutz steht dann einem Anpassungsverlangen nicht entgegen. Im Einzelfall kann auch die bauordnungsrechtliche Generalklausel (vgl. z. B. § 58 Abs. 2 BauO NRW) einen Auffangtatbestand für ein nachträgliches Anpassungsverlangen sein, wenn der Fall nicht schon (oder nicht mehr) durch die o. g. spezielle Ermächtigungsgrundlage abgedeckt ist.[632] Die Bauaufsicht darf aber mit einem Anpassungsverlangen nicht Gefahren bekämpfen, die primär einer anderen Rechtsmaterie (hier: Altlasten) zugehörig sind.[633] Die Änderung der technischen Regelwerke reicht für ein bauaufsichtliches Anpassungsverlangen nicht aus. Allerdings ist das Aussprechen einer Nutzungsuntersagung auf der Grundlage der vorgenannten Norm nicht zulässig.[634] höchstens ergänzend auf der Grundlage der entsprechenden Ermächtigungsnorm (§ 80 S. 2 MBO). 311

Beispiele für das Vorliegen einer konkreten Gefahr bzw. ein nachträgliches bauaufsichtliches Anpassungsverlangen:
- Zu schmale Treppe mit zu hohen Stufen: OVG Niedersachsen 23.9.1976 – 1 A 94/74 – BRS 30, Nr. 163.
- Wendeltreppe mit nicht ausreichendem Geländer: VGH Bayern 1.2.1980 – Nr. 53 I 77 – BRS 36, Nr. 211.
- Eingeschränkter Rettungsweg in einem Hotel: OVG Nordrhein-Westfalen 29.3.1983 – 7 A 1549/82.
- Nicht mehr belastbare Decke: VGH Bayern 29.7.1965 – 241 I 65.
- Fehlende Feuerwehrzufahrt: VG München 25.8.2003 – M 8 S 03.3473.

312

---

630  OVG Niedersachsen 23.9.1976 – I A 94/74 – BRS 30, Nr. 163 und OVG Rheinland-Pfalz 18.10.2019 – 8 B 11142/19. Das OVG Nordrhein-Westfalen 28.12.1994 – 7 B 2890/94 – BRS 57, Nr. 245, aufgelockert durch OVG Nordrhein-Westfalen 22.7.2002 – 7 B 508/01 – BRS 65, Nr. 140 = BauR 2002, 1841 ff., (hier Forderung nach einer Nottreppe als 2. Rettungsweg an einem einzelnen Wohnhaus) verlangt eine konkrete Gefahr im Einzelfall.
631  E. v. 4.1.1996 – BS II 61/95 – BRS 58, Nr. 112. Vgl. hierzu auch: VG Neustadt 22.9.1998 – 2 L 2311/98.NW – UPR 199, 200.
632  OVG Mecklenburg-Vorpommern 12.9.2008 – 3 L 18/02 – BRS 73, Nr. 187 = BauR 9/2009, 1433 ff.
633  VG Neustadt 22.9.1998 – 2 L 2311/98.NW – UPR 1999, 200.
634  OVG Niedersachsen 23.9.1976 – I A 94/74 – BRS 30, Nr. 163.

### 3. Zum fehlenden zweiten Rettungsweg

**313** Laut dem OVG Nordrhein-Westfalen[635] darf die Bauaufsichtsbehörde auch bei älteren Gebäuden **die nachträgliche Schaffung eines 2. Rettungsweges** verlangen.[636]
Bestandsschutz steht einem solchen Anpassungsverlangen regelmäßig **nicht** entgegen. Fehlt der 2. Rettungsweg, liegt eine konkrete Gefahr vor. Bei Ausbruch eines Brandes, ist mit hinreichender Wahrscheinlichkeit mit einer Gefährdung von Leben und Gesundheit der betroffenen Nutzer der baulichen Anlage zu rechnen. Es handelt es sich vor diesem Hintergrund nicht nur um eine abstrakte Gefährdung. Das Einschreiten steht aber im Ermessen der Bauaufsichtsbehörde, deshalb müssen hierbei neben den für die Anpassung sprechenden Gründen auch andere Gründe aus der Sicht des Bauherrn berücksichtigt werden, z. B. die Kosten von Änderungsmaßnahmen.
Zu fehlenden Rauchmeldern vgl.: OVG Rheinland-Pfalz 5.7.2000 – VGH B 28/04 – BRS 69, Nr. 137.

### 4. Optimierung allein reicht als Grund für ein Anpassungsverlangen nicht aus

**314** Das bauaufsichtliche Anpassungsverlangen einer bestehenden baulichen Anlage muss zur Abwehr von konkreten Gefahren für Leben und Gesundheit *erforderlich* sein, d. h., es ist zu differenzieren zwischen Gefahrenabwehr und Vorsorge. Dienen die von der Bauaufsichtsbehörde geforderten Maßnahmen lediglich einer Verbesserung des momentan unbefriedigenden Zustands, können sie nicht auf die o. g. Ermächtigungsgrundlage gestützt werden.[637]

**315** Da durch ein bauaufsichtlichen Anpassungsverlangen entschädigungslos in einen legalen Bestand eingegriffen wird, sind an die Notwendigkeit der geforderten Maßnahmen hohe Anforderungen zu stellen. Es bedarf hierzu genauer tatsächlicher Feststellungen und sachlicher Prüfungen.[638] Die Rechtsordnung stellt – vor dem Hintergrund des Eigentumsschutzes und des Grundsatzes der Verhältnismäßigkeit – ferner hohe Ansprüche an die Begründung. Die Behörde muss hierbei im Einzelnen begründen, warum die jeweilige Maßnahme der Abwehr konkreter Gefahren dient. Der Bescheid muss auch die Ermessenserwägungen für ein Einschreiten erkennen lassen.

### 5. Einschränkung des Anwendungsbereiches auf „Schwarzbauten"

**316** Durch die vorgenannte Ermächtigungsgrundlage kann die Bauaufsichtsbehörde die Anpassung einer bestehenden baulichen Anlage an veränderte materielle

---

635  E. v.22.7.2002 – 7 B 508/01 – BRS 65, Nr. 140, anders noch: OVG Nordrhein-Westfalen 28.12.1994 – 7 B 2890/94 – BRS 57, Nr. 245.
636  Vgl. auch: OVG Bremen 28.6.2004 – 1 B 130/04 – BauR 7/2005, 1151 ff., OVG Nordrhein-Westfalen 22.2.2010 – 7 A 1235/08 sowie VG München 12.8.2002 – M 8 S 02.3079, hier: Seniorenwohnheim/Altenpflege in einem Hochhaus.
637  Vgl. OVG Hamburg 4.1.1996 – Bs II 61/95 – BRS 58, 112 und OVG Niedersachsen 29.7.2008 – 1 ME 98/08 – BauR 2008, 1870 ff., hier: in beiden Fällen ging es um Brandschutz.
638  Vgl. OVG Nordrhein-Westfalen 28.12.1994 – 7 B 2890/94 – BRS 57, Nr. 245 und VG Göttingen 25.8.2004 – 2 B 123/04 – hier rechtswidrige Ordnungsverfügung zur Schaffung eines 2. Rettungsweges.

XXI. Das Anpassungsverlangen 317–319

bauordnungsrechtliche Anforderungen verlangen. Die Norm bezieht sich aber nur auf *rechtmäßig bestehende* bauliche Anlagen, d. h. die bauliche Anlage bzw. deren Nutzung muss formell oder zumindest für einen relevanten Zeitraum materiell rechtmäßig gewesen sein.[639] Schwarzbauten/-nutzungen unterfallen deshalb nicht der weiter oben genannten Ermächtigungsgrundlage (§ 58 Abs. 2 BauO NRW 2018). Ist eine bauliche Anlage formell und/oder materiell illegal, kann deshalb die Bauaufsichtsbehörde die erforderlichen Maßnahmen zur Bekämpfung des baurechtswidrigen Zustandes aufgrund der allgemeinen bauaufsichtlichen Befugnisklausel ergreifen. Der Eigentümer einer nicht bestandsgeschützten baulichen Anlage kann sich nicht auf Vertrauensschutz berufen.

### 6. Alternative: Nachschieben von Anforderungen

Eine weitere Möglichkeit für die Bauaufsichtsbehörde, nach Erteilung der Baugenehmigung Anforderungen an eine bauliche Anlage und deren Nutzung zu stellen, beinhalten die meisten Landesbauordnungen mit der speziellen Erlaubnis solche Forderungen nachzuschieben. Auch hierfür beinhalten die meisten Landesbauordnungen eine eigene Regelung. Die Befugnis gilt sowohl nach Erteilung der Baugenehmigung als auch nach Erteilung der Zustimmung.[640]

317

| Übersicht über den Regelungen zum Nachschieben von Anforderungen in den Landesbauordnungen ||
|---|---|
| Baden-Württemberg | § 58 Abs. 6 LBO |
| Bayern | fehlt |
| Berlin | § 71 Abs. 3 BauO Bln – nur mit Auflagenvorbehalt |
| Brandenburg | fehlt |
| Bremen | § 72 Abs. 3 BremLBO – nur mit Auflagenvorbehalt |
| Hamburg | § 72 Abs. 3 HBauO – nur mit Auflagenvorbehalt |
| Hessen | § 74 Abs. 4 HBO – nur mit Auflagenvorbehalt |
| Mecklenburg-Vorpommern | § 72 Abs. 4 LBauO M-V – nur mit Auflagenvorbehalt |
| Niedersachsen | § 70 Abs. 4 NBauO |
| Nordrhein-Westfalen | § 58 Abs. 6 BauO NRW |
| Rheinland-Pfalz | fehlt |
| Saarland | § 57 Abs. 3 LBO |
| Sachsen | § 72 Abs. 3 SächsBO |
| Sachsen-Anhalt | § 71 Abs. 3 BauO LSA |
| Schleswig-Holstein | § 73 Abs. 2 LBO |
| Thüringen | § 71 Abs. 3 ThürBO |

318

Teilweise wird in den Landesbauordnungen ein ausdrücklicher Vorbehalt für das Nachschieben von Nebenbestimmungen verlangt. Unklar bleibt, ob die Vorschrift nur die Befugnis zum Nachschieben von Anforderungen bis zur Rechtskraft und/oder abschließenden Errichtung der baulichen Anlage bzw. Aufnahme

319

---

639 BVerfG 24.7.2000 – 1 BvR 151/99 – NVwZ 20001, 424, OVG Nordrhein-Westfalen 27.8.2002 – 10 B 1233/02 – BRS 65, Nr. 174.
640 Vgl. hierzu: OVG Nordrhein-Westfalen 3.1.1991 – 10 A 2824/88.

der Nutzung beinhaltet oder auch über diesen Zeitpunkt hinaus? Wurde eine bauliche Anlage in Ausschöpfung einer Baugenehmigung abschließend errichtet, besteht Bestandsschutz. In solchen Fällen kommt die Anwendung der bereits genannten Regelung zum nachträglichen Anpassungsverlangen in Betracht. Voraussetzung hierfür ist aber auf alle Fälle, dass die nachträglichen Anforderungen durch – bei Erteilung der Baugenehmigung – nicht voraussehbare Gefahren oder unzumutbare Belästigungen für die Allgemeinheit oder für die Nutzer bedingt sind. Es muss also für die Bauaufsichtsbehörde nicht möglich gewesen sein, den Mangel im ordnungsgemäß durchgeführten Baugenehmigungsverfahren zu erkennen.

**320** Verändern sich nach Vollendung des Vorhabens die tatsächlichen Umstände, z. B. durch eine Gefahr aufgrund fehlender Instandhaltung, darf die Bauaufsichtsbehörde aufgrund der allgemeinen (oder speziellen) bauaufsichtlichen Ermächtigungsgrundlage(n) einschreiten.[641] Hiervon sind auch Mängel am Grundstück erfasst, z. B. Altlasten.[642] Der VGH Hessen[643] hat sogar die nachträgliche Forderung zur Errichtung einer baulichen Anlage (hier Lärmschutzwand) zur Vermeidung möglicher Gesundheitsgefahren bestätigt.

**321** Die Vorschrift erlaubt aber nicht die Aufhebung der Baugenehmigung, sondern ermächtigt nur zu nachträglichen Anforderungen. Die Befugnis gilt aber auch für Vorhaben, die keiner Baugenehmigung bzw. Zustimmung bedürfen.

### 7. Abgrenzung zu nachträglichen Maßnahmen zur Gefahrenabwehr

**322** Eine andere Situation liegt vor, wenn während der baulichen Ausführung eines Vorhabens Gefahren für die öffentliche Situation (und Ordnung) auftreten. Waren diese Gefahren nicht vorhersehbar, kann die Behörde auf der Basis der allgemeinen bauaufsichtlichen Befugnisklausel reagieren (§ 58 Abs. 2 MBO). Geht es jedoch (nur) um Fragen der Altlastensanierung, ist die Bauaufsichtsbehörde nicht zuständig und es besteht eine Zuständigkeit der Abfallbehörde.[644]

### 8. Abgrenzung zu nachträglichen immissionsschutzrechtlichen Anordnungen

**323** § 17 BImSchG erlaubt behördliche Anordnungen zur Erfüllung der sich aus dem BImSchG und der aufgrund des vorgenannten Gesetzes erlassenen Rechtsverordnungen ergebenden Pflichten nach Erteilung der (immissionsschutzrechtlichen) Genehmigung. Dies gilt auch nach einer nach § 15 Absatz 1 BImSchG angezeigten Änderung. Wird nach Erteilung der Genehmigung sowie nach einer nach § 15 Absatz 1 BImSchG angezeigten Änderung festgestellt, dass die Allgemeinheit oder die Nachbarschaft nicht ausreichend vor schädlichen Umwelteinwirkungen oder sonstigen Gefahren, erheblichen Nachteilen oder erheblichen Belästigungen geschützt ist, soll (!) die zuständige Behörde nachträgliche Anordnungen treffen. Die zuständige Behörde darf eine nachträgliche Anordnung aber

---

641 OVG Nordrhein-Westfalen 28.8.2001 – 10 A 3051/99, hier Verlangen nach dem Herstellen einer Spindeltreppe zur Sicherstellung des 2. Rettungsweges.
642 BVerfG 16.2.2000 – 1 BVR 242/91/und 1 BvR 315/99 – BRS 63, Nr. 212.
643 VGH Hessen 6.8.2007 – 4 TG 1133/07 – BauR 8/2008, 1292 ff.
644 VG Neustadt 22.9.1998 – 2 L 2311/98.NW – UPR 1999, 200.

XXI. Das Anpassungsverlangen

nicht treffen, wenn sie unverhältnismäßig ist vor allem wenn der mit der Erfüllung der Anordnung verbundene Aufwand außer Verhältnis zu dem mit der Anordnung angestrebten Erfolg steht.

9. **Schema zum Anpassungsverlangen bei wesentlicher Änderung einer baulichen Anlage (§ 59 Abs. 2 BauO NRW)**

| Voraussetzungen eines Anpassungsverlangens | |
|---|---|
| 1. Wesentliche Änderung einer baulichen Anlage? | Das Anpassungsverlangen ist eine behördliche Ermessensentscheidung. Die Anwendung bzw. Auslegung der im Gesetz verwandten unbestimmten Begriffe sind allerdings voll gerichtlich überprüfbar. |
| 2. Die mit der Änderung in einem konstruktiven Zusammenhang stehende Bauteile entsprechen nicht mehr den aktuellen Vorschriften? | Hierzu bedarf es tatsächlicher Feststellungen und sachlicher Prüfungen. |
| 3. Die Umsetzung der aktuellen Vorschriften verursacht bei den nicht hiervon berührten Teilen der Anlage keinen unverhältnismäßigen Mehraufwand? | Mit Blick auf die Barrierefreiheit bedarf es angemessener Regelungen im Übrigen ist die Schwelle der Wesentlichkeit niedrig anzusetzen. |

**324**

10. **Der praktische Fall: Die Rettungsleiter**

**325**

Gegenstand eines Bauantrages ist der Dachgeschossausbau eines Mehrfamilienwohnhauses und die Anbringung von Balkonen an der Hofseite des Gebäudes. Gleichzeitig sollen die vorhandenen Wohnungen in den anderen Geschossen geteilt und modernisiert bzw. renoviert werden. Im Rahmen des Baugenehmigungsverfahrens wird auch die zuständige Brandschutzdienststelle gehört. Die Berufsfeuerwehr verlangt die Montage einer Rettungsleiter an der Rückseite des Gebäudes, da der Innenhof im Notfall nicht über einen Zugang i. S. d. § 5 Abs. 1 BauO NRW erreicht werden kann. Die Bauaufsichtsbehörde macht diese Forderung zum Gegenstand einer Auflage.

Mit der Auflage ist der Bauherr nicht einverstanden und erwägt eine Klageerhebung. Zunächst weist er aber die Bauaufsichtsbehörde in einem Schreiben darauf hin, dass in den Wohnungen im EG, I. und II. OG außer der Anbringung von Balkonen keine genehmigungsbedürftigen Maßnahmen durchgeführt wurden. Deshalb genießt das Gebäude Bestandsschutz, eine Anpassung an die Vorschriften der zurzeit gültigen Bauordnung ist deshalb unzulässig. Die Bauaufsichtsbehörde antwortet, dass in dem vorliegenden Fall eine konkrete Gefahr gegeben sei, insbesondere deshalb, weil der erste Rettungsweg der rückwärtig gelegenen Wohneinheiten bereits durch die innen liegenden Flure nicht unproblematisch ist. Aus diesem Grund sei die Forderung zulässig.

**Wer hat Recht?**
Hinweis: der Sachverhalt ist in NRW platziert.

**Lösung**
Im vorliegenden Fall geht es um Forderung nach einem zweiten Rettungsweg in einem bereits vorhandenen Gebäude. Durch die entsprechende Auflage soll die bestehende bauliche Anlage an die Anforderungen des Brandschutzes angepasst werden. Hierfür bedarf es einer Rechtfertigung.
Grundsätzlich beziehen sich die Regelungen der Landesbauordnung auf erst zu erstellende bauliche Anlagen. Regelmäßig ist die Sach- und Rechtslage im Zeitpunkt der Bearbeitung des Bauantrages maßgeblich. § 58 Abs. 6 BauO NRW erlaubt aber auch nach Erteilung einer Baugenehmigung oder einer Zustimmung nachträgliche Anforderungen, um dabei nicht voraussehbare Gefahren oder unzumutbare Belästigungen von der Allgemeinheit oder denjenigen, die die bauliche Anlage benutzen, abzuwenden. Diese Möglichkeit gilt entsprechend, wenn bauliche Anlagen oder andere Anlagen oder Einrichtungen im Sinne von § 1 Abs. 1 Satz 2 BauO NRW ohne Genehmigung oder Zustimmung errichtet werden dürfen. Hierbei handelt es sich im Grunde um einen spezialgesetzlichen Auflagenvorbehalt. Ferner kennt die Landesbauordnung eine Reihe von speziellen Anpassungsregeln. Bei einer erteilten Baugenehmigung handelt es sich aber im Regelfall um eine abschließende Regelung. Im vorliegenden Fall handelt es sich nicht um eine nachträgliche Anforderung im vorgenannten Sinne, da die streitige Nebenbestimmung bereits zum Inhalt der erteilten Baugenehmigung gehört.
Ist eine Anlage in Übereinstimmung mit dem materiellen Baurecht erfolgt oder bestand zu einem späteren Zeitpunkt Übereinstimmung mit dem materiellen Baurecht, wird sie durch eine nachfolgende Änderung der maßgeblichen materiellen Rechtsvorschriften nicht zu einer illegalen Anlage.[645] Der Bestandsschutz bezieht sich aber nur auf den vorhandenen Bestand und dessen genehmigte Nutzung.
In Abweichung von diesem Grundsatz gestattet § 59 BauO NRW unter bestimmten Voraussetzungen die Anpassung bestehender baulicher Anlagen an eine geänderte Rechtslage, aber nur, wenn es zur Abwehr von Gefahren für Leben oder Gesundheit erforderlich ist. Der Bestandsschutz steht dann einem Anpassungsverlangen nicht entgegen.
Fraglich ist, ob hier ein solcher Fall vorliegt. Die Vorschrift verlangt im Grunde eine Gefahr für die Sicherheit bestimmter Schutzgüter, allerdings nicht – wie in anderen Landesbauordnungen – verbunden mit der Forderung nach einer gesteigerten Wahrscheinlichkeit des Schadenseintritts. Im vorliegenden Fall hat die Berufsfeuerwehr Bedenken wegen der Rettungswegsituation. Es geht dabei um den Schutz von Leib und Leben der späteren Nutzer = Mieter. Im Brandfalle könnten die Rettungskräfte aufgrund der baulichen

---

[645] Vgl. z. B. OVG Niedersachsen 28.3.1966 – I A 198/63 – BRS 17, Nr. 150, siehe auch: BVerwG 18.10.1974 – IV C 77.73 – BRS 28, Nr. 27, BRS 56, Nr. 201, OVG Nordrhein-Westfalen 3.2.1994 – 10 A 1149/91 – BRS 57, Nr. 67, 246, BVerwG 18.4.1996 – 4 C 17.94 – BRS 58, Nr. 55 usw.

XXI. Das Anpassungsverlangen

Situation nicht rechtzeitig Hilfe leisten, deshalb ist die Annahme einer Gefahr i. S. d. vorgenannten Vorschrift vertretbar. Damit sind die Anforderungen von § 59 Abs. 1 BauO NRW auf dem ersten Blick erfüllt, es geht aber nicht um eine rechtmäßig bestehende, sondern um eine bauliche Anlage, die geändert werden soll.
Deshalb war die hier gegebene Brandschutzproblematik grundsätzlich im Baugenehmigungsverfahren zu klären, da diese Fragestellung aus der beabsichtigten Teilung der Wohnungen resultiert. Im vereinfachten Verfahren wird aber der Brandschutz nur bei Sonderbauten geprüft (§ 64 Abs. 1 BauO NRW). Die Genehmigungsbehörde darf grundsätzlich das gesetzlich vorgegebene Prüfprogramm nicht erweitern.
Stellt die Bauaufsichtsbehörde aber bei der Bearbeitung eines Bauantrages Verstöße gegen Vorschriften fest, die eigentlich nicht zum Regelungsgegenstand im Verfahren gehören, kann sie den Bauherrn dennoch auf diese Problematik hinweisen und in letzter Konsequenz den Bauantrag – wegen fehlenden Sachbescheidungsinteresses – ablehnen
Alternativ sind auch selbstständige bauaufsichtliche Anordnungen zulässig.[646] Diese dürfen auch mit der Baugenehmigung verbunden werden. Es wird sogar eine Verpflichtung der Bauaufsichtsbehörde zur Ausweitung der präventiven Prüfung gesehen, wenn z. B. der Brandschutzanforderungen – wie hier – betroffen sind und es deshalb um die Gefährdung hochwertiger Rechtsgüter (= Leib und Leben) der späteren Nutzer einer baulichen Anlage geht.[647] Die Baugenehmigung darf dann auch im vereinfachten Verfahren nicht erteilt werden, wenn das Vorhaben einer eigentlich nicht zu überprüfenden Norm nicht entspricht. Im vorliegenden Fall hat die Behörde aber die Baugenehmigung erteilt. Die streitige Nebenbestimmung könnte insoweit als selbstständige bauaufsichtliche Anordnung verstanden werden. Diese basiert auf § 58 Abs. 2 S. 2 BauO NRW. Eines Rückgriffes auf § 59 BauO NRW bedarf es deshalb gar nicht.

---

646 VGH Bayern 6.6.2002 – 14 B 99.2545 – BRS 65, Nr. 167.
647 OVG Nordrhein-Westfalen 28.1.2009 – 10 A 1075/08 – BRS 74, Nr. 156, vgl. hierzu OVG Sachsen 25.2.1998 – 1 S 38/98 – BRS 60, Nr. 106 und OVG Rheinland-Pfalz 22.10.2008 – 8 A 10942/08 – BRS Informationsdienst 2/2009, 13 = 5/2009, 799 ff.

# XXII. Die Duldung

## 1. Was ist eine Duldung?

326 Eine Duldung ist der Verzicht auf bauaufsichtliches Einschreiten, in der Regel durch einen schriftlichen Duldungsverwaltungsakt (oder im Rahmen eines gerichtlichen Vergleichs). Es handelt sich also um die Zusicherung des Nichteinschreitens gegen einen baurechtswidrigen Zustand. Das VG Düsseldorf[648] definiert eine Duldung wie folgt: »Eine qualifizierte Duldung liegt vor, wenn die zuständige Baubehörde mit hinreichender Deutlichkeit in Kenntnis der formellen und gegebenenfalls materiellen Illegalität eines Vorhabens schriftlich zu erkennen gibt, dass sie sich auf Dauer mit dessen Existenz abzufinden, das heißt bauordnungsrechtlich gegen das baurechtswidrige Vorhaben nicht einzuschreiten gedenkt«. Es handelt sich nicht um eine Belassung![649]
Die Untätigkeit der Behörde führt allerdings allein nicht zur Duldung eines illegalen baulichen Zustandes,[650] vielmehr muss bei dem Betroffenen ein schutzwürdiges gegenläufiges Vertrauen begründet worden sein.[651] Die Behörde muss also aktiv zu erkennen geben, dass sie sich auf Dauer mit dem formellen und/oder materiellen baurechtswidrigen baulichen Zustand abzufinden gedenkt.[652] Eine solche aktive Duldung kann ein späteres bauaufsichtliches Einschreiten ausschließen.[653] Aber eine längere schlichte Duldung eines baurechtswidrigen Zustandes hindert nicht die spätere bauaufsichtliche Forderung nach Beseitigung des baurechtswidrigen Zustandes.[654] Allerdings kann eine behördliche aktive Duldung schon dann vorliegen, wenn eine bauaufsichtliche Abbruchverfügung nicht vollstreckt wurde.[655]
Eine Duldung basiert auf der allgemeinen bauaufsichtlichen Befugnisklausel und wird zum einen nur ausnahmsweise in Frage kommen, zum anderen regelmäßig nur zeitlich begrenzt ausgesprochen werden können. Sie ist aber gerichtlich als zulässiges Verwaltungshandeln anerkannt.[656] Eine Duldung ist verwaltungsrechtlich die Zusicherung des Nicht-Einschreitens, ggf. unter bestimmten Bedingungen und in der Regel befristet und widerruflich. Es handelt sich um einen Verwaltungsakt (OVG Nordrhein-Westfalen 29.1.2010 – 10 A 2430/08, BRS 76, Nr. 211).

---

648  E. v. 19.8.2020 – 16 K 6797/18.
649  Vgl. hierzu schon: OVG Rheinland-Pfalz 13.12.1979 – 1 A 68/77 – BRS 36, Nr. 216, VGH Hessen 10.11.1994 – 4 TH 1864/94 – BRS 57, Nr. 259 und OVG Nordrhein-Westfalen 22.11.2006 – 10 A 3012/05 – BRS 70, Nr. 193 = BauR 2007, 14.
650  OVG Nordrhein-Westfalen 20.5.1994 – 10 a D 104/93.NE – BRS 56, Nr. 32, schon BVerwG 22.12.1965 – IV B 108.65.
651  OVG Nordrhein-Westfalen 25.9.1990 – 11 A 1938/87 – BRS 52, Nr. 149.
652  OVG Nordrhein-Westfalen 18.11.2008 – 7 A 103/08 – BRS 73, Nr. 194.
653  OVG Nordrhein-Westfalen 16.3.2012 – 2 A 760/10.
654  Vgl. bereits: OVG Nordrhein-Westfalen 3.2.1959 – VII A 1193/57, BRS 9 VA1 b – S. 72 sowie OVG Nordrhein-Westfalen 21.9.1973 – X A 4/72 – BRS 27, Nr. 204 und OVG Berlin 27.11.2001 – 2 N 27.01 – BRS 64, Nr. 117.
655  VG Köln 1.12.2016 – 2 K 1750/16.
656  VGH Hessen 29.3.1993 – 4 UE 470/90 – BauR 1994, 22 ff. = BRS 55, Nr. 205.

XXII. Die Duldung

> **§ 58 MBO – Aufgaben und Befugnisse der Bauaufsichtsbehörden**
> (1) Die Bauaufsicht ist Aufgabe des Staates.
> (2) Die Bauaufsichtsbehörden haben bei der Errichtung, Änderung, Nutzungsänderung und Beseitigung sowie bei der Nutzung und Instandhaltung von Anlagen darüber zu wachen, dass die öffentlich-rechtlichen Vorschriften eingehalten werden, soweit nicht andere Behörden zuständig sind. Sie können in Wahrnehmung dieser Aufgaben die erforderlichen Maßnahmen treffen....

Abgrenzung: nicht gemeint ist eine Ordnungsverfügung, die dem Adressaten eine Duldung aufgibt, z. B. zur Überwindung eines Vollstreckungshindernisses.

## 2. Duldung als bauaufsichtliche Handlungsalternative

Grundsätzlich wird das Ziel bauaufsichtlichen Handelns sein, baurechtskonforme Zustände zu schaffen. Wenn die Behörde jedoch aufgrund einer rechtmäßigen Ausübung ihres Ermessens zu der Entscheidung kommt, dass einem Einschreiten gegen einen rechtswidrigen Zustand für einen begrenzten Zeitraum überwiegende Gründe entgegenstehen, kann sie dies durch einen Duldungsverwaltungsakt gegenüber dem Betroffenen verbindlich festlegen.

## 3. Rechtsnatur der Duldung

Die ausdrückliche Duldung z. B. einer baurechtswidrigen Nutzung kann die für einen Verwaltungsakt erforderliche Regelungswirkung mit unmittelbarer Rechtswirkung nach außen haben.[657]

| Übersicht über die in den Bundesländern relevanten den Regelungen zum Begriff des Verwaltungsaktes | |
|---|---|
| Baden-Württemberg | § 35 LVwVfG BW |
| Bayern | Art. 35 BayVwVfG |
| Berlin | § 35 VwVfG des Bundes für Bln |
| Brandenburg | § 35 VwVfGBbg |
| Bremen | § 35 BremVwfVG |
| Hamburg | § 35 HmbVwVfG |
| Hessen | § 35 HVwVfG HE |
| Mecklenburg-Vorpommern | § 35 VwVfG M-V |
| Niedersachsen | § 35 VwVfG – des Bundes, Verweis durch § 1 NVwVfG |
| Nordrhein-Westfalen | § 35 VwVfG NRW |
| Rheinland-Pfalz | § 35 VwVfG – des Bundes, Verweis durch § 1 LVwVfG RP |
| Saarland | § 35 SVwVfG SL |
| Sachsen | § 35 VwVfG – des Bundes, Verweis durch § 1 SächsVwVfG |
| Sachsen-Anhalt | § 35 VwVfG des Bundes für LSA |
| Schleswig-Holstein | § 106 LVwG SH |
| Thüringen | § 35 ThürVwVfG |

---

657 VGH Hessen 29.3.1993 – 4 UE 470/90 – BRS 55, Nr. 205, auch VGH Hessen 10.11.1994 – 4 TH 1864/94 – BRS 57, Nr. 259.

**330** Für das OVG Berlin[658] kann die Duldung einer baurechtswidrigen baulichen Anlage einen Rechtsstatus herbeiführen, der einer Baugenehmigung angenähert ist. Zu mindestens wird ein ähnlicher Vertrauenstatbestand geschaffen. Eine solche uneingeschränkte Duldung dürfte aber den Einschränkungen des § 38 Abs. 3 VwVfG unterfallen.[659] Die Aussetzung der Vollstreckung einer bauaufsichtlichen Verfügung hat nicht die Duldung der Anlage zur Folge bzw. schließt nicht der Erlass einer vergleichbaren Verfügung in der Zukunft aus.[660] Aus einer Duldung folgt aber keine Legalisierungswirkung für die baurechtswidrige bauliche Anlage bzw. für den baurechtswidrigen Zustand. Der in der Praxis mitunter benutzte Begriff der Belassung ist irreführend.

### 4. Die Duldung als Ergebnis einer bauaufsichtlichen Ermessensentscheidung

**331** Denkbar ist ein solches Vorgehen für den Fall, dass die Bauaufsichtsbehörde auf eine illegale Nutzung stößt, der Nutzer aber mittelfristig die Aufgabe der Nutzung beabsichtigt und dies glaubhaft machen kann. In einem solchen Fall könnte mit Hinblick auf den Verhältnismäßigkeitsgrundsatz die Duldung ein geeignetes Instrument sei. Es dürften dann aber keine gravierenden Verstöße gegen materielle Normen des Bauordnungsrechtes (Brandschutz!) bestehen und/ oder durch die illegale Nutzung Rechte Dritter verletzt sein. Die Duldung eines baurechtswidrigen Zustandes kommt aber auch bei geringfügigen Verstößen in Betracht. Unstrittig ist die Bauaufsichtsbehörde befugt, den Ausgang eines nachträglich eingeleiteten Baugenehmigungsverfahrens zunächst abzuwarten, ohne dass ein späteres Einschreiten gegen den baurechtswidrigen Zustand hierdurch unzulässig wird.[661]

### 5. Bedenken gegen die Duldung baurechtswidriger Zustände

**332** Die Duldung eines baurechtswidrigen Zustandes darf aber in der Regel nicht uneingeschränkt ausgesprochen werden, weil dies der Wirkung einer Baugenehmigung gleichkäme und so die für diese geltenden Regelungen umgangen würden.[662]
Das OVG Nordrhein-Westfalen[663] hat ferner die Duldung einer illegalen baulichen Anlage über einen sehr langen Zeitraum im Rahmen eines gerichtlichen Vergleichs ohne die erforderliche Beteiligung weiterer Behörden gerügt und letzteren als unwirksam bewertet. Auch die Benutzung des Begriffs der Belassung für eine Duldung wurde vom vorgenannten Obergericht[664] aus Gründen der Rechtsklarheit beanstandet, da damit der Eindruck erweckt wird, dem Bauherrn werde etwas rechtmäßig Erworbenes zur weiteren Verfügung und Nutzung überlassen.

---

658 E. v. 14.5.1982 – 2 B 57.79 – BRS 39, Nr. 207.
659 OVG Nordrhein-Westfalen 7.8.1998 – 10 B 1093/98.
660 OVG Nordrhein-Westfalen 15.11.2000 – 10 B 943/00 – BRS 63, Nr. 218.
661 VGH Bayern, 19.7.1999 – 14 B 99.675.
662 VGH Hessen 29.3.1993 – 4 UE 470/90 – BauR 1994, 22 ff. = BRS 55, Nr. 205 und OVG Nordrhein-Westfalen, 26.9.1991 – 11 A 2133/89 – UPR 1992, 280, vgl. aber OVG Berlin 14.5.1982 – 2 B 57.79 – BRS 39, Nr. 207.
663 E. v. 28.9.1976 – VII A 1538/95.
664 E. v. 22.11.2006 – 10 A 3012/05 – BauR 2007, 1034 ff.

XXII. Die Duldung **333–335**

Letztlich wird aber die Duldung baurechtswidriger Zustände immer *nur eine Ausnahme* sein können, da es ja gerade Aufgabe der Bauaufsichtsbehörde ist, die Einhaltung der Vorschriften des öffentlichen Baurechtes zu überwachen.

#### 6. Verfahrensfragen

Will die Bauaufsichtsbehörde eine baurechtswidrige bauliche Anlage – förmlich – dulden, hat sich vorher die Stellungnahme derjenigen Behörden einzuholen, die auch im klassischen Baugenehmigungsverfahren zu beteiligen war.[665] Eine rechtswidrige Duldung kann unter den Voraussetzungen der in den verschiedenen Bundesländern jeweils relevanten Ermächtigungsgrundlage (siehe die nachfolgende Übersicht) zurückgenommen werden.[666] **333**

| Übersicht über die in den Bundesländern relevanten den Regelungen zur Rücknahme rechtswidriger Verwaltungsakte | |
|---|---|
| Baden-Württemberg | § 48 LVwVfG BW |
| Bayern | Art. 48 BayVwVfG |
| Berlin | § 48 VwVfG des Bundes |
| Brandenburg | § 48 VwVfGBbg |
| Bremen | § 48 BremVwfVG |
| Hamburg | § 48 HmbVwVfG |
| Hessen | § 48 HVwVfG HE |
| Mecklenburg-Vorpommern | § 48 VwVfG M-V |
| Niedersachsen | § 48 VwVfG – des Bundes, Verweis durch § 1 NVwVfG |
| Nordrhein-Westfalen | § 48 VwVfG NRW |
| Rheinland-Pfalz | § 48 VwVfG – des Bundes, Verweis durch § 1 LVwVfG RP |
| Saarland | § 48 SVwVfG SL |
| Sachsen | § 48 VwVfG – des Bundes, Verweis durch § 1 SächsVwVfG |
| Sachsen-Anhalt | § 48 VwVfG LSA |
| Schleswig-Holstein | § 116 LVwG SH |
| Thüringen | § 48 ThürVwVfG |

**334**

#### 7. Reichweite und Bindungswirkung der Duldung

Wenn die Bauaufsichtsbehörde einen baurechtswidrigen Zustand duldet, bezieht sich dies regelmäßig auf einen konkreten (vorhandenen) Baubestand bzw. auf eine bestimmte Nutzung. Werden im Nachhinein Ausbau- bzw. Renovierungsarbeiten durchgeführt bzw. die Nutzung geändert, ist die Bauaufsichtsbehörde nicht daran gehindert, den baurechtswidrigen Zustand (erneut) aufzugreifen.[667] Eine Duldung steht auch dann einem bauaufsichtlichen Einschreiten nicht (mehr) entgegen, wenn gewissermaßen die Geschäftsgrundlage für den (befristeten) Verzicht der Behörde entfallen ist, z. B. Duldung eines Schuppens für Baumaterialien und Werkzeuge bis zum Abschluss von Bauarbeiten, diese übersteigen **335**

---

665   OVG Nordrhein-Westfalen 28.9.1976 – 7 A 1538/75 – BRS 30, Nr. 169 = ZfBR 1987, 127 ff.
666   VGH Hessen 29.3.1993 – 4 UE 470/90 – BauR 1994, 22 ff. = BRS 55, Nr. 205.
667   OVG Saarland, 24.9.2002 – 2 R 14/01.

aber mittlerweile zeitlich jedes vernünftige Maß[668] Laut dem OVG Nordrhein-Westfalen[669] steht eine Duldung unter dem Vorbehalt sich verändernder Umstände.

## 8. Zusammenfassung

**336**

| | |
|---|---|
| Zeitraum | vorübergehend oder dauernd |
| Art und Weise | – passiv (durch faktisches Hinnehmen) |
| | – aktiv (durch Verwaltungsakt oder gerichtlichen Vergleich) |
| Einschränkung | schlichte Inaktivität der Behörde begründet in der Regel nicht Duldung eines baurechtswidrigen Zustandes, sondern hierzu bedarf es zusätzlich eines vertrauensbildenden Tatbestandes |
| Rechtsnatur | wenn durch schriftlichen Duldungsakt, dann Verwaltungsakt in Form einer Zusicherung |
| mögliche inhaltliche Merkmale | Befristung, Auflagen und Widerrufsvorbehalt |
| Wirkung | Verzicht auf bauaufsichtliches Einschreiten. |
| Bedenken | zeitlich unbefristete Duldung ohne Widerrufsvorbehalt kommt dem rechtlichen Status einer Baugenehmigung nahe und widerspricht grundsätzlich der Aufgabe der Bauaufsichtsbehörde baurechtswidrige Zustände zu bekämpfen |

**337** 9. **Der praktische Fall: Duldung – Die ungenehmigte Autowerkstatt**

Die Bauaufsichtsbehörde B. stößt auf die ungenehmigte Nutzungsänderung einer Lagerhalle in eine Autowerkstatt. Die Lagerhalle ist im Eigentum der Post AG und in einem allgemeinen Wohngebiet (§ 34 Abs. 2 BauGB i. V. m. § 4 BauNVO) gelegen. Die Post AG hat die Lagerhalle vermietet. Der Inhaber der Autowerkstatt versichert glaubhaft, dass er mittelfristig die Verlagerung seines Gewerbebetriebes beabsichtigt. Durch Rückfrage bei der Post AG erfährt die Bauaufsichtsbehörde, dass die Lagerhalle in etwa einem Jahr abgerissen werden soll. Bei einer Ortsbesichtigung gemeinsam mit der Brandschutzdienststelle können gravierende Verstöße gegen Brandschutzanforderungen der Landesbauordnung nicht festgestellt werden. Obwohl die Autowerkstatt bereits seit vier Jahren existiert, hat es bisher keine Beschwerden von Nachbarn über Lärmbelästigungen gegeben. Vor diesem Hintergrund beantragt der Betreiber die befristete Duldung der ungenehmigten Nutzung der Lagerhalle als Autowerkstatt.

**Wie wird die Bauaufsichtsbehörde entscheiden?**

**Lösung**

Gem. § 58 Abs. 2 S. 1 MBO haben die Bauaufsichtsbehörden u. A. bei der Nutzungsänderung baulicher Anlagen darüber zu wachen, dass die öffentlich-rechtlichen Vorschriften (des Baurechtes) eingehalten werden. In Wahrnehmung dieser Aufgabe haben die Bauaufsichtsbehörden nach pflichtgemäßem

---

668 VGH Baden-Württemberg 9.7.2002 – 8 S 1340/02.
669 E. v. 7.8.1998 – 10 B 1093/98.

XXII. Die Duldung **337**

Ermessen die erforderlichen Maßnahmen zu treffen (§ 58 Abs. 2 S. 2 MBO). Die Bauaufsichtsbehörden sind also befugt, im Rahmen der repressiven Kontrolle Eingriffsmaßnahmen zu ergreifen. Einer ungenehmigten und damit formell illegalen Nutzung kann die Bauaufsichtsbehörde grundsätzlich mit einem Nutzungsverbot (§ 80 S. 2 MBO) mit gleichzeitiger Anordnung der sofortigen Vollziehung (§ 80 Abs. 2 Nr. 4 VwGO) begegnen. Im Rahmen ihrer Tätigkeit muss die Bauaufsichtsbehörde aber auch allgemeine ordnungsrechtliche Grundsätze beachten, z. B. die Grundsätze der Gleichbehandlung (Art. 3 GG) und Verhältnismäßigkeit (z. B. § 15 OBG NRW).
Im vorliegenden Fall beantragt der Ordnungspflichtige die befristete Duldung der ungenehmigten Nutzung einer Lagehalle als Autowerkstatt.
Folglich ist zu prüfen, ob die Bauaufsichtsbehörde B. den festgestellten baurechtswidrigen Zustand (= Nutzung der Lagerhalle als Autowerkstatt) befristet hinnehmen kann (= Duldung) oder ob der Erlass eines Nutzungsverbotes vor dem Hintergrund der Aufgabe der Bauaufsichtsbehörde, baurechtswidrige Zustände zu bekämpfen, erforderlich ist.
Unter einer solchen Duldung ist das willentliche Nichteinschreiten einer Behörde gegen einen ihr bekannten formell und/oder materiell illegalen Zustand zu verstehen, obwohl ein Einschreiten tatsächlich und rechtlich möglich wäre. Die Duldung ist noch kein allgemein anerkanntes bzw. gesetzlich geregeltes Instrument des allgemeinen Verwaltungsrechts. Die Handlungsform der Duldung ist allerdings sowohl im Baurecht als auch im Umweltrecht in der Praxis häufig zu finden. In den jeweiligen Regelwerken des öffentlichen Baurechts – z. B. in den Landesbauordnungen – findet die Duldung jedoch keine Erwähnung.
Im vorliegenden Fall liegt unstrittig ein baurechtswidriger Zustand vor. Allein aufgrund der formellen Illegalität könnte die Bauaufsichtsbehörde gegenüber dem Betreiber der Werkstatt ein Nutzungsverbot aussprechen. Der Betreiber beantragt hingegen eine Duldung, also einen befristeten Verzicht auf bauaufsichtliches Einschreiten. Ein solcher Verzicht kann in Form eines Duldungsverwaltungsaktes ausgesprochen werden.
Die Bauaufsichtsbehörde hat aber im Rahmen ihrer Aufgabe baurechtswidrige Zustände zu bekämpfen und durch geeignete Maßnahmen eine Baurechtskonformität herbeizuführen.[670] Das Einschreiten gegen baurechtswidrige Zustände ist deshalb mit Blick auf den gesetzlichen Auftrag der Bauaufsichtsbehörde der Regelfall. Vor diesem Hintergrund besteht mit Blick auf die beantragte Duldung der ungenehmigten Nutzung der Lagerhalle als

---

670 Laut dem VGH Bayern 6.2.1980 – Nr. 15 B 1048/79 – BRS 36, Nr. 215, entspricht es regelmäßig pflichtgemäßem Ermessen, die Beseitigung rechtswidriger Bauanlagen und die Duldung ihrer Beseitigung anzuordnen. Das OVG Sachsen 18.8.2009 – 1 B 409/09 räumt der Bauaufsichtsbehörde (nur) ein intendiertes Ermessen ein, ein Einschreiten ist deshalb regelmäßig ermessensgerecht. Die Einräumung des Ermessens dient lediglich dazu, die Behörde in atypischen Ausnahmefällen von einer Verpflichtung zum Einschreiten zu entbinden. Laut dem OVG Thüringen 27.6.1996 – 1 EO 425/95 – BRS 58, Nr. 208 (vgl. auch: OVG Sachsen-Anhalt 17.3.1999 – A 2 K 123/97 und VG München 20.10.2021 – M 1 S 21.950) ist dem bauaufsichtlichen Ermessen die Tendenz eigen, die im öffentlichen Interesse gebotene Pflicht zum Einschreiten zu verwirklichen.

Autowerkstatt eine Divergenz. Bei ihrer repressiven Tätigkeit hat die Bauaufsichtsbehörde aber u. A. den Grundsatz der Verhältnismäßigkeit zu beachten.
Hieraus folgt auch, dass regelmäßig ein Nutzungsverbot mit einer angemessenen Frist zur Rückabwicklung verbunden werden muss. Bei gewerblichen Nutzungen dürfte grundsätzlich eine Frist von weniger als einem halben Jahr unangemessen sein.
Für eine Duldung der Nutzung der Lagerhalle als Autowerkstatt spricht:
Die Lagerhalle soll innerhalb eines Jahres sowieso abgebrochen werden.
Der Betreiber beabsichtigt die Verlagerung seines Betriebes in ein Gewerbegebiet.
Vor Ort konnten gravierende Verstöße gegen materielle Bestimmungen der Landesbauordnung nicht festgestellt werden, sodass Gründe der Gefahrenabwehr (z. B. Brandschutz) nicht gegen eine Duldung sprechen.
Beschwerden Dritter liegen nicht vor, sodass nachbarliche Belange durch einen befristeten Verzicht auf bauaufsichtliches Einschreiten nicht berührt werden. Hierfür spricht auch der Umstand, dass laut den Angaben im Sachverhalt die Autowerkstatt bereits seit Jahren existiert.

**Ergebnis**
Aus diesen Gründen wird die Bauaufsichtsbehörde dem Antrag des Betreibers stattgeben. Die Behörde darf den Verzicht aber nur befristet und widerruflich aussprechen.

# XXIII. Die Ordnungspflicht

## 1. Grundsatz

Ordnungsverfügungen dürfen nur gegen ordnungspflichtige Personen gerichtet sein. Hierbei kann es sich um natürliche oder juristische Personen handeln. Die Bekanntgabe der Ordnungsverfügung darf auch gegenüber dem Bevollmächtigten erfolgen. Die eigentliche Inanspruchnahme richtet sich aber immer gegen den Störer.

**338**

| Zustandsstörer | Verhaltensstörer | Grundsätze für die Auswahl unter mehreren Störern |
|---|---|---|
| Eigentümer | Bauherr | Gleichbehandlung |
| Mieter/Pächter | Entwurfsverfasser | Verhältnismäßigkeit |
| | Bauleiter | Leistungsfähigkeit des Störers |
| | Unternehmer | Effektivität der Gefahrenabwehr |
| | Nutzer bzw. Betreiber | |

## 2. Vorbemerkung

Voraussetzung für eine Inanspruchnahme ist demnach die ordnungsrechtliche Verantwortlichkeit. Die Landesbauordnung enthält zur Verantwortlichkeit nur eine unvollständige Regelung (vgl. z. B.: §§ 51–56 MBO). Diese Vorgaben beziehen sich lediglich auf die eigentliche Zeit der Bauausführung (vgl. aber z. B. § 79 Abs. 1 S. 3 NBauO). Mit Blick auf die Inanspruchnahme Ordnungspflichtiger sind deshalb die Vorschriften des OBG über die Ordnungspflicht (Handlungs-, Zustandsstörer) ergänzend heranzuziehen (vgl. z. B.: §§ 17–19 OBG NW).[671]

**339**

| Die am Bau Beteiligten | |
|---|---|
| § 53 MBO | Bauherr (Bauherrschaft) |
| § 54 MBO | Entwurfsverfasser |
| § 55 MBO | Unternehmer |
| § 56 MBO | Bauleiter |

**340**

Die die Ordnungspflicht regelnden Normen der Landesbauordnung über die am Bau Beteiligten gehen aber als lex specialis den Bestimmungen des allgemeinen Ordnungsrechts vor. Erstere beziehen sich aber nur auf die Phase des Bauens und nicht auf den Betrieb bzw. Nutzung einer baulichen Anlage. Weitere Pflichten für bestimmte Personen (z. B. Betreiber oder Veranstalter oder Beauftragte oder Verantwortliche für die Veranstaltungstechnik) werden in den verschiedenen Sonderbauordnungen (vgl. z. B. § SBauVO NRW passim) festgelegt. Auch diese Normen gehen denen des OBG vor.

**341**

---

671 VG Augsburg 31.1.2022 – Au 5 S 22.50.

Traditionell werden die Personen, gegen die sich Polizei- bzw. Ordnungsverfügungen richten können, *Störer* genannt.

### 3. Verantwortlichkeit der am Bau Beteiligten

**342** **a) Gesetzliche Grundlagen für die ordnungsrechtliche Haftung.** Nach § 52 MBO sind für die Einhaltung der öffentlich-rechtlichen Vorschriften der Bauherr und im Rahmen ihres Wirkungskreises die am Bau Beteiligten verantwortlich.

> **Vierter Teil – Die am Bau Beteiligten**
> **§ 52 MBO – Grundpflichten**
> Bei der Errichtung, Änderung, Nutzungsänderung und der Beseitigung von Anlagen sind der Bauherr und im Rahmen ihres Wirkungskreises die anderen am Bau Beteiligten dafür verantwortlich, dass die öffentlich-rechtlichen Vorschriften eingehalten werden.

| Übersicht über die Regelungen zu den Grundpflichten der am Bau Beteiligten in den Landesbauordnungen | |
|---|---|
| Baden-Württemberg | § 41 LBO |
| Bayern | Art. 55 BayBO |
| Berlin | § 52 BauO Bln |
| Brandenburg | § 52 BbgBO |
| Bremen | § 52 BremLBO |
| Hamburg | § 53 HBauO |
| Hessen | § 47 HBO |
| Mecklenburg-Vorpommern | § 52 LBauO M-V |
| Niedersachsen | § 52 NBauO – *keine Grundsatzregelung* |
| Nordrhein-Westfalen | § 52 BauO NRW |
| Rheinland-Pfalz | § 54 LBauO |
| Saarland | § 52 LBO |
| Sachsen | § 52 SächsBO |
| Sachsen-Anhalt | § 51 BauO LSA |
| Schleswig-Holstein | § 53 LBO |
| Thüringen | § 52 ThürBO |

**343** **b) Wer kommt im öffentlichen Baurecht als Störer in Frage?** Verantwortlich für ihr Verhalten können somit, wenn sie dadurch eine Gefahr verursachen, der Bauherr, der Entwurfsverfasser, der Unternehmer oder der Bauleiter sein (Handlungsstörer). Der Eigentümer (Erbbauberechtigte, Nießbraucher) und der Besitzer als Inhaber der tatsächlichen Gewalt (Mieter, Pächter) können als **Zustandsstörer** ordnungspflichtig sein. Sie können natürlich auch Handlungsstörer sein. Dies gilt auch für den Betreiber einer Anlage oder Veranstalter z. B. eines Volksfestes oder eines sonstigen Events.

**344** Laut dem OVG Hamburg[672] ist für den Zustand des Grundstücks in erster Linie der Grundeigentümer verantwortlich. Der bauaufsichtliche Eigentumsbegriff

---

672 OVG Hamburg 21.8.1991 – Bs II 67/91 – BRS 52, Nr. 227.

stimmt mit den zivilrechtlichen Begrifflichkeiten überein, erst mit der grundbuchlichen Eintragung ist der neue Eigentümer auch ordnungsrechtlich verantwortlich. Im Einzelfall kann die Inanspruchnahme des Inhabers der tatsächlichen Gewalt zulässig sein.[673] Bei bauaufsichtlichen Maßnahmen gegenüber dem Eigentümer ist immer auch von Interesse, ob die Baurechtswidrigkeit aus dem Zustand der baulichen Anlage oder aus deren Nutzung resultiert. Im letzteren Fall ist die bauaufsichtliche Maßnahme regelmäßig gegen den Nutzer (Mieter, Pächter) zu richten.[674]

Das OVG Nordrhein-Westfalen[675] betont die besondere Verantwortlichkeit des Bauherrn dafür, dass die Bestandszeichnungen auch die vorhandene Realität darstellen und sich die Bauausführung an den genehmigten und statisch geprüften Bauvorlagen orientiert. Dies gilt auch im Vereinfachten Verfahren (§ 63 MBO). Selbstverständlich kann eine Person sowohl Handlungs-, als auch Zustandsstörer (z. B. Grundstückseigentümer = Bauherr) sein. Auch der Konkursverwalter (Insolvenzverwalter) kann Störer sein.[676] Die Bauaufsichtsbehörde hat den Eigentümer regelmäßig durch Einblick in das Grundbuch zu ermitteln.[677]

**345**

Ein Verschulden ist für die bauaufsichtliche Inanspruchnahme nicht relevant.[678]

### 4. Auswahl unter mehreren Störern

**a) Auswahl bei mehreren Störern.** Gibt es mehrere Störer – z. B. bei dem Vorhandensein verschiedener Miteigentümer oder Personenmehrheiten – hat die Bauaufsichtsbehörde in Bezug auf die Inanspruchnahme ein **Auswahlermessen**.[679] Die Bauaufsichtsbehörde entscheidet nach pflichtgemäßem Ermessen, an welchen Störer sie sich wenden will.[680] Hierbei muss sie die zivilrechtlichen Berechtigungen und Verpflichtungen erkennen bzw. ermitteln.[681] Ein Ermessensausfall oder Ermessensnichtgebrauch wegen unterlassener Störerauswahl ist aber nur dann anzunehmen, wenn die Behörde ihren Ermessensspielraum nicht erkennt oder dass ihr zustehende Ermessen nicht betätigt.[682] Im Einzelfall kann sich bei einer Mehrheit von Störern – z. B. bei mehreren Miteigentümern –

**346**

---

673 Zum Begriff: OVG Nordrhein-Westfalen 13.5.1976 – X A 1076/74 – BRS 30, Nr. 164.
674 Vgl. hierzu auch: OVG Nordrhein-Westfalen 12.6.2006 – 7 B 809/06.
675 E. v. 26.3.2003 – 7 A 4491/99.
676 BVerwG 22.10.1998 – 7 C 38.97 – DÖV 1999, 303, BVerwG 10.2.1999 – 11 C 9.97, BVerwG 23.9.2004 – 7 C 22.03.
677 OVG Nordrhein-Westfalen 7.8.2002 – 10 B 761/02 – BRS 65, Nr. 200.
678 VG Würzburg 26.11.2013 – W 4 K 13.894. Die Frage der Vorwerfbarkeit ist nur im Bußgeldverfahren relevant.
679 Zur Inanspruchnahme des Störers bei mehreren Hundehaltern vgl. VG Schwerin 4.9.2020 – 2 B 310/20 SN (hier: Verbot der Hundehaltung in einem von Wohnnutzung geprägten Gebiet). Im Falle der Tierhaltung ist der Halter regelmäßig Verhaltensstörer und, sofern er auch Eigentümer des Tieres ist, als Eigentümer zugleich Zustandsstörer.
680 Vgl. hierzu z. B.: VGH Hessen 14.3.2003 – 9 TG 2894/02 – BRS 66, Nr. 194.
681 Zur ausnahmsweisen bauaufsichtlichen Allgemeinverfügung gegen die Bewohner einer Wagenburg vgl. OVG Niedersachsen 18.10.2004 – 1 ME 205/04 – BRS 67, Nr. 202 = BauR 2005, 84 ff.
682 VG Cottbus 5.1.2018 – 3 L 440/17.

das Ermessen der Bauaufsichtsbehörde bei Erlass einer Beseitigungsanordnung dergestalt verdichten, dass nur die Inanspruchnahme eines bauaufsichtlich Verantwortlichen in Betracht kommt. In einem solchen Fall liegt eine sogenannte Ermessensreduzierung auf null vor. Eine solche Situation drängt sich dann auf, wenn einer der Störer die alleinige Verfügungsgewalt über die bauliche Anlage hat und auch Verhaltens- und Zustandsverantwortlicher ist.[683] Die Auswahl des Zustandsstörers ist aber rechtlich unbedenklich, wenn er Eigentümer des Grundstücks ist und dort auch wohnt und deshalb für die sofortige Einstellung der Bauarbeiten sorgen sowie entschieden und nachhaltig auf die Unterlassung weiterer Bauarbeiten dringen kann. Zeitintensive Untersuchungen der Bauaufsicht zur Störerauswahl sind wegen des erforderlichen raschen Zugriffs auf den unter sicherheitsrechtlichen Gesichtspunkten Geeignetsten nicht erforderlich. Grundsätzlich sollte aber der Handlungsstörer Adressat der Baueinstellungsverfügung (Stilllegung) sein.[684]

**347** **b) Grundsätze beim Auswahlermessen.** Hierbei hat sie neben den zu beachtenden Grundsätzen der Gleichbehandlung und der Verhältnismäßigkeit mit Blick auf die Aufgabe der Gefahrenabwehr eine *sachgerechte* Auswahl zu treffen.
**Kernfrage**: Wer kann den baurechtswidrigen Zustand effektiv beseitigen?

**348** **c) Leistungsfähigkeit und Effektivität.** Maßgebliches Kriterium für die Störerauswahl sind die Leistungsfähigkeit[685] die Effektivität der Gefahrenabwehr[686]. So kann z. B. die Inanspruchnahme des Eigentümers anstelle des tatsächlichen Nutzers auch dann zur effektiven Gefahrenabwehr geboten sein, wenn der unmittelbare Nutzer schwer zu fassen ist, weil unbekannt ist.[687] Die Effektivität der Gefahrenabwehr wird auch durch eine die gegenüber allen Wohnungseigentümern erlassene Anordnung der Antragsgegnerin nicht durchgreifend in Frage gestellt, denn es dürfte keinen Unterschied machen, ob gegenüber allen Wohnungseigentümern inhaltlich gleichlautende Bescheid erlassen werden oder ob eine Anordnung gegen die Wohnungseigentümergemeinschaft als solche erlassen wird.[688]

---

683 OVG Niedersachsen 15.2.2022 – 1 LA 153/20.
684 VG Ansbach 23.9.2014 – AN 3 S 14.01483. Siehe hierzu auch: VGH Bayern 14.8.1986 – 1 CS 85 A. 518 – und VGH Bayern 9.11.2011 – 15 CS 11.867
685 Laut dem BVerwG, 11.4.1989 – 4 B 65.89 – BRS 49, Nr. 143, besteht (im Denkmalrecht) eine ordnungsrechtliche Verantwortlichkeit des Eigentümers ohne Rücksicht auf seine wirtschaftliche Leistungspflicht gegeben.
686 OVG Nordrhein-Westfalen 20.2.2013 – 2 A 239/12 – BauR 2013, 1261, und OVG Nordrhein-Westfalen 12.3.2024 – 7 B 1232/23.
687 VG München 5.9.2022 – M 8 S 22.2603. Das VG Saarland 20.11.2007 – 5 L 1923/07 – hat das bauaufsichtliche Einschreiten gegenüber dem Eigentümer einer Weide wegen ungenehmigter Bauarbeiten an einem sogenannten Offenstall bestätigt. Dies würde dem Prinzip größtmöglicher Effektivität entsprechen. Die Bauherreneigenschaft war strittig.
688 OVG des Saarlandes 17.8.2022 – 2 B 104/22.

XXIII. Die Ordnungspflicht 349–352

Die Inanspruchnahme des Verwalters ist nur bei weniger wirtschaftlich bedeutsamen Maßnahmen zulässig.[689]

**Sachgerecht** ist eine Auswahl, die sich an der Leistungsfähigkeit des Störers und an der Effektivität der Abwehr der Gefahr bzw. Beseitigung der Störung orientiert. Eine Rangfolge zwischen Handlungs- und Zustandsstörer, etwa in Form einer vorrangigen Inanspruchnahme des Handlungsstörers, gibt es grundsätzlich nicht. Für das BVerwG[690] bleibt aber der Eigentümer als Zustandsstörer unabhängig von seiner wirtschaftlichen Leistungsfähigkeit für den ordnungsgemäßen Zustand einer baulichen Anlage verantwortlich. **349**

Eine Ordnungsverfügung (hier: Stilllegung) muss nicht in jedem Fall den Bauherrn in die Pflicht nehmen. Im Regelfall wird sich diese Maßnahme gegen den Handlungsstörer richten, der ja fast immer auch der Bauherr sein dürfte. Dies muss aber nicht so sein. Ist z. B. der Bauherr nicht anzutreffen oder strittig, kann die bauaufsichtliche Maßnahme auch gegen den Grundstückseigentümer gerichtet werden.[691] **350**

d) **Vertreter bei Personenmehrheit.** *Hinweis*: Tritt eine Personenmehrheit als Bauherren auf, ist gegenüber der Bauaufsichtsbehörde eine Vertreterin oder ein Vertreter zu bestellen (§ 53 Abs. 2 MBO). Diese Vorgabe soll auch die ordnungsrechtliche Inanspruchnahme erleichtern. Bei einer Erbengemeinschaft ist an die jeweiligen Miteigentümer zu adressieren.[692] **351**

| Übersicht über die Regelungen zu den Grundpflichten des Bauherrn in den Landesbauordnungen | |
|---|---|
| Baden-Württemberg | § 42 LBO |
| Bayern | Art. 50 BayBO |
| Berlin | § 53 BauO Bln |
| Brandenburg | § 53 BbgBO |
| Bremen | § 53 BremLBO |
| Hamburg | § 54 HBauO |

**352**

---

689 OVG Saarland 3.9.2014 – 2 B 319/14 – BRS 82, Nr. 201, hier: Aufforderung zur Herstellung eines zweiten Rettungswegs bei einem mehrgeschossigen Gebäude gegenüber der Verwalterin anstelle der Wohnungseigentümergemeinschaft. Der Verwalter einer WEG besitzt aber eine eigene Verfügungsgewalt und kann deshalb die Störung – wie z. B. die Lagerung von brennbaren Stoffen in einer Großgarage – beseitigen. Folglich kann er auch durch die Behörde in Anspruch genommen werden (VG Düsseldorf 20.8.2010 – 25 K 3682/10). Laut dem VG Düsseldorf 24.11.2008 – 4 L 1087/08 – NVwZ-RR 2011, 351, ist auch der Verwalter einer WEG beauftragte Verwalter für die Teile des Gebäudes ordnungspflichtig, die im Gemeinschaftseigentum stehen (hier Tiefgarage, Garagentore, Brandschutz). Die Bauaufsichtsbehörde hat insoweit ein Auswahlermessen. Das VG Düsseldorf 13.2.2009 – 25 K 7918/08 – hat z. B. die Inanspruchnahme des Verwalters einer WEG im Zusammenhang mit der Beseitigung von Gegenständen (Brandlasten) im Treppenhaus (1. Rettungsweg) bestätigt. Siehe hierzu auch: VG Düsseldorf 20.8.2010 – 25 K 3682/10.
690 E. v. 11.4.1989 – 4 B 65/89 – BRS 49, Nr. 143.
691 Vgl. hierzu auch: VG Saarland 20.11.2007 – 5 L 1923/07 – hier Stilllegung der Arbeiten an einem Offenstall auf einer angepachteten Wiese.
692 OVG Niedersachsen 27.2.1981 – 1 A 64/79 – BRS 38, Nr. 205.

| Übersicht über die Regelungen zu den Grundpflichten des Bauherrn in den Landesbauordnungen ||
|---|---|
| Hessen | § 56 HBO |
| Mecklenburg-Vorpommern | § 53 LBauO M-V |
| Niedersachsen | § 52 NBauO |
| Nordrhein-Westfalen | § 53 BauO NRW |
| Rheinland-Pfalz | § 55 LBauO |
| Saarland | § 53 LBO |
| Sachsen | § 53 SächsBO |
| Sachsen-Anhalt | § 52 BauO LSA |
| Schleswig-Holstein | § 53 LBO |
| Thüringen | § 53 ThürBO |

**353** e) **Rangfolge zwischen Verhaltens- und Zustandsstörer?** Eine Rangfolge, in welcher Reihenfolge verschiedene Störer in Anspruch zu nehmen, findet sich weder im allgemeinen Ordnungsrecht noch im (besonderen) Bauordnungsrecht.[693] Nur der sogenannte Nichtstörer ist im Ordnungsrecht immer nachrangig in Anspruch zu nehmen. Allerdings entspricht es anerkannten polizeirechtlichen Grundsätzen, dass bei der Auswahl zwischen verschiedenen in Betracht kommenden Verantwortlichen ein bekannter Verhaltens- oder Handlungsstörer vor dem Zustandsstörer ermessensfehlerfrei in Anspruch genommen werden kann, soweit das öffentliche Interesse an einer wirksamen und schnellen Gefahrenbeseitigung (siehe auch: die Ausführungen zum Gefahrenbegriff weiter oben) nicht beeinträchtigt wird.

Deshalb kann die Inanspruchnahme eines Eigentümers, der einen baurechtswidrigen Zustand nicht geschaffen und kein erkennbar eigenes Interesse an der baulichen Anlage hat, ermessensfehlerhaft sein, wenn der Behörde der Bauherr bekannt ist und die Inanspruchnahme des Eigentümers nicht zur wirksamen und schnellen Gefahrbeseitigung erforderlich ist.[694] Letztlich ist aber die Entscheidung, wer als Pflichtiger heranzuziehen ist, immer den Umständen des Einzelfalles geschuldet, wobei der Grundsatz der Verhältnismäßigkeit und das Gebot der effektiven und schnellen Gefahrenbeseitigung eine wesentliche Rolle spielen.[695] Als ermessensfehlerhaft wurde in einem Einzelfall die bauaufsichtliche **Inanspruchnahme des Eigentümers** zur Abstützung einer nicht mehr standsicheren Scheune bewertet, weil dieser durch eine vom Pächter erwirkte einstweilige Verfügung nicht reagieren konnte.[696]

Tritt im Übrigen jemand nach außen als wirtschaftlich Verantwortlicher auf, kann dieser von der Bauaufsichtsbehörde auch dann ordnungsrechtlich in Anspruch genommen werden, wenn er nicht Inhaber der Baugenehmigung ist.[697]

---

693 VGH Baden-Württemberg 27.3.1995 – 8 S 525/95.
694 OVG Rheinland-Pfalz 25.1.1990 – 1 A 77/87 – BRS 50, Nr. 213 = BauR 1990, 345 ff.
695 OVG Nordrhein-Westfalen 9.12.1994 – 10 A 1753/91 – BRS 57, Nr. 249.
696 Vgl. OVG Niedersachsen 3.4.1996 – 1 M 852/96 – BRS 58, Nr. 199 = BauR 1996, 538 ff.
697 OVG Thüringen, 27.2.1997 – 1 EO 233/96 – BRS 59, Nr. 217.

## 5. Juristische Personen des Privatrechts als Störer?

Rechtssubjekte, die im Rechtsverkehr handeln, können natürliche oder juristische Personen sein. Unter juristische Personen sind die des öffentlichen Rechts = Körperschaften, Anstalten, Stiftungen und die des privaten Rechts = AG, KGaA, GmbH, Genossenschaft, Versicherungsverein auf Gegenseitigkeit, eingetragener Verein usw. zu verstehen.

Die bauaufsichtliche Inanspruchnahme juristischer Personen (des Privatrechts) ist anerkannt,[698] dies gilt z. B. für die GmbH, OHG, aber auch für einen Verein. Hierbei sind die jeweiligen rechtlichen Vertretungsverhältnisse zu beachten.[699] Mangelt es der juristischen Person an einer körperschaftlichen Verfassung (z. B. bei einer Bruchteilsgemeinschaft[700]) können nur die einzelnen Beteiligten bauaufsichtlich in die Pflicht genommen werden. Bei Erbengemeinschaften kann die Bauaufsichtsbehörde jeden der Miterben in die Pflicht nehmen.[701] Den juristischen Personen stehen Organisationen mit körperschaftlicher Verfassung gleich.[702]

Die Ordnungsbehörde kann im Übrigen statt auf eine juristische Person oder Personengesellschaft grundsätzlich auch auf den für diese maßgeblich Handelnden zugreifen, wenn dieser (auch) in seiner Person die Voraussetzungen der Verhaltensverantwortlichkeit gemäß § 17 Abs. 1 OBG NRW erfüllt.[703]

## 6. Juristische Personen des öffentlichen Rechts als Störer?

In diesem Zusammenhang ist zunächst das in den Landesbauordnungen geregelte besondere Zustimmungsverfahren für Vorhaben eines öffentlichen Bauherrn anzusprechen. Nachfolgend wird diesbezüglich stellvertretend auf die Regelungen in NRW abgestellt (§ 79 BauO NRW).

**§ 79 BauO NRW – Bauaufsichtliche Zustimmung**

(1) Nicht verfahrensfreie Bauvorhaben bedürfen keiner Genehmigung, Genehmigungsfreistellung, Bauüberwachung und Bauzustandsbesichtigung, wenn
1. die Leitung der Entwurfsarbeiten und die Bauüberwachung einer Baudienststelle des Bundes, eines Landes oder eines Landschaftsverbandes übertragen ist und
2. die Baudienststelle mindestens mit einer Person, die einen Hochschulabschluss der Fachrichtungen Architektur oder Bauingenieurwesen und die insbesondere die erforderlichen Kenntnisse des öffentlichen Baurechts, der Bautechnik und der Baugestaltung hat, und mit sonstigen geeigneten Fachkräften ausreichend besetzt ist.

---

698  VG Gelsenkirchen 7.3.2013 – 5 K 3188/12 – hier: Nutzungsuntersagung bzgl. Eines Wettbüros.
699  Zur bauordnungsrechtlichen Verantwortlichkeit eines Geschäftsführers einer GmbH & Co KG vgl. VGH Bayern 3.7.2018 – 1 B 16.2374.
700  VGH Bayern 31.3.1978 – Nr. 40 II 75 – BRS 33, Nr. 181, OVG Niedersachsen 27.2.1981 – 1 A 64/79 – BRS 38, Nr. 205. Zur ordnungsrechtlichen Inanspruchnahme der Gesellschafter einer GbR vgl. OVG Nordrhein-Westfalen 21.5.2010 – 7 B 356/10. Das Obergericht weist in diesem Zusammenhang darauf hin, dass eine auf die Inanspruchnahme der Gesellschafter gerichtete Ordnungsverfügung zumindest voraussetzt, dass die öffentlich-rechtlichen Verpflichtungen gegenüber der Gesellschaft konkretisiert werden.
701  OVG Nordrhein-Westfalen 2.5.1996 – 7 A 5454/94.
702  OVG Niedersachsen 16.3.1978 – I A 111/76 – BRS 33 Nr. 180, zu einem Verein.
703  OVG Nordrhein-Westfalen 12.10.2012 – 2 B 1135/12.

> Solche Anlagen bedürfen der Zustimmung der oberen Bauaufsichtsbehörde. Die Zustimmung ist nicht erforderlich, wenn die Gemeinde nicht widerspricht und, soweit ihre öffentlich-rechtlich geschützten Belange von Abweichungen, Ausnahmen und Befreiungen berührt sein können, die Nachbarn dem Bauvorhaben zustimmen.
> Keiner Genehmigung, Genehmigungsfreistellung oder Zustimmung bedürfen unter den Voraussetzungen des Satzes 1 Baumaßnahmen in oder an bestehenden Gebäuden, soweit sie nicht zu einer Erweiterung des Bauvolumens oder zu einer nicht verfahrensfreien Nutzungsänderung führen.
> Satz 3 gilt nicht für bauliche Anlagen, für die nach § 72 Absatz 3 eine Öffentlichkeitsbeteiligung durchzuführen ist.

Dieses Verfahren tritt an die Stelle des Baugenehmigungsverfahrens. Die Baudienststelle trägt die Verantwortung dafür, dass das Vorhaben den öffentlich-rechtlichen Bestimmungen entspricht. Zu diesem neuen Abs. in § 79 BauO NRW heißt es in der Begründung zu Änderungsgesetz: „§ 79 Absatz 5 (neu) soll regeln, dass die Baudienststelle die Verantwortung dafür trägt, dass die Errichtung, die Änderung, die Nutzungsänderung und die Beseitigung baulicher Anlagen den öffentlich-rechtlichen Vorschriften entsprechen. Um die Dokumentation auch für die Fälle sicherzustellen, in denen sich die Eigentümerin bzw. der Eigentümer entscheidet, die Anlage nicht weiter von der Baudienststelle betreuen zu lassen, soll Satz 2 vorsehen, dass die Baudienststelle verpflichtet ist, dem Eigentümer Unterlagen und Pläne in Zusammenhang mit der Errichtung, Änderung und Nutzungsänderung von Anlagen sowie bautechnische Nachweise und Bescheinigungen von Sachverständigen zur Verfügung zu stellen. Im Übrigen gelten § 74 Absatz 5 Sätze 1 und 2 entsprechend."
Die besondere Eigenverantwortlichkeit der Baudienststelle ist im Übrigen auch damit zu begründen, dass bauaufsichtliche Maßnahmen gegen juristische Personen des öffentlichen Rechts rechtlich nicht durchsetzbar wären.[704] Bauüberwachung und Bauzustandsbesichtigung durch die Bauaufsichtsbehörde entfallen ebenso.
Diese Regelung entbindet aber den öffentlichen Bauherrn nicht von jeglicher ordnungsrechtlicher Verantwortlichkeit, denn auch juristische Personen des öffentlichen Rechts können im Rahmen des Baurechts ordnungspflichtig und folglich Störer sein.
Unabhängig von dem Anwendungsbereich für das Zustimmungsverfahren können auch andere juristische Personen des öffentlichen Rechts im Rahmen des Baurechts zwar ordnungspflichtig sein, unabhängig hiervon ist aber auch in diesen Fällen die Zuständigkeit und Befugnis der Bauaufsichtsbehörde gegen diese Ordnungsverfügungen bzw. deren zwangsweise Vollstreckung zu erlassen zu verneinen. Im Einzelfall mag dies bei Gefahr im Verzug anders zu beurteilen sein.[705] Als Ausnahme hiervon ist die Ordnungspflicht im Falle rein fiskalischer Tätigkeit zu nennen (beachte aber zur Vollstreckung: § 37 VwVG).

---

704   Zur Verantwortlichkeit der höheren Verwaltungsbehörde bei einer Anlage des Bundes oder des Landes und zur gerichtlichen Überprüfbarkeit einer Abweichung vgl. BVerwG 14.2.1991 – 4 C 20.88 – BRS 52, Nr. 151.
705   BVerwG 16.1.1968 – 1 A 1.67.

XXIII. Die Ordnungspflicht **356**

Sind die Bauaufsichtsbehörde und die ordnungspflichtige juristische Person im Einzelfall identisch, d. h. gehören sie ein und demselben Rechtsträger an, kommt der Erlass einer bauaufsichtlichen Verfügung bereits mangels Außenwirkung nicht in Frage. Ansonsten obliegt der entsprechenden juristischen Person des öffentlichen Rechts die Ordnungspflicht als Annexkompetenz zu ihren jeweiligen Befugnissen bzw. Zuständigkeiten, d. h. sie muss in eigener Kompetenz dafür Sorge tragen, dass sie nicht gegen öffentlich-rechtliche Normen verstößt.[706]
Als etwaige Anspruchsgrundlage für einen öffentlich-rechtlichen Abwehranspruch Dritter ist auf die analoge Anwendung der §§ 906, 1004 BGB im öffentlichen Recht zu verweisen.[707] Eine weitere Möglichkeit der Ableitung von Abwehrrechten wird in diesem Zusammenhang aus dem Rechtsstaatsprinzip des Art. 20 Abs. 3 GG und aus den Grundrechten des Art. 2 Abs. 2 Satz 1 GG bzw. des Art. 14 Abs. 1 Satz 1 GG gesehen.[708]

### 7. Der praktische Fall: Das illegale Wochenendhaus **356**

> Auf einem Grundstück im planungsrechtlichen Außenbereich steht seit langer Zeit ein Wochenendhaus. Dies war bisher an die Eheleute E. verpachtet. Diese friedeten das Grundstück mit einem 1,75 Maschendrahtzaun ein und befestigten diesen an Eisenbahnschwellen. Ferner montierten sie ein eisernes Eingangstor mit einer Breite von 2,50 m. Nach dem Tod ihres Ehemannes gab die Frau das Pachtgrundstück an den Eigentümer des Grundstückes und Verpächter zurück. Im Rahmen einer zivilgerichtlichen Streitigkeit zwischen dem Verpächter und der Pächterin über die Erstattung von Aufwendungen zur Verbesserung der auf dem Grundstück aufstehenden Baulichkeiten fragte das Landgericht bei der Bauaufsichtsbehörde an, welche Wertigkeit dem Wochenendhaus zukommt. Die Bauaufsichtsbehörde teilte daraufhin dem Landgericht mit, dass es sich um eine illegale bauliche Anlage handelt und deshalb mit einer Beseitigungsverfügung zu rechnen wäre. Nach einer erfolgten schriftlichen Anhörung gab die Bauaufsichtsbehörde der Pächterin auf, das auf dem Grundstück errichtete Wochenendhaus mit angebautem Geräteraum und die Einfriedung unverzüglich, spätestens innerhalb von zwei Monaten nach Unanfechtbarkeit der Verfügung abzubrechen und das anfallende Material abzutransportieren. Die baulichen Anlagen auf dem besagten Grundstück

---

706 Zur zulässigen Inspruchnahme einer Gemeinde wegen einer kommunalen Einrichtung durch die zuständige Immissionsschutzbehörde vgl. BVerwG 25.7.2002 – 7 C 24.01 – BRS 65, Nr. 208. Zur zulässigen Inanspruchnahme einer Gemeinde wegen LED-Anzeigetafeln vgl. VG Magdeburg 30.9.2013 – 4 A 197/13.
707 Vgl. hierzu: OVG Nordrhein-Westfalen 8.7.2004 – 21 A 2435/02, Vorinstanz: VG Gelsenkirchen 2.5.2002 – K 3380/00.
708 BVerwG 19.1.1989 – 7 C 77.87 – BVerwGE 81, 197 ff. Der VGH Baden-Württemberg 15.12 2021 – 10 S 654/21 – verneint grundsätzlich einen Direktanspruch des Nachbarn gegenüber Hoheitsträgern auf Umsetzung von zu seinem Schutz von der Bauaufsichtsbehörde in eine Baugenehmigung aufgenommener Auflagen. Hier finden sich Ausführungen zu den Voraussetzungen des zivilrechtlichen quasi-negatorischen Beseitigungsanspruchs gegenüber dem Hoheitsträger (hier: Schulträger, Beschwerde über missbräuchliche Nutzung des Pausenhofs) auf Umsetzung nachbarschützender Nebenbestimmungen zu einer Baugenehmigung.

seien ungenehmigt entstanden und auch im Nachhinein nicht genehmigungsfähig, da sie als sonstige Vorhaben öffentliche Belange i. S. d. § 35 Abs. 3 BauGB beeinträchtigen. Gleichzeitig wurde dem Eigentümer des Grundstücks und Verpächter in einer Verfügung aufgegeben, die Beseitigung der Baulichkeiten zu dulden. In einem Widerspruch gegen die Beseitigungsverfügung verwies die Pächterin darauf, dass der Pachtvertrag zwischenzeitlich ausgelaufen und deshalb nunmehr der Eigentümer des Grundstückes und Verpächter allein verantwortlich sei. Sie habe auch mittlerweile eine Entschädigung für die bisherigen Aufwendungen erhalten, z. B. für die Einfriedung des Grundstücks. Im Übrigen sei sie nunmehr Rentnerin und der Eigentümer des Grundstücks wirtschaftlich deutlich leistungsfähiger als sie selbst. Daraufhin hob die Widerspruchsbehörde die Verfügung auf. Es folgte eine neue Beseitigungsverfügung mit einem identischen Tenor an den Verpächter. In der Begründung wird zur Ordnungspflicht des Eigentümers auf das Auslaufen des Pachtvertrages abgestellt. Gegen die Verfügung reicht dieser Klage ein.

**Wie ist die Rechtslage?**

Hinweis Der Fall ist in Hessen platziert.

**Lösung**

Rechtsgrundlage der Abbruchverfügung ist § 61 Abs. 2 der Hessischen Bauordnung (HBO). Nach dieser Vorschrift haben die Bauaufsichtsbehörden nach pflichtgemäßem Ermessen die notwendigen Maßnahmen zu treffen, um von der Allgemeinheit oder von Einzelnen Gefahren für die öffentliche Sicherheit und Ordnung im Sinne von § 3 HBO abzuwehren, die durch bauliche oder sonstige Anlagen nach diesem Gesetz hervorgerufen werden.
Die streitigen Baulichkeiten widersprechen dem formellem und materiellem Recht. Das Wochenendhaus mit angebautem Geräteraum und die Einfriedung sind formell und materiell baurechtswidrig.
Die Bauaufsichtsbehörde konnte im Rahmen seines Auswahlermessens auch den Kläger als Eigentümer gleichrangig neben der früheren Pächterin als Handlungsstörer in Anspruch nehmen. § 6 HSOG regelt die Verantwortlichkeit für das Verhalten von Personen und § 7 HSOG für die Verantwortlichkeit von Tieren und Sachen.
Maßgeblich für die zu treffende Ermessensentscheidung sind die zum Zeitpunkt des Abschlusses des Vorverfahrens bekannten Umstände und angestellten Überlegungen. Im vorliegenden Fall geht es vor allem darum, ob der Eigentümer neben dem Pächter des Grundstücks in Anspruch genommen werden kann. Auch nach dem Auslaufen des Pachtvertrages ist es nämlich auch dem Pächter ohne weiteres möglich, bauliche Anlagen, die er während der Pachtzeit errichtet hat – gegebenenfalls nach entsprechender Duldungsanordnung gegenüber dem Grundstückseigentümer – zu beseitigen.
Es besteht der Grundsatz, dass regelmäßig der Verhaltens- vor dem Zustandsstörer heranzuziehen ist.[709] Dies ist aber in den Fällen entkräftet, wo sich

---

[709] VGH Hessen 21.3.1988 – 4 TH 3794.

XXIII. Die Ordnungspflicht

eine andere Entscheidung sachlich begründen lässt. Die in der Begründung herangezogene Erwägung, dass der Kläger als Grundstückseigentümer wirtschaftlich leistungsfähiger sein soll als die ehemalige Pächterin, die mittlerweile Rentnerin ist, vermag dessen Auswahl als Ordnungspflichtigen allein nicht zu rechtfertigen.

In der Begründung der Ordnungsverfügung wird ferner darüber hinaus auch auf den Zeitablauf seit dem Auslaufen des Pachtvertrages abgestellt. Dieser Gesichtspunkt unter Berücksichtigung des Kenntnisstandes der Behörde, auf dessen Grundlage die Entscheidung getroffen wurde, lässt vor dem Hintergrund des Pachtvertrages und seiner Abwicklung die Heranziehung des Klägers als vertretbar erscheinen. Das gilt zunächst für die Anordnung der Beseitigung der Einfriedung. Der Behörde war durch den Widerspruch der Pächterin bekannt, dass die von der früheren Pächterin und ihrem Ehemann errichtete Einfriedung nach Pachtende im Wege des Aufwendungsersatzes vom Kläger abgelöst worden war. Insoweit war im Verhältnis zwischen der früheren Pächterin und dem Kläger mit Abschluss des Vergleichs ein Beseitigungsrecht nicht mehr gegeben. Auch in anderen Entscheidungen des VGH Hessen wurde die Heranziehung des Grundstückseigentümers zur Beseitigung einer baulichen Anlage, die der Pächter im Rahmen des Pachtvertrages errichtet hat, als ermessensfehlerfrei angesehen. Dasselbe muss aber auch für das Wochenendhaus gelten. Der Kläger hat offensichtlich dessen Errichtung nicht etwa als gegen den Pachtzweck verstoßend angesehen und sich ihr widersetzt. Vielmehr spielte – wie die Anfrage des Landgerichts bei der Bauaufsichtsbehörde bestätigt – die Frage, ob das Wochenendhaus Bestand haben oder jederzeit mit einer Abbruchverfügung der Bauaufsichtsbehörde gerechnet werden konnte nur insoweit eine Rolle, als dieser Umstand für die Höhe des Betrages von Bedeutung war. Der Kläger war bereit den mit dem Bestand des Hauses auf dem Grundstück verbundenen Vorteil zu nutzen, wollte jedoch mit den Kosten für seine Beseitigung nicht belastet werden. Unter diesen Umständen konnte er gleichrangig neben dem Pächter als Pflichtiger herangezogen werden.

Hinweis die Lösung folgt der Entscheidung des VGH Hessen 9.9.1992 – 4 UE 2451/89.

# XXIV. Rechtsnachfolge in die Ordnungspflicht

## 1. Sonderproblem: Ordnungspflicht und Rechtsnachfolge

**357** Ein besonderes Problem im Zusammenhang mit der Ordnungspflicht ist der Pflichtenübergang auf den Rechtsnachfolger. Während früher von der Höchstpersönlichkeit der Ordnungspflicht ausgegangen wurde, ist es heute unstrittig, dass die durch eine Ordnungsverfügung konkretisierte bauordnungsrechtliche Verpflichtung übergangsfähig ist, und zwar sowohl auf den Gesamt- (Erbschaft), als auch auf den Einzelrechtsnachfolger (Kaufvertrag/Zwangsversteigerung). Es kommt aber hierbei auf den Inhalt der bauaufsichtlichen Verfügung und die Art der Rechtsnachfolge an.

## 2. Rechtsnachfolge in Abhängigkeit vom Inhalt der bauaufsichtlichen Eingriffsmaßnahme

**358** Die Rechtsnachfolge in die grundstücksbezogene Beseitigungsverfügung ist mittlerweile unstrittig.[710] Dieser Grundsatz gilt sogar im Naturschutzrecht.[711]

| Eigentümer | = | Rechtsnachfolge durch Erbfall |
|---|---|---|
|  |  | Rechtsnachfolge durch Verkauf |

Allerdings ist der **Mieter** eines Hauses, für das eine an den Eigentümer gerichtete Beseitigungsverfügung vor Abschluss des Mietvertrages ergangen ist, nicht Rechtsnachfolger des Eigentümers.[712] Dies gilt auch für einen neuen **Pächter** im Verhältnis zu einem früheren Pächter.[713] Die in einem gerichtlichen Vergleich vereinbarte Verpflichtung zur Beseitigung eines Gebäudes geht auch dann nicht auf den **Pächter** über, wenn der Vertrag nach dem Vergleich abgeschlossen wurde.[714]

---

710 BVerwG 22.1.1971 – IV C 62.66 – BRS 24, Nr. 193, VGH Bayern 13.7.1977 – III 1544/75 – BRS 32, Nr. 180, OVG Rheinland-Pfalz 26.7.1983 – 8 A 62/83 – UPR 1984, 169 ff. = NVwZ 1985, 431 ff., BRS 40, Nr. 234, OVG Rheinland-Pfalz 19.7.1984 – 12 A 33/83 – BRS 42, Nr. 219 – auch gegenüber Einzelrechtsnachfolger, NJW 1985, 2660, OVG Nordrhein-Westfalen 9.9.1986 – 11 A 1538/86 – BRS 46, Nr. 196, VGH Bayern 5.8.1996 – 14 AS 96.1624 – BRS 58, Nr. 215 – auch gegenüber Mitbesitzer, OVG Nordrhein-Westfalen 10.12.1996 – 10 A 4248/92 – BRS 58, Nr. 140 – auch gegenüber Rechtsnachfolger des Bauherrn, OVG Niedersachsen 15.11.2013 – 1 LA 65/13 – aber: laut dem VGH Baden-Württemberg 25.10.1999 – 8 S 2407/99 – BRS 62, Nr. 212 ist dies bei Gesamtrechtsnachfolge strittig.
711 VGH Baden-Württemberg, 12.3.1991 – 5 S 618/91 – BRS 52, Nr. 230.
712 VGH Bayern 13.8.1992 – 2 CS 92.1618 – BRS 54, Nr. 211.
713 VGH Baden-Württemberg 1.9.1987 – 3 S 1860/87 – BRS 47, Nr. 192.
714 OVG Niedersachsen 24.5.1994 – 1 M 1066/94 – BRS 56, Nr. 214, hier: ungenehmigtes Stallgebäude.

Das OLG Celle[715] nimmt die Rechtsnachfolge auch für ein **Nutzungsverbot** an. Auch das OVG Berlin-Brandenburg[716] bejaht die Rechtsnachfolge des neuen Mieters in die Ordnungspflicht, wenn er die alte Nutzung fortführt. Der VGH Hessen[717] wertet bauaufsichtliche Beseitigungs- oder Nutzungsuntersagungsverfügungen als auf die Liegenschaft bezogene dingliche Verwaltungsakte. Dies bleibt auch dann so, wenn ein Eigentums- oder Besitzwechsel stattgefunden hat.
Auch die bauaufsichtliche Forderung, nach einer Teilung alle zivilrechtlichen und erforderlichen Maßnahmen zu ergreifen, um den durch eine Grenzänderung eingetretenen baurechtswidrigen Zustand zu beheben, geht auf die Rechtsnachfolger der Eigentümer des bzw. der Grundstücke über.[718]

### 3. Pflichtenübergang in Abhängigkeit von der Bestandskraft der Grundverfügung

In zahlreichen gerichtlichen Entscheidungen wird zwischen Handlungs- und Zustandshaftung differenziert. Teilweise wird verlangt, dass die jeweilige Ordnungsverfügung bereits bestandskräftig ist, um auf den Rechtsnachfolger überzugehen.[719] Tritt demnach während des Widerspruchsverfahrens eine Rechtsnachfolge ein, z. B. durch Erbfall oder Verkauf, muss die Bauaufsichtsbehörde darauf reagieren und die Grundverfügung mit verändertem Adressaten neu erlassen.[720]

### 4. Übrigens

Es ist nicht zulässig, durch privatrechtliche Vereinbarungen die (öffentlich-rechtliche) Ordnungspflicht auf Dritte zu übertragen. Dies wäre auch sittenwidrig.[721] Der gute Glaube des Rechtsnachfolgers in seine Pflichtenfreiheit ist rechtlich nicht geschützt.[722]

### 5. Verfahrensfragen

Durch den Übergang der bauaufsichtlichen Grundverfügung auf den Rechtsnachfolger muss diese nicht wiederholt werden. Allerdings muss die Inanspruch-

---

715 E. v. 28.1.1983 – BRS 40, Nr. 235, ebenso: OVG Nordrhein-Westfalen, 9.9.1986 – 11 A 1538/86 – BRS 46, Nr. 196 und OVG Nordrhein-Westfalen 10.12.1996 – 10 A 4248/92 – BRS 58, Nr. 216, anders das OVG Hamburg, 14.12.1995 – Bf II 16/94 – BauR 1997, 104 und BRS 58, Nr. 218 und VGH Hessen 15.9.1986 – 4 TH 1729/86 – DöV 1987, 302 ff.
716 E. v. 16.5.2019 – OVG 2 S 19.19.
717 E. v. 1.12.2014 – 3 B 1633/14 – BRS 82, Nr. 207.
718 OVG Berlin 4.4.2002 – 2 S 6.02 – BRS Informationsdienst, 13 ff.
719 Anders: OVG Saarland 16.5.2001 – 2 Q 7/01 – BRS 64, Nr. 199.
720 Erlässt die Behörde eine Beseitigungsanordnung und geht das Eigentum an dem Grundstück während des Vorverfahrens auf einen Dritten über, hat dies, wenn der Widerspruchsbescheid gleichwohl an den früheren Eigentümer gerichtet wird, die Rechtswidrigkeit der Ausgangsverfügung und des Widerspruchsbescheides zur Folge, d. h., eine Rechtsnachfolge im laufenden Verfahren muss von der Behörde beachtet werden (OVG Nordrhein-Westfalen 23.4.1996 – 10 A 3565/92 – BRS 58, Nr. 217 = BauR 1996, 700). Das OVG Saarland 16.5.2001 – 2 Q 7/01 – BRS 64, Nr. 199, verlangt jedoch bei Eintritt einer Rechtsnachfolge noch vor Bestandskraft einer Beseitigungsverfügung keinen Neuerlass der Verfügung.
721 OVG Berlin-Brandenburg 8.12.2016 – OVG 2 B 7.14 – hier: Übertragung des Eigentums an ein Wohnhaus und einen Lagerplatz auf den Bruder nach Erlass einer Beseitigungsverfügung.
722 VGH Baden-Württemberg 23.1.1979 – III 3228/78 – BRS 35, Nr. 212.

nahme des Rechtsnachfolgers durch die Behörde gegenüber diesem konkretisiert und das entsprechende Zwangsmittel unter Fristsetzung erneut angedroht werden (Überleitungsanzeige). Beim Zwangsmittel handelt es sich nämlich um eine höchstpersönliches Beugemittel, welches nicht übergangsfähig ist.[723]

## 6. Regelungen in anderen Landesbauordnungen

**362** Bei Bezug auf Entscheidungen zur Rechtsnachfolge in die Ordnungspflicht der verschiedenen Obergerichte ist – vor allem mit Blick auf ältere Rechtsprechung – zu beachten, dass den Landesbauordnungen der Übergang der Ordnungspflicht zwischenzeitlich regelmäßig speziell geregelt ist:

> **§ 58 MBO – Aufgaben und Befugnisse der Bauaufsichtsbehörden**
> (1) Die Bauaufsicht ist Aufgabe des Staates.
> (2) Die Bauaufsichtsbehörden haben bei der Errichtung, Änderung, Nutzungsänderung und Beseitigung sowie bei der Nutzung und Instandhaltung von Anlagen darüber zu wachen, dass die öffentlich-rechtlichen Vorschriften eingehalten werden, soweit nicht andere Behörden zuständig sind. Sie können in Wahrnehmung dieser Aufgaben die erforderlichen Maßnahmen treffen.
> (3) **Bauaufsichtliche Genehmigungen und sonstige Maßnahmen gelten auch für und gegen Rechtsnachfolger.**

| Übersicht über die Regelungen zur Rechtsnachfolge in den Landesbauordnungen | |
|---|---|
| Baden-Württemberg | nein |
| Bayern | ja, Art. 54 Abs. 2 BayBO |
| Berlin | ja, § 58 Abs. 2 BauO Bln |
| Brandenburg | ja, § 58 Abs. 5 BbgBO |
| Bremen | ja, § 58 Abs. 5 BremLBO |
| Hamburg | ja, § 58 Abs. 2 HBauO |
| Hessen | ja, § 61 Abs. 5 HBO |
| Mecklenburg-Vorpommern | ja, § 58 Abs. 2 LBauO M-V |
| Niedersachsen | ja, § 79 Abs. 1 S. 5 NBauO |
| Nordrhein-Westfalen | Ja, § 58 Abs. 3 BauO NRW |
| Rheinland-Pfalz | ja, § 81 S. 3 LBauO, nur bezogen auf ein Beseitigungsverlangen bzw. ein Nutzungsverbot |
| Saarland | ja, § 57 Abs. 6 LBO |
| Sachsen | ja, § 61 Abs. 3 SächsBO |
| Sachsen-Anhalt | ja, § 57 Abs. 3 BauO LSA |
| Schleswig-Holstein | ja, § 58 Abs. 3 LBO |
| Thüringen | ja, § 58 Abs. 3 ThürBO |

---

723 OVG Nordrhein-Westfalen 9.5.1979 – XI A 963/78 – BRS 35, Nr. 217.

## XXIV. Rechtsnachfolge in die Ordnungspflicht

**§ 79 NBauO – Baurechtswidrige Zustände, Bauprodukte und Baumaßnahmen sowie verfallende bauliche Anlagen**

(1) ... Die Bauaufsichtsbehörde hat ihre Anordnungen an die Personen zu richten, die nach den **§§ 52 bis 56** verantwortlich sind. Nach Maßgabe des Niedersächsischen Polizei- und Ordnungsbehördengesetzes kann sie auch nicht verantwortliche Personen in Anspruch nehmen. Die Anordnungen der Bauaufsichtsbehörde gelten auch gegenüber den Rechtsnachfolgern der Personen, an die die Anordnungen gerichtet sind.

### 7. Der praktische Fall: Die fehlende Umwehrung

Auf einem Grundstück wurden vor längerer Zeit – vor über vierzig Jahren – ein Wohnhaus und eine Garage errichtet. Die Garage wurde an das Wohnhaus angebaut. Das Dach der Garage ist von der Wohnung im 1. Obergeschoss des Wohnhauses direkt zu betreten. In den grüngestempelten Bauvorlagen, die Bestandteil der entsprechenden Baugenehmigung, ist eine Umwehrung in einer Höhe von 0,90 m eingezeichnet und somit Teil der Baugenehmigung geworden. Die Umwehrung wurde aber nicht montiert. Es erfolgte jedoch ein Schlussabnahme ohne Mängelfeststellung.
Bei einer späteren Bauzustandsbesichtigung auf dem Nachbargrundstück wird der Baukontrolleur zufällig auf die zwischenzeitliche gärtnerische Nutzung des Garagendaches aufmerksam und informiert die Verwaltungsabteilung der Bauaufsichtsbehörde über die fehlende Absturzsicherung.
Die Bauaufsichtsbehörde M. gibt dem Eigentümer des Grundstückes nach erfolgter fruchtloser Anhörung auf:
1. die fachgerechte Installation (einer Umwehrung) innerhalb von 4 Wochen nach Zustellung dieses Bescheids vorzunehmen und
2. die fachgerechte Montage der Absturzsicherung durch die Bescheinigung eines Fachunternehmens bei der Unteren Bauaufsichtsbehörde nachzuweisen.
Neben einer Androhung von Zwangsgeldern (zu Ziffer 1: 2000 Euro und zu Ziffer 2: 500 Euro) in bestimmter Höhe zu den Ziffern 1 und 2 ordnet die Behörde gleichzeitig – mit Begründung – die sofortige Vollziehung an. In der Begründung der Anordnung der sofortigen Vollziehung stellt die Behörde ab auf die Gefährdung der Nutzer des Garagendaches und auf das objektive öffentliche Interesse an der Verhinderung von Gefahren für Leib und Leben. Deshalb kann eine Verzögerung der Umsetzung der verlangten baulichen Maßnahme nicht hingenommen werden. Der Schutz der Gesundheit der Wohnungsinhaber der Wohnung im 1. Obergeschoss des Wohnhauses lasse es nicht zu, auf den Abschluss eines etwaigen Klageverfahrens zu warten.
Der Adressat der Ordnungsverfügung reicht beim zuständigen Verwaltungsgericht form- und fristgerecht Klage ein und stellt ferner einen Antrag auf Wiederherstellung der aufschiebenden Wirkung seiner Klage. In der Begründung seines Antrages moniert er die Störerauswahl, da die Nutzer der Wohnung im 1. Obergeschoss des Wohnhauses ein vertragliches Recht auf die gärtnerische Nutzung des Garagendaches haben und insoweit selbst für eine ordnungsgemäße Umwehrung zu sorgen hätten. Außerdem wurde in der Vergangenheit für das Wohnhaus nebst der Garage nach einer erfolgten Bauüber-

wachung vor Ort ein mängelfreier Schlussabnahmeschein erstellt. Dieser würde einen Vertrauensschutz und ein Gegenrecht gegen nachträgliche bauaufsichtliche Anforderungen begründen. Im Übrigen besteht der gerügte bauliche Zustand seit über vierzig Jahren. Er selbst habe das Grundstück mit den aufstehenden Baulichkeiten erst vor einem Jahrzehnt erworben.

**Wie wird das Verwaltungsgericht über den Antrag auf Gewährung des einstweiligen Rechtsschutzes entscheiden?**
Hinweis: Der Fall ist in NRW platziert.

**Lösung**

Gemäß § 80 Abs. 5 Satz 1 VwGO kann das Gericht die aufschiebende Wirkung einer Klage in den Fällen des Absatzes 2 S. 1 Nr. 1 bis 3 ganz oder teilweise anordnen, im Falle des Absatzes 2 S. 1 Nr. 4 ganz oder teilweise wiederherstellen. Dabei trifft das Gericht aufgrund der sich im Zeitpunkt seiner Entscheidung darstellenden Sach- und Rechtslage eine eigene Ermessensentscheidung darüber, ob das private Interesse des Antragstellers an der aufschiebenden Wirkung seines Rechtsbehelfs oder das öffentliche Interesse am sofortigen Vollzug des angefochtenen Verwaltungsakts überwiegt. Im Rahmen dieser Interessenabwägung sind vor allem die Erfolgsaussichten in der Hauptsache zu berücksichtigen. Ein überwiegendes Aussetzungsinteresse des Antragstellers ist in der Regel anzunehmen, wenn die im einstweiligen Rechtsschutzverfahren nur mögliche summarische Prüfung der Sach- und Rechtslage ergibt, dass der in der Hauptsache eingelegte Rechtsbehelf gegen den angegriffenen Verwaltungsakt voraussichtlich erfolgreich sein wird. Hingegen überwiegt in der Regel das öffentliche Vollzugsinteresse, wenn der in Hauptsache eingelegte Rechtsbehelf voraussichtlich keinen Erfolg haben wird. Sind die Erfolgsaussichten offen, nimmt das Gericht eine allgemeine, von den Erfolgsaussichten in der Hauptsache unabhängige Abwägung der für und gegen den Sofortvollzug sprechenden Interessen vor.[724]

Ein Antrag auf Wiederherstellung der aufschiebenden Wirkung hat unabhängig von einer Interessenabwägung Erfolg, wenn die Vollziehungsanordnung formell rechtswidrig ist.[725] Dies ist aber hier nicht der Fall. Die Anordnung der sofortigen Vollziehung der Ordnungsverfügung entspricht den formellen Begründungserfordernissen des § 80 Abs. 3 Satz 1 VwGO.

Das formale Begründungserfordernis nach § 80 Abs. 3 Satz 1 VwGO bezweckt zum einen die Unterrichtung des Adressaten des Bescheides sowie ggf. des Verwaltungsgerichts über die maßgeblichen Gründe für den Sofortvollzug und dient zum anderen der Selbstvergewisserung der anordnenden Behörde darüber, dass die aufschiebende Wirkung eines Rechtsbehelfs die Regel, der Sofortvollzug hingegen die Ausnahme ist. Die Begründung muss dementsprechend erkennen lassen, dass und warum die Behörde in dem konkreten Einzelfall dem öffentlichen Vollziehbarkeitsinteresse Vorrang vor dem Aufschu-

---

724 OVG NRW 4.7.2014 – 2 B 666/14.
725 Vgl. zu den Anforderungen des § 80 Abs. 3 Satz 1 VwGO: OVG Nordrhein-Westfalen 30.9.2014 – 1 B 1001/14 und OVG Nordrhein-Westfalen 11.2.2014 – 15 B 69/14.

binteresse des Betroffenen einräumt. Die Begründungspflicht des § 80 Abs. 3 Satz 1 VwGO ist rein formeller Natur. Es genügt jede schriftliche Begründung, die zu erkennen gibt, dass die Behörde aus Gründen des zu entscheidenden Einzelfalls eine sofortige Vollziehung ausnahmsweise für geboten hält.[726] Insoweit ist es unerheblich, ob die zur Begründung der Vollziehungsanordnung angeführten Gründe die sofortige Vollziehung auch tatsächlich rechtfertigen, beziehungsweise ob damit eine besondere Eilbedürftigkeit erschöpfend und zutreffend dargetan ist. Notwendig und zugleich ausreichend ist vielmehr, dass die Begründung erkennen lässt, dass und warum die Behörde in dem konkreten Einzelfall dem sofortigen Vollziehbarkeitsinteresse Vorrang vor dem Aufschubinteresse des Betroffenen einräumt.[727]
Dies ist hier der Fall. Als Begründung für die Anordnung der sofortigen Vollziehung nennt die Antragsgegnerin nicht nur das besondere, überwiegende Interesse der Eigentümer bzw. Nutzer des begünstigten Grundstücks, denen es ohne die Umwehrung nicht möglich sei, die sich aus der Grunddienstbarkeit ergebenden Rechte zur Gartennutzung und Bepflanzung wahrzunehmen, ohne sich einer Gesundheitsgefährdung auszusetzen. Vielmehr stellt die Antragsgegnerin in ihrer Begründung zusätzlich auf das öffentliche Interesse an der Beseitigung einer Gefahr für Leib oder Leben ab, indem sie ausführt, die Verzögerung der Mängelbeseitigung durch die Erhebung einer Klage des Ordnungspflichtigen könne nicht hingenommen werden, da hochrangige Rechtsgüter gefährdet seien und das Interesse an der aufschiebenden Wirkung eines Rechtsbehelfs hinter dem besonderen, überwiegenden Interesse an einer Gefahrenbeseitigung zurückstehen müsse. Der Schutz der Gesundheit der Wohnungsinhaber der Wohnung im 1. Obergeschoss des Wohnhauses lasse es nicht zu, auf den Abschluss eines etwaigen Klageverfahrens zu warten. Mit diesen Ausführungen hat die Antragsgegnerin hinreichend zum Ausdruck gebracht, dass sie sich mit dem hier gegebenen Einzelfall auseinandergesetzt hat und es ist eindeutig, dass sie in diesem Fall die Anordnung der sofortigen Vollziehung ausnahmsweise für geboten hält.
Die somit nach § 80 Abs. 5 Satz 1 VwGO vorzunehmende Interessenabwägung fällt hinsichtlich der zwangsgeldbewehrten Anordnung, eine Umwehrung zu errichten, zu Ungunsten des Antragstellers aus. Das öffentliche Interesse an der Vollziehung dieser Regelung überwiegt das Interesse des Antragstellers an der aufschiebenden Wirkung ihrer Klage, da sich die Ordnungsverfügung insoweit als offensichtlich rechtmäßig erweist und auch die Zwangsgeldandrohung keinen ernstlichen Zweifeln unterliegt. Die beklagte Ordnungsverfügung ist offensichtlich rechtmäßig.
Die Verfügung findet ihre Ermächtigungsgrundlage in § 58 Abs. 2 BauO NRW. Hiernach haben die Bauaufsichtsbehörden bei der Errichtung, Änderung, Nutzungsänderung und Beseitigung sowie bei der Nutzung und Instandhaltung von Anlagen darüber zu wachen, dass die öffentlich-rechtlichen Vorschriften und die aufgrund dieser Vorschriften erlassenen Anordnungen

---

726 OVG Nordrhein-Westfalen 2.6.2021 – 2 B 443/21.
727 OVG Nordrhein-Westfalen 23.1.2020 – 13 B 1423/19, OVG Nordrhein-Westfalen 7.4.2014 – 16 B 89/14 und OVG Nordrhein-Westfalen 19.3.2012 – 16 B 237/12.

eingehalten werden, soweit nicht andere Behörden zuständig sind. Sie haben in Wahrnehmung dieser Aufgaben nach pflichtgemäßem Ermessen die erforderlichen Maßnahmen zu treffen.

Die Verfügung ist formell rechtmäßig ergangen. Insbesondere ist der Antragsteller vor Erlass der streitgegenständlichen Ordnungsverfügung gemäß § 28 Abs. 1 VwVfG angehört worden.

Die angegriffene Ordnungsverfügung erweist sich auch in materieller Hinsicht als rechtmäßig. Die tatbestandlichen Voraussetzungen der Eingriffsnorm sind erfüllt. Die auf dem Grundstück des Antragstellers errichtete Garage verstößt gegen öffentlich-rechtliche Vorschriften und ist in ihrer konkreten Ausführung nicht durch eine Baugenehmigung gedeckt.

Das Fehlen einer Absturzsicherung in dem fraglichen Bereich verstößt gegen die dem Schutz von Leib und Leben dienende Vorschrift des § 38 Abs. 1 Nr. 1 Halbs. 1 BauO NRW. Hiernach sind an und auf baulichen Anlagen Flächen, die im Allgemeinen zum Begehen bestimmt sind und unmittelbar an mehr als 1 m tiefer liegende Flächen angrenzen, zu umwehren oder mit Brüstungen zu versehen. Aufgrund der eingetragenen Grunddienstbarkeit, die den Berechtigten neben dem Bepflanzungsrecht auch ein Gartennutzungsrecht einräumt, ist die Dachfläche im Allgemeinen zum Begehen bestimmt. Eine Umwehrung wird zudem in Abs. 1 Nr. 3 der Vorschrift für Dächer oder Dachteile vorgeschrieben, die zum auch nur zeitweiligen Aufenthalt von Menschen bestimmt sind. Dabei müssen notwendige Umwehrungen von Flächen mit einer Absturzhöhe von 1 m bis zu 12 m eine Mindesthöhe von 0,90 m haben (vgl. § 38 Abs. 4 Nr. 1 BauO NRW).

Der Antragsteller kann sich bezüglich des derzeitigen Zustands der Garage nicht auf Bestandsschutz berufen. Zu keiner Zeit seit Genehmigung bzw. Errichtung der Garage war diese bauliche Anlage ohne das Vorhandensein einer Umwehrung formell und materiell rechtmäßig.

Die Verpflichtung zur Errichtung einer Umwehrung als Absturzsicherung in der geforderten Höhe ergibt sich bereits aus der ehemals erteilten Baugenehmigung. In den grüngestempelten Bauvorlagen, die Bestandteil dieser Genehmigung sind, ist die Umwehrung in einer Höhe von 0,90 m eingezeichnet und somit Teil der Baugenehmigung. Gemäß § 58 Abs. 3 BauO NRW gelten bauaufsichtliche Genehmigungen und sonstige Maßnahmen auch für und gegen Rechtsnachfolgerinnen oder gegen Rechtsnachfolger.

Eine Umwehrung war für die streitgegenständliche Garage zudem materiell-rechtlich nach §§ 36 Abs. 7 BauO NW 1970, 37 Abs. 1 Satz 1 BauO NW 1984 und 41 Abs. 1 BauO NW 1995 sowie 41 Abs. 1 BauO NRW 2000 vorgeschrieben. Ungeachtet dessen ist es nicht nur nach der geltenden Bauordnung, sondern auch nach keiner früheren Fassung der Landesbauordnung zulässig, eine bauliche Anlage in einer Art zu nutzen, die mit Gefahren für Leben oder Gesundheit verbunden ist. Das Fehlen einer Absturzsicherung in dem fraglichen Bereich verstößt aber gegen § 3 Abs. 1 Satz 1 BauO NRW. Nach dieser Vorschrift sind Anlagen so anzuordnen, zu errichten, zu ändern und instand zu halten, dass die öffentliche Sicherheit und Ordnung, insbesondere Leben, Gesundheit und die natürlichen Lebensgrundlagen, nicht gefährdet werden, dabei sind die Grundanforderungen an Bauwerke gemäß Anhang I der Verordnung (EU) Nr. 305/2011 zu berücksichtigen. Besteht eine solche Gefahr, ist daher jedenfalls eine auf Gefahrenbeseitigung gerichtete Ordnungsverfügung auf der Grundlage von § 58 Abs. 2 BauO NRW grundsätzlich möglich, unabhängig davon, ob die Anlage bestandsgeschützt ist oder nicht.[728]

Schließlich kann auch dahingestellt bleiben, ob nach Errichtung der Garagen seinerzeit eine Schlussabnahme (vgl. § 96 Abs. 5 Satz 1 BauO NW 1970) erfolgt und bescheinigt worden ist. Denn die Erteilung der Schlussabnahmebescheinigung ohne Beanstandungen hat keine die errichtete bauliche Anlage legalisierende Wirkung. Die Erteilung eines Schlussabnahmescheins durch die Baugenehmigungsbehörde ist zwar die formale Voraussetzung dafür, die bauliche Anlage zu nutzen. Die Benutzung darf unbeschadet der Schlussabnahme jedoch nur im Rahmen der Baugenehmigung erfolgen. Die Erteilung eines Schlussabnahmescheins ändert weder die Baugenehmigung ab noch verleiht sie den unbeanstandet gebliebenen Abweichungen von der Baugenehmigung die Legalität. Etwaige Verstöße gegen die Baugenehmigung werden durch die Abnahme und den Abnahmeschein nicht abgesegnet. Vielmehr können auch nach erfolgter Schlussabnahme weiterhin Maßnahmen gefordert werden, um übersehene oder aus sonstigen Gründen nicht beanstandete Verstöße gegen das materielle Baurecht zu beseitigen.[729]

Der Antragsteller ist auch ordnungspflichtig. Da Ordnungsverfügungen nur gegen ordnungspflichtige Personen ergehen können, gehört die Störereigenschaft des Ordnungspflichtigen zu den Eingriffsvoraussetzungen des § 58 Abs. 2 Satz 2 BauO NRW. Wer Störer ist, richtet sich nach den allgemeinen Regeln der §§ 17 und 18 OBG NRW. Gemäß § 18 Abs. 1 OBG NRW sind Maßnahmen gegen den Eigentümer zu richten, wenn von einer Sache eine Gefahr ausgeht. Die Gefahr geht von einer Sache aus, die im Eigentum des Antragstellers steht. Er ist Eigentümer des Flurstücks, dessen wesentlicher Bestandteil die darauf errichtete Garage ist. Die Störereigenschaft entfällt aber nicht, weil zugunsten Dritter ein vertragliches Recht auf die gärtnerische Nutzung des Garagendaches besteht. Als Eigentümer des belasteten Flurstücks ist er der Antragsteller ungeachtet der Rechte oder Pflichten Dritter für den Zustand seiner Sache nach § 18 Abs. 1 OBG NRW verantwortlich. Auch wenn ein Dritter wiederum dem Eigentümer zivilrechtlich zur Instandhaltung und -setzung der Sache verpflichtet ist, hindert dies die Ordnungspflicht des Eigentümers nicht.[730]

Da gemäß § 58 Abs. 3 BauO NRW bauaufsichtliche Genehmigungen und sonstige Maßnahmen auch für und gegen Rechtsnachfolgerinnen oder gegen Rechtsnachfolger gelten, ist der Antragsteller nicht nur Zustandsstörer, sondern zusätzlich Verhaltensstörer, denn er ist der durch die Baugenehmigung konkretisierten und auf ihn übergegangenen Rechtspflicht zur Errichtung

---

728  VG Münster 20.5.2019 – 10 K 1832/18 unter Berufung auf OVG Nordrhein-Westfalen 25.8.2010 – 7 A 749/09.
729  OVG Nordrhein-Westfalen 15.0.2002 – 7 A 3098/01, OVG Nordrhein-Westfalen 20.8.1992 – 7 A 2702/91 und VG Gelsenkirchen 15.10.2014 – 9 L 1395/14.
730  OVG Nordrhein-Westfalen 5.2.1988 – 11 B 186/88.

einer Umwehrung nicht nachgekommen. Ein für eine Gefahr ursächliches Unterlassen begründet die Verhaltenshaftung, wenn – wie hier – eine besondere Rechtspflicht zu polizeimäßigem Handeln besteht.[731]
Daher ist auch der Einwand des Antragstellers unbeachtlich, mit Fertigstellung der Baumaßnahmen i. S. d. § 84 BauO NRW ende die Bauherreneigenschaft und die Landesbauordnung NRW enthalte keine Regelung, wonach der Eigentümer an die Stelle des Bauherrn trete.

Die gegenüber dem Antragsteller erhobene Forderung, auf seiner Garage eine Umwehrung zu errichten, ist zudem ermessensfehlerfrei erfolgt. Die Behörde hat, wenn die Voraussetzungen für ein Eingreifen vorliegen, nach pflichtgemäßem Ermessen die erforderlichen Maßnahmen zu treffen, wobei sie diese entweder gegen den durch sein Verhalten (sog. Handlungsstörer, § 17 OBG) oder den kraft seines Eigentums an der Sache für den Zustand des Grundstücks Verantwortlichen (sog. Zustandsstörer, § 18 OBG) richten kann. Sind mehrere Personen für einen baurechtswidrigen Zustand verantwortlich, so hat die Bauordnungsbehörde zur Herstellung und Aufrechterhaltung baurechtmäßiger Zustände nach pflichtgemäßem Ermessen zu entscheiden, welchen der in Betracht kommenden Störer sie in Anspruch nimmt. Für die Auswahl und Inanspruchnahme derjenigen Personen, die aufgrund ihrer Störereigenschaft nach §§ 17, 18 OBG NRW zur Beseitigung eines baurechtswidrigen Zustandes in Betracht kommen, gibt es keine starre Regel. Insbesondere besteht kein genereller Vorrang der Inanspruchnahme des Handlungsstörers im Sinne des § 17 OBG NRW. Die Entschließung, wer als Pflichtiger heranzuziehen ist, ist an den Umständen des Einzelfalles, dem Grundsatz der Verhältnismäßigkeit und dem Gebot effektiver und schneller Gefahrenbeseitigung auszurichten.[732]

Die pflichtgemäße Ausübung des bauaufsichtsbehördlichen Ermessens setzt voraus, dass die Behörde den entscheidungserheblichen Sachverhalt einschließlich aller in Betracht kommenden Störer sowie deren Möglichkeiten zur Gefahrenbeseitigung zutreffend ermittelt und zur Grundlage einer Störerauswahl gemacht hat.[733]

Ausgehend von diesen Grundsätzen ist es nicht zu beanstanden, dass der Antragsgegner seine Ordnungsverfügung gegen die Antragstellerin gerichtet hat und nicht gegen die Eheleute S. als Dienstbarkeitsberechtigte. Da der Antragsteller sowohl Zustandsstörer nach § 18 Abs. 1 OBG NRW als auch Verhaltensstörer nach § 17 Abs. 1 OBG NRW ist, hat er die Gefahrenschwelle bei wertender Betrachtung unmittelbar selbst überschritten und steht damit der Gefahrenquelle am nächsten. In dieser eindeutigen Situation der ordnungsrechtlichen Verantwortlichkeit des Antragstellers trifft die Antragsgegnerin im Zusammenhang mit der Abwehr von Gefahren für Leib oder Leben

---

731 Wie vor.
732 Vgl. OVG Nordrhein-Westfalen 27.5.2021 – 2 B 1866/20 und 2 B 1867/20, OVG Nordrhein-Westfalen 2020 – 2 B 461/20, OVG Nordrhein-Westfalen 19.4.2016 – 2 A 1778/15 und OVG Nordrhein-Westfalen 9.12.1994 – 10 A 1753/91.
733 Vgl. OVG Nordrhein-Westfalen 12.10.2012 – 2 B 1135/12.

keine Rechtspflicht, vorrangig andere Ordnungspflichtige heranzuziehen oder dies ernsthaft zu erwägen.
Das Absehen von einer Heranziehung der damaligen Bauherren der Garage oder der ebenfalls als Störer in Betracht kommenden Nutzer der Wohnung im 1. Obergeschoss des Wohnhauses ist weder von sachwidrigen Erwägungen geleitet noch für den Antragsteller unverhältnismäßig.
Schließlich fehlt es nicht an dem nach § 80 Abs. 2 Satz 1 Nr. 4 VwGO erforderlichen, keinen Aufschub bis zum rechtskräftigen Abschluss des Hauptsacheverfahrens duldenden besonderen Vollzugsinteresse. Dem steht, anders als der Antragsteller meint, nicht entgegen, dass der nunmehr beanstandete Zustand schon seit langer Zeit andauert. Es bedarf keiner vertieften Erörterung, dass die mangels Umwehrung bestehende Absturzgefahr ungeachtet der Frage, seit wann der Zustand besteht, ein besonderes öffentliches Vollziehungsinteresse begründet.
Die auf §§ 55 Abs. 1, 57 Abs. 1 Nr. 2, 60 und 63 VwVG NRW beruhende Zwangsgeldandrohung in der Ordnungsverfügung erweist sich ebenfalls als offensichtlich rechtmäßig. Ein Zwangsgeld ist in dem gesetzlich vorgegebenen Rahmen von zehn bis hunderttausend Euro unter Berücksichtigung des wirtschaftlichen Interesses des Betroffenen an der Nichtbefolgung des Verwaltungsaktes zu bemessen. Unter Berücksichtigung dieser Vorgaben bestehen im Hinblick auf den angestrebten Erfolg keine rechtlichen Bedenken gegen die Androhung eines Zwangsgeldes in Höhe von 2.000,00 Euro. Dieses hält sich noch im unteren Bereich des nach der gesetzlichen Regelung vorgegebenen Rahmens. Einer besonderen Begründung bedurfte es insoweit nicht.
Allerdings ist der Antrag auf Wiederherstellung der aufschiebenden Wirkung der Klage begründet, soweit er die weitere im angefochtenen Bescheid enthaltene Regelung betrifft, die fachgerechte Installation (der Umwehrung) innerhalb von 4 Wochen nach Zustellung dieses Bescheids durch die Bescheinigung eines Fachunternehmens der Unteren Bauaufsichtsbehörde nachzuweisen und soweit für den Fall der Zuwiderhandlung des Antragstellers eine Zwangsgeld in Höhe von 500,00 Euro angedroht wird. Die von dem Antragsteller erhobene Klage wird aller Voraussicht nach insoweit Erfolg haben.
Das diesbezügliche Verlangen ist materiell als offensichtlich rechtswidrig. Es fehlt in Bezug auf die dem Antragsteller mit der Ordnungsverfügung auferlegte Vorlagepflicht bereits an den Eingriffsvoraussetzungen. Da keine spezielle Ermächtigungsgrundlage eingreift – eine Verpflichtung zur Vorlage einer Fachunternehmerbescheinigung ergibt sich weder aus § 58 Abs. 1 Satz 2 noch aus § 68 oder § 83 BauO NRW und auch nicht aus den Vorschriften der Bauprüfungsverordnung – kann sich die Befugnis der Antragsgegnerin, den Nachweis fachgerechter Installation zu verlangen, allein aus § 58 Abs. 2 BauO NRW i. V. m. § 83 Abs. 1 BauO NRW ergeben.
Den Bauaufsichtsbehörden, die gemäß § 58 Abs. 2 BauO NRW bei der Errichtung, Änderung, Nutzungsänderung und Beseitigung sowie bei der Nutzung und Instandhaltung von Anlagen darüber zu wachen haben, dass die öffentlich-rechtlichen Vorschriften und die aufgrund dieser Vorschriften erlassenen Anordnungen eingehalten werden, soweit nicht andere Behörden zuständig sind und in Wahrnehmung dieser Aufgaben nach pflichtgemäßem Ermessen

die erforderlichen Maßnahmen zu treffen haben, obliegt grundsätzlich auch die Bauüberwachung. Nach § 83 Abs. 1 BauO NRW kann die Bauaufsichtsbehörde die Einhaltung der öffentlich-rechtlichen Vorschriften und Anforderungen und die ordnungsgemäße Erfüllung der Pflichten der am Bau Beteiligten überprüfen. Die Bauüberwachung ist allerdings beschränkt auf den Umfang der im Baugenehmigungsverfahren zu prüfenden Bauvorlagen (Abs. 2). Stellt die Bauaufsichtsbehörde bei einer Baukontrolle einen gefährlichen Bauzustand fest, besteht nach § 58 Abs. 2 Satz 2 BauO NRW eine Pflicht zum Einschreiten.

Zu den Vorschriften, die einzuhalten sind, gehört auch die Vorschrift des § 53 Abs. 1 Satz 1 BauO NRW. Hiernach hat die Bauherrin oder der Bauherr zur Vorbereitung, Überwachung und Ausführung eines nicht verfahrensfreien Bauvorhabens sowie der Beseitigung von Anlagen geeignete Beteiligte nach Maßgabe der §§ 54 bis 56 zu bestellen, soweit sie oder er nicht selbst zur Erfüllung der Verpflichtungen nach diesen Vorschriften geeignet ist. Der Bauherrin oder dem Bauherrn obliegen außerdem nach § 53 Abs. 1 Satz 2 BauO NRW die nach den öffentlich-rechtlichen Vorschriften erforderlichen Anträge, Anzeigen und Nachweise. Sie oder er hat die zur Erfüllung der Anforderungen dieses Gesetzes oder aufgrund dieses Gesetzes erforderlichen Nachweise und Unterlagen zu den verwendeten Bauprodukten und den angewandten Bauarten bereitzuhalten (Abs. 1 Satz 3).

Die Pflicht zur Beauftragung von geeigneten Entwurfsverfassenden, Unternehmen und Bauleitenden geht auf die Vorstellung des Gesetzgebers zurück, dass die Bauherrschaft in der Regel nicht über die ausreichenden Kenntnisse verfügt, die Bauunterlagen selbst anzufertigen und die Bauausführung selbst vorzunehmen oder zu überwachen und es in- sofern zur Sicherstellung der Einhaltung der öffentlich-rechtlichen Vorschriften der Unterstützung durch die genannten Baubeteiligten bedarf. Anknüpfungspunkt der Pflicht ist damit der grundsätzliche Charakter des Bauordnungsrechts als besonderes Gefahrenabwehrrecht und die Tatsache, dass die Ausführung von Bauvorhaben unter Verletzung von öffentlich-rechtlichen Vorschriften eine Gefahr für die öffentliche Sicherheit, insbesondere die Unverletzlichkeit der Rechtsordnung sowie der Individualrechtsgüter Leben, Leib und Eigentum, und/oder der öffentlichen Ordnung darstellen.

Einer Beauftragung bedarf es allerdings nicht, wenn die Bauherrschaft selbst zur Erfüllung der Verpflichtungen geeignet ist. Dies folgt unabhängig davon, ob das Bauvorhaben verfahrensfrei ist oder nicht, aus § 53 Abs. 2 Satz 1 BauO NRW, wonach bei Bauarbeiten, die unter Einhaltung des Gesetzes zur Bekämpfung der Schwarzarbeit in Selbst- oder Nachbarschaftshilfe ausgeführt werden, die Beauftragung von Unternehmen nicht erforderlich ist, wenn dabei genügend Fachkräfte mit der nötigen Sachkunde, Erfahrung und Zuverlässigkeit mitwirken. Die Mitwirkung der Fachkräfte ist bereits gegeben, wenn diese die Bauherrschaft und/oder Nachbarn hinsichtlich der Bauarbeiten anleiten.

Bei technisch einfachen Bauvorhaben ist die Messlatte niedriger anzusetzen als bei anspruchsvollen Bauvorhaben. Letztlich liegt es in der Verantwortung des Bauherrn zu entscheiden, ob er die Hilfe anderer am Bau Beteiligter benötigt oder die Aufgaben selbst erledigen kann.

Vorliegend ist nicht ersichtlich, dass die Installation der Umwehrung fachgerecht nur durch ein Fachunternehmen, nicht aber in Selbsthilfe unter Mitwirkung von genügend und geeigneten Fachkräften ausgeführt werden könnte. Nach § 3 Abs. 2 BauO NRW sind die der Wahrung der Belange nach Absatz 1 dienenden allgemein anerkannten Regeln der Technik zu beachten. Die Verantwortlichkeit für die Übereinstimmung der Umwehrung mit den allgemein anerkannten Regeln der Technik trifft die am Bau Beteilig- ten. Umwehrungen müssen, wie aus § 3 Abs. 2 BauO NRW folgt, neben dem Aufweisen einer ausreichenden Höhe den allgemeinen Regeln der Technik entsprechen und vor allem standsicher bzw. druck- und zugsicher, d. h. ihrer Zweckbestimmung entsprechend beanspruchbar (§ 12 BauO NRW), mit anderen Worten stabil sein. Dies ist im jeweiligen Einzelfall unter Berücksichtigung der Lage der Umwehrung und der Nutzung des Gebäudes zu bewerten. Nähere Regelungen zur Ausbildung der Umwehrungen fehlen in der Landesbauordnung. Ist aber der Antragsteller gemäß § 53 Abs. 2 BauO NRW dazu berechtigt, die geforderten Arbeiten in Selbsthilfe auszuführen, so fordert die Antragsgegnerin mit der angegriffenen Ordnungsverfügung einen Nachweis („Fachunternehmerbescheinigung"), den der Antragsteller nach den einschlägigen Vorschriften der Landesbauordnung zu erbringen nicht verpflichtet ist.

Darüber hinaus ist die auferlegte Maßnahme auch nicht erforderlich. Zwar bestreitet der Antragsteller jegliche Pflicht zur Errichtung einer Umwehrung. Es ist jedoch in keiner Weise ersichtlich oder zu erwarten, dass der Antragsteller, wenn er der ihm auferlegten Verpflichtung zur Errichtung einer Absturzsicherung nachkommt, diese nicht fachgerecht installieren wird. Die Eingriffsnorm des § 58 Abs. 2 BauO NRW dient aber der Gefahrenabwehr und nicht dazu, der Behörde die Bauüberwachung zu erleichtern. Sollte die Antragsgegnerin, wenn ihr die Fertigstellung der Umwehrung angezeigt wird, Bedenken hinsichtlich der fachgerechten Ausführung haben, so bleibt es ihr unbenommen, im Wege der Bauüberwachung nach § 83 Abs. 1 BauO NRW die Anlage in Augenschein zu nehmen. Erst und nur dann, wenn sich Zweifel hinsichtlich der fachgerechten Ausführung ergeben sollten, besteht das Erfordernis eines entsprechenden Nachweises über die fachgerechte Ausführung. Die Interessenabwägung hinsichtlich der auf § 63, § 57 Abs. 3 Satz 2 VwVG NRW gestützten Zwangsmittelandrohung, für die der Maßstab des § 80 Abs. 4 Satz 3 VwGO in entsprechender Anwendung maßgeblich ist, geht ebenfalls zu Lasten der Antragsgegnerin aus. Es bestehen ernstliche Zweifel an der Rechtmäßigkeit der Zwangsmittelandrohung, weil diese das rechtliche Schicksal der Grundverfügung teilt.

**Ergebnis**

Das VG wird deshalb die aufschiebende Wirkung der Klage nur hinsichtlich der Ziffer 2 der beklagten Ordnungsverfügung anordnen, den Antrag aber im Übrigen ablehnen.

Hinweis: Die Lösung folgt der Entscheidung des VG Düsseldorf 20.1.2022 – 28 L 2393/21.

# XXV. Die Verhaltenshaftung

## 1. Zum richtigen Adressaten der bauaufsichtlichen Verfügung

**364** Ordnungsverfügungen dürfen nur gegen ordnungspflichtige Personen gerichtet sein. Die Landesbauordnung enthält aber zum Ordnungspflichtigen nur unvollständige Vorgaben, ergänzend muss deshalb auf die allgemeinen ordnungsrechtlichen Vorschriften zurückgegriffen werden. Handelt es sich um Altlasten, ist zusätzlich das BBodSchG zu beachten, wenn überhaupt die Bauaufsichtsbehörde in solchen Fällen zuständig ist.[734] Bei der Ordnungspflicht unterscheidet man zwischen Verhaltens- und Zustandshaftung. Zwischen Verhaltens- und Zustandsstörer kann natürlich Identität bestehen: Grundstückseigentümer = Bauherr.[735]

## 2. Begriff der Verhaltenshaftung

**365** Die Verhaltenshaftung trifft denjenigen, der durch sein Verhalten die öffentlich-rechtlichen Vorschriften verletzt (Theorie der unmittelbaren Verursachung). Dies kann im öffentlichen Baurecht z. B. derjenige sein, der eine bauliche Anlage rechtswidrig nutzt bzw. bauliche Veränderungen formell rechtswidrig vorgenommen hat.[736] Verhaltensstörer kann auch derjenige sein, der bei einer abweichend von der Baugenehmigung errichteten baulichen Anlage als wirtschaftlich Verantwortlicher auftritt.[737]

> **§ 17 OBG NRW – Verantwortlichkeit für das Verhalten von Personen**
>
> (1) Verursacht eine Person eine Gefahr, so sind die Maßnahmen gegen diese Person zu richten.
>
> (2) Ist die Person noch nicht 14 Jahre alt oder ist für sie zur Besorgung aller ihrer Angelegenheiten ein Betreuer bestellt, können Maßnahmen auch gegen die Person gerichtet werden, die zur Aufsicht über sie verpflichtet ist. Dies gilt auch, wenn der Aufgabenkreis des Betreuers die in § 1896 Abs. 4 und § 1905 des Bürgerlichen Gesetzbuchs bezeichneten Angelegenheiten nicht erfasst.
>
> (3) Verursacht eine Person, die zu einer Verrichtung bestellt ist, die Gefahr in Ausführung der Verrichtung, so können Maßnahmen auch gegen die Person gerichtet werden, die die andere zu der Verrichtung bestellt hat.
>
> (4) Die Absätze 1 bis 3 sind nicht anzuwenden, soweit andere Vorschriften dieses Gesetzes oder andere Rechtsvorschriften bestimmen, gegen wen eine Maßnahme zu richten ist.

---

734 Die bauaufsichtliche Aufforderung umfangreiche Untersuchungsmaßnahmen vor allem mit Blick auf einen Altlastenverdacht im Zusammenhang mit einer ungenehmigt geschaffenen befestigten Fläche im Außenbereich durchzuführen bzw. durchführen zu lassen, dient nicht in erster Linie der Beseitigung eines Verstoßes gegen das öffentliche Baurecht, sondern umweltrechtlichen Zwecken. Aus diesem Grunde ist eine solche Maßnahme nicht von der bauaufsichtlichen allgemeinen oder speziellen Ermächtigungsgrundlage gedeckt. Hier wäre die Bodenschutzbehörde zuständig (VG Gelsenkirchen 1.4.2020 – 6 L 1919/19.). Zur Reichweite der Haftung des Zustandsstörers bei Altlasten vgl. BVerfG 6.2.2000 – 1 BvR 242/91 – DöV 2000, 867.

735 Zum Doppelstörer vgl. OVG Nordrhein-Westfalen 5.2.1988 – 11 B 186/88 – BauR 1988, 457.

736 VGH Hessen 14.3.2003 – 9 TG 2894/02 – BRS 66, Nr. 194.

737 OVG Thüringen 27.2.1997 – 1 EO 233/96.

## XXV. Die Verhaltenshaftung

| Übersicht zu den Regelungen zur Verhaltenshaftung im allgemeinen Polizei- und Ordnungsrecht der einzelnen Bundesländer | |
|---|---|
| Baden-Württemberg | § 6 PolG BW |
| Bayern | Art. 7 PAG BY |
| Berlin | § 13 ASOG Bln |
| Brandenburg | § 16 OBG BB |
| Bremen | § 5 BremPolG |
| Hamburg | § 8 SOG HH |
| Hessen | § 6 HSOG HE |
| Mecklenburg-Vorpommern | § 69 SOG MV |
| Niedersachsen | § 6 Nds. SOG |
| Nordrhein-Westfalen | § 17 OBG NRW |
| Rheinland-Pfalz | § 4 POG RP |
| Saarland | § 4 SPolG SL |
| Sachsen | § 4 SächsPolG |
| Sachsen-Anhalt | § 7 SOG LSA |
| Schleswig-Holstein | § 218 LVwG SH |
| Thüringen | § 10 OBG TH |

### 3. Unterlassen als Unterfall des Verhaltens

Verhalten kann in diesem Zusammenhang auch Unterlassen bedeuten, z. B. die unterlassende Instandhaltung einer baulichen Anlage. Allerdings bedarf es im Falle des Unterlassens immer einer Rechtspflicht zum Tun, d. h., der Betroffene ist nur Verhaltensstörer, wenn er zu einem Tun gesetzlich verpflichtet war.[738] Eine solche Rechtspflicht kann sich z. B. aus einer bestandskräftigen Auflage einer Baugenehmigung ergeben. So kann ein Bauherr oder eine Bauherrin als Handlungsstörerin in Anspruch genommen werden, wenn die Baugenehmigung als Auflage den Betrieb einer Brandmeldeanlage vorsieht und unter Verstoß gegen diese brandschutzrechtliche Auflage keine funktionsfähige Brandmeldeanlage im Gebäude vorhanden ist.[739]

### 4. Reichweite der Verhaltenshaftung

Das Verhalten als Anknüpfungspunkt für die Ordnungspflicht muss ursächlich sein für den baurechtswidrigen Zustand. Verhaltensstörer können neben dem Bauherrn einer baulichen Anlage auch dessen Verrichtungsgehilfen bzw. Beauftragte sein. Auf ein Verschulden kommt es – anders als im Bußgeldverfahren – nicht an, so begründet die ungenehmigte Errichtung einer genehmigungsbedürftigen baulichen Anlage auch dann eine Ordnungspflicht, wenn sich der Bauherr in der Frage der Genehmigungsbedürftigkeit geirrt hat.

### 5. Doppelstörer

In der Praxis gibt es häufig den Doppelstörer. In diesen Fällen liegt zugleich eine Zustands- und eine Verhaltenshaftung vor. So ist z. B. der Betreiber eines

---

738 VG Gelsenkirchen 14.11.2007 – 10 K 3152/06.
739 OVG des Saarlandes 15.6.2023 – 2 B 37/23.

Campingplatzes nicht nur ein Zustandspflichtiger, sondern zugleich auch Handlungsstörer, da er es ist, der über die bloße Zurverfügungstellung des Grundstückes hinaus durch eigenes Handeln (u. a. durch Abschluss von Verträgen, die Einweisung der Pächter in die jeweiligen Standplätze und die vielfältigen sonstigen den Betrieb eines Campingplatzes betreffenden Maßnahmen) den baurechtlich illegalen Platz in seinem (Fort-) Bestand erhält.[740] Gibt es aber neben einem Doppelstörer auch noch einen Verhaltensstörer, ist der erstere vorrangig in Anspruch zu nehmen.[741]

**369** Im Ordnungsrecht bzw. im Bauordnungsrecht gilt aber **nicht** der Grundsatz, dass der Zustandsstörer vorrangig in Anspruch zu nehmen ist, wenn Zustands- und Handlungsstörer nicht identisch sind. Die Inanspruchnahme eines Eigentümers, der einen baurechtswidrigen Zustand nicht geschaffen und kein erkennbar eigenes Interesse an der baulichen Anlage hat, kann sogar **ermessensfehlerhaft** sein, wenn der Behörde der Bauherr = Handlungsstörer bekannt ist und die Inanspruchnahme des Eigentümers nicht zur wirksamen und schnellen Gefahrbeseitigung erforderlich ist.[742] Somit ist der Handlungsstörer **vorrangig** in Anspruch zu nehmen, wenn der Zustandsstörer den baurechtswidrigen Zustand nicht zu verantworten hat. Für die Verhaltenshaftung hat aber die Behörde die **Beweislast**, weil dies ein ihr Recht zum Einschreiten begründender tatsächlicher Umstand ist. Sie muss also belegen können, dass der – in Anspruch genommene – Handlungsstörer unabhängig von einer etwaigen Sachherrschaft den baurechtswidrigen Zustand durch eigenes Handeln verursacht hat.[743]

---

740 VG Düsseldorf 3.2.2022 – 28 L 95/22.
741 VG Augsburg 11.1.2017 – Au 4 K 16.399 – hier: Schließung von unzulässigen Öffnungen in einer Brandwand in einem Restaurant.
742 OVG Rheinland-Pfalz 25.1.1990 – 1 A 77/87 – BRS 50, Nr. 213 = BauR 1990, 345 ff. Fällt Eigentümerschaft und Bauherreneigenschaft nicht zusammen, muss die Bauaufsichtsbehörde bei der Auswahl des Ordnungspflichtigen berücksichtigen, dass der Eigentümer an der Aufrechterhaltung des rechtswidrigen Zustandes kein Eigeninteresse hat. Sie muss – soweit es einer schnellen Gefahrenbeseitigung nicht entgegensteht – den Bauherrn in die Pflicht nehmen.
OVG Rheinland-Pfalz 25.1.1990 – 1 A 77/87 – BRS 50, Nr. 213.
743 OVG Niedersachsen 26.2.2008 – 1 ME 4/08.

# XXVI. Die Zustandshaftung

## 1. Begriff der Zustandshaftung

Die **Zustandshaftung** trifft denjenigen, der eine Sache beherrscht, die nicht mit **370** den öffentlich-rechtlichen Vorschriften in Einklang steht. Es geht um die rechtliche oder tatsächliche Sachherrschaft über ein Grundstück[744] und die hieraus resultierende Pflicht für eine Gefahrenfreiheit zu sorgen[745]. Zusätzlich ist bei der Zustandshaftung noch zwischen Eigentümerschaft und Vermietung/Verpachtung zu differenzieren, da z. B. eine bauaufsichtliche Abbruchverfügung regelmäßig gegenüber dem Eigentümer, nicht aber gegenüber dem Mieter/Pächter – auch wenn er Inhaber der tatsächlichen Sachgewalt ist – auszusprechen ist.[746]

> **§ 18 OBG – Verantwortlichkeit für den Zustand von Sachen**
>
> (1) Geht von einer Sache oder einem Tier eine Gefahr aus, so sind die Maßnahmen gegen den Eigentümer zu richten. Soweit nichts anderes bestimmt ist, sind die nachfolgenden für Sachen geltenden Vorschriften entsprechend auf Tiere anzuwenden.
>
> (2) Die Ordnungsbehörde kann ihre Maßnahmen auch gegen den Inhaber der tatsächlichen Gewalt richten. Sie muss ihre Maßnahmen gegen den Inhaber der tatsächlichen Gewalt richten, wenn er diese gegen den Willen des Eigentümers oder anderer Verfügungsberechtigter ausübt oder auf einen im Einverständnis mit dem Eigentümer schriftlich oder protokollarisch gestellten Antrag von der zuständigen Ordnungsbehörde als allein verantwortlich anerkannt worden ist.
>
> (3) Geht die Gefahr von einer herrenlosen Sache aus, so können die Maßnahmen gegen die Person gerichtet werden, die das Eigentum an der Sache aufgegeben hat.
>
> (4) § 17 Abs. 4 gilt entsprechend.

| Übersicht über die Regelungen zur Zustandshaftung im allgemeinen Polizei- und Ordnungsrecht der einzelnen Bundesländer | |
|---|---|
| Baden-Württemberg | § 7 PolG BW |
| Bayern | Art. 8 PAG BY |
| Berlin | § 14 ASOG Bln |
| Brandenburg | § 17 OBG BB |
| Bremen | § 6 BremPolG |
| Hamburg | § 9 SOG HH |
| Hessen | § 7 HSOG HE |
| Mecklenburg-Vorpommern | § 70 SOG MV |

---

744 Zu einer Inanspruchnahme des Zustandsstörers im Falle einer Grundwassergefährdung durch die Gewässeraufsicht vgl. VGH Hessen 20.3.1986 – 7 TH 455/86.
745 BVerwG 14.11.1996 – 4 B 205.96.
746 OVG Bremen 27.11.1967 – II BA 57/67 – zur Störerauswahl zwischen Verhaltens- und Zustandsstörer vgl.: VGH Hessen 9.9.1992 – 4 UE 2451/89 – hier Inanspruchnahme des Pächters nicht ausgeschlossen, wenn der Eigentümer die baurechtswidrige Anlage gar nicht errichtet hat.

| Übersicht über die Regelungen zur Zustandshaftung im allgemeinen Polizei- und Ordnungsrecht der einzelnen Bundesländer | |
|---|---|
| Niedersachsen | § 7 Nds. SOG |
| Nordrhein-Westfalen | § 18 OBG NW |
| Rheinland-Pfalz | § 5 POG RP |
| Saarland | § 5 SPolG SL |
| Sachsen | § 5 SächsPolG |
| Sachsen-Anhalt | § 8 SOG LSA |
| Schleswig-Holstein | § 219 LVwG SH |
| Thüringen | § 11 OBG TH |

Die bauaufsichtliche Pflichtenstellung kann sowohl natürliche als auch juristische Personen treffen. Im öffentlichen Baurecht geht es in der Regel eher um grundstücks-, nicht um eine auf Personen bezogene Haftung, da Ausgangspunkt für ein bauaufsichtliches Verfahren regelmäßig eine auf einem Grundstück errichtete baurechtswidrige bauliche Anlage bzw. deren baurechtswidrige Nutzung ist.
Es geht also zumeist um die Haftung für den Zustand selbst.
Zustandsstörer ist im öffentlichen Baurecht deshalb regelmäßig derjenige Eigentümer, der für den rechtswidrigen Zustand des Grundstücks und des Gebäudes verantwortlich ist.[747] Laut dem OVG Nordrhein-Westfalen[748] kann – auf ein zumutbares Maß eingeschränkt – auch der frühere Eigentümer in Anspruch genommen werden (z. B. bei einem jetzt herrenlosen Grundstück). Die Zustandshaftung trifft auch – uneingeschränkt – eine Erbengemeinschaft.[749] Auch der Erbbauberechtigte kann als Zustandsstörer in Anspruch genommen werden,[750] allerdings nur, wenn er Inhaber der tatsächlichen Gewalt ist.[751]
Laut dem OVG Nordrhein-Westfalen[752] trifft die Ordnungspflicht bei einer Wohnungseigentümergemeinschaft jeden Wohnungseigentümer und zwar unabhängig von der konkreten Lage seiner Wohnung.
Die Ursache für den baurechtswidrigen Zustand ist dabei (regelmäßig) ohne Belang.

### 2. Zustandshaftung und Leistungsfähigkeit

Der Eigentümer ist für den Zustand des Gebäudes regelmäßig ohne Rücksicht auf seine wirtschaftliche Leistungsfähigkeit ordnungspflichtig.[753]
Bei einem mit einem Erbbaurecht belasteten Grundstück ist der Erbbauberechtigte der Zustandsstörer und deshalb der richtige Ordnungspflichtige.[754]

---

747 VGH Hessen 14.3.2003 – 9 TG 2894/02 – BRS 66, Nr. 194, siehe auch: OVG Hamburg 21.8.1991 – Bs II 67/91 – BRS 52, Nr. 227.
748 OVG Nordrhein-Westfalen 3.3.2010 – 5 B 66/10 – BRS 76, Nr. 212 = BauR 7/2010, 1072 ff.
749 OVG Niedersachsen 26.2.2014 – 1 LB 100/09.
750 OVG Nordrhein-Westfalen 18.11.2008 – 7 A 103/08 – BRS 73, Nr. 194.
751 VGH Baden-Württemberg 15.5.1997 – 8 S 272/97 – BRS 59, Nr. 223.
752 OVG Nordrhein-Westfalen 28.8.2001 – 10 A 3051/99 – BRS 64, Nr. 201 – hier Verlangen nach dem Herstellen einer Spindeltreppe zur Sicherstellung des 2. Rettungsweges.
753 BVerwG 11.4.1989 – 4 B 65.89 – BRS 49, Nr. 143.
754 OVG Nordrhein-Westfalen 18.11.2008 – 7 A 103/08 – BRS 73, Nr. 194.

XXVI. Die Zustandshaftung                                                372

Selbst bei einem verpachteten Grundstück, kann der Eigentümer Adressat einer bauaufsichtlichen Maßnahme (Stilllegung) sein, auch wenn er nicht der Bauherr ist.[755]

3. **Der praktische Fall: Ordnungspflicht – Wer ist denn nun verantwortlich?**   372

> Mitarbeiter der Bauaufsichtsbehörde M. stellen im Rahmen der Bauüberwachung fest, dass ein bauaufsichtlich genehmigtes Mehrfamilienhaus zwischenzeitlich fertiggestellt worden ist. Allerdings wurde die Stellplatzanlage mit den notwendigen Stellplätzen für die Wohnungen noch nicht hergestellt.
> Der Bauantrag wurde von einem Bauträger gestellt. Die Baugenehmigung wurde auch dem Antragsteller erteilt.
> Die (fehlende) Stellplatzanlage mit 8 Stellplätzen war im geprüften und genehmigten Lageplan dargestellt. Mit einer Nebenbestimmung (Auflage) zur Baugenehmigung war deren Herstellung zusätzlich ausdrücklich gefordert wurden.
> Im Zuge des Mängelverfahrens wird nun festgestellt, dass die ausschließliche Verfügungsmacht des Bauträgers bereits auf die Wohnungseigentümer übergegangen ist. Diese haben sich aber noch nicht noch nicht als Bauherrn erklärt.
>
> **Wer ist hinsichtlich der fehlenden Stellplatzanlage in die Pflicht zu nehmen?**
> **Lösung**
> Hinweis: Der Fall ist in NRW platziert.
> Im Mängelverfahren im Rahmen der Bauüberwachung geht es um die Gewährleistung der genehmigungskonformen Bauausführung, z.B. durch die Durchsetzung von Auflagen, die Bestandteil der Baugenehmigung sind (vgl. §§ 83, 84 BauO NRW).
> Gem. § 53 BauO NRW ist in erster Linie der Bauherr (bzw. die Bauherrschaft) dafür verantwortlich, dass die öffentlich-rechtlichen Vorschriften eingehalten werden. Er ist damit auch derjenige, der gegenüber der Bauaufsichtsbehörde für die ordnungsgemäße Errichtung, Instandhaltung, Änderung usw. einer baulichen Anlage verantwortlich ist. Dies folgt aus dem Grundgedanken, dass mit den Rechten, welche für den Bauherrn aus der Baugenehmigung folgen, auch die entsprechenden Pflichten korrespondieren. Der Bauherr ist deshalb auch der richtige Adressat für eventuelle Ordnungsverfügungen der Bauaufsichtsbehörde im Mängelverfahren.
> Bauherr ist dabei derjenige, der auf seine Verantwortung eine bauliche Anlage vorbereitet oder ausführt oder vorbereiten oder ausführen lässt.[756] Als Bauherr muss sich insbesondere derjenige behandeln lassen, der den Bauantrag unterschreibt.[757] Der Bauherr kann dabei sowohl eine natürliche als auch eine juristische Person sein. Der Bauherr braucht nicht Eigentümer des Bau-

---

755  VG Saarland 20.11.2007 – 5 L 1923/07 – hier Bauarbeiten an einem Offenstall.
756  VGH Hessen 3.2.1984 – 4 TG 76/83 – BRS 42, Nr. 166.
757  VGH Baden-Württemberg 26.11.1980 – 3 S 2005/80 – BRS 36, Nr. 209 = BauR 1981, 185.

grundstückes sein, es bedarf also nicht einer besonderen rechtlichen Verbindung mit dem Grundstück.[758] Letztlich können sogar mehrere Bauherren verschiedene Bauanträge für ein und dasselbe Grundstück bei der Bauaufsichtsbehörde einreichen.
Dem Bauherrn treffen eine Reihe von Pflichten, insbesondere muss er zur Vorbereitung, Überwachung und Ausführung eines genehmigungsbedürftigen Bauvorhabens einen Entwurfsverfasser, Unternehmer und Bauleiter bestellen, daneben treffen den Bauherrn zahlreiche Anzeige- und Nachweispflichten: vgl. u. A. § 53 Abs. 1 BauO NRW. Ist der Bauträger auch der Antragsteller und der Bauherr, ist er auch verantwortlich für die genehmigungskonforme Bauausführung. Die Bauherreneigenschaft und damit die Verpflichtung zur Mängelbeseitigung könnte hier aber auf die Erwerber = Wohnungseigentümer übergegangen sein. Grundsätzlich wird der Erwerber eines in der Bebauung begriffenen Grundstückes Bauherr, auch wenn die Errichtung der baulichen Anlage noch nicht abgeschlossen ist. Maßgeblich ist dabei der zivilrechtliche Übergang des Eigentums. Die Baugenehmigung ist eine an das Grundstück und nicht an eine Person gebundene umfassende Unbedenklichkeitsbescheinigung.
Gem. § 58 Abs. 3 BauO NRW gilt die Baugenehmigung auch für und gegen den Rechtsnachfolger des Bauherrn Der Übergang der Baugenehmigung bedarf dabei für den Grundstückserwerber keiner besonderen Übertragung; er ergibt sich mittelbar als Folge des Erwerbs der Verfügungsbefugnis über das Baugrundstück.
Mit dem zivilrechtlichen Erwerb wird damit auch die baurechtliche Haftung des Rechtsnachfolgers des Bauherrn begründet.[759] Der Erwerber hat damit die erforderlichen Einwirkungsmöglichkeiten auf die sich im Bau befindliche bauliche Anlage. Etwas anderes gilt nur, wenn sich der bisherige Eigentümer und Bauherr die Inhaberschaft an der Baugenehmigung durch eine besondere Vereinbarung vorbehält.[760] Ein Wechsel des Bauherrn tritt auch dann ein, wenn an die Stelle des ursprünglichen Bauherrn eine Bauherrengemeinschaft tritt, der der bisherige Bauherr angehört.[761] Mit dem Übergang des Eigentums sind damit die o. g. Wohnungseigentümer unabhängig von einer eventuellen fehlenden mängelfreien Fertigstellung des Gebäudes grundsätzlich Bauherr geworden.
Die wechselseitigen Erklärungen über den Bauherrenwechsel nach § 53 Abs. 1 BauO NRW haben nur deklaratorischen Charakter.[762] Die im Gesetz verlangten Erklärungen sollen lediglich die Arbeit der Bauaufsichtsbehörden erleichtern. Eine ordnungsrechtliche Inanspruchnahme des Erwerbers durch die Bauaufsichtsbehörde ist von einer solchen Erklärung unabhängig.[763] Den

---

758  BVerwG 23.3.1973 – IV C 49, 71, OVG Nordrhein-Westfalen 25.10.1983 – 7 A 1803/83 – BRS 40, Nr. 203, OVG Schleswig-Holstein 27.6.1995 – 1 L 89/94 – BRS 57, Nr. 199.
759  VGH Baden-Württemberg 26.11.1980 – 3 S 2005/80 – BRS 36, Nr. 209.
760  VGH Baden-Württemberg 30.3.1995 – 3 S 1106/94 – BRS 57, Nr. 190.
761  VGH Baden-Württemberg 13.12.1989 – 3 S 2489/89 – BRS 50, Nr. 158.
762  Anders: laut dem VG Köln 14.1.2014 – 2 K 7003/12 – bleibt der ehemalige Bauherr ordnungspflichtig, solange ein Bauherrenwechsel nicht angezeigt ist.
763  VGH Hessen 3.2.1984 – 4 TG 76/83 – BRS 42, Nr. 166.

XXVI. Die Zustandshaftung 372

Bauaufsichtsbehörden wird aber auch das Recht zuerkannt, den vorherigen Bauherrn in Anspruch zu nehmen, allerdings nur solange, bis ein Eigentumsübergang der Behörde bekannt wird. Teilweise erkennt die Rechtsprechung die Befugnis der Bauaufsichtsbehörde an, den alten Bauherrn als Handlungsstörer auch nach dem Zeitpunkt des Eigentumsübergangs in Anspruch zu nehmen. Dies ist aber grundsätzlich aufgrund der nun fehlenden Verfügungsgewalt und der größeren sachlichen und ggf. räumlichen Nähe der neuen Eigentümer zu der baulichen Anlage abzulehnen.

| Übersicht über den Regelungen zum Bauherrenwechsel in den Landesbauordnungen | |
|---|---|
| Baden-Württemberg | § 42 LBO |
| Bayern | Art. 50 BayBO |
| Berlin | § 53 BauO Bln |
| Brandenburg | § 53 BbgBO |
| Bremen | § 53 BremLBO |
| Hamburg | § 54 HBauO |
| Hessen | § 56 HBO |
| Mecklenburg-Vorpommern | § 53 LBauO M-V |
| Niedersachsen | § 52 NBauO |
| Nordrhein-Westfalen | § 53 BauO NRW |
| Rheinland-Pfalz | § 55 LBauO |
| Saarland | § 53 LBO |
| Sachsen | § 53 SächsBO |
| Sachsen-Anhalt | § 52 BauO LSA |
| Schleswig-Holstein | § 53 LBO |
| Thüringen | § 56 ThürBO |

Ferner sind zivilrechtliche Vertragsbeziehungen zwischen alten und neuen Bauherrn aus dem Blickwinkel der Bauaufsichtsbehörde unerheblich, auch wenn sich der alte Bauherr gegenüber dem Erwerber vertraglich zu einer mängelfreien Übergabe der baulichen Anlage verpflichtet hat.
Bei einer Wohnungseigentümergemeinschaft sind die einzelnen Wohnungseigentümer als Pflichtige die richtigen Adressaten. Der Verwalter ist zwar berechtigt, für sie zu handeln – z. B. ist er zur Einlegung eines Widerspruches befugt,[764] er ist aber nicht ordnungspflichtig. Mit dem Übergang der ausschließlichen Verfügungsmacht des Bauträgers auf die Wohnungseigentümer sind diese für den bauordnungsrechtlichen Zustand der Wohnanlage verantwortlich und deshalb von der Bauaufsichtsbehörde hinsichtlich der Mängelbeseitigung in Anspruch zu nehmen.
Fall nach: VGH Bayern 10.1.1979 – Nr. 12 XV 76 – BauR 1980, 159 ff. In der Lösung wurde aber auf die Rechtslage in NRW abgestellt.

---

764 OVG Niedersachsen 17.1.1986 – 6 B 1/86 – BRS 46, Nr. 166.

**373  4. Der praktische Fall: Eine fehlende Instandhaltung und die Konsequenzen**

> In einem konkreten Fall wird die Bauaufsichtsbehörde auf den Abgang eines großen Teiles der Dacheindeckung eines Gebäudes hingewiesen. Entsprechende Fotos liegen vor. Sie belegen auch den zunehmenden Verfall des vorgenannten Gebäudes. Bei einer Ortsbesichtigung stellen Außendienstmitarbeiter der Bauaufsichtsbehörde ferner fest, dass auch die übrigen Welldachplatten nicht in einer ihr Ablösen – ungeachtet des fehlenden Schutzes gegen Witterungseinflüsse – dauerhaft ausschließenden Weise fest verankert sind. Deshalb besteht die Annahme, dass einzelne abgelöste Dachteile jedenfalls bei erheblicher Windeinwirkung auch auf umliegende Grundstücke getragen werden und dort Personen verletzen könnten. Das Gebäude steht nur wenige Meter von der Grundstücksgrenze entfernt.
> Aus diesem Grund gibt die Bauaufsichtsbehörde B. dem Eigentümer der Liegenschaft mit dem aufstehenden Gebäude als Zustandsstörer mit Ordnungsverfügung auf, alle Welldachplatten, die sich auf dem Dach des ehemaligen baufälligen Wohnhauses auf dem näher bezeichneten Grundstück bis zum (Datum) vom Dach zu entfernen. Hiergegen wendet sich der Adressat der Ordnungsverfügung mit einem Widerspruch und bestreitet das Vorliegen eines Gefahrentatbestandes, welcher ein bauaufsichtliches Einschreiten rechtfertigt. Ferner weist er daraufhin, dass er nach der Rechtslage in der DDR nicht Eigentümer des Gebäudes, sondern nur des Grundstücks ist. Die durch die fehlende Instandhaltung entstandene desolate bauliche Situation ist insoweit dem Gebäudeeigentümer zuzurechnen. Aus diesem Grunde ist auch dieser ordnungspflichtig und in Anspruch zu nehmen.
>
> **Wie ist die Rechtslage?**
> Hinweis: Der Fall ist in Brandenburg platziert.
>
> **Lösung**
> Nach § 58 Abs. 2 S. 1 BbgBO die Bauaufsichtsbehörde bei der Errichtung, der Änderung, dem Abbruch, der Instandhaltung und der Nutzung baulicher Anlagen sowie anderer Anlagen und Einrichtungen darüber zu wachen, dass die öffentlich-rechtlichen Vorschriften und die aufgrund dieser Vorschriften erlassenen Anordnungen eingehalten werden. In Wahrnehmung dieser Aufgaben haben sie nach § 58 Abs. 2 S. 2 BbgBO die erforderlichen Maßnahmen zu treffen und die am Bau Beteiligten zu beraten. Um den gesetzlichen Zielen gerecht zu werden, sind die Begriffe *bei der Errichtung* usw. weit auszulegen. Nach allgemeiner Ansicht handelt es sich hierbei um eine bauaufsichtsrechtliche Generalermächtigung, die insbesondere auch zum Erlass von Anordnungen zur Abwehr von Gefahren ermächtigt, die – wie hier – aufgrund unterlassener Instandhaltung entstanden sind.
> Entgegen der Auffassung des Widerspruchführers besteht eine Gefahr für die öffentliche Sicherheit und Ordnung i. S. d. § 3 BbgBO. Die vorgelegten Fotos belegen den zunehmenden Verfall des Gebäudes und den damit verbundenen fortschreitenden Abgang eines großen Teils der Welldachplatten. Festgestellt

XXVI. Die Zustandshaftung

wurde ferner, dass auch die übrigen Welldachplatten nicht in einer ihr Ablösen – ungeachtet des fehlenden Schutzes gegen Witterungseinflüsse – dauerhaft ausschließenden Weise fest verankert sind. Vor diesem Hintergrund ist die Annahme, dass einzelne abgelöste Dachteile jedenfalls bei erheblicher Windeinwirkung auch auf umliegende Grundstücke getragen werden und dort Personen verletzen könnten, gerechtfertigt. Dabei braucht die Bauaufsichtsbehörde nicht abwarten, dass sich die Gefahr realisiert. Es ist zureichend, wenn ein Schadenseintritt hinreichend wahrscheinlich ist.
Allerdings ist die Störerauswahl problematisch. Der Widerspruchsführer wurde als Zustandsstörer in Anspruch genommen. Geht von einer Sache eine Gefahr aus, sind die Maßnahmen nach § 17 Abs. 1 Satz 1 Ordnungsbehördengesetz (OBG) gegen den Eigentümer zu richten. Die Antragstellerin ist zwar Eigentümerin des Grundstücks, nicht jedoch des darauf errichteten Gebäudes, von dem hier allein die Gefahr ausgeht. Die Zustandsverantwortlichkeit des Grundstückseigentümers erstreckt sich nur dann auf ein auf dem Grundstück stehendes Gebäude, wenn dieses wesentlicher Bestandteil des Grundstücks im Sinne der §§ 93, 94 des Bürgerlichen Gesetzbuches (BGB) geworden ist. Dies ist bei Gebäuden, an denen aufgrund der Rechtslage in der ehemaligen DDR vom Eigentum am Grundstück getrenntes Gebäudeeigentum begründet worden ist, gerade nicht der Fall. Aus § 82 Abs. 1 des Sachenrechtsbereinigungsgesetzes (SachenRBerG) folgt nichts anderes; vielmehr wird durch diese Bestimmung, die Ansprüche des Grundstückseigentümers für den von der Grundregel des § 15 Abs. 1 SachenRBerG abweichenden Fall eines Erwerbs des Gebäudes durch den Grundstückseigentümer nach § 15 Abs. 4 i. V. m. § 81 SachenRBerG regelt, gerade die gegenteilige Auffassung bestätigt. Kann nämlich der Grundstückseigentümer den in § 82 Abs. 1 SachenRBerG bestimmten Anspruch auf Ersatz seiner Aufwendungen für die Beseitigung der vorhandenen Bausubstanz oder den Erwerb der Fläche, auf der das Gebäude errichtet wurde, nach § 82 Abs. 3 Satz 1 SachenRBerG erst geltend machen, nachdem er dem Nutzer Gelegenheit gegeben hat, das Gebäude zu beseitigen, wird hieraus gerade deutlich, dass der Grundstückseigentümer vor Ablauf der dem Nutzer nach § 82 Abs. 3 Satz 2 Sachen- RBerG zu setzenden angemessenen Frist keine rechtliche Möglichkeit hat, auf das in fremdem Eigentum stehende Gebäude einzuwirken. Unter diesen Voraussetzungen fehlt es an dem die Zustandsverantwortlichkeit als Regelung von Inhalt und Schranken des Eigentums i. S. von Art. 14 Abs. 1 Satz 2 GG überhaupt erst legitimierenden Grund. Dieser Grund ist nach der Rechtsprechung des Bundesverfassungsgerichts gerade in der durch die Sachherrschaft vermittelten Einwirkungsmöglichkeit auf die gefahrenverursachende Sache sowie darin zu sehen, dass der Eigentümer aus der Sache Nutzen ziehen kann. Nur dies rechtfertigt es, ihn zur Beseitigung von Gefahren, die von der Sache für die Allgemeinheit ausgehen, zu verpflichten. Die Möglichkeit zur wirtschaftlichen Nutzung und Verwertung des Sacheigentums korrespondiert mit der öffentlich-rechtlichen Pflicht, die sich aus der Sache ergebenden Lasten und die mit der Nutzungsmöglichkeit verbundenen Risiken zu tragen.[765] Fehlt

---

[765] BVerfG 16.2.2000 – 1 BvR 242/91, 315/99.

dem Grundstückseigentümer – wie hier – die mit dem zivilrechtlichen Eigentum an dem Gebäude verbundene tatsächliche Sachherrschaft (vgl. § 17 Abs. 2 Satz 1 OBG) und fließen ihm nach der Rechtslage auch nicht die Vorteile der privaten Nutzung des Gebäudes zu, kann er auch nicht nach den Vorschriften über die Zustandsverantwortlichkeit zur Beseitigung von dem Gebäude ausgehender Gefahren verpflichtet werden.

Der Widerspruchsführer ist auch nicht als Verursacher der Gefahr „durch Unterlassen bei gebotener Handlungspflicht" gemäß § 16 Abs. 1 OBG heranzuziehen. Für die Annahme einer Pflicht der Grundstückseigentümerin, auf den Gebäudeeigentümer einzuwirken und diesen zur Beseitigung der von dem schadhaften Dach ausgehenden Gefahr anzuhalten, ist keine rechtliche Grundlage erkennbar ist. Aus diesem Grunde ist die Ordnungsverfügung rechtswidrig. Dem Widerspruch ist stattzugeben und die Ordnungsverfügung aufzuheben.

Die Lösung folgt der Entscheidung des OVG Brandenburg 20.1.2004 – 3 B 158/03 – BRS 67, Nr. 199.

## XXVII. Der Notstandsstörer

**374** Die Polizei- und Ordnungsgesetze der Länder erlauben, dass die Ordnungsbehörde in bestimmten Ausnahmesituationen entsprechende Eingriffsmaßnahmen auch gegen andere Personen als den Zustands- oder Handlungsstörer richten kann. Solche besonderen Sachlagen sind z. B. gegeben, wenn
- eine gegenwärtige erhebliche Gefahr abzuwehren ist,
- Maßnahmen gegen den Zustands- oder Handlungsstörer nicht oder nicht rechtzeitig möglich sind oder keinen Erfolg versprechen,
- die Ordnungsbehörde die Gefahr nicht oder nicht rechtzeitig selbst oder durch Beauftragte abwehren kann und
- die Personen ohne erhebliche eigene Gefährdung und ohne Verletzung höherwertiger Pflichten in Anspruch genommen werden können.

Die Maßnahmen dürfen aber nur aufrechterhalten werden, solange die Abwehr der Gefahr nicht auf andere Weise möglich ist.

**375** Fraglich ist, ob solche Fälle auch in der Anwendungspraxis der Bauaufsichtsbehörde relevant sein können. Geht es z. B. um die Beseitigung einer nicht mehr standsicheren Grenzmauer, kann die Bauaufsichtsbehörde nicht nur einem Eigentümer die gesamte Beseitigung der baulichen Anlage aufgegeben werden. Diese ist vielmehr lotrecht zu teilen.[766] Handelt es sich aber nicht um eine klassische Grenzeinrichtung, sondern steht die Mauer vollständig auf dem Grundstück des einen Eigentümers, ist nur dieser ordnungspflichtig bzw. kann nur diesem die Beseitigung der maroden baulichen Einfriedung aufgegeben werden. Ist eine solche Beseitigung aber nur möglich, wenn auch das Nachbargrundstück betreten werden kann, ist der Eigentümer des benachbarten Grundstückes weder ein Zustands- noch ein Handlungsstörer, sondern nur ein Notstandsstörer. Diesem kann dann mit einer Ordnungsverfügung die Duldung des Betretens seines Grundstückes zum Zwecke der Abbrucharbeiten aufgegeben werden.[767] Eine solche Duldungsverfügung bezüglich einer rechtmäßig festgesetzten öffentlich-rechtlichen Handlungspflicht stützt sich auf § 58 Abs. 2 S. 2 BauO NRW und zielt darauf ab, zivilrechtliche Ansprüche Dritter, die einem Vollzug der Grundverfügung durch den Handlungspflichtigen entgegenstehen, auszuschließen. Gleichzeitig stellen sie eine vollstreckungsfähige Anordnung dar, durch die dem Duldungspflichtigen untersagt wird, den Vollzug der Handlungspflicht zu behindern.[768]

**376** In der Praxis wird aber der Eigentümer des Nachbargrundstückes vermutlich auch der Beschwerdeführer sein. Erklärt sich dann dieser Nachbar (schriftlich) mit einer Inanspruchnahme seines Grundstückes einverstanden, wäre eine förmliche Duldungsverfügung nicht erforderlich.

---

766 OVG Hamburg 26.1.1984 – Bf II 46/81 – BRS 42, Nr. 210.
767 VG Gelsenkirchen 30.6.2020 – 6 L 610/20.
768 OVG Nordrhein-Westfalen 31.5.2023 – 2 B 548/23 – hier: hier: Mängelbeseitigung der Brennbarkeit einer Fassade.

# XXVIII. Das Ermessen – der Bauaufsichtsbehörde

## 1. Definition

**377** Die Bauaufsichtsbehörden sind grundsätzlich zur Durchführung ihrer Aufgaben verpflichtet, ihnen ist aber hinsichtlich des „**Ob**" und des „**Wie**" des Einschreitens ein Handlungsspielraum eingeräumt (= Ermessen). Nach der jeweiligen Ermächtigungsgrundlage können (nicht müssen!) die Bauaufsichtsbehörden die erforderlichen Maßnahmen im Rahmen ihrer Aufgabenerledigung ergreifen.

> **§ 58 MBO – Aufgaben und Befugnisse der Bauaufsichtsbehörden**
> (1) Die Bauaufsicht ist Aufgabe des Staates.
> (2) Die Bauaufsichtsbehörden haben bei der Errichtung, Änderung, Nutzungsänderung und Beseitigung sowie bei der Nutzung und Instandhaltung von Anlagen darüber zu wachen, dass die öffentlich-rechtlichen Vorschriften eingehalten werden, soweit nicht andere Behörden zuständig sind. Sie können in Wahrnehmung dieser Aufgaben die erforderlichen Maßnahmen treffen.
> ....

Zunächst zu den Grundbegriffen:

| Ermessensentscheidung (Opportunitätsprinzip) | | |
|---|---|---|
| | = | Rechtsfolge 1 |
| Tatbestand | = | Rechtsfolge 2 |
| | = | Rechtsfolge 3 |
| Gebundene Entscheidung (Legalitätsprinzip) | | |
| Tatbestand | = | Rechtsfolge |

Nach der zuvor zitieren bauaufsichtlichen Ermächtigungsgrundlage besteht ein **Entschließungs-** und ein **Auswahlermessen**.
Das **Entschließungsermessen** ist dem Zweck der Ermächtigung entsprechend auszuüben. Es muss pflichtgemäß ausgeübt werden. Es gilt aber nicht das Legalitätsprinzip, sondern das Opportunitätsprinzip. Die Bauaufsichtsbehörde ist also nicht zum Einschreiten verpflichtet. Damit nimmt sie aber einen baurechtswidrigen Zustand hin, der eigentlich nicht hingenommen werden muss (Ausnahme: Bestandsschutz).
Das **Auswahlermessen** bezieht sich auf die Wahl zwischen unterschiedlichen – geeigneten – Maßnahmen und unter mehreren Ordnungspflichtigen. Ein Auswahlermessen hinsichtlich der erforderlichen Maßnahmen kommt aber nur dann in Betracht, wenn alle alternativen Maßnahmen der Zweckerreichung dienen. Auch beim Ermessens-VA sind aber zunächst die Tatbestandsvoraussetzungen der das Ermessen einräumenden Vorschrift zu prüfen. Sind sie erfüllt und ist die Rechtsfolge nicht genau durch den Gesetzgeber vorgegeben, sondern in das Ermessen der Behörde gestellt, ist Raum für eine Ermessensbetätigung.

Laut dem OVG Thüringen[769] ist dem bauaufsichtlichen Ermessen die Tendenz eigen, die im öffentlichen Interesse gebotene Pflicht zum Einschreiten zu verwirklichen. Stellt die Bauaufsichtsbehörde beim Einschreiten gegen einen baulichen Zustand dessen materielle Baurechtswidrigkeit als tragenden Grund heraus, kommt etwaigen nachbarlichen Abwehransprüchen daneben keine Bedeutung zu.[770] Es liegt dann kein Ermessendefizit vor. Die Anforderungen an die Ermessensbetätigung der Bauaufsicht sind z. B. auch bei der Untersagung der Fortführung ungenehmigter Bauarbeiten (Stilllegung) eher gering. In der Regel besteht nämlich ein öffentliches Interesse an der Untersagung aller Arbeiten, die im Zusammenhang mit einem konkreten ungenehmigten bzw. nicht genehmigungsfähigen Vorhaben stehen.[771] Die Stilllegung ist dabei in der Regel das mildeste Mittel. Dies gilt auch für einem auf formeller Illegalität basierenden Nutzungsverbot. In einem solchen Fall reicht regelmäßig ein schlichter Verweis auf die fehlende Genehmigung.[772]

## 2. Grundsätze bei der Ermessensausübung

**a) Ermessen und Gleichbehandlungsgrundsatz.** Bei der Ermessensbetätigung müssen sich die Bauaufsichtsbehörden von sachlichen Gesichtspunkten leiten lassen und den **Gleichbehandlungsgrundsatz** beachten (Willkürverbot). Nach diesem aus Art. 3 Abs. 1 GG abgeleiteten Grundsatz dürfen gleich gelagerte Fälle nicht ohne sachliche Rechtfertigung unterschiedlich behandelt werden. Ohne nach vollziehbare bzw. einleuchtende Gründe darf die Bauaufsichtsbehörde ihr Ermessen nicht systemwidrig und planlos ausüben.[773] Eine Beschränkung auf Einzelfälle ist aber zulässig, wenn es hierfür sachliche Gründe gibt. **378**

**b) Voraussetzungen für die Anwendung des Gleichbehandlungsgrundsatzes. Voraussetzung hierfür ist aber die Vergleichbarkeit der Sachverhalte.** Um einen entsprechenden Vorwurf zu vermeiden, wird die Behörde bemüht sein, ihr Ermessen gleichmäßig ausüben und systematisch arbeiten. Insbesondere bei einer Vielzahl vergleichbarer baurechtswidriger baulicher Anlagen bedarf es der Ausarbeitung eines Konzeptes.[774] **379**
Das aus dem Gleichbehandlungsgrundsatz folgende Gebot einer gleichmäßigen Gesetzesanwendung erfordert also ein systematisches Vorgehen der Bauaufsichtsbehörden gegen alle im räumlichen und sachlichen Zusammenhang vorhandenen, vergleichbaren illegalen baulichen Anlagen.[775] Die Bauaufsichtsbehörde kann aber Ihr Einschreiten – sachlich begründet – auch auf Einzelfälle beschrän-

---

769 OVG Thüringen 27.6.1996 – 1 EO 425/95 – BRS 58, Nr. 208, vgl. auch: OVG Sachsen-Anhalt 17.3.1999 – A 2 K 123/97. Zu den Ermessensgrundsätzen im Zusammenhang mit dem Einschreiten gegen baurechtswidrige Zustände vgl. grundsätzlich: OVG Nordrhein-Westfalen 22.3.1983 – 7 A 2029/81 – BRS 40, Nr. 239 und BVerwG 17.4.1998 – 4 B 144/97 – BRS 60, Nr. 169.
OVG Nordrhein-Westfalen 28.5.2009 – 10 A 971/08 – ZfBR 2009, 803.
770 OVG Saarland 30.8.2004 – 1 Q 50/04.
771 OVG Nordrhein-Westfalen 28.6.2022 – 7 B 569/22.
772 OVG Saarland 18.6.2014 – 2 B 209/14.
773 BVerwG 23.11.1998 – 4 B 99.98 – BRS 60, Nr. 163 = BauR 1999, 734 ff.
774 OVG Bremen, 25.8.1992 – 1 BA 9/92 – BRS 54, Nr. 209.
775 VGH Hessen 4.7.1991 – 4 UE 3721/87 – BRS 52, Nr. 221, vgl. hierzu auch: OVG Bremen 26.2.1985 – 1 BA 56/84 – BRS 44, Nr. 190.

ken.⁷⁷⁶ Die Bauaufsichtsbehörde kann eine einmal praktizierte Ermessensausübung aber ändern.⁷⁷⁷
Im Übrigen gibt es **keine Gleichheit im Unrecht**.

**Beispiel:**
Wurden Baugenehmigungen in anderen – vergleichbaren – Fällen erteilt, obwohl die rechtlichen Voraussetzungen hierfür nicht gegeben waren, so besteht unter dem Gesichtspunkt des Art. 3 GG kein Anspruch darauf, dass die Bauaufsichtsbehörde durch Erteilung einer weiteren Genehmigung ihre rechtswidrige Praxis fortsetzt.⁷⁷⁸
Will die Behörde eine bauliche Anlage wegen Verstoß gegen die öffentlich-rechtlichen Vorschriften zum Gegenstand bauaufsichtlichen Handelns machen, muss sie aber nicht die Grundstücke in der Umgebung danach absuchen, ob auch dort baurechtswidrige Anlagen errichtet sind, bevor sie sich zu einem Einschreiten entschließt. Der Behörde bekannte Verstöße gegen das Baurecht muss sie allerdings willkürfrei verfolgen.⁷⁷⁹

380 c) **Ermessensausübung bei bauaufsichtlichen Verfügungen**. Im Rahmen ihrer bauaufsichtlichen Tätigkeit hat die Behörde regelmäßig ein **Entschließungsermessen**, d. h., sie hat zu entscheiden, ob sie gegen einen festgestellten baurechtswidrigen Zustand vorgeht und sie hat häufig ein **Auswahlermessen**, d. h., sie muss bei mehreren Störern entscheiden, wen sie in Anspruch nimmt und bei mehreren möglichen Maßnahmen, welche Anordnung sie trifft.
Die Ermessensbetätigung der Behörde muss stets erkennbar werden.⁷⁸⁰ Eine bauaufsichtliche Anordnung ist dabei noch bestimmt, wenn sie dem Störer zwei alternative – taugliche – Mittel zur Auswahl anbietet.⁷⁸¹ Ermessenserwägungen bei der Stilllegung einer erheblich von der erteilten Bauerlaubnis abweichenden baulichen Anlage bedarf es aber nicht.⁷⁸²
Bei der bauaufsichtlichen Abbruchverfügung muss die Behörde zwar die betroffenen öffentlichen und privaten Belange gegeneinander abwägen, aber es genügt hierbei, wenn die aus Sicht der Bauaufsichtsbehörde relevanten öffentlichen Belange dargelegt werden.⁷⁸³ Für die Ermessensausübung im Rahmen der Beseitigungsverfügung gilt im Übrigen, dass das öffentliche Interesse grundsätzlich das Einschreiten gegen baurechtswidrige Zustände verlangt.⁷⁸⁴
Hat eine ungenehmigte Nutzung bereits Jahrzehnte „unter den Augen der Bauaufsicht" stattgefunden, bedarf es besonderer Ermessenserwägungen bei einem

---

776 BVerwG 23.11.1998 – 4 B 99.98 – BRS 60, Nr. 163.
777 BVerwG 18.4.1996 – 4 B 38/96. Eine allgemeingültige zeitliche Grenze für ein unterschiedliches Vorgehen gegen baurechtswidrige Zustände ergibt sich aber nicht aus dem verfassungsrechtlichen Gleichheitssatz.
778 BGH, 20.9.1984 – III ZR 58/83 – BRS 42, Nr. 164.
779 OVG Nordrhein-Westfalen 23.9.1996 – 10 A 4443/95.
780 OVG Niedersachsen 10.3.1986 – 6 A 70/85 – BRS 46, Nr. 191.
781 VG Neustadt 19.12.2002 – 2 K 1815/02.NW.
782 VGH Hessen 8.2.1990 – 3 UE 7/86 – BRS 50, Nr. 207, ähnlich: OVG Saarland 10.8.1994 – 2 W 24/94 – BRS 56, Nr. 202.
783 VGH Baden-Württemberg, 9.11.1990 – 8 S 1013/90 – BRS 52, Nr. 228.
784 VG Gera 17.5.2004 – 4 K 115/01 GE.

bauaufsichtlichen Einschreiten.[785] Laut dem OVG Berlin[786] bedingt eine längere Untätigkeit der Behörde aber nicht immer einen Ermessensfehler[787].

## 3. Arten und Dimensionen der bauaufsichtlichen Ermessensentscheidung

| Dimensionen der ermessensorientierten Entscheidung der Bauaufsichtsbehörde | Prüfungsebenen |
|---|---|
| Ermessensentscheidung | Bauaufsichtsbehörde entscheidet auf der Grundlage der Eingriffsermächtigung im Rahmen der ihr zugewiesenen Aufgabe nach pflichtgemäßem Ermessen über einen Eingriff gegen einen erkannten baurechtswidrigen Zustand. |
| Entschließungsermessen | Entscheidung der Bauaufsichtsbehörde, ob sie einschreitet. |
| Auswahlermessen | 1. Bauaufsichtsbehörde entscheidet, welche Maßnahme (= weiter Begriff) ergriffen werden soll.<br>2. Bauaufsichtsbehörde entscheidet, gegen wen sie einschreitet. |

## 4. Ermessensfehler

| Ermessensfehler | |
|---|---|
| Ermessensnichtgebrauch | Die Bauaufsichtsbehörde erkennt nicht, dass sie einen Handlungsspielraum hat und dies kommt auch z. B. in der Formulierung der bauaufsichtlichen Verfügung zum Ausdruck: Ich musste den weiter o. g. Sachverhalt aufgreifen usw. |
| Ermessensüberschreitung | Die Bauaufsichtsbehörde überschreitet die gesetzlichen Grenzen, z. B. den vorgegebenen Gebührenrahmen. |
| Ermessensfehlgebrauch | Die Bauaufsichtsbehörde verstößt bei ihrer Tätigkeit gegen den Zweck der Ermächtigung, z. B. durch sachfremde Erwägungen, Außerachtlassen wesentlicher Umstände oder berücksichtigt falsche oder unlogische Gesichtspunkte, z. B. Begründung einer Abbruchverfügung mit dem geringen Wert der verwahrlosten Immobilie. |

## 5. Ermessen und Grenzen der Sachverhaltsaufklärung

Grundsätzlich trifft die Bauaufsichtsbehörde die Verpflichtung zur Aufklärung und Untersuchung des Sachverhalts von Amts wegen. Hierbei hat sie Örtlichkeit zu besichtigen, Beteiligte zu ermitteln und zu befragen und die Untersuchungsergebnisse in geeigneter Art und Weise zu dokumentieren = aktenkundig zu machen. Diese Ergebnisse sind Grundlage der Ermessensentscheidung. Die Bauaufsicht muss sich auch – will sie ermessensfehlerfrei über die Inanspruchnahme der oder Ordnungspflichtigen entscheiden – Kenntnis über die einzelnen zivilrechtlichen Berechtigungen und Verpflichtungen verschaffen.[788] Eine ungenügende Sachverhaltsaufklärung kann zu Ermessensfehlern führen.

---

785 OVG Niedersachsen, 18.2.1994 – 1 M 5097/93 – BRS 56, Nr. 210 = BauR 1994, 613.
786 OVG Berlin 27.11.2001 – 2 N 27.01 – BRS 64, Nr. 117.
787 Vgl. aber zum Einschreiten gegen eine seit Jahrzehnten bestehenden bahnfremden Nutzung: OVG Nordrhein-Westfalen 27.4.1998 – 7 A 3818/96 – BRS 60, Nr. 165.
788 OVG Nordrhein-Westfalen 20.1.1986 – 10 B 2841/85 und OVG Sachsen-Anhalt 11.2.2008 – 2 M 4/08.

Bei bauaufsichtlichen Ermessensentscheidungen ist es aber in der Regel nicht fehlerhaft, wenn in Fällen, in denen erhebliche Zweifel an dem Vorliegen einer Gefahrensituation bestehen und deren Klärung durch weitere Untersuchungen nicht ohne weiteres erreicht werden kann, auf eine weitere Klärung des Sachverhaltes verzichtet wird. Bei dieser Entscheidung sind aber auch die Bedeutung der Sache und das Rechtsschutzbedürfnis des Betroffenen zu berücksichtigen. Die Behörde darf dann im Rahmen ihrer Ermessensentscheidung die bestehenden Zweifel berücksichtigen und das Verfahren einstellen bzw. den Antrag des Dritten auf bauaufsichtliches Einschreiten ablehnen. Die Bauaufsicht muss aber z. B. im Falle eines beabsichtigten Nutzungsverbotes konkret feststellen, welche Nutzungen möglicherweise genehmigt und welche Nutzungen tatsächlich ausgeübt werden.[789]

### 6. Zwingende Begründung der Ermessensentscheidung

Ermessensentscheidungen sind regelmäßig zu begründen (§ 39 VwVfG).

**§ 39 VwVfG – Begründung des Verwaltungsaktes**
(1) Ein schriftlicher oder elektronischer sowie ein schriftlich oder elektronisch bestätigter Verwaltungsakt ist mit einer Begründung zu versehen. In der Begründung sind die wesentlichen tatsächlichen und rechtlichen Gründe mitzuteilen, die die Behörde zu ihrer Entscheidung bewogen haben. **Die Begründung von Ermessensentscheidungen soll auch die Gesichtspunkte erkennen lassen, von denen die Behörde bei der Ausübung ihres Ermessens ausgegangen ist.**

Fehlen entsprechende Erwägungen, ist der Bescheid formell rechtswidrig. Im verwaltungsgerichtlichen Verfahren dürfen Ermessenserwägungen nachgeschoben werden (§ 114 S. 2 VwGO).[790] Sie dürfen den Wesensgehalt bzw. die Identität der bauaufsichtlichen Verfügung aber nicht abändern.[791] Liegt Ermessensnichtgebrauch vor, ist der Bescheid materiell rechtswidrig. Hier bestehen im Verwaltungsprozess keine Heilungsmöglichkeiten. Die Ermessensentscheidung ist im Übrigen durch das Gericht nur *eingeschränkt* überprüfbar.

### 7. Sonderfall: das Ermessen reduzierende Ansprüche Dritter

Verletzt eine bauliche Anlage oder deren Nutzung (öffentlich-rechtliche) Nachbarrechte, so ist die Bauaufsichtsbehörde regelmäßig verpflichtet, gegen den dafür Verantwortlichen einzuschreiten[792] und die entsprechende Anordnung, wird sie vom Betroffenen nicht befolgt, auch zwangsweise durchzusetzen.[793] Diese Rechtsauffassung vertritt auch das OVG Nordrhein-Westfalen.[794] Nach dieser Entscheidung ist die Behörde – von besonders zu begründenden Ausnahmen

---

789 OVG Nordrhein-Westfalen – 29.11.2004 – 10 B 2076/04.
790 Vgl. hierzu: BVerwG, 5.5.1998 – 1 C 17/97 – DVBl. 1998, 1023, 1027 und OVG Sachsen-Anhalt 18.2.2015 – 2 L 22/13 – BRS 83, Nr. 104.
791 OVG Nordrhein-Westfalen 3.2.1994 – 10 A 1149/91 – BRS 56, Nr. 201.
792 Vgl. aber: OVG Niedersachsen 6.3.2003 – 1 LA 197/02 – BRS 66, Nr. 133.
793 OVG Saarland, 10.8.1994 – 2 W 24/94 – BRS 56, Nr. 191.
794 E. v.13.8.1990 – 7 A 1490/88.

XXVIII. Das Ermessen **386**

abgesehen – verpflichtet, wenn ein formell-illegales Gebäude gegen nachbarschützende Bestimmungen verstößt, zugunsten des beschwerten Nachbarn einzuschreiten. Hier wird eine Ermessensschrumpfung bezüglich des Ob des Einschreitens angenommen.[795]

| Eine Ermessensbetätigung ist aber erst eröffnet, wenn die Tatbestandsvoraussetzungen der jeweiligen Norm erfüllt sind. Im Rahmen der praktischen Ermessensentscheidung ist dann das Nachfolgende zu beachten | |
|---|---|
| 1. Schritt | Die verschiedenen Verhaltensmöglichkeiten müssen erkannt werden. |
| 2. Schritt | Die verschiedenen Argumente müssen erkannt und zusammengestellt werden. |
| 3. Schritt | Die zusammen gestellten Argumente sind vor dem Hintergrund der entsprechenden gesetzlichen Norm zu bewerten. Daraus folgt eine bestimmte behördliche Entscheidung. |
| 4. Schritt | Die Ermessensbetätigung muss sich in der Begründung wiederfinden. |

## 8. Der praktische Fall: Eine Hundezucht wird zum Ärgernis **386**

### Sachverhalt

Beantragt wird die Erteilung einer Baugenehmigung für die Nutzungsänderung von zwei Wohnräumen zu Räumen für gewerbliche Nutzung für die Haltung von 14 Hunden zzgl. Nachzuchten für die Hundezucht (Chihuahua). Im vorgelegten Lageplan ist ergänzend auch ein großzügiger Hundeauslauf im Garten dargestellt. Das entsprechende Grundstück liegt in einem faktischen Allgemeinen Wohngebiet (WA) i. S. d. § 4 BauVO.
Laut der Betriebsbeschreibung sollen die Hunde der Klägerin nachts im Haus gehalten und tagsüber zeitweise in den Garten gelassen werden. Publikumsverkehr würde lediglich nach der Geburt von Welpen und in einem überschaubaren Rahmen anfallen. Dieser Publikumsverkehr würde geringer ausfallen als bei den sonst im näheren Umfeld des Antragsgrundstückes vorhandenen Gewerbebetrieben. Auch entstünden keine höheren Lärmauswirkungen, da die gehaltenen Hunde der Rasse Chihuahua nicht zu übermäßigen Bellen neigten. Da die Hunde über Nacht im Haus gehalten würden, könne es nicht auch zu Lärmbelästigungen in den Abend-, Nacht- und frühen Morgenstunden kommen. Darüber hinaus ist der Einsatz einiger Hunde als Therapie- und Schulhunde geplant.
Vorhanden ist eine Wohnfläche von 220 qm und eine Gartenfläche von 650 qm. Die Nutzungsänderung bezieht sich auf zwei Wohnräume mit 22,87 qm. Das Grundstück befindet sich im Eigentum der Antragstellerin. Diese ist auch die Hundehalterin bzw. Züchterin.
Aufgrund von Beschwerden von Nachbarn stellen Außendienstmitarbeiter der Genehmigungsbehörde vor Ort fest, dass die beantragte Nutzungsänderung bereits realisiert worden ist, d. h., es handelt sich um einen nachträglichen Bauantrag.

---

795 siehe aber einschränkend: OVG Nordrhein-Westfalen 22.8.2005 – 10 A 3611/03 – BauR 2006, 342 und OVG Sachsen-Anhalt 10.10.2006 – 2 L 680/04.

In der Folge wird der Antragstellerin und Betreiberin mitgeteilt, dass beabsichtigt ist, den Bauantrag abzulehnen, da es sich um keine in einem WA zulässige Nutzung handelt. Ferner soll gleichzeitig die Hundezucht untersagt werden.

**Wie ist die Rechtslage?**

**Lösung**

**I.   Zur beabsichtigten Ablehnung des Bauantrages**

Zu prüfen ist, ob die Voraussetzungen für die Versagung der beantragten Baugenehmigung vorliegen und die Möglichkeit besteht, parallel zur abschlägigen Bescheidung des Bauantrages ein Nutzungsverbot hinsichtlich der gewerblichen Hundezucht auszusprechen.

Gem. § 72 Abs. 1 MBO ist die Baugenehmigung zu erteilen, wenn dem Bauvorhaben keine öffentlich- rechtlichen Vorschriften entgegenstehen, die im bauaufsichtlichen Genehmigungsverfahren zu prüfen sind.

Mit Blick auf das Genehmigungsverfahren geht es vor allem um die Frage der planungsrechtlichen Zulässigkeit der in Rede stehenden gewerblichen Hundezucht.

Zunächst ist festzuhalten, dass es sich bei der Nutzung des Antragsgrundstückes für die Hundezucht um eine gem. § 59 Abs. 1 MBO genehmigungspflichtige Nutzungsänderung handelt. Eine solche Nutzungsänderung ist dann anzunehmen, wenn die einer jeden Nutzung eigene tatsächliche Variationsbreite überschritten wird und der neuen Nutzung eine andere Qualität zukommt als der bisherigen Nutzung. Eine Nutzungsänderung ist dabei auch dann gegeben, wenn der baulichen Anlage eine zusätzliche Zweckbestimmung bzw. wenigstens zum Teil eine neue Zweckbestimmung gegeben wird.[796]

Vorliegend wurde die Umnutzung zweier Räume in einem Wohngebäude in Räume zur Hundezucht sowie die Einrichtung eines Hundeauslaufes im Garten beantragt. Es wurde zuvor keine Tierhaltung im Allgemeinen, erst recht aber keine Hundezucht genehmigt. Die Hundezucht und Hundehaltung in diesem Umfang ist auch keine Nutzungsform, die herkömmlicherweise von der Variationsbreite einer Wohnnutzung mit umfasst ist. Bereits die bloße Hundehaltung ist nur in einem bestimmten Umfang als Annex zur Wohnnutzung von der Variationsbreite umfasst. Dies betrifft nur die nichtgewerbliche, dem Wohnen zu- und untergeordnete Haltung von Haustieren in den Wohnräumen selbst.[797] Die jeweilige Hundehaltung ist nicht mehr von der Wohnnutzung umfasst, sobald sie den Rahmen der für eine Wohnnutzung typischen Freizeitbeschäftigung nach Art und Anzahl der Tiere überschreitet. In der Rechtsprechung wird die Grenze dabei teilweise schon bei der Haltung von mehr als zwei Hunden im Rahmen des Wohnens gezogen.[798]

Die beantragte Hundehaltung und Zucht ist eine gewerbliche Tätigkeit. So ist die Hundezucht bereits als gewerblich einzustufen, da nach Nr. 12.2.1.5.1 der Allgemeinen Verwaltungsvorschrift zur Durchführung des Tierschutzge-

---

796   VGH Bayern 28.5.2015 – 9 ZB 15.136.
797   OVG Nordrhein-Westfalen 18.2.2016 – 10 A 985/14 – hier: Haltung von Papageien.
798   OVG Saarland. 18.4.2019 – 2 A 2/18, VG Neustadt 18.1.2016 – 3 K 890/15.

setzes vom 9.2.2000, die zur Orientierung herangezogen wird, die Voraussetzungen für ein gewerbliches Züchten bei einer Haltung von drei oder mehr fortpflanzungsfähigen Hündinnen oder drei oder mehr Würfen pro Jahr gegeben sind. Der gewerbliche Charakter der Hundehaltung wird auch durch den (geplanten) Einsatz einiger Hunde als Therapie- und Schulhunde verfestigt. Im Übrigen würde aber auch die bloße Haltung von 14 Hunden auf dem streitgegenständlichen Anwesen nicht mehr der Variationsbreite der Wohnnutzung unterfallen. Auch wenn es sich bei der Rasse der Chihuahua um kleine Hunde handelt, so überschreitet die Anzahl von neun Hunden den Umfang, der nach Art und Größe üblicherweise in Wohnungen gehalten wird. Deshalb kann bei dieser Anzahl an Hunden im Hinblick auf Aufwand, Kosten, Verschmutzungsanfall und Emissionen nicht mehr von einer der Wohnnutzung untergeordneten Haustierhaltung ausgegangen werden. Denn für die Annahme einer die Variationsbreite überschreitenden Nutzungsänderung reicht es schon aus, dass die neue Nutzung aus dem Blickwinkel der maßgeblichen öffentlich-rechtlichen Vorschriften möglicherweise anders zu beurteilen ist als die bisher ausgeübte, sodass sich die Frage der Genehmigungsfähigkeit (grundsätzlich) neu stellt.[799] Hinzukommt, dass der Außenbereich zu Tagzeiten für die Hundehaltung in Anspruch genommen werden soll. Lediglich in den Abend-, Nacht- und Morgenstunden sollen die Hunde ausschließlich innerhalb des Gebäudes untergebracht werden. Damit ist die Haltung gerade nicht mehr nur auf den Wohnbereich beschränkt.
Die gewerbliche Nutzung ist auch nicht ausnahmsweise nach § 4 Abs. 3 Nr. 2 BauNVO zulässig, da es sich hierbei nicht um einen sonstigen nicht störenden Gewerbebetrieb handelt. Bei einer typisierenden Betrachtungsweise ist ein solches Vorhaben in einem Wohngebiet als störend einzuordnen, da bei einer Haltung von 14 Hunden zuzüglich Hundewelpen typischerweise mit einer über das übliche Maß hinausgehenden Belastung durch die Lebensäußerung der Hunde (Gebell) zu rechnen sei.
Damit liegen die Voraussetzungen für eine positive Bescheidung des Bauantrages nicht vor, da die beantragte Nutzungsänderung gegen Vorschriften des öffentlichen Rechts verstößt.

## II. Zur beabsichtigten Nutzungsuntersagung der Hundehaltung

Die beabsichtigte Nutzungsuntersagung findet ihre Rechtsgrundlage in § 80 S. 2 MBO. Nach dieser Vorschrift kann die Nutzung untersagt werden, wenn Anlagen im Widerspruch zu öffentlich-rechtlichen Vorschriften genutzt werden. Eine Nutzung von Anlagen im Widerspruch zu öffentlich-rechtlichen Vorschriften liegt bei einem genehmigungspflichtigen Vorhaben grundsätzlich schon dann vor, wenn das Vorhaben ohne Baugenehmigung ausgeführt wird. Allerdings darf eine formell rechtswidrige Nutzung aus Gründen der Verhältnismäßigkeit regelmäßig dann nicht untersagt werden, wenn sie offensichtlich genehmigungsfähig ist.[800]

---

799 VGH Bayern 28.6.2016 – 15 CS 15.44.
800 VGH Bayern 21.3.2022 – 9 ZB 21.3268 – und VG Ansbach 5.10.2021 – AN 9 K 21.1794.

Die Anordnung der Nutzungsuntersagung kann auch ermessensfehlerfrei ergehen. Der durch § 80 S. 2 MBO der Behörde eingeräumte Ermessensspielraum bezieht sich zum einen darauf, ob die Behörde überhaupt einschreitet (sog. Handlungs- oder Entschließungsermessen) und zum anderen darauf, welches Mittel sie zur Beseitigung des rechtswidrigen Zustands einsetzt und welchen Störer sie in Anspruch nimmt (sog. Auswahlermessen).
Dies berücksichtigend wäre die Nutzungsuntersagung auch verhältnismäßig. Es ist nicht – wie weiter oben dargelegt – von einer offensichtlichen Genehmigungsfähigkeit auszugehen.
Ein milderes, ebenso effektives Mittel ist nicht erkennbar.
Die Nutzungsuntersagung wäre gegenüber der Eigentümerin und Züchterin auszusprechen. Diese ist sowohl Zustand-, als auch Handlungsstörerin. Bauaufsichtsrechtliche Anordnungen richten sich an diejenige Person, die die sicherheitsrechtliche Verantwortung für den baurechtswidrigen Zustand trägt. Mangels spezialgesetzlicher Regelung ist für die Störerauswahl auf die allgemeinen Grundsätze des Sicherheitsrechts zurückzugreifen. Nach dieser Regelung kann die Anordnung sowohl gegenüber dem sogenannten Handlungsstörer, dem Zustandsstörer oder dem Nichtstörer ergehen. Handlungsstörer ist derjenige, dessen Verhalten die Gefahr oder die Störung verursacht hat, Zustandsstörer ist der Inhaber der tatsächlichen Gewalt oder der Eigentümer einer Sache oder einer Immobilie, deren Zustand Grund für die Gefahr oder die Störung ist.[801] Als Handlungsstörer ist bezogen auf die Nutzungsuntersagung derjenige anzusehen, der für die formell und materiell rechtswidrige Nutzung unmittelbar verantwortlich ist. Diese unmittelbare Verantwortlichkeit ist bei der Antragstellerin als Betreiberin der Hundezucht bzw. Hundehalterin gegeben.
Im Rahmen einer Nutzungsuntersagung muss im Übrigen keine Prüfung nach den Maßstäben eines Baugenehmigungsverfahrens vornehmen, denn § 80 S. 2 MBO soll (nur) gewährleisten, dass ein genehmigungspflichtiges Vorhaben nicht ohne die Durchführung des nötigen Genehmigungsverfahrens bestehen kann. Für die Nutzungsuntersagung reicht der Hinweis auf die unstreitig bestehende formelle Illegalität. Im Übrigen gelten die Baugebietsvorschriften kraft Bundesrecht als nachbarschützend und die Bauaufsichtsbehörde hat bei ihrer Tätigkeit auch dafür Sorge zu tragen, dass der Nachbarschutz gewährleistet ist.
Ein milderes, ebenso effizientes Mittel ist nicht ersichtlich.
Es bleibt der Ordnungspflichtigen unbenommen, ein Austauschmittel anzubieten. Dies könnte z. B. eine deutliche Reduzierung der gehaltenen Hunde sein.
Hinweis: Die Lösung folgt der Entscheidung des VG Ansbach 28.4.2022 – AN 3 K 20.02638.

**Ergänzende Hinweise zur Hundehaltung:** Hundezwinger sind – sowohl im reinen Wohngebiet (WR) als auch im allgemeinen Wohngebiet (WA) – bei einer bestimmten Dimensionierung der Tierhaltung unzulässig, so z. B. für

---

801 VG Ansbach 5.10.2021 – AN 9 K 21.01794.

einen Hundezwinger mit 6 Doggen.[802] Das Halten mehrerer großer Hunde ordnet sich dem Wohnen nicht unter, hat also störenden Charakter (Hundegebell!). Eine Hundehaltung (Dackelzucht) mit mehr als zwei Tieren kann in einem WA wegen der damit verbundenen unzumutbaren Lärmbelästigung schon bauordnungsrechtlich unzulässig sein und wenige Meter neben einem ruhigen Wohngrundstück bauaufsichtsbehördlich untersagt werden.[803] Ähnlich hinsichtlich der Nutzung eines ungenehmigten Hundezwingers mit sieben Boxen für eine Dogenzucht.[804] Laut dem OVG Niedersachsen[805] ändert eine Hundehaltung bei größerer Hundezahl den Charakter des Wohnhauses in genehmigungsbedürftiger Weise und dies selbst ohne Hundezwinger oder andere bauliche Anlagen. Der VGH Baden-Württemberg[806] hat das Halten von mehr als einem Hund selbst in einem Mischgebiet (MI) problematisiert. Übrigens gibt es auch eine VO über das Halten von Hunden im Freien vom 6.6.1974 (BGBl. I S. 1265), die materielle Anforderungen an Zwinger usw. beinhaltet.

---

802  OVG Nordrhein-Westfalen 13.5.1976 – X A 603/75 – BRS 30, Nr. 29.
803  OVG Niedersachsen 30.9.1992 – 6 L 129/90 – BRS 54, Nr. 45.
804  OVG Niedersachsen 2.7.1992 – 6 M 3244/92 – BRS 54, Nr. 46.
805  OVG Niedersachsen 19.11.2008 – 1 ME 233/08 – BauR 2/2009, 211.
806  VGH Baden-Württemberg 13.3.2003 – 5 S 2771/02 – BRS 66, Nr. 78.

# XXIX. Ermessensreduzierung auf Null

## 1. Ermessen und Ermessensfehler

**387** Die Einräumung von Ermessen bedeutet, dass trotz des Vorliegens der gesetzlichen Voraussetzungen die Entscheidung über den Eintritt der Rechtsfolge im konkreten Fall der Behörde überlassen bleibt. Hierbei müssen aber die Grenzen des Ermessens eingehalten werden, andernfalls würde ein sogenannter **Ermessensfehler** vorliegen (Ermessensunterschreitung, -überschreitung und -fehlgebrauch).

## 2. Ermessensreduzierung nach der Schädlichkeitstheorie des BVerwG

**388** Grundsätzlich ist der Bauaufsichtsbehörde in ihrer Eigenschaft als Eingriffsverwaltung gesetzlich ein Ermessen zum Einschreiten hinsichtlich festgestellter baurechtswidriger Zustände eingeräumt (§ 58 Abs. 2 MBO).

Ausnahmsweise kann im Bereich der Gefahrenabwehr die Behörde zum Einschreiten verpflichtet sein, dies ist der Fall, wenn eine sogenannte **Ermessensreduzierung auf Null** vorliegt. Nach der vom BVerwG[807] entwickelten sogenannten **Schädlichkeitstheorie** besteht eine Eingriffsverpflichtung dann, wenn besonders wichtige Rechtsgüter (z. B. Leben, Gesundheit, Freiheit, Eigentum) unmittelbar bedroht sind oder ein erheblicher Schaden droht. Ein solcher Fall liegt z. B. vor, wenn die Standsicherheit einer baulichen Anlage nicht gegeben ist und akute Einsturzgefahr besteht.[808] Zu prüfen ist aber stets, ob der Gefahr nicht auch auf andere Weise begegnet werden kann.[809] Im öffentlichen Baurecht wird eine Ermessensreduzierung auch angenommen, wenn eine bauliche Anlage bzw. deren Nutzung formell und materiell illegal ist.[810] So hat das OVG Berlin[811] eine Verpflichtung zum bauaufsichtlichen Einschreiten gesehen, wenn eine Vorschrift unzumutbare Belästigungen verbietet und ein entsprechender formell und materiell baurechtswidriger Zustand festgestellt wird (hier: Taubenhaltung). Eine Verpflichtung zum bauaufsichtlichen Einschreiten wird ferner angenommen, wenn die Gleichbehandlung nach Art. 3 GG im Vergleich zu anderen ähnlichen Fällen zu einem Einschreiten zwingt oder wenn nachbarschützende Normen verletzt sind.[812] In diesen Fällen wird hinsichtlich des Entschließungsermessens eine Schrumpfung auf Null angenommen. Teilweise kommt es noch nicht einmal auf eine tatsächliche Betroffenheit des Nachbarn an.

---

807 E. v. 18.8.1960 – 1 C 42.59 – BRS 12, Nr. 65.
808 OVG Nordrhein-Westfalen 3.2.1994 – 10 A 1149/91 – auch wenn Einsturzgefahr nicht akut besteht: VGH Baden-Württemberg, 12.5.1999 – 8 S 963/99 – BauR 2000, 864, OVG Sachsen-Anhalt 18.2.2015 – 2 L 22/13 – BRS 83, Nr. 104.
809 OVG Nordrhein-Westfalen 7.5.1990 – 10 B 1091/90.
810 OVG Nordrhein-Westfalen 17.5.1983 – 7 A 330/81 – BRS 40 Nr. 191.
811 E. v. 14.5.1982 – 2 B 57.79 – BRS 39, Nr. 207.
812 OVG Nordrhein-Westfalen 23.4.1982 – 10 A 645/80 – BRS 39, Nr. 178, OVG Nordrhein-Westfalen 17.5.1983 – 7 A 330/81 – BRS 40, Nr. 191.

## 3. Bauaufsichtliches Ermessen und Verpflichtung zum Aufgreifen

**389** Allgemein wird sogar eine Pflicht zum Aufgreifen angenommen, wenn eine bauliche Anlage formell und materiell dem Baurecht widerspricht, denn Aufgabe der Bauaufsichtsbehörden ist es, auf baurechtskonforme Zustände hinzuwirken.[813] Bei dem Vorliegen einer Gefahrenlage kann die Bauaufsicht verpflichtet sein, auch Maßnahmen zur Ermittlung zum Umfang der Gefahren für Dritte zu veranlassen.[814] Im Übrigen kann das Ermessen der Behörde auch durch gesetzliche Bestimmungen eingeschränkt sein.[815]

## 4. Ermessensbetätigung muss sichtbar werden

**390** Im Rahmen der Aufgabe der Gefahrenabwehr ist der Bauaufsichtsbehörde Ermessen eingeräumt (Gegensatz: gebundene Verwaltung). Ermessen heißt aber nicht Willkür, d. h. die Behörde muss ihr Entschließungs- und Auswahlermessen pflichtgemäß ausüben (vgl. für NRW § 16 OBG). Voraussetzung hierfür ist jedoch zunächst, dass sich die Behörde bewusst ist, dass sie einen Ermessensspielraum hat. Dies muss in der Ordnungsverfügung deutlich werden.

## 5. Bauaufsichtliches Ermessen und die notwendige Begründungselemente

**391** Ermessensentscheidungen sind regelmäßig zu begründen. Die Bauaufsichtsbehörde muss aber bei einem Einschreiten gegen einen baurechtswidrigen Zustand über die Feststellung der formellen und materiellen Illegalität der beanstandeten Anlage und der Erforderlichkeit ihrer Beseitigung hinaus regelmäßig keine weiteren Ermessenserwägungen anzustellen bzw. kundtun. Etwas anderes gilt nur dann, wenn *besondere* Sachverhaltsumstände gegeben sind, die es im konkreten Fall rechtfertigen können, ausnahmsweise auf ein Vorgehen gegen die in Rede stehende bauliche Anlage zu verzichten.[816]

## 6. Selbst- und Ermessensbindung

**392** Der Handlungsspielraum der Bauaufsichtsbehörde kann auch durch eine bestimmte Verwaltungspraxis beeinflusst werden. Art. 3 GG vermittelt in solchen Fällen eine Selbst- oder Ermessensbindung der Verwaltung, die mit einem Anspruch des Bürgers korrespondiert. Übt die Bauaufsichtsbehörde in gleich gelagerten Fällen stets ihr Ermessen in bestimmter Art und Weise aus, kann sie von dieser Praxis nicht ohne besondere Begründung abweichen. Eine vergleichbare Wirkung haben auch praktizierte Verwaltungsvorschriften, z. B. zur Ausschöpfung einer Rahmengebühr.
**Auslegungskriterien nach der sogenannten Schutznormtheorie**
- Wortlaut
- Sinn und Zweck
- Entstehungsgeschichte

---

813 OVG Nordrhein-Westfalen 22.3.1983 – 7 A 2029/81 – BRS 40, Nr. 239, BVerwG 17.4.1998 – 4 B 144/97 BRS 60, Nr. 169 und OVG Nordrhein-Westfalen 28.5.2009 – 10 A 971/08 – ZfBR 2009, 803.
814 OVG Nordrhein-Westfalen 13.3.2008 – 10 B 176/08.
815 OVG Nordrhein-Westfalen 28.6.1996 – 10 B 323/96.
816 OVG Saarland 25.2.1992 – 2 R 78/89 – BRS 54, Nr. 207.

- Systematischer Zusammenhang
- Grundrechtlicher Bezug

### 7. Vermeidung negativer Vorbildwirkung und Ermessensreduzierung auf Null?

**393** Das öffentliche Interesse an der Vermeidung einer Vorbildwirkung illegaler Baumaßnahmen rechtfertigt **grundsätzlich nicht** die Annahme, die Baubehörde sei unter dem Gesichtspunkt der Verdichtung ihres Entscheidungsermessens auf Null zur Anordnung der Beseitigung eines Schwarzbaues verpflichtet. Allerdings kann das Interesse an der Vermeidung einer negativen Vorbildwirkung Einfluss die Behörde zur Verbindung der sofortigen Vollziehung mit der bauaufsichtlichen Grundverfügung motivieren.

### 8. Ermessensreduzierung auf Null als Folge eines Verstoßes gegen nachbarschützende Vorschriften

**394** Allerdings kann sich das Ermessen der Behörde im Einzelfall auf Null verdichten, z. B. bei einem Verstoß gegen drittschützende Vorschriften.[817] So ist bei Verletzung des Gebots der Rücksichtnahme grundsätzlich ein Fall der Ermessensreduzierung auf Null anzunehmen.[818]
Die Untätigkeit einer Behörde ist dann mit der Verweisung auf den Weg der Privatklage nicht zu rechtfertigen.[819] Die Einschränkung des bauaufsichtlichen Ermessens geht aber nicht weiter als die verletzte Rechtsposition des Dritten.[820] Das OVG Saarland[821] nimmt mit Blick auf eine baurechtswidrige Grenzgarage bezüglich des bauaufsichtlichen Mittels eine Ermessensreduzierung auf die Abbruchverfügung für das gesamte Bauwerk an. Die – zu lange oder überhohe – Grenzgarage beinhaltet z. B. nicht etwa eine zulässige Grenzgarage als Minus, deshalb verbietet sich eine Rückbauforderung auf das höchst zulässige Maß (Austauschmittel aber zulässig!).
Eine bei einem Verstoß gegen das Abstandsflächenrecht grundsätzlich bestehende bauaufsichtliche Einschreitenspflicht ist nur dann nicht gegeben, wenn jegliche Beeinträchtigung des Grundstücknachbarn von vornherein ausgeschlossen ist.[822] Laut dem OVG Sachsen-Anhalt[823] reicht ein Verstoß gegen drittschützende Vorschriften des öffentlichen Baurechts für eine Ermessensreduzierung auf Null dann nicht aus, wenn aus Verstoß für den Dritten nur geringfügige Beeinträchtigungen resultieren (hier Wäschetrockenplatz mit Bodenplatte im grenznahen Bereich).

---

817 OVG Saarland 10.8.1994 – 2 W 24/94 – BRS 56, Nr. 202.
818 OVG Nordrhein-Westfalen 23.4.1982 – 10 A 645/80 – BRS 39, Nr. 178; OVG Nordrhein-Westfalen, 17.5.1983 – 7 A 330/81, OVG Niedersachsen 4.10.1985 – 1 A 34/85 – BRS 44, Nr. 195; OVG Nordrhein-Westfalen 5.2.1996 – 10 A 944/91, BVerwG 13.7.1994 – 4 B 129.94 – BRS 56, Nr. 203 und OVG Nordrhein-Westfalen 13.10.1999 – 7 A 998/99.
819 OVG Niedersachsen 4.10.1985 – 2 R 6/89 – BRS 44, Nr. 195.
820 BVerwG 9.2.2000 – 4 B 11.00 – BRS 63, Nr. 210.
821 E. v. 30.5.2003 – 1 Q 20/08.
822 VG Gelsenkirchen 14.1.2014 – 6 K 2222/11.
823 OVG Sachsen-Anhalt 10.10.2006 – 2 L 680/04.

XXIX. Ermessensreduzierung auf Null

## 9. Der praktische Fall: Das beschädigte Nebengebäude und die Schwerkraft

Ein Nachbar (N 1) stellt bei der zuständigen Bauaufsichtsbehörde einen Antrag, seinen Nachbarn (N 2) zu verpflichten, dass aus seiner Sicht akut einsturzgefährdete Ständerbauwerks einschließlich der Dacheindeckung des grenzständigen Nebengebäudes umgehend zu beseitigen. Seinem Antrag beigefügt sind Fotos, die den monierten baulichen Zustand glaubhaft machen. Ergänzend führt N 1 aus, dass aufgrund der Neigung die stark beschädigte Dacheindeckung des Nebengebäudes der Schwerkraft folgend auf sein Grundstück abrutschen würde. Der betroffene Bereich umfasst etwa 30 m², wobei eine „Splitterwirkung" noch darüber hinaus ginge. Es bestehe daher eine Lebens- bzw. Verletzungsgefahr durch herabstürzende Bauteile. Zudem würden Pflanzen in dem Bereich zerstört und der Boden möglicherweise mit aus den Wellastbestplatten stammenden Asbestfasern kontaminiert. Das Gebäude ist zudem offensichtlich in Bewegung, denn das Ständerbauwerk und Dach auf der Ostseite habe sich zwischenzeitlich unter knackenden Geräuschen gehoben und das Dach auf der Westseite weiter gesenkt. Bei seinem Grundstück handelt es sich um Wohngrundstück.
Die Behörde meint, auch wenn sich das besagte Nebengebäude in einem schlechten baulichen Zustand befindet, sind hier zwei private Grundstücke betroffen, weshalb Beeinträchtigungen des Eigentums durch Regelungen zum Nachbarschaftsrecht nach den Vorschriften des Bürgerlichen Gesetzbuches zu begegnen sei. Die Einzelheiten des Vortrages lässt die Behörde unkommentiert, sondern führt aus, dass insoweit kein erforderlicher Raum für ein behördliches Tätigwerden besteht.

**Wer hat Recht?**
Hinweis: Der Fall ist in Brandenburg platziert.

**Lösung**

Ein solcher Anspruch des N 1 auf bauaufsichtliches Einschreiten könnte aus § 58 Abs. 2 S. 2 der Brandenburgischen Bauordnung (BbgBauO) folgen. Danach haben die Bauaufsichtsbehörden in Wahrnehmung der Aufgaben, die sich aus § 58 Abs. 2 S. 1 BbgBO ergeben, die erforderlichen Maßnahmen zu treffen. Die Generalermächtigung erlaubt es der Bauaufsichtsbehörde auch, zur Gewährleistung der sich aus § 3 Abs. 1 BbgBO ergebenden Pflichten in Bezug auf die öffentliche Sicherheit und Ordnung Sicherungsmaßnahmen zu ergreifen, um etwaige von baulichen Anlagen ausgehende Gefährdungen zu unterbinden.[824] § 3 Abs. 1 Satz 1 BbgBauO verdeutlicht, dass bauliche Anlagen so zu unterhalten sind, dass die öffentliche Sicherheit oder Ordnung nicht gefährdet werden. Konkretisierend hierzu bestimmt § 12 Abs. 1 BbgBauO, dass jede bauliche Anlage im Ganzen und in ihren Teilen sowie für sich allein standsicher sein muss.

---

[824] VG Cottbus 16.7.2018 – 3 K 1187/15 – und VG Cottbus 13.5.2019 – 3 L 566/18.

**395**

Im vorliegenden Fall ist die öffentliche Sicherheit betroffen. Soweit die Behörde in ihrer ersten Einschätzung meint, es handle sich hier um zwei Privatgrundstücke, weshalb Beeinträchtigungen des Eigentums durch Regelungen zum Nachbarschaftsrecht nach den Vorschriften des Bürgerlichen Gesetzbuches zu begegnen sei, irrt sie. Denn der Begriff der öffentlichen Sicherheit erfasst u. a. auch höherrangige Individualrechtsgüter wie Leben, Gesundheit und Eigentum.[825] Auch kann die Behörde den Antragsteller bzw. Beschwerdeführer (N 1) nicht in zulässiger Weise auf den Zivilweg verweisen, da dies keine einfachere und effektivere Möglichkeit zur Realisierung des hier in Rede stehenden Begehrens darstellt.[826] Die Beeinträchtigung wurde durch Vorlage der Fotos hinreichend glaubhaft gemacht. Ferner hat N 1 nachvollziehbar ausgeführt, dass aufgrund der Neigung die stark beschädigte Dacheindeckung des Nebengebäudes der Schwerkraft folgend auf sein Grundstück abrutschen würde. Der betroffene Bereich erfasse etwa 30 m², wobei eine „Splitterwirkung" noch darüber hinaus ginge. Es bestünde daher eine Lebens- bzw. Verletzungsgefahr durch herabstürzende Bauteile. Zudem würden Pflanzen in dem Bereich zerstört und der Boden möglicherweise mit aus den Wellastbestplatten stammenden Asbestfasern kontaminiert. Vielmehr bestätigt die Behörde, dass sich das Nebengebäude in einem sehr schlechten baulichen Zustand befände. Auch sonst ist nach summarischer Prüfung der Sachlage nicht ersichtlich, dass die Befürchtung und Einschätzung des Antragstellers nicht zutreffen würde. Wegen der in der Nähe gelegenen Wohnnutzung auf dem Grundstück des Antragstellers bzw. Beschwerdeführers besteht insbesondere auch eine hinreichende Wahrscheinlichkeit von Gesundheitsschädigungen der sich dort aufhaltenden Personen.

Mit Blick auf § 12 Abs. 1 BbgBauO ist auch die Unverletzlichkeit der Rechtsordnung als Teil der öffentlichen Sicherheit betroffen.

Zudem besteht eine konkrete Gefahr. Eine Gefahr ist gegeben, wenn erkennbar die objektive Möglichkeit eines Schadens für die öffentliche Sicherheit und Ordnung besteht. Eine konkrete Gefahr ist eine Sachlage, die im Einzelfall tatsächlich oder jedenfalls aus der ex ante Sicht der handelnden Bauaufsichtsbehörde bei verständiger Würdigung in absehbarer Zeit die hinreichende Wahrscheinlichkeit eines Schadenseintritts in sich birgt.[827] Dass das vorhandene Dach des Nebengebäudes infolge des eingetretenen Verfalls erhebliche statische, zur Einsturzgefahr führende und damit in Widerspruch zu § 12 Abs. 1 BbgBauO stehende Mängel aufweist, ist dem Sachverhalt zu entnehmen. Gegenläufige Feststellungen hat die Behörde offensichtlich nicht getroffen.

Zwar steht dem Betroffenen gemäß § 58 Abs. 2 Satz 2 BbgBO grundsätzlich nur ein Anspruch auf ermessensfehlerfreie Entscheidung zu. Das der Behörde eingeräumte Ermessen kann aber im Einzelfall so eingeschränkt sein, dass nur ein Eingreifen ermessensfehlerfrei ist. In einem solchen Fall spricht man von einer Ermessensreduzierung auf Null. Da die Befugnis zum Einschreiten

---

825 VGH Hessen 8.12.2020 – 6 B 2637/20.
826 OVG Mecklenburg-Vorpommern 29.1.2020 – 3 L 49/15.
827 OVG Berlin-Brandenburg 15.9.2015 – OVG 10 S 19.15.

XXIX. Ermessensreduzierung auf Null **395**

der Wahrnehmung der Aufgaben nach § 58 Abs. 2 S. 1 BbgBauO dient, besteht eine Pflicht zum Eingreifen, wenn nur so die Aufgabe der Überwachung der Einhaltung der öffentlich-rechtlichen Vorschriften ordnungsgemäß erfüllt werden kann. Zu berücksichtigen sind insoweit insbesondere der Grad der Intensität der Störung oder Gefährdung.[828] So liegt der Fall in Anbetracht der bestehenden Einsturzgefahr[829] und der damit einhergehenden unmittelbaren Gefährdung von Leben, Gesundheit und Eigentum des N 1 hier. Das Ermessen hat sich auf Null verdichtet. Die Einsturzgefahr ist nach summarischer Prüfung der Sach- und Rechtslage ausweislich des unwidersprochenen Vortrags des Antragstellers und der eingereichten Lichtbilder auch als akut anzusehen, sodass der Gefahr auch nicht auf andere Weise begegnet werden kann.[830]

**Ergebnis:**
Ein Anspruch des N 1 auf bauaufsichtliches Einschreiten ist deshalb zu bejahen. Die Behörde hat nicht Recht.
Hinweis: Die Lösung folgt der Entscheidung des VG Cottbus 18.3.2021 – 3 L 95/21.

---

828 BVerwG 18.8.1960 – I C 42.59.
829 OVG Nordrhein-Westfalen 03.02.994 – 10 A 1149/91 – im Fall der fehlenden Standsicherheit.
830 OVG Nordrhein-Westfalen 7.5.1990 – 10 B 1091/90.

# XXX. Zum Anspruch des Dritten auf behördliches bzw. bauaufsichtliches Einschreiten

## 1. Entschließungsermessen und Ermessensschrumpfung auf Null

**396** Bei der Entscheidung der Bauaufsichtsbehörde, gegen einen – nachbarschützende Normen verletzenden – Schwarzbau einzuschreiten, ist regelmäßig eine Ermessensschrumpfung auf Null (Verdichtung des Entschließungsermessens) anzunehmen.[831] Dies bedeutet, dass die Behörde in der Regel einem Antrag des Betroffenen auf Durchsetzung des Nachbarschutzes nachkommen wird, andernfalls müssen sachgerechte Gründe einem Einschreiten entgegenstehen. Es müssen aber im jeweiligen Einzelfall alle Eingriffsvoraussetzungen mit Blick auf einen konkreten Verantwortlichen vorliegen. Bei der Frage nach der Befugnis zum bauaufsichtlichen Einschreiten, kommt der Differenzierung zwischen formeller und materieller Legalität (Illegalität) große Bedeutung zu (siehe dort). Ist die Behörde zum Einschreiten nicht verpflichtet, könnte aber tätig werden, muss sie bei ihrer Entscheidung über Nichteinschreiten auch nachbarliche Belange berücksichtigen.[832]

## 2. Hintergrund: Nachbarschutz durch die Bauaufsichtsbehörde

**397** Zunächst einige Anmerkungen zum Nachbarschutz im öffentlichen Baurecht allgemein. Der Nachbarschutz im öffentlichen Baurecht betrifft rechtliche Möglichkeiten, die einem Dritten zur Verfügung stehen, der sich durch ein Bauvorhaben oder deren in seinen Interessen beeinträchtigt sieht. Letztlich geht es um den Ausgleich verschiedener Interessen. Der öffentlich-rechtliche und der zivile Nachbarschutz stehen unabhängig nebeneinander.
Die Baugenehmigung ist eine Entscheidung mit **Doppelwirkung.** Der Bauherr wird begünstigt. Er hat einen Leistungsanspruch gegenüber Behörde, wenn die gesetzlichen Voraussetzungen erfüllt sind (§ 72 Abs. MBO) und kann seinen Anspruch auf Erteilung der Baugenehmigung mit Verpflichtungsklage durchsetzen. Der Nachbar kann durch die Erteilung der Baugenehmigung belastet werden. Er ist nicht Adressat im bauaufsichtlichen Verfahren, er ist Dritter.[833] Ihm stehen nur im beschränktem Umfang Abwehrrechte zur Verfügung. Er kann aber seine Abwehrrechte mit Anfechtungsklage durchsetzen.
Nachbarschutz ist in erster Linie Schutz des Grundeigentums, daneben kommt im Einzelfall ggf. Schutz von Leben und Gesundheit (Gefahrenabwehr!) in Betracht. Für den Nachbarschutz sind im Zusammenhang mit der Erteilung einer Baugenehmigung nur öffentlich-rechtliche Normen beachtenswert, insbesondere Vorschriften des Bauplanungs- und Bauordnungsrechts.

---

831 OVG Nordrhein-Westfalen 17.5.1983 – 7 A 330/81 – BRS 40, Nr. 191 = BauR 1984, 160.
832 OVG Nordrhein-Westfalen 15.8.1995 – 11 A 850/92 – BauR 1996, 237.
833 Zu den der vorgeschriebenen Beteiligung der Nachbarn im Baugenehmigungsverfahren vgl. § 70 MBO.

Derjenige, der als Dritter bei der zuständigen Bauaufsichtsbehörde einen Antrag auf Einschreiten gegen eine bauliche Anlage bzw. deren Nutzung stellt oder aber einen Widerspruch oder eine Klage gegen eine Baugenehmigung einlegt, muss Nachbar i. S. d. öffentlichen Baurechtes sein und damit dem formalen **oder** materiellen Nachbarbegriff unterfallen. Daneben muss die Möglichkeit der Verletzung subjektiv- öffentlicher Rechte des Widerspruchsführers bzw. Klägers gegeben sein. Diese ergeben sich aus generell und partiell nachbarschützenden Normen des öffentlichen Baurechtes (Bauplanungs-, Bauordnungs-, Baunebenrecht), zumeist wird es sich um materielle Normen handeln, unter Umständen sind aber auch verfahrensrechtliche Vorschriften nachbarschützend.

Mit Blick auf den materiellen Nachbarbegriff ist zu prüfen, ob die in Rede stehende Norm nur ein unmittelbar angrenzendes Grundstück, alle an das Grundstück angrenzenden Grundstücke oder sogar die Grundstücke der weiteren Umgebung schützen will (Gebietsschutz). Der Angrenzer ist hierbei von den übrigen Nachbarn, deren Grundstücke nicht angrenzen, die aber ggf. durch Immissionen, Licht, Luft, Gerüche beeinträchtigt werden, zu differenzieren. Im Übrigen können auch juristische Personen des öffentlichen Rechtes nachbarliche Abwehrrechte wahrnehmen, z. B. eine Gemeinde bzw. Nachbargemeinde.

---

Nachbarn im Sinne des öffentlichen Baurechts sind:
- Alleineigentümer
- Miteigentümer
- Erbengemeinschaft, allerdings ist der Miterbe nicht befugt, seine Abwehrrechte allein geltend zu machen
- Sondereigentümer, nicht gegenüber der eigenen Eigentümergemeinschaft
- Hypothekengläubiger, kritisch zu beurteilen
- Käufer, nur bei Auflassungsvormerkung
- Mieter/Pächter, i. d. R. nicht abwehrberechtigt

---

3. **Einschreiten bei Verstößen gegen drittschützende Vorschriften ist die Regel!**

Laut der gefestigten verwaltungsgerichtlichen Rechtsprechung ist die Aufgabe, der das Eingriffsermessen dient, die der Bauaufsichtsbehörde übertragene Pflicht, über die Einhaltung der öffentlich-rechtlichen Bauvorschriften zu wachen. Soweit diese öffentlich-rechtlichen Bauvorschriften materiell Nachbarschutz bezwecken, ist es deshalb Aufgabe der Bauaufsichtsbehörde, über die Einhaltung des öffentlich-rechtlichen Nachbarschutzes zu wachen, und deshalb Zweck der Ermächtigungsnorm, diesen Nachbarschutz auch durchzusetzen.[834] Diese zweckbestimmte, finale Ausrichtung des Behörde eingeräumten Ermessens bewirkt, dass die Behörde in solchen Fällen nicht frei ist, ob sie einschreiten will oder nicht, sondern dass sie, will sie abweichen von der vom materiellen Baurecht vorgenommenen Bewertung der nachbarlichen Interessen von einem Einschreiten absehen, dafür auch sachgerechte Gründe haben muss.

---

834 Zu den Voraussetzungen eines Anspruches auf Einschreiten vgl.: VG Minden 26.1.2016 – 1 K 1485/15.

Die Pflicht, zugunsten des beschwerten Nachbarn einzuschreiten, ist sozusagen die Regel, das Abweichen die Ausnahme, die einer besonderen Begründung bedarf.[835]

Ein Anspruch des Nachbarn auf bauordnungsrechtliches Einschreiten gegen eine bauliche Anlage setzt voraus, dass das angegriffene Bauvorhaben nicht durch eine Baugenehmigung gedeckt ist, zu Lasten des Nachbarn gegen Nachbarrechte verstößt und das behördliche Ermessen im Sinne eines Einschreitens reduziert ist. Die bloße formelle Rechtswidrigkeit der baulichen Anlage reicht nicht aus. Aus dem Zweck der bauordnungsbehördlichen Eingriffsermächtigung folgt allein, dass die Behörde – wenn eine bauliche Anlage gegen Nachbarrechte verstößt – regelmäßig, d. h. vorbehaltlich des Vorliegens eines besonders gelagerten Einzelfalls. OVG NRW 20.7.2023 – 2 A 2535/21.

Anders lautend bzw. einschränkend ist hingegen die Rechtsauffassung des OVG Sachsen-Anhalt[836] wonach der Verstoß gegen eine nachbarschützende Vorschrift allein noch nicht das bauaufsichtliche Einschreitensermessen auf Null verdichtet. Folgen aus dem Verstoß für den Nachbarn keine oder nur geringfügige Beeinträchtigungen, hat der Nachbar demnach keinen Anspruch auf Einschreiten.

Besteht allerdings darüber hinaus eine Gefahr für wichtige Rechtsgüter (z. B. Gefahr für Gesundheit und Leben der Nutzer einer baulichen Anlage), kann bereits hieraus eine Verpflichtung zum bauaufsichtlichen Einschreiten folgen.

### 4. Weitere Grundsätze für das bauaufsichtliche Handeln mit Blick auf nachbarrechtlich relevante Verstöße

Begehrt ein Nachbar von der Bauaufsichtsbehörde, dass sie gegen ein formell und materiell rechtswidriges, öffentliche Nachbarrechte verletzendes Bauwerk vorgehe, so kann bezüglich der von der Behörde anzustellenden Ermessenserwägungen nicht danach unterschieden werden, ob es sich um einen Schwarzbau oder um einen Bau handelt, dessen formelle Illegalität von einer aufgrund eines Rechtsmittels des Nachbarn später aufgehobenen Baugenehmigung herrührt. Die Bauaufsichtsbehörde kann in der Regel auch nicht die dem Schwarzbauer durch eine Beseitigung der Nachbarbeeinträchtigung entstehenden Kosten als Grund anführen, um ein Einschreiten zugunsten des beschwerten Nachbarn abzulehnen. Unabhängig von der Ermessensschrumpfung des Einschreitens aufgrund einer begründeten Nachbareinwendung, kann der Bauaufsichtsbehörde ein Spielraum hinsichtlich des Wie des Einschreitens verbleiben. Grundsätzlich wird nach Aufhebung einer Baugenehmigung aufgrund einer Nachbareinwendung ein Anspruch desselben auf Einschreiten bejaht (siehe hierzu weiter unten).

---

835 OVG Nordrhein-Westfalen 23.4.1982 – 10 A 645/89 – BRS 39, Nr. 178, OVG Nordrhein-Westfalen 17.5.1983 – 7 A 330/81 – BRS 40, Nr. 181, OVG Saarland 9.12.1988 – 2 R 235/86, OVG Nordrhein-Westfalen 5.2.1996 – 10 A 944/91 – NWVBl. 1997, 11, siehe auch: OVG Saarland 10.8.1994 – 2 W 24/94 – BRS 56, Nr. 191, verlangt Einschreiten und – wenn nötig – Vollstreckung.

836 E. v. 10.10.2006 – 2 L 680/04.

XXX. Zum Anspruch des Dritten auf Einschreiten   **400, 401**

Der Nachbar hat aber nicht schon deshalb einen Anspruch auf bauaufsichtliches Einschreiten, wenn eine bauliche Anlage bzw. deren Nutzung formell illegal, also ungenehmigt ist.[837] In der Regel muss das ungenehmigte Vorhaben zudem den Nachbarn in eigenen Rechten verletzen, d. h., zu einer spürbaren Beeinträchtigung führen. Allerdings ist eine hohe Intensität der Störung nicht erforderlich. Laut dem OVG Bremen[838] setzt der Anspruch auf bauaufsichtliches Einschreiten eine Verletzung nachbarschützender Vorschriften voraus.[839] Das OVG Saarland[840] reduziert den nachbarlichen Anspruch auf bauaufsichtliches Einschreiten auf den rechtswidrigen Teil eines Vorhabens, wenn Teilbarkeit möglich ist.

### 5. Anspruch des Nachbarn auf Folgenbeseitigung?

**400** Mit dem Anspruch des Nachbarn auf Rücknahme einer von ihm erfolgreich angefochtenen rechtswidrigen Baugenehmigung hängt ein Anspruch auf Folgenbeseitigung zusammen, d. h. die Bauaufsichtsbehörde hat die durch die Erteilung der rechtswidrigen Baugenehmigung mitverursachte Rechtsverletzung des Nachbarn durch Eingriffsakte gegenüber dem Bauherrn zu beseitigen.[841] Letzteres ist aber nicht unumstritten. So wird teilweise offengelassen, ob ein Anspruch auf Einschreiten nach Aufhebung der Baugenehmigung durch selbstständige Verpflichtungsklage erstritten werden muss oder aus einem Folgenbeseitigungsanspruch resultiert oder ein solcher Anspruch des Nachbarn gegenüber der Behörde sogar gänzlich verneint.[842] Das BVerwG[843] geht davon aus, dass die Möglichkeit des Nachbarn gegenüber dem Bauherrn seine Rechte zivilrechtlich geltend zu machen, ein beachtlicher Ermessensgesichtspunkt (zum Nichteinschreiten) sein kann.

### 6. Abwehranspruch gegen öffentliche Hand?

**401** Auch juristische Personen des öffentlichen Rechts können i. S. d. Ordnungs- bzw. Bauordnungsrechts Störer sein. Zu den eingeschränkten Möglichkeiten bauaufsichtlichen Handelns gegenüber ordnungspflichtigen juristischen Personen des öffentlichen Rechts vgl. die Ausführungen zum Thema Ordnungspflicht. Das OVG Nordrhein-Westfalen[844] äußert sich zur Frage, unter welchen Voraussetzungen ein nachbarlicher Abwehranspruch gegen die öffentliche Hand vor der Zivil- oder der Verwaltungsgerichtsbarkeit geltend zu machen ist. Ein entsprechender nachbarlicher Abwehranspruch ergibt sich bei unzumutbaren (hoheitli-

---

837 OVG Sachsen 1.3.2005 – 1 BS 24/05.
838 E. v. 4.5.2001 – 1 A 436/00.
839 So auch: VG Frankfurt 7.9.2011 – 8 K 1835/11.F.
840 OVG Saarland 16.8.1991 – XI 764/71 – BRS 52, Nr. 173.
841 Vgl. hierzu: OVG Bremen 4.6.1973 – II BA 104/73 – BRS 27, Nr. 192, im Grundsatz auch: BVerwG 13.7.1994 – 4 B 129.94 – BRS 56, Nr. 193, vgl. aber VGH Baden-Württemberg 1.6.1978 – III 2190/77.
842 OVG Nordrhein-Westfalen 17.5.1983 – 7 A 330/81 – BRS 40, Nr. 191, anders noch: OVG Nordrhein-Westfalen 15.12.1972 – XI 764/71 – BRS 25, Nr. 194, VGH Hessen 14.4.1982 – IV OE 83/79 – BRS 39, Nr. 178. Der VGH Bayern, BRS 48, Nr. 175, sieht hingegen eine Ermessensbindung nur im Einzelfall (ähnlich der VGH Baden-Württemberg 1.6.1978 – III 2190/77 – BRS 33, Nr. 159), OVG Niedersachsen 27.3.1981 – 1 A 213/80 – BRS 38, Nr. 181.
843 E. v. 10.12.1997 – 4B 204/97 (UPR 1998, 117).
844 OVG Nordrhein-Westfalen 28.4.1983 – 11 A 424/82 – BRS 40, Nr. 186 und UPR 1984, 96 ff.

chen) Immissionen direkt aus Art. 14 GG[845]. Wird durch eine entsprechende Störquelle das baurechtliche Gebot der Rücksichtnahme verletzt, kann der betroffene Nachbar sein Abwehrrecht unmittelbar gegenüber dem Hoheitsträger geltend machen.

**402**  7. **Der praktische Fall: Grenzverwirrung**

**Sachverhalt**
In einer alten – durch Reihenbebauung geprägten – Siedlung hat eine junge Familie (Eheleute B mit 2 Kindern) ein Endhaus erworben. Das Wohnhaus soll umgebaut und erweitert werden. Die Erweiterung soll östlich als eingeschossiger Anbau entstehen. Der Anbau umfasst einen Büro-, einen Abstell- und einen Wohnraum. Letztere sind mit dem Haupthaus räumlich verbunden. Der Anbau soll auf der den Nachbargrundstücken zugewandten Seite eine maximale Höhe von 2,99 m haben. Die Eigentümerin des benachbarten Flurstückes 332 stimmt dem Vorhaben schriftlich zu. Die Baugenehmigung wird erteilt. In einem gesonderten Bescheid wird eine Abweichung von § 6 MBO ausgesprochen. Mit der Abweichung ist die Vorgabe verbunden, dass der Anbau 0,50 m von der Nachbargrenze weichen muss. Im Zuge der Bauüberwachung stellen Mitarbeiter der Bauaufsichtsbehörde fest, dass der Anbau abweichend von der erteilten Baugenehmigung errichtet worden ist. Der Anbau wurde nunmehr grenzständig errichtet. Ein Messtrupp des Vermessungs- und Katasteramtes stellt sogar vor Ort eine Überschreitung der östlichen Grundstücksgrenze von 0,03 m fest. Die Höhenentwicklung beträgt 3,10 m. Zwischenzeitlich hat sich auch die Nachbarin bei der Bauaufsichtsbehörde gemeldet und verlangt ein behördliches Einschreiten. Durch die abweichende Bauausführung fühlt sie sich nicht mehr an die gegebene Zustimmung gebunden.
Die Behörde verlangt nun – nach vorangegangener schriftlicher Anhörung – die vollständige Beseitigung der baulichen Erweiterung. Die entsprechende Ordnungsverfügung an die Eheleute B. ist mit der Androhung eines Zwangsgeldes in Höhe von 5.000 Euro und der Anordnung der sofortigen Vollziehung verbunden. Diese reichen gegen die Beseitigungsverfügung Klage ein und verweisen auf die aus ihrer Sicht unangemessenen Folgekosten. Die bauaufsichtliche Maßnahme sei im Übrigen, da sie den Abriss des gesamten Anbaus verlangt, unverhältnismäßig und damit rechtswidrig.

**Haben die Kläger Recht?**
**Lösung**
Die Kläger hätten Recht, wenn die bauaufsichtliche Maßnahme rechtswidrig = fehlerhaft wäre. Ein rechtswidrige Eingriffsmaßnahme verletzt den entsprechenden Adressaten derselben stets in seinen Rechten.
Die Bauaufsichtsbehörde ist befugt, die teilweise oder vollständige Beseitigung einer baulichen Anlage zu fordern, wenn sie im Widerspruch zu den öffentlich-rechtlichen Vorschriften (des Baurechts) errichtet oder geändert

---
845  Vgl. hierzu auch: VGH Baden-Württemberg 23.5.2014 – 10 S 249/14 – hier Bolzplatz.

worden ist[846]. Die Befugnis zu einem Abrissverlangen setzt aber voraus, dass nicht auf andere Weise rechtmäßige Zustände hergestellt werden können, z. B. durch die Erteilung einer Befreiung oder Abweichung. Im Übrigen obliegt es dem Ordnungspflichtigen ein Austauschmittel anzubieten (vgl. hierzu z. B. § 21 OBG NRW).
Die Ermächtigung zum Beseitigungsverlangen folgt aus § 58 Abs. 2 MBO i. V. m. § 80 S. 2 MBO. Da die Beseitigungsverfügung auf eine endgültige, d. h. in der Regel auf eine nicht rückgängig zu machende Maßnahme abzielt, bedarf es der formellen und materiellen Illegalität.
Der in Rede stehende Anbau wurde abweichend von der erteilten Baugenehmigung errichtet. Trotz der Vorgabe in der Baugenehmigung bzw. Abweichung, dass ein Abstand zur Nachbargrenze von 0,50 m einzuhalten ist, wurde der Anbau grenzständig errichtet. Es wurde eine Überschreitung der östlichen Grundstücksgrenze von 0,03 m festgestellt. Auch die Höhenentwicklung differiert, sie beträgt nun 3,10 m. Damit deckt die erteilte Baugenehmigung die aktuelle Bauausführung nicht ab. Die Bauherren haben ein sogenanntes Aliud errichtet, also etwas Anderes.[847] Weicht das tatsächlich umgesetzte Vorhaben erheblich von der genehmigten baulichen Anlage ab, geht die erteilte Baugenehmigung unter.[848]
Für die abweichend erstellte Bausubstanz hätte es einer neuen Baugenehmigung bedurft, da sich die Genehmigungsrage zu mindestens mit Blick auf die Abstandsflächenfrage neu stellte. Aus dieser Feststellung folgt die formelle Illegalität des Anbaus.[849]
Es besteht auch unstrittig ein Verstoß gegen materielles Recht, und zwar gegen § 6 MBO. Der in der offenen Bauweise erforderliche Abstand (Mindestabstand: 3 m) wird unterschritten bzw. es liegt sogar ein Überbau vor.
Die bauaufsichtliche Forderung nach Beseitigung einer baulichen Anlage bedarf der vorherigen sorgfältigen Ausübung des pflichtgemäßen Ermessens und der Beachtung des Grundsatzes der Verhältnismäßigkeit.
Im vorliegenden Fall ist zu beachten, dass ein Verstoß gegen eine nachbarschützende Vorschrift vorliegt. Eine Unterschreitung der vorgeschriebenen Maße für die notwendigen Abstandsflächen löst grundsätzlich einen Abwehranspruch des Nachbarn aus.[850] Die Abstandsflächentiefen sind nach gefestigter Rechtsprechung der Verwaltungsgerichtsbarkeit auch in vollem Umfang

---

846  BVerwG 6.12.1985 – 4 C 23 u. 24.83 – BRS 44, Nr. 193 u. 194, OVG Nordrhein-Westfalen 13.2.1987 – 10 A 28/87 – BRS 47, Nr. 194, OVG Nordrhein-Westfalen 6.2.2015 – 2 A 1394/13.
847  Die Errichtung eines sogenannten Aliud wird nicht von der Legalisierungswirkung der ursprünglichen Baugenehmigung erfasst. VG Hannover 23.11.2021 – 12 B 4000/21 – hier: Rinderstall. Siehe zum Begriff auch: VG Aachen 19.6.2012 – 3 K 1073/10. Wird eine genehmigte bauliche Anlage an anderer Stelle auf dem Baugrundstück errichtet, wurde diese nicht formell legal errichtet. OVG Sachsen 19.9.1996 – 1 S 214/96 – BRS 58, Nr. 138.
848  VG Halle 22.11.2012 – 4 A 80/11.
849  OVG Nordrhein-Westfalen 11.7.1977 – XA 2101/76 – BRS 32, Nr. 88, OVG Saarland 3.12.1982 – 2 R 182/81 – BRS 39, Nr. 220, OVG Nordrhein-Westfalen 13.2.1987 – 10 A 29/87 – BRS 47, Nr. 193, VGH Hessen 10.7.2003 – 4 TG 1296/03 – BauR 2003, 1875 ff.
850  OVG Nordrhein-Westfalen 10.2.1999 – 7 B 974/98 – BRS 62, Nr. 133 und OVG Nordrhein-Westfalen 5.3.2007 – 10 B 274/07.

nachbarschützend.[851] Hieraus folgt hinsichtlich des bauaufsichtlichen Einschreitens regelmäßig eine Ermessensreduzierung auf Null.[852] Die Eingriffsmaßnahme darf aber auch nicht unverhältnismäßig sein. Dabei kommt im vorliegenden Fall nur eine Gesamtbetrachtung der baulichen Anlage in Betracht. Diese ist insgesamt formell und materiell illegal. Laut dem BVerfG[853] erfordert der Grundsatz der Verhältnismäßigkeit, dass eine Maßnahme zur Erreichung des von ihr verfolgten Zwecks geeignet und erforderlich ist, sowie dass die Belastung des Eigentümers in einem angemessenen Verhältnis zu den mit der Regelung verfolgten Interessen steht.
In der Regel wird die Bauaufsichtsbehörde die vollständige Beseitigung einer baurechtswidrigen baulichen Anlage fordern,[854] außer es drängt sich eine Teilbeseitigung auf. Diese muss aber auch zu einem rechtmäßigen Zustand führen.[855] Laut dem VGH Bayern[856] entspricht es dem pflichtgemäßen Ermessen der Bauaufsichtsbehörde, die Beseitigung baurechtswidriger Zustände zu verlangen. Die Forderung nach der Beseitigung der gesamten baulichen Anlage ist dabei nicht unverhältnismäßig.[857]
Der Hinweis auf die Kosten bzw. auf die Wertvernichtung führt auch nicht weiter.[858] Nach dem VGH Bayern[859] ist das Abbruchverlangen nicht deshalb unverhältnismäßig, weil dem Ordnungspflichtigen erhebliche finanzielle Verluste entstehen. Wer abweichend baut, muss auch die nachteiligen Folgen für sein Vermögen in Kauf nehmen. Ermessensfehler sind demnach nicht erkennbar.
Es ist auch nicht ersichtlich, wie auf andere Weise rechtmäßige Zustände hergestellt werden könnten. Eine Abweichung von der bauordnungsrechtlichen Abstandsflächenvorschrift kommt schon deshalb nicht in Betracht, weil es sich auch um eine nachbarschützende Vorschrift handelt.[860] Es ist auch kein Fall gegeben, in dem jegliche Beeinträchtigung des Grundstücknachbarn von vornherein ausgeschlossen ist.[861] Die im ursprünglichen Verfahren erteilte nachbarliche Zustimmung ist gegenstandslos, weil sie nur unter einer

---

851 OVG Nordrhein-Westfalen 14.1.1994 – 7 A 330/81 – BRS 56, Nr. 99, vgl. auch schon: VGH Baden-Württemberg 20.12.1984 – 3 S 2738/84 – BRS 42, Nr. 202, VGH Bayern 14.10.1985 – 14 B 85, BRS 44, Nr. 100, OVG Nordrhein-Westfalen 10.2.1999 – 7 B 974/98 – BRS 62, Nr. 133.
852 OVG Saarland 10.8.1994 – 2 W 24/94 – BRS 56, Nr. 202, OVG Nordrhein-Westfalen 25.10.2010 – 7 A 290/09 und VG Frankfurt am Main 7.9.2011 – 8 K 1835/11.F.
853 E. v. 2.9.2004 – 1 BvR 1860/02 – BRS 69, Nr. 190 = BauR 1/2006, 97 ff.
854 OVG Nordrhein-Westfalen 22.1.1996 – 10 A 1464/92.
855 OVG Schleswig-Holstein 7.12.1994 – 1 L 144/93, vgl. auch: BVerwG 8.12.1964 – I B 208.65 – BRS 15, Nr. 118.
856 E. v. 6.2.1980 – 15 B 1048/79.
857 VG Aachen 24.8.2005 – 3 K 4009/04.
858 OVG Nordrhein-Westfalen 14.1.1994 – 7 A 2002/92 – BRS 56, Nr. 196 = BauR 1994, 746 ff.
859 E. v. 6.2.1980 – 15 B 1048/79 – BRS 36, Nr. 215.
860 Laut dem VGH Bayern 12.07. 2021 – 1 ZB 21.735 – hat der Nachbar grundsätzlich einen Anspruch auf zentimetergenaue Einhaltung der Abstandsflächen. Vgl. auch: VGH Baden-Württemberg 6.4.2010 – 8 S 1529/08 – BRS 76, Nr. 118.
861 VG Gelsenkirchen 14.1.2014 – 6 K 2222/11.

bestimmten Bedingung bzw. auf ein bestimmtes Vorhaben bezogen erteilt wurde.[862]

**Ergebnis**
Das Abrissverlangen ist rechtmäßig. Die Kläger haben nicht Recht.

---

862 Das OVG Hamburg 5.9.2008 – 2 Bs 65/08 – BRS 73, Nr. 177 hält eine erneute nachbarliche Zustimmung für ein Vorhaben, welches den Mindestabstand unterschreitet, immer dann für erforderlich, wenn eine Änderung zu nachteiligeren Wirkungen aus dem Blickwinkel des betroffenen Nachbarn führt.

# XXXI. Der Gleichbehandlungsgrundsatz – bei der Bauaufsicht

## 1. Grundsatz

**403** Die Bauaufsichtsbehörde muss bei Eingriffsmaßnahmen stets den Gleichbehandlungsgrundsatz bzw. das Willkürverbot beachten. Ergreift die Bauaufsichtsbehörde Maßnahmen zur Bekämpfung baurechtswidriger Zustände, so hat sie in allen vergleichbaren Fällen in der gleichen Art und Weise zu verfahren.[863] Die Verpflichtung zur Gleichbehandlung gilt aber stets nur für und dieselbe Behörde, die Praxis anderer Behörden ist nicht relevant.

## 2. Verpflichtung zur Gleichbehandlung

**404** Nach dem aus Art. 3 Abs. 1 GG abgeleiteten Gleichbehandlungsgrundsatz dürfen **gleich gelagerte** Fälle **nicht** ohne sachliche Rechtfertigung **unterschiedlich** behandelt werden: bezüglich bauaufsichtlicher Maßnahmen.[864] Es handelt sich hierbei um eine Daueraufgabe der Bauaufsichtsbehörde.[865]

> Überblick über den Inhalt des Gleichbehandlungsgrundsatzes
> 1. Gebot der Gleichbehandlung im engeren Sinne (Voraussetzung: Vergleichbarkeit der Sachverhalte)
> 2. Gleichheitssatz als allgemeines Handlungsgebot (objektives Verbot von Willkür für Verwaltungshandeln)

## 3. Konsequenzen für die bauaufsichtliche Praxis

**405** a) **Erfordernis eines systematischen bauaufsichtlichen Vorgehens.** Geht es um eine Vielzahl von baurechtswidrigen Anlagen bzw. Zustände, darf die zuständige Bauaufsichtsbehörde nicht systemlos und willkürlich vorgehen.[866] Um einen entsprechenden Vorwurf zu vermeiden, wird die Bauaufsichtsbehörde bemüht sein, ihr Ermessen gleichmäßig ausüben und **systematisch arbeiten**. Insbesondere bei einer Vielzahl vergleichbarer baurechtswidriger baulicher Anlagen bedarf es der Ausarbeitung eines **Konzeptes**.[867]
Das Konzept darf aber nicht zögerlich umgesetzt und durch diese Praxis faktisch aufgegeben werden.[868] Ein solches Konzept kann auch noch im gerichtlichen

---

863    VG Gera 22.7.2004 – 4 K 631/04.
864    Vgl.: BVerwG 23.11.1998 – 4 B 99.98 – BauR 1999, 734 ff., VGH Hessen 4.7.1991 – 4 UE 721/87 – BRS 52, Nr. 221, VGH Hessen 4.3.1999 – 4 UE 3309/94 – BRS 62, Nr. 209 und VGH Hessen 28.1.2009 – 4 B 2166/08.
865    OVG Niedersachsen 22.7.2010 – 1 ME 62/10 – BRS 76, Nr. 203.
866    OVG Nordrhein-Westfalen 25.7.1974 – VII A 753/73 – BRS 28, Nr. 165 und BVerwG 22. 12.1989 – 4 B 226/89.
867    OVG Bremen, 25.8.1992 – 1 BA 9/92 – BRS 54, Nr. 209, VG Oldenburg 21.4.2005 – 4 A 59/03.
868    OVG Bremen 6.9.1994 – 1 BA 24/93 – BRS 56, Nr. 206.

Verfahren – bei Verlängerung der Frist zur Beseitigung – nachgereicht werden.[869] Der Vorwurf der Willkür kann durch korrekte Praxisarbeit vermieden werden.[870] Das aus dem Gleichbehandlungsgrundsatz folgende Gebot einer **gleichmäßigen Gesetzesanwendung** erfordert also ein systematisches Vorgehen der Bauaufsichtsbehörden gegen alle im räumlichen und sachlichen Zusammenhang vorhandenen, vergleichbaren illegalen baulichen Anlage.[871] Will sie sich auf die Regelung von Einzelfällen beschränken, müssen hierfür sachliche Gründe vorliegen,[872] z. B. die Beschwerde eines Nachbarn wegen unzulässiger Grenzbebauung[873]. Bei einem Verstoß gegen eine nachbarschützende Vorschrift liegt sowieso regelmäßig eine Ermessensreduzierung auf Null vor. Will die Behörde eine bauliche Anlage wegen Verstoß gegen die öffentlich-rechtlichen Vorschriften zum Gegenstand bauaufsichtlichen Handelns machen, muss sie nicht die Grundstücke in der Umgebung danach absuchen, ob auch dort baurechtswidrige Anlagen errichtet sind, bevor sie sich zu einem Einschreiten entschließt. Ihr bekannte Verstöße gegen das Baurecht muss sie allerdings willkürfrei verfolgen.[874] Aber: Wenn, dann ist nicht nur die nähere bauliche Situation relevant für die Beachtung des Gleichbehandlungsgrundsatzes bei bauaufsichtlichen Eingriffen. Das OVG Saarland[875] verlangt für eine ausreichende Beachtung des allgemeinen Gleichbehandlungsgrundsatz, dass die Behörde die tatsächlichen Verhältnisse konkret umgebungsbezogen untersucht. Beim bauaufsichtlichen Handeln kommt es dabei nicht darauf entscheidend an, ob der Nachbar bereit ist, einen baurechtswidrigen Zustand zu dulden oder nicht.
Unter Umständen kann die Bauaufsichtsbehörde aber ihr Einschreiten zunächst auf einen Musterfall beschränken, um nach einer verwaltungsgerichtlichen Auseinandersetzung über das weitere Vorgehen zu entscheiden.[876] Eine schlichte Erklärung, gegen vergleichbare Fälle einzuschreiten, ist zur Wahrung des Gleichbehandlungsgrundsatzes aber unzureichend, wenn die Behörde tatsächlich untätig bleibt.[877] Zulässig ist es jedoch, wenn die Behörde zeitnah auf jüngste illegale Bautätigkeit bauaufsichtlich reagiert.

**b) Voraussetzungen für das Erfordernis zur Gleichbehandlung.** Hierfür ist ein Mindestmaß an Ermittlungsarbeit erforderlich. Die baurechtswidrigen Zu-

---

869 OVG Niedersachsen 26.8.1994 – 1 L 311/91 – BRS 56, Nr. 205, vgl. aber anders: OVG Nordrhein-Westfalen 23.9.1996 – 10 A 4443/95 und OVG Thüringen 16.3.2010 – 1 KO 760/07 – BRS 76, Nr. 207.
870 Das OVG Niedersachsen 15.11.2021 – 1 ME 133/21-2 –weist darauf hin, dass – wenn der Adressat einer bauaufsichtlichen Verfügung eine Verletzung des Gleichheitssatzes des Art. 3 Abs. 1 GG rügt, es seine Sache ist, dies durch konkrete Angabe räumlich benachbarter Vergleichsfälle zu belegen.
871 VGH Hessen 4.7.1991 – 4 UE 721/87 – BRS 52, Nr. 221, vgl. hierzu auch: OVG Bremen, 26.2.1985 – 1 BA 56/84 – BRS 44, Nr. 190; VGH Bayern 24.1.1978 – Nr. 31 XIV 74 – BRS 33, Nr. 183 und VG Oldenburg 21.4.2005 – 4 A 59/03.
872 BVerwG 23.11.1998 – 4B 99/98 – BauR 1999, 734 = BRS 60, Nr. 163.
873 VGH Hessen 4.3.1999 – 4 UE 3309/94 – BRS 62, Nr. 209.
874 OVG Nordrhein-Westfalen 23.9.1996 – 10 A 4443/95.
875 E. v. 11.5.2018 – 2 A 850/17. Aber: Laut dem VG Stuttgart 13.4.2016 – 2 K 158/13 – muss eine Bauaufsichtsbehörde vor dem Erlass einer Rückbauverfügung nicht alle Grundstücke in einem Planbereich danach untersuchen, ob es Verstöße gegen Festsetzungen des Bebauungsplans gibt.
876 BVerwG 21.12.1990 – 4 B 184.90 – sowie BVerwG 18.4.1996 – 4 B 38.96 – BRS 58, Nr. 209.
877 OVG Niedersachsen 29.10.1993 – 6 L 72/92 – BRS 55, Nr. 200.

stände müssen aber vergleichbar sein, um dem Anwendungsbereich des Gleichbehandlungsgrundsatzes zu unterfallen. Hierbei reicht es, wenn die Bauaufsichtsbehörde die wesentlichen Elemente der verschiedenen Sachverhalte auf Übereinstimmung überprüft. Gegen die vergleichbaren Fälle muss die Bauaufsichtsbehörde planvoll und in gleicher Art und Weise einschreiten. Hierbei kann sie sich z. B. auch an Stichtagen orientieren. Die Behörde kann aber auch nur die Fälle aufgreifen, in denen eine Verschlechterung des baurechtswidrigen Zustandes droht bzw. festgestellt wurde. Zu empfehlen ist in diesem Zusammenhang, das beabsichtigte Verwaltungshandeln in geeigneter Weise zu dokumentieren und die entsprechenden Grundsätze im Rahmen eines Konzeptes/Vermerkes festzuhalten.

**407** c) **Ausnahmen.** Ausnahmsweise ist kein Verstoß gegen den Gleichbehandlungsgrundsatz gegeben, wenn die Behörde aufgrund eines Antrages eines Nachbarn (nur) gegen eine nachbarschützende Vorschrift verletzende bauliche Anlage (Gartenhütte) vorgeht, obwohl im näheren Umfeld auch andere ähnliche Anlagen vorhanden sind und diese nicht aufgegriffen werden.[878]

### 4. Bindungswirkung früherer Entscheidungen?

**408** Die Bauaufsichtsbehörde kann aber eine einmal **praktizierte Ermessensausübung ändern**. Eine zeitliche unterschiedliche Praxis bei Beseitigungsverfügungen (hier: 10 Jahre) muss nicht schädlich sein.[879] Im Übrigen gibt es keine Gleichheit im Unrecht,[880] d. h., wurden z. B. Baugenehmigungen in anderen – vergleichbaren – Fällen erteilt, obwohl die rechtlichen Voraussetzungen hierfür nicht gegeben waren, so besteht unter dem Gesichtspunkt des Art. 3 GG kein Anspruch darauf, dass die Bauaufsichtsbehörde durch Erteilung einer weiteren Genehmigung ihre rechtswidrige Praxis fortsetzt.[881]

Der VGH Bayern[882] hat im Zusammenhang mit einer bauaufsichtlichen Beseitigungsverfügung für eine Kfz-Stellplatzüberdachung und ein Gartenhaus an einer Grundstücksgrenze die Ermessensausübung der Behörde nicht kritisiert. Diese hatte sich nur auf die neu errichteten baulichen Anlagen konzentriert und nicht das gesamte nachbarliche Umfeld in den Blick genommen.

Das OVG Saarland[883] weist darauf hin, dass die Frage, ob beim Erlass einer Beseitigungsanordnung der allgemeine Gleichbehandlungsgrundsatz ausreichend beachtet worden ist und keine Ermessensfehler vorliegen, konkret umgebungsbezogen zu untersuchen und zu beantworten ist.

---

878 VGH Hessen 4.3.1999 – 4 UE 3309/94 – BRS 62, Nr. 209, Grund: Ermessensbindung.
879 BVerwG 18.4.1996 – 4 B 38.96 – BRS 58, Nr. 209. Laut dem VG Freiburg 8.12.2011 – 4 K 2157/11 – steht es der Bauaufsichtsbehörde im Rahmen ihrer Ermessensausübung frei, sich von einer bisher praktizierten, nunmehr als unrichtig erkannten Einschreitenspraxis zu lösen und künftig nach strengeren Maßstäben vorzugehen, solange die veränderte Praxis nicht gegen den Grundsatz der Gleichbehandlung verstößt. Der Ermessensspielraum der Behörde ist in diesem Zusammenhang nicht verletzt, wenn diese kleinere rechtswidrige Anlage im Außenbereich – z. B. kleinere Gerätehütten einfacher Machart – duldet, gegen größere Anlagen aber vorgeht.
880 BVerwG 22.4.1995 – 4 B 55.95 – BRS 57, Nr. 248, OVG Nordrhein-Westfalen 25.8.1999 – 7 A 5827/96.
881 BGH 20.9.1984 – III ZR 58/83 – BRS 42, Nr. 164.
882 E. v. 7.6.2017 – 9 ZB 15.255.
883 E. v. 11.5.2018 – 2 A 850/17.

# XXXII. Das Einschreitenskonzept

1. **Zur Aufgabe der Bauaufsichtsbehörden**

Aufgabe der Bauaufsichtsbehörden ist mit Blick auf die Errichtung, die Änderung, den Abbruch, die Nutzungsänderung sowie die Instandhaltung baulicher Anlagen (sowie anderer Anlagen und Einrichtungen) die Überwachung der Einhaltung der öffentlich-rechtlichen Vorschriften. Nach der Generalermächtigung zum ordnungsbehördlichen Einschreiten sind die Bauaufsichtsbehörden zwar zur Durchführung ihrer Aufgabe verpflichtet, aber nur nach pflichtgemäßem Ermessen. Ihnen kommen nämlich ein Entschließungs- und ein Auswahlermessen zu (siehe hierzu die Ausführungen unter Ermessen der Bauaufsichtsbehörde).

409

2. **Vorgaben für bauaufsichtliches Vorgehen**

Weitere Vorgaben hinsichtlich der Art des Vorgehens fehlen in der Landesbauordnung. Es sind aber allgemeine Rechtsgrundsätze zu beachten, z.B. der Gleichheitsgrundsatz. Diesem kommt besondere Bedeutung zu, wenn es um eine Vielzahl von baurechtswidrigen Anlagen bzw. Zuständen geht, z.B. Ferienwohnungen in einem allgemeinen Wohngebiet.[884] In einem solchen Fall darf die zuständige Bauaufsichtsbehörde nicht systemlos und willkürlich vorgehen.[885] Die Bauaufsichtsbehörde wird deshalb ihr Ermessen gleichmäßig ausüben und systematisch arbeiten. Ist die Behörde auf eine Vielzahl vergleichbarer baurechtswidriger baulicher Anlagen gestoßen, muss sie nach einem ausgearbeiteten Konzept vorgehen.[886] In diesem Zusammenhang werden auch sachliche Gründe tragend sein, z.B. die Bedeutung der baurechtswidrigen Verstöße.[887] Die Behörde kann hierbei auch einen Stichtag wählen für die Änderung ihrer bisherigen Einschreitenspraxis.[888] Laut dem OVG Nordrhein-Westfalen[889] sind aber solche Überlegungen nicht erforderlich, wenn die Bauaufsichtsbehörde zeitnah eine Beseitigung veranlasst. Anders ist dies sicherlich bei dem Feststellen von baurechtswidrigen Zuständen, die schon sehr lange existieren, z.B. Schwarzbauten, die bereits vor dem Ende des Zweiten Weltkrieges errichtet und bis in die jüngste Zeit unbeanstandet genutzt worden sind. In solchen Fall sind

410

---

884  VG Schwerin 20.12.2012 – 2 A 857/11.
885  OVG Nordrhein-Westfalen 25.7.1974 – VII A 753/73 – BRS 28, Nr. 165.
886  OVG Bremen, 25.8.1992 – 1 BA 9/92 – BRS 54, Nr. 209 und VG Oldenburg 21.4.2005 – 4 A 59/03. Zu einem akzeptierten Einschreitenskonzept gegen Schwarzbauten im planungsrechtlichen Außenbereich (§ 35 BauGB) vgl. VGH Bayern 10.6.2016 – 9 ZB 16.308. Der Vorwurf willkürlichen Handelns der Behörde wurde deshalb zurückgewiesen (hier: bauaufsichtliches Beseitigungsverlangen hinsichtlich eines abgestellten Bauwagens). Hier auch Verweis auf: BVerwG 24.7.2014 – 4 B 34.14.
887  Der VGH Hessen 10.3.2022 – 4 A 1958/20.Z – hat sich zu den Voraussetzungen der Einhaltung des Gleichbehandlungsgebots im Zusammenhang mit einer naturschutzrechtlichen Beseitigungsverfügung für illegale Bauten in einem Landschaftsschutzgebiet geäußert.
888  BVerwG 2.3.1973 – IV C 40.71, BVerwG 18.4.1996 – 4 B 38.96 – BRS 58, Nr. 209.
889  E. v. 20.4.2016 – 7 A 1367/14 – BRS 84, Nr. 99.

Erwägungen zu einer Stichtagsregelung für ein ermessensfehlerfreies behördliches Handeln sogar zwingend.[890]

### 3. Erfordernis systematischen Vorgehens

**411** Ergreift oder unterlässt die Behörde Maßnahmen zur Bekämpfung baurechtswidriger Zustände, so hat sie demnach in allen vergleichbaren Fällen in der gleichen Art und Weise zu verfahren. Das bedeutet bei einer Vielzahl von Verstößen jedoch nicht, dass sie gleichzeitig tätig werden muss. Entschließt sie sich zu einem Einschreiten, so ist es ihr unbenommen, die Verhältnisse nach und nach zu bereinigen.[891] Ihr ist es indes verwehrt, systemlos oder willkürlich vorzugehen. Zu akzeptieren ist demnach ein gestuftes Vorgehen der Behörde gegen bauordnungswidrige Zustände. Dies sei schon allein aufgrund der begrenzten Personalkapazitäten in aller Regel angezeigt.[892]

### 4. Beachtung des Gleichbehandlungsgrundsatzes

**412** Aus dem Gleichbehandlungsgrundsatz folgt das Gebot einer gleichmäßigen Gesetzesanwendung.[893] Es handelt sich hierbei um eine Daueraufgabe der Bauaufsichtsbehörde.[894] Die Bauaufsichtsbehörde muss also systematisch gegen alle im räumlichen und sachlichen Zusammenhang vorhandenen, vergleichbaren illegalen baulichen Anlage vorgehen.[895] Nur wenn sachliche Gründe vorliegen darf sie sich auf die die Regelung von Einzelfällen beschränken[896], z. B. die Beschwerde eines Nachbarn wegen unzulässiger Grenzbebauung.[897] Bei einem Verstoß gegen eine nachbarschützende Vorschrift liegt im Übrigen eine Ermessensreduzierung auf Null vor, dann muss die Behörde tätig werden.
Die Behörde muss aber nicht stets die Grundstücke in der Umgebung danach absuchen, ob auch dort baurechtswidrige Anlagen errichtet sind, bevor sie sich zu einem Einschreiten entschließt. Werden ihr aber Verstöße bekannt, muss sie allerdings willkürfrei agieren.[898]
Der VGH Bayern[899] hat z. B. im Zusammenhang mit einer bauaufsichtlichen Beseitigungsverfügung für eine Kfz-Stellplatzüberdachung und eine Gartenhaus an einer Grundstücksgrenze die Ermessensausübung der Behörde nicht kritisiert. Diese hatte sich nur auf die neu errichteten baulichen Anlagen konzentriert und nicht das gesamte nachbarliche Umfeld in den Blick genommen.

---

890  OVG Nordrhein-Westfalen 24.2.2016 – 7 A 19/14.
891  VG Düsseldorf 23.6.2022 – 9 K 1919/21.
892  OVG Schleswig-Holstein 23.3.2023 – 1 MB 18/22.
893  BVerwG 23.11.1998 – 4 B 99.98 – BauR 1999, 734 ff., VGH Hessen 4.7.1991 – 4 UE 721/87 – BRS 52, Nr. 221, VGH Hessen 4.3.1999 – 4 UE 3309/94 – BRS 62, Nr. 209 und VGH Hessen 28.1.2009 – 4 B 2166/08.
894  OVG Niedersachsen 22.7.2010 – 1 ME 62/10 – BRS 76, Nr. 203.
895  VGH Hessen 4.7.1991 – 4 UE 721/87 – BRS 52, Nr. 221, vgl. hierzu auch: OVG Bremen 26.2.1985 – 1 BA 56/84 – BRS 44, Nr. 190; VGH Bayern 24.1.1978 – Nr. 31 XIV 74 – BRS 33, Nr. 183 und VG Oldenburg 21.4.2005 – 4 A 59/03.
896  BVerwG, 23.11.1998 – 4 B 99/98 – BauR 1999, 734 = BRS 60, Nr. 163.
897  VGH Hessen 4.3.1999 – 4 UE 3309/94 – BRS 62, Nr. 209.
898  OVG Nordrhein-Westfalen 23.9.1996 – 10 A 4443/95.
899  E. v. 7.6.2017 – 9 ZB 15.255.

# XXXIII. Der Verhältnismäßigkeitsgrundsatz – bei der Bauaufsicht

## 1. Definition

Der insbesondere bei der repressiven Tätigkeit der Bauaufsichtsbehörden zu beachtende Grundsatz der Verhältnismäßigkeit – auch Übermaßverbot genannt – besagt, **dass eine ordnungsbehördliche (bauaufsichtliche) Maßnahme geeignet, erforderlich und verhältnismäßig im engeren Sinne sein muss.** Laut dem BVerfG[900] erfordert der Grundsatz der Verhältnismäßigkeit, dass eine Maßnahme zur Erreichung des von ihr verfolgten Zwecks geeignet und erforderlich ist, sowie dass die Belastung des Eigentümers in einem angemessenen Verhältnis zu den mit der Regelung verfolgten Interessen steht.

413

Bauaufsichtliches Handeln muss stets Zweck-Mittel-Relation beachten! Dies gilt auch für das behördliche Betretungsrecht[901]. Im öffentlichen Baurecht kann aber regelmäßig verlangt werden, dass die gesamte unrechtmäßig errichtete bauliche Anlage beseitigt werden muss.[902]

> **§ 15 OBG NRW – Grundsatz der Verhältnismäßigkeit**
>
> (1) Von mehreren möglichen und geeigneten Maßnahmen haben die Ordnungsbehörden diejenige zu treffen, die die einzelne Person und die Allgemeinheit voraussichtlich am wenigsten beeinträchtigt.
>
> (2) Eine Maßnahme darf nicht zu einem Nachteil führen, der zu dem erstrebten Erfolg erkennbar außer Verhältnis steht.
>
> (3) Eine Maßnahme ist nur solange zulässig, bis ihr Zweck erreicht ist oder sich zeigt, dass er nicht erreicht werden kann.

## 2. Geeignetheit

**Geeignet** ist eine Maßnahme, wenn anzunehmen ist, dass sie den erstrebten Erfolg herbeiführt. Sie muss also zur Erreichung des Zieles objektiv beitragen. Die bauaufsichtliche Maßnahme muss demnach tauglich sein, den baurechtswidrigen Zustand – erfolgreich – zu bekämpfen.

414

Die **Erforderlichkeit** eines ordnungsbehördlichen Handelns ist dann zu bejahen, wenn die Behörde von mehreren geeigneten Maßnahmen diejenige gewählt hat, die den Einzelnen und die Allgemeinheit voraussichtlich am wenigsten beeinträchtigt. Existiert ein milderes, aber gleich geeignetes Mittel, ist die Maßnahme nicht erforderlich und damit nicht verhältnismäßig. Besteht z.B. ein öf-

---

[900] BVerfG 2.9.2004 – 1 BvR 1860/02 – BRS 69, Nr. 190 = BauR 1/2006, 97 ff. Siehe hierzu auch: OVG Nordrhein-Westfalen 30.3.2017 – 7 B 46/17, VG Frankfurt (Oder) 17.1.2018 – 5 K 726/11.
[901] OVG Rheinland-Pfalz 15.2.2006 – 8 A 11500/05 – BauR 6/2006, 970 ff. = Informationsdienst BRS 2006, Nr. 3, S. 12 ff. und BauR 2006, 971 ff.
[902] Verlangt die Bauaufsichtsbehörde den teilweisen Abbruch eines Gebäudes und folgt der Ordnungspflichtige diesem Gebot nicht, kann die Behörde die Beseitigung der gesamten baulichen Anlage fordern. Auf Vertrauensschutz kann sich der Störer nicht berufen; VG Aachen 24.8.2005 – 3 K 4009/04.

fentlich-rechtlicher Vertrag und hat sich der Vertragspartner der sofortigen Vollstreckung unterworfen, ist eine dennoch erlassene Abbruchverfügung nicht mehr erforderlich.[903]

#### 4. Angemessenheit

**415** Die Maßnahme muss aber auch **angemessen** oder **verhältnismäßig im engeren Sinne** sein, d. h., sie darf nicht zu einem Nachteil führen, der zu dem erstrebten Erfolg erkennbar außer Verhältnis steht. Dies ist der Fall, wenn der angestrebte Erfolg in einem erkennbaren Missverhältnis zu den beeinträchtigten Rechtsgütern steht. Erkennbar ist ein solches Missverhältnis, wenn sich dies dem vernünftig Denkenden aufdrängt. Hierbei ist zwischen den öffentlichen Belangen und den Interessen des Einzelnen abzuwägen. **Ein grundsätzlicher Vorrang öffentlicher Interessen gegenüber Einzelinteressen gibt es nicht.** Ordnet z. B. die Behörde die Absperrung eines nicht mehr standsicheren grenznahen Gebäudes unter Anordnung der sofortigen Vollziehung an, muss sie bestrebt sein, den Abbruch der baulichen Anlage zeitnah vorzunehmen bzw. vorzunehmen lassen, um die Belastungen für die Nachbarn in Grenzen zu halten.[904] Andernfalls wird die gegenüber den Nachbarn ausgesprochene Duldungsverfügung unverhältnismäßig.

Die Rechtsprechung hat z. B. eine Verfügung mit einer feuerpolizeilichen Auflage als unverhältnismäßig bewertet, weil die entsprechenden Aufwendungen so hoch waren wie der Wert der zu schützenden Anlagen. Bei der bauaufsichtlichen Einschränkung einer Hundehaltung in einem allgemeinen Wohngebiet darf die Behörde nur die reduzierte Zahl der Hunde vorgegeben und nicht die abzuschaffenden Hunde konkret benennen, weil dies nicht Aufgabe der Behörde ist, sondern es muss dem Störer überlassen bleiben, von welchen Hunden er sich konkret trennen will.[905]

Bereits im Baugenehmigungsverfahren ist der Grundsatz der Verhältnismäßigkeit zu beachten. Bei geringen Verstößen ist die Bauaufsichtsbehörde zur **Erteilung der Baugenehmigung** unter Hinzufügung entsprechender Nebenbestimmungen nämlich verpflichtet, anstatt den Antrag abzulehnen.[906] Dies folgt aus dem auch im Bauordnungsrecht zu beachtenden Verhältnismäßigkeitsgrundsatz (vgl. z. B.: § 15 OBG NRW).

Dies gilt aber nicht, wenn die geforderte Änderung wesentlich ist.[907] Im Einzelfall kann auch – als Alternative zum Beseitigungsverlangen – ein Nutzungsverbot zur Herstellung rechtmäßiger Zustände ausreichend sein.[908] Ist aber der Abbruch eines Gebäudes kurzfristig beabsichtigt, kann die Bauaufsichtsbehörde nicht noch eine brandschutzrechtliche Ertüchtigung desselben verlangen.[909]

---

903  VGH Bayern 28.10.1996 – 14 B 94.1294 – BRS 58, Nr. 219.
904  OVG Saarland 21.8.2012 – 2 B 178/12.
905  VG Schwerin 4.9.2020 – 2 B 310/20 SN.
906  VGH Bayern 14.9.1977 – Nr. 11 XV 73 – BRS 32, Nr. 42, sowie: BRS 22, Nr. 34, BRS 24, Nr. 119, BRS 47, Nr. 206.
907  VGH Baden-Württemberg, 23.4.1969 – III 566/67 – BRS 22, Nr. 143.
908  OVG Saarland 7.1.1983 – 2 R 214/81 – BRS 40, Nr. 230.
909  VG München 20.2.2017 – M 8 S 17.348.

## 5. Tatsächliche und rechtliche Möglichkeit

**416** Die geforderte Eingriffsmaßnahme muss aber dem Ordnungspflichtigen sowohl tatsächlich als rechtlich möglich sein. Wird z. B. eine Dachbegrünung angeordnet, obwohl die Tragfähigkeit der Dachkonstruktion hierfür unzureichend ist, handelt es sich um eine rechtswidrige Eingriffsmaßnahme.[910] Ferner macht z. B. die Bauaufsichtsbehörde von ihrem Ermessen auch keinen ausreichenden Gebrauch, wenn sie die Abstützung einer einsturzgefährdeten Scheune anordnet, deren Sanierung unmöglich ist, wenn ihr bekannt ist, dass der Eigentümer ihr den Abbruch als Austauschmittel nicht anbieten kann, weil ihm durch eine vom Pächter erwirkte einstweilige Verfügung die Hände gebunden sind.[911]

## 6. Das Prinzip der Verhältnismäßigkeit von Mittel und Zweck (Definition und Schema)

**417** Eine bauaufsichtliche Maßnahme entspricht dem aus dem Rechtsstaatsgebot (Art. 28 Abs. 1 GG) folgenden Grundsatz der Verhältnismäßigkeit, wenn sie zur Erreichung des mit ihr erfüllten Zwecks geeignet und erforderlich ist und die dem Betroffenen auferlegte Belastung in einem angemessenen Verhältnis zu den mit der Maßnahme verfolgen Interessen steht. Die genannte Anforderung wird als Übermaßverbot oder Verhältnismäßigkeit im engeren Sinn bezeichnet. **Art. 76 Satz 1 BayBO** regelt z. B. mit dem Erfordernis, dass es ausgeschlossen sein muss, auf andere Weise als durch eine Beseitigung rechtmäßige Zustände zu schaffen, und der Verdeutlichung, dass nicht zwingend die vollständige Beseitigung der Anlage angeordnet werden muss, wichtige Teilaspekte des Verhältnismäßigkeitsgrundsatzes ausdrücklich (VG Ansbach 7.12.2011 – AN 18 K 10.02610).

**418**

| Grundsatz der Verhältnismäßigkeit | | | | |
|---|---|---|---|---|
| Die von der Bauaufsichtsbehörde angeordnete Maßnahme ... | | | | |
| ... darf dem Störer – sowohl tatsächlich als auch rechtlich – nicht unmöglich sein. | ... darf nicht unzulässig sein, also nicht zu einem Rechtsverstoß führen, z. B. zu einem Verstoß gegen naturschutzrechtliche Vorgaben. | ... muss geeignet sein. Durch das Mittel muss der Zweck erreicht oder gefördert werden. | ... muss notwendig bzw. erforderlich sein. Ein Mittel ist nicht notwendig, wenn ein anderes Mittel vorhanden ist und dieses weniger Nachteile zur Folge hat. | ... muss verhältnismäßig im engeren Sinne sein. Hierzu bedarf es einer Abwägung. Der Zweck (Nutzen) = Herbeiführen eines Vorteils bzw. Abwenden eines Nachteils ist zu gewichten. Gehen mit der Maßnahme aber Nachteile für die Allgemeinheit bzw. für den Störer einher, dürfen die Nachteile die Vorteile nicht überwiegen. |

## 7. Verhältnismäßigkeitsgrundsatz begrenzt bauaufsichtliches Ermessen

**419** a) **Eingriffsverwaltung und Ermessen.** Der Grundsatz der Verhältnismäßigkeit begrenzt das behördliche Auswahlermessen.[912] Ausdruck des Grundsat-

---

910 OVG Nordrhein-Westfalen 27.9.1983 – 7 A 353/82.
911 OVG Niedersachsen 3.4.1996 – 1 M 852/96.
912 VGH Baden-Württemberg 6.7.1988 – 3 S 2764/87 – BRS 48, Nr. 188.

zes der Verhältnismäßigkeit ist z. B., dass die Bauaufsichtsbehörde grundsätzlich nur dann die Beseitigung einer baulichen Anlage fordern darf, wenn diese formell und materiell in Widerspruch zum öffentlichen Baurecht steht und damit auch nachträglich **nicht** genehmigungsfähig ist.[913] Zeichnet sich die baldige Genehmigungsfähigkeit einer formell illegalen baulichen Anlage ab, kann auch ein bereits ausgesprochenes bauaufsichtliches Beseitigungsverlangen unverhältnismäßig werden und die Aufhebung einer Beseitigungsverfügung aus dem Grundsatz der Verhältnismäßigkeit heraus geboten sein.[914] Stützt sich eine bauaufsichtliche Verfügung auf formelle und materielle Illegalität einer baulichen Anlage bzw. deren Nutzung, wird diese bei parallelen Bemühungen zur Legalisierung durch Bauleitplanung aber erst dann unverhältnismäßig, wenn formelle und materielle Planreife vorliegt.[915] Der Erteilung der Genehmigung dürfen dann aber auch nicht andere (rechtliche) Hindernisse im Wege stehen.[916] Es besteht z. B. regelmäßig ein öffentliches Interesse an der Untersagung aller Arbeiten, die im Zusammenhang mit einem konkreten ungenehmigten bzw. nicht genehmigungsfähigen Vorhaben stehen. Die Stilllegung ist dabei in der Regel das mildeste Mittel.[917]

Es entspricht ferner der gefestigten verwaltungsgerichtlichen Rechtsprechung, dass bereits eine formelle Illegalität eines Vorhabens regelmäßig eine sofort vollziehbare Nutzungsuntersagung rechtfertigt. Unverhältnismäßig wäre ein solche Maßnahme nur dann, wenn der erforderliche Bauantrag bereits gestellt worden wäre, er auch nach Auffassung der Baugenehmigungsbehörde genehmigungsfähig ist und auch sonst einer positiven Bescheidung keine Hindernisse entgegenstehen.[918] Für den Fall einer offensichtlich materiell genehmigungsfähigen Wohnnutzung, die den alleinigen Mittelpunkt der privaten Existenz bildet, hat das OVG Nordrhein-Westfalen im Übrigen die Unverhältnismäßigkeit der ausgesprochenen Nutzungsuntersagung offengelassen.[919] Als unverhältnismäßig wurde hingegen ein auf formeller Illegalität basierendes – sofort vollziehbares – Nutzungsverbot bewertet, weil es mit einem Insolvenzrisiko des betroffenen Gewerbebetriebs einher ging.[920]

Auch wird die Bauaufsichtsbehörde zumeist die vollständige Beseitigung einer baurechtswidrigen baulichen Anlage fordern, außer es drängt sich eine Teilbeseitigung auf. Diese muss aber auch zu einem rechtmäßigen Zustand führen[921].

---

913 OVG Nordrhein-Westfalen 3.9.1976 – XI A 1722/75 – BRS Nr. 114.
914 Zumindest muss die Rechtsänderung zu mindestens in Aussicht stehen (BVerwG 6.12.1985 – 4 C 23 u. 24.83 – BRS 44, Nr. 193).
915 OVG Niedersachsen 11.10.2019 – 1 LA 74/18.
916 OVG Nordrhein-Westfalen 26.11.1976 – VII A 294/75 – BRS 30, Nr. 177.
917 OVG Nordrhein-Westfalen 28.6.2022 – 7 B 569/22.
918 OVG Nordrhein-Westfalen 9.2.2022 – 2 B 1964/21. Siehe hierzu auch: OVG Nordrhein-Westfalen 2.6.2021 – 2 B 443/21, OVG Nordrhein-Westfalen 23.11.2020 – 10 A 2316/20 und vom 24.9.2020 – 10 A 2167/20. Laut dem VGH Baden-Württemberg 9.11.2020 – 3 S 2590/18 ist im Rahmen der pflichtgemäßen Ermessensausübung zu prüfen, ob eine Nutzungsuntersagung unverhältnismäßig ist, etwa weil die formell illegale Nutzung offensichtlich genehmigungsfähig, oder aktiv geduldet ist.
919 OVG Nordrhein-Westfalen 12.1.2015 – 7 A 1997/13.
920 OVG Nordrhein-Westfalen 4.7.2014 – 2 B 508/14.
921 OVG Schleswig-Holstein 7.12.1994 – 1 L 144/93, vgl. auch: BVerwG 8.12.1964 – I B 208.65 – BRS 15, Nr. 118.

Die Forderung von Abstützmaßnahmen bei einem nicht mehr standsicheren Gebäude führen langfristig nicht zu einem rechtmäßigen Zustand.[922] Laut dem VGH Bayern[923] entspricht es dem pflichtgemäßen Ermessen der Bauaufsichtsbehörde, die Beseitigung baurechtswidriger Zustände zu verlangen. Die Forderung nach der Beseitigung der gesamten baulichen Anlage ist dabei grundsätzlich nicht unverhältnismäßig. Besteht aber auf der Grundlage von landesrechtlichen Bestimmungen die Möglichkeit, einen entsprechenden nachträglichen Bauantrag zu erzwingen, wäre diese Maßnahme im Verhältnis zu einem Beseitigungsverlangen das mildere Mittel[924].

Der Grundsatz der Verhältnismäßigkeit ist auch bei der Vorgabe von Fristen zu beachten, so muss bei einer behördlich angeordneten Einstellung eines Betriebes regelmäßig beachtet werden, dass der Pflichtige ihn ordnungsgemäß und verantwortungsvoll innerhalb der gesetzten Frist abwickeln kann.[925] Unter Umständen sind bei der Fristsetzung auch die Laufzeiten abgeschlossener Miet- oder Pachtverträge zu berücksichtigen.[926] Auch ein angespannter Wohnungsmarkt in der jeweiligen Gemeinde ist bei den Erwägungen zur Bemessung einer Frist für ein Nutzungsverbot von Wohnungen von der Behörde einzustellen.[927]

**b) Klassische Einwände und Einzelfälle.** Wertvernichtung ist regelmäßig kein ausreichender Einwand gegen eine Beseitigungsverfügung, d. h., dass durch die Beseitigung einer formell und materiell illegalen baulichen Anlage entstehende Kosten in der Regel nicht zur Unverhältnismäßigkeit der Maßnahme führen.[928] Laut dem BVerwG[929] kann sich der Bauherr nicht auf die Investitionen für eine formell und materiell baurechtswidrige bauliche Anlage berufen.[930] Auch laut dem VGH Bayern[931] hat derjenige, der ohne die erforderliche Genehmigung eine Anlage nutzt, das Risiko der baurechtswidrigen Ausführung selbst zu tragen. Dies gilt auch für wirtschaftliche Verluste resultierend aus der Untersagung

---

922 Die Rechtmäßigkeit des sofort vollzogenen Abrisses eines insgesamt nicht mehr standsicheren Gebäudes wird durch den Vortrag, das Gebäude habe abgestützt werden können, regelmäßig nicht berührt. OVG Nordrhein-Westfalen 14.1.1997 – 10 A 1890/93. Zum Auswahlermessen bei der Gefahrenbeseitigung vgl. auch OVG Niedersachsen 3.4.1996 – 1 M 852/96 – BRS 58, Nr. 199 = NVwZ-RR 1996, 496, hier zu alternativen Abstützmaßnahmen oder Abbruch einer nicht mehr standsicheren Scheune). Da die geforderten Abstützmaßnahmen weniger günstig bzw. eine Sanierung unmöglich waren, hätte Abbruch gefordert werden müssen.
923 E. v. 6.2.1980 – 15.B – 1048/79.
924 VG München 27.6.2013 – M 11 K 12.3132.
925 OVG Berlin-Brandenburg 11.9.2014 – OVG 10 S 8.13.
926 Das VG Schwerin 17.6.2014 – 2 B 459/04 – hat im Zusammenhang mit einer sofort vollziehbaren Nutzungsuntersagung die zu knappe Fristsetzung vor dem Hintergrund des zu beachtenden Grundsatzes der Verhältnismäßigkeit gerügt. Hier: Nichtberücksichtigung von vor der Anhörung abgeschlossener Mietverträge für Ferienwohnungen.
927 OVG Nordrhein-Westfalen 10.10.2019 – 7 B 1185/19.
928 VGH Bayern 6.2.1980 – 15 B-1048/79 – BRS 36, Nr. 215, vgl. auch: OVG Berlin 27.11.2001 – 2 N 27.01 – BRS 64, Nr. 197.
929 E. v. 10.9.1991 – 4 B 158/91.
930 Der VGH Hessen 10.3.2022 – 4 A 1958/20.Z – hat ein naturschutzrechtliches Beseitigungsverlangen für ungenehmigte Bauten in einem Landschaftsschutzgebiet bestätigt. In diesem Zusammenhang hat das Obergericht die Verhältnismäßigkeit trotz der hohen Rückbaukosten für die formell und materiell illegalen Bauten in einem Landschaftsschutzgebiet bejaht.
931 E. v. 5.7.2017 – 9 CS 17.849.

einer ungenehmigten Nutzung.[932] Die möglichen Kosten der Beseitigung eines baurechtswidrigen Gebäudes sind auch kein sachgerechter Grund, den Antrag des betroffenen Nachbarn auf bauaufsichtliches Einschreiten abzulehnen.[933]
Das Aufgreifen eines lange existierenden baurechtswidrigen Zustand führt allein noch nicht zur Unverhältnismäßigkeit einer bauaufsichtlichen Eingriffsmaßnahme, z. B. einer Nutzungsuntersagung.[934] Die Vorgeschichte hat aber zwangsläufig Einfluss auf zu setzende Fristen und auf die Anordnung der sofortigen Vollziehung.
Grundsätzlich führen auch die divergierenden persönlichen – wirtschaftliche und soziale – Verhältnisse des Ordnungspflichtigen nicht zu einem Verstoß gegen den Verhältnismäßigkeitsgrundsatz und damit zur Rechtswidrigkeit bauaufsichtlichen Handelns,[935] sie müssen aber – z. B. bei einer drohenden Obdachlosigkeit – auf der Ebene der Vollstreckung Berücksichtigung finden.[936] Im Einzelfall kann jedoch eine Behinderung die rechtliche Bewertung einer bauaufsichtlichen Eingriffsmaßnahme beeinflussen.[937]
Eine Rückbauverfügung kann wegen Verletzung der Bauchwichs um wenige Zentimeter wegen Verstoßes gegen den Verhältnismäßigkeitsgrundsatz rechtswidrig sein.[938] Als verhältnismäßig wurde z. B. die bauaufsichtliche Rückbauforderung der Oberkante der Fertigsohle einer Garage auf das genehmigte Maß bewertet, die 0,6 m höher als genehmigt gebaut wurde.[939]
Im Übrigen ist bei der **Stilllegung von Bauarbeiten** stets der Grundsatz der Verhältnismäßigkeit zu beachten, d. h. unter Umständen ist eine Baustelle nur teilweise stillzulegen.[940] Auch bei einer Beseitigungsverfügung ist ein möglicher Teilrückbau zu prüfen.[941] Dieser muss dann aber zu einem rechtmäßigen Zustand führen[942]. So kann ein bauaufsichtliches Beseitigungsverlangen im Einzelfall dann unverhältnismäßig sein, wenn ein kleinerer Teil des Baubestandes genehmigungsfähig weiterbestehen könnte.[943] Der VGH Bayern[944] hat eine Beseitigungsverfügung für eine verändert ausgeführte Dachgaube – wegen Verstoß gegen die Regeln der Baukunst – aufgehoben, weil für eine reduzierte Bauausführung eine Baugenehmigung der Dachgaube existierte. Die Behörde hätte also nur den Rückbau auf das genehmigte Maß fordern dürfen.

---

932  OVG Nordrhein-Westfalen 12.1.2001 – 10 B 1827/00 – hier auch noch zusätzlich mit Brandschutzmängeln begründet.
933  OVG Nordrhein-Westfalen 14.1.1994 – 7 A 2002/92 – BRS 56, Nr. 196 = BauR 1994, 746 ff.
934  VG München 21.8.2012 – M 8 S 12.3496 – hier Nutzungsuntersagung einer Wohnung im Dachgeschoss eines Gebäudes auch mit Bezug auf festgestellte Brandschutzmängel.
935  VGH Baden-Württemberg 16.12.1981 – 8 S 138/81 – BRS 38, Nr. 200, OVG Saarland 7.1.1983 – 2 R 214/81 – BRS 40, Nr. 230, OVG Sachsen-Anhalt 12.9.2007 – 2 M 165/07 – ZfBR 2008, 192 ff., OVG Saarland 23.11.2020 – 2 B 266/20.
936  VGH Baden-Württemberg 7.4.1982 – 3 S 2352/81 – BRS 39, Nr. 223 – verneint.
937  VGH Baden-Württemberg 5.9.1974 – III 224/74 – BRS 28, Nr. 164.
938  OVG Niedersachsen 28.2.1983 – 6 A 69/82 – BRS 40, Nr. 226.
939  OVG Niedersachsen 8.7.1999 – 1 L 1620/97 – BRS 62, Nr. 208.
940  Siehe aber: OVG Nordrhein-Westfalen 28.6.2022 – 7 B 569/22.
941  OVG Sachsen-Anhalt 22.7.2013 – 2 M 82/13.
942  OVG Schleswig-Holstein 7.12.1994 – 1 L 144/93.
943  VG Berlin 23.4.2010 – 13 A 112.07.
944  E. v. 7.5.2002 – 1 B 01.1287.

XXXIII. Der Verhältnismäßigkeitsgrundsatz  **421**

**8. Der praktische Fall: Es wird teuer!**  **421**

> Die Behörde M. verlangt im Rahmen einer Ordnungsverfügung die Beseitigung eines illegalen Wohnhauses im planungsrechtlichen Außenbereich. Der Adressat wendet ein, dass das Beseitigungsverlangen aufgrund der enormen Folgekosten unverhältnismäßig sei (geschätzter Schaden: 150000 Euro). Wenn die Behörde sich zu einer unbefristeten Duldung bereit erklären würde, wäre er seinerseits bereit, ein Bußgeld in Höhe von maximal 15000 Euro zu akzeptieren.

**Wie ist die Rechtslage?**

**Lösung**

Eine bauaufsichtliches Beseitigungsverlangen ist zulässig, wenn die errichtete Anlage nicht durch eine Baugenehmigung gedeckt ist und seit ihrer Fertigstellung fortdauernd (!) gegen materielles Baurecht verstößt.[945] Ermächtigungsgrundlage hierfür ist § 80 S. 2 MBO. Die Befugnis, die Beseitigung von baurechtswidrigen Zuständen, ist hinsichtlich des „OB" und des „Wie" in das Ermessen der zuständigen Bauaufsichtsbehörde gestellt. Verfahrensrechtliche Voraussetzungen finden sich regelmäßig nicht in den Landesbauordnungen. Insoweit ist mit Blick auf die formellen Voraussetzungen auf das allgemeine Verwaltungs- und Polizei- und Ordnungsrecht zurückzugreifen.

Im vorliegenden Fall geht es um die Beseitigung eines illegalen Wohnhauses im planungsrechtlichen Außenbereich. Von einer formellen und (!) materiellen Illegalität wird ausgegangen. Ein bauaufsichtliches Beseitigungsverlangen muss als belastender Verwaltungsakt darüber hinaus verschiedenen rechtsstaatlichen Anforderungen genügen.

Hierzu gehört vor allem der Grundsatz der Verhältnismäßigkeit. Von mehreren möglichen und geeigneten Maßnahmen haben die Ordnungsbehörden diejenige zu treffen, die die einzelne Person und die Allgemeinheit voraussichtlich am wenigsten beeinträchtigt. Eine Maßnahme darf nicht zu einem Nachteil führen, der zu dem erstrebten Erfolg erkennbar außer Verhältnis steht. Eine Maßnahme ist nur solange zulässig, bis ihr Zweck erreicht ist oder sich zeigt, dass er nicht erreicht werden kann (vgl. hierzu z B. § 15 OBG NRW).[946] Der von den Ordnungsbehörden zu beachtende Grundsatz der Verhältnismäßigkeit ist eine der wichtigsten Ausprägungen des im Grundgesetz verankerten Rechtsstaatsprinzips. Die Ordnungsbehörde hat daher besonders sorgfältig die Vor- und Nachteile des Eingreifens sowie der beabsichtigten Maßnahmen abzuwägen und das den Betroffenen und die Allgemeinheit am wenigsten beeinträchtigende Mittel auszuwählen. Das Übermaßverbot bezieht sich auch auf ein zeitliches Übermaß; das ist insbesondere bei Verfügungen mit Dauerwirkung zu beachten. Im Einzelnen müssen Maßnahmen geeignet und inhaltlich hinreichend bestimmt sein; dem Adressaten muss

---

945 OVG Nordrhein-Westfalen 3.9.1976 – XI A 1722/75 – BRS 30, Nr. 114, BVerwG 6.12.1985 – 4 C 23 u. 24.83 – BRS 44, Nr. 193 u. 194, BRS 44, Nr. 198, OVG Nordrhein-Westfalen 13.2.1987 – 10 A 28/87, BRS 47, Nr. 194.
946 VG Frankfurt (Oder) 17.1.2018 – 5 K 726/11.

erkennbar sein, was ihm abverlangt wird. Das dem Adressaten aufgegebene Tun oder Unterlassen muss tatsächlich und rechtlich zulässig sein. Der Adressat darf nicht zu einem Tun oder Unterlassen verpflichtet werden, das ihm physisch oder psychisch nicht möglich ist. Wirtschaftliches Unvermögen begründet keine Unmöglichkeit (vgl. Ziffer 15 Verwaltungsvorschrift zur Durchführung des Ordnungsbehördengesetzes- VV OBG – RdErl. d. Innenministers v. 4.9.1980 – 43 – 57.04.05 – 8).

Fraglich ist, ob der Hinweis des Ordnungspflichtigen auf die Wertvernichtung bei Umsetzung des bauaufsichtlichen Beseitigungsverlangens zur Unverhältnismäßigkeit der in Rede stehende Eingriffsmaßnahme führt.

Entgegen der Ansicht des Ordnungspflichtigen führen auch anfallende Beseitigungskosten nicht zu einer Unverhältnismäßigkeit der angegriffenen Verfügung. Generell ist anerkannt, dass gegenüber einer Beseitigungsanordnung nicht mit Erfolg eingewandt werden kann, deren Befolgung verursache unverhältnismäßig hohe Kosten oder führte zur Vernichtung von erheblichen Sachwerten[947]. Es entspricht demnach allgemeiner Auffassung, dass gegenüber der behördlichen Forderung, einen rechtswidrigen Baubestand zu beseitigen, regelmäßig nicht mit Erfolg eingewandt werden kann, die Befolgung der Anordnung verursachte – *unverhältnismäßig* – hohe Kosten oder führe zur Vernichtung von erheblichen Sachwerten und bedeutete aus diesem Grund eine nicht beabsichtigte Härte. Würden derartige Gesichtspunkte als Schranke für die bauaufsichtsbehördliche Beseitigungsbefugnis anerkannt, wäre die Behörde gerade in Fallgestaltungen, in denen mit erheblichem Kostenaufwand ein rechtswidriger Baubestand geschaffen wurde, gehindert, dem Recht Geltung zu verschaffen[948]. Es wäre mit dem Rechtsstaatsprinzip nicht zu vereinbaren, wo nach es rechtsstaatlich bedenklich wäre, wenn einem Bauherrn, der ohne die erforderliche Genehmigung ein Vorhaben durchführt, hieraus ein materieller Vorteil erwüchse[949].

Auch das Angebot der Begleichung eines Bußbescheides bis zu einer bestimmten Höhe führt nicht weiter bzw. ist nicht opportun. Aufgabe der Bauaufsichtsbehörde ist die Bekämpfung baurechtswidriger Zustände. Die Begleichung eines Bußgeldes unter Verzicht auf ein weiteres behördliches Einschreiten gegen das festgestellte illegale Wohnhaus im planungsrechtlichen Außenbereich würde dieser Aufgabe nicht gerecht bzw. den baurechtswidrigen Zustand nicht beenden.

---

947 OVG Berlin-Brandenburg 19.4.2017 – OVG 2 N 7.15.
948 VGH Bayern 6.2.1980 – BRS 36 Nr. 215.
949 OVG Saarland 11.11.1998 – 2 Q 20/98.

# XXXIV. Das Austauschmittel

**1. Ein Austauschmittel im Ordnungsrecht ist grundsätzlich zulässig**

Sowohl im allgemeinen Ordnungsrecht als auch im Sonderordnungsrecht ist dem Betroffenen zu gestatten, an Stelle eines durch die Verfügung vorgegebenen Mittels ein von ihm angebotenes Mittel anzuwenden. Der Antrag ist nur bis zum Ablauf der in der Ordnungsverfügung festgesetzten Frist statthaft (vgl. z. B. § 21 OBG NRW). 422

**2. Begründung**

Diese Möglichkeit ist dem Umstand geschuldet, dass es in vielen Fällen verschiedene objektiv gleichwertige Mittel gibt, um einen baurechtswidrigen Zustand zu beenden (z. B. Rückbau auf ein rechtlich zulässiges Maß[950]). Bei einem bauaufsichtlichen Beseitigungsverlangen ist es z. B. grundsätzlich nicht Sache der einschreitenden Behörde, in eingehende Überlegungen darüber einzutreten, ob dem rechtswidrigen Zustand nicht vielleicht auch durch irgendwelche baulichen Änderungen abgeholfen werden könnte. Vielmehr ist es Sache des Ordnungspflichtigen, der Behörde ein entsprechendes Austauschmittel anzubieten[951]. So hat das OVG Nordrhein-Westfalen[952] bei einer unter Verstoß gegen die für bauliche Anlage im Grenzbereich zulässigen Höchstwerte errichteten Garage keine Verpflichtung zu einem zu fordernden Teilabbruch gesehen. Die Bauaufsichtsbehörde hat vielmehr mit Blick auf die nachbarschützende Wirkung der Abstandsflächenvorschrift (nur) den vollständigen Abbruch der Garage zu fordern. Der Ordnungspflichtige kann allerdings den Umbau als Austauschmittel anbieten.
Der Ordnungspflichtige hat es demnach selbst in der Hand, ein entsprechendes Austauschmittel anzubieten. Die Behörde darf dem möglichen Willen des Eigentümers, wie er rechtmäßige Zustände schaffen will, nicht vorgreifen, d. h., das Austauschmittel darf auch über die geforderte bauaufsichtliche Maßnahme hinausgehen. Ergebnis muss aber immer ein baurechtsgemäßer Zustand sein. 423

**3. Verfahren**

Der Antrag für das alternative Mittel ist formlos bei der Bauaufsichtsbehörde zu stellen. Die Behörde hat nicht die Pflicht, den Ordnungspflichtigen auf das Austauschmittel ausdrücklich hinzuweisen. Stellt der Ordnungspflichtige aber einen solchen Antrag und liegen die übrigen gesetzlichen Voraussetzungen vor, hat die Behörde das alternative Mittel zu erlauben. Laut dem OVG Niedersachsen[953] ist über die Zulassung eines Austauschmittels in einem separaten Verfahren zu entscheiden. 424

---

950 OVG Nordrhein-Westfalen 23.10.1995 – 10 A 958/92.
951 OVG Sachsen-Anhalt 7.12.2020 – 2 M 115/20.
952 OVG Nordrhein-Westfalen 22.1.1996 – 10 A 1464/92.
953 E. v. 6.9.2017 – 1 ME 112/17.

### 4. Anforderungen an das Austauschmittel

**425** Das angebotene Mittel muss aber zur Gefahrenabwehr wirksam und zulässig sein. Bei einem Austauschmittel als Reaktion auf eine bauaufsichtliche Maßnahme sind insoweit die rechtlichen Rahmenbedingungen wie für die zuvor erlassende Ordnungsverfügung gültig. Auch das Austauschmittel muss einen rechtmäßigen Zustand zum Ziel haben, andernfalls wäre das Mittel ungeeignet[954]. Dabei kommt es nicht darauf an, ob das angebotene Mittel unwirtschaftlicher, d. h. aufwendiger ist.

Bietet der Ordnungspflichtige ein milderes Mittel an, muss sich die Bauaufsichtsbehörde nicht zwangsläufig mit einer Reduzierung des Rechtsverstoßes abfinden, sondern kann auf die vollständige Behebung des baurechtswidrigen Zustandes bestehen[955]. Die Behörde kann es aber dem Ordnungspflichtigen überlassen, ein ihn finanziell geringer belastendes Mittel anzubieten[956].

---

[954] VG Stade 20.11.2003 – 2 A 1364/01.
[955] OVG Nordrhein-Westfalen 11.7.1977 – X A 2101/76 – BRS 32, Nr. 88.
[956] OVG Nordrhein-Westfalen 9.2.2000 – 7 A 2386/98 – BRS Informationsdienst 2/2000, 19 ff.

# XXXV. Der Verwaltungszwang – Arten der Zwangsmittel

Damit die vorgenannten repressiven Mittel bauaufsichtlichen Handelns nicht wirkungslos sind, hat die Behörde die Möglichkeit, diese mittels **Verwaltungszwang** durchzusetzen und so rechtmäßige Zustände herbeizuführen. Die Zwangsmittel ergeben sich aus landesrechtlichen Regelungen zumeist außerhalb der jeweiligen Landesbauordnung. **426**

| Zwangsmittel | | |
|---|---|---|
| Zwangsgeld | Ersatzvornahme | Unmittelbarer Zwang (Versiegelung) |

Rechtlich zu unterscheiden sind „Geldstrafen" und Beugemittel (Zwangsgeld). Erstere ahnden kriminelles Unrecht bzw. „Verwaltungsunrecht". Klassische Geldstrafen sind der Tenor eines Urteils oder eines Strafbefehls durch den Strafrichter. Diese Geldbuße wird in einem Bußgeldbescheid festgesetzt, der kein VA ist. Mit der Androhung eines Zwangsgeldes soll der Ordnungspflichtige zu einer Handlung, Duldung oder Unterlassung angehalten werden. Es kommt sowohl bei vertretbaren als auch bei unvertretbaren Handlungen in Frage. Bedeutsam ist die Androhung des Zwangsgeldes, um die Verletzung von Unterlassungspflichten zu verhindern. Kommt der Störer seiner Ordnungspflicht nach, darf das Zwangsgeld nicht mehr festgesetzt bzw. ein festgesetztes Zwangsgeld regelmäßig nicht mehr beigetrieben werden.

| „Strafen" | Beugemittel |
|---|---|
| Geldstrafe – Urteil oder Strafbefehl | Zwangsgeld – Ordnungsverfügung = VA |
| Geldbuße – Bußgeldbescheid oder Urteil | |
| Verwarnung – mündliche oder schriftlich | |

## 1. Arten der Zwangsmittel

Als Zwangsmittel sehen die Vollstreckungsgesetze der Länder die Ersatzvornahme, das Zwangsgeld und den unmittelbaren Zwang vor: **427**

| Übersicht über die Regelungen zum Katalog der Zwangsmittel in den Verwaltungsvollstreckungsgesetzen der einzelnen Bundesländer | |
|---|---|
| Baden-Württemberg | § 19 Abs. 1 LVwVG BW |
| Bayern | Art. 29 2 VwZVG BY |
| Berlin | § 9 Abs. 1 VwVG – des Bundes, anwendbar durch Verweis gem. § 5 VwVfG Bln |
| Brandenburg | § 17 Abs. 1 VwVG BB |
| Bremen | § 13 Abs. 1 BremVwVG |
| Hamburg | § 14 VwVG HH |
| Hessen | § 76 ff. HessVwVG |

| Übersicht über die Regelungen zum Katalog der Zwangsmittel in den Verwaltungsvollstreckungsgesetzen der einzelnen Bundesländer ||
|---|---|
| Mecklenburg-Vorpommern | § 86 Abs. 1 SOG M-V |
| Niedersachsen | § 65 Abs. 1 Nds. SOG |
| Nordrhein-Westfalen | § 57 VwVG,NW |
| Rheinland-Pfalz | § 62 Abs. 1 LVwVG RP |
| Saarland | § 13 Abs. 1 SVwVG SL |
| Sachsen | § 19 Abs. 2 SächsVwVG |
| Sachsen-Anhalt | § 54 SOG LSA |
| Schleswig-Holstein | § 235 LVwG SH |
| Thüringen | § 44 Abs. 2 ThürVwZVG |

Der Katalog der Zwangsmittel ist dabei verbindlich, d. h. die Bauaufsichtsbehörde hat nur im Rahmen dieser Vorgaben ein Auswahlermessen. Zwischen der Ersatzvornahme und dem Zwangsgeld besteht kein Rangverhältnis[957].

**§ 57 VwVG NRW – Zwangsmittel**

(1) Zwangsmittel sind:
1. Ersatzvornahme (§ 59),
2. Zwangsgeld (§ 60),
3. unmittelbarer Zwang (§ 62) einschließlich Zwangsräumung (§ 62a).

(2) Sie sind nach Maßgabe des § 63 und § 69 anzudrohen.

(3) Die Zwangsmittel können auch neben einer Strafe oder Geldbuße angewandt und solange wiederholt und gewechselt werden, bis der Verwaltungsakt befolgt worden ist oder sich auf andere Weise erledigt hat. Bei Erzwingung einer Duldung oder Unterlassung können die Zwangsmittel für jeden Fall der Nichtbefolgung festgesetzt werden.

**428**  a) **Ersatzvornahme.** Bei der Ersatzvornahme kann die Bauaufsichtsbehörde einen anderen als den Pflichtigen mit der Vornahme der Handlung beauftragen (z. B. eine Firma). Sie kann die Handlung aber auch durch eigene Kräfte durchführen lassen (Selbstvornahme). Die Ersatzvornahme kommt nur bei vertretbaren Handlungen in Betracht, z. B. beim Abbruch eines einsturzgefährdeten Gebäudes[958].

| Übersicht über den Regelungen zur Ersatzvornahme in den Verwaltungsvollstreckungsgesetzen der einzelnen Bundesländer ||
|---|---|
| Baden-Württemberg | § 25 LVwVG BW |
| Bayern | Art. 32 VwZVG BY |
| Berlin | § 10 VwVG – des Bundes, anwendbar durch Verweis gem. § 5 VwVfG Bln |

---

957  VG Neustadt 2.9.2004 – 4 L 2027/04, außer die Behörde hat schon wiederholt Zwangsgelder angedroht und festgesetzt.
958  Vgl. hierzu z. B.: OVG Saarland 5.12.2013 – 2 A 375/13.

| Übersicht über den Regelungen zur Ersatzvornahme in den Verwaltungsvollstreckungsgesetzen der einzelnen Bundesländer | |
|---|---|
| Brandenburg | § 19 VwVG BB |
| Bremen | § 15 BremVwVG |
| Hamburg | § 19 VwVG HH |
| Hessen | § 74 HessVwVG |
| Mecklenburg-Vorpommern | § 89 SOG M-V |
| Niedersachsen | § 66 Nds. SOG |
| Nordrhein-Westfalen | § 59 VwVG,NW |
| Rheinland-Pfalz | § 63 LVwVG RP |
| Saarland | § 21 SVwVG SL |
| Sachsen | § 24 SächsVwVG |
| Sachsen-Anhalt | § 55 SOG LSA |
| Schleswig-Holstein | § 238 LVwG SH |
| Thüringen | § 50 ThürVwZVG |

Der Ordnungspflichtige ist zur Erstattung desjenigen Betrages verpflichtet, der durch die Durchführung der Ersatzvornahme fällig wird[959]. Mit der Androhung der Ersatzvornahme sollen die Kosten zugleich mitgeteilt werden, sinnvoll ist der Zusatz, dass die Kosten nach fruchtlosem Fristablauf beigetrieben werden. Die Bauaufsichtsbehörde hat die Nebenpflicht, eine voraussehbare **wesentliche** Kostenüberschreitung zuvor dem Ordnungspflichtigen mitzuteilen[960]. Aber auch bei wesentlicher Überschreitung der Kosten für eine Ersatzvornahme hat der Ordnungspflichtige eine Erstattungspflicht. Der Pflichtige könnte nur begründet Einwendungen erheben, wenn die Behörde ein besonders teures Unternehmen beauftragt hätte oder es zu groben Missgriffen bei der Abrechnung gekommen wäre.

Hierzu gehören nicht die Kosten für Verwaltungspersonal, die die Umsetzung der Ersatzvornahme beaufsichtigen. Diese können aber als Kosten der Amtshandlung geltend gemacht werden[961].

Widerspruch bzw. Anfechtungsklage gegen die Anforderung der Kosten der Ersatzvornahme entfalten im Übrigen aufschiebende Wirkung, weil es sich hierbei nicht um eine eigentliche Vollstreckungsmaßnahme und auch nicht um Kosten i. S. d. § 80 Abs. 2 Nr. 1 VwGO handelt[962].

---

959 OVG Berlin 25.8.1989 – 2 B 4.88 – BRS 49, Nr. 235. Zu einem durch Ersatzvornahme realisiertes Pflanzgebot vgl. OVG Berlin 31.5.1991 – 2 B 11/89 – BRS 59, Nr. 207. Die Kosten für die ordnungsgemäße Entsorgung des Bauschutts gehört ebenso zu den erstattungsfähigen Kosten bei einer Ersatzvornahme, OVG Sachsen 20.8.2008 – 1 B 186/07 – BRS 73, Nr. 197 = BauR 6/2009, 970, hier: Eispavillon, eingelagerte Teile und Inventar.
960 BVerwG 13.4.1984 – 4 C 31.81 – BRS 42, Nr. 229, vgl. hierzu auch: OVG Berlin 3.11.1995 – 2 B 17.93 – BRS 57, Nr. 253.
961 VGH Bayern 21.12.1999 – 20 B 99.2073 – BRS 62, Nr. 213.
962 OVG Rheinland-Pfalz 28.7.1998 – 1 B 11553/98 – BRS 60, Nr. 172.

Beispiel für eine Ersatzvornahme: OVG Berlin 31.5.1991 – 2 B 11.89 (BRS 52, Nr. 238, hier: Pflanzgebot als Trennung zwischen GE und anders genutzten Flächen).

Eine bauaufsichtliche entsprechende Abbruchverfügung erledigt sich auch nach Durchführung der Ersatzvornahme nicht, weil diese nach wie vor Grundlage für die Heranziehung des Ordnungspflichtigen zu den Kosten der Vollstreckungsmaßnahme ist[963].

| Sonderregelung zur Kostentragung bei einer Ersatzvornahme in der Niedersächsischen Bauordnung (§ 79 Abs. 5 NBauO, NI) |
| --- |
| § 79 (5) Schuldnerin oder Schuldner der der Bauaufsichtsbehörde entstandenen notwendigen und angemessenen Kosten für eine Ersatzvornahme zur Durchsetzung einer Maßnahme nach diesem Gesetz ist, wer im Zeitpunkt der Bekanntgabe des Kostenbescheides Eigentümerin oder Eigentümer des Grundstücks ist. Ist das Grundstück mit einem Erbbaurecht belastet, so ist anstelle der Eigentümerin oder des Eigentümers die oder der Erbbauberechtigte Kostenschuldnerin oder Kostenschuldner. Ist das Grundstück mit einem dinglichen Nutzungsrecht nach Artikel 233 § 4 des Einführungsgesetzes zum Bürgerlichen Gesetzbuche belastet, so ist die Inhaberin oder der Inhaber dieses Rechts anstelle der Eigentümerin oder des Eigentümers Kostenschuldnerin oder Kostenschuldner. Mehrere Kostenschuldnerinnen oder Kostenschuldner haften als Gesamtschuldnerinnen oder Gesamtschuldner; bei Wohnungs- oder Teileigentum schulden die einzelnen Wohnungs- oder Teileigentümerinnen oder Wohnungs- oder Teileigentümer die Kosten nur entsprechend ihrem Miteigentumsanteil. Die Kostenschuld ruht als öffentliche Last auf dem Grundstück, im Fall des Satzes 2 auf dem Erbbaurecht, im Fall des Satzes 3 auf dem dinglichen Nutzungsrecht und im Fall des Satzes 4 Halbsatz 2 auf dem Wohnungs- oder Teileigentum. Die öffentliche Last ist auf Antrag der Bauaufsichtsbehörde in das Grundbuch einzutragen. |

**429** **b) Zwangsgeld.** Mit der Androhung eines Zwangsgeldes soll der Ordnungspflichtige zu einer Handlung, Duldung oder Unterlassung angehalten werden. Es kommt sowohl bei vertretbaren als auch bei unvertretbaren Handlungen in Frage[964].

| Übersicht über den Regelungen zum Zwangsgeld in den Verwaltungsvollstreckungsgesetzen der einzelnen Bundesländer | |
| --- | --- |
| Baden-Württemberg | § 23 LVwVG BW |
| Bayern | Art. 31 VwZVG BY |
| Berlin | § 11 VwVG – des Bundes, anwendbar durch Verweis gem. § 5 VwVfG Bln |
| Brandenburg | § 20 VwVG BB |
| Bremen | § 14 BremVwVG |
| Hamburg | § 20 VwVG HH |
| Hessen | § 76 HessVwVG |
| Mecklenburg-Vorpommern | § 88 SOG M-V |

---

963 OVG Nordrhein-Westfalen 26.3.2003 – 7 A 4491/99, so auch: BVerwG 25.9.2008 – 7 C 5.08 – BRS 73, Nr. 195.
964 VG Leipzig 5.3.2014 – 4 K 399/12.

## XXXV. Der Verwaltungszwang  **429**

| Übersicht über den Regelungen zum Zwangsgeld in den Verwaltungsvollstreckungsgesetzen der einzelnen Bundesländer | |
|---|---|
| Niedersachsen | § 67 Nds. SOG |
| Nordrhein-Westfalen | § 60 VwVG,NW |
| Rheinland-Pfalz | § 64 LVwVG RP |
| Saarland | § 20 SVwVG SL |
| Sachsen | § 22 SächsVwVG |
| Sachsen-Anhalt | § 56 SOG LSA |
| Schleswig-Holstein | § 237 LVwG SH |
| Thüringen | § 48 ThürVwZVG |

Bedeutsam ist die Androhung des Zwangsgeldes, um die Verletzung von Unterlassungspflichten zu verhindern. Es wird bei der Durchsetzung von Nutzungsverboten das regelmäßig zur Anwendung kommende Zwangsmittel sein. Verbindet die Bauaufsichtsbehörde mit einem Nutzungsverbot nebst Räumungsverlangen die Androhung eines Zwangsgeldes, muss eine Frist zur Erfüllung der Handlungsverpflichtung vorgegeben werden.[965] Auch bei einer Stilllegung einer Baustelle ist die Androhung eines Zwangsgeldes bei einigen Bauaufsichtsbehörden Praxis.

Ein Zwangsgeld darf nicht für jeden Fall der Zuwiderhandlung angedroht werden.[966]

Bei der Bemessung des Zwangsgeldes kommt der Behörde ein Ermessensspielraum zu.[967] Die Höhe des Zwangsgeldes muss angemessen sein, es muss aber – mit Blick auf den angestrebten Erfolg – ein fühlbares Maß erreichen[968]. Das Zwangsgeld darf aber nicht unverhältnismäßig (hoch) sein[969]. Für mehrere unterschiedliche Anordnungen darf im Übrigen nicht ein einheitliches Zwangsgeld

---

965 OVG Thüringen 27.2.1997 – 1 EO 233/96 – BRS 59, Nr. 217.
966 BVerwG 26.6.1997 – 1 A 10/95.
967 OVG Thüringen 22.4.2002 – 1 EO 184/02 – BRS 65, Nr. 205, nicht mehr bei der Festsetzung des Zwangsgeldes. Laut OVG Niedersachsen 15.11.2021 – 1 ME 133/21 – ist das Ermessen bei der Festsetzung eines Zwangsmittels nach dessen Androhung, d. h., dass der bei der Ausgangsverfügung zugrunde liegenden Ermessenserwägungen nicht bei jeder Maßnahme des Verwaltungszwangs wiederholt werden müssen. Maßnahmen des Verwaltungszwangs dienen der Durchsetzung einer vollziehbaren Grundverfügung; Einwendungen, die sich der Sache nach auf die Grundverfügung beziehen, sind demzufolge im Vollstreckungsverfahren unbeachtlich. Die Vollstreckung ist die Regel; das Absehen davon die Ausnahme.
968 OVG Nordrhein-Westfalen 4.12.2000 – 7 B 1493/00. Die Androhung eines Zwangsmittels ist bereits dann geeignet, wenn es bei objektiver Betrachtung dazu beiträgt, dass der Betroffene sich pflichtgemäß verhält. In diesem Zusammenhang ist nicht entscheidend, ob das Zwangsgeld beigetrieben werden kann, d.h. ob der Pflichtige in der Lage ist, den angedrohten Betrag aufzubringen. Vielmehr ist allein maßgeblich, ob das angedrohte Zwangsmittel dazu beitragen wird, dass der Wille des Pflichtigen gebeugt wird. Die Höhe des Zwangsgeldes muss in einem angemessenen Verhältnis zur Bedeutung des Erfolgs stehen. Bei der Bemessung ist auch das wirtschaftliche Interesse des Betroffenen an der Nichtbefolgung des Verwaltungsakts zu berücksichtigen (VG Hannover 5.9.2022 – 4 B 2288/22).
969 OVG Sachsen 17.3.1997 – 1 S 769/96 – BRS 59, Nr. 138.

angedroht werden[970]. Solange die bauaufsichtliche Vorgabe nicht befolgt wird, dürfen Zwangsmittel wiederholt werden[971].

Es gibt keine Rangfolge zwischen den Zwangsmitteln: **Zwangsgeld** und **Ersatzvornahme**, allerdings darf die fortgesetzte Zwangsgeldandrohung nicht die Kosten einer möglichen Ersatzvornahme überschreiten[972]. Bei dessen Bemessung müssen aber z. B. bei der Fortführung einer rechtswidrigen Nutzung etwaig zu erwartende Gewinne berücksichtigt werden, d. h. ein hierbei zu niedrig angedrohtes Zwangsgeld kann rechtswidrig sein[973]. Wird die Baugenehmigung im Nachhinein erteilt, wird eine ursprüngliche Zwangsgeldfestsetzung nicht rechtswidrig[974].

Wird ein Zwangsgeld in einer Ordnungsverfügung, die die Aufgabe einer rechtswidrigen Nutzung verlangt, für jeden Fall der Zuwiderhandlung angedroht, so ist diese Androhung **gegenstandslos**. Eine solche Formulierung ist nur für eine Untersagung sinnvoll, die auf jeden erneuten Fall der Nutzungsaufnahme nach erfolgter Nutzungseinstellung ausdrücklich abstellt. Werden bestimmte Handlungen untersagt, ist hingegen die Formulierung für jeden Fall der Zuwiderhandlung auf jeden Fall zulässig[975].

**430** c) **Unmittelbarer Zwang.** Unmittelbarer Zwang ist die Einwirkung auf Personen oder Sachen durch körperliche Gewalt, ihre Hilfsmittel und durch Waffen (vgl. z. B. § 67 Abs. 1 VwVG NRW).

Die Vollzugsbehörde (= untere Bauaufsichtsbehörde) kann auch unmittelbaren Zwang anwenden, wenn andere Zwangsmittel nicht in Betracht kommen oder keinen Erfolg versprechen[976].

| Übersicht über den Regelungen zum unmittelbaren Zwang in den Verwaltungsvollstreckungsgesetzen der einzelnen Bundesländer | |
|---|---|
| Baden-Württemberg | § 26 LVwVG BW, § 27 LVwVG BW – *Zwangsräumung* |
| Bayern | Art. 34 VwZVG BY |
| Berlin | § 12 VwVG – *des Bundes, anwendbar durch Verweis gem.* § 5 VwVfG Bln; |
| Brandenburg | § 22 VwVG BB; § 16 BremVwVG |
| Bremen | § 16 BremVwVG |
| Hamburg | § 77 HessVwVG – *Wegnahme* |
| Hessen | § 78 HessVwVG – *Zwangsräumung* |
| Mecklenburg-Vorpommern | § 90 SOG M-V |

---

970 OVG Niedersachsen 21.1.1999 – 1 L 2065/96 – BRS 62, Nr. 114.
971 VG Gelsenkirchen 17.10.2016 – 5 L 2015/16 – hier Verdoppelung des Zwangsgeldes.
972 Vgl. hierzu: VGH Baden-Württemberg 4.12.2003 – 5 S 2781/02 – BRS 66, Nr. 202.
973 Zur Tauglichkeit und damit zur Verhältnismäßigkeit einer Zwangsgeldandrohung vgl. OVG Nordrhein-Westfalen 30.9.1992 – 4 A 3840/91.
974 OVG Nordrhein-Westfalen 13.5.2003 – 7 B 256/03.
975 Vgl. aber: BVerwG 26.6.1997 – 1 A 10/95 – NVwZ 1998, 395 ff., teilweise umstritten.
976 Zu einer Stilllegung einer Feuerungsanlage nach verweigerter Feuerstättenschau als zulässiges Mittel des Verwaltungszwanges vgl. VGH Bayern 20.3.2017 – 22 CS 17.341. Ein überwiegendes Vollzugsinteresse wurde bestätigt.

XXXV. Der Verwaltungszwang

| Übersicht über den Regelungen zum unmittelbaren Zwang in den Verwaltungsvollstreckungsgesetzen der einzelnen Bundesländer | |
|---|---|
| Niedersachsen | § 69 Nds. SOG |
| Nordrhein-Westfalen | § 62 VwVG,NW |
| Rheinland-Pfalz | § 65 LVwVG RP |
| Saarland | § 22 SVwVG SL |
| Sachsen | § 25 SächsVwVG |
| Sachsen-Anhalt | § 58 SOG LSA |
| Schleswig-Holstein | § 239 LVwG SH |
| Thüringen | § 51 ThürVwZVG |

Unmittelbarer Zwang ist demnach subsidiär = nachrangig.
In der tagtäglichen Praxis der unteren Bauaufsichtsbehörde begegnet man dem unmittelbaren Zwang insbesondere in der Form der Versiegelung[977].

## 2. Versiegelung

Die Versiegelung (= Realakt) einer Baustelle dient der Durchsetzung der Baueinstellung. Die Versiegelung ist ein Unterfall des unmittelbaren Zwanges und kommt im Einzelfall auch zur Durchsetzung eines Nutzungsverbotes in Betracht. In der Regel wird vor der Versiegelung eine Stilllegung ausgesprochen (= Grundverfügung). Im Einzelfall ist aber auch eine Versiegelung im Sofortvollzug zulässig[978]. Die Versiegelung darf auch eine einheitliche Baustelle erfassen, selbst wenn nicht alle Bauarbeiten vorher untersagt worden sind[979]. Werden trotz Anbringung eines amtlichen Siegels auf einer Baustelle die Bauarbeiten fortgeführt, wird Siegelbruch begangen. Dies ist eine gem. § 136 StGB strafrechtlich relevante Tathandlung. Will der Bauherr auf der Baustelle bzw. an der baulichen Anlage korrigierende Änderungen vornehmen, muss er dies zuvor bei der Bauaufsichtsbehörde beantragen.

**431**

## 3. Grundsätze bei der Auswahl der Zwangsmittel

Bei der Auswahl der Zwangsmittel ist insbesondere der Grundsatz der Verhältnismäßigkeit zu beachten.[980] Das Zwangsmittel muss in einem angemessenen Verhältnis zu seinem Zweck stehen.

**432**

| Übersicht über den Regelungen zum Grundsatz der Verhältnismäßigkeit bei der Auswahl der Zwangsmittel in den Verwaltungsvollstreckungsgesetzen der einzelnen Bundesländer | |
|---|---|
| Baden-Württemberg | § 19 Abs. 2 und 3 LVwVG BW |
| Bayern | Art. 29 Abs. 3 VwZVG BY |
| Berlin | § 9 Abs. 2 VwVG – des Bundes, anwendbar durch Verweis gem. § 5 VwVfG Bln |

---

977 OVG Nordrhein-Westfalen 13.4.1965 – VII B 236/65, OVG Nordrhein-Westfalen 30.12.1971 – XB 506/71 – BRS 24, Nr. 204, OVG Niedersachsen 27.9.1983 – 6 B 87/83 – BRS 40, Nr. 227, OVG Mecklenburg-Vorpommern 19.7.1994 – 3 M 12/94 – DÖV 1996, 81.
978 OVG Nordrhein-Westfalen 25.11.1993 – 10 B 360/93 – BRS 55, Nr. 207.
979 VGH Bayern 4.5.1987 – Nr. 2 B 86.01597 – BRS 47, Nr. 196.
980 OVG Nordrhein-Westfalen 29.5.1990 – 4 B 3460/89 – BRS 50 Nr. 215.

| Übersicht über den Regelungen zum Grundsatz der Verhältnismäßigkeit bei der Auswahl der Zwangsmittel in den Verwaltungsvollstreckungsgesetzen der einzelnen Bundesländer ||
|---|---|
| Brandenburg | § 18 VwVG BB |
| Bremen | § 13 Abs. 2 BremVwVG |
| Hamburg | § 15 Abs. 1 VwVG HH |
| Hessen | § 70 HessVwVG |
| Mecklenburg-Vorpommern | § 15 SOG M-V – *nur allgemein* |
| Niedersachsen | § 4 Nds. SOG – *nur allgemein* |
| Nordrhein-Westfalen | § 58 VwVG,NW |
| Rheinland-Pfalz | § 62 Abs. 2 LVwVG RP |
| Saarland | § 13 Abs. 2 und 3 SVwVG SL |
| Sachsen | § 19 Abs. 3 und 4 SächsVwVG |
| Sachsen-Anhalt | § 5 SOG LSA |
| Schleswig-Holstein | § 176 LVwG SH – *nur indirekt* |
| Thüringen | § 45 ThürVwZVG |

Ein angedrohtes Zwangsgeld kann wegen seiner Höhe unverhältnismäßig sein[981], im Verhältnis zum angestrebten bauaufsichtlichen Erfolg darf es aber ein fühlbares Maß erreichen[982].

### § 58 VwVG NRW – Verhältnismäßigkeit

(1) Das Zwangsmittel muss in einem angemessenen Verhältnis zu seinem Zweck stehen. Dabei ist das Zwangsmittel möglichst so zu bestimmen, dass der Einzelne und die Allgemeinheit am wenigsten beeinträchtigt werden.

(2) Ein durch ein Zwangsmittel zu erwartender Schaden darf nicht erkennbar außer Verhältnis zu dem beabsichtigten Erfolg stehen.

(3) Unmittelbarer Zwang darf nur angewendet werden, wenn andere Zwangsmittel nicht zum Ziele führen oder untunlich sind. Bei der Anwendung unmittelbaren Zwanges sind unter mehreren möglichen und geeigneten Maßnahmen diejenigen zu treffen, die den Einzelnen und die Allgemeinheit am wenigsten beeinträchtigen.

Bei vertretbaren Handlungen entscheidet die Behörde nach pflichtgemäßem Ermessen, ob sie die Ersatzvornahme oder ein Zwangsgeld androht. Ein Rangverhältnis besteht nicht[983].
In der Androhung müssen die vorgesehenen Zwangsmittel genau bestimmt werden, es genügt nicht, die Anwendung von Verwaltungszwang anzudrohen.

---

981 OVG Sachsen 17.3.1997 – 1 S 769/96 – BRS 59, Nr. 138. Nach dem VG Frankfurt (Oder) 17.1.2018 – 5 K 726/11 – muss eine Androhung im Rahmen des Verwaltungszwanges verhältnismäßig sein. Diese Voraussetzung ist gegeben, wenn sie zur Erreichung des Zwecks geeignet, erforderlich, da ein milderes Mittel nicht erkennbar ist und ist und auch im Übrigen angemessen ist.
982 OVG Nordrhein-Westfalen 4.12.2000 – 7 B 1493/00.
983 VG Neustadt 2.9.2004 – 4 L 2027/04.NW.

# XXXVI. Der Verwaltungszwang – das Verfahren

| Androhung | = | Festsetzung | = | Anwendung | **433** |

Das Verwaltungsvollstreckungsverfahren ist streng geregelt. Das gestreckte Verfahren ist dreistufig: **Androhung, Festsetzung und Anwendung.**

## 1. Androhung

**a) Formerfordernis und Funktion.** Die Androhung des Zwangsmittels muss schriftlich erfolgen. Sollen mehrere Handlungspflichten durchgesetzt werden, muss auch die Androhung von Zwangsgeld entsprechend eindeutig sein, auf welche Verpflichtung sich die Androhung des Zwangsgeldes jeweils bezieht[984]. In der Regel wird die Androhung des Zwangsmittels mit der Grundverfügung verbunden. Die Androhung ist zuzustellen, auch wenn das eigentliche bauaufsichtliche Gebot nicht zugestellt werden muss.

**434**

| Übersicht über den Regelungen zur Androhung eines Zwangsmittels in den Verwaltungsvollstreckungsgesetzen der einzelnen Bundesländer ||
|---|---|
| Baden-Württemberg | § 20 LVwVG BW |
| Bayern | Art. 36 VwZVG BY |
| Berlin | § 13 VwVG – des Bundes, anwendbar durch Verweis gem. § 5 VwVfG Bln |
| Brandenburg | § 23 VwVG BB |
| Bremen | § 17 BremVwVG |
| Hamburg | § 18 Abs. 2 VwVG HH |
| Hessen | § 69 Abs. 1 HessVwVG |
| Mecklenburg-Vorpommern | § 87 SOG M-V |
| Niedersachsen | § 70 Nds. SOG |
| Nordrhein-Westfalen | § 63 VwVG,NW |
| Rheinland-Pfalz | § 66 LVwVG RP; |
| Saarland | § 22b SVwVG SL |
| Sachsen | § 20 SächsVwVG |
| Sachsen-Anhalt | § 59 SOG LSA |
| Schleswig-Holstein | § 236 LVwG SH |
| Thüringen | § 46 ThürVwZVG |

Die Androhung eines Zwangsmittels ist ein belastender Verwaltungsakt[985] und wird oft als Kernstück des Verwaltungszwanges bezeichnet. Sie hat eine Warnfunktion, denn sie soll psychologischen Druck auf den Ordnungspflichtigen ausüben. Die Androhung ist rechtsstaatlich wichtig. Die gesetzlichen Vorausset-

---

984 VG Schleswig-Holstein 28.12.2020 – 1 B 108/20. Hier im Zusammenhang mit einer naturschutzrechtlichen Ordnungsverfügung. So auch: VG Würzburg 7.12.2020 – W 10 K 19.1529.
985 NVwZ-RR 1989, 337, vgl. auch: BVerwG 26.6.1997 – 1 A 10/95 – NVwZ 1998, 395 ff.

zungen für die Androhung sind zu beachten, davon hängt die Rechtmäßigkeit der nachfolgenden Verfahrensschritte ab.[986]

1. Die **Zwangsgeldandrohung** ist ein aufschiebend bedingter Leistungsbescheid über eine Geldforderung, die entsteht und fällig wird, wenn zwei Bedingungen erfüllt sind:
   a) Die eine Bedingung ist, dass während des maßgeblichen Zeitraumes bzw zum maßgeblichen Zeitpunkt alle Vollstreckungsvoraussetzungen gegeben sind. Bei einer Anordnung (Grundverfügung), der nicht sofort nachzukommen ist, müssen die Vollstreckungsvoraussetzungen nicht nur bei Ablauf der Erfüllungsfrist, sondern auch schon während des davor liegenden Zeitraums, innerhalb welches dem Pflichtigen die Erfüllung der auferlegten Pflicht billigerweise zugemutet werden kann (zumutbare Erfüllungsfrist), vorliegen.
   b) Die andere Bedingung ist, dass bei Ablauf der Erfüllungsfrist, die durch die Grundverfügung auferlegte Pflicht nicht oder nicht vollständig erfüllt ist.
2. Die Anordnung, den Vollzug einer bauaufsichtlichen Maßnahme zu dulden (Duldungsanordnung), hat eine Doppelnatur.
   a) Sie ist ein Gestaltungsakt, der zivilrechtliche Ansprüche des Duldungspflichtigen, die dem Vollzug entgegenstehen, ausschließt.
   b) Sie ist zugleich eine vollstreckungsfähige Anordnung, durch die dem Duldungspflichtigen untersagt wird, den Vollzug zu behindern.

VG Bayern, Beschluss vom 11.7.2001 – 1 ZB 01.1255

**435** **b) Erfordernis einer Fristsetzung.** Mit der Androhung ist dem Ordnungspflichtigen eine angemessene Frist zur Beseitigung des baurechtswidrigen Zustandes einzuräumen[987]. Angemessen bedeutet, dass der Ordnungspflichtige im Rahmen der Frist der Aufforderung auch nachkommen kann. Eine Frist braucht nicht bestimmt werden, wenn es um eine Duldung oder Unterlassung geht. Fehlt eine erforderliche Fristsetzung, ist dies ein besonders schwerwiegender (offenkundiger) Mangel und führt zur Nichtigkeit der Androhung[988].
Das Erfordernis der Fristsetzung gilt aber laut dem OVG Hamburg[989] nur vor oder bei der ersten Zwangsgeldfestsetzung.

---

986 VG Frankfurt (Oder) 17.1.2018 – 5 K 726/1, VGH Bayern 11.7.2001 – 1 ZB 01.1255 – BRS 64, Nr. 202.
987 Vgl. zur Fristsetzung in Verbindung mit dem Zwangsmittel vgl. VGH Hessen 28.10.1997 – 4 UE 3676/95 – BRS 59, Nr. 206.
988 VGH Baden-Württemberg 7.2.1991 – 5 S 1452/90 – BRS 52, Nr. 242. Mit einem Nutzungsverbot darf z. B. auch mit einem Räumungsverlangen verbunden werden. In der Zwangsgeldandrohung für das Räumungsverlangen ist zwingend eine Frist vorzugeben, bis zu welchem Zeitpunkt die Verpflichtung zu erfüllen ist, OVG Thüringen 27. 02.1997 – 1 EO 233/96.
989 E. v. VGH Baden-Württemberg 7.2.1991 – 5 S 1452/90 – BRS 52, Nr. 242.

XXXVI. Der Verwaltungszwang – das Verfahren **435**

**Achtung:** keine datenmäßig bestimmte Frist, diese könnte durch Rechtsbehelfe obsolet werden[990].

Die Frist muss also auf einen Zeitpunkt bezogen werden, an dem die Vollstreckungsvoraussetzungen vorliegen[991], z. B. 4 Wochen nach Zustellung (bei gleichzeitiger Anordnung der sofortigen Vollziehung) oder 3 Monate nach Bestandskraft der Grundverfügung. Die Frist muss eindeutig bestimmt werden, die Aufforderung zu „unverzüglichem Handeln" reicht nicht aus[992]. Verbindet die Bauaufsichtsbehörde mit einem Nutzungsverbot nebst Räumungsverlangen die Androhung eines Zwangsgeldes, muss eine (angemessene) Frist zur Erfüllung der Handlungsverpflichtung vorgegeben werden[993]. Entstehen während der Frist Umstände, die die rechtzeitige Erfüllung der Ordnungspflicht innerhalb der Frist verhindern, wird die Frist nicht unangemessen, aber der Ordnungspflichtigen kann im Vollstreckungsverfahren entsprechende Einwendungen vorbringen[994]. Fehlt die erforderliche Bestimmung der Frist, ist die Androhung rechtswidrig[995]. In der Regel genügt auch nicht als Fristvorgabe: *unverzüglich*[996]. Eine Frist für eine Unterlassungspflicht ist allerdings entbehrlich, wenn eine dringende Gefahr vorliegt[997].
Rechtsbehelfe gegen Vollstreckungsmaßnahmen haben keine aufschiebende Wirkung[998]. Die Androhung einer Ersatzvornahme kann im Übrigen, wenn der zugrunde liegende Verwaltungsakt unanfechtbar geworden ist, nur insoweit angefochten werden, als eine Rechtsverletzung durch die Androhung selbst behauptet wird[999].

**Hinweis:** Sind Zwangsmittel in der jeweiligen Landesbauordnung eigenständig geregelt, können die hier genannten Verfahrensschritte ggf. entfallen[1000]. Dies ist allerdings streitig, allerdings ist auch die (nicht vorgeschriebene) Festsetzung eines Zwangsmittels nicht schädlich.

---

990 Eine abgelaufene Frist aus einer Zwangsmittelandrohung hat Einfluss auf den Rechtsschutz. Hatte der Pflichtige diese nicht zu befolgen, wird die Frist gegenstandslos. Dann fehlt unter anderem auch das Rechtsschutzinteresse (VGH Hessen 28.4.2005 – 9 UE 372/04 – BRS 69, Nr. 195). Auch das OVG Nordrhein-Westfalen 2.3.2001 – 7 A 5020/98 – empfiehlt die Vorgabe eines bestimmten Zeitraums nach Unanfechtbarkeit der Grundverfügung.
991 VGH Baden-Württemberg 7.2.1991 – 5 S 1452/90 – BRS 52, Nr. 242.
992 OVG Mecklenburg-Vorpommern 18.6.1996 – 3 M 3/96 – BRS 58, Nr. 222.
993 OVG Thüringen 27.2.1997 – 1 EO 233/96 – BRS, Nr. 217. Laut dem OVG Nordrhein-Westfalen 30.3.2021 – 7 B 1743/20 – ist bei dem Erlass einer Nutzungsuntersagung gegenüber dem Mieter als Nutzer diesem eine hinreichende Frist zur Räumung der Wohnung einzuräumen.
994 VGH Bayern 15.12.1987 – 26 B 85 A.47.
995 VGH Baden-Württemberg 7.2.1991 – 5 S 1452/90 – BRS 52, Nr. 242.
996 OVG Nordrhein-Westfalen 27.10.1982 – 4 A 2347/81.
997 VG Ansbach 24.11.2015 – AN 9 K 15.00956 – hier: fehlende Rettungswege.
998 § 39 VwVG BB; § 75 Abs. 1 VwVG HH; § 99 Abs. 1 SOG M-V; § 64 Abs. 4 Nds. SOG; § 11 SächsVwVG; § 53 Abs. 4 SOG LSA; § 248 LVwG SH; § 30 ThürVwZVG.
999 VG Würzburg 28.7.2022 – W 4 S 22.1106.
1000 Vgl. für Niedersachsen: OVG Niedersachsen 27.9.1983 – 6 B 87/83 – BRS 40, Nr. 227.

## 2. Festsetzung

**436** Wird die Verpflichtung innerhalb der von der Bauaufsichtsbehörde gesetzten Frist nicht erfüllt, so setzt diese als Vollzugsbehörde das Zwangsmittel fest. Bei fruchtlosem Verlauf einer Frist darf ein neues Zwangsgeld festgesetzt werden, auch wenn das bisherige Zwangsgeld noch nicht beigetrieben wurde[1001]. Auch wenn die Androhung schon längere Zeit zurück liegt, bedarf es keiner erneuten Androhung (eines Zwangsgeldes)[1002]. Einer erneuten Androhung eines Zwangsmittels bedarf es aber im Falle einer Rechtsnachfolge in die Ordnungspflicht[1003].

| Übersicht über den Regelungen zur Festsetzung des Zwangsmittel in den Verwaltungsvollstreckungsgesetzen der einzelnen Bundesländer | |
|---|---|
| Baden-Württemberg | § 23 LVwVG BW – *bei Zwangsgeld* |
| Bayern | fehlt |
| Berlin | § 14 VwVG – *des Bundes, anwendbar durch Verweis gem.* § 5 VwVfG Bln |
| Brandenburg | § 24 Abs. 1 VwVG BB |
| Bremen | § 18 BremVwVG – *bei Zwangsgeld* |
| Hamburg | § 20 VwVG HH – *bei Zwangsgeld* |
| Hessen | § 76 Abs. 1 HessVwVG – *bei Zwangsgeld* |
| Mecklenburg-Vorpommern | § 88 Abs. 2 SOG M-V – *bei Zwangsgeld* |
| Niedersachsen | § 67 Abs. 2 Nds. SOG – *bei Zwangsgeld* |
| Nordrhein-Westfalen | § 64 VwVG,NW |
| Rheinland-Pfalz | § 64 Abs. 2 LVwVG RP -*bei Zwangsgeld* |
| Saarland | § 20 Abs. 2 SVwVG SL – *bei Zwangsgeld* |
| Sachsen | § 22 Abs. 2 SächsVwVG – *nur bei Zwangsgel* |
| Sachsen-Anhalt | § 56 SOG LSA – *nur bei Zwangsgeld* |
| Schleswig-Holstein | § 237 Abs. 2 LVwG SH |
| Thüringen | § 48 Abs. 1 ThürVwZVG – *nur beim Zwangsgeld* |

Der Festsetzungsbescheid ist ein eigenständiger Verwaltungsakt[1004] und stellt die eigentliche Vollstreckungsanordnung dar.

Androhung und Festsetzung müssen übereinstimmen!

---

1001 OVG Nordrhein-Westfalen 23.6.2015 – 7 B 351/15 – BRS 83, Nr. 106.
1002 OVG Nordrhein-Westfalen 27.9.2021 – 2 B 1299/21.
1003 Das OVG Berlin-Brandenburg 16.5.2019 – OVG 2 S 19.19 – bejaht die Rechtsnachfolge des neuen Mieters in die Ordnungspflicht, wenn er die alte Nutzung fortführt. Insoweit gilt das bereits ausgesprochene Nutzungsverbot. Die Androhung des Zwangsmittels muss aber wiederholt werden. Vgl. auch: VG München 01. März 2018 – M 8 S 18.183 (hier Nutzungsuntersagung für ungenehmigtes Wettbüro. So schon: VGH Baden-Württemberg 7.11.1979 – III 629/79.
1004 OVG Saarland 22.9.1992 – 2 R 42/91 – BRS 54, Nr. 214, vgl. auch: OVG Thüringen 27.6.1996 – 1 EO 425/95 – BRS 58, Nr. 208 und BVerwG 26.6.1997 – 1 A 10/95 – NVwZ 1998, 395 ff., vgl. hierzu auch: OVG Rheinland-Pfalz 22.1.1986 – 8 B 44/85 – BRS 46, Nr. 205.

XXXVI. Der Verwaltungszwang – das Verfahren

Auch die Ersatzvornahme darf festgesetzt werden[1005]. Der Festsetzung einer Ersatzvornahme kommt ebenso eine Warn- und Schutzfunktion zu[1006].
Nur ein festgesetztes Zwangsmittel darf auch angewendet werden[1007]. Spätestens nach Ablauf der in der Androhung bestimmten Frist müssen bei mehreren Pflichtigen auch für diese die Voraussetzungen für den Verwaltungszwang vorliegen, andernfalls darf das Zwangsmittel nicht (mehr) festgesetzt werden[1008]. Übrigens ist eine Zustellung der Festsetzung nicht vorgeschrieben.
Der Adressat der Maßnahme im Verwaltungszwang kann grundsätzlich Einwendungen gegen die Grundverfügung im Zeitpunkt der Festsetzung nicht mehr erfolgreich vorbringen[1009].

### 3. Anwendung

Zwangsmittel werden entsprechend der Festsetzung angewendet, wobei die Anwendung die letzte Stufe des Vollstreckungsverfahrens darstellt. Beim Zwangsgeld ist die Anwendung die Beitreibung durch die Gemeinde- bzw. Stadtkasse. Bei der Ersatzvornahme erfolgt die Anwendung durch die Umsetzung der Maßnahme durch die Behörde selbst oder einen beauftragten Dritten. Die Anwendung des unmittelbaren Zwanges in Form der Versiegelung einer Baustelle geschieht durch Anbringung der amtlichen Siegel und ggf. durch Kennzeichnung der versiegelten Baustelle durch Flatterband.
Grundsätzlich hat die Bauaufsichtsbehörde die Anwendung des Zwangsmittels einzustellen, wenn der Ordnungspflichtige der bauaufsichtlichen Forderung nachkommt[1010]. Das OVG Saarland[1011] erlaubt aber bei Verstößen gegen Unterlassungspflichten sogar die Festsetzung und die Beitreibung angedrohter Zwangsgelder auch für den Fall, wenn der Verstoß beendet wurde und auch weitere Verstöße unmöglich sind[1012]. Im Übrigen bleibt die vorherige Festsetzung von Zwangsgeldern rechtmäßig, auch wenn hernach der Grundverfügung Folge geleistet wurde[1013].
Ändert sich aber die Rechtslage nach Bestandskraft der Beseitigungsverfügung zugunsten des Ordnungspflichtigen, besteht ein Vollstreckungshindernis. In ei-

---

1005 OVG Saarland 22.9.1992 – 2 R 42/91 – BRS 54, Nr. 214.
1006 OVG Nordrhein-Westfalen 6.12.1996 – 5 B 74/95.
1007 OVG Thüringen 22.4.2002 – 1 EO 184/02 – BRS 65, Nr. 2005.
1008 BRS 32, Nr. 196, BRS 33, Nr. 181, BRS 44, Nr. 208, 209, BRS 63, Nr. 220.
1009 Vgl. hierzu: VGH Baden-Württemberg 11.8.1982 – 3 S 660/82 – BRS 39, Nr. 230 und OVG Sachsen-Anhalt 10.2.2022 – 2 M 151/21.
1010 OVG Mecklenburg-Vorpommern – 3 M 3/96 – BRS 58, Nr. 222, anders bei Wiederholungsgefahr: OVG Nordrhein-Westfalen 21.12.1988 – 7 A 2555/87 – BRS 49, Nr. 233, vgl. auch: OVG Nordrhein-Westfalen 30.6.1998 – 10 B 1360/98 und OVG Nordrhein-Westfalen 3.2.2006 – E 16/07.
1011 OVG Saarland 27.11.2001 – 2 R 9/00 – BRS 64, Nr. 203.
1012 So auch: OVG Sachsen-Anhalt 13.5.1996 – 2 L 60/95 – BRS 58, Nr. 221. Laut dem OVG Nordrhein-Westfalen 21.12.1988 – 7 A 2555/87, BRS 49, Nr. 233 darf die Androhung eines Zwangsgeldes zur Durchsetzung eines Unterlassungsgebotes auch dann festgesetzt und beigetrieben werden, wenn ein Verstoß gegen eine Ordnungsverfügung nicht mehr möglich ist. Maßgeblich ist, wann der Verstoß stattgefunden hat. Ist er zeitlich zwischen der Androhung und während der Gültigkeit der Ordnungsverfügung erfolgt, darf vollstreckt werden.
1013 OVG Nordrhein-Westfalen 19.7.2017 – 7 A 1761/16.

nem solchen Fall kann der Betroffene einen Antrag auf Wiederaufgreifen des Verfahrens (§ 51 VwVfG) oder einen Zweitbescheid beantragen[1014].

## 4. Sofortvollzug = Verwaltungszwang ohne vorausgehende Grundverfügung

**438** **a) Anforderungen allgemein.** Für den Sofortvollzug, d. h. für Verwaltungszwang ohne vorausgehende Grundverfügung, gelten besondere Anforderungen. So muss die Behörde im Rahmen ihrer Befugnisse handeln und der Sofortvollzug zur Abwehr einer gegenwärtigen Gefahr notwendig sein.

| Übersicht über den Regelungen zum Sofortvollzug in den Verwaltungsvollstreckungsgesetzen der einzelnen Bundesländer | |
|---|---|
| Baden-Württemberg | § 21 LVwVG BW |
| Bayern | Art. 35 VwZVG BY |
| Berlin | § 6 Abs. 2 VwVG – des Bundes, anwendbar durch Verweis gem. § 5 VwVfG Bln |
| Brandenburg | § 15 Abs. 2 VwVG BB |
| Bremen | § 11 Abs. 2 BremVwVG |
| Hamburg | § 27 VwVG HH |
| Hessen | § 72 HessVwVG |
| Mecklenburg-Vorpommern | § 81 SOG M-V |
| Niedersachsen | § 64 Nds. SOG |
| Nordrhein-Westfalen | § 55 Abs. 2 VwVG,NW |
| Rheinland-Pfalz | § 61 Abs. 2 LVwVG RP |
| Saarland | § 18 Abs. 2 SVwVG SL |
| Sachsen | § 21 SächsVwVG |
| Sachsen-Anhalt | § 53 Abs. 2 SOG LSA |
| Schleswig-Holstein | § 230 LVwG SH |
| Thüringen | § 54 ThürVwZVG |

Sofortvollzug kann auch im Nachhinein schriftlich bestätigt werden. Regelmäßig folgt bei bauaufsichtlichen Maßnahmen mit Kostenaufwand ein Leistungsbescheid, der eine Kostenerstattung vom Ordnungspflichtigen verlangt.

**439** **b) Anforderungen im Bauordnungsrecht.** Im Bauordnungsrecht gilt, dass die formelle Illegalität einer Nutzung regelmäßig nie den Sofortvollzug rechtfertigt, die materielle Illegalität einer Nutzung kann im Sofortvollzug nicht untersagt werden. Für eine solche bauaufsichtliche Maßnahme ist vielmehr das Vorliegen einer konkreten Gefahr erforderlich.
In der bauaufsichtlichen Praxis findet sich insbesondere die im Sofortvollzug durchgeführte Versiegelung einer Baustelle[1015].

---

1014 BVerwG 11.8.1992 – 4 B 161.92 – NVwZ 1993, 476.
1015 Vgl. hierzu: Beschluss des OVG Nordrhein-Westfalen 25.11.1993 – 10 B 360/93 – BRS 55, Nr. 207.

Grundsätzlich nicht zulässig ist die Durchsetzung eines Nutzungsverbotes mit der Versiegelung der entsprechenden Räumlichkeiten[1016].
**Hinweis:** Zu einem sofort vollzogenen Abriss eines insgesamt nicht mehr standsicheren Gebäudes vgl. OVG Nordrhein-Westfalen 14.1.1997 – 10 A 1890/93 (BRS 59, Nr. 225). Der Einwand, das Gebäude hätte abgestützt werden können, geht ins Leere[1017], hier auch Ausführungen zur Grundlage der qualifizierten Gefährdungseinschätzung durch die Bauaufsichtsbehörde).

**Beachte:** Sofortvollzug ist nicht verwechseln mit Anordnung der sofortigen Vollziehung (gem. § 80 Abs. 2 Nr. 4 VwGO)! Die Begrifflichkeiten gehen aber auch in der Rechtsprechung durcheinander.

Ob der Sofortvollzug als VA zu bewerten ist, wird teilweise unterschiedlich gesehen. Auf alle Fälle ist die im Sofortvollzug durchgeführte Versiegelung einer nachträglichen schriftlichen Bestätigung zugänglich[1018].

### 5. Rechtsschutz

Einwendungen gegen einen vollstreckbaren Verwaltungsakt können im Rahmen des einstweiligen Rechtsschutzes durch einen Antrag auf einstweilige Einstellung der Vollstreckung vorgetragen werden. Rechtsgrundlage hierfür ist § 123 VwGO[1019]. Maßgeblicher Zeitpunkt für die Beurteilung der Rechtmäßigkeit einer Zwangsgeldfestsetzung ist in diesem Zusammenhang der Zeitpunkt der letzten Behördenentscheidung[1020].
Das OVG Nordrhein-Westfalen[1021] weist darauf hin, dass es auf die Rechtmäßigkeit des bestandskräftigen Nutzungsverbotes bei der Festsetzung des angedrohten Zwangsgeldes nicht mehr ankommt, auch wenn zuvor eine Klage gegen die Grundverfügung eingelegt und dann zurückgezogen wurde. Ein Vollstreckungsschuldner kann auch bei einem Rechtsmittel gegen die Festsetzung eines Zwangsgeldes nichts mehr gegen die Art des Zwangsmittels einwenden, wenn dessen Androhung unanfechtbar geworden ist[1022].
Laut dem OVG NRW[1023] bleibt die vorherige Festsetzung von Zwangsgeldern rechtmäßig, auch wenn hernach der Grundverfügung Folge geleistet wurde.

### 6. Der praktische Fall: Der uneinsichtige Bauherr

Die Bauaufsichtsbehörde M. wird durch Hinweise aus der Nachbarschaft auf Bauarbeiten auf einem Wohngrundstück in ihrem Zuständigkeitsbereich aufmerksam. Bei einer Ortsbesichtigung durch Außendienstmitarbeiter wird da-

---

1016 VGH Bayern 26.2.1987 – Nr. 15 CS 87.00142 – BRS 47, Nr. 200.
1017 Vgl. hierzu auch: OVG Saarland 5.12.2013 – 2 A 375/13.
1018 Laut dem OVG Nordrhein-Westfalen handelt es sich hierbei nicht um einen VA: OVG Nordrhein-Westfalen 25.11.1993 – 10 B 360/93 – BRS 55, Nr. 207 = BauR 1994, 233.
1019 VGH Hessen 21.11.1991 – 3 TG 2364/91 – BRS 52, Nr. 241.
1020 OVG Sachsen-Anhalt 24.11.2014 – 2 L 39/13.
1021 E. v. 30.6.2017 – 7 B 535/17.
1022 VG Neustadt 2.9.2004 – 4 L 2027/04.
1023 E. v. 19.7.2017 – 7 A 1761/16.

raufhin festgestellt, dass der Grundstückseigentümer (B) mit der Aufstockung der sich im hinteren Teil des Grundstückes befindliche Vierergarage begonnen hat. Auf Befragen erklärt der Bauherr, dass hier ein zusätzliches Geschoss mit Wohnräumen und einem Satteldach entstehen soll. Da die Bauarbeiten ohne die erforderliche Baugenehmigung begonnen worden sind, sprechen die Mitarbeiter der Bauaufsichtsbehörde vor Ort mündlich ein Verbot der Fortführung der formell illegalen Bauarbeiten aus. Die Stilllegung wird in der Folge durch Ordnungsverfügung schriftlich bestätigt und gleichzeitig – für den Fall der Missachtung des Verbotes – die Versiegelung der Baustelle angedroht. In der Folge wird der Fortgang der Bauarbeiten festgestellt. Daraufhin wird die Baustelle versiegelt und die Versiegelung mit schriftlicher Ordnungsverfügung bestätigt.

Bei dem letzten Ortstermin war auch ein Statiker der Behörde vor Ort. Dieser berichtet, dass die bisherige Bauausführung nicht den anerkannten Regeln der Baukunst entspricht. So bestehen die bereits vorhandenen Wände aus größtenteils lose aufeinander gesetzten Planblocksteinen, die direkt ohne Abklebung auf die Garagendecke gesetzt wurden. Ein Verbund zur darunterliegenden Decke durch ein Mörtelbett besteht nicht. Die schon errichteten Wände sind deshalb nicht standsicher und drohen auf den Garagenhof zu stürzen. Die Garagen werden u. A. von den Mietern des Wohngebäudes genutzt. Aus diesem Grunde veranlasst die Bauaufsichtsbehörde unverzüglich die Absicherung der Baustelle durch einen Bauzaun durch das städtische Tiefbauamt. Mit Schreiben vom 22.08. weist die Bauaufsichtsbehörde den Bauherrn auf den Gefahrentatbestand hin und räumt eine einwöchige Frist zum freiwilligen Rückbau der Aufstockung ein, andernfalls muss er mit einer bauaufsichtlichen Beseitigungsverfügung nebst Ersatzvornahme rechnen. Nach fruchtlosem Ablauf der Frist erlässt die Bauaufsichtsbehörde eine entsprechende Ordnungsverfügung. Der Bauherr wird mit dieser Ordnungsverfügung aufgefordert, die der Aufstockung des Garagengebäudes dienenden Außenwände innerhalb einer Woche nach Zustellung vollständig zu beseitigen. Mit der Ordnungsverfügung sind die ordnungsgemäße Androhung einer Ersatzvornahme und die Anordnung der sofortigen Vollziehung verbunden.

Nach Ablauf der Frist stellen Baukontrolleure vor Ort fest, dass der Bauherr den Bauzaun beiseitegeschoben und die Bauarbeiten offensichtlich weiter vorangetrieben hat. Zur Gefahrenabwehr setzt deshalb die Behörde die angedrohte Ersatzvornahme für den morgigen Tag fest, lässt die Festsetzungsverfügung noch am gleichen Tag durch einen Baukontrolleur B übergeben und veranlasst dann für den Folgetag den sofortigen Abbruch der nicht standsicheren Wände durch eine Fremdfirma unter Aufsicht von Mitarbeitern des städtischen Tiefbauamtes. Am 17.09. erhält der Bauherr einen Leistungsbescheid über eine Summe von 1800,00 Euro für den durchgeführten Abbruch unter Beifügung der Rechnungskopien der beteiligten Firma. Der Leistungsbescheid ist mit einer Begründung und einer Rechtsbehelfsbelehrung versehen. Der Bauherr ist der Auffassung, dass der Abbruch aus seiner Sicht unverhältnismäßig gewesen sei. Zwischenzeitlich habe er doch den erforderlichen Bauantrag für das Vorhaben bei der Bauaufsichtsbehörde nachgereicht. Außerdem liegen die tatsächlichen Kosten für die Ersatzvornahme um ca. 1/3 höher als die in der Ordnungsverfügung angekündigten voraussichtlichen Kosten. Aus diesen Gründen weigert er sich, den Leistungsbescheid zu begleichen und reicht vielmehr über seinen Rechtsanwalt form- und fristgerecht eine Klage gegen den Leistungsbescheid beim zuständigen Verwaltungsgericht ein. *Anmerkung*: Der erwähnte Bauantrag ist bei der Bauaufsichtsbehörde tatsächlich eingegangen, weist aber erhebliche inhaltliche Mängel auf und ist deshalb wegen Unvollständigkeit nicht spruchreif.

**Hat die Klage Aussicht auf Erfolg?**
Hinweis: Der Fall ist in NRW platziert.

**Lösung**
Die Klage hätte Aussicht auf Erfolg, wenn sie zulässig und begründet wäre.

**I. Zulässigkeit**
Die Klage müsste zulässig sein.
1. Der Verwaltungsrechtsweg müsste eröffnet sein. Da eine abdrängende Spezialnorm nicht ersichtlich ist, ist § 40 Abs. 1 VwGO einschlägig. Dann müsste die streitentscheidende Norm öffentlich-rechtlicher Natur sein. B wendet sich gegen einen Leistungsbescheid der Bauaufsichtsbehörde. Mit diesem Leistungsbescheid werden von B die Kosten für eine Ersatzvornahme in Umsetzung einer bauaufsichtlichen Beseitigungsverfügung geltend gemacht. Für den Leistungsbescheid finden die Vorschriften des VwVG und der KostO Anwendung. Hierbei handelt es sich unstrittig um öffentlich-rechtliche Regelwerke. Es liegt auch keine Streitigkeit verfassungsrechtlicher Natur vor, sondern im vorliegenden Fall wendet sich ein Privater gegen eine hoheitliche Maßnahme der Eingriffsverwaltung. Der Verwaltungsrechtsweg ist deshalb gegeben (§ 40 VwGO).
2. Die Klage müsste auch statthaft sein. Dann müsste sich dieser gegen einen Verwaltungsakt richten. Bei dem Leistungsbescheid handelt es sich um einen Verwaltungsakt i. S. d. § 35 VwVfG. Der Leistungsbescheid ist als ein belastender Verwaltungsakt zu bewerten, da er gegenüber B eine Kostentragungspflicht konkretisiert und somit in seine Rechte eingreift. Damit liegt eine Anfechtungsklage i. S. d. § 42 Abs. 1 1. Alt. VwGO.
3. B müsste klagebefugt sein (§ 42 Abs. 2 VwGO). B müsste die Möglichkeit der Verletzung eigener (!) Rechte dartun können. Dies ist – da B Adressat eines belastenden Verwaltungsaktes ist – ohne weitere Prüfung zu bejahen (Adressatentheorie).
4. Die Klage müsste form- und fristgerecht eingereicht worden sein. Nähere Anforderungen folgen aus § 74 VwGO. Laut Sachverhalt wurde die Klage form- und fristgerecht eingelegt, also schriftlich und innerhalb der gesetzlichen Klagefrist.
5. Bedenken hinsichtlich der Beteiligungs-, Handlungsfähigkeit und dem Klageinteresse des B bestehen nicht.
Zwischenergebnis: Die Klage gegen den Leistungsbescheid ist zulässig.

## II. Begründetheit

Die Klage muss aber auch begründet sein.
Der Klage des B ist begründet, wenn der Leistungsbescheid der Bauaufsichtsbehörde M. rechtswidrig war und B hierdurch in seinen Rechten verletzt worden ist (§ 113 Abs. 1 VwGO).

**Anmerkung**: Da es sich bei dem Leistungsbescheid um einen belastenden Verwaltungsakt handelt, bedarf es wegen des Grundsatzes vom Gesetzesvorbehalt einer Ermächtigungsgrundlage. Für die Kostenforderung der Bauaufsichtsbehörde kommt als Rechtsgrundlage § 77 Abs. 1 VwVG i. V. m. § 11 Abs. 2 Nr. 7 KostO in Betracht. Die formellen und materiellen Voraussetzungen der Ermächtigungsgrundlage müssen vorliegen.

### A) Prüfung der formellen Rechtmäßigkeit des Leistungsbescheides

Der Leistungsbescheid muss formell rechtmäßig sein.

**Zuständigkeit**

Die Bauaufsichtsbehörde M müsste sachlich für den Erlass des Leistungsbescheides zuständig sein. Gem. § 11 Abs. 2 S. 1 KostO sind die Auslagen der Vollstreckungsbehörde vom Vollstreckungsschuldner zu erstatten. § 11 Abs. 2 Nr. 11 KostO verweist in diesem Zusammenhang auf § 56 VwVG. Gem. § 56 Abs. 1 VwVG wird der Verwaltungsakt von der Behörde vollzogen, die ihn erlassen hat. Die Aufforderung zur Beseitigung der Aufstockung wurde von der Bauaufsichtsbehörde M. durch Ersatzvornahme vollzogen. Diese ist damit auch für den Erlass des Leistungsbescheides als Kostengläubigerin (vgl. § 77 Abs. 1 VwVG) zuständig.

**Verfahren und Form**

Bedenken gegen Form und Verfahren der Kostenfestsetzung bestehen nicht. Einer vorherigen Anhörung bedurfte es nicht, da es sich um eine Maßnahme der Verwaltungsvollstreckung handelt (§ 28 Abs. 2 Nr. 5 VwVfG). Im Übrigen hat die Bauaufsichtsbehörde M. die Ersatzvornahme im Rahmen der Beseitigungsverfügung angedroht und hierbei auch die voraussichtlichen Kosten genannt. Die Androhung des Zwangsmittels und die Benennung der Kosten (§ 63 Abs. 1, 4 VwVG) erfüllt insoweit eine Warnfunktion, eine zusätzliche Anhörung vor Erlass des Leistungsbescheides war bereits aus diesem Grund entbehrlich. Es bestehen auch keine Bedenken gegen die Form des Leistungsbescheides. Ein Verwaltungsakt kann zwar auch mündlich erlassen werden (§ 37 Abs. 2 VwVfG), aber für Ordnungsverfügungen (§ 20 Abs. 1 OBG) und Maßnahmen der Verwaltungsvollstreckung im gestreckten Verfahren (vgl. z. B. § 63 Abs. 1 VwVG) sind Schriftform vorgeschrieben. Für den Leistungsbescheid gibt es keine vergleichbare Vorschrift. Allerdings liegt es bereits aus Gründen der Rechtssicherheit nahe, die Kostenfestsetzung in Form eines Bescheides zu erlassen, da dem Kostenschuldner zwangsläufig die Höhe der zu erstattenden Kosten und das Zahlungsziel sowie die sonstigen Zahlungsmodalitäten mitzuteilen sind.

**Bekanntgabe**
Auch für die Bekanntgabe eines Verwaltungsaktes besteht Formfreiheit, außer eine gesetzliche Norm schreibt die förmliche Bekanntgabe (= Zustellung) vor (vgl. z. B. § 73 Abs. 3 VwGO). Da der Sachverhalt zur Bekanntgabe des Leistungsbescheides keine näheren Angaben enthält, wird eine ordnungsgemäße Bekanntgabe unterstellt.

**Zwischenergebnis: Der Leistungsbescheid ist formell rechtmäßig.**

**B) Prüfung der materiellen Rechtmäßigkeit des Leistungsbescheides**
Ermächtigungsgrundlage: wie bereits erwähnt, bedarf es für den Erlass eines belastenden Verwaltungsaktes – wie hier – einer wirksamen Ermächtigungsgrundlage. Als Ermächtigungsgrundlage für die Kostenforderung kommt § 77 Abs. 1 VwVG i. V. m. § 11 Abs. 2 Nr. 7 KostO in Betracht. Nach dieser Vorschrift sind Beträge, die bei der Ersatzvornahme usw. an Beauftragte und an Hilfspersonen, sowie Kosten, die der Vollzugsbehörde durch die Ersatzvornahme entstanden sind, der Vollstreckungsbehörde vom Vollstreckungsschuldner zu erstatten. Bedenken gegen § 11 KostO wegen Verstoß gegen höherrangiges Recht bestehen nicht. Die Ermächtigung zum Erlass der KostO folgt aus § 7 Abs. 2 VwVG.

**1. Rechtmäßigkeit der Ersatzvornahme**
Für die Entstehung der Kostenpflicht bedarf es aber einer rechtmäßigen Ersatzvornahme.
Prüfung der gesetzlichen Voraussetzungen für die Ersatzvornahme
a) Die Voraussetzungen für die Ersatzvornahme regelt § 59 VwVG. Die Ersatzvornahme ist eine Maßnahme des Verwaltungszwanges. Verwaltungszwang bedeutet die Durchsetzung von Handlungen, Duldungen und Unterlassungen durch die Behörde, wobei die Zwangsmittel als Beugemittel künftiges Verhalten erzwingen sollen. Zunächst einmal muss aber der Verwaltungszwang an sich zulässig sein. Näheres folgt aus § 55 VwVG.
b) Gem. § 55 Abs. 1 VwVG kann ein Verwaltungsakt, der auf die Vornahme einer Handlung oder auf Duldung oder auf Unterlassung gerichtet ist, mit Zwangsmitteln durchgesetzt werden, wenn er unanfechtbar ist oder wenn ein Rechtsmittel keine aufschiebende Wirkung hat.
aa) Es muss ein Verwaltungsakt vorliegen, der auf die Vornahme einer Handlung oder auf Duldung oder Unterlassung gerichtet ist. Ein solcher Verwaltungsakt ist in der bauaufsichtlichen Beseitigungsverfügung zu sehen. Mit dieser Verfügung forderte die Bauaufsichtsbehörde M den Widerspruchsführer auf, die der Aufstockung der Garage dienenden Außenwände (innerhalb einer Woche nach Zustellung) vollständig zu beseitigen. Inhalt der Ordnungsverfügung war das Gebot einer Handlung. Damit handelte es sich um einen vollstreckbaren (= befehlenden) Verwaltungsakt.
bb) Der Verwaltungsakt muss auch wirksam (vgl. § 43 VwVfG) geworden sein, d. h. die Ordnungsverfügung muss ordnungsgemäß bekannt gegeben worden sein und es dürfen keine Gründe für eine Nichtigkeit i. S. d. § 44 VwVfG vorliegen. Dem Sachverhalt sind keine Gründe zu entnehmen, die gegen eine ordnungsgemäße Bekanntgabe sprechen. Der Tenor der Ordnungsverfügung

stellt auf die Zustellung ab, dies bedeutet förmliche Bekanntgabe z. B. durch Postzustellungsurkunde oder durch Einschreiben. Näheres folgt aus dem VwZG. Damit der Grundverfügung auch die Androhung verbunden war, war diese auch zwingend zuzustellen (§ 63 Abs. 6 VwVG). Auch Nichtigkeitsgründe, z. B. tatsächliche Unmöglichkeit (§ 44 Abs. 2 Nr. 4 VwVfG) sind nicht ersichtlich. Insoweit ist von einer wirksamen Grundverfügung auszugehen.

cc) Der Verwaltungsakt muss auch unanfechtbar geworden sein oder ein Rechtsmittel darf keine aufschiebende Wirkung haben. Unanfechtbar wird ein Verwaltungsakt nach ungenutztem Ablauf der Rechtsbehelfsfrist. Hier gab die bauaufsichtliche Ordnungsverfügung im Tenor eine kürzere Frist als die Monatsfrist des § 70 VwGO zur Einlegung eines Widerspruches vor. Noch vor Ablauf der einwöchigen Frist kam es zur Umsetzung der geforderten Maßnahme durch die Ersatzvornahme, von einer entsprechenden Klage des B berichtet der Sachverhalt in dieser Phase nichts, erst der Leistungsbescheid wird von B mit einer Klage Rechtsbehelf angegriffen. Es liegt damit keine Unanfechtbarkeit vor, allerdings hätte ein Rechtsbehelf durch die mit der Ordnungsverfügung verbundenen Anordnung der sofortigen Vollziehung (gem. § 80 Abs. 2 Nr. 4 VwGO) keine aufschiebende Wirkung entfaltet.

Der Verwaltungszwang war damit zulässig. Fraglich ist aber, ob auch die Ersatzvornahme rechtmäßig gewesen war, d. h. ob die Voraussetzungen des § 59 VwVG vorliegen.

c) Gem. § 59 Abs. 1 VwVG kann die Vollzugsbehörde auf Kosten des Betroffenen eine Handlung, deren Vornahme durch einen anderen möglich ist, selbst ausführen oder einen anderen mit der Ausführung beauftragen, wenn der Pflichtige die Verpflichtung nicht erfüllt hat.

aa) Es muss sich um eine vertretbare Handlung handeln, also nicht um eine höchstpersönliche Pflicht. Dies bedeutet, dass die Vornahme der Handlung, hier Beseitigung der nicht standsicheren Aufstockung, auch durch andere Personen möglich sein muss. Eine vertretbare Handlung ist hier zu bejahen, was die im Sachverhalt mitgeteilte erfolgreiche Ersatzvornahme beweist. § 59 Abs. 1 VwVG gestattet auch die Fremdvornahme, d. h. die Beauftragung eines Dritten (hier eine Fremdfirma – beaufsichtigt durch Mitarbeiter des städtischen Tiefbauamtes).

bb) Bei der Anwendung der Ersatzvornahme muss es sich auch um ein richtiges Mittel aus dem gesetzlichen Katalog des § 57 VwVG handeln. Diese Vorschrift gibt einen abschließenden Katalog der Zwangsmittel vor: Ersatzvornahme, Zwangsgeld und unmittelbarer Zwang, wobei der unmittelbare Zwang subsidiär anzuwenden ist (§§ 58 Abs. 3, 62 Abs. 1 VwVG). Im vorliegenden Fall wäre aufgrund der Gefahrenlage und der bedrohten Schutzgüter die Androhung eines Zwangsgeldes (§ 60 VwVG) untunlich gewesen. Durch die Androhung eines bzw. in der Folge weiterer Zwangsgelder wäre bei der Vorgeschichte zu befürchten gewesen, dass die nicht standsichere bauliche Anlage noch längere Zeit bestehen würde. Aus diesem Grunde ist die Ersatzvornahme das geeignete und damit das richtige Zwangsmittel. Anhaltspunkte für einen Ermessensfehler liegen nicht vor (§ 40 VwVfG bzw. vorrangig § 16 OBG).

XXXVI. Der Verwaltungszwang – das Verfahren **441**

cc) Es bedarf im gestreckten Vollstreckungsverfahren einer vorherigen schriftlichen Androhung des ausgewählten Zwangsmittels unter angemessener Fristsetzung (§ 63 VwVG). Laut dem Sachverhalt wurde mit der von der Bauaufsichtsbehörde erlassenen Beseitigungsverfügung auch die (schriftliche) Androhung der Ersatzvornahme verbunden. Die von § 63 Abs. 1 VwVG vorgeschriebene Fristsetzung zur Erfüllung der Verpflichtung wurde mit dem eigentlichen Tenor der bauaufsichtlichen Ordnungsverfügung, d. h. mit der Aufforderung zum Rückbau der Aufstockung verbunden. Fraglich ist, ob die einwöchige Frist auch angemessen war. Diese Frage ist bei Maßnahmen der Gefahrenabwehr unter Berücksichtigung der Wahrscheinlichkeit eines Schadenseintrittes vor dem Hintergrund der bedrohten Schutzgüter zu überprüfen. Im vorliegenden Fall handelte es sich um eine ungenehmigte Baumaßnahme, von der aufgrund der fehlenden Standsicherheit zudem noch eine unmittelbare Gefahr für die Nutzer des Garagenhofes ausging.

| Übersicht über den Regelungen zur Standsicherheit in den Landesbauordnungen | |
|---|---|
| Baden-Württemberg | § 13 LBO |
| Bayern | Art. 10 BayBO, BY |
| Berlin | § 12 BauO Bln |
| Brandenburg | § 12 BbgBO |
| Bremen | § 12 BremLBO |
| Hamburg | § 15 HBauO |
| Hessen | § 12 HBO |
| Mecklenburg-Vorpommern | § 12 LBauO M-V |
| Niedersachsen | § 12 NBauO |
| Nordrhein-Westfalen | § 12 BauO NRW |
| Rheinland-Pfalz | § 13 LBauO |
| Saarland | § 13 LBO |
| Sachsen | § 12 SächsBO |
| Sachsen-Anhalt | § 12 BauO LSA |
| Schleswig-Holstein | § 12 LBO |
| Thüringen | § 12 ThürBO |

Obwohl die Baustelle durch Veranlassung der Bauaufsichtsbehörde mittlerweile durch einen Bauzaun abgesperrt worden war, besteht kein Anlass für die Annahme, dass die Frist unangemessen – also zu kurz bemessen – war. Der Widerspruchführer hätte diese – vertretbare – Handlung innerhalb der gesetzten Frist entweder selbst vornehmen oder aber durch Beauftragung einer Firma vornehmen lassen können. Der Sachverhalt zeigt, dass es auch der Bauaufsichtsbehörde möglich war, eine Fachfirma kurzfristig zu beauftragen. Die Behörde hat auch – wie von der Sollvorschrift des § 63 Abs. 4 VwVG vorgegeben – in der Androhung die voraussichtlichen Kosten angeben.

dd) Das Zwangsmittel muss gem. § 64 VwVG vor Anwendung auch schriftlich festgesetzt worden sein. Nach dieser Vorschrift setzt die Vollzugsbehörde das Zwangsmittel fest, wenn die Verpflichtung innerhalb der gesetzten Frist nicht erfüllt wird. Im vorliegenden Fall hat die Behörde nach Ablauf der in der Beseitigungsverfügung gesetzten einwöchigen Frist vor Ort festgestellt, dass die dem Widerspruchsführer aufgegebene Maßnahme nicht erfüllt worden ist, im Gegenteil, B hatte laut dem Sachverhalt den Bauzaun beiseitegeschoben und die Baumaßnahmen offensichtlich vorangetrieben. Damit durfte die Bauaufsichtsbehörde die Ersatzvornahme auch festsetzen. Gegen die Form und die Bekanntgabe (hier Übergabe durch Baukontrolleur) der Festsetzungsverfügung bestehen keine Bedenken, ebenso wenig gegen die kurzfristige Bestimmung des Termins für die Ersatzvornahme. Bereits durch die Warnfunktion der Androhung hat der Widerspruchsführer die Möglichkeit gehabt, die nicht standsichere Aufstockung und damit die Gefahr für Dritte (und für sich selbst) freiwillig zu beseitigen. § 64 VwVG verlangt nicht erneut die Vorgabe einer (angemessenen) Frist. Angesichts der festgestellten Entwicklung vor Ort wäre im Übrigen eine längere Fristsetzung unangebracht gewesen, denn B hat durch das Beiseiteschieben des Bauzaunes die Baustelle wieder für Dritte betretbar gemacht und den baurechtswidrigen Zustand durch eine Fortführung der ungenehmigten Bauarbeiten weiter verfestigt. Ggf. hätte die Behörde sogar unter Verweis § 55 Abs. 2 VwVG (Sofortvollzug) auf eine schriftliche Festsetzung der Ersatzvornahme verzichten können. Bei Sofortvollzug entfällt eine vorherige schriftliche Festsetzung (§ 64 S. 2 VwVG). Eine Behörde darf auch in einem gestreckten Vollstreckungsverfahren bei Vorliegen einer gegenwärtigen Gefahr – z. B. bei Eskalation eines Gefahrentatbestandes oder bei Bekanntwerden neuer Erkenntnisse – in den Sofortvollzug wechseln und auf die weiteren Verfahrensschritte verzichten bzw. das Zwangsmittel ohne vorherige Androhung wechseln und zur Abwendung der gegenwärtigen Gefahr sofort anwenden.

ee) Einer Anwendung des ausgewählten Zwangsmittels dürfen keine Vollstreckungshindernisse entgegen stehen. Hierbei handelt es sich um teilweise bereits geprüfte Tatbestände, z. B. Erfüllung der Ordnungspflicht, rechtliche Unmöglichkeit und Fälligkeit der geforderten Maßnahme. Vollstreckungshindernisse bestehen demnach nicht, d. h. die Ersatzvornahme durfte angewendet, d. h. durchgeführt werden (§ 65 VwVG). Die Ersatzvornahme war auch verhältnismäßig und die Androhung und Festsetzung bzw. Anwendung stimmten überein.

Damit war die Ersatzvornahme rechtmäßig.

**2. Adressat**

Der Leistungsbescheid muss auch den richtigen Adressaten haben. Ein Verwaltungsakt ist demjenigen gegenüber bekannt zu geben, für den er bestimmt ist oder der von ihm betroffen wird (§ 41 Abs. 1 VwVfG). Hierbei handelt es sich um den sogenannten Adressaten. B ist als Grundstückseigentümer und Bauherr sowohl Zustands-, als auch Handlungsstörer und damit ordnungsrechtlich verantwortlich für den baurechtswidrigen Zustand. B gegenüber wurde deshalb in der bauaufsichtlichen Beseitigungsverfügung zu Recht dessen Ordnungspflicht konkretisiert. Damit ist B als Pflichtiger der Kostenschuldner und der richtige Adressat des Leistungsbescheides (§ 77 Abs. 1 VwVG i. V. m. § 11 Abs. 2 Nr. 7 KostO).

## 3. Anwendung und Kostentragungspflicht

Unstrittig ist mit der fehlerfreien Anwendung der Ersatzvornahme die Kostenerstattungspflicht des B entstanden. Gem. § 11 Abs. 2 KostO hat der Kostenschuldner die Auslagen der Vollstreckungsbehörde zu erstatten. Dazu gehören nach § 11 Abs. 2 Nr. 7 VwVG Beträge, die bei der Ersatzvornahme an Beauftragte zu zahlen sind. Der Leistungsbescheid fordert die Erstattung der Kosten, die durch die beauftragte Firma durchgeführte Ersatzvornahme entstanden sind. Die Kosten werden durch die Kopie der Rechnung der Firma belegt. Abschließend ist aber zu prüfen, ob die Überschreitung der zuvor mitgeteilten Kosten für die Ersatzvornahme zur Rechtswidrigkeit des Leistungsbescheides führt bzw. den Kostenschuldner nur zur teilweisen Kostentragung verpflichtet. Dies wird durch die Rechtsprechung abgelehnt und ein Vertrauensschutz des Kostenschuldners durch die vorgeschriebene Mitteilung der Kosten verneint. Dies wird damit begründet, dass es der Pflichtige in der Hand hat, durch rechtzeitige Erfüllung der Verpflichtung die Anwendung des angedrohten Zwangsmittels und damit weitere Kosten zu vermeiden. In einem solchen Fall ist nämlich der Vollzug einzustellen (§ 65 Abs. 3 VwVG). Die Behörde muss aber die Kosten gewissenhaft schätzen. Dies wird hier unterstellt.

**Zwischenergebnis:** Der angefochtene Leistungsbescheid ist auch materiell rechtmäßig.
**Endergebnis:**
Die Klage wäre zwar zulässig, aber unbegründet. Sie wird deshalb keinen Erfolg haben.

## Schlussbemerkung

Im Rahmen der Prüfung der Rechtmäßigkeit des Leistungsbescheides war die Prüfung der bauordnungsrechtlichen Voraussetzungen für die Beseitigungsforderung nicht gefragt. Maßgeblich ist lediglich die Frage, ob die Grundverfügung wirksam zustande gekommen ist. Ob die Grundverfügung aus anderen Gründen rechtswidrig ist, ist eigentlich nicht relevant. Diese Frage ist für den Verwaltungszwang ohne Belang. Auch ein rechtswidriger – wenn nicht nichtiger – Verwaltungsakt entfaltet Wirksamkeit und kann vollstreckt werden. Hat es der Ordnungspflichtige versäumt, die (rechtswidrige) Ordnungsverfügung rechtzeitig anzufechten, wird die Frage der Fehlerhaftigkeit auch außerhalb des Vollstreckungsverfahrens nicht mehr geprüft. In der Literatur wird aber auch die Auffassung vertreten, dass die Rechtswidrigkeit der Grundverfügung Einfluss auf die Rechtmäßigkeit der Vollstreckungsmaßnahmen hat, d. h. das eine angenommene Fehlerhaftigkeit der fraglichen Beseitigungsverfügung regelmäßig auch zur Rechtswidrigkeit der Maßnahmen des Verwaltungszwanges einschließlich des Leistungsbescheides führen würde. Folgt man dieser Auffassung, müsste innerhalb der gutachterlichen Prüfung auch die formelle und materielle Rechtmäßigkeit der Grundverfügung geprüft werden, z. B. nach der Feststellung, dass der Verwaltungszwang der Durchsetzung eines vollstreckbaren Verwaltungsaktes i. S. d. § 55 Abs. 1 VwVG diente. Die entsprechenden Voraussetzungen folgen dann insbesondere aus der Landesbauordnung bzw. nachrangig aus dem jeweiligen Polizei- und Ordnungsrecht.

**442 7. Der praktische Fall: Vollstreckung trotz Vollzug?**

> K. unterhielt auf seinem Grundstück … in … einen Hundezwinger mit Huskies. Mit Bescheid vom (Datum) untersagte ihm die zuständige Bauaufsichtsbehörde die Nutzung dieses Zwingers, ordnete die sofortige Vollziehung des Bescheides an und drohte für den Fall der Nichtbefolgung ein Zwangsgeld in Höhe von 5.000 Euro an. Gegen diesen Bescheid erhob der Kläger nach erfolglosem Widerspruchsverfahren Klage. Während des Klageverfahrens setzte der Beklagte unter dem (Datum) das zuvor angedrohte Zwangsgeld von 5.000 DM fest und drohte zugleich ein weiteres Zwangsgeld in Höhe von 8.000 Euro an, „um die verfügte Nutzungsuntersagung mit Nachdruck durchzusetzen". Mit Bescheid vom (Datum) setzte die Behörde das angedrohte Zwangsgeld von 8.000 Euro fest und drohte ein weiteres Zwangsgeld über 8.000 Euro an. Gegen beide Zwangsgeldfestsetzungsbescheide legte der Kläger erfolglos Widerspruch ein und erhob anschließend Klage.
> Mit Urteilen vom (Datum) wies das Verwaltungsgericht die drei Klagen ab. Nach Eintritt der Rechtskraft gab der Kläger die Nutzung des Hundezwingers auf und baute diesen weitgehend (Zaunelemente) ab. Zugleich errichtete er auf dem Grundstück an anderer Stelle mit niedrigeren Bauelementen einen neuen Hundezwinger. Gleichzeitig beantragte K bei der Bauaufsichtsbehörde die Einstellung der Vollstreckung. Die Behörde lehnte eine Einstellung der Vollstreckung ab, weil die Hundezwingeranlage nur örtlich versetzt wurde und weiter genutzt wird. Zwischenzeitlich wurde bereits der Vollziehungsbeamte der Stadtkasse bei K vorstellig.
> Aus diesem Grunde legt nun K form- und fristgerecht Klage mit dem Ziel ein, die Zwangsvollstreckung aus den o. g. Bescheiden für unzulässig zu erklären. Zur Begründung verweist er darauf, dass er der Verfügung, die Grundlage der Zwangsvollstreckung sei, Folge geleistet und die Nutzung der darin bezeichneten Anlage aufgegeben habe, was durch deren weitgehende Demontage dokumentiert werde. Der neu errichtete Hundezwinger sei nicht Gegenstand der Nutzungsuntersagung, sondern an anderer Stelle des Grundstücks in einer Entfernung von mindestens 37 m aus überwiegend neuen, niedrigeren Elementen in anderer Form errichtet worden. Der neue Hundezwinger sei genehmigungsfrei und stelle jedenfalls nicht mehr dieselbe Anlage dar.
>
> **Wie ist die Rechtslage?**
> Hinweis: Der Fall ist in Brandenburg platziert.
> Bei der Klage handelt es sich um eine Feststellungsklage i. S. d. § 43 Abs. 1 VwGO. Das Rechtsschutzbegehren des Klägers folgt daraus, dass er eine Entscheidung des Gerichts über die Zulässigkeit der vom Beklagten betriebenen Zwangsvollstreckung erreichen möchte. Mit dieser Auslegung ist die Klage statthaft und auch im Übrigen zulässig. Zwischen den Beteiligten ist streitig, ob der Beklagte berechtigt ist, die in den Bescheiden vom (Datum) festgesetzten Zwangsgelder beizutreiben. Diese Frage stellt ein konkretes, feststellungsfähiges Rechtsverhältnis dar. Der Kläger hat auch ein berechtigtes Interesse an der gerichtlichen Feststellung, weil der Beklagte sich des Rechts zur Beitreibung bemüht und bereits konkrete Vollstreckungsversuche eingeleitet hat.

Dem Kläger ist es nicht zuzumuten, die Zwangsvollstreckung zunächst zu dulden und sich auf eine nachträgliche Rechtmäßigkeitsprüfung und einen etwaigen Rückzahlungsanspruch verweisen zu lassen, so dass er vorbeugenden Rechtsschutz in Anspruch nehmen kann.

Zu prüfen ist, ob die Beitreibung der festgesetzten Zwangsgelder nicht (mehr) zulässig ist, weil der Kläger die Nutzung des Hundezwingers dauerhaft eingestellt hat und daher der mit der Zwangsvollstreckung erstrebte Zweck erreicht ist.

Entgegen der Ansicht der Behörde hat der Kläger die verfügte Nutzungsuntersagung mittlerweile befolgt. Dem steht nicht entgegen, dass er an anderer Stelle auf dem Grundstück einen neuen Hundezwinger errichtet hat. Denn die besagte Nutzungsuntersagung ist anlagebezogen und betrifft (allein) den im Bescheid genau beschriebenen und damals genutzten Hundezwinger. Untersagt wurde dem Kläger demnach nicht das Halten von Hunden auf seinem Grundstück und/oder das Errichten irgendeines Geheges für die Tiere, sondern die Nutzung einer konkreten Anlage, die als bauliche Anlage i. S. d. § 2 Abs. 1 BbgBO qualifiziert wurde. Die Nutzung dieser Anlage hat der Kläger dauerhaft eingestellt, wie der Abbau der Zaunelemente dokumentiert. Eine Wiederaufnahme der untersagten Nutzung erscheint angesichts der Demontage ausgeschlossen.

Mit der dauerhaften Einstellung der untersagten Nutzung hat der Kläger die Untersagungsverfügung befolgt, so dass kein Anlass mehr besteht für weitere Zwangsvollstreckungsmaßnahmen. Dies ergibt sich schon aus § 25 Abs. 3 VwVGBbg, wonach der Vollzug einzustellen ist, sobald sein Zweck erreicht ist. Der Zweck eines auf Dauer gerichteten Unterlassungsgebots ist jedenfalls dann erreicht, wenn der Pflichtige die untersagte Handlung tatsächlich unterlässt und keine Wiederholungsgefahr mehr besteht[1024]. So liegt der Fall hier. Fraglich ist, ob es bei einem Verstoß gegen ein Unterlassungsgebot für die weitere Vollstreckung entscheidend und hinreichend sei, dass der Pflichtige nach der jeweiligen Zwangsgeldandrohung während einer Zeit, in welcher das Unterlassungsgebot gelte, gegen dieses verstoßen habe[1025]. Die Beitreibung eines (festgesetzten) Zwangsgelds stellt eine Maßnahme zur Beugung eines entgegenstehenden Willens des Pflichtigen dar, die diesen dazu bewegen soll, die Verhaltenspflicht zu erfüllen, die sich aus dem zu vollstreckenden Verwaltungsakt ergibt. Sie ist – auch unter dem Gesichtspunkt der Verhältnismäßigkeit – nur so lange zulässig, als ein solcher entgegenstehender Wille vorliegt. Ist dies nicht der Fall, weil der Pflichtige dem Verhaltensgebot nachkommt, besteht keine Notwendigkeit mehr für weitere Zwangsvollstreckungsmaßnahmen. Dies gilt auch, wenn es um die Durchsetzung eines Unterlassungsgebots geht, dieses Gebot befolgt wird und ein weiterer Verstoß

---

1024 VGH Hessen 12.4.1995 – 3 TH 2470/94 – NVwZ-RR 1996, 361 und VGH Hessen 2.9.2004 – 6 TG 1549/04.
1025 OVG Bremen 25.6.1970 – I A 6/68, II BA 33/69 – DVBl. 1971, 282, OVG Bremen 30.12.1994 – 1 B 109/94; OVG Nordrhein-Westfalen 21.12.1988 – 7 A 2555/87 – NVwZ-RR 1990, 17, 18, OVG Nordrhein-Westfalen 18.7.1996 – 4 E 461/95 – NVwZ-RR 1997, 764, OVG Nordrhein-Westfalen 2.6.2010 – 13 B 191/10 – DVBl. 2010, 1254; OVG Sachsen-Anhalt 13.3.1996 – 2 L 60/95 – DÖV 1996, 926; OVG Brandenburg 24.3.2004 – 3 B 147/03.

nicht zu erwarten ist[1026]. Die nachträgliche Beitreibung des Zwangsgelds hätte dann den Charakter einer Straf- oder Ordnungsmaßnahme. Das Verwaltungsvollstreckungsgesetz (hier des Landes Brandenburg) sieht als Beugemittel u. A. Zwangsmittel des Zwangsgeldes vor. Dieses stellt eine Beugemaßnahme ohne repressiven Charakter dar.
Soweit eine Gegenmeinung in der Rechtsprechung und in der Literatur geltend macht, die späte Befolgung eines Unterlassungsgebots sei kein Fall der Zweckerreichung, weil eine ununterbrochene Beachtung der ausgesprochenen Verpflichtung geschuldet gewesen sei[1027], vermag dies die Zulässigkeit nachträglicher Zwangsvollstreckungsmaßnahmen nicht zu begründen. Denn auch nach diesem Verständnis könnte durch die Beitreibung des festgesetzten Zwangsgeldes der gewünschte Zweck nicht mehr erreicht werden. Dieser wäre vielmehr endgültig verfehlt, so dass auch hier die Zwangsgeldbeitreibung im Ergebnis Sanktions- und nicht Beugecharakter hätte. Zudem steht diese Auffassung im Widerspruch dazu, dass die Vollstreckungsvoraussetzungen zu jedem Zeitpunkt des Vollstreckungsverfahrens und damit auch zum Zeitpunkt der Beitreibung eines Zwangsgeldes vorliegen müssen[1028].
Zu bedenken ist, ob ohne die Möglichkeit nachträglicher Zwangsgeldbeitreibung das Zwangsgeld zur Erzwingung von Unterlassungen nur ein „sehr stumpfes Schwert" (App/Wettlaufer) sei. Die Beugefunktion des Zwangsgeldes gebiete ggf. seine weitere Durchsetzung, weil die Zwangsgeldandrohung nur dann geeignet sei, den zur Einwirkung auf den Pflichtigen notwendigen Druck auszuüben, wenn diesem bewusst sei, dass jede Zuwiderhandlung ohne weiteres die Festsetzung und Beitreibung des Zwangsgeldes nach sich ziehe[1029]. Soweit befürchtet werden mag, dass der Pflichtige sich allein durch die Bekundung, nunmehr das Unterlassungsgebot befolgen zu wollen, der Zwangsgeldbeitreibung entziehen könnte, kann dem durch eine strenge Prüfung einer etwaigen Wiederholungsgefahr begegnet werden. Im Übrigen ist es nicht einleuchtend, warum in Fällen, in denen der Pflichtige bereits vor einer Beitreibung des Zwangsgeldes dem Unterlassungsgebot Folge geleistet hat und damit die Androhung sowie ggf. die nachfolgende Festsetzung des Zwangsgeldes offensichtlich ausreichenden Druck zur Willensbeugung erzeugt haben, dieser Druck noch einer zusätzlichen Verstärkung durch eine nachträgliche Zwangsgeldbeitreibung bedürfen und andernfalls die Eignung der – bereits erfolgreichen – Zwangsgeldandrohung in Frage stehen sollte. Will die Behörde eine Unterlassungsverfügung sofort durchsetzen und reagiert der Pflichtige auf Zwangsgeldandrohung und -festsetzung nicht, ist es

---

1026   OVG Niedersachsen 14.2.1990 – 4 L 78/89 – BRS 50 Nr. 217; VGH Baden-Württemberg 24.2.1994 – 5 S 1411/93 – NVwZ-RR 1994, 620; ähnlich VGH Baden-Württemberg 12.3.1996 – 1 S 2856/95 – DÖV 1996, 792; OVG Rheinland-Pfalz 20.4.1995 – 8 B 10780/95; vgl. auch OVG Mecklenburg-Vorpommern 18.6.1996 – 3 M 3/96 – NVwZ-RR 1997, 762.
1027   OVG Saarland 27.11.2001, a. a. O., Rn. 29; OVG Nordrhein-Westfalen 2.6.2010 – 13 B 191/10 – DVBl. 2010, 1254, Rn. 13,
1028   Vgl. VGH Baden-Württemberg 12.3.1996, a. a. O., Rn. 16.
1029   Lemke, a. a. O., § 15 VwVG Rn. 19; OVG Nordrhein-Westfalen 21.12.1988, a. a. O., S. 18 und Beschluss vom 18.7.1996, a. a. O., Rn. 8; OVG Sachsen-Anhalt 13.3.1996, a. a. O., Rn. 28 f.; OVG Saarland 27.11.2001, a. a. O., Rn. 30.

der Behörde unbenommen, zügig das festgesetzte Zwangsgeld beizutreiben. Unterlässt sie dies oder entscheidet sie sich zunächst für die Androhung und Festsetzung weiterer Zwangsgelder und leistet der Pflichtige dann zu einem späteren Zeitpunkt dem Gebot endgültig und ohne die Gefahr eines erneuten Verstoßes Folge, bleibt kein Raum mehr für eine nachträgliche Beitreibung des Zwangsgeldes.
Etwas anderes ergibt sich auch nicht aus § 20 Abs. 3 VwVGBbg. Danach wird das festgesetzte Zwangsgeld im Verwaltungszwangsverfahren beigetrieben, wenn der Betroffene es nicht fristgemäß zahlt. Die Beitreibung unterbleibt jedoch, wenn der Betroffene die gebotene Handlung ausführt oder die zu duldende Maßnahme gestattet. Entgegen der Ansicht des Verwaltungsgerichts kann daraus, dass in dieser Vorschrift nur das Befolgen von Handlungs- und Duldungs-, nicht aber von Unterlassungsgeboten ausdrücklich geregelt ist, nicht geschlossen werden, dass für Unterlassungsgebote abweichende Grundsätze gelten sollen. Die Regelung in § 20 Abs. 3 Satz 2 VwVGBbg ist ebenso wie § 25 Abs. 3 VwVGBbg Ausdruck des allgemein das Verwaltungsvollstreckungsrecht beherrschenden Grundsatzes der Verhältnismäßigkeit. Danach sind Zwangsvollstreckungsmaßnahmen nur dann und in dem Umfang zulässig, wie sie zur Erreichung des mit der Zwangsvollstreckung verfolgten Ziels notwendig sind. Für Zwangsmittel zur Durchsetzung eines bestimmten Gebots ist jedoch grundsätzlich kein Raum mehr, wenn und sobald dem Gebot Folge geleistet worden ist. Dabei kann es keine Rolle spielen, ob dem Pflichtigen eine Handlung, Duldung oder Unterlassung auferlegt worden ist.
Insoweit war die Festsetzung der Zwangsgelder rechtswidrig. Damit ist auch deren Vollstreckung rechtswidrig. Insoweit ist die Feststellungsklage begründet.
Die Lösung folgt der Entscheidung des OVG Berlin-Brandenburg 19.5.2011 – OVG 10 B 7.10.

# XXXVII. Verwaltungszwang – Rechte Dritter

## 1. Begriff

**443** Duldungsverfügung = Aufgabe der Hinnahme fremden Tuns

**444** Gehört das Grundstück, auf dem die zu beseitigende bauliche Anlage steht, mehreren Personen gemeinsam, so kann einer der Eigentümer allein die Beseitigung nicht ohne Zustimmung der anderen vollziehen[1030]. Die Bauaufsichtsbehörde muss dann gegenüber den anderen Eigentümern eine *Duldungsanordnung* erlassen[1031]. Laut dem OVG Berlin[1032] ist eine Duldungsanordnung ein statthaftes Mittel, um Hindernisse auszuräumen, die sich aus zivilrechtlichen Rechtspositionen Dritter für die Befolgung oder Durchsetzung bauaufsichtlich verfügter Handlungs- oder Unterlassungspflichten ergeben können[1033].
Die Ermächtigung für den Erlass der Duldungsanordnung folgt ebenso aus der entsprechenden bauaufsichtlichen Ermächtigungsgrundlage, es handelt sich also nicht um Maßnahme der Vollstreckung, sondern um eine (bauaufsichtliche) Ordnungsverfügung = belastender VA. Die Rechtsgrundlage für die Duldungsanordnung entspricht deshalb der Rechtsgrundlage für Handlungsanordnung[1034]. Die Duldungsverfügung muss erforderlich sein. Dies ist bei Zustimmung nicht gegeben. Sie darf auch nicht vorsorglich ausgesprochen werden[1035].
Ohne gleichzeitigen Erlass einer solchen Duldungsanordnung stünde der Durchsetzung der Beseitigungsanordnung ein Vollstreckungshindernis entgegen, da dem Pflichtigen eine (rechtlich) unmögliche Leistung abverlangt wird. Eine fehlende Duldungsverfügung führt zur Rechtswidrigkeit der (Vollstreckungs-)Maßnahme[1036]. Allerdings: stimmt der Betroffene dem Vollzug der Beseitigungsver-

---

[1030] Das OVG Sachsen-Anhalt 22.7.2013 – 2 M 82/13 – weist darauf hin, dass Miteigentum oder die sonstige Nebenberechtigung eines Dritten nicht die Rechtmäßigkeit der nicht auch an ihn gerichteten Beseitigungs- oder Ordnungsverfügung, berührt, sondern nur ein Vollzugshindernis bildet.
[1031] Laut dem VGH Hessen 5.7.1982 – IV TH 14/82 – kann das in einer Bauscheinauflage enthaltene Abbruchgebot auch gegenüber einem Miteigentümer vollstreckt werden. Dem Mitberechtigten muss aber auch eine unanfechtbare Beseitigungsanordnung **oder** eine Duldungsanordnung vorliegen.
[1032] OVG Berlin 26.4.2005 – 2 S 0.04 – BRS 69, Nr. 191.
[1033] Vgl. hierzu auch: VGH Bayern 11.7.2001 – 1 ZB 01.1255 – BRS 64, Nr. 202. Zu einer Duldungsanordnung im Zusammenhang mit der Verpflichtung zur Entsorgung von Abfällen – u. a. Altfahrzeug, Anhänger, Autoreifen, Altholz vgl. VG Würzburg 7.12.2020 – W 10 K 19.1529. Die Duldungsanordnung war erforderlich, um die Entsorgungsanordnung gegen den Ehemann der Klägerin durchsetzen zu können.
[1034] VGH Bayern 24.10.2005 – 9 CS 05.1840 – BRS 69, Nr. 192.
[1035] VG Köln 16.7.2014 – 2 L 1212/14.
[1036] OVG Rheinland-Pfalz 25.11.2009 – 8 A 10502/09 – BRS 74, Nr. 209 = BauR 2010, 608 ff.

fügung zu, ist eine Duldungsverfügung nicht nur überflüssig, sie ist auch rechtswidrig[1037].

## 2. Vollstreckung und Rechte Dritter

Entgegenstehende Rechte Dritter = Vollstreckungshindernis **445**

Die Bauaufsichtsbehörde = Eingriffsverwaltung hat die Möglichkeit der zwangsweisen Durchsetzung von bauordnungsrechtlichen Verfügungen. Dies geschieht durch die Androhung, Festsetzung und Anwendung von konkreten Zwangsmitteln. Der Vollstreckung bauaufsichtlicher Verfügungen können aber Rechte Dritter entgegenstehen[1038], z. B. dinglich oder obligatorischer Mitbesitzer (z. B. Ehegatte[1039] oder Miterbe). Diese Rechte müssen erst rechtlich überwunden werden, um eine rechtmäßige Vollstreckung zu ermöglichen[1040]. Bei einer Erbengemeinschaft kann eine Verfügung gegenüber jedem Miterben vollstreckt werden[1041]. Dieser muss im Rechtsstreit nicht notwendig beigeladen werden.
Die Überwindung entgegenstehender Rechte Dritter kann durch eine eigene Abbruchverfügung oder aber mit einer sogenannten Duldungsverfügung geschehen[1042].
Auch ein Mieter, dem der Besitz eingeräumt worden ist, verfügt über einen Rechtsstatus, der ein Vollstreckungshindernis darstellt. Wird der Mietvertrag erst nach Erlass der bauaufsichtlichen Verfügung abgeschlossen, kann dies ggf. anders zu beurteilen sein[1043].

## 3. Die Duldungsverfügung

Auch die Duldungsverfügung zur Vollstreckung einer bauaufsichtlichen Verfügung ist ein belastender Verwaltungsakt[1044]. Diese basiert auf der bauaufsichtlichen Ermächtigungsgrundlage (§ 58 Abs. 2 MBO). Die Duldungsverfügung muss – wie jede Ordnungsverfügung – erforderlich sein, d. h., wenn der Mitberechtigte von vornherein sein Einverständnis zur bauaufsichtlichen Maßnahme erklärt, ist ein Erfordernis nicht gegeben[1045]. **446**

---

1037 OVG Rheinland-Pfalz 10.12.2003 – 8 B 11827/03 – BRS 66, Nr. 24.
1038 OVG Rheinland-Pfalz 19.7.1984 – 12 A 33/83 – BRS 42, Nr. 219, OVG Nordrhein-Westfalen 7.2.1985 – 7 B 69/85, OVG Nordrhein-Westfalen 21.3.1994 – 7 A 2354/93, OVG Nordrhein-Westfalen 13.10.1999 – 7 A 2797/97, OVG Sachsen-Anhalt 22.3.2013 – 2 M 82/13 – BauR 2014, 811.
1039 OVG Nordrhein-Westfalen 13.2.1987 – 10 A 29/87 – NRWVBl. 1987, 19 ff.
1040 OVG Nordrhein-Westfalen 9.12.1994 – 10 A 1753/91 – BRS 57, Nr. 249.
1041 Zu dem Erlass einer Duldungsverfügung gegenüber einem Miteigentümer vgl.: BVerwG 24.7.1998 – 4 B 69.98 – BRS 60, Nr. 170.
1042 vgl. VGH Baden-Württemberg, 7.1.1981 – 3 S 2326/80 – BRS 38, Nr. 206), VGH Hessen 5.7.1982 – IV TH14/82 – BRS 39, Nr. 221), VGH Hessen 25.7.1985 – 4 TH 1268/85 – BRS 44, Nr. 207).
1043 OVG Nordrhein-Westfalen, 11.7.1990 – 7 B 1899/90. Zur drohenden Obdachlosigkeit des Nutzers als Vollstreckungshindernis vgl. OVG Nordrhein-Westfalen, 10.10.1996 – 11 B 2310/96, BauR 1997, 457.
1044 VGH Bayern 11.7.2001 – 1 ZB 01.1255.
1045 OVG Rheinland-Pfalz 8.12.2003 – 8 B 11827/03 – BauR 2004, 659.

| Übersicht über die Rechtsgrundlagen für eine Duldung in den Landesbauordnungen ||
|---|---|
| Baden-Württemberg | § 47 LBO |
| Bayern | Art. 54 BayBO |
| Berlin | § 58 BauO Bln |
| Brandenburg | § 58 BbgBO |
| Bremen | § 58 BremLBO |
| Hamburg | § 58 HBauO |
| Hessen | § 61 HBO |
| Mecklenburg-Vorpommern | § 58 LBauO M-V |
| Niedersachsen | § 58 NBauO |
| Nordrhein-Westfalen | § 58 BauO NRW |
| Rheinland-Pfalz | § 59 LBauO |
| Saarland | § 57 LBO |
| Sachsen | § 58 SächsBO |
| Sachsen-Anhalt | § 57 BauO LSA |
| Schleswig-Holstein | § 58 LBO |
| Thüringen | § 61 ThürBO |

Bei einer gegenüber den Mietern einer Liegenschaft erfolgten Versiegelung, muss nicht in jedem Fall gegen dem Eigentümern eine Duldungsverfügung erlassen werden[1046]. Bei einem Nutzungsverbot gegenüber dem Nutzer (Mieter, Pächter usw.) bedarf es aber keiner Duldungsverfügung gegenüber dem Vermieter[1047]. Im Einzelfall wurde ein Nutzungsverbot gegenüber einem Vermieter als ermessensfehlerfrei bewertet, die betroffenen Mieter hatten eine Duldungsverfügung erhalten[1048]. Die Verbindung der Anordnung der sofortigen Vollziehung mit einer Duldungsverfügung folgt den Grundsätzen, die für die Grundverfügung, deren Gebot usw. geduldet werden soll, gelten[1049].

Ein förmliches Duldungserfordernis ist auch gegenüber der Ehefrau nicht erforderlich, wenn das bauaufsichtliche Beseitigungsverlangen gegenüber dem Ehemann durchgesetzt werden soll. Hier Eheleute als Käufer = Rechtsnachfolger eines mit einer bestandskräftigen Beseitigungsverfügung belasteten Grundstückes. Diese wirkt gegen beide[1050].

---

1046   Das VG Berlin 19.3.1997 – 19 A 394.97 – hat in einem konkreten Einzelfall die Versiegelung von Räumen in Umsetzung eines Nutzungsverbotes bestätigt. Hiergegen gingen die Eigentümer der Liegenschaft vor. Das Nutzungsverbot war gegenüber der Mieterin ausgesprochen worden. Es bedurfte für die Versiegelung keiner vorherigen Duldungsverfügung gegenüber den Vermietern. Eine solche Verfügung ist nur dann erforderlich, wenn der unmittelbare Besitzer einer Vollstreckung faktisch betroffen wäre. Eine solche Situation liegt z. B. dann vor, wenn der Eigentümer eines vermieteten Grundstücks eine Maßnahme durchführen muss, von der der Mieter betroffen ist.
1047   VGH Bayern 9.6.1986 – 2 CB 85.A 1564 – BRS 46, Nr. 198, VGH Hessen 15.9.1994 – 4 TH 655/94 – BRS 56, Nr. 522.
1048   OVG Hamburg 10.6.2005 – 2 Bs 144/05 – BauR 2005, 1911 ff.
1049   VGH Hessen 30.5.1984 – 4 TH 61/83 – BRS 32, Nr. 220.
1050   OVG Niedersachsen 6.5.2011 – 1 ME 14/11 – BRS 78, Nr. 202.

XXXVII. Verwaltungszwang **446**

Das VG Ansbach[1051]führt zur Duldungsanordnung aus, dass „mit dem Ausspruch eines Duldungsgebots gegenüber einem Dritten das Hindernis für eine Vollstreckung von Anordnungen nach Art. 76 BayBO im Hinblick etwa entgegenstehender privater Rechte Dritter ausgeräumt werden kann. Dem Adressaten der Duldung wird kraft öffentlichen Rechts die Pflicht auferlegt, die zwangsweise Durchsetzung des Gebots hinzunehmen; seine nach Privatrecht erforderliche Einwilligung in Handlungen des Pflichtigen wird durch die Duldungsanordnung ersetzt" (hier bauaufsichtliches Rückbauverlangen zur Rückführung der Vollgeschossigkeit eines Dachgeschosses. Die entsprechenden Dachgauben waren in Abweichung von der erteilten Baugenehmigung errichtet worden).
Eine Duldungsverfügung kann auch angefochten werden, nicht hingegen die Beseitigungsverfügung gegen einen Miteigentümer. Erst die spätere Duldungsverfügung berührt seine Rechte[1052].

---

1051 E. v. 7.12.2011 – AN 18 K 10.02610.
1052 OVG Nordrhein-Westfalen 13.2.2014 – 2 A 984/13 – BRS 82, Nr. 206.

# XXXVIII. Zur Abgrenzung: Ahndung von Ordnungswidrigkeiten

**447** Die Landesbauordnungen beinhalten nur die wichtigsten materiellen und verfahrensrechtlichen Vorschriften zur Errichtung usw. baulicher Anlagen. Letztere umfassen auch das Instrumentarium zur Bekämpfung baurechtswidriger Zustände. Die entsprechenden bauaufsichtlichen Eingriffsbefugnisse wurden vorgestellt, allerdings bedarf es noch einer ergänzenden Abgrenzung der Rolle der Bauaufsichtsbehörde als Eingriffsverwaltung zu ihrer ebenfalls relevanten Rolle als Verwaltungsbehörde gem. § 36 Abs. 1 OWiG. Vor diesem Hintergrund soll an dieser Stelle das Ordnungswidrigkeitenrecht nur überschlägig bzw. summarisch angesprochen werden.

> **§ 1 OWiG – Begriffsbestimmung**
> (1) Eine Ordnungswidrigkeit ist eine rechtswidrige und vorwerfbare Handlung, die den Tatbestand eines Gesetzes verwirklicht, das die Ahndung mit einer Geldbuße zulässt.
>
> (2) Eine mit Geldbuße bedrohte Handlung ist eine rechtswidrige Handlung, die den Tatbestand eines Gesetzes im Sinne des Absatzes 1 verwirklicht, auch wenn sie nicht vorwerfbar begangen ist.

**448** Die Landesbauordnungen beinhalten regelmäßig einen Katalog von Bußgeldtatbeständen (§ 84 MBO). Bußgeldtatbestände können auch in allen aufgrund der Landesbauordnung erlassenen Rechtsverordnungen und örtlichen Bauvorschriften festgelegt werden. Hierfür bedarf es aber immer der Rückverweisung auf die entsprechende Vorschrift in der jeweiligen Landesbauordnung. Solche Bußgeldtatbestände sehen z. B. üblicherweise die sogenannten Sonderbauordnungen vor.

| Übersicht über den Regelungen zu Ordnungswidrigkeiten in den Landesbauordnungen | |
|---|---|
| Baden-Württemberg | § 75 LBO |
| Bayern | Art. 79 BayBO |
| Berlin | § 85 BauO Bln |
| Brandenburg | § 85 BbgBO |
| Bremen | § 83 BremLBO |
| Hamburg | § 80 HBauO |
| Hessen | § 86 HBO |
| Mecklenburg-Vorpommern | § 84 LBauO M-V |
| Niedersachsen | § 80 NBauO |
| Nordrhein-Westfalen | § 86 BauO NRW |
| Rheinland-Pfalz | § 89 LBauO |
| Saarland | § 87 LBO |
| Sachsen | § 87 SächsBO |
| Sachsen-Anhalt | § 83 BauO LSA |

XXXVIII. Zur Abgrenzung: Ahndung von Ordnungswidrigkeiten **448**

| Übersicht über den Regelungen zu Ordnungswidrigkeiten in den Landesbauordnungen | |
|---|---|
| Schleswig-Holstein | § 84 LBO |
| Thüringen | § 94 ThürBO |

In der Landesbauordnung finden sich ferner weitere Regelungen zur Vorwerfbarkeit und zur Höhe des Bußgeldes. Ferner wird die Zuständigkeit für Ordnungswidrigkeiten klargestellt. Die Vorschrift zu Ordnungswidrigkeiten allein reicht aber nicht aus, um sie zu verstehen. Die Landesbauordnung setzt das OWiG demnach voraus. Erforderlich ist demnach der Rückgriff auf den Inhalt des Gesetzes über Ordnungswidrigkeiten (OWiG). Das genannte Gesetz enthält formelle und materielle Rahmenvorschriften, z. B. zu den Grundlagen der Ahndung. Die eigentlichen Tatbestände der Ordnungswidrigkeiten folgen dann regelmäßig aus dem speziellen Bundes- und Landesrecht.

Das Ordnungswidrigkeitenrecht ist allgemeines Sanktionsrecht aus dem Bereich des öffentlichen Rechts und verwandt mit dem Strafrecht[1053]. Es dient der Konfliktvorbeugung und -bewältigung. Das öffentliche Sanktionsrecht ist Ausfluss des Unterordnungsverhältnisses des Bürgers unter die Staatsgewalt und soll im öffentlichen Interesse gegen die Rechtsordnung gerichtete Handlungen bekämpfen. Das Ordnungswidrigkeitenrecht soll dabei durch die Androhung von Sanktionen (überwiegend in Geldform) abschreckend wirken und damit Verstöße gegen gesetzliche Vorgaben von vornherein verhindern helfen. Ferner ahndet es entsprechende Übertretungen und beinhaltet damit ein Angebot (der Rechtsordnung) an den Betroffenen mit der Bezahlung des Verwarnungs- bzw. Bußgeldes die Angelegenheit (abschließend) zu erledigen. Im Gegensatz zur Strafe geht mit der Verhängung eines Bußgeldes kein (gesellschaftliches) Unwerturteil einher. Ordnungswidrigkeiten sind regelmäßig sozialethisch wertfrei, also nicht »kriminell«. Es geht demnach um Entkriminalisierung. Aus diesem Grunde hat man weniger gewichtige Verstöße gegen die Rechtsordnung außerhalb Strafgesetzbuches geregelt. Ferner geht es um Entlastung der Justiz, da Ordnungswidrigkeiten in der Regel von der Exekutive = Verwaltung geahndet werden.

Der Betroffene im Bußgeldverfahren ist nicht Täter. Als Besonderheit wird im Ordnungswidrigkeitenrecht regelmäßig zunächst die Exekutive tätig, erst in einer späteren Phase ggf. die Justiz.

Im Gegensatz zum Strafrecht regelt der Gesetzgeber die sachlichen und förmlichen Vorgaben in einem einzigen Bundesgesetz. Dabei werden allerdings Straftaten und Ordnungswidrigkeiten gleich normiert, d. h. es besteht eine gewisse Einheitlichkeit im Sanktionsrecht. Dennoch gibt es ein qualitatives Gefälle und unterschiedliche Begrifflichkeiten, die dem Wesensunterschied von Strafe und Ordnungswidrigkeit geschuldet sind. Die einzelnen Tatbestände selbst sind im OWiG nur lückenhaft geregelt, da im Ordnungswidrigkeitenrecht (anders als im Strafrecht) das Prinzip der Dezentralisierung gilt. Dies bedeutet, dass die einzelnen Sanktionsvorschriften sich vor allem in den Fachgesetzen finden. Dies folgt auch praktischen Erwägungen, weil den verschiedenen Rechtsgebieten regelmäßig eine spezifische Fachsprache eigen ist, die aus dem Zusammenhang des jeweiligen Fachgesetzes gerissen unverständlich bliebe. In der Regel beinhalten die verschiedenen Fachgesetze Ge- und Verbote

---

[1053] BVerfG 8.6.1971 – 2 BvL 10/71.

und fassen dann die Tatbestände der Ordnungswidrigkeit – wie in den Landesbauordnungen – in einer Sammelvorschrift zusammen.
Das Ordnungswidrigkeitenrecht dient der Konfliktbewältigung, aber auch der Konfliktvorbeugung. Es geht um die Ahndung von Verstößen, die Sanktionen sollen aber auch abschrecken, d. h. eine Wiederholung verhindern. Es handelt sich um ein Angebot der Rechtsordnung, nach Bezahlung des Verwarnungsgeldes bzw. Bußgeldes ist die Angelegenheit für den Betroffenen erledigt. Abzugrenzen zum Ordnungswidrigkeitenrecht ist der Verwaltungszwang, er dient der Durchsetzung bauaufsichtlicher Verfügungen und ist im VwVG geregelt. Die auch für das Ordnungswidrigkeitenrecht maßgeblichen übergeordneten Grundsätze finden sich – genau wie für das Strafrecht – in den Art. 101 ff. GG.

| Im Ordnungswidrigkeitenrecht zu beachtende grundgesetzliche Garantien: |
|---|
| – gesetzlicher Richter (Art. 101 Abs. 1 GG) |
| – Grundsatz des rechtlichen Gehörs (Art. 103 Abs. 1 GG) |
| – keine Bestrafung ohne Verschulden (Art. 20 Abs. 3 GG, § 10 OWiG) |
| – Bestimmtheitsgrundsatz (Art. 103 Abs. 2 GG) |
| – Rückwirkungsverbot (Strafbarkeit eines Verhaltens muss vor Begehung der Tat geregelt gewesen sein: Art. 103 Abs. 2 GG) |
| – Verbot der mehrfachen Bestrafung wegen derselben Tat (Art. 103 Abs. 3 GG) |
| – Vorrang des höherrangigen Rechts |

**449** Rechtsgrundlage sind folglich die jeweiligen Normen in den entsprechenden Fachgesetzen. Grundsätzliche Regelungen beinhaltet das OWiG. Das OWiG ist Bundesrecht. Die Kompetenznorm ist Art. 74 Abs. 1 GG, obwohl das an dieser Stelle nur das Strafrecht nennt. Maßgebliches Kriterium für eine Ordnungswidrigkeit ist die Rechtsfolge, denn laut § 1 Abs. 1 OWiG ist eine Ordnungswidrigkeit dann gegeben, wenn eine menschliche Handlung den Tatbestand eines Gesetzes verwirklicht, welches die Ahndung mit einer Geldbuße zulässt. Die Erfüllung eines Tatbestands der bauordnungsrechtlichen Bußgeldvorschrift indiziert auch die Rechtswidrigkeit. Die Verwirklichung des Tatbestandes muss aber nicht nur rechtswidrig, sondern die rechtswidrige Verwirklichung muss auch vorwerfbar – schuldhaft – erfolgen. Zu fragen ist also stets nach Rechtfertigungsgründen. Der Versuch der Ordnungswidrigkeit kann nur dann geahndet werden, wenn dies die Landesbauordnung ausdrücklich vorsieht. Ist die Rechtslage unsicher, wird auch keine Vorwerfbarkeit vorliegen.

| Zu beachtende Grundsätze im Bußgeldverfahren: |
|---|
| Das Bußgeldverfahren ist vom bauaufsichtlichen Verwaltungsverfahren unabhängig. |
| Verantwortlich für das Ermittlungsverfahren ist – bis zu dessen Abschluss – die Verwaltungsbehörde. |
| Die Polizeibehörde ist ein Ermittlungsorgan der Veraltungsbehörde. |
| Die Einleitung durch die Verwaltungsbehörde setzt voraus, dass zumindest Anhaltspunkte (Tatsachen) für eine Ordnungswidrigkeit vorliegen. |
| Über die Einleitung eines Ermittlungsverfahrens ist ein Aktenvermerk sinnvoll und üblich. |
| Das Ermittlungsverfahren ist einzustellen, wenn ein Verfolgungshindernis vorliegt. |

Die Ahndung von Ordnungswidrigkeiten ist dabei in das pflichtgemäße Ermessen der Bauaufsichtsbehörde gestellt (§ 47 Abs. 1 OWiG) d. h., solange das Verfahren bei ihr anhängig ist, kann sie es auch einstellen. Zu beachten ist, dass das bauaufsichtliche Verwaltungsverfahren und Bußgeldverfahren grundsätzlich unabhängig voneinander sind. Ersteres ist aber regelmäßig auch der Ausgangspunkt für das Bußgeldverfahren. Beide Verfahren haben jedoch unterschiedliche Zielsetzungen, insoweit ist eine Vermischung zu vermeiden. Die Begleichung eines von der Bauaufsichtsbehörde festgesetzten Bußgeldes bereinigt noch nicht den baurechtswidrigen Zustand.

Am Anfang des Bußgeldverfahrens steht das Vorverfahren. Es dient der Aufklärung des Sachverhaltes. Nach Sachverhaltsaufklärung hat die Behörde zu entscheiden, ob ein Bußgeldtatbestand erfüllt ist sowie ob und gegenüber wem dieser Verstoß geahndet werden soll. Die Betroffenen sind – schriftlich – anzuhören (§ 55 Abs. 1 OWiG)[1054]. Die Anhörung ist überflüssig, wenn das Verfahren eingestellt wird. Sie ist auch nicht erforderlich, wenn nur eine Verwarnung ausgesprochen werden soll. Anhörung bedeutet Gelegenheit zur Äußerung, wobei der Zweck die Möglichkeit der Verteidigung ist. Gleichzeitig soll aber auch der Sachverhalt aufgeklärt werden. Das Vorverfahren wird entweder eingestellt oder mündet in den Erlass eines Bußgeldbescheides durch die Bauaufsichtsbehörde. Es kann auch eine kostenpflichtige Verwarnung ausgesprochen werden (§ 56 OWiG). Die Verwarnung ist aber ein mitwirkungspflichtiger VA aus Anlass einer Ordnungswidrigkeit. Die Verwarnung ist nur bei geringfügigen Ordnungswidrigkeiten zulässig. Bei unbedeutenden Verstößen kommt auch eine Verwarnung ohne Verwarnungsgeld in Betracht.

## 1. Prüfschema zu den im Vorverfahren zu klärenden Rechtsfragen

| Ausgangsfrage | Wer könnte wegen welcher OWi (wegen eines Verstoßes gegen (?) wie zu belangen sein? | |
|---|---|---|
| Prüfstation | Fragestellungen | Hinweise |
| 1. Verfahrensstation | Liegen die allgemeinen Verfolgungsvoraussetzungen vor? | |
| a) | Zuständigkeit | |
| b) | Geltung der Norm | |
| c) | Verfolgungshindernisse | § 31 OWiG |
| 2. Sachprüfungsstation | Sind die materiellen Voraussetzungen der in Betracht gezogenen OWi gegeben? | |
| a) | Tatbestandsmäßigkeit | |
| | Was bedarf der Aufklärung? | |
| Mittel der Feststellung (Beweise) | Einlassungen des Betroffenen | |
| | Augenschein bzw. Ortsbesichtigung | |
| | Befragung von Zeugen | |
| | Gutachten | |
| | sonstige Unterlagen | |

---

[1054] Zur Verletzung des rechtlichen Gehörs vgl. OLG Köln 22.9.1995 – Ss 485/95 – NJW 1996, 535.

| Ausgangsfrage | Wer könnte wegen welcher OWi (wegen eines Verstoßes gegen (?) wie zu belangen sein? | |
|---|---|---|
| Wege der Feststellung | Vernehmungen | |
| | Außendienst | |
| | Amtshilfe | |
| | Auftragserteilung | |
| Sicherung der Feststellung | Aktenführung | |
| | Vermerke | |
| | Protokolle | |
| b) Rechtwidrigkeit | Tatbestandsmäßigkeit indiziert die Rechtswidrigkeit | auch Beteiligung |
| c) Vorwerfbarkeit (nicht Schuld!) | Wer kommt Betroffener (Täter) in Frage? | |
| | Vorsatz/Fahrlässigkeit/Irrtum? | |
| | Rechtfertigungsgründe? | §§ 15, 16 OWiG |
| 3. Entscheidungsstation | Wie ist die festgestellte Owi zu ahnden? | |
| a) Rechtsfolgeauswahl | Verwarnung/Bußgeld/Nebenfolgen oder Einstellung | |
| b) Anordnungsformalien | Verwarnung: formlos | |
| | Anhörung (i. d. R. schriftlich) | |
| | Bußgeldbescheid | |
| | Zustellungsfragen beachten | |
| c) Sanktionsumfang | Geldbuße (Höhe?) | § 17 OWiG |
| | Bußgeldkatalog | |
| | Nebenfolgen (z. B. Einziehung) | |
| | Kosten | |

## 2. Ablaufschema für das Bußgeldverfahren

| Ermittlungen der Verwaltungsbehörde | | |
|---|---|---|
| = | | |
| Bußgeldbescheid | | |
| = | | |
| Einspruch | | |
| Prüfung durch Verwaltungsbehörde | | |
| = | | |
| Zwischenverfahren bei der Staatsanwaltschaft | | |
| = | | |
| Hauptverfahren vor dem Amtsgericht | | |
| = | | |
| Einstellung | Verurteilung | Freispruch |
| = | | |

XXXVIII. Zur Abgrenzung: Ahndung von Ordnungswidrigkeiten  453

| Rechtsbeschwerde vor dem Oberlandesgericht | | |
|---|---|---|
| unzulässig | unbegründet | begründet |
| Verwerfung | Zurückweisung | Aufhebung und Zurückweisung an Amtsgericht oder eigene Sachentscheidung |

## 3. Ergänzende Anmerkungen zum Ablauf eines Bußgeldverfahrens

| Verfahrensstation | Verfahrensschritt | Zu beachtende Normen |
|---|---|---|
| Beginn | Anfangsverdacht ggf. durch Zuträger | |
| 1. Vorverfahren bei der VB | Zuständigkeit – originär bei der VB | §§ 35 ff. OWiG |
| oder | Verfolgung durch die StA | § 40 OWiG |
| oder | Abgabe durch die VB an die StA | §§ 41, 43 OWiG |
| oder | Übernahme durch die StA | § 42 OWiG |
| sowieso | Zuständigkeit des Gerichts | § 45 OWiG |
| Ermittlung | Aufklärung des Sachverhalts (Ermittlung) | |
| | Abschluss der Ermittlungen | § 61 OWiG |
| | Anhörung des oder der Betroffenen | § 55 OWiG |
| Rechtsfolgeentscheidung | Einstellung | §§ 46, 47 OWiG |
| | Verwarnung ohne Gebühr | § 56 OWiG |
| | Verwarnung mit Gebühr | § 56 OWiG |
| Bußgeld, Nebenfolgen, Kosten | Bußgeldbescheid, Zustellung | §§ 65, 66 OWiG |
| 2. Zwischenverfahren bei der VB | Einspruch schriftlich oder zur Niederschrift | §§ 67 ff. OWiG |
| | Anwendungskontrolle intern durch die VB (rechtmäßig?) | |
| | Abgabe an die StA: Einstellung oder Klage? | § 69 OWiG |
| 3. Hauptverfahren beim AG usw. | Hauptverhandlung: Bestätigung des Bußgeldbescheides oder sogar dessen Verschlechterung oder Freispruch durch Beschluss bzw. Urteil | §§ 71 ff. OWiG |
| | Beteiligung der StA | § 75 OWiG |
| | Beteiligung der VB | § 76 OWiG |
| | Rechtsbeschwerde/Zulassung? | §§ 79, 80 OWiG |
| Abkürzungen | VB = Verwaltungsbehörde | |
| | StA = Staatsanwaltschaft | |

# XXXIX. Die Ordnungsverfügung – Aufbau und inhaltliche Anforderungen

## 1. Vorbemerkungen

**454** Wichtigstes Instrument der Bauaufsichtsbehörde ist im Rahmen der repressiven Tätigkeit die **Ordnungsverfügung**, mit der dem Ordnungspflichtigen ein Tun, Dulden oder Unterlassen verbindlich aufgegeben werden kann.

Die Ordnungsverfügung steht regelmäßig am Ende eines – hier bauaufsichtlichen – Verwaltungsverfahrens (§ 9 VwVfG). Es handelt sich um einen Bescheid, also um eine individuell-konkrete Anordnung einer Behörde in einem Einzelfall. Ein Bescheid in diesem Sinne ist ein Verwaltungsakt und deshalb von anderen Formen staatlichen Handelns abzugrenzen.

> **Formen staatlichen Handelns**
> - Gesetz
> - Rechtsverordnung
> - Satzung
> - Verwaltungsakt
> - Öffentlich- und privatrechtliche Willenserklärungen
> - Verwaltungsvorschrift
> - Einzelweisung

Als Ordnungsverfügung hat der Bescheid hoheitlichen Charakter und greift mit seinem belastenden Inhalt in die Grundrechte des Adressaten ein. Regelmäßig wird in diesem Zusammenhang die Eigentumsausübung konkretisiert und dem Eigentümer oder Besitzer Handlungspflichten aufgegeben. Diese grundrelevanten Auswirkungen bedingen, dass der Bescheid rechtsstaatlichen Anforderungen genügen muss. Diese folgen regelmäßig aus einfachen Gesetzen. Speziellere Gesetze sind dabei vorrangig zu beachten.

| Übersicht über die Regelungen zum Begriff des VA in den einzelnen Bundesländern ||
|---|---|
| Baden-Württemberg | § 35 LVwVfG BW |
| Bayern | Art. 35 BayVwVfG |
| Berlin | § 35 VwVfG – *des Bundes, Verweis durch* § 1 VwVfGBln |
| Brandenburg | *Verweis durch* § 1 VwVfGBbg |
| Bremen | § 35 BremVwfVG |
| Hamburg | § 35 HmbVwVfG |
| Hessen | § 35 HVwVfG HE |
| Mecklenburg-Vorpommern | § 35 VwVfG M-V |
| Niedersachsen | § 35 VwVfG – *des Bundes, Verweis durch* § 1 NVwVfG |
| Nordrhein-Westfalen | § 35 VwVfG |
| Rheinland-Pfalz | § 35 VwVfG – *des Bundes, Verweis durch* § 1 LVwVfG RP |
| Saarland | § 35 SVwVfG SL |

XXXIX. Die Ordnungsverfügung

| Übersicht über die Regelungen zum Begriff des VA in den einzelnen Bundesländern ||
|---|---|
| Sachsen | § 35 VwVfG – *des Bundes, Verweis durch* § 1 SächsVwVfZG |
| Sachsen-Anhalt | § 35 VwVfG – *des Bundes, Verweis durch* § 1 VwVfG LSA |
| Schleswig-Holstein | § 106 LVwG SH |
| Thüringen | § 35 ThürVwVfG |

Es handelt sich zwangsläufig um einen – **belastenden** – Verwaltungsakt.

| Arten eines Verwaltungsakts | | |
|---|---|---|
| **Nach der Rechtswirkung:** | | |
| Begünstigender VA | Drittwirkender VA | Belastender VA |
| Baugenehmigung Vorbescheid (beinhaltet keine Bauerlaubnis), Befreiung, Abweichung | Baugenehmigung | Auflage zur Baugenehmigung Ordnungsverfügung |
| **Nach dem Regelungsgehalt:** | | |
| Feststellender VA | Rechtsgestaltender VA | Befehlender VA |
| Baugenehmigung mit Blick auf die zu prüfende Übereinstimmung des Antragsgegenstandes mit dem öffentlichen Baurecht Vorbescheid | Baugenehmigung als Bauerlaubnis | Ordnungsverfügung (Duldung des Betretens, Vorlage eines Standsicherheitsnachweises; Stilllegung, Nutzungsverbot, Beseitigungsverlangen) |
| **Nach der Beteiligung:** | | |
| Einseitiger VA | Mitwirkungsbedürftiger VA | Mehrstufiger VA |
| Ordnungsverfügung | Baugenehmigung (bedingt Antrag) Vorbescheid (bedingt Bauvoranfrage) | Baugenehmigung in Bezug auf ein erforderliches gemeindliches Einvernehmen oder eine erforderliche straßenrechtliche Zustimmung |

In der Regel wird die Ordnungsverfügung schriftlich erlassen. Sie kann auch mündlich erfolgen, z. B. bei Gefahr in Verzug (vgl. z. B. § 20 OBG NRW). Hierbei sind vorrangig Bestimmungen aus der Landesbauordnung und nachrangig aus dem OBG und dem VwVfG zu beachten.

### 2. Zum Begriff der Ordnungsverfügung

Eine Ordnungsverfügung ist der durch die Bauaufsichtsbehörde an eine bestimmte Person (= Eigentümer, Bauherr, Betreiber, Nutzer usw.) gerichtete Verwaltungsakt, der ein **Gebot** (z. B. Auskunftsverlangen über weitere mögliche Ordnungspflichtige wie Mieter oder Pächter, Absperrung einer Baustelle, Beseitigungsverlangen, Entfernung von Stolperfallen, Hinnahme der Betretung eines Grundstückes durch Außendienstmitarbeiter, Duldung des Betretens des eigenen Grundstückes durch den Ordnungspflichtigen im Zuge der Beseitigung einer baufälligen Grenzeinrichtung, Räumungsverlangen eines Ausstellungs- oder Lagerplatzes, Demontage einer Wohnungseinrichtung im Keller eines Gebäudes, Vorlage einer Fachunternehmerbescheinigung oder eines Gutachtens z. B. zum Brandschutz oder zur Standsicherheit oder einer Einmessung durch ein öffentlich-bestellten Vermessungsingenieur) oder ein **Verbot** (z. B. Stilllegung, Nutzungsuntersagung) ausspricht.

| Übersicht über den Regelungen zur Ordnungsverfügung in den einzelnen Bundesländern | |
|---|---|
| Baden-Württemberg | BW: keine spezielle Regelung |
| Bayern | BY: keine spezielle Regelung |
| Berlin | BE: keine spezielle Regelung |
| Brandenburg | § 19 OBG, BB |
| Bremen | HB: keine spezielle Regelung |
| Hamburg | HH: keine spezielle Regelung |
| Hessen | HE: keine spezielle Regelung |
| Mecklenburg-Vorpommern | § 16 SOG MV |
| Niedersachsen | NI: keine spezielle Regelung |
| Nordrhein-Westfalen | RP: keine spezielle Regelung |
| Rheinland-Pfalz | SL: keine spezielle Regelung |
| Saarland | SPolG: keine spezielle Regelung |
| Sachsen | SPolG. keine spezielle Regelung |
| Sachsen-Anhalt | LSA: keine spezielle Regelung |
| Schleswig-Holstein | § 176 LVwG SH |
| Thüringen | TH: keine spezielle Regelung |

### 3. Grundsätze für den Erlass einer Ordnungsverfügung

**456** Anordnungen der Ordnungsbehörden (zu denen auch die Bauaufsichtsbehörden zählen), durch die von bestimmten Personen oder einem bestimmten Personenkreis ein Handeln, Tun oder Unterlassen verlangt oder die Versagung, Einschränkung oder Zurücknahme einer rechtlich vorgesehenen ordnungsbehördlichen Erlaubnis oder Bescheinigung ausgesprochen wird, werden durch schriftliche **Ordnungsverfügungen** erlassen.

Solche Ordnungsverfügungen sind z. B. auch die Zurückweisung eines unvollständigen bzw. mangelhaften Antrages, die Ablehnung eines Bauantrages, die Rücknahme bzw. der Widerruf einer Baugenehmigung, die Stilllegung, das Nutzungsverbot, das Beseitigungsgebot und die Duldungsverfügung. Die Rücknahmefiktion eines unvollständigen Bauantrages folgt bereits aus dem Gesetz (§ 69 Abs. 2 MBO), d. h., es bedarf keiner weiteren behördlichen Maßnahme, auch keiner schriftlichen Bestätigung[1055]. Hierbei würde es sich sowieso nicht um eine Regelung im Form eines VA handeln, da die Rechtswirkung der Rücknahme ja bereits eingetreten ist.

Für Ordnungsverfügungen gelten als Verwaltungsakte zunächst die allgemeinen Grundsätze des Verwaltungsverfahrensrechts, insbesondere des VwVfG. Aus dem allgemeinen Verwaltungsrecht folgt z. B. das Bestimmtheitsgebot (§ 37 VwVfG) und aus dem allgemeinen Ordnungsrecht **der** Verhältnismäßigkeitsgrundsatz (vgl. z. B. § 15 OBG NRW).

---

[1055] Zum Rechtsschutz gegen eine Rücknahmefiktion vgl. **VG Potsdam 16.8.2023 – 5 K 723/21**.

## 4. Fragen der Zuständigkeit

Als ersten Schritt im Rahmen eines beabsichtigten Einschreitens hat die Bauaufsichtsbehörde ihre Zuständigkeit zu prüfen. Stets darf nur die zuständige Behörde tätig werden.
**Zu unterscheiden sind die örtliche, die sachliche und die funktionelle Zuständigkeit.** Näheres folgt aus dem jeweiligen VwVfG bzw. OBG im Zusammenspiel mit der Landesbauordnung. Die Zuständigkeit ist also gesetzlich geregelt. Sie dient verschiedenen Funktionen, z. B. hat der Bürger einen Anspruch darauf, dass ihm gegenüber nur die zuständige Behörde tätig wird.
Entscheidend hierbei ist die jeweilige Zielrichtung des behördlichen Handelns[1056]. Stützt die Bauaufsichtsbehörde eine Ordnungsverfügung nur auf Baunebenrecht, müssen die Bauaufsichtsbehörde und die entsprechende Fachbehörde (z. B. untere Landschaftsrechte bzw. untere Wasserbehörde) identisch sein. Aber der VGH Baden-Württemberg[1057] hat in einem Einzelfall einen ausschließlichen Bezug auf Naturschutzrecht im Rahmen eines bauaufsichtlichen Beseitigungsverlangens akzeptiert.
Angesichts der Vielschichtigkeit des öffentlichen Baurechts kann es aber in der Praxis – wie erwähnt – auch Doppelzuständigkeiten geben. Die Landesbauordnungen regeln sowieso den Vorrang anderer Gestattungsverfahren (§ 60 MBO). Soll eine bauliche Anlage im räumlichen Bereich zweier Bauaufsichtsbehörden errichtet werden, gilt der Grundsatz des ersten Zugriffs, d. h. diejenige Behörde ist zuständig, welche als erste mit der Angelegenheit befasst ist. Näheres zur örtlichen Zuständigkeit regelt § 3 VwVfG. Ein VA, den die örtlich unzuständige Behörde erlässt, ist nichtig (§ 44 Abs. 2 Nr. 3 VwVfG).

## 5. Der Adressat der Ordnungsverfügung

Die Ordnungsverfügung gebraucht einen Adressaten, dies ist der Störer. Es handelt sich hierbei regelmäßig um den Ordnungspflichtigen. Zu diesem Thema wird auf die Ausführungen in den entsprechenden Kapiteln weiter vorn verwiesen. So darf z. B. eine Nutzungsuntersagung bei einer bordellartigen Nutzung an den Eigentümer und muss nicht an den Mieter gerichtet werden[1058]. Wird der Ordnungspflichtige durch einen Bevollmächtigten vertreten, wird an diesen zugestellt. Die Zulässigkeit einer Vertretung folgt bereits aus § 14 VwVfG. Der Bevollmächtigte hat auf Verlangen seine Vollmacht schriftlich nachzuweisen Das Vertretungsverhältnis muss bei der Adressierung deutlich gemacht werden., im Bescheid wird aber der Ordnungspflichtige direkt angesprochen. Selbstverständlich ist, dass die Behörde vor Erlass einer Beseitigungsverfügung durch einen Blick ins Grundbuch die Eigentumsverhältnisse klärt. Dies gehört zwingend zur Sachverhaltsaufklärung und ist Voraussetzung für eine ermessensfehlerfreie Auswahl des Ordnungspflichtigen[1059]. Bei der Adressierung an juristische Personen (des Privatrechts) kann auf das Handelsregister zurückgegriffen werden. Im Adressatenfeld ist neben der Bezeichnung der jeweiligen juristischen Person des Privatrechts auch das Organ als gesetzlichen Vertreter der juristischen Person

---

1056 OVG Nordrhein-Westfalen 31.10.1994 – 10 A 4084/92 – BauR 1995, 372.
1057 E. v. 28.10.1997 – 4 UE 3676/95 – BRS 59, Nr. 206.
1058 OVG Hamburg 10.6.2005 – 2 Bs 144/05 – BRS 69, Nr. 187.
1059 OVG Nordrhein-Westfalen 7.8.2002 – 10 B 761/02 – BRS 65, Nr. 200.

oder den rechtsgeschäftlich bestellten Vertreter zu benennen. Dabei muss deutlich werden, dass z. B. der Geschäftsführer nicht in seiner Eigenschaft als natürliche Person, sondern eben als Vertreter der GmbH angesprochen wird.

## 6. Die Anhörung des Beteiligten

**459** Vor Erlass der Ordnungsverfügung ist dieser als Beteiligter anzuhören = Angebot zur Stellungnahme (§ 28 VwVfG NRW, vgl. hierzu auch: § 79 Abs. 4 NBauO). Eine solche Anhörung setzt voraus, dass dem Beteiligten mitgeteilt wird, welchen Entscheidungsinhalt der beabsichtigte Verwaltungsakt haben soll[1060].
Die Anhörung dient dazu, bauaufsichtliche Maßnahmen zu verhindern bzw. überflüssig zu machen, falls der Ordnungspflichtig freiwillig den baurechtswidrigen Zustand behebt. Eine Anhörung wird in der Praxis regelmäßig schriftlich erfolgen, um den Tatbestand und die behördlichen Erwägungen nachprüfbar zu dokumentieren. Sie kann aber auch im Rahmen eines Gesprächs in der Behörde oder vor Ort erfolgen. Das Ergebnis eines solchen Gespräches sollte die Behörde in einem Vermerk festhalten und diesen dem Ordnungspflichtigen zugänglich gemacht werden. Diesem kommt als Verfahrensbeteiligten i. S. d. 13 VwVfG sowieso ein Akteneinsichtsrecht (§ 29 VwVfG) zu.
Im Einzelfall kann aber – z. B. bei Gefahr im Verzug – eine vorherige Anhörung nicht in Betracht kommen[1061]. Dies dürfte vor einer Stilllegung (§ 79 MBO) die Regel sein. Eine fehlende Anhörung ist im Übrigen ein Verfahrensmangel, der aber geheilt werden kann (§ 45 VwVfG NRW). Dies kann sogar bis zum Abschluss des verwaltungsgerichtlichen Verfahrens in der 1. Instanz nachgeholt werden[1062]. Laut dem VG Köln[1063] wird eine fehlende Anhörung sogar durch den Austausch von Sachäußerungen im verwaltungsgerichtlichen Verfahren regelmäßig geheilt oder wenn offensichtlich ist, dass die fehlende Anhörung die Entscheidung in der Sache nicht beeinflusst hat[1064].
Unabhängig von dieser förmlichen Verpflichtung zur Anhörung besteht auch eine Beratungspflicht, die sich bereits aus dem allgemeinen Verwaltungsrecht ergibt (§ 25 VwVfG). Ferner schreiben auch viele Landesbauordnungen die Beratung der am Bau Beteiligten bzw. Ordnungspflichtigen vor (vgl. z. B. § 58 Abs. 1 BauO Bln, § 58 Abs. 1 § 65 NBauO). In der NBauO findet sich sogar ergänzend eine Beratungspflicht vor Erlass von Eingriffsmaßnahmen als Sollvorschrift (§ 79 Abs. 4 NBauO).

---

1060 VG Münster 10.9.1997 – 2 L 858/97.
1061 Zu einer Anordnung zur Duldung des Betretens eines Grundstücks vgl. VGH Bayern 16.1.2014 – 1 ZB 13.301. Hier auch Ausführungen zur Entbehrlichkeit einer vorherigen Anhörung.Laut dem Niedersächsischen OVG, 31.1.2002 – 1 MA 4216/01 – BRS 65, Nr. 203, muss eine Behörde einen Ordnungspflichtigen auch nicht vor der Anwendung des Sofortvollzuges (gemeint ist die Anordnung der sofortigen Vollziehung) anhören. Es bedarf aber einer gesonderten Begründung (§ 80 Abs. 3 VwGO).
1062 Vgl. hierzu: VGH Hessen 6.2.2004 – 9 TG 2706/03 – BRS 67, Nr. 203 (siehe auch: OVG Sachsen 11.10.1993 – 1 S 202/93 – NVwZ-RR 1994, 551, hier bis zur Erhebung der Klage) und VG Dessau 29.7.2005 – 1 B 163/05.
1063 E. v. 23.11.2016 – 23 K 2255/15.
1064 VG Köln 20.1.2017 – 2 L 2995/16.

> **§ 79 NBauO – Baurechtswidrige Zustände, Bauprodukte und Baumaßnahmen sowie verfallende bauliche Anlagen**
>
> (4) Die Bauaufsichtsbehörde soll vor Anordnungen nach den Absätzen 1 und 3 die Angelegenheit mit den Betroffenen erörtern, soweit die Umstände nicht ein sofortiges Einschreiten erfordern.

## 7. Zur Form der Ordnungsverfügung und zu Stilfragen

Für Verwaltungsakte gilt grundsätzlich Formfreiheit.

| Übersicht über die Regelungen zur Schriftform von VA/Ordnungsverfügungen in den einzelnen Bundesländern | |
|---|---|
| Baden-Württemberg | § 37 Abs. 3 LVwVfG BW |
| Bayern | Art. 37 Abs. 3 BayVwVfG |
| Berlin | § 37 Abs. 3 VwVfG *des Bundes, anwendbar durch Verweis gem.* § 1 VwVfG Bln |
| Brandenburg | § 37 Abs. 3 VwVfG *des Bundes, anwendbar durch Verweis gem.* § 1 VwVfGBbg |
| Bremen | § 37 Abs. 3 BremVwfVG |
| Hamburg | § 37 Abs. 3 HmbVwVfG |
| Hessen | § 37 Abs. 1 HVwVfG HE |
| Mecklenburg-Vorpommern | § 37 Abs. 3 VwVfG M-V |
| Niedersachsen | § 37 Abs. 3 VwVfG – *des Bundes, Verweis durch* § 1 NVwVfG |
| Nordrhein-Westfalen | § 37 Abs. 3 VwVfG NRW |
| Rheinland-Pfalz | § 37 Abs. 3 VwVfG – *des Bundes, Verweis durch* § 1 LVwVfG RP |
| Saarland | § 37 Abs. 3 SVwVfG SL |
| Sachsen | § 37 Abs. 3 VwVfG – *des Bundes, Verweis durch* § 1 SächsVwVfZG |
| Sachsen-Anhalt | § 37 Abs. 3 VwVfG *des Bundes, anwendbar durch Verweis gem.* § 1 VwVfG LSA |
| Schleswig-Holstein | § 108 Abs. 3 LVwG SH |
| Thüringen | § 37 Abs. 3 ThürVwVfG |

Die Ordnungsverfügung muss – wie erwähnt – schriftlich erlassen werden, sie muss die erlassende Behörde erkennen lassen und es bedarf der Rechtsbehelfsbelehrung (vgl. z. B. für NRW: § 20 Abs. 2 OBG) sowie der handschriftlichen Unterschrift.

> **§ 20 OBG NRW – Form**
>
> (1) Anordnungen der Ordnungsbehörde, durch die von bestimmten Personen oder einem bestimmten Personenkreis ein Handeln, Dulden oder Unterlassen verlangt oder die Versagung, Einschränkung oder Zurücknahme einer rechtlich vorgesehenen ordnungsbehördlichen Erlaubnis oder Bescheinigung ausgesprochen wird, werden durch schriftliche oder elektronische Ordnungsverfügungen erlassen. Eines schriftlichen oder elektronischen Erlasses der Ordnungsverfügung bedarf es nicht bei Gefahr im Verzug; die getroffene Anordnung ist auf

Verlangen schriftlich oder elektronisch zu bestätigen, wenn hieran ein berechtigtes Interesse besteht.

(2) Ordnungsverfügungen dürfen nicht lediglich den Zweck haben, die den Ordnungsbehörden obliegende Aufsicht zu erleichtern. Schriftliche und elektronische Ordnungsverfügungen müssen eine Rechtsmittelbelehrung enthalten.

Das Fehlen der Unterschrift macht die Verfügung rechtswidrig, nicht nichtig[1065]. Letztere ist aber entbehrlich, wenn die betreffenden Verwaltungsakte mit Hilfe automatischer Einrichtungen erstellt werden. Dies dürfte aber eher die Praxis bei Bußgeldbescheiden der Verkehrsbehörden sein. Schriftlichkeit der Verfügung bedeutet, dass sie durch mit einer Unterlage fest verbundene Schriftzeichen festgehalten sein muss. Schriftform ist für die gesamte Ordnungsverfügung vorgeschrieben.

Die Ordnungsverfügung soll im Übrigen auch als solche bezeichnet werden, allerdings wird die Überschrift: Ordnungsverfügung zwischenzeitlich auch als antiquiert bewertet. „Übertrieben hoheitliches Auftreten kann die Akzeptanz der Entscheidung nur stören" (Volkert). Allerdings heißt es z. B. in den Verwaltungsvorschriften zu § 20 OBG NRW immer noch: „Die in § 20 Abs. 1 Satz 1 genannten Verfügungen sollen zur Vermeidung von Zweifeln hinsichtlich Form, Inhalt und anwendbarer Rechtsmittel ausdrücklich als ‚Ordnungsverfügungen' bezeichnet werden".

**461** Auf die Schriftform der Ordnungsverfügung kann im Übrigen verzichtet werden, wenn **Gefahr im Verzug** vorliegt, also es nicht zu einer zeitlichen Verzögerung bei der Gefahrenabwehr kommen darf.

In einem solchen Fall können bauaufsichtliche Anweisungen bzw. Verfügungen auch mündlich erfolgen und müssen sofort umgesetzt werden, z. B. bei einem Verbot ungenehmigter Bauarbeiten direkt vor Ort auf der Baustelle. Eine Stilllegung kann auch fernmündlich ausgesprochen und auch entsprechend aufgehoben werden, z. B. nach Erteilung der nachträglich beantragten Baugenehmigung. Die mündliche Aufforderung ist auf Verlangen schriftlich im nach hinein zu bestätigen, was auch von Amts wegen erfolgen kann. Die schriftliche Bestätigung dient auch der Rechtssicherheit für alle Beteiligten und setzt bei ordnungsgemäßer Belehrung den Lauf von Rechtsbehelfsfristen in Gang.

Ergänzend sei zum Stil der Abfassung einer Ordnungsverfügung angemerkt, dass diese immer im Urteils- und nicht im Gutachtenstil verfasst wird. Ferner wird die erste Person Singular (Ich) stets dann verwendet, wenn es sich um eine personalisierte Behörde handelt. In diesen Fällen ist das Organ = Behörde einer Gebietskörperschaft der **Bürger- oder Oberbürgermeister** oder **Landrat** und der Sachbearbeiter handelt in dessen Auftrag (i. A.). Aus diesem Grunde wäre die nachfolgende Formulierung nicht korrekt: *Das Bauordnungsamt der kreisfreien Stadt M. gibt Ihnen hiermit auf, die am (Datum) auf dem Grundstück (Lagebezeichnung) festgestellten ungenehmigten Bauarbeiten sofort einzustellen.* Auch die Verwendung der Ersten Person Plural (Wir) kommt nicht in Betracht, weil sie gänzlich unklar ist.

---

[1065] OVG Nordrhein-Westfalen 30.1.2017 – 2 B 1226/16.

Im Übrigen ist ausnahmslos ein sachlicher Schreibstil angebracht, d. h. auf individualisierte Schuldvorwürfe („notorischer Schwarzbauer") oder Ausdrücke des Bedauern („Leider bin ich gehalten, im vorliegenden Fall bauaufsichtlich einzuschreiten".) ist zu verzichten. Die Bauaufsichtsbehörde handelt im gesetzlichen Auftrag (= Pflichtaufgabe zur Erfüllung nach Weisung).

Die Ordnungsverfügung wird im Übrigen regelmäßig durch eine höfliche persönliche Anrede eingeleitet und durch eine Grußformel geschlossen (vgl. hierzu auch die DIN 5008 – Schreib- und Gestaltungsregeln für die Text- und Informationsverarbeitung). Die in der Regel verwendete Grußformel: *Mit freundlichen Grüßen* könnte aber bei einem sehr belastenden Inhalt der Ordnungsverfügung (z. B. Nutzungsuntersagung einer Wohnung oder eines gewerblichen Betriebes oder Beseitigungsverlangen für ein Hauptgebäude) zynisch wirken. In einem solchen Fall könnte der Verfasser der Ordnungsverfügung auf die eigentlich überholte Grußformel: *Hochachtungsvoll* zurückgreifen.

### 8. Die Bekanntgabe der Ordnungsverfügung

Die Ordnungsverfügung ist gegenüber demjenigen bekannt zu geben, für den sie bestimmt ist (§ 41 VwVfG). Eventuell ist eine förmliche Bekanntgabe = Zustellung vorgeschrieben, z. B. wenn die Androhung des Zwangsmittels mit der Grundverfügung verbunden ist (§ 63 Abs. 6 VwVG). Näheres zur förmlichen Bekanntgabe ist den Landeszustellungsgesetzen zu entnehmen. Möglicherweise wird auf Landesebene auf das VwZG des Bundes verwiesen.

**Formen der förmlichen Bekanntgabe eines VA nach dem LZG NRW**
– Zustellung durch die Post mit Zustellungsurkunde (§ 3)
– Zustellung durch die Post mittels Einschreiben (§ 4)
– Zustellung durch die Behörde gegen Empfangsbekenntnis; elektronische Zustellung (§ 5)
– Elektronische Zustellung gegen Abholbestätigung über De-Mail-Dienste (§ 5 a)
– Zustellung durch öffentliche Bekanntmachung (§ 10)

Bei dem Erfordernis der Zustellung handelt es sich im Übrigen um eine bedeutsame Formalie, denn von einer korrekten Bekanntgabe ist der Lauf von Fristen abhängig, z. B. der Lauf der Monatsfrist für den förmlichen Widerspruch (§ 70 VwGO) oder für die Klage (§ 74 VwGO). Ein Zustellungsfehler führt zur fehlenden Bekanntgabe, d. h., der Ordnungspflichtige braucht die Ordnungsverfügung nicht zu beachten[1066].

---

[1066] OVG Nordrhein-Westfalen 30.1.2017 – 2 B 1226/16. Laut dem OVG Nordrhein-Westfalen 30.1.2017 – 2 B 1226/16 – BRS 85, Nr. 110 ist eine Bekanntgabe mittels E-Mail keine ordnungsgemäße Zustellung einer Ordnungsverfügung (Nutzungsverbot). Eine fehlerhafte kann nicht in eine fehlerfreie Bekanntgabe umgedeutet werden. Das OVG Nordrhein-Westfalen, 17.8.2000 – 2 SN 21/00 – BRS 63, Nr. 217 bejaht aber die Heilung einer fehlerhaften Bekanntgabe an einen Nichtbevollmächtigten, wenn der nun Bevollmächtigte Widerspruch einlegt und sich nicht auf den Fehler der Bekanntgabe bezieht (hier: sofortige Beseitigung von Werbetafeln in einem Erhaltungsgebiet).

| Übersicht über den Regelungen zur Bekanntgabe von VA in den einzelnen Bundesländern | |
|---|---|
| Baden-Württemberg | § 41 Abs. 1 LVwVfG BW |
| Bayern | Art. 41 Abs. 1 BayVwVfG |
| Berlin | § 41 Abs. 1 VwVfG des Bundes, anwendbar durch Verweis gem. § 1 VwVfGBln |
| Brandenburg | § 41 Abs. 1 VwVfG des Bundes, anwendbar durch Verweis gem. § 1 VwVfGBbg |
| Bremen | § 41 Abs. 1 BremVwfVG |
| Hamburg | § 41 Abs. 1 HmbVwVfG |
| Hessen | § 41 Abs. 1 HVwVfG HE |
| Mecklenburg-Vorpommern | § 41 Abs. 1 VwVfG M-V |
| Niedersachsen | § 41 Abs. 1 VwVfG – des Bundes, Verweis durch § 1 NVwVfG |
| Nordrhein-Westfalen | §§ 41, 43 VwVfG |
| Rheinland-Pfalz | § 41 Abs. 1 VwVfG – des Bundes, Verweis durch § 1 LVwVfG RP |
| Saarland | § 41 Abs. 1 SVwVfG SL |
| Sachsen | § 41 Abs. 1 VwVfG – des Bundes, Verweis durch § 1 SächsVwVfZG |
| Sachsen-Anhalt | § 41 Abs. 1 VwVfG des Bundes, anwendbar durch Verweis gem. § 1 VwVfG LSA |
| Schleswig-Holstein | § 110 Abs. 1 LVwG SH |
| Thüringen | § 41 Abs. 1 ThürVwVfG |

Bei Eheleuten ist im Falle der Miteigentümerschaft separat zuzustellen, d. h. jeder der Eheleute muss eine Ordnungsverfügung erhalten[1067]. Letzterer Zustellungsmangel gilt aber z. B. mit einer Widerspruchseinlegung als geheilt, wenn hierbei die fehlerhafte Bekanntgabe nicht gerügt wird. Ist ein Bevollmächtigter (z. B Rechtsanwalt) bestellt, ist an diesen zuzustellen. Die Zustellung an einen Nichtbevollmächtigten ist fehlerhaft, kann aber durch den Widerspruch des nunmehr Bevollmächtigten unbeachtlich werden[1068]. Bei einer GbR kann eine Ordnungsverfügung dergestalt zugestellt werden, in dem sie dem geschäftsführenden Gesellschafter unter seiner Postanschrift bekannt gegeben wird. Diese Anschrift muss nicht mit der der GbR übereinstimmen[1069].

### 9. Anforderungen an die Entscheidungsformel

Ein behördlicher Bescheid hat zunächst eine Unterrichtungsfunktion. Der Adressat ist von der getroffenen Entscheidung bzw. Regelung zu unterrichten. Unmittelbar nach der Anrede folgt die **Entscheidungsformel**. Sie ist deutlich von der Begründung abzusetzen. Im Grunde handelt es sich um den Tenor des Bescheides und um den eigentlichen VA. Dieser VA ist dann nachfolgend zu begründen.

---

1067 VGH Baden-Württemberg NVwZ 1989, 593, 597 und VG Neustadt 17.2.2003 – 4 L 239/03.NW.
1068 OVG Berlin 17.8.2000 – 2 SN 21.00 – BRS 63, Nr. 217.
1069 OVG Nordrhein-Westfalen 18.11.2008 – 7 A 103/08 – BRS 73, Nr. 194.

**Denkbare Bestandteile der Entscheidungsformel eines bauaufsichtlichen Bescheides:**
- Die Regelung der Hauptsache. Dies können auch mehrere Regelungen sein.
- Die Regelung begleitende Nebenbestimmungen (z. B. zu einer Duldung, Abweichung, Ausnahme, Befreiung).
- Die Anordnung der sofortigen Vollziehung nach § 80 Abs. 2 Nr. 4 VwGO.
- Die Androhung von Zwangsmitteln. Bei mehreren Regelungen ist die Androhung von Zwangsmitteln jeweils genau zuzuordnen.
- Kostenentscheidung (zum einen als Grundentscheidung zum andern an Festsetzung).
- Gebührenforderung

Die Entscheidungsformel sollte leicht zu erkennen sein und klar formuliert sein. Eine Überfrachtung derselben – z. B. mit Sachverhaltselementen oder rechtlichen Ausführungen und sonstigen Hinweisen – verunklart den Tenor und ist deshalb zu vermeiden. An den zentralen Ausspruch eines VA stellt die Rechtsordnung klare Anforderungen, insbesondere muss er bestimmt genug sein (§ 37 VwVfG). Werden diese Anforderungen nicht erfüllt, ist der VA zumindest rechtswidrig, also fehlerhaft. Er kann auch nichtig sein (§ 44 VwVfG). Gerade bei einer hoheitlichen Anordnung muss der Adressat genau erkennen können, welche Handlungspflichten von ihm erwartet werden.

„Durch den Begriff hinreichend bestimmt (§ 37 VwVfG) wird klargestellt, dass es ausreicht, wenn sich der Regelungsgehalt der Verfügung bestimmen lässt. Diesem Erfordernis ist genügt, wenn aus der getroffenen Regelung, das heißt aus dem Entscheidungssatz im Zusammenhang mit den Gründen und den sonstigen bekannten oder ohne Weiteres erkennbaren Umständen für die Beteiligten, insbesondere für den Adressaten, die Regelung, die den Zweck, den Sinn und den Inhalt des Verwaltungsaktes ausmacht, so vollständig, klar und unzweideutig erkennbar ist, dass sie ihr Verhalten daran ausrichten können. Welches Maß an Konkretisierung im Einzelfall notwendig ist, hängt von der Art des Verwaltungsaktes, den Umständen seines Erlasses und seinem Zweck ab. Der konkretisierte behördliche Wille darf also keiner unterschiedlichen subjektiven Bewertung zugänglich sein. Ein Verstoß gegen den Bestimmtheitsgrundsatz liegt folglich vor, wenn der Inhalt des Verwaltungsaktes auch durch Auslegung – maßgeblich ist der Empfängerhorizont – nicht zweifelsfrei ermittelt werden kann"[1070].

| Übersicht über den Regelungen zum Bestimmtheitserfordernis von VA in den Bundesländern | |
|---|---|
| Baden-Württemberg | § 37 LVwVfG BW |
| Bayern | Art. 37 BayVwVfG |
| Berlin | § 37 VwVfG *des Bundes, anwendbar durch Verweis gem.* § 1 VwVfGBln |
| Brandenburg | § 37 VwVfG *des Bundes, anwendbar durch Verweis gem.* § 1 VwVfGBbg |

---

1070 VG Düsseldorf 10.3.2021 – 28 L 2097/20 – unter Verweis auf: OVG Nordrhein-Westfalen 23.11.2020 – 10 A 2316/20, OVG Nordrhein-Westfalen 21.02. 2008 – 7 B 107/08 – und OVG Nordrhein-Westfalen 08.04. 2005 – 10 B 2730/04.

| Übersicht über den Regelungen zum Bestimmtheitserfordernis von VA in den Bundesländern | |
|---|---|
| Bremen | § 37 Abs. 1 BremVwfVG |
| Hamburg | § 37 Abs. 1 HmbVwVfG |
| Hessen | § 37 Abs. 1 HVwVfG HE |
| Mecklenburg-Vorpommern | § 37 Abs. 1 VwVfG M-V |
| Niedersachsen | § 37 VwVfG – *des Bundes, Verweis durch* § 1 NVwVfG |
| Nordrhein-Westfalen | § 37 VwVfG |
| Rheinland-Pfalz | § 37 VwVfG – *des Bundes, Verweis durch* § 1 LVwVfG RP; |
| Saarland | § 37 Abs. 1 SVwVfG SL |
| Sachsen | § 37 Abs. 1 VwVfG – *des Bundes, Verweis durch* § 1 SächsVwVfZG |
| Sachsen-Anhalt | § 37 VwVfG *des Bundes, anwendbar durch Verweis gem.* § 1 VwVfG LSA; |
| Schleswig-Holstein | § 108 Abs. 1 LVwG SH |
| Thüringen | § 37 Abs. 1 ThürVwVfG |

**466** Eine Regelung ist demnach bestimmt, wenn der Ordnungspflichtige sicher und klar erkennt, was von ihm verlangt wird[1071]. Die Verfügung muss ohne Ergänzung bzw. Rückgriff auf die Verwaltungsvorgänge vollstreckbar sein[1072]. Für die Bestimmtheit reicht es aus, wenn sich der Regelungsgehalt einer bauaufsichtlichen Verfügung auch aus den Gründen der Verfügung und den sonstigen Umständen so unzweideutig ergibt, dass der Adressat sein Verhalten danach ausrichten kann[1073].

> Das VG Würzburg 18.8.2023 – W 5 S 23.1101 – juris definiert die Verpflichtung zur hinreichenden Bestimmtheit einer behördlichen Anordnung wie folgt: „Nach Art. 37 Abs. 1 BayVwVfG muss ein Verwaltungsakt inhaltlich hinreichend bestimmt sein. Das Bestimmtheitsgebot verlangt, dass für den Adressaten des Verwaltungsakts aus der Verfügung selbst – wenn auch gegebenenfalls erst im Zusammenhang mit den Gründen des Bescheids und den zugrunde liegenden Umständen – die Regelung, die den Zweck, Sinn und Inhalt des Verwaltungsakts ausmacht, vollständig, klar und unzweideutig erkennbar wird. Maßgeblich ist insofern die am objektiven Empfängerhorizont orientierte Auslegung der behördlichen Anordnung".

---

1071 Vgl. schon: OVG Nordrhein-Westfalen 12.4.1951 – IV B 537/50 – BRS 2 VA 1 b, S. 79, VGH Baden-Württemberg 11.2.1965 – I 413/63, VGH Bayern 19.5.2011 – 2 B 11.353 – BRS 78, Nr. 194, siehe auch: OVG Nordrhein-Westfalen 16.10.2001 – 7 B 1939/00.
1072 VGH Bayern 12.3.1976 – Nr. 230 II 74 – BRS 30, Nr. 167, für ein Nutzungsverbot vgl.: OVG Nordrhein-Westfalen 22.11.1994 – 11 A 4214/92 – BRS 56, Nr. 199, BauR 1995, 376.
1073 OVG Nordrhein-Westfalen 16.10.2001 – 7 B 1939/00 – BRS 64, Nr. 200.

XXXIX. Die Ordnungsverfügung

Gefordert wird nur eine hinreichende Bestimmtheit, d. h. eine Ziel- und Ergebnisvorgabe ist ausreichend[1074].

> Laut dem VG Ansbach 29.2.2024 – AN 3 K 23.392 – juris bedeutet das Bestimmtheitsgebot in Art. 37 Abs. 1 BayVwVfG zum einen, dass der Adressat des Verwaltungsakts in der Lage sein muss, das von ihm Geforderte zu erkennen. Zum anderen muss der Verwaltungsakt eine geeignete Grundlage für seine zwangsweise Durchsetzung bilden. Der Regelungsgehalt eines Verwaltungsakts ist dabei durch Auslegung aus der Sicht eines objektiven Empfängers zu bestimmen, ausgehend von den verfügenden Teilen des Bescheids, seiner Begründung und erforderlichenfalls weiteren Begleitumständen. Im Einzelnen richten sich die Anforderungen an die notwendige Bestimmtheit nach den Besonderheiten des jeweils anzuwendenden materiellen Rechts. Davon ist auch abhängig, ob bei der Anordnung eines Gebots die Auswahl des konkreten Mittels zur Erreichung des Ziels im Hinblick auf die Bestimmtheit des Verwaltungsakts offengelassen werden kann. Dementsprechend kann es ausreichend sein, dass in dem Verwaltungsakt nur das Ziel festgelegt und hinsichtlich der einzusetzenden Mittel dem Adressaten die Wahl gelassen wird. Eine solche Beschränkung auf eine Zielvorgabe kann aus Gründen der Verhältnismäßigkeit im Einzelfall sogar geboten sein, weil sie dem Adressaten eine größere Freiheit lässt und deshalb weniger einschneidend ist als die Festlegung des Adressaten auf eine konkrete Handlungsalternative.

Eine bauordnungsrechtliche Verfügung, die dem Bauherrn aufgibt, gefahrdrohende Teile einer baulichen Anlage bei Einsturzgefahr zu beseitigen[1075] oder einen Anbau in der Feuerwiderstandsklasse F 90 einzudecken, ist hinreichend bestimmt[1076], ebenso eine Verfügung, mit der dem Bauherrn untersagt wird, nicht genehmigte Bauarbeiten durchzuführen[1077]. Nicht bestimmt genug ist hingegen die bauaufsichtliche Vorgabe, ein Wochenendhaus unauffällig zu streichen[1078]. Ein Nutzungsverbot ist hinreichend bestimmt, wenn es bis zu dem Zeitpunkt einer ausreichenden Löschwasserversorgung gelten soll[1079]. Diese rechtliche Bewertung gilt auch für das Verbot der dauerhaften Wohnnutzung eines Wochenendhauses[1080].
Die Mittel, um das Ziel zu erreichen, braucht die Ordnungsverfügung nicht vorgeben, sie darf aber auch zwei taugliche Mittel zur Auswahl aufgeben, z. B. die Beseitigung von Fenstern in einer Gebäudeabschlusswand **oder** den Rückbau unter Beachtung des vorgeschriebenen Abstandes[1081].

---

1074 Auch immissionsschutzrechtliche Sanierungsanordnungen (hier eines Betriebsgeländes) müssen hinreichend bestimmt sein, VG Gelsenkirchen 25.9.2018 – 9 K 5544/14.
1075 OVG Nordrhein-Westfalen 12.4.1951 – IV B 537/50 – BRS 2 VA1b, S. 79.
1076 OVG Nordrhein-Westfalen 11.5.2000 – 10 B 306/00 – BRS 63, Nr. 220.
1077 OVG Nordrhein-Westfalen 13.4.1981 – 11 b 1902/80 – BRS 38, Nr. 199. Zur notwendigen Klarheit einer Stilllegungsverfügung vgl. VGH Bayern 19.10.2020 – 1 ZB 18.147.
1078 VG Stuttgart 13.4.2016 – 2 K 158/13.
1079 OVG Berlin-Brandenburg 6.5.2011 – OVG 2 S 102.10.
1080 OVG Nordrhein-Westfalen 23.10.2006 – 7 A 4947/05 – BRS 70, Nr. 187. Kritisch: OVG Saarland 23.1.1991 – 2 W 58/90.
1081 VG Neustadt 19.12.2002 – 2 K 1815/02.NW.

Widersprüchlichkeit bzw. ein unklarer Wortlaut bedürfen der Auslegung, wobei die Ordnungsverfügung so auszulegen ist, wie sie der Empfänger objektiv verstehen kann[1082]. Unklarheiten gehen dabei regelmäßig zu Lasten der Bauaufsichtsbehörde, aber die Behörde darf allgemein geläufige Fachbegriffe benutzen[1083].
In letzter Konsequenz kann – wie erwähnt – die Unbestimmtheit die Nichtigkeit der entsprechenden Verfügung zur Folge haben. Die Bestimmtheit des Inhalts bezieht sich sowohl auf den Adressaten bzw. die Person des Ordnungspflichtigen als auch auf die getroffene bauaufsichtliche Anordnung[1084].
Gerade dann, wenn die Bauaufsichtsbehörde z. B. die Vornahme von Bauarbeiten anordnet, müssen diese so eindeutig bezeichnet werden, dass der Betroffene unter Berücksichtigung der ihm bekannten Umstände des Einzelfalls der Verfügung entnehmen kann, was von ihm gefordert und was von nicht verlangt werden kann. Die Verfügung muss nämlich auch taugliche Grundlage für die Zwangsvollstreckung sein können[1085]. Stets ist dabei auf die Perspektive des Ordnungspflichtigen (= Empfängerhorizont) abzustellen[1086].
Eine hinreichende Bestimmtheit einer bauaufsichtlichen Verfügung ist also gegeben, wenn aus dem Inhalt der Verfügung und den allen Beteiligten bekannten Umständen durch Auslegung hinreichende Klarheit gewonnen werden kann[1087].
Die Behörde hat es dabei in der Hand, diesem gesetzlichen Erfordernis ergänzend durch zusätzliche Unterlagen Rechnung zu tragen, z. B. durch die Beigabe einer Flurkarte oder eines Lageplanes mit dem markierten Standort der zu beseitigenden Anlage oder von Fotos der ungenehmigten baulichen Anlage. Auf diese Anlagen kann sich die Behörde in der Entscheidungsformel ausdrücklich beziehen, sollte aber deren Zugehörigkeit zum Inhalt der entsprechenden Ordnungsverfügung durch einen Vermerk (Anlage zur Ordnungsverfügung vom – Datum – und Aktenzeichen) deutlich machen.

| Welche Grundfragen muss die bauaufsichtliche Verfügung beantworten, um ihrer Titelfunktion (für die Vollstreckung) zu genügen? | |
|---|---|
| 1. OV muss Ziel der Eingriffsmaßnahme benennen. | Welcher bauliche Zustand muss erreicht werden? |
| 2. OV muss die zeitliche Komponente benennen. | Bis wann muss das Gebot erfüllt bzw. ab wann muss das Verbot beachtet werden? |
| 3. OV muss die Art der Umsetzung benennen. | Wie ist der rechtmäßige Zustand zu erreichen? |
| 4. OV muss den Verpflichteten benennen. | Wer muss die Maßnahme umsetzen? |

---

1082 VGH Baden-Württemberg 26.6.1975 – III 995/94.
1083 OVG Nordrhein-Westfalen 8.4.2005 – 10 B 2730/04 – BRS 69, Nr. 193.
1084 Zur Bestimmtheit einer Ordnungsverfügung für Bauarbeiten im Innern eines Gebäudes vgl. OVG Niedersachsen 26.2.2008 – 1 ME 4/08.
1085 Will die Bauaufsichtsbehörde eine ungenehmigte Nutzung untersagen, muss sie die Ordnungsverfügung inhaltlich so bestimmt gestalten, dass diese ohne weiteres Grundlage der Vollstreckung sein kann; OVG Nordrhein-Westfalen 22.11.1994 – 11 A 4214/92 – BRS 56, Nr. 199, hier: Nutzungsverbot für einen gewerblichen Lagerplatz.
1086 VG Münster 23.6.1995 – 2 L 566/95.
1087 VGH Bayern, 16.12.1981 – 15 B 81 A/896.

## 10. Hauptentscheidung und Nebenbestimmungen

Wie bereits erwähnt, beinhaltet die Ordnungsverfügung neben der Hauptentscheidung auch Nebenentscheidungen, regelmäßig die Androhung des Zwangsmittels oder die Kostenentscheidung. Für einen belastenden Verwaltungsakt unüblich sind Nebenbestimmungen, diese finden sich zumeist bei begünstigenden Verwaltungsakten, wie z. B. beim Vorbescheid (§ 75 MB) oder bei der Baugenehmigung (§ 72 MBO). Allerdings gehört zum Instrumentarium der Bauaufsichtsbehörde auch die (in der Regel befristete und widerrufliche) förmliche Hinnahme eines baurechtswidrigen Zustandes (= Duldung). Aus diesem Grunde soll diese Thematik an dieser Stelle kurz beleuchtet werden.

> **§ 36 Nebenbestimmungen zum Verwaltungsakt**
>
> (1) Ein Verwaltungsakt, auf den ein Anspruch besteht, darf mit einer Nebenbestimmung nur versehen werden, wenn sie durch Rechtsvorschrift zugelassen ist oder wenn sie sicherstellen soll, dass die gesetzlichen Voraussetzungen des Verwaltungsaktes erfüllt werden.
>
> (2) Unbeschadet des Absatzes 1 darf ein Verwaltungsakt nach pflichtgemäßem Ermessen erlassen werden mit
> 1. einer Bestimmung, nach der eine Vergünstigung oder Belastung zu einem bestimmten Zeitpunkt beginnt, endet oder für einen bestimmten Zeitraum gilt (Befristung);
> 2. einer Bestimmung, nach der der Eintritt oder der Wegfall einer Vergünstigung oder einer Belastung von dem ungewissen Eintritt eines zukünftigen Ereignisses abhängt (Bedingung);
> 3. einem Vorbehalt des Widerrufs
>
> oder verbunden werden mit
> 4. einer Bestimmung, durch die dem Begünstigten ein Tun, Dulden oder Unterlassen vorgeschrieben wird (Auflage);
> 5. einem Vorbehalt der nachträglichen Aufnahme, Änderung oder Ergänzung einer Auflage.
>
> (3) Eine Nebenbestimmung darf dem Zweck des Verwaltungsaktes nicht zuwiderlaufen.

§ 36 Abs. 1 VwVfG regelt die Verbindung eines VA sogenannten Nebenbestimmungen. Ergänzend finden sich in Fachgesetzen hierzu speziellere Regelungen (§ 72 Abs. 3 MBO). Demnach kann die Baugenehmigung unter Auflagen, Bedingungen und dem Vorbehalt der nachträglichen Aufnahme, Änderung oder Ergänzung einer Auflage sowie befristet erteilt werden. Auch eine Ausnahme gem. § 31 Abs. 1 BauGB oder eine Befreiung gem. § 31 Abs. 2 BauGB oder eine Abweichung gem. § 67 MBO können mit Nebenbestimmungen verbunden werden. Ihre Erteilung ist in das Ermessen der Behörde gestellt. Auch bei Vorliegen der Voraussetzungen der Ausnahme bzw. Befreiung bzw. Abweichung besteht daher kein Rechtsanspruch auf Erteilung einer solchen begünstigenden Entscheidung[1088].

Für Nebenbestimmungen gelten die gleichen rechtlichen Anforderungen wie für die Hauptentscheidung. Die Nebenbestimmungen müssen stets erforderlich

---

1088 OVG Schleswig-Holstein 17.7.2024 – 1 MB 15/24.

sein[1089], also sich nicht auf Anforderungen beziehen, die sowieso zu beachten sind[1090]. Nebenbestimmungen müssen sachgerecht und sinnvoll sein. Nebenbestimmungen müssen inhaltlich hinreichend bestimmt und klar sein[1091]. Nicht zulässig ist es z. B., wenn Gutachten pauschal zum Inhalt der Baugenehmigung erklärt werden, obwohl unklar bleibt, welcher Teil der Gutachten mit welchem Regelungsinhalt zu beachten ist[1092]. Ihre Erfüllung darf für den Bauherrn nicht unmöglich sein, d. h. er muss die jeweilige Nebenbestimmung rechtlich und tatsächlich erfüllen können[1093]. Die Nebenbestimmung darf auch den Antragsgegenstand nicht derart verändern, dass ein Aliud entsteht[1094]. In diesem Fall müsste der Bauherr das Vorhaben von sich aus ändern oder einen neuen Antrag stellen, er kann aber auch der Nebenbestimmung und damit faktisch der Abänderung des Antragsgegenstandes zustimmen. Ihr Inhalt darf im Übrigen nicht in Widerspruch zu der erteilten Baugenehmigung stehen. Eine Baugenehmigung darf nicht durch eine Vielzahl von Nebenbestimmungen maßgeschneidert werden. Dies ist der Fall, wenn ein Vorhaben an eine eigentlich ungeeignete Umgebung angepasst und der Grundsatz der typisierenden Betrachtungsweise damit außer Kraft gesetzt wird[1095]. Gegen belastende Nebenbestimmungen eines begünstigenden Verwaltungsakts sind grundsätzlich die Rechtsmittel des Widerspruchs und der Anfechtungsklage gegeben[1096].

**471**

| Arten von Nebenbestimmungen | |
|---|---|
| Unselbstständige Nebenbestimmungen | Selbstständige Nebenbestimmungen |
| = kein Verwaltungsakt | = Verwaltungsakt |
| Bedingung | Auflage |
| Befristung | Auflagenvorbehalt |
| Widerrufsvorbehalt | |

**472** Da es sich bei der erwähnten Duldung um einen begünstigenden VA handelt, auf den auch kein Anspruch besteht, dürfen mit einer solchen Regelung auch Nebenbestimmungen verbunden werden. Üblich bei einer Duldung ist deren Befristung, da eine unbefristete Duldung in ihrer Rechtswirkung einer Baugenehmigung gleichkäme. Dies ist aber mit Blick auf die Hinnahme eines baurechtswidrigen Zustandes nur schwer vorstellbar. Entscheidet sich aber eine Bauaufsichtsbehörde bei einer Vielzahl festgestellter und vergleichbarer baurechtswidriger Zustände für ein Einschreiten nach dem Stichtagsprinzip, wäre

---

1089 OVG Bremen 31.8.1987 – 1 B 66/87 – BRS 47, Nr. 206 und VG Augsburg 16.8.2012 – Au 5 K 11.1435,
1090 VGH Hessen 31.5.1985 – IV OE 55/82 – z. B. Standsicherheit.
1091 VGH Hessen 19.7.1988 – 4 U E 1943/86 – BRS 48, Nr. 95.
1092 OVG Nordrhein-Westfalen 16.2.1987 – 10 B 248/97 – BRS 58, Nr. 97 und OVG Nordrhein-Westfalen 17.3.1997 – 11 B 152/97.
1093 Vgl. aber BVerwG 29.3.1968 – IV C 27.67 – BRS 20, Nr. 139.
1094 VGH Baden-Württemberg 23.4.1969 – III 566/67, Hessen VGH 6.7.1971 – IV 0E 64/69, BVerwG 2.2.1984 – 4 C 70.80 – BRS 42, Nr. 176, OVO Niedersachsen 28.6.1988 – 1 A 151/85 – BRS 48, Nr. 89.
1095 BVerwG 22.11.2002 – 4 B 72.01 – BRS 66, Nr. 77 und OVG Nordrhein-Westfalen 25.9.1995 – 11 B 195/95 – BRS 57, Nr. 94.
1096 VG Berlin 15.4.2021 – 6 L 158/21.

dies im Grunde die unbefristete Hinnahme derjenigen baurechtswidrigen baulichen Anlagen bzw. deren Nutzungen, welche vor dem gewählten Stichtag entstanden sind. Sonstige befristete Duldungen werden regelmäßig mit einem Widerrufsvorbehalt verbunden, z. B. für den Fall, dass zukünftig eine anderweitige Nutzung aufgenommen würde oder aber ein Zugriff der Gemeinde auf die besagten Flächen im Rahmen einer Bauleitplanung erforderlich wird, z. B. bei der Duldung bahnfremder Nutzungen auf einem aufgegebenen Stückgutbahnhof, der in der Zukunft überplant werden soll. Denkbar wäre auch die Verbindung von Auflagen mit der Duldung, um z. B. öffentliche oder nachbarliche Belange ausreichend zu berücksichtigen. In diesem Zusammenhang wären z. B. eine Auflage zur Anbringung einer abschirmenden Bepflanzung einer baulichen Anlage, die Einhaltung bestimmter Betriebszeiten oder ein vollständiges Rückbauverlangen nach Ablauf der für Duldung gesetzten Frist zu nennen. Handelt es sich nur um eine Nebenbestimmung, wird sie regelmäßig in die Entscheidungsformel inhaltlich aufgenommen. Ansonsten ist die Nebenbestimmung als solche zu kennzeichnen, um sie auch von Hinweisen abzugrenzen. Eine Differenzierung zwischen Bedingung und Auflage ist allerdings in der Praxis schwierig.

## 11. Begründung der Ordnungsverfügung

> **§ 39 Verwaltungsverfahrensgesetz (VwVfG) – Begründung des Verwaltungsaktes**
>
> (1) Ein schriftlicher oder elektronischer sowie ein schriftlich oder elektronisch bestätigter Verwaltungsakt ist mit einer Begründung zu versehen. In der Begründung sind die wesentlichen tatsächlichen und rechtlichen Gründe mitzuteilen, die die Behörde zu ihrer Entscheidung bewogen haben. Die Begründung von Ermessensentscheidungen soll auch die Gesichtspunkte erkennen lassen, von denen die Behörde bei der Ausübung ihres Ermessens ausgegangen ist ....

**473** Das allgemeine Verwaltungsrecht verlangt – wie erwähnt – eine Begründung für einen schriftlichen oder elektronischen sowie schriftlich oder elektronisch bestätigten Verwaltungsakt (§ 39 VwVfG). Gleichzeitig werden bestimmte Fälle vorgegeben, in denen eine Begründung nicht erforderlich ist. Ferner können speziellere Vorschriften von der Begründungserfordernis dispensieren. So muss z. B. eine Baugenehmigung nur insoweit zu begründet werden, als Abweichungen oder Befreiungen von nachbarschützenden Vorschriften zugelassen werden und der Nachbar nicht nach § 70 Abs. 2 MBO zugestimmt hat (§ 72 Abs. 2 MBO).

| Die gesetzlich geforderte Begründung hat – nach Volkert – verschiedene Funktionen: | | | |
|---|---|---|---|
| Befriedungsfunktion | Rechtsschutzfunktion | Klarstellungsfunktion | Kontrollfunktion |
| Die Begründung zeigt – nach Schmalz – die den jeweiligen VA in formeller und materieller Hinsicht rechtfertigenden Gründe auf, und zwar: | | | |
| – Die die Rechtsgrundlage für das behördliche Handeln bildenden Rechtsnormen = rechtliche Gründe. | | | |
| – Die diese Rechtsnormen ausfüllenden Fakten = tatsächliche Gründe. | | | |

**474** Die erforderliche Begründung einer bauaufsichtlichen Verfügung soll den Ordnungspflichtigen im optimalen Fall von der Richtigkeit des behördlichen Handelns überzeugen. Ferner ermöglicht die (schriftliche) Begründung eine Überprüfung der Erfolgsaussichten eines etwaigen Widerspruchs oder einer Klage. Gleichzeitig wird auch der Streitgegenstand festgelegt, was für ein späteres verwaltungsgerichtliches Verfahren von wesentlicher Bedeutung ist. Im Übrigen zwingt das Erfordernis einer Begründung die handelnde Behörde, sich eingehend mit der Sach- und Rechtslage einschließlich notwendiger Ermessenserwägungen auseinanderzusetzen. Dies dient der Selbst- und der eventuellen Fremdkontrolle z. B. durch die nächsthöhere Widerspruchsbehörde.

**475** Die Rechtmäßigkeit eines VA beurteilt sich stets danach, ob ihn rechtliche Gründe rechtfertigen. Die tatsächlichen und rechtlichen Gründe der den VA tragenden Rechtsnorm müssen vorliegen. Die Verpflichtung zur Begründung ist zum einen ein formelles Erfordernis, zum anderen Gegenstand der materiellen Prüfung z. B. in einem verwaltungsgerichtlichen Verfahren. Die Verwaltungsgerichtsbarkeit ist aber nicht an die konkrete Begründung des mit Klage angegriffenen VA gebunden, sondern dessen materiellen Gründe werden zunächst unabhängig hiervon ermittelt. Das Verwaltungsgericht muss also von Amts wegen für und gegen die Rechtmäßigkeit des VA sprechende Gründe zu ermitteln. Die behördliche Begründung wird aber im Zusammenspiel mit der Entscheidungsformel in den Blick genommen, um die die Frage zu klären, ob der VA bestimmt genug ist. Ferner ist die Begründung gerade bei Ermessensentscheidungen für die nachträgliche verwaltungsgerichtliche Prüfung für die Frage von Bedeutung, ob Ermessensfehler vorliegen.

| Übersicht über den Regelungen zum Erfordernis der Begründung von VA in den einzelnen Bundesländern | |
|---|---|
| Baden-Württemberg | § 39 Abs. 1 LVwVfG BW |
| Bayern | Art. 39 Abs. 1 BayVwVfG |
| Berlin | § 39 Abs. 1 VwVfG *des Bundes, anwendbar durch Verweis gem.* § 1 VwVfG Bln |
| Brandenburg | § 39 Abs. 1 VwVfG *des Bundes, anwendbar durch Verweis gem.* § 1 VwVfGBbg |
| Bremen | § 39 Abs. 1 BremVwfVG |
| Hamburg | § 39 Abs. 1 HmbVwVfG |
| Hessen | § 39 Abs. 1 HVwVfG HE |
| Mecklenburg-Vorpommern | § 39 Abs. 1 VwVfG M-V |
| Niedersachsen | § 39 Abs. 1 VwVfG – *des Bundes, Verweis durch* § 1 NVwVfG |
| Nordrhein-Westfalen | § 39 Abs. 1 VwVfG NW |
| Rheinland-Pfalz | § 39 Abs. 1 VwVfG – *des Bundes, Verweis durch* § 1 LVwVfG RP |
| Saarland | § 39 Abs. 1 SVwVfG SL |
| Sachsen | § 39 Abs. 1 SVwVfG SL; § 39 Abs. 1 VwVfG *des Bundes, anwendbar durch Verweis gem.* § 1 VwVfG |
| Sachsen-Anhalt | § 39 Abs. 1 VwVfG des Bundes, anwendbar durch Verweis gem. § 1 VwVfG LSA |
| Schleswig-Holstein | § 109 Abs. 1 LVwG SH |
| Thüringen | § 39 Abs. 1 ThürVwVfG |

## XXXIX. Die Ordnungsverfügung 476–478

Eine schriftliche Ordnungsverfügung ist ein (hoheitlicher) belastender Verwaltungsakt und folglich zu begründen, d. h. es müssen die wesentlichen tatsächlichen und rechtlichen Gründe genannt werden. Hierbei müssen die konkreten Umstände des Einzelfalles erörtert werden. Regelmäßig bedarf es einer substantiierten Darlegung, welche Gefahr für die öffentliche Sicherheit mit der in der Zukunft gerichteten Ordnungsverfügung bekämpft werden soll. Ermessenserwägungen müssen erkennbar sein, d. h. die Behörde muss die Überlegungen zum Für und Wider im Rahmen des Entscheidungs- und Auswahlermessens aufzeigen und deutlich machen, warum die angeordnete Maßnahme vorgezogen wurde. Allerdings setzt die Ordnungsmäßigkeit der Ermessensbetätigung im Normalfall nicht mehr als die Feststellung der formellen und materiellen Illegalität der betreffenden Anlage voraus, wenn die tatbestandlichen Voraussetzungen für die Ausübung von bauaufsichtlichem Ermessen vorliegen[1097]. Laut dem OVG Nordrhein-Westfalen[1098] muss die Behörde eine Beseitigungsverfügung in der Regel nur damit begründen, dass der jeweilige baurechtswidrige Zustand formell und materiell illegal ist und eine negative Vorbildwirkung im öffentlichen Interesse vermieden werden soll. Weitere Ausführungen sind nicht erforderlich, außer im Einzelfall drängt sich ausnahmsweise eine Duldung auf. Für das Beseitigungsverlangen einer baulichen Anlage in einem Wasserschutzgebiet bedarf es keiner zusätzlichen Ausführungen zur konkreten Gefährdung des Grundwassers[1099]. **476**

Reicht für ein bauaufsichtliches Einschreiten aber die formelle Illegalität aus, sollte sich die Behörde hierauf beschränken. Bei dem Begründen des Einschreitens kann z. B. ein Bezug auf formelle **und** materielle Illegalität dann problematisch sein, wenn sich die materiellen Verstöße sich als nicht haltbar erweisen[1100]. Stützt eine Bauaufsichtsbehörde eine Ordnungsverfügung nicht nur auf die formelle, sondern auch die materielle Illegalität der Anlage, so ist auch diese im Rahmen eines verwaltungsgerichtlichen Verfahrens zu überprüfen[1101]. **477**

Im Rahmen des Widerspruchsverfahrens kann die Begründung ausgetauscht werden[1102]. Laut dem VGH Baden-Württemberg[1103] berührt der Austausch der Rechtsgrundlage nicht die Rechtmäßigkeit der Regelung in einer Ordnungsverfügung, wenn diese aus anderen Gründen sich als rechtmäßig erweist und an dem Spruch nichts Wesentliches geändert werden muss. Es ist auch möglich, Ermessenserwägungen in einem Verwaltungsprozess nachzuschieben. Dann muss die Behörde aber deutlich machen, dass sie den entsprechenden Verwal- **478**

---

1097 VG Saarland 24.4.2013 – 5 K 658/12.
1098 OVG Nordrhein-Westfalen 24.2.2016 – 7 A 48/14 – BRS 84, Nr. 100 = BauR 2016, 805 ff.
1099 OVG Berlin-Brandenburg 23.8.2012 – OVG 2 N 20.10.
1100 OVG Nordrhein-Westfalen 18.8.1986 – 7 B 1062/86 und OVG Nordrhein-Westfalen 2.4.1992 – 7 A 308/92.
1101 OVG Thüringen 7.7.1994 – 1 EO 182/93, OVG Rheinland-Pfalz 1.9.2003 – 8 B 11389/03.OVG und VG Neustadt a.d.W. 4.7.2012 – 3 L 571/12.NW, OVG Rheinland-Pfalz 24.4.2024 – 8 A 10815/23.OVG – hier Werbeanlage.
1102 OVG Saarland 17.1.2018 – 2 A 383/17 – hier: Werbeanlage in Form einer Videowand.
1103 E. v. 11.7.2017 – 5 S 2067/15 – BRS 85, Nr. 103, hier: Beseitigungsverfügung für einen Abstell- und Lagerplatz im unbeplanten Innenbereich.

tungsakt insoweit ändern will und welche bisherigen Erwägungen ggf. gegenstandslos geworden sind[1104].

**479** Die Begründung soll den Ordnungspflichtigen von der Richtigkeit der geforderten Maßnahme überzeugen und hat zusätzlich eine Rechtsschutzfunktion, da sie die sachlichen und rechtlichen Beweggründe des behördlichen Handelns offenlegt[1105].
Im Einzelfall (!) kann sich die Begründung einer Nutzungsuntersagung auch aus der Vorkorrespondenz ergeben[1106].

### 12. Anordnung der sofortigen Vollziehung

**480** Häufig ist mit der bauaufsichtlichen Grundverfügung auch die Anordnung der sofortigen Vollziehung verbunden. Hierbei geht es um den Wegfall der aufschiebenden Wirkung eines etwaigen Widerspruches (bzw. der Klage).
Die rechtliche Grundlage für die Anordnung der sofortigen Vollziehung findet sich in § 80 Abs. 2 Nr. 4 VwGO. Es bedarf immer (!) einer Begründung. Diese kann nicht nachgeschoben werden.
Das Erfordernis der schriftlichen Begründung hat den Zweck, der Behörde bewusst zu machen, dass die sofortige Vollziehung – außer in den im Gesetz ausdrücklich genannten Fällen – normativ gesehen nur ausnahmsweise in Betracht kommt und deshalb eine spezifische Abwägung der Vollzugsinteressen der Allgemeinheit mit den privaten Interessen des Betroffenen erfordert. Die Behörde muss dieses besondere Interesse am Wegfall der aufschiebenden Wirkung eines möglichen Rechtsbehelfs in geeigneter Form darlegen.
Ein solches Interesse am „Sofortvollzug" ist immer dann gegeben, wenn die bauaufsichtliche Verfügung durch die aufschiebende Wirkung ihren eigentlichen Sinn verfehlen würde, z. B. bei der Stilllegung.
Gerade bei einer Stilllegung geht es um das wirksame Unterbinden ungenehmigter Bauarbeiten und um das Verhindern der Verfestigung ungenehmigter baulicher Zustände[1107], die aufschiebende Wirkung eines Widerspruches oder einer Klage würde die Stilllegung ins Leere laufen lassen. Die Begründung darf nicht formelhaft sein, sondern muss regelmäßig auf die konkrete Situation des Einzelfalles abstellen. Dieses Erfordernis wird aber in der Rechtsprechung der Verwaltungsgerichte durchaus relativiert, d. h., die Behörde kann hier den Arbeitsaufwand reduzieren. In der Anwendungspraxis der Behörden finden sich hierzu regelmäßig Textbausteine. Weist der jeweilige Fall aber Besonderheiten auf, sind diese aber anzupassen.

### 13. Zwangsmittel im Rahmen der Ordnungsverfügung

**481** Gem. § 63 Abs. 2 VwVG kann die Androhung mit dem Verwaltungsakt (= Grundverfügung) verbunden werden, durch den die Handlung, Duldung oder Unterlassung aufgegeben wird. Sie soll mit ihm verbunden werden, wenn ein Rechtsmittel keine aufschiebende Wirkung hat. Bei der Androhung des Beu-

---

1104 OVG Nordrhein-Westfalen 7.4.2014 – 10 A 1814/12 – BRS 82, Nr. 203.
1105 Zu den Anforderungen an die Begründung eines Verwaltungsaktes vgl. OVG Thüringen 20.12.1994 – 1 EO 112/94 – BRS 57, Nr. 247.
1106 VG Saarland 9.8.2011 – 5 L 579/11.
1107 VG Münster 30.6.2003 – 2 L 670/03.

gemittels handelt es sich (auch) um einen Verwaltungsakt. Im Übrigen kann ein Bescheid auch mehrere Regelungen enthalten. In einem solchen Fall ist die Androhung von Zwangsmitteln den einzelnen Geboten oder Verboten eindeutig zuzuordnen[1108]. Der spätere Wechsel eines Zwangsmittels kann im Rahmen einer selbstständigen Androhung erfolgen.
Die Anordnung der sofortigen Vollziehung i. S. d. § 80 Abs. 2 Nr. 4 VwGO ist hingegen kein Verwaltungsakt. Sie kann auch – z. B. bei einer Intensivierung der Gefahrensituation – in einem gesonderten Schreiben nachgeschoben werden.

### 14. Rechtsmittelbelehrung

**482** Schriftliche Ordnungsverfügungen müssen auch eine Rechtsmittelbelehrung (über die Möglichkeit des Widerspruchs bzw. der Klage) aufweisen. Der Mindestinhalt der Rechtsmittelbelehrung hat sich an den Vorgaben des § 58 Abs. 1 VwGO bzw. § 74 VwGO zu orientieren. Das Fehlen der Rechtsmittelbelehrung führt aber nicht zur Rechtswidrigkeit der Ordnungsverfügung, sondern es wird lediglich die Rechtsbehelfsfrist nicht in Gang gesetzt. Deren Inhalt regeln auf Landesebene zumeist entsprechende Erlasse. Zusätze sollten wegen der der Fehleranfälligkeit vermieden werden (siehe nachfolgendes Beispiel aus NRW). Vor Erlass der Ordnungsverfügung darf ein Rechtsbehelf nicht eingelegt werden, also z. B. nicht gegen eine erfolgte Anhörung. Hierbei handelt es sich auch nicht um einen VA[1109], da sie ja erst eine Regelung ankündigt. **Erlassen und wirksam ist die Ordnungsverfügung erst mit ihrer Bekanntgabe (§ 43 VwVfG).**

**483** **Runderlass für die Fassung von Rechtsbehelfsbelehrungen**
**Runderlass des Ministeriums des Innern**
**– Az. 14-21.36.06.04-000003.2023-0013470 –**

**Vom 14. November 2023**

#### 1. Vorbemerkung

Zuletzt sind mit Runderlass „Rechtsbehelfsbelehrungen für die elektronische Widerspruchs- oder Klageerhebung" vom 26. April 2022 (MBl. NRW. S. 366) Empfehlungen in Gestalt von Formulierungsbeispielen für die unterschiedlichen Situationen der Widerspruchs- beziehungsweise Klageerhebung aufgrund der Vorschriften des Gesetzes zur Förderung des elektronischen Rechtsverkehrs mit den Gerichten ausgesprochen worden.
Diese ergingen insbesondere mit Blick auf den Ausbau des elektronischen Rechtsverkehrs mit den Gerichten und den damit einhergehenden Änderungen.
Im Rahmen der erfolgten Etablierung des elektronischen Rechtsverkehrs sowie aufgrund von Rückmeldungen durch die Vollzugsbehörden wird die Empfehlung zur Ausformulierung sämtlicher in Betracht kommender Mög-

---

[1108] Das VG Düsseldorf 30.10.2008 – 4 K 3513/07 – hat die Beseitigungsverfügung für 4 ungenehmigte Wochenendhäuser bestätigt und dabei darauf hingewiesen, dass eine gesonderte Androhung für jedes einzelne der Wochenendhäuser nicht erforderlich ist.
[1109] OVG Rheinland-Pfalz 25.2.2009 – 8 A 10198/09.OVG.

lichkeiten der Erhebung von Widerspruch und Klage nicht weiter aufrechterhalten.
Mit Blick auf die verfestigten Verfahrensweisen sowie unter Berücksichtigung der Rechtsprechung des Bundesverwaltungsgerichts, wonach jeder über den Wortlaut des § 37 Absatz 6 des Verwaltungsverfahrensgesetzes beziehungsweise § 58 Absatz 1 der Verwaltungsgerichtsordnung hinausgehende Zusatz nicht unrichtig oder irreführend sein darf, erscheint die Rückführung der Rechtsbehelfsbelehrung auf das Mindestmaß des § 37 Absatz 6 des Verwaltungsverfahrensgesetzes NRW beziehungsweise § 58 Absatz 1 der Verwaltungsgerichtsordnung angemessen, so dass zukünftig ein reduzierter Text empfohlen wird.

2. **Gesetzliche Mindestangaben**

In der Rechtsbehelfsbelehrung sollen daher lediglich die nach § 37 Absatz 6 des Verwaltungsverfahrensgesetzes NRW beziehungsweise § 58 Absatz 1 der Verwaltungsgerichtsordnung zu entnehmenden Mindestangaben:
a) Rechtsbehelf,
b) Verwaltungsbehörde oder Gericht,
c) Sitz und
d) Fristaufgenommen werden.
Sofern darüber hinausgehende Angaben erfolgen, beispielsweise die komplette Anschrift der Verwaltungsbehörde oder des Gerichts, ist auf eine regelmäßige Überprüfung der Aktualität zu achten; dies gilt insbesondere im Hinblick auf temporäre Umzüge von Behörden oder Gerichten.

3. **Eigenverantwortliche Prüfung der Rechtmäßigkeit von Rechtsbehelfsbelehrungen**

Die Empfehlung, die Rechtsbehelfsbelehrung orientiert an den Mindestangaben gemäß § 37 Absatz 6 des Verwaltungsverfahrensgesetzes NRW beziehungsweise § 58 Absatz 1 der Verwaltungsgerichtsordnung zu erstellen, entbindet die Behörden nicht von der Pflicht, jeweils in eigener Verantwortung die Rechtmäßigkeit ihrer Rechtsbehelfsbelehrungen zu prüfen und die Entwicklung der einschlägigen Rechtsprechung dabei auszuwerten und zu berücksichtigen.

4. **Inkrafttreten, Außerkrafttreten**

Dieser Runderlass tritt am Tag nach der Veröffentlichung in Kraft. Gleichzeitig mit Inkrafttreten dieses Runderlasses tritt der Runderlass „Rechtsbehelfsbelehrungen für die elektronische Widerspruchs- oder Klageerhebung" vom 26. April 2022 (MBl. NRW. S. 366) außer Kraft.
MBl. NRW. 2023 S. 1314.

XXXIX. Die Ordnungsverfügung  484

## 15. Prüfschema für die Erstellung einer bauaufsichtlichen Ordnungsverfügung

| Fragen vor Erlass einer bauaufsichtlichen Ordnungsverfügung | | | 484 |
|---|---|---|---|
| Verfahrensschritt | Inhalt | Rechtsgrundlage (abgestellt auf NRW) | |
| I. Vorüberlegungen | Ist die Landesbauordnung überhaupt anwendbar? | § 1 BauO NRW | |
| | Handelt es sich um eine Aufgabe der Gefahrenabwehr? | § 3 BauO NRW | |
| | Gibt es speziellere bzw. abdrängende Ermächtigungsnormen? | z. B. aus dem Baunebenrecht | |
| | Wurde der Sachverhalt ausreichend ermittelt? Bedarf es noch weiterer Aufklärung? Welche Beweismittel liegen vor? | § 26 VwVfG<br>§ 58 Abs. 7 BauO NRW (Betretungsrecht, ergänzender Augenschein, Fotos)<br>§ 4 ff. VwVfG (Amtshilfe)<br>§ 58 Abs. 5 BauO NRW (Heranziehung von Sachverständigen) | |
| II. Prüfung der förmlichen Voraussetzungen | Welche Behörde ist sachlich zuständig? | § 5 OBG, §§ 57, 58 BauO NRW | |
| | Welches Organ bzw. welches Amt sind instanziell zuständig? | OBG, GO, KrO | |
| | Welche Behörde ist örtlich zuständig? | § 3 VwVfG, § 4 OBG | |
| | Ist eine Anhörung erforderlich oder ist sie entbehrlich? | § 28 VwVfG | |
| | Soll die Anordnung schriftlich oder mündlich erfolgen? | § 20 OBG, § 63 VwVG | |
| | Beinhaltet die Ordnungsverfügung eine ausreichende Begründung und eine korrekte Rechtsbehelfsbelehrung? | § 39 VwVfG, § 20 OBG | |
| III. Prüfung der materiellen Voraussetzungen | Kommt die allgemeine oder eine speziellere Ermächtigungsgrundlage der Landesbauordnung in Betracht? | § 58 Abs. 2 BauO NRW, §§ 81, 82 BauO NRW | |
| | Liegen die Tatbestandsvoraussetzungen der Ermächtigungsgrundlage vor? | § 58 Abs. 2 BauO NRW, §§ 81, 82 BauO NRW | |
| | Bedarf es besonderer Erwägungen hinsichtlich des Erschließungsermessens? | §§ 39, 40 VwVfG, § 58 Abs. 2 BauO NRW | |
| | Ist die ausgewählte Eingriffsmaßnahme verhältnismäßig? | § 15 OBG | |
| | Liegt ein Verstoß gegen den Gleichbehandlungsgrundsatz vor? | Art 3 GG | |
| | Wer kommt als Ordnungspflichtiger in Betracht? Gibt es mehrere Störer? | §§ 17, 18, 19 OBG | |
| IV. Prüfung erforderlicher Nebenentscheidungen | Welches Zwangsmittel ist zur Durchsetzung der Eingriffsmaßnahme geeignet? | § 57 VwVG | |

| Fragen vor Erlass einer bauaufsichtlichen Ordnungsverfügung | | |
|---|---|---|
| | Beim Zwangsgeld: welche Höhe ist angemessen? | §§ 58 60 VwVG |
| | Bei der Ersatzvornahme: liegt ein Kostenvoranschlag vor? | § 59 VwVG |
| | Kommt ein Sofortvollzug in Betracht, z. B. durch Versiegelung der Baustelle oder der Räume? | §§ 62 VwVG, 81 Abs. 2 BauO NRW |
| | Welche Frist ist mit der Androhung des Zwangsmittels zu verbinden? | § 63 VwVG |
| | Bedarf es einer Duldungsverfügung zur Behebung eines Vollstreckungshindernisses (berührte Rechte Dritter)? | § 58 Abs. 2 BauO NRW |
| | Gibt es ein öffentliches Interesse an einer Anordnung der sofortigen Vollziehung? | § 80 Abs. 2 Nr. 4 VwGO |
| | Bedarf es bestimmter Nebenbestimmungen? | § 36 VwVfG |
| | Welche Kosten und welche Gebühren sind festzusetzen? | Kostenordnung, Gebührenordnung |
| V. Klären von Fragen der Bekanntgabe | Wie und wem gegenüber ist die Anordnung bekannt zu geben? Wurde bereits ein Zustellbevollmächtigter eingeschaltet? Ist die Übergabe des Schriftstücks durch Außendienstmitarbeiter sinnvoll? | §§ 41 VwVfG, 63 VwVG, LZG |

## 16. Schema zum Aufbau einer Ordnungsverfügung

**485**

| Aufbau bzw. Inhalt einer Ordnungsverfügung zur Gefahrenabwehr: | |
|---|---|
| Entscheidende Behörde – Dienststelle | |
| Az.: | |
| Bekanntgabeform | z. B. gegen Postzustellungsurkunde |
| Adressat | Ordnungspflichtiger, ggf. vertreten durch Bevollmächtigten |
| Betreff | Grundstücksbezeichnung sowie Bezeichnung der bauaufsichtlichen Maßnahme, z. B. Nutzungsuntersagung |
| Überschrift | Ordnungsverfügung |
| Anrede | |
| Tenor | 1. Sachentscheidung (Gebot, Verbot, Duldung)<br>2. Androhung des Verwaltungszwanges<br>3. Anordnung der sofortigen Vollziehung<br>4. Kostenentscheidung |
| Begründung | 1. Sachverhalt<br>2. Rechtliche Würdigung<br>3. Formelle Rechtmäßigkeit<br>4. Materielle Rechtmäßigkeit<br>5. Ermessensfragen |

XXXIX. Die Ordnungsverfügung **485**

| Aufbau bzw. Inhalt einer Ordnungsverfügung zur Gefahrenabwehr: | |
|---|---|
| Begründung der Nebenentscheidungen | 1. Zur Androhung des Verwaltungszwanges<br>2. Zur Anordnung der sofortigen Vollziehung<br>3. Zur Kostenentscheidung |
| Rechtsbehelfs-/-mittelbelehrung | auch Hinweis auf den Wegfall der aufschiebenden Wirkung bei Anordnung der sofortigen Vollziehung |
| Unterschrift | kein Namenskürzel |
| Anlagen | z. B. Flurkarte oder Fotos |

# XL. Musterverfügungen

## 1. Beispiel für eine Stilllegungsverfügung

**486**

| |
|---|
| **Stilllegungsverfügung** |
| Gegen Postzustellungsurkunde |
| Adressat |
| Grundstück: (genaue Lagebezeichnung) |
| hier: abweichende Bauausführung (Terrassenanlage/Anbau) |
| **Ordnungsverfügung** |
| Sehr geehrter Herr … |
| 1. ich fordere Sie auf, die Bauarbeiten an der Terrassenanlage auf dem o. a. Grundstück sofort einzustellen. Ferner bestätige ich die mündliche Stilllegung durch einen Mitarbeiter des Bauordnungsamtes vom (Datum) gegenüber den vor Ort anwesenden Mitarbeitern des mit der baulichen Maßnahme beauftragten Gartenbauunternehmens. |
| 2. Des Weiteren ordne ich im öffentlichen Interesse die sofortige Vollziehung zu Ziffer 1 dieser Verfügung an. Unabhängig von einem Klageverfahren müssen daher die Bauarbeiten eingestellt bleiben. |
| 3. Sollten Sie dieser Aufforderung nicht nachkommen, drohe ich Ihnen die amtliche Versiegelung der Baustelle an. |
| **Begründung zu Ziffer 1: Stilllegung** |
| Sie haben damit begonnen, eine Terrassenanlage im rückwärtigen Grundstücksbereich zu errichten. Unter dem Az.: … wurde Ihnen am (Datum) eine Genehmigung zu einer Errichtung einer Treppenanlage erteilt. Die begonnene aber noch nicht fertiggestellte Terrassenanlage überschreitet die hintere festgesetzte Baugrenze. |
| Ferner wurde der mit der vorgenannten Baugenehmigung genehmigte Anbau nicht wie genehmigt in einem roten, sondern in weißer Fassadenfarbe auf Putzgrund gestrichen. |
| Das Bauvorhaben verstößt aus den nachfolgenden Gründen gegen die textlichen Festsetzungen des für Ihr Grundstück rechtsverbindlichen Bebauungsplanes (Nr.): |
| Ziffer 3. Soweit bei Doppelhäusern und Hausgruppen ein Überschreiten der hinteren Baugrenzen durch Ausbau der Kellergeschosse zulässig ist oder soweit die hintere Baufluct oder Baugrenze überschritten wird, ist die Oberfläche des anschließenden Gartengeländes in Abstimmung mit den Nachbargrundstücken der Oberkante Fertigdecke des Kellergeschosses bzw. der Terrasse anzugleichen. Das Anlegen von Stützmauern oder vergleichbare Maßnahmen zum Ausgleichen von Geländeunterschieden sind unzulässig. |
| Ziffer 2. Anbauten an Bauwerke, die als Baudenkmal gekennzeichnet sind, müssen in Farbe und Struktur des Außenputzes und der Farbgebung der Fensterrahmen dem denkmalgeschützten Bauwerk angeglichen werden. Bei eingeschossigen Anbauten mit Dachterrassen sind massive Brüstungen in der Flucht der Außenwand herzustellen, die in der Struktur und Farbe des Außenputzes ebenfalls dem denkmalgeschützten Bauwerk anzugleichen sind. Anbauten an Doppelhäusern und Reihenhausgruppen sind mit einer einheitlich hinteren Bauflucht herzustellen. |
| Die Fassadenfarbe des Anbaus wurde nicht dem denkmalgeschützten Bauwerk angeglichen, welches einen roten Farbton aufweist. |

Insofern benötigen Sie für die veränderte Ausführung gem. § 69 Abs. 1 der Bauordnung für das Land Nordrhein-Westfalen – Landesbauordnung – (BauO NRW 2018) eine Befreiung gem. § 31 Abs. 2 BauGB von der festgesetzten hinteren Baugrenze und eine Abweichung von den v. g. textlichen – gestalterischen – Festsetzung des Bebauungsplanes (Nr.). Eine solche Befreiung bzw. Abweichung habe ich nicht erteilt, sodass die Bauarbeiten formell baurechtswidrig erfolgt sind.

Ich bin daher in meiner Eigenschaft als untere Bauaufsichtsbehörde befugt Sie aufzufordern, die Bauarbeiten einzustellen (§ 81 Abs. 1 S. 1 BauO NRW 2018).

Als Eigentümer und Bauherr sind Sie ordnungspflichtig und damit auch der richtige Adressat dieser Verfügung.

**Begründung zu Ziffer 2: Anordnung der sofortigen Vollziehung**

Die Anordnung der sofortigen Vollziehung ist in Ihrem Fall im öffentlichen Interesse geboten.

Das Baurecht verbietet jedem Bürger, mit seinem Vorhaben zu beginnen, bevor es genehmigt bzw. eine ggf. erforderliche Abweichung erteilt ist. Diese Ordnungsfunktion des formellen Baurechts zu sichern ist meine Aufgabe und liegt im Interesse aller Bürger.

Mit dieser Ordnungsfunktion ist es unvereinbar, diejenigen zu bevorzugen, die ein Bauvorhaben bereits ohne Genehmigung bzw. ohne eine ggf. erforderliche Befreiung bzw. Abweichung begonnen haben.

Sie haben die Arbeiten ohne die erforderliche Befreiung und Abweichung begonnen und sich damit über diese Ordnungsfunktion hinweggesetzt.

Ich kann daher nicht hinnehmen, dass eine von Ihnen erhobene Klage gegen diese Ordnungsverfügung aufschiebende Wirkung hätte. Dies hätte zur Folge, dass Sie die formell baurechtswidrigen Bauarbeiten fortsetzen könnten, bis über die Sache endgültig entschieden ist.

**Begründung zu Ziffer 3: Androhung des Zwangsmittels**

Ein Verwaltungsakt, der auf Unterlassung gerichtet ist, kann mit Zwangsmitteln durchgesetzt werden, wenn er unanfechtbar ist, oder, wie im vorliegenden Fall, die sofortige Vollziehung angeordnet ist. Von den möglichen Zwangsmitteln habe ich hier die amtliche Versiegelung als Unterform des unmittelbaren Zwanges ausgewählt und angedroht. Sie ist am geeignetsten, meine Forderung auf Einstellung der Bauarbeiten durchzusetzen. Angesichts des fortgeschrittenen Bauzustandes kann nur so verhindert werden, dass Sie die Bauarbeiten fortsetzen.

**Hinweis**:
Ich weise darauf hin, dass ordnungswidrig handelt, wer dieser Ordnungsverfügung zuwiderhandelt.

**Rechtsgrundlagen**

Genaue Bezeichnung und Fundstellen der genannten gesetzlichen Regelwerke.

**Ihre Rechte**

Gegen meine Entscheidung können Sie innerhalb eines Monats nach Zustellung dieses Bescheides beim Verwaltungsgericht (Postanschrift), schriftlich oder zur Niederschrift des Urkundsbeamten der Geschäftsstelle Klage erheben.

Die Klage kann auch durch Übertragung eines elektronischen Dokuments an die elektronische Poststelle des Gerichts erhoben werden. Das elektronische Dokument muss für die Bearbeitung durch das Gericht geeignet sein. Es muss mit einer qualifizierten elektronischen Signatur der verantwortenden Person versehen sein oder von der verantwortenden Person signiert und auf einem sicheren Übermittlungsweg gemäß § 55a Absatz 4 VwGO eingereicht werden.

Die für die Übermittlung und Bearbeitung geeigneten technischen Rahmenbedingungen bestimmen sich nach näherer Maßgabe der Verordnung über die technischen Rahmenbedingungen des elektronischen Rechtsverkehrs und über das besondere elektronische Behördenpostfach (Elektronischer-Rechtsverkehr-Verordnung – ERW) vom 24. November 2017 (BGBl. 1 S. 3803).

Hinweis zur Anordnung der sofortigen Vollziehung:
Beim Verwaltungsgericht in (Anschrift) können Sie nach Einlegung der Klage beantragen, dass die aufschiebende Wirkung wiederhergestellt wird.

## 2. Beispiel für ein Nutzungsverbot

**487**

**Nutzungsverbot**

Gegen Postzustellungsurkunde

Adressat

Grundstück: (genaue Lagebezeichnung)

hier: Nutzungsuntersagung der Kellerräume zu Wohnzwecken

**Ordnungsverfügung**

Sehr geehrter Herr …

1. Ich fordere Sie auf, innerhalb von sechs Monaten nach Zustellung dieser Ordnungsverfügung die Nutzung der Wohnung im Kellergeschoss des Gebäudes vollständig aufzugeben.
2. Gleichzeitig ordne ich im öffentlichen Interesse die sofortige Vollziehung der Ordnungsverfügung zu Ziffer 1 an. Unabhängig von einem Klageverfahren muss daher die unter Ziffer 1 getroffene Anordnung von Ihnen befolgt werden.
3. Für den Fall, dass Sie der Aufforderung nicht, nicht vollständig oder nicht fristgerecht nachkommen, drohe ich Ihnen ein Zwangsgeld von 2.000,00 € an.

**Begründung zu Ziffer 1: Nutzungsuntersagung**

Zu 1.:

Wie Ihnen bereits bekannt ist, wurde die Wohnung im Kellergeschoss entgegen § 63 Abs. 1 BauO NRW ohne die erforderliche Baugenehmigung errichtet.
Ein Nutzungsverbot ist schon bei Verstoß gegen formelles Recht zulässig. Dies ist mit der Bedeutung der Ordnungsfunktion des formellen Baurechts zu rechtfertigen. Durch diese Maßnahme soll auch der rechtsuntreue Bürger daran gehindert werden, gegenüber dem rechtstreuen Bürger Nutzungsvorteile zu erzielen.

Ein Nutzungsverbot allein wegen formeller Illegalität auszusprechen, ist nur dann unverhältnismäßig, wenn der Behörde ein genehmigungsfähiger Bauantrag vorliegt und der Erteilung der erforderlichen Baugenehmigung auch sonst keine Hinderungsgründe entgegenstehen.

Ihr Vermieter hat zwar einen entsprechenden Bauantrag gestellt. Dieser wurde aber zwischenzeitlich bestandskräftig abgelehnt.

Als Nutzer der Räumlichkeiten und Inhaber der tatsächlichen Gewalt sind Sie nach § 18 Abs. 2 OBG richtiger Adressat dieser Ordnungsverfügung.

Ich habe mein Entschließungsermessen dahingehend ausgeübt, den baurechtswidrigen Zustand aufzugreifen. Durch den Verstoß gegen Vorschriften des öffentlichen Baurechts im vorliegenden Fall wäre ein Nichteinschreiten nicht vereinbar mit meinem gesetzlichen Auftrag (§ 58 Abs. 2 BauO NRW).

Die Kellerwohnung ist formell illegal und sie ist nicht nachträglich genehmigungsfähig. Vergleichbare Fälle greife ich in meiner Eigenschaft als Bauaufsichtsbehörde regelmäßig auf. In Hinblick auf den Gleichbehandlungsgrundsatz ist kein Grund ersichtlich, von dieser Handhabung abzuweichen.

XL. Musterverfügungen

Mit Schreiben vom (Datum) haben ich Sie zu einer Stellungnahme aufgefordert. Hiervon haben Sie keinen Gebrauch gemacht.

**Begründung zu Ziffer 2: Anordnung der sofortigen Vollziehung**

Die Anordnung der sofortigen Vollziehung ist im vorliegenden Fall im öffentlichen Interesse geboten. Die Grundrissänderung der Wohnung wurde durchgeführt, ohne im Besitz der hierfür gern. § 63 Abs. 1 BauO NRW erforderlichen Genehmigung zu seih und· sich damit über die Ordnungsfunktion des formellen Baurechts hinweggesetzt. Diese Ordnungsfunktion zu sichern ist Pflicht der Bauaufsichtsbehörde und liegt im Interesse aller Bürger.

Insbesondere auch im Hinblick auf den Verstoß gegen das materielle Baurecht kann es nicht hingenommen werden, dass bei einer Ausnutzung des gegebenen Rechtsbehelfes durch die eintretende aufschiebende Wirkung der bestehende Zustand bis zu einer endgültigen Entscheidung in der Sache bestehen bleibt.

**Begründung zu Ziffer 3: Androhung des Zwangsmittels**

Ein Verwaltungsakt, der auf die Vornahme einer Handlung oder auf Duldung oder Unterlassung gerichtet ist, kann mit Zwangsmitteln durchgesetzt werden, wenn er unanfechtbar oder wie im vorliegenden Fall die sofortige Vollziehung angeordnet ist.
Von den möglichen Zwangsmitteln habe ich hier das Zwangsgeld ausgewählt und angedroht. Das Zwangsgeld ist am geeignetsten, meine getroffene Anordnung durchzusetzen. Die Höhe ist dem zugrunde liegenden Sachverhalt angemessen.

**Hinweis:**

Ich weise darauf hin, dass ordnungswidrig handelt, wer dieser Ordnungsverfügung zuwiderhandelt.

**Rechtsgrundlagen**

Genaue Bezeichnung und Fundstellen der genannten gesetzlichen Regelwerke.

**Ihre Rechte**

Gegen meine Entscheidung können Sie innerhalb eines Monats nach Zustellung dieses Bescheides beim Verwaltungsgericht (Postanschrift), schriftlich oder zur Niederschrift des Urkundsbeamten der Geschäftsstelle Klage erheben.

Die Klage kann auch durch Übertragung eines elektronischen Dokuments an die elektronische Poststelle des Gerichts erhoben werden. Das elektronische Dokument muss für die Bearbeitung durch das Gericht geeignet sein. Es muss mit einer qualifizierten elektronischen Signatur der verantwortenden Person versehen sein oder von der verantwortenden Person signiert und auf einem sicheren Übermittlungsweg gemäß § 55a Absatz 4 VwGO eingereicht werden.

Die für die Übermittlung und Bearbeitung geeigneten technischen Rahmenbedingungen bestimmen sich nach näherer Maßgabe der Verordnung über die technischen Rahmenbedingungen des elektronischen Rechtsverkehrs und über das besondere elektronische Behördenpostfach (Elektronischer-Rechtsverkehr-Verordnung – ERW) vom 24. November 2017 (BGBl. 1 S. 3803).

**Hinweis zur Anordnung der sofortigen Vollziehung:**

Beim Verwaltungsgericht in (Anschrift) können Sie nach Einlegung der Klage beantragen, dass die aufschiebende Wirkung wiederhergestellt wird.

## 3. Beispiel für eine Beseitigungsverfügung

| Beseitigungsverfügung |
|---|
| Gegen Postzustellungsurkunde |
| Adressat |
| Grundstück: (genaue Lagebezeichnung) |
| hier: Beseitigung einer ungenehmigten Terrassenüberdachung |

| Ordnungsverfügung |
|---|
| Sehr geehrter Herr ... |
| 1. Ich fordere Sie auf, innerhalb von einem Monat nach Zustellung dieser Ordnungsverfügung die Terrassenüberdachung entlang der gesamten rückwärtigen Gebäudeseite auf dem o. g. Grundstück vollständig zu beseitigen. |
| 2. Für den Fall, dass Sie der Aufforderung nicht, nicht vollständig oder nicht fristgerecht nachkommen, drohe ich Ihnen ein Zwangsgeld von 10.000,00 EUR an. |
| 3. Gleichzeitig ordne ich im öffentlichen Interesse die sofortige Vollziehung dieser Ordnungsverfügung an. Unabhängig von einem Klageverfahren muss daher die unter Ziffer 1 getroffene Anordnung von Ihnen befolgt werden. |
| **Begründung zu Ziffer 1: Beseitigungsverlangen** |
| Sie haben damit begonnen, auf der Terrasse des Gebäudes (Lagebezeichnung) eine Terrassenüberdachung zu errichten. Die Überdachung erstreckt sich über die gesamte rückwärtige Gebäudeseite mit einer Tiefe von ca. 5 m und einer Höhe von 3 m. |
| Gem. § 65 Abs. 1 Ziffer 1 g der Bauordnung des Landes Nordrhein-Westfalen (BauO NRW) sind Terrassenüberdachungen mit einer Fläche bis zu 30 qm und einer Tiefe bis zu 4,5 m genehmigungsfrei. Die von Ihnen errichtete Terrassenüberdachung weist jedoch eine erheblich größere Tiefe auf. |
| Hierfür benötigen Sie folglich eine Baugenehmigung im Sinne des § 63 Abs. 1 BauO NRW. Sie haben mit der Errichtung ohne eine solche Genehmigung begonnen. Die Errichtung der Terrassenüberdachung ist damit als formell illegal zu betrachten.<br>Die Terrassenüberdachung ist aber auch materiell illegal. Es liegt auch ein materieller Verstoß vor. Das o. g. Grundstück befindet sich innerhalb des Bebauungsplanes (Nr.). Dieser setzt Baugrenzen (§ 23 BauNVO) für das o. g. Grundstück fest. Nur innerhalb dieser Baugrenzen darf das Grundstück mit Hauptanlagen bebaut werden.<br>Die überdachte Terrasse ist aufgrund ihrer Größe und Art der Nutzung (Außengastronomie) der Hauptnutzung des in Rede stehenden Gebäudes (Schank- und Speisewirtschaft) zuzuordnen. Eine Überschreitung der Baugrenzen ist nach dem vorgenannten Bebauungsplan mit einer Hauptnutzung nicht zulässig. Folglich verstößt die Überdachung gegen den Bebauungsplan und ist somit nicht nachträglich genehmigungsfähig, da auch die Voraussetzungen für eine Befreiung gem. § 31 Abs. 2 BauGB nicht vorliegen. |
| In meiner Funktion als untere Bauaufsichtsbehörde habe ich gem. § 58 Abs. 2 BauO NRW u. a. bei der Errichtung baulicher Anlagen darüber zu wachen, dass die öffentlich-rechtlichen Vorschriften eingehalten werden. In Wahrnehmung dieser Aufgaben habe ich nach pflichtgemäßem Ermessen die erforderlichen Maßnahmen zu treffen. |
| Bei einem Verstoß gegen formelles und materielles Baurecht – wie hier – bin ich daher befugt ein Beseitigungsverlangen auszusprechen. |
| Mit Schreiben vom (Datum) habe ich Ihnen Gelegenheit gegeben sich im Sinne des § 28 Verwaltungsverfahrensgesetz (VwVfG) zu meiner Absicht zu äußern. Mit Schreiben vom (Datum) teilten Sie mir mit, dass Sie aus witterungsbedingten Gründen eine stabilere Überdachung als die bisherige – ausfahrbare – Markise benötigen und bislang erhebliche Kosten für die Instandsetzung der alten Markise aufwenden mussten.<br>Diese Umstände entbinden Sie jedoch nicht von der Pflicht vor Errichtung eines genehmigungspflichtigen Bauvorhabens das Ergebnis eines förmlichen Genehmigungsverfahrens abzuwarten. Bei einem persönlichen Gespräch in den Räumen des Bauordnungsamtes am (Datum) wurde Ihnen die Sach- und Rechtslage nochmals erläutert. |
| Gem. § 18 OBG sind sie der richtige Adressat dieser Ordnungsverfügung, da Sie die Terrassenüberdachung errichtet bzw. deren Errichtung beauftragt haben. Ferner tragen Sie auch die finanziellen Aufwendungen. Als Pächter und Bauherr sind demnach sowohl Zustands- als auch Handlungsstörer und unter den Gesichtspunkt der Effektivität vorrangig in Anspruch zu nehmen. |

## XL. Musterverfügungen

Der Eigentümer (Name) wurde mit Schreiben (Datum) hierüber in Kenntnis gesetzt. Dieser teilte mit, dass die Terrassenüberdachung ohne seine Zustimmung errichtet worden ist und er auch kein Interesse am Erhalt derselben habe.

Ich habe mein Entschließungsermessen dahingehend ausgeübt, dass es mit der Ordnungsfunktion des formellen Baurechts unvereinbar ist, Sie durch Freistellung vom erforderlichen Genehmigungsverfahren zu bevorzugen. Ferner sind unter Berücksichtigung des Gleichbehandlungsgrundsatzes die Überdachungen der übrigen Gastronomien im näheren Umfeld zu betrachten.
Die Bauausführung der Terrassenüberdachung ist im Stadthafen überwiegend durch einfache Markisen geprägt, welche keiner Baugenehmigung bedürfen. Die Zulassung einer massiven Überdachung würde eine negative Vorbildwirkung bewirken und die Bauaufsichtsbehörde in ihrem Ermessensspielraum für künftiges Verwaltungshandeln binden. Ein Nichteinschreiten wäre insoweit ermessensfehlerhaft.
Im Rahmen meines Auswahlermessens ist die unter Ziffer 1 ausgewählte Maßnahme auch verhältnismäßig im Sinne des § 15 OBG. Es soll die Einhaltung geltenden Rechts widerhergestellt werden. Durch die Beseitigung der Terrassenüberdachung wird ein solcher rechtskonformer Zustand erreicht und eine negative Vorbildwirkung vermieden. Ein milderes, gleich effektives Mittel ist nicht ersichtlich. In Abwägung Ihres privaten Interesses, insbesondere im Hinblick den wirtschaftlichen Verlust, überwiegt letztendlich das öffentliche Interesse daran, einen rechtskonformen Zustand wiederherzustellen.
Ich weise ausdrücklich darauf hin, dass es Ihnen selbstverständlich unbenommen bleibt, unabhängig von meinen obigen materiellen Ausführungen einen nachträglichen Bauantrag zu stellen.

**Begründung zu Ziffer 2: Androhung des Zwangsmittels**

Ein Verwaltungsakt, der auf die Vornahme einer Handlung oder auf Duldung oder Unterlassung gerichtet ist, kann mit Zwangsmitteln durchgesetzt werden, wenn er unanfechtbar ist.

Von den möglichen Zwangsmitteln habe ich hier das Zwangsgeld ausgewählt und angedroht. Das Zwangsgeld ist am geeignetsten, meine getroffenen Anordnungen durchzusetzen. Die Höhe ist dem zugrunde liegenden Sachverhalt angemessen.

**Begründung zu Ziffer 3: Anordnung der sofortigen Vollziehung**

Die massive Anordnung der sofortigen Vollziehung ist im vorliegenden Interesse geboten. Sie haben den Terrassenüberdachung errichtet, ohne in Besitz der erforderlichen Genehmigung zu sein und haben sich damit über die Ordnungsfunktion des formellen Baurechts hinweggesetzt. Die Sicherung der Ordnungsfunktion ist Aufgabe der Bauaufsichtsbehörde und liegt im Interesse der Allgemeinheit. Zudem führt die Beseitigung der nicht zu einem Substanzverlust. Die Überdachung ist auf der Unterkonstruktion der Terrasse fußend so angeschraubt, dass ein Rückbau ohne Schäden an der Überdachung vorgenommen werden kann. Ferner kann es nicht hingenommen werden, dass bei einer Ausnutzung des gegebenen Rechtsbehelfes durch die eintretende auf schiebende Wirkung der bestehende Zustand bis zu einer endgültigen Entscheidung in der Sache bestehen bleibt und eine erhebliche Vorbild- bzw. negative Nachahmungswirkung erzeugt.

**Hinweis:**
Ich weise darauf hin, dass ordnungswidrig handelt, wer dieser Ordnungsverfügung zuwiderhandelt.

**Rechtsgrundlagen**

Genaue Bezeichnung und Fundstellen der genannten gesetzlichen Regelwerke.

**Ihre Rechte**

Gegen meine Entscheidung können Sie innerhalb eines Monats nach Zustellung dieses Bescheides beim Verwaltungsgericht (Postanschrift), schriftlich oder zur Niederschrift des Urkundsbeamten der Geschäftsstelle Klage erheben.

Die Klage kann auch durch Übertragung eines elektronischen Dokuments an die elektronische Poststelle des Gerichts erhoben werden. Das elektronische Dokument muss für die Bearbeitung durch das Gericht geeignet sein. Es muss mit einer qualifizierten elektronischen Signatur der verantwortenden Person versehen sein oder von der verantwortenden Person signiert und auf einem sicheren Übermittlungsweg gemäß § 55a Absatz 4 VwGO eingereicht werden.

Die für die Übermittlung und Bearbeitung geeigneten technischen Rahmenbedingungen bestimmen sich nach näherer Maßgabe der Verordnung über die technischen Rahmenbedingungen des elektronischen Rechtsverkehrs und über das besondere elektronische Behördenpostfach (Elektronischer-Rechtsverkehr-Verordnung – ERW) vom 24. November 2017 (BGBl. 1 S. 3803).

Hinweis zur Anordnung der sofortigen Vollziehung:

Beim Verwaltungsgericht in (Anschrift) können Sie nach Einlegung der Klage beantragen, dass die aufschiebende Wirkung wiederhergestellt wird.

## 4. Beispiel für eine selbstständige Androhung

**Selbstständige Androhung (Wechsel des Zwangsmittels)**[1110]

Gegen Postzustellungsurkunde

Adressat

Grundstück: (genaue Lagebezeichnung)

**Betreff**

Angaben zum Grundstück: Straße, Hausnummer oder Gemarkung, Flur, Flurstück und kurze Zusammenfassung des Sachverhaltes, hier: Ungenehmigte Nutzung einer Maschinen- und Gerätehalle als Kfz-Werkstatt

**Ordnungsverfügung**

Sehr geehrte Frau/Herr…,

1. Ich drohe Ihnen hiermit das Zwangsmittel der amtlichen Versiegelung der o. g. Halle für den Fall an, dass Sie nicht innerhalb von 4 Wochen nach Zustellung dieser Ordnungsverfügung meiner Grundverfügung vom (Datum) nachkommen und die Nutzung der Maschinen- und Gerätehalle auf dem o. g. Grundstück als Kfz-Werkstatt aufgeben.

Begründung zu Ziffer 1 zum Sachverhalt und zur Vorgeschichte

Mit Ordnungsverfügung vom (Datum) habe ich Sie aufgefordert, spätestens 6 Wochen nach Zustellung der genannten Verfügung die Nutzung der Maschinen- und Gerätehalle auf dem o. g. Grundstück als Kfz-Werkstatt vollständig aufzugeben. Das Nutzungsverbot habe ich mit der fehlenden erforderlichen Baugenehmigung für die erfolgte Nutzungsänderung begründet. Auf die entsprechenden Ausführungen in der vorgenannten Ordnungsverfügung wird verwiesen.

Mit der Ordnungsverfügung habe ich die Androhung eines Zwangsgeldes verbunden. Da Sie dem Nutzungsverbot nicht nachgekommen sind, habe ich verschiedene Zwangsgelder festgesetzt und vollstreckt. Die Zwangsgelder sind aber aufgrund Ihrer wirtschaftlichen Lage uneinbringlich. Da nach meinen Informationen die ungenehmigte Nutzung der Maschinen- und Gerätehalle (und der Außenflächen als Abstell- und Lagerplatz) nach wie vor andauert und eine

---

[1110] Zu einer bestätigten Androhung der Versiegelung nach einer Stilllegung vgl. VG Köln 7.6.2023 – 2 L 793/23. Zu einer Androhung der Versiegelung einer Baustelle noch vergeblicher mehrfacher Festsetzung von Zwangsgeldern vgl. VG Augsburg 7.7.2008 – Au 5 K 07.483. Grundsätzlich bedarf es aber der vorherigen Androhung einer Versiegelung nicht, wenn diese spezialgesetzlich geregelt ist (OVG Schleswig-Holstein 15.3.1996 – 1 M 12/96). Äußert sich aber die spezielle Regelung in der Landesbauordnung nur zu ungenehmigten Bauarbeiten (wie § 79 Abs. 2 MBO), bleibt die Anwendung des jeweiligen Landesvollstreckungsgesetzes bei der Versiegelung von Räumen zwingend.

## XL. Musterverfügungen

Beendigung der ungenehmigten Nutzung aufgrund der Lage im planungsrechtlichen Außenbereich auch im öffentlichen Interesse ist, halte ich an meinem Nutzungsverbot fest und wechsele hiermit das Zwangsmittel.

In meiner Eigenschaft als untere Bauaufsichtsbehörde habe ich über die Einhaltung der Vorschriften des öffentlichen Baurechts zu wachen (§ 58 Abs. 2 BauO NRW 2018). In Wahrnehmung dieser Aufgabe habe ich die erforderlichen Maßnahmen zu treffen. Ein Verwaltungsakt, der auf die Vornahme einer Handlung oder auf Duldung oder Unterlassung gerichtet ist, kann mit Zwangsmitteln durchgesetzt werden, wenn er – wie hier – unanfechtbar oder die Anordnung der sofortigen Vollziehung mit der Grundverfügung verbunden ist.

Die (selbstständige) Androhung erfolgt unter Bezug auf § 63 VwVG.

Von den möglichen Zwangsmitteln habe ich nun die Versiegelung als Unterfall des unmittelbaren Zwanges ausgewählt und angedroht. Diese basiert auf § 81 Abs. 2 BauO NRW 2018. Die Versiegelung ist geeignet, eine weitere ungenehmigte Nutzung der Halle als Werkstatt zu unterbinden. Das Zwangsmittel ist auch nicht deshalb unverhältnismäßig, weil es jede weitere Nutzung verhindert. Hierbei ist nämlich zu beachten, dass die Halle selbst formell und materiell rechtswidrig errichtet worden ist. Eine Festsetzung und Anwendung des Zwangsmittels können Sie vermeiden, wenn Sie meiner o. g. Aufforderung fristgerecht nachkommen.

| **Hinweis:** |
|---|
| Ich weise darauf hin, dass ordnungswidrig handelt, wer dieser Ordnungsverfügung zuwiderhandelt. |
| **Rechtsgrundlagen** |
| Genaue Bezeichnung und Fundstellen der genannten gesetzlichen Regelwerke. |
| **Ihre Rechte** |
| Gegen meine Entscheidung können Sie innerhalb eines Monats nach Zustellung dieses Bescheides beim Verwaltungsgericht (Postanschrift), schriftlich oder zur Niederschrift des Urkundsbeamten der Geschäftsstelle Klage erheben. |
| Die Klage kann auch durch Übertragung eines elektronischen Dokuments an die elektronische Poststelle des Gerichts erhoben werden. Das elektronische Dokument muss für die Bearbeitung durch das Gericht geeignet sein. Es muss mit einer qualifizierten elektronischen Signatur der verantwortenden Person versehen sein oder von der verantwortenden Person signiert und auf einem sicheren Übermittlungsweg gemäß § 55a Absatz 4 VwGO eingereicht werden. |
| Die für die Übermittlung und Bearbeitung geeigneten technischen Rahmenbedingungen bestimmen sich nach näherer Maßgabe der Verordnung über die technischen Rahmenbedingungen des elektronischen Rechtsverkehrs und über das besondere elektronische Behördenpostfach (Elektronischer-Rechtsverkehr-Verordnung – ERW) vom 24. November 2017 (BGBl. 1 S. 3803). |
| **Hinweis auf die fehlende aufschiebende Wirkung einer Klage** |
| Da eine Anfechtungsklage gegen eine Vollstreckungsmaßnahme keine aufschiebende Wirkung auslöst, können Sie beim Verwaltungsgericht in (Anschrift) nach Einlegung der Klage beantragen, dass die aufschiebende Wirkung wiederhergestellt wird. |
| Mit freundlichen Grüßen |
| i.A.<br>Unterschrift |

## 5. Beispiel für eine Festsetzung des Zwangsmittels

| |
|---|
| **Festsetzung des Zwangsmittels (hier: Versiegelung)**[1111] |
| Gegen Postzustellungsurkunde |
| Adressat |
| Grundstück: (genaue Lagebezeichnung) |
| **Betreff** |
| Angaben zum Grundstück: Straße, Hausnummer oder Gemarkung, Flur, Flurstück und kurze Zusammenfassung des Sachverhaltes, z. B. Versiegelung der Baustelle |
| <div align="center">**Ordnungsverfügung**</div> |
| Sehr geehrte Frau/Herr…, |
| Ich setze die in meiner Ordnungsverfügung vom (Datum) angedrohte Versiegelung der o. g. Baustelle fest. Ich werde die amtlichen Siegel am (Datum) an der Baustelle bzw. dem Vorhaben anbringen. |
| Ich weise Sie darauf hin, dass ein Fortführen der Bauarbeiten entgegen der Versiegelung einen Siegelbruch im Sinne von § 136 des Strafgesetzbuches darstellt und mit Freiheitsstrafe bis zu einem Jahr oder mit Geldstrafe bestraft werden kann. |
| **Begründung** |
| Mit Ordnungsverfügung vom (Datum) hatte ich Sie aufgefordert, die Bauarbeiten (z. B. zur Aufstockung der Garage) sofort einzustellen. Gleichzeitig hatte ich Ihnen für den Fall, dass Sie die Bauarbeiten weiterführen sollten, die amtliche Versiegelung der Baustelle angedroht. Bei einer Ortsbesichtigung (Datum) habe ich festgestellt, dass Sie die Maurerarbeiten fortgesetzt haben. Zum Zeitpunkt dieser Ortsbesichtigung waren Sie selbst an der Baustelle tätig. Damit haben Sie die ungenehmigten Bauarbeiten fortgeführt. Somit sind Sie meiner Ordnungsverfügung vom (Datum) nachgekommen. Ich setze daher die angedrohte Versiegelung der Baustelle fest. |
| **Hinweis:** |
| Ich weise darauf hin, dass ordnungswidrig handelt, wer dieser Ordnungsverfügung zuwiderhandelt. |
| **Rechtsgrundlagen** |
| Genaue Bezeichnung und Fundstellen der genannten gesetzlichen Regelwerke. |
| **Ihre Rechte** |
| Gegen meine Entscheidung können Sie innerhalb eines Monats nach Zustellung dieses Bescheides beim Verwaltungsgericht (Postanschrift), schriftlich oder zur Niederschrift des Urkundsbeamten der Geschäftsstelle Klage erheben. |
| Die Klage kann auch durch Übertragung eines elektronischen Dokuments an die elektronische Poststelle des Gerichts erhoben werden. Das elektronische Dokument muss für die Bearbeitung durch das Gericht geeignet sein. Es muss mit einer qualifizierten elektronischen Signatur der verantwortenden Person versehen sein oder von der verantwortenden Person signiert und auf einem sicheren Übermittlungsweg gemäß § 55a Absatz 4 VwGO eingereicht werden. |
| Die für die Übermittlung und Bearbeitung geeigneten technischen Rahmenbedingungen bestimmen sich nach näherer Maßgabe der Verordnung über die technischen Rahmenbedingungen des elektronischen Rechtsverkehrs und über das besondere elektronische Behördenpostfach (Elektronischer-Rechtsverkehr-Verordnung – ERW) vom 24. November 2017 (BGBl. 1 S. 3803). |

---

[1111] Zu einer vergeblich angefochtenen Festsetzung einer Versiegelung von Räumen vgl. OVG Nordrhein-Westfalen 31.3.2016 – 7 B 1385/15. Grundsätzlich ist die Festsetzung einer Versiegelung nicht zwingend, aber rechtlich auch nicht schädlich.

XL. Musterverfügungen

| Hinweis auf die fehlende aufschiebende Wirkung einer Klage |
|---|
| Eine etwaige Klage hat gegen die Versiegelung als Vollstreckungsmaßnahme keine aufschiebende Wirkung. Die sofortige Aufhebung der Versiegelung kann beim Verwaltungsgericht (Anschrift) beantragt werden. |
| Mit freundlichen Grüßen |
| i.A.<br>Unterschrift |

## 6. Beispiel für einen Leistungsbescheid

| Leistungsbescheid |
|---|
| Gegen Postzustellungsurkunde |
| Adressat |
| Grundstück: (genaue Lagebezeichnung) |
| **Betreff** |
| Angaben zum Grundstück: Straße, Hausnummer oder Gemarkung, Flur, Flurstück und kurze Zusammenfassung des Sachverhaltes, z. B. Aufstellung eines Bauzaunes<br>Hier: Anforderung der Kosten[1112] |
| Sehr geehrte Frau/Herr..., |
| Hiermit fordere ich Sie auf, innerhalb von 14 Tagen nach Bestandskraft dieses Leistungsbescheides die Kosten für die erfolgte Ersatzvornahme (Aufstellung eines Bauzaunes) in Höhe von (Summe in Euro) unter Angabe des Kassenzeichens _____ auf eines der unten angegebenen Konten einzuzahlen. |
| **Begründung** |
| Am (Datum) wurde ich durch die Berufsfeuerwehr bzw. Polizei darüber informiert, dass von den Balkonen an der Vorderfassade des o. g. Gebäudes lose Stuckteile auf den Bürgersteig gefallen sind. Ich habe deshalb in meiner Eigenschaft als untere Bauaufsichtsbehörde den gefährdeten Bereich durch eine Fachfirma absperren lassen. |
| Diese Sofortmaßnahme habe ich aufgrund der Gefahr im Verzug aus Zeitgründen ohne vorausgehende Ordnungsverfügung vorgenommen (§ 55 Abs. 2 VwVG). Die Maßnahme basiert auf den §§ 58 Abs. 2 i. V. m. § 12 BauO NRW sowie den §§ 55 ff. VwVG. |
| Die entsprechenden Kosten gehen zu Ihren Lasten[1113]. Die Kostentragungspflicht folgt aus § 59 VwVG i. V. m. § 11 Abs. 2 Nr. 7 Kostenordnung zum Vollstreckungsgesetz NRW. Die Rechnung der Fa. (Bezeichnung) vom (Datum) habe ich beigefügt. Die Rechnungssumme wurde bereits von mir beglichen. |
| Zwischenzeitlich wurde – wie telefonisch vereinbart – von Ihnen ein Baugerüst nebst Bauplane zur Sicherung der brüchigen Fassaden- bzw. Balkonteile errichtet. Die kurzfristige Errichtung eines an den Baukörper herangeführten Gerüstes war erforderlich, um den Eingriff in den Straßenraum zeitlich zu begrenzen. |

---

[1112] Das etwaige Argument des Ordnungspflichtigen, die Kosten der Ersatzvornahme könne er wirtschaftlich nicht verkraften, ist rechtlich irrelevant, da diese Kosten nur deshalb entstehen, weil der ordnungsrechtlich Verantwortliche seinen Verpflichtungen in rechtswidriger Weise nicht freiwillig selbst nachkommt. VG Würzburg 28.7.2022 – W 4 S 22.1106.

[1113] Zur Reichweite der Erstattung der Kosten einer Ersatzvornahme vgl. OVG Nordrhein-Westfalen 22.2.2021 – 2 A 2901/19. Hierzu können auch die Auferlegung von Kosten für Sicherungsmaßnahmen gehören, die dem Schutz anderer Rechtsgüter vor den von einem nicht baurechtskonformen Zustand einer baulichen Anlage ausgehenden Gefahren dienen (hier Absperren des Gehweges vor der baulichen Anlage zur Sicherung von Fußgängern).

| Rechtsgrundlagen |
| --- |
| Genaue Bezeichnung und Fundstellen der genannten gesetzlichen Regelwerke. |
| **Ihre Rechte**[1114] |
| Gegen meine Entscheidung können Sie innerhalb eines Monats nach Zustellung dieses Bescheides beim Verwaltungsgericht (Postanschrift), schriftlich oder zur Niederschrift des Urkundsbeamten der Geschäftsstelle Klage erheben. |
| Die Klage kann auch durch Übertragung eines elektronischen Dokuments an die elektronische Poststelle des Gerichts erhoben werden. Das elektronische Dokument muss für die Bearbeitung durch das Gericht geeignet sein. Es muss mit einer qualifizierten elektronischen Signatur der verantwortenden Person versehen sein oder von der verantwortenden Person signiert und auf einem sicheren Übermittlungsweg gemäß § 55a Absatz 4 VwGO eingereicht werden. |
| Die für die Übermittlung und Bearbeitung geeigneten technischen Rahmenbedingungen bestimmen sich nach näherer Maßgabe der Verordnung über die technischen Rahmenbedingungen des elektronischen Rechtsverkehrs und über das besondere elektronische Behördenpostfach (Elektronischer-Rechtsverkehr-Verordnung – ERW) vom 24. November 2017 (BGBl. 1 S. 3803). |

## 7. Beispiel für eine Duldung

| Duldung[1115] (Hinnahme eines baurechtswidrigen Zustandes) |
| --- |
| Einschreiben |
| Adressat |
| **Betreff** |
| Angaben zum Grundstück: Straße, Hausnummer oder Gemarkung, Flur, Flurstück und kurze Zusammenfassung des Sachverhaltes, z. B. Duldung einer ungenehmigten Nutzungsänderung (hier: Lebensmittelladen in Getränkehandel) |
| Sehr geehrte Frau/Herr…, |
| durch einen Hinweis aus dem näheren Umfeld des o. g. Grundstückes und die verstärkte Werbeaktion bin ich auf die bereits erfolgte Einrichtung eines Getränkehandels in dem o. g. Gebäude aufmerksam geworden. |
| Bei der Umnutzung eines üblichen Lebensmittelladens in einen Getränkehandel handelt es sich u. A. aufgrund der veränderten Immissionssituation um eine genehmigungspflichtige Nutzungsänderung. Die erforderliche Genehmigung wurde aber von mir nicht erteilt. Insoweit betrachte ich die genannte Nutzung als ungenehmigt. |

---

1114 Ein Widerspruch gegen den Leistungsbescheid entfaltet aufschiebende Wirkung (OVG Nordrhein-Westfalen 28.7.1982 – 7 B 1303/80 – BRS 39, Nr. 235). Anders: Widerspruch gegen Kostenanforderung nach Ersatzvornahme hat keine aufschiebende Wirkung. Es handelt sich um eine Maßnahme der Vollstreckung aufgrund von Landesrecht (OVG Berlin 23.12.2005 – 2 S 122.05 – BRS 69, Nr. 196). Siehe hierzu auch: Laut dem OVG Niedersachsen 21.2.2013 – 1 ME 6/13 – ist ein Leistungsbescheid, der sowohl die Erstattung von Verwaltungskosten als auch der Kosten der Ersatzvornahme anordnet, nur hinsichtlich der Verwaltungsgebühren und Auslagen nach § 80 Abs. 2 Satz 1 Nr. 1 VwGO sofort vollziehbar. Hier auch Ausführungen zum Kostenbegriff.

1115 Laut dem OVG Nordrhein-Westfalen 28.8.2014 – 7 B 940/14 – ist eine (aktive) Duldung erst dann gegeben, wenn eine Bauaufsichtsbehörde eine formell und materiell illegale bauliche Anlage bewusst hinnimmt und dies auch verschriftlicht. Eine länger andauernde Duldung oder Duldungszusage – soll sie Vertrauensschutz vermitteln – muss also schriftlich erfolgen (OVG Nordrhein-Westfalen 11.10.2022 – 2 B 947/22). Das OVG Nordrhein-Westfalen 29.1.2010 – 10 A 2430/08 – BRS 76, Nr. 211 bewertet eine solche Duldung als Verwaltungsakt i. S. d. § 35 VwVfG.

Die Nutzungsänderung ist auch nicht offensichtlich genehmigungsfähig, da in der Vergangenheit die Verwaltungsgerichtsbarkeit Getränkemärkte in reinen Wohngebieten (WR) – wie hier – grundsätzlich als problematisch bewertet hat.

In meiner Eigenschaft als untere Bauaufsichtsbehörde habe ich über die Einhaltung der öffentlich-rechtlichen Vorschriften zu wachen. Im Rahmen der Aufgabenerfüllung habe ich nach pflichtgemäßem Ermessen die erforderlichen Maßnahmen zu treffen (§ 58 Abs. 2 BauO NRW 2018). Eine fehlende Baugenehmigung rechtfertigt bereits grundsätzlich ein Nutzungsverbot.

**Duldung**

Ich bin aber aufgrund der separaten Lage und der beschränkten Größe des Getränkemarktes sowie dem Vorhandensein einer ausreichenden Anzahl an Stellplätzen bereit, auf ein bauaufsichtliches Einschreiten gegen die ungenehmigte Nutzungsänderung zunächst zu verzichten.

**Nebenbestimmungen**

Die Duldung erfolgt widerruflich und längstens bis zum Ablauf des von Ihnen vorgelegten zweijährigen Miet-/Pachtvertrages. Als Grund für den Widerruf der Duldung kann z. B. eine begründete Nachbarbeschwerde in Frage kommen.

Die Massierung von Werbeanlagen ist aber zu unterlassen und neben dem bereits an dem Gebäude angebrachten Firmenlogo und der Bezeichnung: Getränkemarkt auf maximal zwei übliche Passantenstopper zu beschränken[1116].

Mit freundlichen Grüßen

i.A.
Unterschrift

---

1116 Da eine Duldung ein begünstigender Verwaltungsakt ist, der im Übrigen im pflichtgemäßen Ermessen der Bauaufsichtsbehörde ist, ist eine Rechtsbehelfsbelehrung entbehrlich. Für eine etwaige Klage dürfte auch das erforderliche Rechtsschutzbedürfnis fehlen.

# Stichwortverzeichnis

Die Ziffern beziehen sich auf die Randnummern.

**A**
Abgrenzung Gefahr und Störung 129
Adressat der Beseitigungsverfügung 300
Adressat der Stilllegung 246
Ahndung von Ordnungswidrigkeiten 447
Allgemeiner Gefahrenbegriff 128
Amtsermittlungsgrundsatz 67
Androhung 434, 488
Anforderung prüffähiger Bauvorlagen 222
Anforderung von Unterlagen 222
Anordnung der sofortigen Vollziehung 247
Anpassungsverlangen 307
Arten der Zwangsmittel 426
Austauschmittel im Ordnungsrecht 422

**B**
Bagatellfälle 83
Bauaufsicht
– Aufgabe der Länder 21
– Gefahrenabwehr 28
– Überwachungsaufgabe 24
Bauaufsichtliche Maßnahmen
– Ermächtigungsgrundlage 59
Bauaufsichtliches Ermessen 389
Bauaufsichtliches Handeln 83
Bauaufsichtsbehörde 21
– Aufgabe 78
– Befugnisse 79
– Behördenaufbau und Organisation 32
– Instrumentarium 39
– Kontrollbereich 93
– Prüfauftrag 73
– Prüfpflicht 78
Bauordnungsrecht – Überblick 11
Bauordnungsrechtliche Generalklausel 142
Baurechtswidriger Zustände 80
Begriff der Gefahr im Bauordnungsrecht 130
Begriff der öffentlichen Sicherheit 145
Beseitigungspflicht
– Rechtsnachfolge 301
Beseitigungsverfügung 487
– Adressat 300
Beseitigungsverlangen 282
Bestandskraft der Grundverfügung 359

Bestandsschutz 187
– Beweislast 190
Bestandsschutz für DDR-Schwarzbauten 210
Bestandsschutz und Nutzungsunterbrechungen 199
Bestandsschutzes
– Reichweite 189
Betretungsrecht 74, 213
– in der bauaufsichtlichen Praxis 217
– Rechtliche Bewertung, Zweck und Reichweite 216
– Rechtsgrundlage 213
– zwangsweise Durchsetzung 217
Beweislast 84

**D**
Duldung 326, 491
Duldungsverfügung 218
Durchsetzung bauaufsichtlicher Maßnahmen 64
Durchsetzung der Stilllegung 249

**E**
Eingriffsverfügung 118
Einrede des Bestandsschutzes 184
Einschreitenskonzept 409
Ermessen 377
Ermessen und Ermessensfehler 387
Ermessen und Grenzen der Sachverhaltsaufklärung 76
Ermessensbetätigung 390
Ermessensreduzierung auf Null 387
Ermittlung des Sachverhaltes 84

**F**
Festsetzung des Zwangsmittels 489
Folgen eines Siegelbruches 263
Formelle Illegalität 162
– Beweislast 170
– Konsequenzen 173
– maßgeblicher Zeitpunkt 169
Funktion des öffentlichen Baurechts 1

**G**
Gefahrenabwehr 154
Gefahrenbegriff 123, 156

325

## Stichwortverzeichnis

Gefahrenerforschungseingriff 154
Gefahrerforschungsmaßnahme 75
Gleichbehandlungsgrundsatz 403
Grenzen der bauaufsichtlichen Aufklärungspflicht 85
Grundsätzliche Genehmigungsbedürftigkeit 99

**L**
Leistungsbescheid 490

**M**
Maßnahmen zur Gefahrenerforschung 158
Materielle Illegalität 174
– Begriff 174
– Maßnahmen 176
Materielle Illegalität und Bestandsschutz 179
Modalitäten des Gefahrenerforschungseingriffs 160

**N**
Nachbar 397
Nachbarschutz durch die Bauaufsichtsbehörde 397
Nachträgliches Anpassungsverlangen 309
Notstandsstörer 374
Nutzungsverbot 267, 486
– Ausnahmen 269
– Durchsetzung 276
– Umfang 272
– Voraussetzungen 268

**O**
Öffentliche Ordnung
– Begriff 149
Öffentliche Sicherheit
– Begriff 140
– Schutzgüter 152
Ordnungspflicht 338
Ordnungsverfügung 454

**P**
Passiver Bestandsschutz 191
Prüftiefe im Bauordnungsrecht 107

**R**
Rechtsgrundlage und Wirksamkeit der Versiegelung 257

Rechtsnachfolge in die Ordnungspflicht 357
Reichweite des Betretungsrechts 221
Rettungsweg 313

**S**
Sachverhaltsaufklärung
– Betretungsrecht 63
Sachverständige 77
Schädlichkeitstheorie 388
Schwarzbauten 316
Selbst- und Ermessensbindung 392
Sofortvollzug 438
Stilllegung 228
– Adressat 246
– Aufhebung 251
– Begriff 230
– Durchsetzung 249
– Ermächtigungsgrundlage 231
– Voraussetzungen 232
– Zeitpunkt und Umfang 242
Stilllegungsverfügung 242
Störernauswahl 346

**U**
Untergang des Bestandsschutzes 194
Untersuchungsgrundsatz 68

**V**
Verantwortlichkeit der am Bau Beteiligten 342
Verbot der Rückwirkung 307
Verfahren bei Doppelzuständigkeiten 115
Verfahren im Bauordnungsrecht 103
Verfahrensablauf bei der Durchsetzung des bauaufsichtlichen Betretungsrechts 219
Verhältnismäßigkeitsgrundsatz 413
Versiegelung 253
Versiegelung im Sofortvollzug 256
Verwaltungszwang 426
– Rechte Dritter 443
– Verfahren 434
Verwirkung bauaufsichtlicher Befugnisse 65

**Z**
Zustandshaftung 370
Zwangsweise Durchsetzung des Betretungsrechtes 217